INTRODUÇÃO AOS ESCRITOS DO
Novo Testamento

Erich Mauerhofer

INTRODUÇÃO AOS ESCRITOS DO
Novo Testamento

Tradução
Werner Fuchs

EDITORA VIDA
Rua Júlio de Castilhos, 280 Belenzinho
CEP 03059-000 São Paulo, SP
Tel.: 0 xx 11 2618 7000
Fax: 0 xx 11 2618 7044
www.editoravida.com.br

Editor responsável: Sônia Freire Lula Almeida
Editor-assistente: Gisele Romão da Cruz Santiago
Revisão de tradução: Paulo José Benício
Preparação: Judson Canto
Revisão de provas: Claiton André Kunz
Diagramação: Claudia Lino
Capa: Arte Peniel

Originalmente publicado em alemão por VTR, sob o título *Einleitung in die Schriften des Neuen Testaments*, Erich Mauerhofer
Copyright © 2004, VTR
(NUREMBERG, ALEMANHA)
Traduzido com permissão.

∎

Todos os direitos desta tradução em língua portuguesa reservados por Editora Vida.

PROIBIDA A REPRODUÇÃO POR QUAISQUER MEIOS, SALVO EM BREVES CITAÇÕES, COM INDICAÇÃO DA FONTE.

Scripture quotations taken from *Bíblia Sagrada, Nova Versão Internacional, NVI* ®
Copyright © 1993, 2000 by International Bible Society ®.
Used by permission IBS-STL U.S.
All rights reserved worldwide.
Edição publicada por Editora Vida, salvo indicação em contrário.

∎

Todas as citações bíblicas e de terceiros foram adaptadas segundo o Acordo Ortográfico da Língua Portuguesa, assinado em 1990, em vigor desde janeiro de 2009.

1. edição: jul. 2010

Dados Internacionais de Catalogação na Publicação (CIP)
(Câmara Brasileira do Livro, SP, Brasil)

Mauerhofer, Erich
   Introdução aos Escritos do Novo Testamento / Erich Mauerhofer; tradução Werner Fuchs. — São Paulo: Editora Vida, 2010.

   Título original: *Einleitung in die Schriften des Neuen Testaments*
   ISBN 978-85-383-0112-7

   1. Bíblia. N.T. — Introduções I. Título.

10-03832   CDD-225.61

Índices para catálogo sistemático:
1. Novo Testamento : Introdução   225.61

Prefácio à edição brasileira

Este livro é uma obra muito especial e é especial porque seu autor o é. O prof. Erich Mauerhofer caracteriza-se por combinar temor a Deus com erudição. Esses atributos marcaram as aulas por ele ministradas e são o diferencial da sua *Introdução aos Escritos do Novo Testamento*. De que maneira?

Por um lado, seu amor a Deus faz com que o prof. Mauerhofer leve a sério o que o texto bíblico diz, reconhecendo sua inspiração e autoridade divinas, assim como sua infalibilidade e credibilidade (cf. a "Confissão em prol da Escritura Sagrada" na p. 33). Com isso, ele segue o exemplo do próprio Jesus Cristo e dos apóstolos. Confiança em Deus e reverência à Sua palavra percebem-se na obra toda.

Além do mais, o livro é o resultado de décadas de pesquisa acadêmica do mais alto nível. Desse modo, fornece respostas apropriadas a perguntas ardentes relacionadas com os livros do Novo Testamento (principalmente no que se refere a ênfases teológicas, questões de autoria e autenticidade, questionamentos da teologia histórico-crítica e réplicas a elas). Como teólogo europeu, o prof. Mauerhofer conhece, por vivência, as hipóteses e os argumentos da ideologia histórico-crítica. Nesta obra apresenta-os, avalia-os e responde a eles.

Na apresentação do conteúdo, a exposição e interação com teorias, das mais variadas, são constantes. Quando pertinente, o prof. Mauerhofer desmascara argumentos críticos, originados no ceticismo, e sugere alternativas partindo de uma perspectiva de fé. Por exemplo, em vez de aceitar a teoria de que uma testemunha ocular, como Mateus, tenha escrito seu evangelho dependendo de outro, escrito por alguém que não testemunha ocular foi (Marcos), e de uma hipotética e questionada fonte Q, o prof. Mauerhofer propõe uma solução muito mais plausível para a origem dos evangelhos (cf. 2.4: "A questão sinóptica"). Seus posicionamentos e réplicas, em vez de semearem dúvidas, contribuem para reafirmar a autenticidade e a credibilidade dos escritos bíblicos, e a confiança neles.

Introdução aos Escritos do Novo Testamento representa uma contribuição ímpar para a Igreja brasileira e sua teologia, pela riqueza que traz de material inédito no Brasil. Apresenta argumentos bíblicos para quem quer *estar sempre preparado para responder a qualquer pessoa que pedir a razão da esperança que há nele* (cf. 1Pedro 3.15). Torna-se, assim, um material didático indispensável para os estudantes de teologia e uma obra de referência preciosa para teólogos, pastores e todos os que estiverem interessados em questões relacionadas à origem dos escritos do Novo Testamento.

As aulas ministradas pelo prof. Erich Mauerhofer foram uma bênção para quem teve o privilégio, como eu, de participar delas. É o seu desejo expresso, e o meu também, que o conteúdo das aulas, registrado neste livro, seja igualmente útil e uma bênção a todos aqueles que desejam conhecer melhor os escritos do Novo Testamento, a Palavra de Deus, e o Deus da Palavra.

Atibaia, outubro de 2009.

JOHANNES BERGMANN
Professor de Novo Testamento no Seminário
Bíblico Palavra da Vida, Atibaia-SP, onde leciona Grego,
Exegese, Introdução ao NT e Teologia Bíblica do NT

Prefácio à terceira edição

O conteúdo desta *Introdução aos escritos do Novo Testamento* repousa primordialmente sobre as preleções do prof. dr. Erich Mauerhofer na Escola Superior Independente de Teologia (STH), de Basileia. Pude pessoalmente participar dessas aulas e, como docente de Novo Testamento na STH de Basileia, vim a ser, de certo modo, sucessor de Mauerhofer. O que nos impressionou e marcou intensamente já como estudante foi seu apego consequente à plena inspiração, verdade e inerrância da Bíblia. Essa atitude obviamente também determinou o conteúdo desta *Introdução*.

Entretanto, Mauerhofer não se limita a depor em defesa da Escritura Sagrada, mas demonstra cientificamente que essa confissão tem fundamento. Explicita os pontos fracos e as premissas filosóficas do chamado "método histórico-crítico" e reforça a credibilidade histórica dos escritos do NT. As referências ao contexto histórico do surgimento de cada escrito e de sua finalidade ajudam todo pesquisador da Bíblia a entendê-la melhor.

Não foi possível considerar na obra todas as mais recentes introduções ao NT. No entanto, ela propicia uma base muito decisiva para prosseguir nas pesquisas. Nesse sentido, posso recomendar cordialmente a presente *Introdução* a estudantes de teologia e alunos de cursos bíblicos, bem como a qualquer pessoa interessada em teologia.

A publicação da *Introdução* foi possibilitada depois que, graças a uma bolsa de estudos, o pastor David Gysel pôde ser contratado durante certo tempo em período integral, por assim dizer, como secretário de Mauerhofer. Sob a supervisão de Mauerhofer, Gysel revisou, e em parte complementou, o manuscrito da preleção. Outras pessoas cooperaram em caráter voluntário, de modo que se viabilizasse a publicação, em idioma alemão, de uma introdução ao NT fiel à Bíblia. Expresso a todos minha sincera gratidão! Uma introdução ao NT, fiel à Bíblia, aliada a uma introdução ao AT, igualmente fiel à Bíblia, faz parte do acervo básico para uma boa formação teológica.

Riehen/Basileia, agosto de 2004.

Dr. Jacob Thiessen

Sumário

Índice de abreviaturas 27

Volume I

A.	Prolegômenos à Introdução aos escritos do Novo Testamento	33
1.	CONFISSÃO EM PROL DA ESCRITURA SAGRADA	33
1.1	Bibliografia adicional	34
2.	RELEVÂNCIA, NOME E CONTEÚDO DO NT	35
2.1	Relevância	35
2.2	Nome e conteúdo do NT	36
3.	OS RECURSOS MAIS IMPORTANTES PARA O ESTUDO DO NT	37
3.1	Edições do NT grego	37
3.1.1	Recursos para uso do NT grego	38
3.2	Dicionários, concordâncias e léxicos da Bíblia	38
3.2.1	Grego clássico	38
3.2.2	Septuaginta (LXX) e mundo contemporâneo do NT	38
3.2.3	Novo Testamento	39
3.2.4	Léxicos da Bíblia	39
3.3	Gramáticas	40
3.4	Bibliografia hermenêutica	40
4.	CONCEITO, TAREFA E HISTÓRIA DA INTRODUÇÃO AO NT	40
4.1	Definição de introdução ao NT	40
4.2	História da introdução ao NT	41
4.2.1	Breve excurso sobre a teologia histórico-crítica	45
5.	LINGUAGEM E FORMA LITERÁRIA DO NT	48
5.1	O NT é boa notícia para o mundo inteiro	48
5.2	O surgimento do grego koiné	49
5.3	Fontes da koiné	52
5.4	Algumas marcas características do grego koiné	53

5.5	Os autores dos escritos do NT	53
5.6	Influência da Septuaginta (LXX)	54
5.7	Citações do AT no NT	55
6.	CONTEXTO E HISTÓRIA CONTEMPORÂNEA DO NT	56
6.1	"Quando chegou a plenitude dos tempos"	56
6.2	Bibliografia sobre o contexto e a história contemporânea do NT	57
6.2.1	Questões gerais	57
6.2.2	Atlas da Bíblia (particularmente do NT)	58
6.2.3	Judaísmo	58
6.2.4	Mundo contemporâneo greco-romano	58
6.2.5	Apócrifos	59
6.3	Tabelas e genealogias da história contemporânea do NT	60
B.	**Introdução aos escritos do NT**	67
1.	EVANGELHO E EVANGELHOS	67
1.1	Breve estudo do conceito "evangelho"	69
2.	OS EVANGELHOS SINÓPTICOS1	71
2.1	O evangelho segundo Mateus	72
2.1.1	Conteúdo e subdivisão	72
2.1.1.1	Subdivisão	72
2.1.2	"Material exclusivo" do evangelho de Mateus	77
2.1.3	A autenticidade do evangelho de Mateus	78
2.1.3.1	Título e denominação	78
2.1.3.2	A tradição da igreja antiga	80
2.1.4	A língua original do evangelho de Mateus	87
2.1.5	Que sabemos sobre o autor?	92
2.1.5.1	Diversas hipóteses de autoria	92
2.1.5.2	Que sabemos sobre Mateus?	96
2.1.6	Estrutura e redação	99
2.1.7	Características e peculiaridades	102
2.1.7.1	Narrativas sucintas	102
2.1.7.2	O interesse messiânico	102
2.1.7.3	Jesus, o Salvador dos judeus e um Salvador para todo o mundo	102
2.1.7.4	A posição de Jesus diante do AT e da lei	103
2.1.7.5	Jesus e a igreja ou congregação	103

2.1.7.6	O interesse escatológico	104
2.1.7.7	O "Reino dos céus" ou o "reino celestial"	104
2.1.7.8	A postura de Jesus perante os fariseus	104
2.1.7.9	Ênfase no ensinamento de Jesus	105
2.1.7.10	Rigorosa estrutura temática	105
2.1.8	Finalidade e destinatários	105
2.1.9	Lugar da redação	106
2.1.10	Época da redação	106
2.1.10.1	Datação após 70?	107
2.1.10.2	Datação antes de 70	111
2.1.11	Excurso: Genealogias em Mateus e Lucas	115
2.1.11.1	Nascimento virginal	115
2.1.11.2	As duas genealogias	116
2.2	O evangelho segundo Marcos	118
2.2.1	Conteúdo e subdivisão	118
2.2.1.1	Subdivisão	118
2.2.2	"Material exclusivo" do evangelho de Marcos	121
2.2.3	Autenticidade e autor	121
2.2.3.1	Título e denominação	121
2.2.3.2	A tradição da igreja antiga	122
2.2.3.3	Vestígios de Pedro no evangelho	128
2.2.3.4	Que sabemos sobre o autor?	129
2.2.4	A estrutura do evangelho de Marcos	134
2.2.5	Características e peculiaridades	136
2.2.5.1	Universalidade do evangelho de Jesus Cristo	136
2.2.5.2	Costumes e expressões judaicos são explicados	137
2.2.5.3	A preservação do mistério do Messias	137
2.2.5.4	Jesus censura a incompreensão dos discípulos	137
2.2.5.5	Um "evangelho da ação"	138
2.2.5.6	Nenhum relato do nascimento no evangelho de Marcos	138
2.2.5.7	Jesus: verdadeiro Deus e verdadeiro ser humano	138
2.2.6	Finalidade e destinatários	139
2.2.6.1	Finalidade	139
2.2.6.2	Os destinatários	140

2.2.7	Lugar da redação	142
2.2.7.1	Objeções à redação em Roma	142
2.2.7.2	Argumentos a favor da redação em Roma	142
2.2.8	Época da redação	144
2.2.8.1	Argumentos em favor da redação na década de 40	144
2.2.8.2	Na década de 50	148
2.2.8.3	Argumentos em favor da redação após 67	148
2.2.8.4	Redação entre 64 e 67	150
2.2.9	Qual é o final autêntico de Marcos?	151
2.2.9.1	Evidência dos manuscritos e testemunho da igreja antiga	152
2.2.9.2	Conclusões	155
2.2.9.3	Bibliografia adicional sobre o final de Marcos	160
2.3	O evangelho segundo Lucas	161
2.3.1	Conteúdo e subdivisão	161
2.3.1.1	Subdivisão	161
2.3.2	"Material exclusivo" de Lucas	165
2.3.3	Autenticidade e autor	167
2.3.3.1	Título e denominação	167
2.3.3.2	A tradição da igreja antiga	168
2.3.3.3	Que sabemos sobre o autor?	171
2.3.4	Prólogo e estrutura	176
2.3.4.1	Prólogo	176
2.3.4.2	A estrutura do evangelho de Lucas	177
2.3.5	Características e peculiaridades	179
2.3.6	Finalidade e destinatário	182
2.3.7	Lugar da redação	184
2.3.7.1	Diversas propostas quanto ao lugar da redação	184
2.3.7.2	Redação em Cesareia, na viagem para Roma ou em Roma	184
2.3.8	Época da redação	185
2.3.8.1	Argumentos em favor da redação após 70?	185
2.3.8.2	Redação antes de 70	191
2.3.9	Excurso: Algumas reflexões sobre Lucas 2.1s	192
2.3.9.1	Descrição do problema	192
2.3.9.2	Indícios da legitimidade histórica de Lucas 2.1s	193

2.4	A questão sinóptica	195
2.4.1	Descrição do problema	196
2.4.2	O desenvolvimento histórico da crítica dos sinópticos	198
2.4.2.1	Hipóteses extrassinópticas ou pré-sinópticas	198
2.4.2.2	Propostas intrassinópticas	201
2.4.2.3	Será que o método da história das formas não superou a hipótese de Marcos?	209
2.4.2.4	Como o método da história da redação se posiciona diante da teoria das duas fontes?	217
2.4.3	Apreciação crítica da hipótese de Marcos	219
2.4.4	Uma proposta de solução	224
2.4.4.1	Critérios para uma proposta de solução	224
2.4.4.2	Proposta de solução	228
3.	O EVANGELHO SEGUNDO JOÃO	230
3.1	Conteúdo e subdivisão	231
3.1.1	Subdivisão	231
3.2	A relação entre o evangelho de João e os evangelhos sinópticos	233
3.3	Autenticidade e autor	234
3.3.1	Título e denominação	234
3.3.2	A tradição da igreja antiga	234
3.3.3	A história da questão joanina	241
3.3.4	A questão histórico-religiosa	243
3.3.4.1	Teologia do cristianismo primitivo	243
3.3.4.2	Paulinismo	244
3.3.4.3	Judaísmo	244
3.3.4.4	Literatura hermética	245
3.3.4.5	Filonismo	246
3.3.4.6	Gnosticismo	246
3.3.4.7	Mandaísmo	247
3.3.5	Que sabemos sobre o autor?	247
3.3.5.1	Objeções à redação pelo apóstolo, discípulo de Jesus e zebedaida João	248
3.3.5.2	Argumentos em favor da redação pelo apóstolo, discípulo de Jesus e zebedaida João	250
3.3.5.3	Que sabemos sobre o apóstolo, discípulo de Jesus e zebedaida João?	252

3.4	Estrutura do evangelho de João	254
3.4.1	Unidade e coesão	254
3.4.2	Algumas reflexões sobre João 7.53—8.11 e o capítulo 21	256
3.4.2.1	A perícope da adúltera (Jo 7.53 8.11)	256
3.4.2.2	Será o capítulo 21 um adendo ao evangelho de João?	258
3.5	Características e peculiaridades	260
3.5.1	A "moldura"	260
3.5.2	Milagres no quarto evangelho	260
3.5.3	As festas judaicas em Jerusalém	261
3.5.4	Ênfase sobre a atividade na Judeia	261
3.5.5	Diálogos com indivíduos	261
3.5.6	O evangelho da agaph — *agapē*, "amor"	261
3.5.7	A divindade do Filho	262
3.5.8	Um evangelho de vocabulário simples	262
3.5.9	Nove dias = nove capítulos	262
3.5.10	A expressão egw eimi — *egō eimi*, "Eu sou"	262
3.5.11	Observações pessoais do autor	263
3.6	Finalidade e destinatários	263
3.6.1	Finalidade	263
3.6.2	Destinatários	264
3.7	Lugar da redação	264
3.8	Época da redação	265
3.8.1	Datação consideravelmente anterior a 90 ou mesmo antes de 70?	265
3.8.2	Argumentos em favor da datação no final do século I	267
3.8.2.1	Contra a datação apenas no século II	267
3.8.2.2	Em favor da datação no final do século I	268
4.	ATOS DOS APÓSTOLOS	269
4.1	Conteúdo e subdivisão	269
4.1.1	Subdivisão	269
4.2	Autenticidade e autor	271
4.2.1	Reflexões introdutórias	271
4.2.2	Título e denominação	272
4.2.3	A tradição da igreja antiga	272

4.2.4	A questão do autor na perspectiva de hoje	273
4.2.4.1	Objeções à autoria de Lucas, o médico e acompanhante de Paulo	273
4.2.4.2	Argumentos em favor da autoria de Lucas, o médico e acompanhante de Paulo	274
4.3	Organização, estrutura e "fontes" de Atos dos Apóstolos	274
4.3.1	Organização sob o aspecto da expansão do evangelho	274
4.3.2	Estrutura sob o aspecto de personagens individuais	275
4.3.3	"Fontes" de Atos dos Apóstolos	275
4.4	Características de Atos dos Apóstolos	279
4.4.1	Ponte entre os evangelhos e as cartas	279
4.4.2	Noção da ação histórica de Deus	279
4.4.3	Descrição da primeira vida eclesial	279
4.4.4	A proclamação apostólica	280
4.4.5	Pedro e Paulo	280
4.4.6	Três relatos da conversão de Paulo	281
4.5	Supostas contradições entre Atos dos Apóstolos e as cartas de Paulo	282
4.5.1	As visitas do apóstolo Paulo a Jerusalém	282
4.5.2	Paulo e a lei judaica	283
4.5.3	Paulo e as resoluções conciliares de Jerusalém	283
4.5.4	O perfil do apóstolo Paulo traçado por Lucas	284
4.6	Finalidade e destinatários	285
4.6.1	Um relato histórico	285
4.6.2	Um evangelho do Espírito Santo	286
4.6.3	Um escrito apologético	286
4.6.4	Uma carta de defesa para Paulo	286
4.6.5	Um documento teológico	287
4.7	Lugar da redação	287
4.8	Época da redação	287
4.8.1	Argumentos em favor da datação após 70	287
4.8.2	Argumentos em favor da datação antes de 70	290
4.9	As viagens missionárias do apóstolo Paulo	291
4.9.1	Os caminhos de Paulo antes de sua primeira viagem missionária	291
4.9.2	A primeira e a segunda viagem missionária	291
4.9.3	A terceira viagem missionária e a viagem para Roma após dois anos de detenção em Cesareia	297

Volume II

5.	AS CARTAS DO APÓSTOLO PAULO – O CORPUS PAULINUM	305
5.1	Observações preliminares	305
5.1.1	A forma das cartas paulinas	305
5.1.2	Questões gerais sobre as cartas paulinas	306
5.1.3	A história prévia do apóstolo Paulo	307
5.1.4	Cronologia da atuação pública de Paulo	308
5.1.4.1	O edito do imperador Cláudio	308
5.1.4.2	A epidemia de fome precedente	309
5.1.4.3	A troca de procuradores: Félix por Festo	309
5.1.4.4	A chamada inscrição de Gálio	310
5.1.4.5	Tabela da cronologia da atuação pública de Paulo	315
5.2	A carta aos Gálatas	320
5.2.1	Conteúdo e subdivisão	320
5.2.1.1	Subdivisão	320
5.2.2	Autoria, autenticidade e integridade	321
5.2.2.1	Autor	321
5.2.2.2	Tradição da igreja antiga	321
5.2.2.3	Autenticidade e integridade da carta aos Gálatas	323
5.2.3	Objetivo da carta aos Gálatas	328
5.2.4	Os destinatários (teoria gálata setentrional e meridional)	329
5.2.4.1	Argumentos dos defensores da teoria gálata setentrional	331
5.2.4.2	Argumentos em prol de comunidades destinatárias no sul da Galácia	337
5.2.5	Uma comparação das visitas a Jerusalém em Atos com a carta aos Gálatas	341
5.2.5.1	Comparação de Gálatas 2.1-10 com Atos 15	341
5.2.5.2	Comparação de Gálatas 2.1-10 com Atos 11.27ss e 12.25	342
5.2.6	Época da redação	343
5.2.6.1	Datação em caso de inautenticidade	343
5.2.6.2	Datação pelos representantes da teoria gálata setentrional	344
5.2.6.3	Datação pelos representantes da teoria gálata meridional	344
5.2.7	Lugar da redação	346
5.2.7.1	Em caso de datação da carta após o concílio dos apóstolos	346
5.2.7.2	Em caso de datação da carta antes do concílio dos apóstolos	347

5.2.8	Estrutura da carta aos Gálatas	347
5.2.9	Características e peculiaridades	347
5.2.10	Palavra final	348
5.3	A primeira carta aos Tessalonicenses	348
5.3.1	Conteúdo e subdivisão	348
5.3.1.1	Subdivisão	349
5.3.2	Autoria, autenticidade e integridade	349
5.3.2.1	Autor	349
5.3.2.2	Confirmação pela igreja antiga	351
5.3.2.3	Autenticidade e integridade	352
5.3.3	Fundação da igreja em Tessalônica	358
5.3.4	Objetivo e destinatários	359
5.3.5	Lugar da redação	359
5.3.6	Época da redação	360
5.3.6.1	Em caso de rejeição da autenticidade da carta	360
5.3.6.2	Em caso de admissão da autenticidade da carta	360
5.3.7	Características e peculiaridades	362
5.4	A segunda carta aos Tessalonicenses	363
5.4.1	Conteúdo e subdivisão	363
5.4.2	Autoria, autenticidade e integridade	364
5.4.2.1	Autor	364
5.4.2.2	Confirmação pela igreja antiga	364
5.4.2.3	Autenticidade e integridade	365
5.4.3	Objetivo e destinatários	374
5.4.4	Lugar da redação	375
5.4.4.1	Em caso de rejeição da autenticidade da carta	375
5.4.4.2	Em caso de admissão da autenticidade da carta	375
5.4.5	Época da redação	376
5.4.5.1	Em caso de rejeição da autenticidade da carta	376
5.4.5.2	Em caso de aceitação da autenticidade da carta	377
5.4.6	A sequência das duas cartas aos Tessalonicenses	377
5.4.7	Características e peculiaridades	380

5.5	A primeira carta aos Coríntios	380
5.5.1	Conteúdo e subdivisão	380
5.5.1.1	Subdivisão	380
5.5.2	Breve visão preliminar sobre o contato de Paulo com a igreja	382
5.5.3	Informes gerais sobre a cidade de Corinto	384
5.5.4	Sobre a fundação da igreja por Paulo	384
5.5.5	Objetivo e destinatários	385
5.5.5.1	Destinatários	385
5.5.5.2	Objetivo	385
5.5.6	Autoria, autenticidade e integridade	386
5.5.6.1	Autoria	386
5.5.6.2	Tradição da igreja antiga	387
5.5.6.3	Autenticidade	388
5.5.6.4	Integridade	388
5.5.7	Lugar da redação	390
5.5.8	Época da redação	390
5.5.9	Estrutura	391
5.5.10	Características e peculiaridades	391
5.6	A segunda carta aos Coríntios	391
5.6.1	Conteúdo e subdivisão	391
5.6.1.1	Subdivisão	391
5.6.2	Autoria, autenticidade e integridade	392
5.6.2.1	Autoria	392
5.6.2.2	Tradição da igreja antiga	393
5.6.2.3	Autenticidade	393
5.6.2.4	Integridade	393
5.6.3	Objetivo e destinatários	397
5.6.4	Lugar da redação	398
5.6.5	Época da redação	398
5.6.6	Características e peculiaridades	399
5.7	A carta aos Romanos	399
5.7.1	Conteúdo e subdivisão	399
5.7.1.1	Reflexão introdutória	399
5.7.1.2	Subdivisão	400

5.7.2	Informações gerais sobre Roma	401
5.7.3	Sobre a igreja cristã em Roma	402
5.7.4	Autoria, autenticidade e integridade	403
5.7.4.1	Autoria	403
5.7.4.2	Tradição da igreja antiga	403
5.7.4.3	Autenticidade	404
5.7.4.4	Integridade e incolumidade: a questão da originalidade de Romanos 16	404
5.7.4.5	Qual o lugar original da doxologia de Romanos 16.25-27?	406
5.7.5	Objetivo da carta aos Romanos	409
5.7.6	Lugar da redação	409
5.7.7	Época da redação	410
5.7.8	Características e peculiaridades	410
5.8	As cartas da prisão: questões gerais	411
5.8.1	Informações fundamentais	411
5.8.2	Lugar da redação	412
5.8.2.1	Éfeso	412
5.8.2.2	Cesareia	414
5.8.2.3	Roma	417
5.8.3	Época da redação das cartas da prisão	418
5.9	A carta aos Efésios	418
5.9.1	Conteúdo e subdivisão	418
5.9.2	Teria sido a carta dirigida à igreja em Éfeso?	419
5.9.2.1	Dados dos manuscritos	419
5.9.2.2	Conclusões finais e diversas hipóteses acerca dos destinatários	420
5.9.3	Alguns dados sobre a cidade de Éfeso	423
5.9.4	A igreja em Éfeso	423
5.9.5	Autoria e autenticidade	424
5.9.5.1	Autoria	424
5.9.5.2	Tradição da igreja antiga	424
5.9.5.3	Autenticidade da carta aos Efésios	425
5.9.6	Objetivo da carta aos Efésios	429
5.9.7	Lugar e época da redação	429
5.9.8	Características e peculiaridades	430

5.10	A carta aos Colossenses	431
5.10.1	Conteúdo e subdivisão	431
5.10.1.1	Subdivisão	431
5.10.2	Alguns dados sobre a cidade de Colossos	432
5.10.3	A igreja em Colossos	432
5.10.4	Autoria e autenticidade da carta aos Colossenses	433
5.10.4.1	O Autor da carta aos Colossenses	433
5.10.4.2	Tradição da igreja antiga	433
5.10.4.3	Autenticidade	434
5.10.5	Os hereges em Colossos e o motivo da carta	439
5.10.5.1	Os hereges e a réplica do apóstolo	439
5.10.5.2	Motivo e objetivo	439
5.10.6	Lugar e época da redação	439
5.10.7	Características e peculiaridades	440
5.11	A carta a Filemom	440
5.11.1	Conteúdo e subdivisão	440
5.11.2	Destinatários	440
5.11.3	Motivo e objetivo	441
5.11.4	Autoria e autenticidade	442
5.11.4.1	Autor	442
5.11.4.2	Tradição da igreja antiga	443
5.11.4.3	Autenticidade	443
5.11.5	Lugar e época da redação	444
5.11.6	Características e peculiaridades	444
5.12	A carta aos Filipenses	445
5.12.1	Conteúdo e subdivisão	445
5.12.1.1	Subdivisão	445
5.12.2	A cidade de Filipos	446
5.12.3	A igreja cristã em Filipos	447
5.12.4	Autoria, autenticidade e integridade	447
5.12.4.1	Autoria	447
5.12.4.2	Tradição da igreja antiga	448
5.12.4.3	Autenticidade	449
5.12.4.4	Integridade	449

5.12.5	Motivo e objetivo da carta	451
5.12.6	Lugar da redação	451
5.12.6.1	Éfeso	451
5.12.6.2	Cesareia	455
5.12.6.3	Roma	455
5.12.7	Época da redação	456
5.12.8	Características e peculiaridades	457
5.13	As cartas pastorais	458
5.13.1	Conteúdo e subdivisão da primeira carta a Timóteo	458
5.13.1.1	Subdivisão	458
5.13.2	Conteúdo e subdivisão da carta a Tito	459
5.13.2.1	Subdivisão	459
5.13.3	Conteúdo e subdivisão da segunda carta a Timóteo	460
5.13.3.1	Subdivisão	460
5.13.4	Autoria, autenticidade e integridade das cartas pastorais	460
5.13.4.1	Autoria (testemunho interno) da primeira carta a Timóteo	460
5.13.4.2	Autoria (testemunho interno) da carta a Tito	461
5.13.4.3	Autoria (testemunho interno) da segunda carta a Timóteo	461
5.13.4.4	Tradição da igreja antiga sobre a primeira carta a Timóteo	461
5.13.4.5	Tradição da igreja antiga sobre a carta a Tito	462
5.13.4.6	Tradição da igreja antiga sobre a segunda carta a Timóteo	463
5.13.4.7	Autenticidade das cartas pastorais	463
5.13.4.8	Integridade	469
5.13.5	Que sabemos sobre os destinatários das cartas?	469
5.13.5.1	Quem é Timóteo?	469
5.13.5.2	Quem é Tito?	471
5.13.6	Motivo e objetivo	471
5.13.6.1	Da primeira carta a Timóteo	471
5.13.6.2	Da carta a Tito	472
5.13.6.3	Da segunda carta a Timóteo	472
5.13.7	Lugar e época da redação	473
5.13.7.1	Após o primeiro cativeiro de Paulo em Roma	473
5.13.7.2	Em caso de rejeição da autenticidade	475
5.13.7.3	Tentativas de enquadramento na época de Atos dos Apóstolos	476

5.13.8	Características e peculiaridades	483
5.13.8.1	Da primeira carta a Timóteo	483
5.13.8.2	Da carta a Tito	483
5.13.8.3	Da segunda carta a Timóteo	484
6.	A CARTA AOS HEBREUS	484
6.1	Conteúdo e subdivisão	484
6.1.1	Palavra introdutória à carta aos Hebreus	484
6.1.2	Subdivisão	484
6.2	Autoria, autenticidade e integridade	485
6.2.1	Tradição da igreja antiga	485
6.2.2	Autoria	489
6.2.2.1	Paulo	489
6.2.2.2	Barnabé	491
6.2.2.3	Apolo	494
6.2.2.4	Outras propostas consideradas	495
6.3	Autenticidade e integridade	497
6.4	Objetivos e destinatários	497
6.4.1	Acerca do título da carta	497
6.4.2	Os destinatários	498
6.4.2.1	Cristãos gentios ou uma mescla de leitores cristãos judeus e gentios?	498
6.4.2.2	Destinatários judaico-cristãos	499
6.4.3	Objetivo	501
6.5	Lugar da redação	502
6.6	Época da redação	503
6.7	Estrutura	504
6.8	Características e peculiaridades	505
7.	AS CARTAS CATÓLICAS	506
7.1	Informações gerais sobre as cartas católicas	506
7.2	A carta de Tiago	507
7.2.1	Conteúdo e subdivisão	507
7.2.1.1	Palavra introdutória	507
7.2.1.2	Subdivisão	508
7.2.3	Atestação da igreja antiga	508

7.2.4	Autoria	510
7.2.4.1	Autor desconhecido	510
7.2.4.2	Tiago, irmão do Senhor, como autor	510
7.2.4.3	Objeções contra a autoria do apóstolo Tiago	514
7.2.5	Destinatários	514
7.2.6	Lugar da redação	515
7.2.7	Época da redação	515
7.2.7.1	Datação histórico-crítica	515
7.2.7.2	Época da redação no caso da autoria de Tiago, irmão do Senhor	516
7.2.8	Características e peculiaridades	516
7.3	A primeira carta de Pedro	517
7.3.1	Conteúdo e subdivisão	517
7.3.2	Autoria, atestação da igreja antiga e autenticidade	518
7.3.2.1	Autoria (testemunho interno)	518
7.3.2.2	Atestação da igreja antiga	518
7.3.2.3	Autenticidade	520
7.3.3	Integridade	525
7.3.4	Objetivo e destinatários	525
7.3.4.1	Objetivo	525
7.3.4.2	Destinatários	525
7.3.5	Lugar da redação	526
7.3.5.1	Em caso de rejeição da autenticidade	526
7.3.5.2	Em caso de admissão da autenticidade	526
7.3.6	Época da redação	526
7.3.6.1	Em caso de rejeição da autenticidade	526
7.3.6.2	Em caso de admissão da autenticidade	528
7.3.7	Características e peculiaridades	528
7.4	A segunda carta de Pedro	529
7.4.1	Conteúdo e subdivisão	529
7.4.2	Autoria, atestação da igreja antiga e autenticidade	529
7.4.2.1	Autoria (testemunho interno)	529
7.4.2.2	Atestação da igreja antiga	530
7.4.2.3	Autenticidade	531

7.4.3	Objetivo e destinatários	539
7.4.3.1	Objetivo	539
7.4.3.2	Destinatários	539
7.4.4	Lugar da redação	540
7.4.5	Época da redação	540
7.4.5.1	Em caso de rejeição da autenticidade	540
7.4.5.2	Em caso de aceitação da autenticidade	541
7.4.6	Características e peculiaridades	541
7.5	A carta de Judas	542
7.5.1	Conteúdo e subdivisão	542
7.5.2	Autoria, atestação da igreja antiga e autenticidade	542
7.5.2.1	Autor (testemunho interno)	542
7.5.2.2	Atestação da igreja antiga	542
7.5.2.3	Autoria e autenticidade	544
7.5.2.4	Análise das objeções contra a autenticidade	544
7.5.3	A questão da "dependência literária" da carta de Judas de 2Pedro	546
7.5.4	Algumas características dos falsos mestres	547
7.5.5	Teria Judas utilizado literatura apócrifa?	548
7.5.5.1	Posicionamento sobre a relação entre Judas 9 e Assumptio Mosis	548
7.5.5.2	Posicionamento sobre a relação entre Judas 14s e o Livro de Enoque	549
7.5.6	Objetivo e destinatários	552
7.5.7	Lugar e época da redação	552
7.6	A primeira carta de João	552
7.6.1	Conteúdo e subdivisão	552
7.6.2	Autoria, autenticidade e integridade	553
7.6.2.1	Tradição da igreja antiga	553
7.6.2.2	Autenticidade	554
7.6.2.3	Integridade	557
7.6.3	Objetivo	557
7.6.4	Destinatários	557
7.6.5	Lugar da redação	558
7.6.6	Época da redação	558
7.6.7	O comma johanneum	558
7.6.8	Características e peculiaridades	559

7.7	A segunda e a terceira carta de João	560
7.7.1	Conteúdo e subdivisão	560
7.7.1.1	Subdivisão da segunda carta de João	560
7.7.1.2	Subdivisão da terceira carta de João	560
7.7.2	Tradição da igreja antiga, autoria e autenticidade	560
7.7.2.1	Tradição da igreja antiga	560
7.7.2.2	Autoria e autenticidade	562
7.7.3	Objetivo	563
7.7.4	Destinatários	563
7.7.5	Lugar e época da redação	563
7.7.6	Características e peculiaridades	564
8.	O Apocalipse de João	564
8.1	Palavras introdutórias sobre o Apocalipse de João	564
8.2	Conteúdo e subdivisão	564
8.3	Pertence o Apocalipse de João à literatura apocalíptica?	566
8.3.1	Características da literatura apocalíptica	566
8.3.2	Surgimento do pensamento apocalíptico	567
8.3.3	Relação entre apocalipsismo intrabíblico e profetismo	568
8.3.4	Relação entre apocalipsismos intrabíblico e extrabíblico	568
8.4	Autoria, atestação da igreja antiga, autenticidade e integridade	569
8.4.1	Autoria (testemunho interno)	569
8.4.2	Atestação da igreja antiga	569
8.4.3	Autenticidade	571
8.4.3.1	Objeções contra a redação pelo discípulo de Jesus, apóstolo e zebedaida João	571
8.4.3.2	Redação pelo discípulo de Jesus, apóstolo e zebedaida João	573
8.4.4	Integridade	573
8.5	Objetivo e destinatários	574
8.6	Lugar da redação	574
8.7	Época da redação	574
8.7.1	Entre Nero (54-68) e Vespasiano (69-79)?	574
8.7.2	Sob Domiciano (81-96)	575
8.8	Características e peculiaridades	576
8.9	Visão panorâmica sobre a evolução dos eventos escatológicos com base no número 7	577

9.	APÊNDICE: A QUESTÃO DA PSEUDEPIGRAFIA NA LITERATURA EPISTOLAR DO NT	579
9.1	Apresentação do problema	579
9.2	Análise do problema	579
9.3	A concepção peculiar de Kurt Aland	579
9.4	A pseudepigrafia extrabíblica	580
9.5	Exemplos judaicos	581
9.5.1	A Carta de Jeremias	581
9.5.2	A Carta de Aristeias	581
9.6	Pseudepigrafias cristãs não canônicas em forma epistolar fictícia	581
9.7	Exemplos discutidos do NT	583
9.8	Imitação e sua descoberta	584
9.9	A pergunta pela verdade	584
9.10	Teses finais	585
C.	**Bibliografia sobre o cânon do NT**	587

Bibliografia 589

Glossário 619

Dados dos pais da Igreja 621

ÍNDICE DE ABREVIATURAS

AB	*The Anchor Bible*, Garden City: Doubleday
a.C.	antes de Cristo
A.D.	Ano Domini/Ano do Senhor
ASNU	*Acta Seminarii Neotestamentica Upsaliensis*
ASTI	Annual of the Swedish Theological Institute
AT	Antigo Testamento
BBB	*Bonner Biblische Beiträge*
BDR	*Grammatik des neutestamentlichen Griechisch*
BFChTh	Beiträge zur Förderung Christlicher Theologie
BS	*Bibliotheca Sacra*, publicação quadrimestral do Dallas Theological Seminary
BuG	*Bibel und Gemeinde*
BZNW	*Beihefte zur Zeitschrift für die neutestamentliche Wissenschaft und die Kunde der älteren Kirche*
c.	cerca de
cf.	confira, conforme
CChr.SL	*Corpus Christianorum Series Latina*
CE	*Christelijke Enzyclopedie*
CEB	*Commentaire évangélique de la Bible*
CSEL	*Corpus Scriptorum Ecclesiasticorum Latinorum*
d.C.	depois de Cristo
EBC	*The Expositor's Bible Commentary*
Edition C	*Edition C-Bibelkommentar*
EQ	*The Evangelical Quarterly*
EThS	*Erfurter Theologische Studien*
Euseb. HE	Eusébio de Cesareia, *Kirchengeschichte* [*História eclesiástica* (Rio de Janeiro: CPAD, 1999)].
FRLANT NF	*Forschungen zur Religion und Literatur dês Alteni Testaments*
GBL	*Das Grosse Bibellexikon*
GCS	*Die griechishen christlichen Schriftsteller der ersten drei Jahrhunderte*

Greek-NT3	K. ALAND et al., *The Greek New Testament*, 3.ed. (United Bible Societies, 1975)
HNT	*Handbuch zum Neuen Testament*
HThK	*Herders theologischer Kommentar zum Neuen Testament*
HvS	*Griechische Grammatik zum Neuen Testament*
IBD	*The Illustrated Bible Dictionary*
IBRI Report	*Interdisciplinary Biblical Research Institute, Research Report*
ICC	*International Critical Commentary*
in	em
IntB	*The Interpreter's Bible*
JBL	*Journal of Biblical Literature*, Society of Biblical Literature
JBR	*The Journal of Bible and Religion*
JETh	*Jahrbuch für Evangelikale Theologie*
JETS	*Journal of the Evangelical Theological Society*
JTS	*Journal of Theological Studies*
Lange NT	*Theologisch-homiletisches Bibelwerk*
LXX	*Septuaginta*
m.	morte
Meyer	*Kritisch-exegetischer Kommentar über das Neue Testament*, iniciado por H. A. W. MEYER
Migne-SG	*Patrologiae Cursus Completus* (série grega)
Migne-SL	*Patrologiae Cursus Completus* (série latina)
n.	número
Nestle-Aland27	K. ALAND et al. (Org.), *Novum Testamentum Graece*, 27. ed. (Stuttgart: Deutsche Bibelgesellschaft, 1993)
NBD	*The New Bible Dictionary*
NICNT	*The New International Commentary on the New Testament*
NTD	*Das Neue Testament Deutsch — Neues Göttinger Bibelwerk*,
NTOA	*Novum Testamentum et Orbis Antiquus*
NT	Novo Testamento
NTS	*New Testament Studies*, Cambridge
p.ex.	por exemplo
RGG3	*Die Religion in Geschichte und Gegenwart*
s	seguinte
ss	seguintes

SBA	*Sitzungsberichte der Berliner Akademie der Wis philosophisch--historische Klasse*
SNTSMS	*Society for New Testament Studies Monograph Series*
StNT	*Studien zum Neuen Testament*
tb.	também
ThBeitr	*Theologische* Beiträge
ThBLNT	*Theologisches Begriffslexikon zum Neuen Testament*
ThHK	*Theologischer Handkommentar zum Neuen Testament*
ThLZ	*Theologische Literaturzeitung*
ThNT	*Teologischer Handkommentar zum Neuen Testament*
ThStKr	*Teologische Studien und Kritiken*
ThWNT	*Theologisches Wörterbuch zum Neuen Testament*
ThZ	*Theologische Zeitschrift*, da Theologischen Fakultat der Universitat Basel
TNTC	*Tyndale New Testament Commentaries*
TübZTh	*Tübinger Zeistschrift für Theologie*
TU NF	Texte und Untersuchungen zur Geschichte der altchristlichen Literatur
v.	versículo, volume
WC	*Westminster Commentary*
WSt	*Wuppertaler Studienbibel* [*Comentários Esperança*, Curitiba, Editora Esperança, 1998ss]
WUNT	*Wissenschaftliche Untersuchungen zum Neuen Testament*
ZNW	*Zeitschrift für die neutestamentliche Wissenschaft und die Kunde der älteren Kirche*
ZThK	*Zeitschrift für Theologia und Kirche*

Volume I

VOLUME I

A. Prolegômenos à Introdução aos escritos do Novo Testamento

1. CONFISSÃO EM PROL DA ESCRITURA SAGRADA

a) Reconhecemos e respeitamos os escritos canônicos do AT e do NT como a infalível palavra de Deus.

b) Deus se revela em sua palavra. Essa palavra é eterna (Mt 24.35; 1Pe 1.25), criadora (Gn 1.3ss; Hb 11.3), compreensível para o ser humano, direta, precisa e frutífera (Lc 8.11-15; Cl 1.5s). Ela é o Verbo que se fez carne (Jo 1.1-14).

c) Deus concedeu a palavra escrita para que o conteúdo da mensagem divina permaneça inalterado e possa alcançar os confins da terra (Mt 5.18; 24.35; Mc 16.15s; Jo 10.35b; 1Co 10.11).

d) Jesus Cristo é a palavra viva e eterna de Deus (Jo 1.1ss) e afiança a verdade e a origem divina da palavra escrita (Jo 17.17). Jesus é o cumprimento do AT (Jo 5.39; Hb 10.5-7).

e) A revelação é a ação de Deus pela qual ele se revela a suas criaturas. A inspiração[1] é a influência decisiva do Espírito Santo sobre os autores do AT e do NT, graças à qual anunciaram e anotaram de forma precisa e credenciada a mensagem recebida de Deus (2Pe 1.19-21).

f) A Escritura Sagrada toda é *theopneustos*[2] i.e., infundida por Deus e imbuída de seu Espírito (2Tm 3.16). Por isso, em todas as suas asserções ela é sem erro ou falha e "autoridade divina infalível em todas as áreas de que trata".[3]

g) Cremos em uma inspiração plena, conforme à palavra. Isso significa para nós que na redação do texto original o Espírito Santo conduziu os autores até mesmo na escolha das expressões, e precisamente na Escritura toda, sem no entanto desligar a

---

[1] Inspiração = infusão pelo Espírito Santo.

[2] *Theopneustos* = soprado por Deus; cf. 2Tm 3.16a: "Toda a Escritura [= a Escritura inteira] é soprada por Deus...".

[3] *Declaração de Chicago*, sobre a inerrância da Bíblia, S. KÜLLING, Das Anliegen des ICBI, die Chicago-Erklärung und wir, BuG, n. 1, 1979, 2. ed. (Riehen: Immanuel, 1987), p. 7.

personalidade dos autores. "Levamos em conta cada palavra da Bíblia. Se as palavras nos são tiradas, perde-se automaticamente para nós o sentido inequívoco."[4]

h) Não apenas a própria Sagrada Escritura confirma que ela é palavra de Deus, mas também Cristo (Mt 4.4; Lc 24.44-47) e os apóstolos confirmam o testemunho da Sagrada Escritura (At 2.14-36; 13.16-41; 1Co 15.1-4).

i) A pregação de Cristo e dos apóstolos era e é chamada palavra de Deus (ou palavra do Senhor; Lc 5.1; At 8.14; 11.1; 12.24; 13.7,44,46,48s; 15.35s; 17.13; 18.11; 19.20; Rm 10.17; 2Co 4.2; 1Ts 2.13; 4.15; 1Pe 1.23-25; 4.11).

j) A Bíblia não cessa de ser a palavra de Deus, válida ainda hoje (cf. os numerosos verbos no presente em citações do AT no NT: Mt 22.43; Jo 5.39; At 2.25; 7.48; Rm 4.3; 9.25; 10.11; Hb 3.7,15; 4.7,12).

k) As citações do AT sublinham a credibilidade e inspiração divina do NT. Conforme Pache[5] arrolam-se 295 comprovações diretas ou referências diretas. Somadas as alusões, a participação do AT no NT perfaz cerca de 10%. Digno de nota é o fato de que não se podem comprovar quaisquer citações literais diretas dos apócrifos do AT, apesar do difundido uso da *Septuaginta*[6] na época de Jesus.

l) O NT não é apenas uma série de escritos inspirados aleatoriamente alinhavados, mas forma — como o AT, e em conjunto com ele — uma maravilhosa unidade.[7]

1.1 Bibliografia adicional

- Archer, G. L. *Encyclopedia of Bible Difficulties*. Grand Rapids: Zondervan, 1982.
- Boice, J. M. *Die Unfehlbarkeit der Bibel*. Riehen: Immanuel, 1987.
- Bruce, F. F. *Die Glaubwürdigkeit der Schriften des Neuen Testament*. 3. ed. Bad Liebenzell: Liebenzeller Mission, 1978.

---

[4] C. H. Spurgeon, apud E. Sauer, *Gott, Menschheit und Ewigkeit*, 2. ed. (Wuppertal: Brockhaus, 1955), p. 105.

[5] Cf. R. Pache, *Inspiration und Autorität der Bibel*, 3. ed. (Wuppertal: Brockhaus, 1985), p. 90.

[6] A *Septuaginta* (abrev.: LXX) é uma tradução do AT em idioma grego do tempo pré-cristão (iniciada c. 250 a.C.). Nos manuscritos preservados até hoje também estão contidos apócrifos do AT, mas que faltam no AT hebraico e, por consequência, no cânon da Sagrada Escritura.

[7] Essa unidade se evidencia, entre outros, nos seguintes pontos:
— na correlação de profecia e cumprimento;
— após a destruição do relacionamento não turbado do ser humano com Deus e por causa da subsequente natureza fundamentalmente pecadora do ser humano (cf., p. ex., Gn 3; Sl 51.7; Rm 5.12) exclui-se qualquer autorredenção, tanto no AT como no NT;
— Deus franqueia ao ser humano a reconciliação e redenção vicárias (cf. os sacrifícios do AT e a morte vicária de Jesus no NT);
— Deus firma com os seres humanos uma aliança (antiga e nova alianças).

A. Prolegômenos à Introdução aos escritos do Novo Testamento   35

- CRISWELL, W. A. *Ist die Bibel altmodisch und überholt?* Wetzlar: HSW, 1973.
- GAUSSEN, L. *La pleine Inspiration des Saintes Ecritures ou Théopneustie.* Saint-Légier: PERLE, 1985
- KÜLLING, S. *Das Anliegen des ICBI, die Chicago-Erklärung und wir.*
- LINDSELL, H. *The Battle for the Bible.* Grand Rapids: Zondervan, 1976.
- McDOWELL, J. *Bibel im Test.* Neuhausen-Stuttgart: Hänssler, 1987.
- McDOWELL, J.; STEWART, D. *Antworten auf skeptische Fragen über den christlichen Glauben.* 4. ed. Asslar: Schulte & Gerth, 1991.
- MONTGOMERY, J. W. *God's Inerrant Word.* Minneapolis: Bethany-Fellowship, 1974.
- PACHE, R. *Inspiration und Autorität der Bibel.*
- SAUER, E. *Offenbarung Gottes und Antwort des Glaubens.* Wuppertal: Brockhaus, 1969.
- SCHNABEL, E. *Inspiration und Offenbarung.* Wuppertal: Brockhaus, 1986.
- SPURGEON, C. H. *Es steht geschrieben.* Bielefeld: CLV, 1991.
- STADELMANN, H. *Grundlinien eines bibeltreuen Schriftverständnisses.* 2. ed. Wuppertal: Brockhaus, 1990.
- WARFIELD, B. B. *The Inspiration and Authority of the Bible.* Grand Rapids: Baker, 1948.
- WENHAM, J. *Christ and the Bible.* 4. ed. Leicester: InterVarsity, 1979.
- YOUNG, E. J. *Thy Word is Truth.* 10. ed. Grand Rapids: Eerdmans, 1978.

2. RELEVÂNCIA, NOME E CONTEÚDO DO NT

2.1 Relevância

Com muita propriedade o reformador Martinho Lutero escreve no "Prefácio ao Novo Testamento" de 1522:

> Porque "evangelho" é uma palavra grega e quer dizer "boa mensagem", "boa notícia", "boa nova", bom anúncio, de que se canta, se fala e se alegra. Por exemplo: Quando Davi subjugou o gigante Golias, o povo judeu recebeu a boa notícia e a novidade consoladora de que seu inimigo terrível tinha sido morto, e eles, agora, estavam salvos, levados à alegria e paz; motivo por que cantaram e dançaram e ficaram alegres. Da mesma forma este evangelho de Deus e este Novo Testamento é boa nova e notícia, que os apóstolos fizeram ressoar em todo o mundo: a boa notícia de um bom Davi, que lutou com o pecado, a morte e o Diabo e os subjugou; assim salvou, justificou, vivificou e beatificou, sem que o merecessem, a todos aqueles que estavam presos em pecados, atormentados pela morte e subjugados pelo

Diabo; dessa forma os levou de volta para casa, para a paz e para Deus, motivo pelo qual eles cantam, dão graças a Deus, louvam e estão alegres eternamente ditosos, desde que o creiam firmemente e permaneçam na fé.[8]

Além disso, remetemos para os marcantes e notáveis 27 parágrafos do prefácio escrito por Bengel à sua obra *Gnomon*[9] (sobretudo § 1 e 5).

2.2 Nome e conteúdo do NT[10]

Com o nome *Novo Testamento* (καινὴ διαθήκη — kainē diathēkē) — muito provavelmente usado primeiro como termo diferencial do conceito "Antigo Testamento (παλαιὰ διαθήκη — palaia diathēkē) — designamos a coletânea dos 27 escritos canônicos[11] da "nova aliança".

Essa nova aliança é a oferta abrangente de salvação por Deus em Jesus Cristo e ao mesmo tempo cumprimento da antiga aliança (cf. Jr 31.31-34; 2Co 3; Hb 8).

Jesus de Nazaré — verdadeiro Deus e verdadeiro ser humano — é o Mediador dessa nova aliança, ou Novo Testamento (cf. Hb 9.15ss; 12.24; 1Tm 2.5s etc.), que por sua morte expiatória na cruz (2Co 5.21; 1Pe 2.24) solucionou validamente a questão da culpa e franqueou o acesso ao Pai. No entanto, no caso do NT não se trata meramente da última vontade de um falecido, mas da oferta de salvação daquele que diz de si mesmo: "Eu sou o Primeiro e o Último. Sou Aquele que Vive. Estive morto, mas agora estou vivo para todo o sempre! E tenho as chaves da morte e do Hades" (Ap 1.17b,18).

Na primeira seção do *NT*[12] estão os *quatro evangelhos,* que trazem relatos fidedignos de testemunhas acerca do Messias Jesus, mais precisamente de como se

---

[8] MARTINHO LUTERO, *Pelo evangelho de Cristo*, Porto Alegre: Concórdia; São Leopoldo: Sinodal, 1984, p. 173s.

[9] J. A. BENGEL, *Gnomon*, 8. ed. (Stuttgart: Steinkopf, 1970).

[10] Cf. O. CULLMANN, *Einführung in das Neue Testament*, (München; Hamburg: Siebenstern, 1968), p. 9; H. GREEVEN, Text und Textkritik der Bibel, in: RGG3, v. 6, p. 716s; W. G. KÜMMEL, *Bibel*: v. 2, in: RGG3, v. 1. p. 1130s; W. C. van UNNIK, *Einführung in das Neue Testament* (Wuppertal: Brockhaus, 1967), p. 5ss; A. WIKENHAUSER & J. SCHMID, *Einleitung in das Neue Testament*, 6. ed. (Freiburg; Basel; Wien: Herder, 1973), p. 1.

[11] Cânon é o nome dado à coletânea de livros e cartas sagrados, inspirados pelo Espírito Santo, e que constituem a Bíblia.

[12] Para o que segue, cf. a subdivisão do AT em três partes: livros históricos, livros didáticos e salmos, livros proféticos. (O termo correto seria "paráclese" (= aconselhamento fraterno, consolo, estímulo), derivado do frequente verbo παρακαλέω — parakaleō uma vez que παραινέω — paraineō (= exortar, aconselhar moralmente) praticamente não ocorre no NT, exceto em At 27.9.22 [N. do T.].)

tornou ser humano, serviu, ensinou, chamou seus discípulos, padeceu e morreu, e de como ressuscitou corporalmente e ascendeu aos céus. Em Atos dos Apóstolos somos informados sobre o nascimento da igreja do NT no dia de Pentecostes, bem como sobre a marcha vitoriosa do evangelho de Jerusalém até Roma.

Na *segunda seção do NT* constam as *cartas*. São em boa parte escritos de ocasião. Além de se referir a situações eclesiais concretas, contêm sobretudo ensinamento e exortação ("parênese"). As cartas nos explicitam de que maneira eram solucionadas nas congregações questões e problemas com apoio apostólico, e como a igreja das duas primeiras gerações foi edificada e consolidada. Após *13 epístolas de Paulo* (entre elas 4 cartas da prisão e 3 assim chamadas cartas pastorais) aparece a *carta aos Hebreus* com uma mensagem muito especial. Seguem-se as chamadas 7 *cartas católicas* (= cartas para a totalidade das congregações cristãs).

Na *terceira seção* aparece como livro profético o *Apocalipse de João*, que revela a realidade das igrejas por volta do fim do século I. Os crentes ameaçados de dentro e de fora são encorajados a confiar no Senhor, que conduz a igreja à consumação e detém o poder até mesmo nas turbulências dos últimos tempos.

3. OS RECURSOS MAIS IMPORTANTES PARA O ESTUDO DO NT

Limitamo-nos aqui apenas aos dados mais importantes, sem reivindicar completude. Em algumas áreas vêm constantemente a lume novas e importantes obras ou reedições.

3.1 Edições do NT grego

As edições mais práticas e melhores para fins de pesquisa são:
- ALAND, K. et al. *Novum Testamentum Graece Nestle-Aland*. 27. ed. Stuttgart: Deutsche Bibelgesellschaft, 1993 (abrev.: Nestle-Aland27).
- ALAND, B. et al. *The Greek New Testament*. 4. ed. Stuttgart: Deutsche Bibelgesellschaft/ United Bible Societies, 1993 (abrev. Greek-NT4).

O texto do Greek-NT4 coincide com o de Nestle-Aland27, porém as duas edições são consideravelmente diferentes na subdivisão e apresentação do texto, bem como no aparato de crítica textual. O Greek-NT4 apresenta por página cerca de uma a três variantes, em Nestle-Aland27 elas são muito mais numerosas. Nestle-Aland26 (o mesmo vale para Nestle-Aland27) traz uma coletânea de material que "supera todas as edições anteriores comparáveis, tanto em volume como em modernidade [...] Se no futuro forem feitas ponderações sobre uma alteração do 'texto-padrão' do Greek

New Testament3 e de Nestle-Aland26, estabelecido exclusivamente com as edições a serem distribuídas de hoje em diante pelas sociedades bíblicas internacionais, poderão partir do aparato crítico em Nestle-Aland26".[13] Desse modo se alcançou incontestavelmente um ponto culminante na história da pesquisa textual do NT.

3.1.1 Recursos para uso do NT grego

Como auxílio para o entendimento, visando a justificar a respectiva versão textual em variantes no Greek-NT4, recomenda-se:
- METZGER, B. M. *A Textual Commentary on the Greek New Testament.* 2. ed. London; New York: United Bible Societies, 1993.

Para uma introdução básica à crítica textual devem ser recomendadas as seguintes obras:
- ALAND, K.; ALAND, B. *Der Text des Neuen Testaments.* 2. ed. Stuttgart: Deutsche Bibelgesellschaft, 1989.
- METZGER, B. M. *Der Text des NT — Eine Einführung in die neutestamentliche Textkritik.* Stuttgart; Berlin; Köln; Mainz: Kohlhammer, 1966.

3.2 Dicionários, concordâncias e léxicos da Bíblia

3.2.1 Grego clássico

- LIDDELL, H. G.; SCOTT, R.; JONES, H. S. *A Greek-English Lexicon.* 10. ed. Oxford: Clarendon Press, 1968.
- MENGE, H. *Langenscheidts Grosswörterbuch Griechisch.* 23. ed. Berlin; München; Zürich: Langenscheidt, 1979.

3.2.2 *Septuaginta* (LXX) e mundo contemporâneo do NT

- A. RAHLFS (Org.). *Septuaginta.* Stuttgart: Deutsche Bibelgesellschaft (1935), 1979.
- HATCH, E.; REDPATH, H. A. *A Concordance to the Septuagint and the other Greek Versions of the Old Testament:* including the Apocryphal Books. Graz: Akad. Druck- und Verlagsanstalt (1897), 1954.

---

[13] *Bericht der Stiftung zur Förderung der neutestamentlichen Textforschung für die Jahre 1975 und 1976,* apud H. ZIMMERMANN, *Neutestamentliche Methodenlehre — Darstellung der historisch-kritischen Methode,* 6. ed.(Stuttgart: Katholisches Bibelwerk, 1978), p. 39.

- MOULTON, J. H.; MILLIGAN, G. *The Vocabulary of the Greek Testament.* Grand Rapids: Eerdmans (1930), 1980.

3.2.3 Novo Testamento

- BAUER, W.; ALAND, K.; ALAND, B. *Griechisch-deutsches Wörterbuch zu den Schriftten des Neuen Testamentes und der frühchristlichen Literatur.* 6. ed. Berlin; New York: de Gruyter, 1988.
- INSTITUT FÜR NEUTESTAMENTLICHE TEXTFORSCHUNG; RECHENZENTRUM DER UNIVERSITÄT MÜNSTER. *Concordance to the Novum Testamentum Graece/ Konkordanz zum Novum Testamentum Graece.* 3. ed. Berlin; New York: de Gruyter, 1987.
- COENEN, L.; BEYREUTHER, E.; BIETENHARD, H. (Org.). *Theologisches Begriffslexikon zum Neuen Testament.* 9. ed. Wuppertal: Brockhaus, 1993 (abrev.: ThBLNT).[14]
- KITTEL, G.; FRIEDRICH, G. (Org.). *Theologisches Wörterbuch zum Neuen Testament.* Stuttgart; Berlin; Köln; Mainz: Kohlhammer, 1990 (abrev.: ThWNT).
- MORGENTHALER, R. *Statistik des neutestamentlichen Wortschatzes.* 3. ed. Zürich: Gotthelf, 1982.
- MOULTON, W. F.; GEDEN, S. *A Concordance to the Greek Testament.* 5. ed. Edinburgh: T & T Clark, 1984.
- SCHMOLLER, A. *Handkonkordanz zum griechischen Neuen Testament.* Stuttgart: Deutsche Bibelgesellschaft, 1989.

3.2.4 Léxicos da Bíblia

- RIENECKER, F. *Lexikon zur Bibel.* 19. ed. Wuppertal; Zürich: Brockhaus; Gondrom, 1991.
- *The New Bible Dictionary.* Leicester. InterVarsity, 1962 (abrev.: NBD).
- *The Illustrated Bible Dictionary* Leicester: InterVarsity; Wheaton: Tyndale; Sidney; Auckland: Hodder & Stoughton, 1980 (abrev.: IBD)
- BURKHARDT, H. et al. (Org.). *Das grosse Bibellexikon.* Wuppertal: Brockhaus; Giessen: Brunnen, 1987-1989.
- HENNIG, K. (Org.). *Jerusalemer Bibellexikon.* Neuhausen-Stuttgart: Hänssler, 1990.

---

[14] Essa obra e o subsequente dicionário teológico contêm preciosas informações sobre a história da língua. Contudo, não podemos concordar com a maioria das conclusões teológicas, porque se baseiam preponderantemente num fundamento histórico-crítico.

3.3 Gramáticas

- HOFFMANN, E. G.; SIEBENTHAL, H. cf. *Griechische Grammatik zum Neuen Testament*. 2. ed. Riehen: Immanuel, 1990 (abrev.: HvS).
- BLASS, F.; DEBRUNNER, A.; REHKOPF, F. *Grammatik des neutestamentlichen Griechisch*. 15. ed. Göttingen: Vandenhoeck & Ruprecht, 1979 (abrev.: BDR).

3.4 Bibliografia hermenêutica

- CARSON, D. A.; WOODBRIDGE, J. D. (Org.). *Hermeneutics, Authority and Canon*. Grand Rapids: Zondervan, 1986.
- FEE, G. D. *Gospel and Spirit — Issues in New Testament Hermeneutics*. Peabody: Hendrickson, 1991.
- HENRY, C. F. H. (Org.). *Revelation and the Bible — Contemporary Evangelical Thought*. Grand Rapids: Baker, 1976.
- MAIER, G. *Biblische Hermeneutik*. Wuppertal; Zürich: Brockhaus, 1990.
- MARSHALL, I. H. (Org.). *New Testament Interpretation — Essays on Principles and Methods*. Carlisle: Paternoster, 1992.
- RADMACHER, E. D.; PREUS, R. D. (Org.). *Hermeneutics, Inerrancy and the Bible: Papers from LCBI Summit II*. Grand Rapids: Zondervan, 1984.
- RAMM, B. L. et al. *Hermeneutics*. 2. ed. Grand Rapids: Baker, 1988.
- RIDDERBOS, H. *Begründung des Glaubens — Heilsgeschichte und Heilige Schrift*. Wuppertal: Brockhaus, 1963.
- TERRY, M. S. *Biblical Hermeneutics*. Grand Rapids: Zondervan, 1979.

4. CONCEITO, TAREFA E HISTÓRIA DA INTRODUÇÃO AO NT

4.1 Definição de introdução ao NT[15]

A ciência introdutória ao NT tem por conteúdo as questões sobre o surgimento dos escritos do NT. Além disso, trata igualmente da tradição textual e da formação do cânon do NT.[16] Segundo seu propósito, a ciência introdutória é uma disciplina histórica que visa a explicitar o fundo histórico de cada escrito.

---

[15] Cf. W. G. KÜMMEL, *Einleitung in das Neue Testament*, 21. ed. (Heidelberg: Quelle & Meyer, 1983), p. 5s; H.-M. SCHENKE & K. M. FISCHER, *Einleitung in die Schriften des NT* (Berlin: Evangelische Verlagsanstalt, 1978), p. 19ss; A. WIKENHAUSER & J. Schmid, op. cit., p. 2.

[16] Cf. H.-M. SCHENKE & K. M. FISCHER, op. cit., p. 20, essa tripartição perfaz o tipo clássico de uma introdução. Cf. tb. F. Barth, *Einleitung in das Neue Testament* (Gütersloh: Bertelsmann, 1908), p. 14s. Contudo, essa tripartição não é obrigatória, como evidenciam D. GUTHRIE (*New Testament Introduction*, ed. rev., 4. ed. [Leicester: Apollos; Downers Grove: InterVarsity, 1990]) e outras obras. Daremos maior peso à primeira parte.

4.2 História da introdução ao NT[17]

Embora a ciência introdutória tenha surgido como disciplina histórico-teológica somente na era do Iluminismo (séc. XVII), encontram-se seguramente afirmações muito mais antigas com expressividade e intenção históricas. Por exemplo, os mais antigos manuscritos em pergaminho de que temos conhecimento já trazem títulos (*inscriptiones*) ou assinaturas (*subscriptiones*), capazes de citar autor, destinatários, portador ou lugar da redação. Papias (c. 130)[18] fez anotações sobre a autoria de diversos escritos do NT.[19] O *Cânon muratoriano* (c. 180)[20] com suas anotações constitui outro exemplo conhecido de observações acerca dos diversos escritos. De forma cada vez mais frequente e pormenorizada são também acrescentados aos escritos do NT sumários e referências mais extensas acerca do surgimento. Um famoso exemplo disso são os "Prefácios ao Novo Testamento" de Lutero. Também pais da igreja como Orígenes, Eusébio[21] e Jerônimo[22] nos legaram afirmações de cunho introdutório.

---

[17] Cf. H. APPEL, *Einleitung in das Neue Testament* (Leipzig; Erlangen: Deichert, 1922), p. 1ss; F. BARTH, op. cit., p. 12ss; P. FEINE, *Einleitung in das Neue Testament*, 5. ed. (Leipzig: Quelle & Meyer, 1930), p. 5-7; H. J. HOLTZMANN, *Lehrbuch der Historisch-Kritischen Einleitung in das Neue Testament*, 3. ed. (Freiburg: Mohr, 1892), p. 1ss; A. JÜLICHER, *Einleitung in das Neue Testament*. 6. ed. (Tübingen: Mohr, 1913), p. 7ss; W. G. KÜMMEL, *Einleitung*, p. 6-10; idem, Bibelwissenschaft des NT, in: RGG3. v. 1, p. 1236ss; M. MEINERTZ, *Einleitung in das Neue Testament*, 5. ed. (Paderborn: Schöningh, 1950), p. 9ss; W. MICHAELIS, *Einleitung in das Neue Testament*, 3. ed. (Berna: Berchtold Haller Verlag, 1961), p. 8s: A. WIKENHAUSER & J. SCHMID, op. cit., p. 3ss.

[18] Quanto à datação e contextualização histórica de Papias, cf. U. SWARAT, *Alte Kirche und Neues Testament — Theodor Zahn als Patristiker* (Wuppertal; Zürich: Brockhaus, 1991), p. 225ss.

[19] Cf. sua obra de cinco volumes λογίων κυριακῶν ἐξηγήσεως — logiōn kyriakōn exēgēseōs, "explicação das palavras do Senhor". Dele nos foram preservadas cerca de 13 citações, as mais importantes em Ireneu e Euseb. HE (Ἐκκλησιαστικῆς ἱστορίας — Ekklesiastikēs historias); K. ALAND (Org.), *Synopsis Quattuor Evangeliorum*, 13. ed. (Stuttgart: Deutsche Bibelgesellschaft, 1985), p. 531s.

[20] Esse índice canônico foi descoberto por L. A. Muratori em um manuscrito de Milão oriundo do mosteiro de Bobbio, datado do séc. VIII. Existe somente em fragmentos e contém também escritos apócrifos. Parte do texto latino desse fragmento encontra-se em K. ALAND, *Synopsis*, p. 538. A versão completa está em M. MEINERTZ, op. cit., p. 319ss, e em G. MILLIGAN, *The New Testament Documents — Their Origin and Early History* (London: MacMillan, 1913), p. 286ss (acrescentando à p. 222 um recorte em fac-símile). A tradução alemã do *Cânon muratoriano* pode ser encontrada em W. SCHNEEMELCHER (Org.), *Neutestamentliche Apokryphen in deutscher Übersetzung*, 6. ed. (Tübingen: Mohr, 1990), p. 28s.

[21] Cf. Euseb. HE.

[22] Cf. seu *Catalogus scriptorum ecclesiasticorum*, os prefácios a seus comentários e traduções, bem como sua obra *De viris illustribus*.

"Eruditos bíblicos, como Eutálio de Alexandria e Vítor de Cápua em suas observações iniciais e marginais, exegetas como Teodoro, Ambrosiastro, além de Crisóstomo, Teodoreto e também Cosmas Indicopleustes [...] trazem ocasionalmente contribuições notórias."[23] *Introductores scripturae divinae*[24] é como Cassiodoro[25] denomina, por volta de 540, alguns autores de escritos antigos:

- Ticônio, *Sete regras para perscrutar e encontrar o sentido dos escritos sagrados*[26] (c. 380; era donatista);
- Agostinho (m. 430), *De consensu evangelistarum*;[27] *A doutrina cristã* (396-426);[28]
- Adriano, *Introdução aos escritos divinos*[29] (εἰσαγωγὴ εἰς τὰς θείας γραφάς — eisagōgē eis tas theias graphas (c. 450; era teólogo da escola de Antioquia);
- Euquério de Lião (c. 450), p. ex.: *Formulae spiritalis intelligentiae*;[30] *Instructiones ad Salonium*;[31]
- Junílio Africano (m. 552), p. ex., *Instituta regularia divinae legis* [Normas regulamentares da lei divina].[32]

Seus escritos, no entanto, referiam-se mais a princípios da interpretação (hermenêutica) de textos do NT que a questões introdutórias.

Adriano, um grego, parece ter sido o primeiro a usar o termo "Introdução" (em grego: εἰσαγογή — eisagogē) como título de sua obra.

A discussão em torno da autenticidade de certos escritos e da extensão do NT acabou depois de poucos séculos, condicionado provavelmente também pelo emergente

---

[23] H. J. HOLTZMANN, *Einleitung*, p. 2.

[24] *Introductores scripturae divinae* = introdutores na Escritura divina.

[25] Cf. CASSIODORO, *Institutiones divinarum et saecularium lectionum* (ou *literarum*), v. 1, p. 10; cf. tb. v. 1, p. 7-9, 12-4.

[26] A melhor edição: F. C. BURKITT, *Texts and Studies* (1894), v. 3, tomo 1.

[27] In: CSEL, v. 43.

[28] In: CSEL, v. 80.

[29] F. GOESSLING (Org.) (Berlin: [s.n.], 1887).

[30] In: CSEL, v. 31.

[31] In: CSEL, v. 31.

[32] H. J. HOLTZMANN, *Einleitung*, p. 1, escreve acerca dessa obra, que "geralmente" é citada "sob o título *De partibus legis divinae* [sobre as partes da lei divina]", que nelas Junílio reproduziu "de forma precária as preleções doutrinárias de Paulo de Bassora, posterior metropolita de Nisibe, sobre estilo, autoria, subdivisão, caráter canônico e conteúdo doutrinário dos escritos bíblicos". Foi publicado por H. KIHN, *Theodor von Mopsuestia und Junilius Africanus als Exegeten* (Freiburg: Herder, 1880).

magistério católico romano. Por isso, a ciência introdutória foi negligenciada durante séculos, também ao longo da Renascença dos século XV e XVI (interesse pela Antiguidade clássica), bem como por causa dos teólogos da Reforma (tinham principalmente interesses dogmáticos). Acerca das poucas referências da Idade Média, Holtzmann escreve:

> Algo acerca do conteúdo dos livros bíblicos traz ainda Alcuíno (*Disputatio puerorum*, 8); o minorita Guilelmo Brito (c. 1300) escreve comentários sobre os prólogos de Jerônimo, e Nicolau de Lyra (m. 1340) compila em sua *Postillae perpetuae in universa biblia* [pregações eternas sobre o universo bíblico] (impressa em 1471 aquilo que se sabia em seu tempo sobre cânon, autores, surgimento, conteúdo e interpretação dos livros bíblicos.[33]

Também Hugo de São Vítor (m. 1141) tentou resumir as informações de comentaristas anteriores e demais notas marginais acerca das condições redacionais.[34]

Na época da Reforma precisam ser citados do lado da Igreja Católica Romana Santes Pagninus, de Luca[35] e Sixto de Siena.[36] O último compôs uma "coletânea sobre a história da Bíblia, importante para a época devido a seu material literário".[37] Membros de diversas ordens religiosas o seguiram, com Alfonso Salmeron,[38] Nicolau Serário,[39] Antônio a Matre Dei[40] e Ludovico de Tena.[41] Igualmente são mencionados por Holtzmann o luterano Michael Walther,[42] o francês reformado Andreas Rivetus[43] e Johann Heinrich Heidegger, de Zurique.[44] "As obras citadas geralmente oferecem, além de análises sobre linguagem, traduções, interpretação dos escritos bíblicos, também um grande volume de controvérsias dogmáticas..."[45]

---

[33] H. J. Holtzmann, *Einleitung*, p. 2.
[34] (*Praenotationes elucidatoriae*) *de scriptura sacra et eius scriptoribus*.
[35] *Isagogae ad sacras literas liber unus*, 1536; idem. *Isagoges seu introductionis ad sacras literas liber* (Lyon: 1528).
[36] *Bibliotheca sancta ex praecipuis catholicae ecclesiae auctoribus collecta*, 8 v. (Venedig: [s.n.], [1566], 1742).
[37] H. J. Holtzmann, *Einleitung*, p. 2.
[38] *Prolegomena in universam scripturam* (1597).
[39] *Prolegomena bíblica* (1612).
[40] *Praeludia isagogica ad sacrorum bibliorum intelligentiam* (1669).
[41] *Isagoge in totam sacram scripturam* (1670).
[42] M. Walther, *Officina biblica noviter adaperta* (1636).
[43] A. Riveto, *Isagoge sive introductio generalis ad scripturam sacram* (Leiden: [s.n.], 1627).
[44] *Enchiridion biblicum* [Manual bíblico] (1681).
[45] H. J. Holtzmann, *Einleitung*, p. 2.

O verdadeiro ponto inicial da disciplina científica da introdução foi destacado por *Richard Simon* (1638-1712), oratoriano de Paris. Escreveu uma *Histoire critique du Nouveau Testament* [História crítica do NT][46] (Rotterdamm: 1689-1693). Versou sobre a história do texto e questões introdutórias.[47]

No lado protestante, *Johann David Michaelis* apresentou sua Introdução[48] em 1750, influenciado por Simon e mais tarde pelo racionalismo[49] de *Johann Salomo Semler*. Sob premissas racionalistas, Semler escreveu o *Tratado da livre análise do cânon* (1771-1775). Também as introduções das décadas seguintes estavam comprometidas com princípios histórico-críticos (Hänlein,[50] Eichhorn,[51] Bertholdt,[52] De Wette,[53] Schleiermacher,[54] Credner[55] e muitos outros).[56]

---

[46] V. 1: *du texte*; v. 2: *du texte*; v. 3: *des principaux commentateurs*. Foram traduzidos ao alemão por CRANIER (*R. Simon's Kritische Schriften über das Neue Testament* [1693]).

[47] F. BARTH, op. cit., p. 12s, indica como motivo da Introdução de Simon: "Pelo fato de os protestantes se remeteram à Sagrada Escritura ao criticar e combater a tradição eclesiástica, oferecia-se aos eruditos católicos o recurso de evidenciar que os livros bíblicos não desfrutaram, desde os primórdios, do mesmo reconhecimento, e que muitas vezes seu texto é incerto...".

[48] J. D. MICHAELIS, *Einleitung in die göttlichen Schriften des Neuen Bundes*, 4. ed. ([1750] 1788).

[49] H. APPEL, op. cit., p. 2 escreve sobre MICHAELIS: "O teólogo de transição J. D. Michaelis permaneceu fiel [...] à inspiração, porém rejeitou o *testimonium spiritus sancti* [testemunho do Espírito Santo] e por consequência teve de dar o maior peso à comprovação da origem apostólica, à qual permaneceu vinculada também para ele a inspiração. No entanto, chegou cada vez mais à convicção de que nem todos os escritos do NT são originários de apóstolos, e desse modo o cânon se dissolveu debaixo de suas mãos".

[50] A. HÄNLEIN, *Handbuch der Einleitung in die Schriften des NT* (1794-1800).

[51] J. G. EICHHORN, *Einleitung in das Neue Testament*, 5 v. (1804-1827). Essa obra é denominada por W. G. KÜMMEL, *Einleitung*, p. 7, ou seja, por um teólogo histórico-crítico, como "primeira investigação realmente livre sobre o surgimento dos escritos do cânon e do texto do NT". A ideia, portanto, é que essa obra foi formulada de maneira consequentemente racionalista. "Entre as hipóteses de Eichhorn tornou-se singularmente célebre aquela sobre um protoevangelho escrito" (H. APPEL, op. cit., p. 2).

[52] L. BERTHOLDT, *Historisch-kritische Einleitung in sämtliche kanonische und apokryphe Schriften des alten und neuen Testaments* (Erlangen: [s.n.], 1812-1819), tomos 1-6

[53] W. M. L. De WETTE, *Lehrbuch der historisch-kritischen Einleitung in die kanonischen Bücher des NT*, 6. ed. (Berlin: [s.n.], [1826] 1860).

[54] F. SCHLEIERMACHER, *Lehrbuch der historisch-kritischen Einleitung in die Bibel Neuen Testaments* (Berlin: [s.n.], 1845).

[55] K. A. CREDNER, *Einleitung ins Neue Testament* (Halle: [s.n.], 1836); idem, *Das Neue Testament nach seinem Zweck, Ursprung und Inhalt für denkende Leser der Bibel*, 2 v. (1841-1843).

[56] Cf. outros autores na listagem de P. FEINE, op. cit., p. 5s.

4.2.1 Breve excurso sobre a teologia histórico-crítica

Johann Salomo Semler pode ser considerado pai da teologia histórico-crítica. Ele é o primeiro que diferencia na Bíblia entre palavra de Deus e palavra humana.[57]

Quem descreve de forma sistemática e fornece a definição clássica do método histórico-crítico é *Ernst Troeltsch*:[58]

a) Troeltsch falava do *postulado da crítica*. No âmbito da história haveria somente juízos de probabilidade. Por isso, seria tarefa da pesquisa histórica descobrir o grau da probabilidade.[59]

b) Como segundo critério, ele arrolou o *princípio da analogia*. Seria somente a partir da analogia que a crítica seria viável. Eventos históricos teriam de ser capazes de apresentar semelhanças ou *paralelos do âmbito puramente imanente* e que exclui o sobrenatural,[60] a fim de poder reivindicar para si uma probabilidade (Troeltsch fala até mesmo da "onipotência da analogia").

c) A isso se agrega o *princípio da correlação*. Todos os processos e fenômenos do âmbito intelectual e histórico se encontram em um nexo de inter-relação causal (de causa e efeito) com outros processos e fenômenos. "Dessa lei férrea nem mesmo o cristianismo, particularmente também seu surgimento, consegue se emancipar. Isso significa que a Bíblia tem de ser vista como produto literário do Oriente Médio [...] Também ela é um produto do intelecto religioso da Antiguidade."[61]

---

[57] Sobre isso, ver A. SIERSZYN, *Die Bibel im Griff? Historisch-kritische Denkweise und biblische Theologie* (Wuppertal: Brockhaus, 1978), p. 17s.

[58] Apud H. STADELMANN, Die Entstehung der Synoptischen Evangelien — Eine Auseinandersetzung mit der formgeschichtlichen Synoptikerkritik, BuG n. 1, 1977, p. 65. Uma apresentação dos postulados de Troeltsch também consta em A. SIERSZYN, op. cit., p. 22ss; J. COCHLOVIUS, Verstehst du, was du liest? — Irrwege und Wege im Bibelverständnis, *Fundamentum* n. 1, 1982, p. 48-63, esp. p. 57s.

[59] É sobre esse fundamento que se baseia a múltipla elaboração de hipóteses da teologia histórico-crítica. Desse modo, hipóteses distintas nunca se cruzam, embora seja curioso que na maioria dos casos não reivindicam para si uma probabilidade, mas ser fato comprovado.

[60] Uma vez que esses paralelos têm de ser oriundos obrigatoriamente do contexto intramundano, H. STADELMANN, *Die Entstehung der Synoptischen Evangelien*, p. 47, cita o "princípio da imanência" como um dos fundamentos da teologia histórico-crítica.

[61] É assim que A. SIERSZYN, op. cit., p. 23s, apresenta a consequente aplicação do princípio da correlação ao cristianismo. Da perspectiva de Troeltsch é inconcebível, p. ex., a ressurreição corporal de Jesus. Também os demais milagres são eliminados por serem "mitos" (ver, em contraposição, 2Pe 1.16-21).

São esses três princípios que precisam ser sempre considerados como pano de fundo das posições críticas na análise de cada escrito do NT.

(Fim do excurso)

A ciência introdutória do NT recebeu uma nova ênfase de *Ferdinand Christian Baur*, de Tübingen. Visava a "tornar compreensíveis" as origens dos escritos do NT "no seio das lutas da era apostólica e pós-apostólica e da harmonização dos partidos em conflito".[62] Ele acolhe o esquema histórico-filosófico de Hegel: tese, antítese, síntese. Classificou os escritos do NT a partir desse esquema. No início teria existido um contraste entre um judaico-cristianismo estreito (Apocalipse)[63] e um gentílico-cristianismo livre da lei (as chamadas cartas principais de Paulo: Romanos; 1 e 2Coríntios; Gálatas). Ele teria sido abrandado por tendências mediadoras (evangelhos sinópticos [Mateus; Marcos; Lucas]; Atos) e mais tarde eliminado na síntese das duas posições (João).[64] Não encontramos esse esquema de Baur e da chamada "escola de Tübingen" em uma introdução, mas em um tratado de história eclesiástica.[65] Faziam parte dessa escola, entre outros, Eduard Zeller[66] e Albert Schwegler.[67] Uma tendência moderada era assumida por Adolf Hilgenfeld[68] e Otto Pfleiderer.[69]

A posição e crítica de Baur superava os chamados "holandeses radicais"[70] (Abraham Dirk Loman,[71] Willem Christiaan van Manen,[72] Samuel Adrainos Naber,[73]

---

[62] P. Feine, op. cit., p. 6. Sobre Baur ver tb. H. J. Genthe, *Kleine Geschichte der neutestamentlichen Wissenschaft* (Göttingen: Vandenhoeck & Ruprecht, 1977), p. 107ss.

[63] Quanto à fundamentação por que o Apocalipse seria um escrito do campo judaísta, cf. F. C. Baur, *Das Christenthum und die christiliche Kirche der drei ersten Jahrhunderte* (Tübingen: Fues, 1853), p. 74ss, 131ss.

[64] A opinião da "escola de Tübingen" também é chamada de "crítica das tendências", porque Baur tentou determinar a posição histórica dos escritos do NT com base em uma suposta atitude ou "tendência" teológica (cf. W. G. Kümmel, *Bibelwissenschaft*, p. 1241).

[65] F. C. Baur, *Das Christenthum und die christliche Kirche der drei ersten Jahrhunderte*.

[66] Entre outras, foi editor dos *Theologischen Jahrbücher* [anuários teológicos] (1842-57), órgão de publicações da "escola de Tübingen" (cf. G. Patzig, Zeller, Eduard, in: RGG3, v. 6, p. 1892).

[67] Cf. A. Schwegler, *Geschichte des nachapostolischen Zeitalters* (1844).

[68] Cf. A. Hilgenfeld, *Historisch-kritische Einleitung in das Neue Testament* (Leipzig: [s.n.], 1875).

[69] Cf. O. Pfleiderer, *Das Urchristentum, seine Schriften und Lehren* (Berlin: [s.n.], 1887).

[70] Cf. H. Hohlwein, *Moderne Richtung in Holland*, in: RGG3, v. 4, p. 1067; G. A. van den Bergh van Eysinga, *Die holländische radikale Kritik des Neue Testament — Ihre Geschichte und Bedeutung für die Erkenntnis der Entstehung des Christentums* (Jena: Diederichs, 1912).

[71] Cf. H. J. Jaanus, Loman, in: F. W. Grosheide & G. P. van Itterzon (Org.), CE, v. 4., p. 481.

[72] Cf. W. C. van Unnik, Manen, in: CE. v. 4, p. 558.

[73] Cf. J. T. Bakker, *Naber*, in: CE, v. 5, p. 125s.

Allard Pierson[74]), que chegaram a datar as cartas principais de Paulo para o século II, desse modo declarando-as não-autênticas. A mesma crítica também foi praticada por Rudolf Steck de Berna.[75] Igualmente Gustav Volkmar[76] e Bruno Bauer[77] excediam a crítica de Baur.

Contudo, nem mesmo no seio de boa parte da pesquisa histórico-crítica foi acolhida a visão geral de Baur.[78] Abriremos mão de uma listagem pormenorizada do grande número de introduções desde a segunda metade do século XIX, já que muitas obras ainda serão mencionadas ao longo do trabalho.[79] Somente poucos autores se opuseram parcial ou integralmente às asserções da pesquisa histórico-críticas (cf. mais adiante).

Portanto, podemos registrar as seguintes etapas ou épocas:[80]

1) A igreja antiga e a Idade Média.

2) A época da Reforma e posterior.

3) "A grande guinada" no século XVII, com o oratoriano Richard Simon: começo da moderna ciência introdutória.

---

[74] Cf. J. A. RISPEN, Pierson, in: CE, v. 5, p. 450. Pierson foi o verdadeiro instigador da crítica radical holandesa (cf. G. A. van den Bergh VAN EYSINGA, op. cit., p. 11). A. PIERSON & S. A. NABER, *Verisimilia* (Amsterdam; Hang: [s.n.], 1886), contestavam tanto a historicidade da pessoa de Jesus como também a autenticidade das cartas paulinas principais, contudo sem posicionar essas cartas em data significativamente posterior (cf. R. STECK, *Der Galaterbrief nach seiner Echtheit untersucht nebst kritischen Bemerkungen zu den paulinischen Hauptbriefen* [Berlin: Reimer, 1888], p. 18ss).

[75] Cf. R. STECK, *Der Galaterbrief nach seiner Echtheit untersucht*.

[76] Cf. G. VOLKMAR, *Die Religion Jesu und ihre erste Entwicklung nach dem gegenwärtigen Stande der Wissenschaft* (Leipzig: [s.n.], 1857); idem, *Geschichtstreue Theologie und ihre Gegner oder neues Licht und neues Leben* (Zürich: [s.n.], 1858); idem, *Der Ursprung unserer Evangelien nach den Urkunden, laut den neuem Entdeckungen und Verhandlungen* (Zürich: Herzog, 1866). Cf. H. J. HOLTZMANN, *Einleitung*, p. 167s; W. SCHMITHALS, Johannesevangelium und Johannesbriefe, in: BZNW (Berlin; New York: de Gruyter, 1992), v. 64, p. 76, 460s.

[77] Cf. B. BAUER, *Kritik der paulinischen Briefe*, 2 tomos (1850-1852). Quanto aos evangelhos, cf. B. BAUER, *Kritik der Evangelien und Geschichte ihres Ursprungs*, 4 tomos (Berlin: [s.n], 1851-1852). Segundo Bruno Bauer, "o cristianismo era um produto da filosofia grega, conforme fora configurada na corte dos imperadores romanos na época do maior sincretismo. Causa da nova religião era menos o judaísmo que o 'helenismo romano', e tanto Sêneca como Filo surgiam como verdadeiros pais do emergente cristianismo [...] Era óbvio que uma opinião dessas tinha como premissa a declaração de que todos os escritos do NT não são autênticos" (R. STECK, op. cit., p. 5).

[78] W. G. KÜMMEL, *Einleitung*, p. 8: "A [...] visão toda, já modificada de várias maneiras pelos discípulos de Baur, não se consolidou...".

[79] Cf., p. ex., a relação em: W. MICHAELIS, op. cit., p. 9s; W. G. KÜMMEL, *Einleitung*, p. 8-10.

[80] H. APPEL, op. cit., p. 1ss, subdivide assim a história: 1) época da hermenêutica (até a Reforma); 2) época da polêmica dogmática (Reforma e Contrarreforma); 3) história do surgimento dos livros em destaque (de Simon até hoje).

4) A época do Iluminismo e o começo do método histórico-crítico, séculos XIII e XIX.
5) A chamada "escola de Tübingen" com F. C. Baur e o esquema hegeliano.
6) Final do século XIX até o presente.

Neste ponto citemos, dentre as introduções *teologicamente mais conservadoras* (em parte, moderadamente críticas) *da época mais recente,* as seguintes:
- BARTH, F. *Einleitung in das Neue Testament.* Gutersloh: Bertelsmann, 1908.
- CARSON, D. A.; MOO, D. J. ; MORRIS, L. *An Introduction to the New Testament.* Grand Rapids: Zondervan, 1992.
- GODET, F. *Einleitung in das Neue Testament.* rev. alemã por E. Reineck. Hannover: Carl Meyer, 1894-1905.
- GUTHRIE, D. *New Testament Introduction.* 4. ed. rev. Leicester: Apollos; Downers Grove: InterVarsity, 1990.
- HARRISON, E. F. *Introduction to the New Testament.* ed. rev. Grand Rapids: Eerdmans, 1971.
- HOFMANN, J. C. K. de. *Die Heilige Schrift neuen Testaments.* Ed. rev. por W. Volck. Nördlingen: Beck, 1881, tomo 9.
- HÖRSTER, O. Einleitung und Bibelkunde zum Neuen Testament. In: *Handbibliothek zur Wuppertaler Studienbibel.* Wuppertal; Zürich: Brockhaus, 1993.
- MICHAELIS, W. *Einleitung in das Neue Testament.* 3. ed. Berna: Berchtold Haller, 1961.
- NEANDER, A. *Geschichte der Pflanzung und Leitung der christlichen Kirche durch die Apostel.* Hamburg: Perthes, 1832.[81]
- TENNEY, M. C. *Die Welt des Neuen Testaments.* Marburg: Francke, 1979.
- THIESSEN, H. C. *Introduction to the New Testament.* 5. ed. Grand Rapids: Eerdmans, 1969.
- ZAHN, T. *Einleitung in das Neue Testament.* 3. ed. Leipzig: Deichert (1897-1899), 1906-1907. 2 v.

5. LINGUAGEM E FORMA LITERÁRIA DO NT[82]

5.1 O NT é boa notícia para o mundo inteiro

A Bíblia está muito distante de ser mera coletânea de livros. Ela se caracteriza por uma maravilhosa unidade, que possibilita que o leitor passe com relativa facilidade do

---

[81] Essa obra trata somente das cartas de Paulo, além de uma história detalhada do primeiro cristianismo.
[82] Cf. E. F. HARRISON, op. cit., p. 49ss.

AT para o NT, p. ex., do livro de Malaquias para Mateus. Esse fato admirável se fundamenta na revelação divina dos dois testamentos e dos dois livros citados, ainda que pelo aspecto do conteúdo, da incumbência e da situação histórica distinta se possam constatar grandes diferenças. A diferença entre a profecia do AT e os Evangelhos foi expressa de forma sucinta e precisa em Hebreus 1.1s: "Há muito tempo Deus falou muitas vezes e de várias maneiras aos nossos antepassados por meio dos profetas, mas nestes últimos dias falou-nos por meio do Filho, a quem constituiu herdeiro de todas as coisas e por meio de quem fez o universo".

Já vimos no item "Confissão em prol da Escritura Sagrada" que na redação de cada livro da Bíblia convergem tanto fatores divinos como humanos, tendo-se fundido na grandiosa unidade espiritual do AT e do NT.[83]

Tanto no AT como no NT os autores foram chamados e inspirados por Deus (2Pe 1.21; Gl 1.6-12; 1Ts 2.13 etc.). O AT foi redigido no idioma do povo de Israel (hebraico e aramaico[84]).

No NT, todos os autores (com exceção de *Lucas*) são de origem judaica. Por esse aspecto, a redação do NT na língua *aramaica* corrente entre judeus teria sido uma possibilidade palpável.[85] Entretanto, por que o NT foi redigido em uma língua diferente (em grego)?

Fora da nação israelita um NT hebraico ou aramaico teria encontrado poucos leitores. No entanto, a intenção evidente de Deus era de que o mundo todo fosse alcançado com a feliz mensagem. Sua incumbência missionária é inequívoca: Mateus 28.18-20; Marcos 16.15s; Atos 1.8. Por essa razão, ele próprio cuidou para que fosse aplicado o melhor dos instrumentos linguísticos. Entretanto, o fundo espiritual do NT é e permanece o AT com seu sentir hebraico. Em termos geográficos e de história da salvação, o berço do NT é o espaço vivencial do povo da aliança do AT.

5.2 O surgimento do grego *koiné*[86]

O idioma grego já era usado séculos antes da vinda de Cristo e continuou existindo como língua viva até os tempos atuais. O começo da literatura grega pode ser

---

[83] Sobre isso, cf. as duas naturezas do Filho de Deus, Concílio de Calcedônia (451).

[84] Passagens aramaicas: Gn 31.47; Ed 4.8-6,18; 7.12-26; Jr 10.11; Dn 2.4b—7.28.

[85] Cf., p. ex., citação de Papias sobre o Evangelho de Mateus em dialeto hebraico. (Veja Mateus sob o item 2.1.3.2.) Além disso, cf. no Evangelho as muitas expressões hebraicas/aramaicas.

[86] Além de E. F. HARRISON, op. cit., p. 49ss, cf. tb.: R. KNOPF, *Einführung in das Neue Testament*, 4. ed. (Giessen: Töpelmann, 1934), v. 2, p. 6ss; HvS, p. 1ss.

fixado em torno de 800 a.C. (ou um pouco antes). Desse período se originam as obras de *Homero* e *Hesíodo* (c. 700 a.C.).

No tempo do período clássico dois fatores exerceram um papel decisivo na constituição da língua:

a) A periódica invasão de povos indo-germânicos em território grego; isso acarretou diversas modificações idiomáticas.

b) Pelo esfacelamento geográfico e político da península helênica surgiram os mais diversos dialetos gregos. Deles se consolidaram três a quatro, por serem usados como idiomas literários, a saber, o dórico, o eólico e o jônico, sendo que o jônico superou cada vez mais os outros em importância.[87]

O ático (um ramo do dialeto jônico) era a língua falada em Atenas. Em Atenas eram cultivadas as artes e ciências por meio de um grande número de poetas, eruditos e filósofos.[88] O grego escrito por eles é o *grego clássico*, i.e., o *ático*. É o ático que constitui de forma mais intensa (mais que os outros dialetos gregos citados) o pano de fundo do grego do NT. Ter levado em conta essa influência representa um dos grandes méritos da gramática de Blass-Debrunner.[89]

No século IV a.C., as cidades-estado gregas foram conquistadas por *Filipe da Macedônia*. Seu filho *Alexandre Magno* recrutou para sua extensa campanha de conquistas ao Oriente um exército de todas as regiões da Grécia. Essa aproximação política e humana teve grande importância no desenvolvimento posterior da língua. Os elementos idiomáticos dos diversos dialetos que já haviam sofrido a mais ampla divulgação ou que eram mais rapidamente acolhidos tinham a melhor chance de sobreviver. Em prazo surpreendentemente curto formou-se um novo tipo de língua, conhecido pelo termo *koiné*.[90] A designação plena é ἡ κοινὴ διάλεκτος — hē koinē dialektos, "*o dialeto geral ou comum*". Esse grego foi a linguagem do povo simples e o mais importante instrumento da comunicação entre cerca de 300 a.C. e 550 d.C.

---

[87] HvS, p. 2 cita como principais dialetos: jônico-ático, arcádico-cipriota, eólico e dórico-greco--nordestino.

[88] No dialeto ático escreveram: 1) os trágicos Ésquilo, Sófocles, Eurípides; 2) os filósofos Platão e Aristóteles; 3) o historiador Tucuídides; 4) o orador Demóstenes. Cf. HvS, p. 2.

[89] Cf. BDR.

[90] R. Knopf, op. cit., p. 6s, cita duas teorias sobre o surgimento da *koiné*, considerando a segunda como a mais bem fundamentada: 1) a *koiné* como mistura dos dialetos antigos; 2) a *koiné* como dialeto cuja base seria o ático e no qual os demais dialetos teriam deixado apenas poucos vestígios. HvS, p. 2, escreve: "A *koiné* se alicerça sobre o ático, cujas peculiaridades foram desgastadas pela ampla divulgação. Também influências jônicas foram preservadas em várias formas e no vocabulário".

Em todos os lugares a que Alexandre chegava em suas expedições, a língua do conquistador foi uma marca determinante. Língua e cultura gregas (helenismo) se disseminaram rapidamente por meio de colonos gregos, impondo-se contra as diferentes unidades idiomáticas nacionais. Somente após alguns séculos a *koiné* foi substituída pelo grego bizantino (no séc. VI), e este foi trocado pelo grego moderno no século XV.

Durante a era da *koiné*, que durou cerca de oitocentos anos, praticamente toda a literatura era redigida nessa língua. Contudo, havia certos autores que dificilmente se conformavam com essa língua "degenerada" em comparação com o grego clássico. Desenvolveram um considerável empenho para imitar, em suas obras, modelos clássicos.[91] Por isso, nem tudo o que foi escrito na referida época é "*koiné* pura".

A *koiné* grega experimentou maior expansão no Império Romano. No século I Paulo podia escrever sem problemas uma carta em idioma grego à igreja da capital mundial.

No Ocidente, porém, o grego foi cada vez mais deslocado por volta do ano 200 pelo latim. Além do grego como língua universal, conseguiram ser preservadas unidades idiomáticas menores somente em regiões muito isoladas. Um exemplo disso se encontra em Atos 14.11.

Na época de Jesus, a *Palestina* era multilíngue.[92] Sem dúvida, o aramaico era a língua do povo. Está acima de qualquer questionamento que Jesus falava e ensinava em aramaico. Ao lado se continuava cultivando em alguns grupos — sobretudo sob influência rabínica — o hebraico. O fato de que Jesus estava familiarizado também com esse idioma pode ser depreendido da referência à leitura da Escritura na sinagoga (Lc 4.16ss). Sua atividade de ensino em diversas sinagogas[93] teria sido inconcebível sem conhecimento da língua hebraica e do texto hebraico do AT.[94]

A influência do grego era particularmente forte na Galileia. Lá o encontro com o mundo helenista era mais intenso que na Judeia.[95] É praticamente certo que Cristo e os

---

[91] Essa tendência é chamada de "aticismo".

[92] A esse respeito, cf. com muitos detalhes: T. Zahn, *Einleitung*, v. 1, p. 24ss; referências bibliográficas sobre o tema em: K. Haacker & H. Hempelmann, *Hebraica Veritas: Die hebräische Grundlage der biblischen Theologie als exegetische und systematische Aufgabe* (Wuppertal; Zürich: Brockhaus, 1989), p. 18, nota 7.

[93] Cf. Mt 4.23; 9.35; 13.54; Mc 1.21,39; 6.2; Lc 4.15,44; 6.6; 13.10; Jo 6.59; 18.20.

[94] Cf. R. Riesner, *Jesus als Lehrer — Eine Untersuchung zum Ursprung der Evangelien-Überlieferung*, in: WUNT (Tübingen: Mohr, 1981), v. 2, p. 389s. Quanto ao uso do hebraico e aramaico naquela época, cf. T. Zahn, *Einleitung*, v. 1, p. 2s; 9s, nota 3; 18s, nota 12.

[95] Cf. G. Milligan,, op. cit., p. 39s.

apóstolos sabiam falar grego.[96] Até mesmo em Jerusalém havia judeus que falavam grego e que tinham uma sinagoga própria (cf. At 6.9). A referência à inscrição na cruz (Jo 19.20) revela que os dizeres estavam em três línguas (hebraico, ou aramaico, latim e grego). O latim era a língua da força de ocupação romana, embora todo romano também falasse grego e em torno de todo o Mediterrâneo fosse possível se comunicar em grego. Por isso também não há nenhuma informação de que um intérprete tivesse de traduzir o diálogo entre Jesus e Pilatos. Da mesma maneira, o encontro de Filipe com alguns peregrinos gregos (Jo 12.20-23) aponta para o fato de que os discípulos falavam duas línguas.[97]

5.3 Fontes da *koiné*

Um dos primeiros poetas gentílicos que escreveu em *koiné* foi Políbio (séc. II a.C.). Outros, como o filósofo *Epicteto* (Diatribes)[98] e Plutarco, são dos dois primeiros séculos d.C. Dentre os autores judaicos, possuem importância especial Filo de Alexandria e Josefo (séc. I). Verdade é que sua língua não reflete necessariamente o linguajar do cotidiano.

Foi somente no século XIX que se notou como o vocabulário dos papiros, com o linguajar cotidiano da *koiné*, é próximo do vocabulário do NT. Antes disso, o idioma do NT foi muitas vezes desclassificado por eruditos como "grego ruim". Outros diziam que, como revelação divina, o NT também cultiva um estilo linguístico especial, chamado às vezes de "língua do Espírito Santo". Outros estudiosos, por sua vez, classificavam o grego do NT como grego judaico.[99]

Os documentos em papiro eram oriundos da vida cotidiana (vida comercial ou comunicações pessoais na língua franca natural). Era o grego das famílias e dos mercados. Os papiros que ficaram ocultos durante quase 2 mil anos no Egito mostram grande parentesco histórico-idiomático e vocabular com o NT. É mérito de Deissmann,[100] Grenfell, Hunt e Milligan[101] que essas correlações se tornassem conhecidas.

---

[96] Cf. R. RIESNER, *Jesus als Lehrer*, p. 390ss.

[97] Cf. J. H. GREENLEE, The Language of the New Testament, in: F. E. Gaebelein (Org.), *The Expositor's Bible Commentary* (Grand Rapids: Zondervan, 1979), v. 1, p. 410.

[98] Cf. H. CONZELMANN & A. LINDEMANN, *Arbeitsbuch zum Neuen Testament*, 4. ed. (Tübingen: Mohr, 1979), p. 16.

[99] J. H. GREENLEE, op. cit., p. 413.

[100] Cf. A. DEISSMANN, *Bibelstudien* (Marburg: Elwert, 1895), p. 55ss; idem, *Licht vom Osten — Das Neue Testament und die neuentdeckten Texte der hellenistisch-römischen Welt*, 4. ed. (Tübingen: [s.n.], 1923); reimpr. (Milano: Cisalpino-La Goliardica, 1976); idem, *Die sprachliche Erforschung der griechischen Bibel* (Giessen: [s.n.], 1898).

[101] Cf. G. MILLIGAN, op. cit.; J. H. MOULTON & G. MILLIGAN, op. cit. Na última obra muitas expressões do NT são ilustradas e explicadas por papiros e outras fontes do linguajar cotidiano.

Foi justamente através das descobertas dos papiros que os pesquisadores concluíram que o NT foi escrito na linguagem cotidiana daquele tempo. Obviamente isso ainda não diz tudo. O grego do NT não é simplesmente um corriqueiro "grego da rua", mas sofreu, além disso, influência do perceptível legado hebraico-semítico e do grego da *Septuaginta*. Embora o vocabulário do NT corresponda ao da *koiné*, cabe notar que de modo geral o grego do NT é um grego mais cuidadoso e melhor que o da *koiné*, em parte devido à melhor erudição dos escritores do NT, em parte também devido ao temário completamente diferente, ao legado espiritual e ao contexto religioso dos autores.

O grego do NT podia ser entendido por todos. Não obstante, é exigente e espelha algo da majestade e glória do Deus vivo. Muitas coisas podem ser compreendidas corretamente apenas a partir do AT. O elemento semita[102] confere ao grego do NT uma conotação singular.

5.4 Algumas marcas características do grego *koiné*[103]

Ao contrário do grego clássico, já não se usa no grego *koiné* a forma dual (permanecem singular e plural). Além disso, adjetivos no superlativo com frequência são substituídos pela forma comparativa, ainda que com significado superlativo.

Falta quase totalmente o modo optativo. Palavras compostas se tornam cada vez mais frequentes, assim como verbos com preposições para explicitar e aprofundar o vigor da asserção. Os diminutivos[104] são usados com mais frequência que no grego clássico. Também novas palavras são acolhidas (p. ex., cerca de 30 latinismos). Palavras antigas se revestem de um significado novo. O que mais chama a atenção é que a precisão ática da construção de frase é rompida em favor de maior multiplicidade e simplicidade da sintaxe.

5.5 Os autores dos escritos do NT[105]

Todos eles empregam o grego *koiné*. Contudo, nem todos possuem a mesma qualidade de estilo e modo de expressão. Lucas, o autor da carta aos Hebreus e Paulo evidenciam um nível linguístico superior aos demais autores. Pedro (em sua primeira epístola) e Tiago impressionam por certa elegância. Os escritos restantes

---

[102] De forma paratática (que coloca lado a lado), em vez de hipotática (que subordina).

[103] Sobre isso, cf., E. F. HARRISON, op. cit., p.49ss; cf. tb. HvS, p. 598ss; J. H. GREENLEE, op. cit., p. 412s; H. CONZELMANN & A. LINDEMANN, op. cit., p. 16ss.

[104] Diminutivo = forma que dá noção de pequenez.

[105] Cf. E. F. HARRISON, op. cit., p.49ss; cf. tb. J. H. GREENLEE, op. cit., p. 414ss.

variam entre uma boa forma de expressão e um estilo "rude", com construções parcialmente desusadas.

5.6 Influência da Septuaginta (LXX)

Excurso: O surgimento da LXX[106]

A chamada *Epístola de Aristeas*, do século II a.C.,[107] descreve o suposto surgimento da LXX. A carta assevera ter sido escrita por certo Aristeas a seu irmão Filócrates. Conforme esse relato, no Egito, um bibliotecário teria chamado a atenção de um rei, Ptolomeu II Filadelfo (285-247 a.C.), sobre a ausência de uma tradução grega da *Torá*. Em decorrência, o rei teria solicitado ao sumo sacerdote em Jerusalém 72 eruditos para essa tradução. Na ilha de Faro, diante de Alexandria, os eruditos teriam concluído a obra em setenta e dois dias. Além dos traços lendários desse relato, seu fundo de verdade provavelmente é que a LXX foi traduzida ao grego por volta de 250 a.C. em Alexandria. Possíveis razões para uma tradução são o apoio às congregações judaicas da diáspora e o recrutamento de prosélitos.[108]

(Fim do excurso)

A influência semita sobre o NT — como exposta acima — pode ser notada principalmente no campo da sintaxe e do modo de expressão. Um exemplo é Marcos 4.41: "E temeram com um grande temor...".

Provavelmente o bom conhecimento do AT, sobretudo na versão da LXX, influiu, de forma inconsciente, na formulação.[109]

---

[106] Cf. O. L. ARCHER, *Einleitung in das AT* (Bad Liebenzell: Liebenzeller Mission, 1987), v. 1, p. 49ss; A. EDERSHEIM, *The Life and Times of Jesus the Messiah*, 8. ed. (New York; London; Bombay: Longmans-Greenc, 1900), v. 1, p. 24ss; R. K. HARRISON, *Introduction to the Old Testament* (Grand Rapids: Eerdmans 1969), p. 228s; E. LOHSE, Umwelt des Neuen Testaments, in: G. FRIEDRICH (Org.), *Grundrisse zum Neuen Testament* (Göttingen: Vandenhoeck & Ruprecht 1971), v. 1, p. 92ss; E. WÜRTHWEIN, *Der Text des Alten Testaments*, 4. ed. (Stuttgart: Deutsche Bibelgesellschaft, 1973), p. 51ss.

[107] Texto publicado por: P. WENDLAND, *Aristeae ad Philocratem Epistula cum ceteris de origine versionis LXX interpretum* (Leipzig: [s.n.], 1900); parcialmente também em C. K. BARRETT & C.-J. THORNTON (Org.), *Texte zur Umwelt des NT*, 2. ed. (Tübingen: Mohr, 1991), p. 334ss; cf. tb. JOSEFO, *Antiguidades judaicas*, livro XII, cap. 2.

[108] Sobre o recrutamento judaico de prosélitos (prosélito = pessoa que passa para outra comunidade religiosa), cf. E. LERLE, *Proselytenwerbung und Urchristentum* (Berlin: Evangelische Verlagsanstalt, 1960).

[109] Uma pequena comparação: um escritor que conhece somente a tradução alemã da Bíblia de Lutero escreve em estilo diferente de outros escritores.

Ademais chama a atenção que na LXX e no NT grego certas palavras, comparadas ao grego clássico, sofreram considerável alteração de sentido.

Dois exemplos:

a) δόχα — doxa significa no grego clássico "opinião" e "fama". Na LXX "opinião" está completamente ausente, "fama" permanece. Porém, o significado recebe ainda uma forte ampliação. Como no hebraico a palavra כָּבוֹד — kābod é usada para a glória, o esplendor, a honra e majestade de Deus e reproduzida pela LXX com δόχα — doxa, o termo grego δόχα — doxa passa a ter um significado bem diferente do sentido que tinha no grego clássico (cf. Lc 9.32; 2Co 4.6; Jo 1.14).

b) ὁμολογέω — homologeō significa no grego clássico "concordar com" ou "assentir", "aprovar". Na LXX, porém, a mesma expressão significa: "confessar", "agradecer", "exaltar". Esse último significado passou para o NT.

É interessante e importante observar e investigar o sentido dos termos gregos com conteúdo teológico a partir do grego clássico, pela via da LXX, até chegar ao NT. Esse é o objetivo das obras ThBLNT e ThWNT. Contudo, os estudos de ambas não deveriam ser aceitas sem um crivo "crítico". Barr,[110] p. ex., imputa ao ThWNT uma excessiva dependência etimológica. Ou seja, não é tão decisivo qual foi o teor da palavra no grego clássico. Importante é que significado reveste a expressão do NT a partir da LXX e do contexto bíblico. Conforme já mencionamos, deve ser levado em conta que as obras ThBLNT e ThWNT partem, na apreciação teológica, de forma muito extrema, de premissas histórico-críticas.

5.7 Citações do AT no NT

Duas coisas chamam imediatamente a atenção:

a) O texto grego do AT é citado com muito maior frequência que o hebraico.

b) A forma das citações é muito precisa quanto ao sentido; ela sublinha, complementa e confirma, mas nem sempre é literal, como mostra uma comparação com o hebraico e o texto da LXX.[111] Isso pode ser devido ao fato de que na época da redação do NT o texto da LXX ainda não estava consolidado e tampouco o texto massorético do AT hebraico estava definitivamente consagrado. Essa última constatação é confirmada, p. ex., nas citações bíblicas dos primeiros tempos rabínicos. Para Mateus e Paulo, talvez os targumim[112] aramaicos tivessem uma importância não desprezível.

---

[110] J. Barr, *Bibelexegese und moderne Semantik — Theologische und linguistische Methode in der Bibelwissenschaft* (München: Kaiser, 1965), p. 207ss.

[111] Uma compilação pode ser encontrada em: G. L. Archer & G. C. Chirichigno, *Old Testament-Quotations in the New Testament — A Complete Survey* (Chicago: Moody Press, 1983).

[112] Quanto aos targumim, cf. E. Würthwein, op. cit., p. 80s.

Além disso cabe considerar que na Antiguidade a citação "livre" de autoridades de forma alguma era classificada como algo inferior ou mesmo faltoso. O decisivo era que nada fosse alterado no sentido. Os autores dependiam de sua memória.

Sumamente interessante é que a citação de passagens do AT no NT situou de fato seu significado na correta "luz da revelação". Sem dúvida era possível que uma passagem no AT apresentasse um conteúdo bem mais significativo que a percepção possibilitada pelo contexto do AT, quando visto e interpretado à luz do NT (cf. Hc 2.4 e Rm 1.16s; Sl 40.7-9 e Hb 10.4-10; Sl 16.10 e At 2.27).[113]

Com expressiva frequência recorria-se ao AT para explicar de que maneira o profetismo do AT foi cumprido nos mínimos detalhes pela encarnação de Jesus (as chamadas citações reflexivas), sobretudo em Mateus.

6. CONTEXTO E HISTÓRIA CONTEMPORÂNEA DO NT

6.1 "Quando chegou a plenitude dos tempos"

"Quando chegou a plenitude do tempo, Deus enviou seu Filho, nascido de mulher, nascido debaixo da Lei" (Gl 4.4).

Em primeiro lugar trata-se, na "plenitude dos tempos", dos mais relevantes aspectos da história da salvação e da revelação. No mais, porém, vale a pena analisar mais de perto a história contemporânea e a cronologia desse ponto alto da história da salvação.

O AT termina com o profeta Malaquias no tempo do Império Persa. Após os 450 "anos silenciosos" deparamos, na história do Natal, com o imperador romano Augusto (Lc 2.1). Isso significa que entre o AT e o NT aconteceram importantes eventos políticos.

Contudo, não apenas a questão política, mas igualmente nos interessam as questões da *história da cultura*, da *filosofia* e da *visão religiosa de mundo* no início da era do NT. Notamos a atualidade desses termos-chave no discurso de Paulo no Areópago (At 17.22ss).

Além disso, como explicar o fato de que ao lado do templo, sobre o monte Moriá, em Jerusalém, conhecido no AT, encontramos um grande número de sinagogas — não mencionadas no AT — com seus rabinos?

De onde vêm os *fariseus, saduceus, essênios* e a *comunidade de Qumran*? Que influência exerceram eles no judaísmo tardio, e por que Jesus profere sete "ais" contra escribas e fariseus em Mateus 23?

---

[113] Comp. Sl 2.7 com At 13.33.

A. Prolegômenos à Introdução aos escritos do Novo Testamento   57

Como devemos nos posicionar diante do fato de que pouquíssimo tempo depois da conclusão do cânon do AT hebraico[114] passou a ser usada uma tradução grega do AT hebraico, chamada *Septuaginta* (abrev.: LXX), e que valor específico tinha essa tradução na época do cristianismo primitivo?

Que devemos entender por *escritos apócrifos* e também por *literatura apocalíptica*? Todas essas indagações são tratadas na bibliografia arrolada no item subsequente.

6.2 Bibliografia sobre o contexto e a história contemporânea do NT

6.2.1 Questões gerais

Nas obras aqui referidas cumpre notar que o tratamento de diversos temas no âmbito de um livro pode ser de qualidade muito distinta. Os esquemas histórico-críticos, muitas vezes pressupostos, nem sempre exercem de antemão um efeito negativo sobre os diversos temas.

- BARRETT, C. K.; THORNTON, C.-J. (Org.). *Texte zur Umwelt des NT*. 2. ed. Tübingen: Mohr, 1991.
- BRUCE, F. F.. *Zeitgeschichte des NT*. Wuppertal: Brockhaus, 1986.
- DALMAN, G. *Arbeit und Sitte in Palestina*. reimpr. Hildesheim; Zürich; New York: Olms, 1987. 7 v.
- DALMAN, G. *Orte und Wege Jesu*. 3. ed. Gutersloh: Bertelsmann, 1924.
- FOERSTER, W. Neutestamentliche Zeitgeschichte. 2. ed. Bielefeld: Luther Verlag, 1986.
- LEIPOLDT, J.; GRUNDMANN, W. (Org.). *Umwelt des Urchristentums*. Berlin: Evangelische Verlagsanstalt. 3 v. (diversas edições de cada volume).[115]
- LOHSE, E. Umwelt des Neuen Testaments, in: FRIEDRICH, G. (Org.), *Grundrisse zum Neuen Testament, NTD-Ergänzungsreihe*. Göttingen: Vandenhoeck & Ruprecht, 1971, v. 1.
- REICKE, B. *Neutestamentliche Zeitgeschichte*. 3. ed. Berlin; New York: de Gruyter, 1982.
- UNGER, M. F. *Archaeology and the New Testament*. Grand Rapids: Zondervan, 1970.
- BURKHARDT, H. et al. (Org.). *Das grosse Bibellexikon*. Wuppertal: Brockhaus; Giessen: Brunnen, 1987-1989.

---

[114] Cf. G. MAIER, Der Abschluss des jüdischen Kanons und das Lehrhaus von Jabne, in: O. MAIER (Org.), *Der Kanon der Bibel* (Giessen; Basel: Brunnen; Wuppertal: Brockhaus, 1990), p. 1-24.

[115] Nessa obra são úteis no v. 1 sobretudo os artigos sobre os mistérios e o judaísmo palestino.

6.2.2 Atlas da Bíblia (particularmente do NT)

- AHARONI, Y.; AVI-YONAH, M. (Org.). *The Macmillan Bible Atlas.* ed. rev. New York: Macmillan; London: Collier Macmillan, 1977 [*Atlas bíblico*, Rio de Janeiro, Edições CPAD, 1999].
- *Bibelatlas mit Ortslexikon von A-Z.* Wuppertal; Zürich: Brockhaus, 1989.
- DOWLEY, T. *Brunnen-Bibelatlas.* Giessen: Brunnen, 1991.
- MAY, H. G. (Org.). *Oxford Bible Atlas.* 3. ed. London; New York; Toronto: Oxford University Press, 1984.

6.2.3 Judaísmo

- FLÁVIO JOSEFO, *Antiguidades judaicas e Guerras dos judeus* (diversas edições) [*História dos hebreus* (obra completa), 8. ed., Rio de Janeiro, Edições CPAD, 2004].
- BETZ, O.; RIESNER, R. Jesus. IN: *Qumran und der Vatikan — Klarstellungen.* Giessen; Basel: Brunnen; Freiburg; Basel; Wien: Herder, 1993.
- LOHSE, E. *Die Texte aus Qumran.* — tradução, introdução e anotações por E. Lohse. 2. ed. Münich: Kösel, 1971. Textos de Qumran em hebraico e alemão com vocalização massorética.
- KUHN, K. G. *Konkordanz zu den Qumrantexten.* Göttingen: Vandenhoeck & Ruprecht, 1960.
- SAFRAI, S. *Das jüdische Volk im Zeitalter des Zweiten Tempels.* Neukirchen-Vluyn: Neukirchener, 1978.
- SCHLATTER, A. *Geschichte Israels von Alexander dem Grossen bis Hadrian.* 2. ed. Calw; Stuttgart: Vereinsbuchhandlung, 1906.
- SCHLATTER, A. *Synagoge und Kirche bis zum Barkochba-Aufstand.* Stuttgart: Calwer Verlag. 1966.
- STRACK, H. L.; STEMBERGER, G. *Einleitung in Talmud und Midrasch.* 7. ed. Münich: Beck, 1982.

6.2.4 Mundo contemporâneo greco-romano

- DEISSMANN, A. *Licht vom Osten: Das Neue Testament und die neuentdeckten Texte der hellenistisch-römischen Welt.* 4. ed. Tübingen: [s.n.], 1923. Idem, ibidem. reimpr. Milano: Cisalpino-La Goliardica, 1976.
- QUISPEL, G. *Gnosis als Weltreligion — Die Bedeutung der Gnosis in der Antike.* 2. ed. Zürich: Origo, 1972.

- STAUFFER, E. *Christus und die Caesaren — Historische Skizzen.* 4. ed. Hamburg: Wittig, 1952.
- STAUFFER, E. *Jerusalem und Rom.* Bern: Francke, 1957.

6.2.5 Apócrifos

Esse tema, na realidade, não pertence diretamente à história contemporânea. Apesar disso, será citada aqui a obra mais relevante.
- SCHNEEMELCHER, W. (Org.). *Neutestamentliche Apokryphen in deutscher Übersetzung.* 5. ed. e 6. ed. Tübingen: Mohr, 1989 e 1990.

6.3 Tabelas e genealogias da história contemporânea do NT

Salvo indicação divergente, os números se referem aos respectivos tempos de mandatos.

Dinastia dos hasmoneus (macabeus) e herodianos

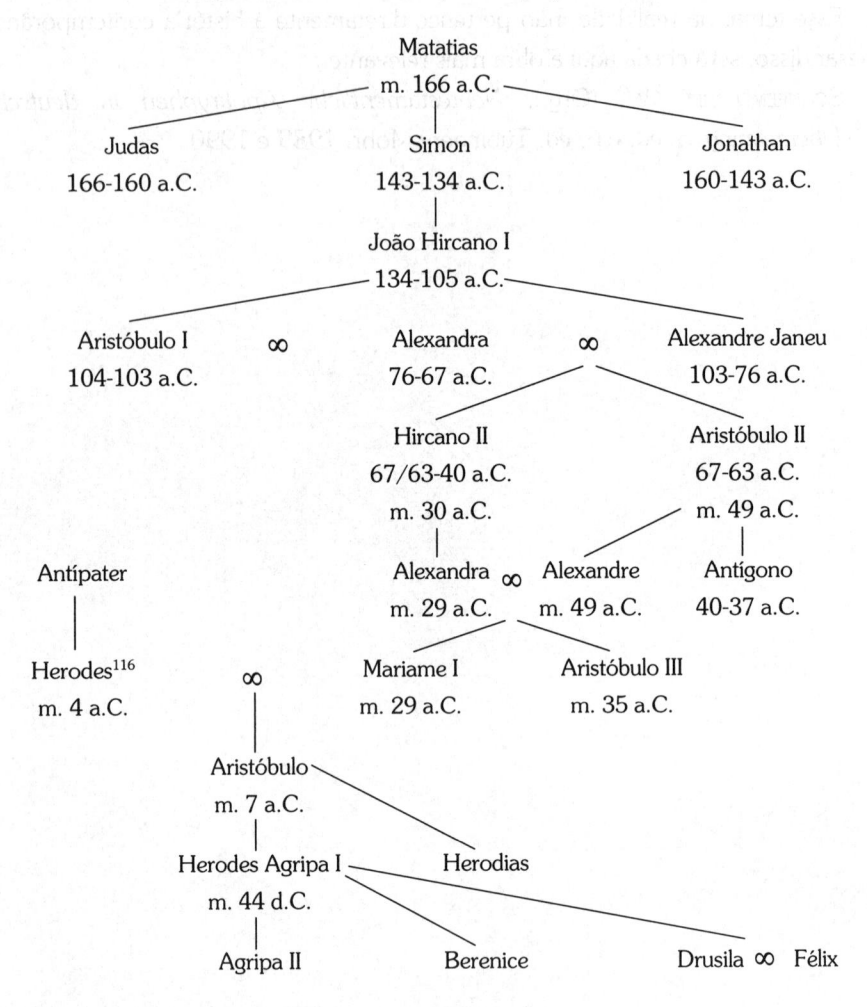

```
                          Matatias
                         m. 166 a.C.
            ┌─────────────────┼─────────────────┐
          Judas              Simon            Jonathan
        166-160 a.C.      143-134 a.C.      160-143 a.C.
                                │
                          João Hircano I
                          134-105 a.C.
            ┌─────────────────┬─────────────────┐
      Aristóbulo I    ∞    Alexandra     ∞    Alexandre Janeu
      104-103 a.C.         76-67 a.C.          103-76 a.C.
                                 ┌──────────────┤
                             Hircano II      Aristóbulo II
                            67/63-40 a.C.     67-63 a.C.
                             m. 30 a.C.       m. 49 a.C.
                                 │                │
      Antípater             Alexandra  ∞  Alexandre    Antígono
          │                 m. 29 a.C.    m. 49 a.C.   40-37 a.C.
          │
      Herodes¹¹⁶      ∞    Mariame I         Aristóbulo III
      m. 4 a.C.            m. 29 a.C.        m. 35 a.C.
                                │
                           Aristóbulo
                           m. 7 a.C.
                                │
                       Herodes Agripa I ─── Herodias
                         m. 44 d.C.
                                │
                           Agripa II       Berenice        Drusila ∞ Félix
```

---

[116] Para a descrição exata da família herodiana, inclusive das demais esposas de Herodes I, cf. o gráfico seguinte. Aqui se visa à explicitação da linha de Mariame — única esposa de Herodes oriunda da dinastia dos macabeus. Sobre seus descendentes, considerados judeus, depositavam-se grandes esperanças por parte do povo judeu.

Quadro detalhado da família herodiana: datas de governo e algumas referências

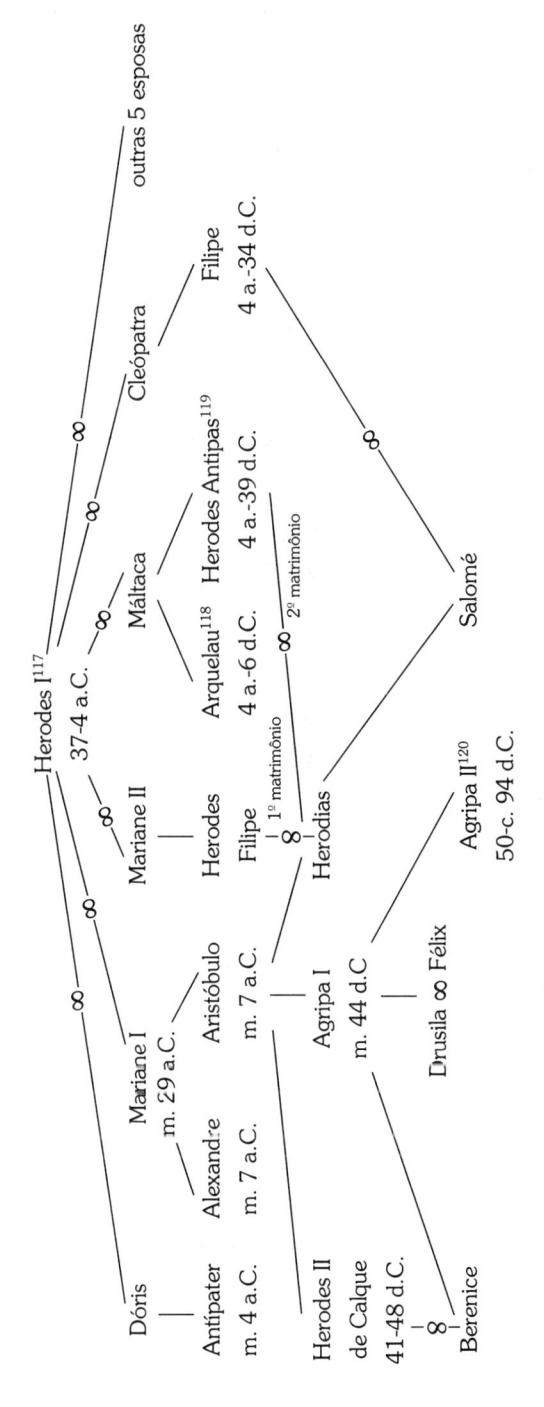

```
                                        Herodes I[117]
                                         37-4 a.C.
    ┌──────────┬──────────┬──────────┬──────────┬──────────┬──────────┐
   ∞          ∞          ∞          ∞          ∞          ∞        outras 5 esposas
  Dóris    Mariane I   Mariane II   Máltaca    Cleópatra
           m. 29 a.C.

  Antipater  Alexandre  Aristóbulo              Arquelau[118]  Herodes Antipas[119]  Filipe
  m. 4 a.C.  m. 7 a.C.  m. 7 a.C.               4 a.-6 d.C.    4 a.-39 d.C.          4 a.-34 d.C.

              Herodes    Filipe    Herodias
                         ∞ 1º matrimônio
                         ∞ 2º matrimônio

  Herodes II              Agripa I
  de Calque              m. 44 d.C
  41-48 d.C.
     ∞
  Berenice   Drusila ∞ Félix

                       Agripa II[120]                    Salomé
                       50-c. 94 d.C.
```

---

[117] Herodes I foi o assassino das crianças de Belém (cf. Mt 2; é mencionado também em Lc 1.5).

[118] O território de Arquelau tornou-se província romana depois de 6 d.C., administrada por procuradores (cf. a lista mais adiante).

[119] Foi o assassino de João Batista (Mt 14.1ss; Mc 6.14ss; Lc 3.19s; 9.7ss) e esteve presente na condenação de Jesus.

[120] Foi perante Agripa II que Paulo proferiu seu discurso de defesa (cf. At 25 e 26).

Procuradores Romanos na Judeia e imperadores romanos

Procuradores:

Copônio 6-9 d.C.

Ambíbulo 9-12

Rufo 12-15

Valério Grato 15-26

Pôncio Pilatos 26-36

Marcelo 36

Marulo 37-41

41-44 Rei Herodes Agripa I

Cuspio Fado 44-46?

Tibério Alexandre 46?-48

Ventídio Cumano 48-52

Antônio Félix 52-59

Pórcio Festo 59-62

Luceio Albino 62-64

Géssio Floro 64-66

66-70 Guerra judaica

numerosos outros legados romanos sem maior importância e por isso não mencionados aqui pelo nome

135 levante de Bar Kochba

Imperadores:

Augusto
m. 14 d.C.

Tibério
14-37

Calígula 37-41

Cláudio
41-54

Nero
54-68

Galba 68-69

Oto 69

Vitélio 69

Vespasiano 69-79

Tito 79-81

Domiciano 81-96

Nerva 96-98

Trajano 98-117

Adriano 117-138

Dados importantes para a história contemporânea do NT[121]

Roma	História da igreja	Judeia, Galileia, Pereia, Idumeia etc.
31 a.C.-14 d.C. *Otaviano* soberano único (27 a.C. — concessão do título *Augusto* pelo Senado romano)	**4 a.C.** nascimento de *Jesus*	**40 a.C.** *Herodes Magno* é nomeado rei da Judeia em Roma pelo Senado, por *Antônio* e por *Otaviano* **40-4 a.C.** *Herodes Magno* **37 a.C.** *Herodes* conquista Jerusalém. Morte do último hasmoneu Antígono **19 a.C.** Iniciada renovação do templo sob *Herodes Magno* (cf. Jo 2.20) **4 a.C.-6 d.C.** *Arquelau* etnarca da Judeia, Samaria e Idumeia **4 a.C.-34 d.C.** *Filipe* tetrarca da Itureia e da Traconite **4 a.C.-39 d.C.** *Herodes Antipas* tetrarca da Galileia e Pereia[122]

---

[121] Cf. tb. no v. 2 a cronologia de Paulo. Quanto à presente tabela, cf. a seguinte bibliografia: F. F. BRUCE, *Zeitgeschichte*, tomo 2; IBD, v. 3, p. 1168s; K. MATTHIAE, *Chronologische Übersichten und Karten zur spätjüdischen und urchristlichen Zeit* (Stuttgart: Calwer Verlag, 1978); M. C. TENNEY, op. cit., p. 293; M. F. UNGER, op. cit.

[122] Herodes Antipas foi exilado em Lião em 39 d.C. por Calígula (37-41).

Roma	História da igreja	Judeia, Galileia, Pereia, Iduneia etc.
14-37 d.C. imperador *Tibério*		**6 d.C** Judeia torna-se província romana
		6-15 d.C. Anás é sumo sacerdote
		18-36 *Caifás* é sumo sacerdote
		26-36 *Pilatos* é procurador da Judeia
	c. 28 *João Batista e Jesus* vêm a público (cf. Lc 3.1ss)	
	c. 28 assassinato de João Batista	
	29 ou 30 morte de Jesus por crucificação	
	c. 31 conversão de *Paulo*	
	c. 33 *Paulo* em Jerusalém, depois 14 anos na Síria, Cilícia e Antioquia	
		37 *Herodes Agripa I* rei sobre a tetrarquia de Filipe e sobre Abilene[123]
37-41 imperador *Calígula*		
		39 ampliação de seu reino com a Galileia e Pereia
41-54 imperador *Cláudio*		**41-44** Herodes Agripa I governa sobre todo o reino de Herodes Magno (e ainda sobre a Judeia, Samaria e Idumeia)
		44 morte de Herodes Agripa I como juízo de Deus[124]

[123] Herodes Agripa I foi favorecido por Calígula.

[124] Cf. At 12.20-23. Cf. tb. Josefo, Antiguidades judaicas, livro XIX, cap. 2.

Roma	História da igreja	Judeia, Galileia, Pereia, Idumeia etc.
	44 execução do zebedaida Tiago por Herodes Agripa I e prisão de Pedro	**44** a Judeia volta a ser província romana
	47 entrega de donativo de amor da Antioquia para Jerusalém por Barnabé, Paulo e Tito (Gl 2.1)	
	47/48 primeira viagem missionária (At 13s)	**48** Herodes Agripa II torna-se rei de Calque e assume a supervisão sobre o templo em Jerusalém; tem o direito de nomear e depor sumos sacerdotes; houve um boato de que mantinha relações incestuosas com a irmã[125]
49 judeus expulsos de Roma	**c. 49** concílio dos apóstolos em Jerusalém; início da segunda viagem missionária (At 15ss)	
	c. 50-51 Paulo em Corinto	
51-52 *Gálio* procurador da Acaia[126]	**52** início da terceira viagem missionária (At 18.23ss)	**52-c. 59** *Félix* procurador da Judeia[127]
	52-55/56 Paulo em Éfeso[128]	**53-c. 90** Herodes Agripa II recebe a tetrarquia de Filipe e Abilene
54-68 imperador *Nero*		

[125] Cf. Josefo, Antiguidades judaicas livro XX, cap. 73. Podemos presumir isto também de At 25.23.
[126] Cf. a assim chamada Inscrição de Delfos ou de Gálio, no v. II, item 5.1.4.4.
[127] Cf. F.F. Bruce, Zeitgeschichte, tomo 2, p. 161s.
[128] Ibid., p. 128.

Roma	História da igreja	Judeia, Galileia, Pereia, Idumeia etc.
	56/57 Paulo passa o inverno em Corinto[129]	
	Pessá 57 Paulo em Filipos	
	Pentecostes 57 Paulo preso em Jerusalém	
	57-59 Paulo em Cesareia	
	59/60 viagem de Paulo a Roma[130]	**59-62** *Festo* procurador da Judeia (m. 62)
	60-62 Paulo por dois anos detido em moradia alugada em Roma (At 28.30)	
	62 Tiago, irmão de Jesus, apedrejado pelos judeus	
	62/63 Paulo em processo; provável absolvido pelo imperador (Fp 1.13,24s; Fm 22)	
	64 primeira perseguição aos cristãos sob Nero em Roma	
69-79 imperador *Vespasiano*		**66** fuga da igreja de Jerusalém para Pela (Transjordânia)
		66 início do levante judaico
		70 Tito destrói Jerusalém
		73 queda da fortaleza judaica de Massada

[129] Cf. F. F. Bruce, Zeitgeschichte, tomo 2, p. 137.
[130] Ibid., p. 165.

B. Introdução aos Escritos do NT

1. EVANGELHO E EVANGELHOS

Com razão Harrison chama a atenção para o fato de que o evento de Cristo originou a criação de um *novo tipo de literatura*.[1]

Guthrie[2] aponta para o aspecto de que os evangelhos não são biografias em sentido real. Aliás, o motivo disso não é que nos evangelhos se reproduz apenas um breve recorte da vida e atuação de Jesus[3] — as biografias antigas apresentavam uma grande variedade em seu formato[4] —, mas porque a ênfase é outra. Embora se trate da anotação de fatos históricos, a finalidade é muito maior que meramente obter documentos históricos. Os relatos *proclamam* εὐαγγέλιον — **euangelion**, "uma boa mensagem" que corresponde a uma necessidade premente.

Para isso, os autores dos evangelhos não possuíam nenhum paradigma literário pelo qual pudessem se guiar nas anotações. O novo gênero literário (chamado "evangelhos") brotou da necessidade missionária acima descrita. *No centro da boa nova escrita se encontram, em todos os evangelistas, a paixão, morte e ressurreição de Jesus Cristo.*[5]

---

[1] E. F. Harrison, op. cit., p. 38: "The Christ-event was responsible for creating a new type of literature" [O evento de Cristo foi responsável pela criação de um novo tipo de literatura]. Observe-se também E. Hennecke & W. Schneemelcher (Org.), *Neutestamentliche Apokryphen in deutscher Übersetzung*, 4. ed. (Tübingen: Mohr, 1968), v. 1, p. 48: "A forma literária dos livros de evangelhos é um fenômeno singular na literatura da Antiguidade tardia, permanecendo restrita ao espaço cristão...".

[2] D. Guthrie, *Introduction*, p. 16s, 21.

[3] O. Gigon percebe da seguinte maneira um parentesco distante nos contornos externos: "Nos contornos gerais eles correspondem a determinadas biografias de filósofos vindas principalmente dos círculos socráticos. Uma sequência cronológica vale somente para os três momentos decisivos: nascimento, vocação para a filosofia e morte. O que se desenrola entre o chamado e a morte não costuma ser organizado cronologicamente, a menos que haja algo a relatar sobre viagens extensas ou de confrontações espetaculares com os poderes políticos" (*Erwägungen eines Altphilologen zum Neuen Testament* [Basel: Verlag Freie Evangelisch-Theologische Akademie Basel, 1972], p. 10).

[4] A esse respeito, cf. detalhadas referências bibliográficas em D. A. Carson, D. J. Moo & L. Morris, op. cit., p. 47.

[5] D. Guthrie, *Introduction*, p. 21.

A ênfase vigorosa recai inteiramente sobre a mesma linha da explicação do apóstolo Paulo em 1Coríntios 15.3ss.

"O que primeiramente lhes transmiti foi o que recebi: que Cristo morreu pelos nossos pecados, segundo as Escrituras, foi sepultado e ressuscitou ao terceiro dia, segundo as Escrituras."

Guthrie também comenta algumas *formas literárias*, que são em parte relacionadas aos evangelhos, mas que ele próprio considera precariamente fundamentadas:[6]

a) *Escritos biográficos*: Talbert tentou demonstrar que a posição mítica de biografias antigas teria uma relação com os evangelhos.[7] Contudo, foi refutado exaustivamente por Aune.[8]

b) *Aretalogias*:[9] H. C. Kee cita três afirmações levantadas em favor dessa forma literária.[10] 1) Teria existido no mundo greco-romano uma categoria literária consolidada com esse nome. 2) Uma vez que histórias de milagres são componentes das aretalogias, a presença de narrativas de milagres apontaria para a circunstância de que a peça literária é uma aretalogia. 3) Pelo fato de se supor que histórias de milagres em aretalogias representam "homens divinos" (θεῖοι ἄνδρες — theioi andres), os milagres nos evangelhos visam a evidenciar Jesus como "pessoa divina" (θεῖος ἀνήρ — theios anēr). Ou seja, haveria uma relação dos evangelhos com o mito do ser humano divino no mundo grego.[11] Kee demonstra, então, principalmente que nem sequer existiu um gênero literário consolidado com o nome aretalogia.[12] Isso já priva a hipótese de seu alicerce, mas igualmente os pontos 2) e 3) são submetidos a um exame crítico,

---

[6] Cf. D. GUTHRIE, *Introduction*, p. 17ss.

[7] C. H. TALBERT, *What is a Gospel? The Genre of the Canonical Gospels* (Philadelphia: Fortress, 1977); cf. C. B. PUSKAS, *An Introduction to the New Testament* (Peabody: Hendrickson, 1989), p. 118ss.

[8] D. E. AUNE, *Gospel Perspectives II*, p. 9-60. Algumas meticulosas observações sobre esse tema também se encontram em G. N. STANTON, *Jesus of Nazareth in New Testament Preaching* (Cambridge: University Press, 1974), p. 118-26.

[9] Aretalogia = literalmente: discurso sobre virtudes; encômio de um deus na Antiguidade tardia.

[10] KEE, Aretalogy and Gospel, JBL n. 92, 1973, p. 402. Versa, entre outros, sobre os seguintes escritos que favorecem o nexo entre a aretalogia e os evangelhos: M. SMITH, Prolegomena to a discussion of Aretalogies, Divine Men, the Gospels and Jesus, JBL n. 90, 1971, p. 174-99; M. HADAS & M. SMITH, *Heroes and Gods: Spiritual Biographies in Antiquity* (New York: Harper & Row, 1965) (apud D. GUTHRIE, *Introduction*, p. 18, nota 2).

[11] H. KÖSTER, p. ex., supõe que os evangelhos de Marcos e João teriam por base uma coletânea de narrativas de milagres que deveriam ser classificadas como aretalogias (*Einführung in das Neue Testament im Rahmen der Religionsgeschichte und Kulturgeschichte der hellenistischen und römischen Zeit* [Berlin; New York: de Gruyter, 1980], p. 481).

[12] H. C. KEE, op. cit., p. 402ss.

demonstrando-se as falhas na argumentação dos defensores. E Tiede mostra que na pesquisa se trabalha muitas vezes com a premissa falsa de que a ideia do θεῖος ἀνήρ — theios anēr teria sido uma questão nitidamente delineada no mundo helenista.[13]

c) *Lecionários*:[14] Carrington opina que os evangelhos foram compostos para a leitura no culto. Assevera que em muitos manuscritos o texto de Marcos seria subdividido dessa maneira.[15] Quanto a Mateus, Goulder defende a opinião de que o texto poderia ser subdivido em um sistema de leituras.[16] Para o evangelho de João, Guilding postulou uma subdivisão das leituras para três anos.[17] No entanto, os comprovantes judaicos arrolados em favor dessa teoria são todos de época posterior.[18]

d) *Midrash*: tomando Mateus como exemplo, Gundry exercitou a comparação de *midrash* e evangelho.[19] Acontece que a própria definição do conceito de *midrash* não está clara. Gundry "parece tratar os elementos análogos ao *midrash* como embelezamentos não históricos. Contudo, impõe-se a pergunta se de fato existiu uma prática literária dessas na maneira judaica de acessar a história".[20]

1.1 Breve estudo do conceito "evangelho"[21]

O conceito τὸ εὐαγγέλιον — to euangelion, "evangelho" significa a exclamação de alegria pela entrega de uma boa notícia e também a própria mensagem.

---

[13] D. L. TIEDE, *The Charismatic Figure as Miracle Worker* (SBL Dissertation Series 1) (Missoula: Society of Biblical Literature, 1972), p. 289. Cf. tb. W. L. LIEFELD, The Hellenistic "Divine Man" and the Figure of Jesus in the Gospels, JETS n. 4, 1973, p. 195-205.

[14] Lecionário = coletânea de trechos da Bíblia para a preleção pública no culto.

[15] P. CARRINGTON, *The Primitive Christian Calendar — A Study in the making of the Marcan Gospel*, (Cambridge: University Press, 1952), v. 1, p. 23ss. A crítica a essa posição encontra-se em: C. F. EVANS, JTS n. 14, 1963, p. 140ss.

[16] M. D. GOULDER, Midrash and Lection in Matthew, SPCK (London: [s.n.], 1974); idem, *The Evangelist's Calendar*, 1978.

[17] A. GUILDING, *The Fourth Gospel and Jewish Worship* (Oxford: Clarendon Press, 1960). A crítica dessa posição está em: L. MORRIS, *The New Testament and Jewish Lectionaries* (1964), cap. 3 (apud D. GUTHRIE, *Introduction*, p. 18, nota 1).

[18] D. GUTHRIE, *Introduction*, p. 19.

[19] R. H. GUNDRY, *Matthew: A Commentary on his literary and theological art* (Grand Rapids: Eerdmans, 1982).

[20] D. GUTHRIE, *Introduction*, p. 19; quanto ao acesso judaico à historiografia, Guthrie menciona R. T. FRANCE, Jewish Historiography, Midrash and the Gospels, in: *Gospel Perspectives*, v. 3, p. 99ss, 177ss.

[21] Cf. U. BECKER, *Evangelium*, in: ThBLNT, p. 295ss; F. F. BRUCE, *Apostolischer Glaube — Die Verteidigung des Evangeliums im 1. Jahrhundert* (Wuppertal; Zürich: Brockhaus, 1989), p. 7ss; G. FRIEDRICH. 'εὐαγγέλιον, in: ThWNT, v. 2, p. 718ss; W. G. KÜMMEL, *Einleitug*, p. 11ss.

Representa "sobretudo termo técnico para a notícia de vitória, mas também para mensagens políticas e privadas de alegria".[22] Acima de tudo, no culto ao imperador o conceito passou a ter uma conotação religiosa: o dia do aniversário, o início do mandato do imperador, seus editos e feitos e sobretudo seu aparecimento são considerados o evangelho do divino soberano universal.[23]

No NT, o termo "evangelho" assume o significado específico de "mensagem da salvação", que tem por base o verbo correspondente (em grego: εὐαγγελίζεσθαι — euangelizesthai; em hebraico: בִּשַּׂר — biŝŝar) "anunciar mensagem de salvação" (Sl 96.2; Is 40.9; 52.7; 61.1 etc.). Mateus 11.5 conecta-se diretamente com Isaías. Evangelho é em Mateus 11.5 a mensagem de salvação trazida pelo próprio Jesus. Nos demais escritos do NT, "sobretudo em Paulo, evangelho significa a proclamação de Cristo e da salvação vinda com ele (Rm 1.1s; 1Co 15.1ss etc.)".[24] No NT, o sentido é o da proclamação. E εὐαγγελίστης — euangelistēs designa, nas três passagens no NT (At 21.8; Ef 4.11; 2Tm 4.5), o proclamador da mensagem. Pelo fato de os relatos individualmente (Mateus, Marcos etc.) ainda não serem definidos com esse termo, a palavra evangelho aparece no NT no singular. Os primeiros escritos da igreja antiga, *Didaquê* 15.3s[25] e *2 Clemente* 8.5 na verdade já se referem à mensagem cristã, porém continuam usando a palavra no singular. É somente Justino[26] que traz o plural: "... mas também nesse caso permaneceu viva a ideia de que se trata de uma só boa notícia...".[27] Desse entendimento surgiu a designação de cada livro, p. ex., como εὐαγγέλιον κατὰ Ἰωάννην — euangelion kata Iōannēn no manuscrito em papiro P[66] e em Ireneu.[28] No *Cânon muratoriano* consta a designação latina

---

[22] U. Becker, *Evangelium*, p. 296.
[23] A inscrição de Priene do ano 9 a.C. festeja o aniversário de Augusto com as seguintes palavras: "Este dia conferiu ao mundo um aspecto diferente, ele seria refém da destruição se não se tivesse mostrado naquele agora nascido uma felicidade geral para todos os humanos. Julga corretamente quem neste aniversário reconhece para si o começo da vida e de todas as forças vitais; finalmente passou o tempo em que era preciso lamentar-se por ter nascido. A providência preencheu este homem com tamanhas dádivas que ela o enviou a nós e às gerações vindouras como *Soter* [Salvador]; porá fim a contendas, organizará tudo maravilhosamente. O aniversário de deus fez ressurgir para o mundo os evangelhos com ele relacionados, desde seu nascimento começa uma nova contagem do tempo" (apud U. Becker, *Evangelium*, p. 296).
[24] W. G. Kümmel, *Einleitung*, p. 12.
[25] Cf. *Didaquê* 8.2; 11.3.
[26] Justino, *Apologia I*, 66; cf. *Diálogo com Trifão*, 10; 100.
[27] W. G. Kümmel, *Einleitung*, p. 12.
[28] Ireneu, *Contra heresias*, livro III, 11.8. Outras passagens: livro III, 1.1 ("De nenhuma outra pessoa senão daquelas pelas quais chega a nós o evangelho, aprendemos o plano da salvação de Deus..."); livro III, 11.7s (referido aos evangelhos canônicos); livro IV, 20.6 (referido ao evangelho de João).

tertium evangelii librum — "terceiro livro do evangelho". No começo do século III aparece em Hipólito[29] e Tertuliano[30] o termo "evangelista" no sentido de "autor de um evangelho", situação em que não desaparece a importância do pregador. Eusébio utiliza a palavra evangelho também para a coletânea dos evangelhos.[31]

2. OS EVANGELHOS SINÓPTICOS[32]

É inegável que os três primeiros evangelhos (Mateus, Marcos, Lucas) se relacionam entre si de maneira muito peculiar.

Desde o grande pesquisador textual Johann Jakob Griesbach (1745-1812), professor de NT em Halle e Jena, os referidos evangelhos foram designados "sinópticos" (do grego συνοράω — synoraō, "ver em conjunto"; σύνοψις — synopsis, "visão conjunta"). Griesbach foi o primeiro a publicar em 1774 uma *Sinopse*, i.e., uma apresentação paralela dos três primeiros evangelhos.[33]

As sinopses atualmente em uso são:[34]

- Huck, A.; Lietzmann, H. *Synopse der drei ersten Evangelien*. 11. ed. Tübingen: Mohr, 1970.
- Aland, K. (Org.), *Synopsis Quattuor Evangeliorum*. 13. ed. Stuttgart: Deutsche Bibelgeselischaft, 1985.
- Orchard, J. B. *A Synopsis of the four Gospels, in Greek*. Göttingen: Vandenhoeck & Ruprecht, 1983.[35]

---

[29] Hipólito, *De Antichristo*, 56.

[30] Tertuliano, *Contra Práxeas*, 21, 23.

[31] Cf. Euseb. HE, livro V, 24.6.

[32] Dedicaremos toda a nossa atenção à chamada questão sinóptica em seguida à exposição sobre os três primeiros evangelhos.

[33] J. J. Griesbach, *Synopsis evangeliorum Matthei Marci et Lucae* (1774).

[34] Existem diversas edições de sinopses com texto bíblico em alemão. Para uma descrição detalhada de cada sinopse grega, cf. K. Aland & B. Aland, *Der Text des Neuen Testaments*, p. 264ss.

[35] Bernard Orchard é um dos poucos pesquisadores de hoje (além de Orchard, também cumpre citar W. R. Farmer) que defendem a concepção de Owen-Griesbach acerca de uma "hipótese de 2 evangelhos". Ou seja, Orchard crê que o evangelho de Mateus é a mais importante fonte escrita de Lucas e que Mateus e Lucas em conjunto constituem as únicas fontes escritas de Marcos. Todas as demais sinopses hoje em uso partem da prioridade de Marcos e da Fonte Q, o que em parte se expressa com grande nitidez em sua organização e apresentação. Para Orchard, vale a sequência: Mateus — Lucas — Marcos — João. Essa sequência pode ser corroborada com base em citações mais antigas da patrística (cf. mais adiante a análise de cada um dos evangelhos).

2.1 O evangelho segundo Mateus

2.1.1 Conteúdo e subdivisão

Palavra-chave: βασιλεία — basileia, "reino"

Versículo-chave:

> Busquem, pois, em primeiro lugar o reino de Deus e a sua justiça, e todas essas coisas lhes serão acrescentadas (Mt 6.33).

Cullmann escreve sobre Mateus:

> Na ordem tradicional Mateus faz a abertura do NT. Isso se justifica porque ele é aquele dos quatro evangelhos que tenta mais rigorosamente permanecer na linha do AT. Forma assim uma ponte entre a expectativa do reino messiânico, cuja vinda é proclamada nos livros proféticos do AT, e a vinda de Jesus, vista pelo NT como cumprimento dessa expectativa.[36]

2.1.1.1 Subdivisão[37]

1.	A chegada do Messias	Mt 1.1—2.23
	A genealogia real de Jesus	Mt 1.1-17
	Anúncio do nascimento de Jesus a José	Mt 1.18-25
	A visita dos astrólogos do Oriente	Mt 2.1-12
	A fuga para o Egito	Mt 2.13-15
	Infanticídio em Belém	Mt 2.16-18
	Retorno do Egito para Nazaré	Mt 2.19-23
2.	Preparação da atuação do Messias	Mt 3.1—4.11
	Aparecimento e serviço de João Batista	Mt 3.1-12
	O batismo de Jesus	Mt 3.13-17
	A tentação no deserto	Mt 4.1-11
3.	Atuação de Jesus na Galileia e regiões circunvizinhas	Mt 4.12—18.35
3.1	*Apresentação da doutrina básica messiânica*	Mt 4.12—7.29
3.1.1	*Relato* sobre a primeira atuação na Galileia e adjacências	Mt 4.12-25
	Início da atividade de pregação de Jesus	Mt 4.12-17
	Vocação dos primeiros discípulos	Mt 4.18-22
	Ampla atuação de Jesus: proclamação e curas em toda a Galileia	Mt 4.23-25
3.1.2	*Primeiro bloco de discursos:* o Sermão do Monte	Mt 5.1—7.29
	Introdução	Mt 5.1,2

---

[36] O. Cullmann, *Einführung*, p. 34s.
[37] Quanto às subdivisões dos livros do NT, cf. W. Michaelis, op. cit.

As nove bem-aventuranças	Mt 5.3-12
Discípulos de Jesus são sal e luz da terra	Mt 5.13-16
A posição de Jesus perante a lei	Mt 5.17-20
Do assassinato	Mt 5.21-26
Do adultério e da questão do divórcio	Mt 5.27-32
Do juramento	Mt 5.33-37
Da vingança	Mt 5.38-42
Do amor ao inimigo	Mt 5.43-47
Da perfeição divina	Mt 5.48
Da ação caritativa	Mt 6.1-4
Da oração	Mt 6.5-8
O pai-nosso	Mt 6.9-15
Do jejum	Mt 6.16-18
Da acumulação de tesouros	Mt 6.19-21
A parábola do olho	Mt 6.22,23
Decisão entre Deus e o dinheiro	Mt 6.24
Da preocupação	Mt 6.25-34
Do julgar	Mt 7.1-5
Da profanação do sagrado	Mt 7.6
Do pedir correto	Mt 7.7-11
A Regra de Ouro	Mt 7.12
A porta estreita	Mt 7.13-14
Advertência contra falsos profetas	Mt 7.15-20
Advertência contra o autoengano	Mt 7.21-23
Parábola final: dois fundamentos	Mt 7.24-27
O impacto sobre a audiência	Mt 7.28,29
3.2 *Demonstração da autoridade messiânica*	Mt 8.1–10.42
3.2.1 Relato sobre curas e milagres	Mt 8.1–9.34
A cura de um leproso	Mt 8.1-4
O centurião de Cafarnaum e a cura de seu servo	Mt 8.5-13
Cura da sogra de Pedro e muitas outras curas	Mt 8.14-17
Discipulado incondicional	Mt 8.18-22
A tempestade acalmada	Mt 8.23-27
Cura de dois possessos na terra dos gadarenos	Mt 8.28-34
A cura do paralítico	Mt 9.1-8
Vocação de Mateus e banquete com publicanos e pecadores	Mt 9.9-13
A questão do jejum	Mt 9.14-17
Ressurreição da filha de Jairo e cura da mulher hemorrágica	Mt 9.18-26
Cura de dois cegos e um mudo possesso	Mt 9.27-34

3.2.2 *Segundo bloco de discursos*: o discurso missionário de Jesus
 e envio dos Doze   Mt 9.35—10.42
 Compaixão de Jesus diante de grande miséria espiritual   Mt 9.35,36
 O apelo missionário   Mt 9.37,38
 Incumbência dos Doze   Mt 10.1-4
 Envio dos discípulos exclusivamente aos israelitas   Mt 10.5-15
 Exortação ao testemunho corajoso   Mt 10.16-33
 Condições do discipulado   Mt 10.34-39
 O salário dos que auxiliam os mensageiros de Jesus   Mt 10.40-42
3.3 *Crescente resistência ao Messias*   Mt 11.1—13.52
3.3.1 Relato sobre o serviço e a resistência   Mt 11.1—12.50
 Pergunta de João Batista a partir da prisão   Mt 11.1-6
 O testemunho de Jesus sobre João Batista   Mt 11.7-19
 Ais sobre Corazim, Betsaida e Cafarnaum   Mt 11.20-24
 Exultação de Jesus e convite ("Venham a mim...")   Mt 11.25-30
 A colheita de espigas no sábado   Mt 12.1-8
 A cura da mão atrofiada no sábado   Mt 12.9-14
 Ajuntamento do povo e curas   Mt 12.15-21
 Cura de um possesso cego e mudo   Mt 12.22,23
 A blasfêmia contra o Espírito Santo   Mt 12.24-37
 Exigência de sinal pelos escribas e fariseus; o sinal do
 profeta Jonas   Mt 12.38-42
 Advertência contra recaídas   Mt 12.43-45
 Os verdadeiros familiares de Jesus   Mt 12.46-50
3.3.2 *Terceiro bloco de discursos*: sete parábolas do Reino dos céus   Mt 13.1-52
 Parábola do semeador   Mt 13.1-9
 O sentido do discurso em parábolas   Mt 13.10-17
 Explicação da parábola do semeador   Mt 13.18-23
 Parábola do joio no trigo   Mt 13.24-30
 Parábolas do grão de mostarda e do fermento   Mt 13.31-33
 Final provisório das parábolas   Mt 13.34,35
 Explicação da parábola do joio no trigo   Mt 13.36-43
 Parábolas do tesouro no campo e da pérola
 preciosa   Mt 13.44-46
 Parábola da rede de pesca   Mt 13.47-50
 Final das parábolas   Mt 13.51-52
3.4 *Rejeição do Messias pelo judaísmo; autorrevelação de Jesus
 no grupo dos discípulos e dois anúncios de paixão*   Mt 13.53—18.35
3.4.1 Relato sobre a atuação de Jesus em conexão com andanças
 pela Galileia e adjacências   Mt 13.53—17.27

A rejeição de Jesus em Nazaré	Mt 13.53-58
(Irmãos e irmãs de Jesus)	(Mt 13.55,56)
A opinião de Herodes sobre Jesus	Mt 14.1,2
Detenção e fim do Batista	Mt 14.3-12
A alimentação dos 5 mil	Mt 14.13-21
Jesus anda sobre a água; Pedro começa a afundar	Mt 14.22-33
Na região de Genesaré	Mt 14.34-36
Estatuto humano ou mandamento de Deus	Mt 15.1-20
A mulher cananeia	Mt 15.21-28
Curas de enfermos	Mt 15.29-31
A alimentação dos 4 mil	Mt 15.32-39
Exigência de sinais pelos fariseus e saduceus	Mt 16.1-4
Diálogo sobre o fermento	Mt 16.5-12
A confissão de Pedro diante de Cesareia de Filipe	Mt 16.13-16
A resposta e incumbência de Jesus	Mt 16.17-20
Primeiro anúncio da paixão	Mt 16.21-23
Despojamento pessoal e discipulado	Mt 16.24-28
A transfiguração de Jesus	Mt 17.1-8
O diálogo sobre Elias	Mt 17.9-13
A cura do menino epilético	Mt 17.14-21
Segundo anúncio da paixão	Mt 17.22,23
O imposto do templo	Mt 17.24-27
3.4.2 *Quarto bloco de discursos:* diversas instruções aos discípulos	Mt 18.1-25
A autêntica grandeza reside na humilhação	
(a criança como exemplo)	Mt 18.1-5
Responsabilidade por causar escândalo	Mt 18.6-11
A parábola da ovelha perdida	Mt 18.12-14
Como lidar com a disciplina eclesial	Mt 18.15-18
Promessa para a oração comunitária	Mt 18.19-20
Do perdão e parábola do servo impiedoso (incompassivo)	Mt 18.21-35
4. **Atuação do Messias na Judeia (à sombra da cruz)**	Mt 19.1–25.46
4.1 *Relato. O chamado relato de viagem pela Judeia*	Mt 19.1–22.46
Jesus vem a Pereia	Mt 19.1,2
Sobre matrimônio, divórcio e celibato	Mt 19.3-12
Jesus abençoa as crianças	Mt 19.13-15
O jovem rico e o estorvo da riqueza	Mt 19.16-26
Da vida no discipulado	Mt 19.27-30
A parábola dos trabalhadores na vinha	Mt 20.1-16
Terceiro anúncio da paixão	Mt 20.17-19
Jesus e os filhos de Zebedeu	Mt 20.20-28

A cura de dois cegos em Jericó	Mt 20.29-34
A entrada de Jesus em Jerusalém (Domingo de Ramos)	Mt 21.1-11
A purificação do templo	Mt 21.12-17
A maldição da figueira	Mt 21.18-22
A pergunta pela autoridade de Jesus	Mt 21.23-27
A parábola dos dois filhos desiguais	Mt 21.28-32
A parábola dos maus vinhateiros	Mt 21.33-46
A parábola de Jesus sobre as bodas reais	Mt 22.1-14
A pergunta dos fariseus (sobre os impostos imperiais)	Mt 22.15-22
A pergunta dos saduceus (sobre a ressurreição)	Mt 22.23-33
A pergunta pelo maior mandamento	Mt 22.34-40
Pergunta sobre o Messias (filho de Davi ou Senhor)	Mt 22.41-46

4.2 Quinto bloco de discursos: "Ais" sobre os fariseus e discurso escatológico — Mt 23.1—25.46

Os sete "ais" sobre os escribas e fariseus	Mt 23.1-36
Lamento sobre Jerusalém	Mt 23.37-39
Tempo escatológico e retorno do Senhor	Mt 24.1-41
Da espera pela vinda de Cristo	Mt 24.42-51
A parábola das dez virgens	Mt 25.1-13
A parábola dos talentos	Mt 25.14-30
O julgamento dos povos	Mt 25.31-46

5. **Auge do evangelho: paixão, ressurreição e incumbência do Messias** — Mt 26.1—28.20

O atentado	Mt 26.1-5
A unção em Betânia	Mt 26.6-13
A traição de Judas é preparada	Mt 26.14-16
Preparação da última ceia	Mt 26.17-19
A última ceia (instituição da santa ceia)	Mt 26.20-29
O caminho para Getsêmani; prenúncio da negação de Pedro	Mt 26.30-35
Jesus no Getsêmani	Mt 26.36-46
Traição por Judas e detenção de Jesus	Mt 26.47-56
Interrogatório perante o Sinédrio	Mt 26.57-68
A negação de Pedro	Mt 26.69-75
Entrega de Jesus ao procurador romano (= governador) Pilatos	Mt 27.1,2
O fim trágico do traidor	Mt 27.3-10
Jesus perante Pilatos	Mt 27.11-26
Escarnecimento de Jesus e seu caminho para a morte	Mt 27.27-32
A crucificação de Jesus e seu falecimento	Mt 27.33-56
O sepultamento	Mt 27.57-61

A guarda do sepulcro	Mt 27.62-66
A ressurreição de Jesus na manhã da Páscoa	Mt 28.1-10
A fraude do Sinédrio	Mt 28.11-15
A incumbência missionária do Messias ressuscitado	Mt 28.16-20

2.1.2 "Material exclusivo" do evangelho de Mateus

Pela expressão "material exclusivo" entende-se, na linguagem técnica da moderna ciência introdutória, uma fonte de tradições que teria estado disponível ao evangelista para seu trabalho redacional.[38] Nunca empregamos a expressão "material exclusivo" nesse sentido, mas definimos com ele os relatos em cada um dos evangelhos sinópticos que não são mencionados em nenhum dos demais.

"Material exclusivo" de Mateus são todos os relatos que ocorrem exclusivamente no evangelho de Mateus.

A genealogia real de Jesus	Mt 1.1-17
Anúncio do nascimento de Jesus a José	Mt 1.18-25
Visita dos astrólogos do Oriente	Mt 2.1-12
Fuga para o Egito e assassinato de crianças em Belém	Mt 2.13-23
Partes do Sermão do Monte:	Mt 5.4s,7-10
	Mt 5.14,16-24
	Mt 5.27-29
	Mt 5.31-37
	Mt 6.1-18
	Mt 7.6,15
Cura de dois cegos e um mudo possesso	Mt 9.27-31
Envio dos discípulos exclusivamente aos israelitas	Mt 10.5-15
Condições do discipulado	Mt 10.34-39
O salário dos que auxiliam os mensageiros de Jesus	Mt 10.40-42
O convite de Jesus ("Venham a mim...")	Mt 11.28-30
Advertência contra o falar inútil	Mt 12.36-37
Parábola do joio no trigo	Mt 13.24-30,36-43
Parábola do tesouro no campo	Mt 13.44
Parábola da pérola preciosa	Mt 13.45,46
Parábola da rede de pesca	Mt 13.47-50

---

[38] E. LOHSE, Entstehung des Neuen Testaments, in: C. ANDRESEN et al. (Org.), *Theologische Wissenschaft*, 2. ed. (Stuttgart; Berlin; Köln; Mainz: Kohlhammer, 1975), v. 4, p. 82. Ele supõe uma tradição oral desse material.

Comparação com um patrão	Mt 13.50-52
Pedro anda sobre a água	Mt 14.28-32
Resposta de Jesus à confissão de fé de Pedro	Mt 16.17-19
O imposto do templo	Mt 17.24-27
Sobre o perdão	Mt 18.15-22
A parábola do servo impiedoso (incompassivo)	Mt 18.23-35
A parábola dos trabalhadores na vinha	Mt 20.1-16
Curas no templo e o louvor das crianças	Mt 21.14-16
Os dois filhos desiguais	Mt 21.28-32
As bodas reais	Mt 22.1-14
Contra os fariseus	Mt 23.15-22
Parábola das dez virgens	Mt 25.1-13
Discurso sobre o julgamento dos povos	Mt 25.31-46
O fim trágico do traidor Judas	Mt 27.3-10
O sonho da esposa de Pilatos	Mt 27.19
Ressurreição de muitos santos durante a crucificação de Jesus	Mt 27.52,53
A guarda do sepulcro de Jesus	Mt 27.62-66
A fraude do Sinédrio	Mt 28.11-15
Aparição no monte da Galileia, ordem missionária e promessa	Mt 28.16-20

2.1.3 A autenticidade do evangelho de Mateus

2.1.3.1 Título e denominação

Os nomes mais antigos desse evangelho de que temos conhecimento são estes:[39]

ΚΑΤΑ ΜΑΘΘΑΙΟΝ	ℵ B
ευαγγελιον κατα ματθαιον	D f^{13} 33 𝔐 bo
ευαγγελιον κατα μαθθαιον	W
αγιον ευαγγελιον κατα μαθθαιον	f^1 *al*
αρχη συν θεω του μαθθαιον ευαγγελιου	1241 *al*
εκ του κατα μαθθαιον	L *al*

---

[39] Conforme Nestle-Aland27, p. 1, 719; cf. o exposto sobre *inscriptio* (ou em determinados outros livros do NT a *subscriptio* no final do livro). Presumimos que sejam conhecidas as siglas no texto grego; do contrário, recomendamos o estudo da introdução a Nestle-Aland27, p. 1*ss; cf. tb.: B. M. METZGER, *Der Text des Neuen Testaments*; K. ALAND & B. ALAND, *Der Text des Neuen Testaments*.

A inscrição ΕΥΑΓΓΕΛΙΟΝ ΚΑΤΑ ΜΑΘΘΑΙΟΝ — Euangelion kata Matthaion também foi preservada "em uma folha dos papiros conexos $P^{4.64.67}$" com fragmentos de Mateus e Lucas do final do século II.[40] Essa "forma longa" também é sustentada "pela tradução latina antiga, que presumivelmente surgiu no último quartel do século II...".[41]

A autoria de Mateus tem atestação tão intensa por meio dos manuscritos antigos que não pairam dúvidas de que essa designação, que significativamente *não* pertence ao texto do evangelho, desde muito cedo desfrutava aceitação geral.[42]

Hengel realizou uma exaustiva pesquisa sobre esse tema, na qual evidencia claramente: tão logo eram lidos dois ou mais evangelhos em uma igreja, tornou-se necessário indicar o nome para fazer a diferenciação. Essa situação com certeza já se formara por volta do ano 100.[43] Também Resch reconstrói, com base em afirmações da igreja antiga, que a atribuição do nome "Mateus" já ocorreu bem no início.[44]

Para Tertuliano, uma obra sem título completo com nome de autor não tinha valor:

> Em contraposição Marcião não atribui ao evangelho, i.e., ao seu próprio, nenhum autor, como se não tivesse permissão de inventar-lhe um título, para o qual não representava sacrilégio destruir (solapar) até mesmo o corpo. Eu poderia agora colocar aqui o degrau (i.e., poderia parar), defendendo que não deve ser reconhecida uma obra que não mostre a fronte, que não evidencia concordância e que não promete nenhuma indicação confiável sobre a completude do título e da devida confissão do autor (i.e., de quem é o autor).[45]

---

[40] M. HENGEL, *Die Evangelienüberschriften* (Heidelberg: Winter, 1984), p. 11.

[41] M. HENGEL, *Die Evangelienüberschriften*, p. 12.

[42] A circunstância de não possuirmos documentos manuscritos do séc. I ou início do séc. II de forma alguma significa que concordamos com a declaração de W. SCHMITHALS, *Einleitung in die drei ersten Evangelien* (Berlin; New York: de Gruyter, 1985), p. 32: "É presumível que as indicações de autor que são habituais para nós se originaram apenas na época da formação do cânon, i.e., da segunda metade do séc. II". D. GUTHRIE, *Introduction*, p. 43, porém, defende a ideia de que a denominação "segundo Mateus" veio a ser afixada acima ou abaixo do texto do evangelho em época não posterior ao ano 125 d.C. Evidenciaremos que podemos aceitar com boas razões o caráter histórico dos dados sobre o autor.

[43] M. HENGEL, *Die Evangelienüberschriften*, p. 37.

[44] A. RESCH, Aussercanonische Paralleltexte zu den Evangelien. fasc. 2, in: O. GEBHARDT & A. HARNACK (Org.), *Texte und Untersuchungen zur Geschichte der altchristlichen Literatur* (Leipzig: Hinrich, 1894), v. 10, p. 1ss.

[45] Contra Marcion euangelio scilicet suo, nullum adscribit auctorem, quasi non licuerit illi titulum quoque adfingere, cui nefas non fuit ipsum corpus euertere. Et possem hic iam gradum figere. non agnoscendum contendens opus, quod non erigat frontem, quod nullam constantiam praeferat, nullam fidem repromittat de plenitudine tituli et professione debita auctoris (TERTULIANO, *Contra Marcião*, livro IV, 2.3).

Considerando que os evangelhos, como expusemos acima, representam uma forma literária especificamente cristã, única e singular, é perfeitamente possível que os autores renunciassem à identificação pessoal de sua autoria, no intuito de não causar prejuízo à sublime finalidade de seus escritos (cf. Mt 1.1; Mc 1.1; Lc 1.1-4; Jo 1.1).

Do prólogo de Lucas se pode depreender que nesse caso não se tratava de falsa modéstia, mas que a identidade dos autores desde o início era tão evidente que não havia necessidade de maiores definições. Dificilmente se poderão obter informações mais precisas a esse respeito. Apenas chama a atenção que os evangelhos apócrifos, que representam uma imitação dos evangelhos canônicos, com frequência são atribuídos, no seio do texto, a um autor apostólico como pseudônimo, visando conferir às afirmações o peso necessário[46] (p. ex., no *Evangelho de Pedro*, 14.60, do séc. II, com fundo gnóstico[47]).

"Chama a atenção quanto é destacada, nas cartas de Paulo, a autoridade de certos missionários, mestres e outras pessoas que se empenharam pelo bem das igrejas [...] Os catálogos de apóstolos e outros nomes nos evangelhos e em Atos confirmam esse destaque consciente...". A ênfase da autoridade em todo o NT depõe a favor de que já desde o começo os evangelhos eram disseminados com a menção do autor.[48]

A história do cânon mostra que evidentemente não era difícil distinguir os evangelhos autênticos dos falsos!

2.1.3.2 A tradição da igreja antiga[49]

Michaelis escreve: "O motivo de nos remetermos desde o começo à tradição da igreja antiga é que suas informações em parte são muito precisas, de sorte que prometem fornecer pelo menos boas coordenadas para nossas indagações".[50]

a) A notícia mais antiga sobre o evangelho de Mateus vem do bispo Papias de Hierápolis (c. 130). O bispo Eusébio de Cesareia (m. 339) citou, em sua *História*

---

[46] Cf. D. GUTHRIE, *Introduction*, p. 44.
[47] Cf. W. SCHNEEMELCHER, op. cit., v. 1, p. 188.
[48] M. HENGEL, *Die Evangelienüberschriften*, p. 25, nota 55. Cf. op. cit., p. 33.
[49] Aqui em Mateus nos debruçamos mais detidamente sobre a tradição da igreja antiga do que faremos nos demais escritos do NT. O leitor deverá obter aqui, de forma paradigmática, uma percepção maior. Por isso, citamos várias vezes literalmente os pais da igreja, em parte também com o texto na versão original.
[50] W. MICHAELIS, op. cit., p. 26.

eclesiástica, da obra de cinco volumes de Papias, não mais existente,⁵¹ algumas importantes afirmações sobre os evangelhos de Marcos e Mateus.

Visto que a chamada *nota de Papias* é extremamente significativa e foi muito discutida, pretendemos gravá-la em termos gregos antes de apelarmos para a tradução: Ματθαῖος μὲν οὖν Ἑβραΐδι διαλέκτῳ τὰ λόγια συνετάξατο ἡρμή νευσεν δ᾿ αὐτὰ ὡς ἦν δυνατὸς ἕκαστος⁵² — Matthaios men oun Hebraidi dialektō ta logia synetaxato hērmēneusen d' auta hōs ēn dynatos hekastos.

"Mateus anotou em língua hebraica (no dialeto hebraico) os discursos (τὰ λόγια — ta logia); contudo traduziu-os cada qual da melhor maneira de que foi capaz."

Que devemos, pois, entender sob a expressão τὰ λόγια — ta logia? Da seguinte citação depreendemos imediatamente a pertinência dessa indagação:

> Desde Schleiermacher [...] há muitos que defendem a opinião de que o fragmento não se refere ao nosso Mateus com o escrito do apóstolo Mateus formulado em hebraico, mas sim a um escrito-fonte desse evangelho, a fonte de discursos ou coletânea de ditos.⁵³

Schleiermacher,⁵⁴ e antes dele H. E. G. Paulus, foram os defensores mais famosos da chamada hipótese dos fragmentos e diégeses,⁵⁵ que advogavam em favor da ideia de que os evangelistas foram colecionadores de diferentes anotações, comentários e narrativas do âmbito das testemunhas oculares.

Para Schleiermacher, a citação de Papias era muito oportuna. Interpretou-a da seguinte maneira: "Mateus escreveu uma coletânea de ditos de Cristo, que podem ter sido ditos isolados ou mais longos, ou ambos, o que parece ser o mais provável. Porque a expressão de Papias não pode significar algo diferente".⁵⁶ Além disso, Schleiermacher afirma: "O evangelho de Mateus contém em seu bojo essa coletânea".⁵⁷

---

⁵¹ λογίων κυριακῶν ἐξηγήσεως — logiōn kyriakōn exēgēseōs, "interpretação das palavras do Senhor". Esse título é mencionado em Euseb. I IE, livro III, 39.1.
⁵² Euseb. HE, livro III, 39.16.
⁵³ P. Feine, op. cit., p. 43.
⁵⁴ Cf. F. Schleiermacher, *Über die Schriften des Lukas, ein kritischer Versuch* (Berlin: [s.n.], 1817); idem, Über die Zeugnisse des Papias von unsern beiden ersten Evangelisten, in: *Theologische Studien und Kritiken* (1832).
⁵⁵ Cf. H. J. Genthe, op. cit., p. 76; W. G. Kümmel, *Einleitung*, p. 20. Diégese vem do grego διήγησις — diēgēsis e significa "narrativa, proclamação, notícia".
⁵⁶ Apud H. H. Stoldt, *Geschichte und Kritik der Markushypothese* (Göttingen: Vandenhoeck & Ruprecht, 1977), p. 48.
⁵⁷ Apud H. H. Stoldt, op. cit., p. 48.

Das declarações de Schleiermacher até o "nascimento" da hipótese das duas fontes transcorreram meramente seis anos (cf. as obras de Wilke e Weisse de 1838).[58] O resultado posterior dessa evolução da pesquisa expressa que o evangelho de Mateus foi composto com Marcos, com a fonte de discursos (Q)[59] e com o material exclusivo.[60]

Mt = Mc + Q + material exclusivo de Mt

Ao tratarmos da questão sinóptica, analisaremos mais de perto a evolução dessa hipótese. Por ora basta termos demonstrado que a afirmação da nota de Papias, principalmente da expressão τὰ λόγια — ta logia foi usada como importante respaldo para uma coletânea hipotética de ditos ou para uma fonte de ditos (mais tarde chamada "Q"). Como, porém, poderia ser possível que subitamente não se encontre mais nenhum vestígio de uma fonte supostamente conhecida no século II?

Grant chama atenção para uma diferença terminológica entre λόγια — logia e λόγοι — logoi.[61] Seja como for, a pesquisa mais recente rejeita a hipótese de Schleiermacher (mas não a fonte Q).[62]

Ao lado da interpretação a partir de uma fonte hipotética de ditos, foi defendida a opinião de que Papias teria feito referência a uma "coleção de testemunhos", i.e., uma coletânea de, p. ex., passagens de fundamentação do AT.[63] "Nessa interpretação é difícil saber como deve ser traduzido o verbo ἡρμήνευσε — hērmēneuse, porque com grande probabilidade já estava disponível uma coletânea desses *testemunhos* em grego."[64]

---

[58] C. G. Wilke, *Der Urevangelist oder exegetisch-kritische Untersuchung über das Verwandtschaftsverhältnis der drei ersten Evangelien* (Dresden; Leipzig: [s.n.], 1838); C. H. Weisse, *Die evangelische Geschichte, kritisch und philosophisch bearbeitet*, 2 v. (Leipzig: [s.n.], 1838).

[59] O nome "Q" foi introduzido apenas por P. Wernle, *Die synoptische Frage* (Freiburg et al.: Mohr, 1899). Cf. H. H. Stoldt, op. cit., p. 91, 107.

[60] B. H. Streeter, *The Four Gospels*, 1924, postulou duas fontes distintas para o material exclusivo de Mateus e de Lucas.

[61] R. M. Grant, *A Historical Introduction to the New Testament* (London: Collins, 1963), p. 117. Cf. tb. J. H. A. Ebrard, *Wissenschaftliche Kritik der evangelischen Geschichte*, 3. ed. (Frankfurt: Heyder & Zimmer, 1868), p. 968ss.

[62] Cf. p. ex., W. G. Kümmel, *Einleitung*, p. 29; E. Lohse, *Entstehung*, p. 89; W. Schmithals, *Einleitung in die drei ersten Evangelien*, p. 37.

[63] Cf. D. Guthrie, *Introduction*, p. 45s. Guthrie, contudo, constata uma dificuldade para encontrar uma explicação de como, então, teria passado o nome da "coleção de testemunhos" para o evangelho. Um dos principais defensores da coleção de testemunhos é B. P. W. S. Hunt. *Primitive Gospel Sources* (1951), p. 182ss.

[64] R. P. Martin, *New Testament Foundations* (Exeter: Paternoster, 1975), v. 1, p. 239.

A nosso ver, a única interpretação correta reside em igualar τὰ λόγια *— ta logia com a totalidade do evangelho de Mateus.*

As seguintes justificativas levam a essa conclusão:

1) É bem provável que o nome da obra de cinco volumes de Papias com o título λογίων κυριακῶν ἐξηγήσεως — logiōn kyriakōn exēgēseōs, *"interpretação das palavras do Senhor"*[65] deva ser entendido como obra de comentários aos evangelhos. Do contrário ele dificilmente relataria nele a autoria de João, Marcos e Mateus.[66] Em Euséb. HE, livro III, 39.15 (citando Papias sobre o evangelho de Marcos), κυριακῶν λογίων — kyriakōn logiōn na realidade se refere à proclamação de Pedro e, considerando a acepção do termo, não deveria ser chamado "palavras e atos". Entretanto, pelo fato de que, conforme Papias, a fixação escrita de Marcos se originou da proclamação de Pedro e de que κυριακῶν λογίων — kyriakōn logiōn, como mencionado, se refere a essa mesma proclamação, κυριακῶν λογίων — kyriakōn logiōn tem de ser relacionado também com os atos de Jesus. Do contrário, seria logicamente necessário questionar também os dados sobre o evangelho de Marcos, enquanto se afirma com toda a clareza que Papias teria anotado tudo que foi *dito e feito* pelo Senhor. Então λόγια — logia abarca *palavra e ação*, tanto na proclamação de Pedro como também na redação por Mateus.

2) Se o nome κατὰ Ματθαῖον — kata Matthaion já era conhecido no início do século II, com certeza também era conhecido do bispo de Hierápolis. Seria, pois, estranho que Papias informasse da redação de outra obra (coletânea de ditos) por Mateus, sem diferenciar com maior clareza.[67]

3) Interessante é a constatação de que, nas exposições sobre o evangelho de Marcos, redigido por um não-apóstolo (Marcos), Papias se apoia na autoridade dos apóstolos (sobretudo sobre o "presbítero João"),[68] obviamente para propiciar o peso necessário ao evangelho de Marcos.

No entanto, uma credencial dessas não é necessária no caso de Mateus, ou seja, com máxima probabilidade eram indiscutíveis o evangelho de Mateus e sua autoria apostólica.

4) Zahn observa que nessa nota Papias visava a dizer a seus contemporâneos principalmente algo sobre a linguagem da versão original de Mateus, e não sobre

---

[65] Para o título do livro ele utiliza a mesma expressão: λόγια — logia como na afirmação sobre o evangelho de Mateus.

[66] Cf. Euseb. HE, livro III, 39.3, 4, 15, 16.

[67] Cf. D. GUTHRIE em sua 3. ed. da *Introduction*, 1970, p. 34.

[68] Cf. Euseb. HE, livro III, 39.1-7, 14s.

conteúdo e abrangência, algo muito provavelmente bem conhecido dos leitores.[69] Por isso, Papias podia designar o evangelho sumariamente como τὰ λόγια — ta logia.

Nesse contexto, Zahn também afirma que seria totalmente inconcebível e que também se desconhecia completamente que as palavras *gregas* τὰ λόγια — ta logia pudessem ser entendidas como título de um livro *hebraico* redigido por Mateus (que tivesse sido publicado junto com o evangelho de Mateus).[70]

Nenhum escritor da Antiguidade eclesiástica, nem mesmo aqueles que se pronunciam especificamente sobre os evangelhos não-canônicos e a literatura correlata, como Ireneu, Orígenes, Eusébio, Epifânio, Jerônimo, jamais disseram algo sobre um livro com esse título, muito menos de um livro desses do apóstolo Mateus.[71]

Isso reforça os demais fatores que igualmente depõem em favor da identificação com o evangelho de Mateus.

Entretanto, por causa do posicionamento sem nenhuma ênfase e da falta de qualquer definição explicativa mais precisa do objeto τὰ λόγια — ta logia, também se exclui que com a frase Papias quisesse afirmar que, diferente de outros autores que também narraram os feitos de Jesus, Mateus se teria limitado a anotar as palavras de Jesus. Logo, resta unicamente que Papias, pressupondo como conhecido o conteúdo do escrito de Mateus, expressou-o por meio de uma abreviação inequívoca no contexto de sua afirmação.[72]

Em síntese, Zahn assegura: "A ideia de uma coletânea de ditos por Mateus ou até de uma obra (fora do evangelho de Mateus) com o curioso título λόγια — logia carece de qualquer respaldo nas palavras de Papias".[73] Também Michaelis: "Sem dúvida, Eusébio relacionou a nota de Papias 'sobre Mateus' com o evangelho de Mateus em uso no cristianismo de seu tempo, i.e., com nosso atual evangelho de Mateus...".[74] Também Kümmel escreve: "Contudo, não pode haver sérias dúvidas de que Papias [...] se refere ao evangelho canônico de Mateus (τὰ λόγια — ta logia designa as narrativas sobre Jesus)...".[75]

---

[69] T. Zahn, *Einleitung*, v. 2, p. 260s.

[70] T. Zahn, *Einleitung*, v. 2, p. 261.

[71] T. Zahn, Einleitung, v. 2, p. 261. Esse fato isolado, porém, como *argumentum e silentio* (argumento derivado da não-citação), não constitui uma "prova de plena validade", como Zahn o classifica.

[72] T. Zahn, *Einleitung*, v. 2, p. 261.

[73] T. Zahn, *Einleitung*, v. 2, p. 262.

[74] W. Michaelis, op. cit., p. 27.

[75] W. G. Kümmel, *Einleitung*, p. 29. Cf. tb. E. Lohse, *Entste hung*, p. 89: "Sem dúvida Papias tem em mente aqui o evangelho de Mateus, não uma eventual coletânea de ditos do Senhor ou até mesmo a fonte de ditos". Kümmel e Lohse, porém, rejeitam uma versão hebraica ou aramaica de Mateus. Lohse chega até mesmo a negar ao evangelho a autoria apostólica (op. cit., p. 90).

Resta a problemática da indicação linguística na citação de Papias, a saber, *a pergunta por uma versão originária hebraica (ou aramaica) de Mateus*. No ponto subsequente nos dedicaremos a essa questão. Por ora são essas as exposições sobre o testemunho mais antigo do âmbito da tradição da igreja antiga.

b) Outro testemunho sobre Mateus aparece em *Ireneu, bispo* de Lião (m. c. 202), natural da Ásia Menor, onde ainda ouvira sermões de Policarpo: "Mateus redigiu (publicou) entre os hebreus em seu dialeto um evangelho escrito, quando Pedro e Paulo evangelizaram e fundaram a igreja em Roma".[76]

Esse testemunho converge nitidamente com as declarações de Papias, desde que τὰ λόγια — *ta logia* de fato sejam idênticos ao "evangelho escrito" em Ireneu, o que não pode ser concebido de outra forma. Visto que Ireneu era conhecido de Papias, é certamente possível que o bispo de Lião definiu e interpretou com palavras próprias a citação de Papias.[77]

Em outra passagem Ireneu ainda diz expressamente, antes de uma citação de Mateus 3.7ss, que Mateus era apóstolo.[78]

c) Também *Orígenes* (m. 254) de Alexandria, mais tarde fundador de uma escola cristã em Cesareia na Palestina, confirma que o primeiro evangelho foi escrito por um ex-publicano e posterior apóstolo Mateus em idioma hebraico: "Primeiro o evangelho segundo Mateus, antigo publicano e mais tarde apóstolo de Jesus de Cristo, foi escrito para os crentes do judaísmo em língua hebraica...".[79]

---

[76] ὁ μὲν δὴ Ματθαῖος ἐν τοῖς Ἑβραίοις τῇ ἰδίᾳ αὐτῶν διαλέκτῳ καὶ γραφὴν ἐξήνεγκεν εὐαγγελίου, τοῦ Πέτρου καὶ τοῦ Παύλου ἐν Ῥώμῃ εὐαγγελιζομένων καὶ θεμελιούντων τὴν ἐκκλησίαν — ho men dē Matthaios en tois Hebraiois tē idia autōn dialektō kai graphēn exēgenken euangeliou, tou Petrou kai tou Paulou en Rōmē euangelizomenōn kai themeliountōn tēn ekklēsian (IRENEU, *Contra heresias*, livro III, 1.1). IRENEU, *Contra heresias*, livro I, 26.2, relata que os ebionitas, adeptos de uma seita judaico-cristã, "aceitam unicamente a validade do evangelho de Mateus e rejeitam ao apóstolo Paulo..." (*Solo autem eo, quod est secundum Matthaeum, Evangelio utuntur, et apostolum Paulum recusant...*); livro III, 11.7 ("Os ebionitas, que usam unicamente o evangelho segundo Mateus..." [*Ebionei etenim eo Evangelio, quod est secundum Matthaeum, solo utentes...*]). No livro V, 1.3, ele diz que os ebionitas "não querem reconhecer que o Espírito Santo desceu sobre Maria e que o poder do Altíssimo a cobriu com sua sombra" (... *neque intellegere volentes, quoniam Spiritus sanctus advenit in Mariam, et virtus Altissimi obumbravit eam...*). Isso evidencia que os ebionitas não aceitavam o evangelho de Mateus em toda a sua configuração atual.

[77] Cf. D. GUTHRIE, *Introduction*, 4. ed. (1990), p. 47.

[78] "Porque o apóstolo Mateus [...] diz..." (*Matthaeus enim apostolus [...] ait...*) (Ireneu, *Contra heresias*, livro III, 9.1.

[79] ὅτι πρῶτον μὲν γέγραπται τὸ κατὰ ποτε τελώνην, ὕστερον δὲ ἀπόστολον Ἰησοῦ Χριστοῦ Ματθαῖον, ἐκδεδωκότα αὐτὸ τοῖς ἀπὸ Ἰουδαϊσμοῦ πιστεύσασιν, γράμμασιν Ἑβραϊκοῖς συντεταγμένον — hoti prōton men gegraptai to kata pote telōnēn,

d) O próprio *Eusébio* de Cesareia (m. 339) escreveu:

> Mateus, que pregara inicialmente entre os hebreus, escreveu, quando pretendia dirigir-se também a outras nações, o evangelho anunciado por ele em sua língua materna; porque tentou reparar aos que deixava para trás, por meio do escrito, aquilo que haviam perdido por causa de sua saída.[80]

e) Na sequência, Eusébio menciona o mestre alexandrino *Panteno* (m. antes de 200), precursor de Clemente de Alexandria:

> ... Panteno, de quem se afirma que teria ido para a Índia.[81] Diz-se que lá ele teria encontrado com alguns habitantes que conheciam a Cristo, o evangelho segundo Mateus, que chegara (lá) antes dele. A esses (habitantes) Bartolomeu, um dos apóstolos, teria anunciado o evangelho, deixando com eles o escrito hebraico de Mateus. E esse teria sido preservado até a época de que falamos.[82]

Eusébio não apresenta testemunhas seguras para essa declaração. Ainda hoje às vezes se lançam dúvidas sobre sua autenticidade histórica ou sobre a afirmação de que de fato se tratou do evangelho de Mateus.[83] Contudo, cabe levar em conta isto: "Independente de qual seja a exatidão das informações e opiniões desses cristãos judeus, era deles a tradição de que Mateus escreveu um evangelho em hebraico, e em todos os casos não a retiraram da obra grega do bispo da Frígia (referindo-se a Papias, nota do autor)".[84]

---

hysteron de apostolon Iēsou Christou Matthaion, ekdedōkota auto tois apo Ioudaismou pisteusasin grammasin Hebraikos syntetagmenon (Orígenes, apud Euseb. HE, livro VI, 25.4).

[80] Ματθαῖός τε γὰρ πρότερον Ἑβραίοις κηρύξας, ὡς ἤμελλεν καὶ ἐφ' ἑτέρους ἰέναι, πατρίῳ γλώττῃ γραφῇ παραδοὺς τὸ κατ' αὐτὸν εὐαγγέλιον, τὸ λεῖπον τῇ αὐτοῦ παρουσίᾳ τούτοις ἀφ' ὧν ἐστέλλετο, διὰ τῆς γραφῆς ἀπεπλήρου — Matthaios te gar proteron Hebraiois kēryxas, hos ēmellen kai eph' heterous ienai, patriō glōttē graphē paradous to kat' auton euangelion, to leipon tē autou parousia toutois aph' hōn estelleto, dia tēs graphēs apeplērou (apud M. Meinertz, op. cit., p. 172).

[81] "No caso desses indianos, por serem indianos de idioma semita, deve-se pensar nos habitantes do sul da Arábia, onde havia muitos judeus e prosélitos" (J. C. K. von Hofmann, op. cit., p. 292).

[82] ... ὁ Πάνταινος, καὶ εἰς Ἰνδοὺς ἐλθεῖν λέγεται, ἔνθα λόγος εὑρεῖν αὐτὸν προφθάσαν τὴν αὐτοῦ παρουσίαν τὸ κατὰ Ματθαῖον εὐαγγέλιον παρά τισιν αὐτόθι τὸν Χριστὸν ἐπεγνωκόσιν, οἷς Βαρθολομαῖον τῶν ἀποστόλων ἕνα κηρῦξαι αὐτοῖς τε Ἑβραίων γράμμασι τὴν τοῦ Ματθαίου καταλεῖψαι γραφήν, ἥν καὶ σῴζεσθαι εἰς τὸν δηλούμενον χρόνον — ho Pantainos kai eis Indous elthein legetai, entha logos heurein auton prophthasan tēn autou parousian to kata Matthaion euangelion para tisin autothi ton Christon epegnōkosin, hois Bartholomaion tōn apostolōn hena kēryxai autois te Hebraiōn grammasi tēn tou Matthaiou kataleipsai graphēn, hēn kai sōzesthai eis ton dēloumenon chronon (Euseb. HE, livro V, 10.3).

[83] Cf. D. Guthrie, *Introduction*, p. 47; P. Feine, op. cit., p. 43, classifica essa nota de "incontrolável".

[84] T. Zahn, *Einleitung*, v. 2, p. 266. G. Hörster, op. cit., p. 41, supõe que a fonte comum dessas citações da igreja antiga seja Papias, algo que, no entanto, nos parece improvável. Esse é

f) *Crisóstomo* (m. 407), durante certo tempo bispo em Constantinopla e conhecido como proeminente pregador, informa:

> ... ficou também Mateus repleto do Espírito e em seguida escreveu seu evangelho: Mateus, o publicano![85]
>
> Entretanto também se relata de Mateus que alguns cristãos judeus vieram até ele e lhe pediram que lhes legasse o evangelho que ele anunciava, também por escrito, mais precisamente em idioma hebraico.[86]

Nessas citações da igreja antiga se atestam inequivocamente duas coisas:
1) a autoria pelo apóstolo Mateus, bem como
2) uma versão original hebraica (aramaica) de Mateus.[87]

2.1.4 A língua original do evangelho de Mateus

No ponto anterior nos foi apresentado o consenso de que Mateus foi o autor do primeiro evangelho. Obtivemos as conclusões tanto dos títulos do evangelho como da tradição da igreja antiga. *Que dizer, porém, das citações dos pais da igreja, de que Mateus teria redigido o evangelho em "dialeto hebraico" (provavelmente aramaico)?*

A tradição da igreja antiga — pelo que nos é conhecida — apresenta o referido fato com tanta naturalidade que não temos motivo para supor que alguém o tenha questionado.

Nem Papias, nem Ireneu, nem Orígenes, nem Eusébio, nem qualquer outro autor escreve de forma contraditória nesse assunto, de sorte que se deve tratar da questão com a devida cautela.

Em todos os casos, não vemos progresso quando, p. ex., Kümmel assevera que, "pelo fato de que nosso Mateus sem dúvida não é uma tradução do aramaico, relacionou-se com muita frequência, desde Schleiermacher, a declaração de Papias à hipotética fonte de discursos Q ou mais recentemente a um protoevangelho aramaico".[88] Conforme Kümmel, Papias se referia ao Mateus canônico, supondo equivocadamente um texto original aramaico. Papias aplicaria parâmetros errados aos evangelhos. "Por isso é recomendável, no estudo da relação literária entre os

---

um argumento pelo qual as diferentes afirmações são depreciadas, e ainda mais pelo fato de que Hörster tenta restringir a nota de Papias às palavras de Jesus, algo que já refutamos com clareza.

[85] Crisóstomo, *Commentarius in Sanctum Matthaeum Evangelistam*, 1.1.
[86] Crisóstomo, *Commentarius in Sanctum Matthaeum Evangelistam*, 1.3.
[87] Além dos pais eclesiásticos já referidos, também Cosmas Indicopleustes, *Topographia Christiana*, livro V, 255, sabe que o evangelho de Mateus foi traduzido para o grego.
[88] W. G. Kümmel. *Einleitung*, p. 29.

sinópticos, deixar de lado as notas de Papias, apesar de sua idade antiga".[89] Conforme Lohse, a citação de Papias "não é capaz de oferecer nenhuma informação confiável sobre o surgimento do evangelho de Mateus, mas provavelmente visa a explicar certas diferenças do evangelho de Mateus em comparação com os demais evangelhos".[90]

Diante disso, somente se pode indagar: como podem Kümmel e Lohse saber com tanta exatidão que uma versão original hebraica, ou aramaica,[91] de Mateus é impensável e que a nota de Papias é inaproveitável?[92]

Duas razões fazem com que para a maioria dos estudiosos seja de difícil solução a pergunta se é concebível ou não uma versão hebraica (aramaica):[93]

a) O grego de Mateus é tão bom que se torna difícil imaginar que o atual evangelho grego de Mateus pudesse ser uma tradução do aramaico.

b) Pelo fato de que a maioria dos estudiosos parte do pressuposto de que o autor de Mateus teria utilizado o evangelho de Marcos, torna-se duplamente difícil, em face da grande semelhança dos dois evangelhos (até em sutilezas idiomáticas), imaginar uma redação hebraica (aramaica) de Mateus.[94]

Também a configuração textual diversa das citações do AT em Mateus é aduzida como argumento em favor de que Mateus foi originariamente escrito em grego.[95] A isso contrapomos que o tradutor de Mateus tinha condições de recorrer, com toda a razão, tanto ao AT hebraico como à LXX (grega).[96]

---

[89] W. G. KÜMMEL. *Einleitung*, p. 29.

[90] E. LOHSE, *Entstehung*, p. 90.

[91] A rigor, foi somente F. Delitzsch, "como um estudioso familiarizado com a realidade histórico-linguística de Jesus e dos apóstolos [...], que explicou o hebraico em sentido restrito como língua originária de Mateus", preferindo, porém, anteriormente também o aramaico (T. ZAHN, *Einleitung*, v. 2, p. 276). Mais recentemente D. BIVIN & R. BLIZZARD, *Understanding the difficult words of Jesus — New insights from a Hebraic perspective* (Dayton: Center for Judaic-Christian Studies, 1984), postulam uma redação hebraica (em sentido restrito) de *todos os quatro evangelhos*. Contudo não aderimos a essa tese. F. BARTH, op. cit., p. 179s, assinala que o NT e Josefo se referiam, com a mesma expressão, também ao aramaico.

[92] Sobre a negação de um original hebraico (aramaico) do evangelho de Mateus no decorrer da história da ciência introdutória, cf. T. ZAHN, *Einleitung*, v. 2, p. 275s.

[93] Cf. D. GUTHRIE, *Introduction*, p. 56s.

[94] Foram essas duas razões que levaram, p. ex., E. F. HARRISON, op. cit., p. 169, ao posicionamento de negar a versão hebraica (aramaica).

[95] D. A. CARSON, D. J. MOO & L. MORRIS, op. cit., p. 68.

[96] Cf. T. ZAHN, *Einleitung*, v. 2, p. 308s, 321s.

Contudo, é muito elucidativo que, segundo as informações de Guthrie, cresce o interesse em possíveis originais (ou fontes) aramaicos de nossos evangelhos gregos por considerações filológicas.[97] Os estudiosos referidos por ele encontram uma forte influência aramaica em todos os evangelhos. A mais interessante é a opinião de Vaganay, de que um Mateus originariamente aramaico foi o primeiro evangelho, do qual foram derivados os outros três evangelhos canônicos.[98] Afinal, no fundo nem sequer seria algo equivocado considerar possível uma versão aramaica de um evangelho, uma vez que Jesus Cristo ensinou em língua aramaica.

Michaelis explica assim a citação de Papias, embora ele próprio não tenha certeza de que Papias se referiu ao evangelho canônico:[99]

> Se for realmente esse o caso, a conclusão é que, "conforme Papias, Mateus redigiu originariamente seu evangelho 'em idioma hebraico', i.e., aramaico (p. ex., At 21.40; 26.14; Jo 20.16 [...]) e que no começo da época em que o conteúdo do evangelho de Mateus também devia ser explicitado a ouvintes (provavelmente menos a leitores) que não compreendiam aramaico, cada um precisava realizar pessoalmente a tradução. No caso de 'cada um' não se deve ter em vista pessoas privadas, mas missionários. Essas traduções, produzidas por cristãos que ainda eram bilíngues, atendo-se eventualmente apenas aos respectivos trechos de que precisavam, talvez nem sequer devam ser imaginadas como traduções escritas".[100]

De forma extremamente devotada, Zahn trabalhou no problema exposto.[101] À semelhança de Michaelis, ele salienta que o que se tinha em mente era uma tradução oral.[102] É compreensível que o evangelho aramaico de Mateus se tornou conhecido

---

[97] D. GUTHRIE, op. cit., p. 56s. Ele menciona: C. F. BURNEY, *The Poetry of our Lord* (1925); idem, *The Aramaic Origin of the Fourth Gospel* (1922); C. C. TORREY, *The Four Gospels: A New Translation* (1933); M. BLACK, *An Aramaic Approach to the Gospels and Acts* (1946); F. ZIMMERMANN, *The Aramaic Origin of the Four Gospels* (New York: KTAV, 1979).

[98] L. VAGANAY, *Le Problème synoptique* (1954) (cf. D. GUTHRIE, op. cit., p. 560. Uma posição análoga é defendida também por T. ZAHN, *Einleitung*. v. 2. p. 325. Entretanto, considera improvável que Lucas tenha conhecido o evangelho de Mateus, op. cit., p. 408).

[99] W. MICHAELIS, op. cit., p. 27. Para MICHAELIS está claro que Eusébio relacionou a nota com o evangelho canônico de Mateus, mas não tem certeza se isso já correspondia ao entendimento de Papias. Infelizmente, MICHAELIS rejeita mais tarde uma autoria pelo apóstolo Mateus, cf. op. cit., p. 31ss.

[100] W. MICHAELIS, op. cit., p. 27.

[101] T. ZAHN, *Einleitung*, v. 2, p. 260ss.

[102] T. ZAHN, *Einleitung*, v. 2, p. 263: "Não se pode cometer excessos na recordação de que, assim como entre os judeus, também na igreja cristã da Antiguidade, a tradução oral de livros em

muito além das fronteiras da igreja judaica. Ainda que em outras igrejas fosse, talvez, conhecido o evangelho de Marcos ou Lucas, as igrejas gregas tinham o desejo de descobrir o que Deus lhes tinha a dizer no evangelho de Mateus. Leitores bilíngues tinham de tentar fazer a tradução oral trecho por trecho.

Nesse aspecto ἑρμηνεύειν — hermēneuein ("... mas traduza-o cada um da melhor maneira que sabia") somente pode ser entendido no sentido de traduzir ou "servir de intérprete".[103] Zahn escreve "que somente se pode tratar de uma tradução para o idioma grego, que não precisa ser mencionada de modo expresso justamente porque era essa a língua de Papias e de seus leitores. Os hebreus não careciam de tradução para textos escritos em hebraico, e leitores ou ouvintes cristãos que não dominavam nem o hebraico nem o grego não existiam no entorno do bispo frígio".[104]

Da mesma forma como na África do Norte foi necessário traduzir, dentre os escritos canônicos, o NT grego espontaneamente para o latim (cf. as afirmações correspondentes de Tertuliano), dando, pois, origem, após certo tempo, à "Bíblia latina de Cipriano, assim o Mateus grego é o fruto maduro da tradução, atestada por Papias, do evangelho hebraico de Mateus nas igrejas gregas da Ásia Menor e talvez também de outras igrejas. Por outras comprovações também se assegura que no tempo em que Papias escreveu, por volta de 125 ou talvez um pouco mais tarde, o evangelho grego de Mateus não apenas existia, mas já havia experimentado considerável difusão".[105]

Zahn defende a ideia de que a versão do nome Mateus do evangelho hebraico para o grego se "processou sob os olhares de Papias e de outros discípulos de apóstolos" e "era classificada como substituto plenamente válido do livro hebraico, como uma tradução fiel fundamental daquele".[106] No entanto, não nos foram legadas explicações mais detalhadas acerca dessa tradução.

---

idioma estrangeiro no culto teve uma grande importância". Porém, Zahn considera objeto da tradução não propriamente o livro todo, mas sobretudo os ditos de Jesus nele contidos.

[103] Em contraposição, J. Kürzinger, NTS, n. 10, 1963, p. 108ss, pretende interpretar a nota de Papias no sentido de que as palavras seriam escritas em um formato judaico-cristão (não no idioma hebraico [aramaico]); o ἑρμηνεύειν — hermēneuein não significaria "traduzir", mas se referiria ao trabalho literário com o texto (cf. D. Guthrie, *Introduction*, p. 46; W. Schmithals, *Einleitung in die drei ersten Evangelien*, p. 37). Nesse aspecto Kürzinger recebe o apoio de R. Riesner, Der Aufbau der Reden im Mateus-Evangelium, ThBeitr n. 4-5, 1978, p. 172.

[104] T. Zahn, *Einleitung*, v. 2, p. 262.

[105] T. Zahn, *Einleitung*, v. 2, p. 264.

[106] T. Zahn, *Einleitung*, v. 2, p. 265.

Zahn tem por premissa que Papias ainda vivenciou a fase da tradução oral de Mateus. Por isso, Zahn situa essa tradução cronologicamente no final do século I (de preferência, antes do ano 90 que posterior ao ano 100).[107]

Albrecht levanta uma suposição acerca da pessoa do tradutor: "Talvez o próprio Mateus tenha vertido seu evangelho do aramaico para o grego".[108]

Zahn confirma que a notícia da redação hebraica de Mateus "jamais foi objeto de contradição" na igreja antiga.[109]

Jerônimo (m. 420), oriundo da Dalmácia e atuante no Oriente e no Ocidente, com grande influência literária principalmente por meio da tradução latina da Bíblia (*Vulgata*), pensou em algum momento ter encontrado o evangelho hebraico de Mateus no "evangelho dos hebreus".[110] Então, porém, reconheceu pessoalmente que essa suposição não era correta.[111] Não obstante, foi justamente Jerônimo quem forneceu um novo indício da possibilidade de uma redação aramaica de Mateus, de cuja existência estava plenamente convicto.[112]

---

[107] T. ZAHN, *Einleitung*, v. 2, p. 265; aliás, ele localiza a tradução na província da Ásia, já que não temos testemunho "de outra província de idioma grego fora da Ásia, de que o evangelho hebraico de Mateus tenha chegado até lá". Porém, o testemunho de Panteno (cf. acima.; cf. Euseb. HE, livro V, 10.3) se reporta a uma região bem diferente no contexto do evangelho hebraico de Mateus.

[108] L. ALBRECHT, *Das Neue Testament in die Sprache der Gegenwart übersetzt und kurz erläutert*, 12. ed. (Giessen; Basel: Brunnen, 1980), p. 13, nota 1. Contudo, afirma pessoalmente que não temos "notícia confiável" de quem de fato o foi. No entanto, pressupõe com razão que ela "se origina de uma personagem que pareceu à igreja particularmente capacitada para uma tarefa dessas" (ibidem). A suposição de que Mateus teria traduzido pessoalmente seu evangelho já fora defendida por Bengel e Olshausen, além de H. E. F. GUERIKE, *Beiträge zur historisch kritischen Einleitung ins Neue Testament* (Halle: Gebauer, 1828), p. 44, e M. C. TENNEY, op. cit., p. 164ss. Guerike fala de uma tradução livre. T. ZAHN, *Einleitung*, v. 2, p. 268, contrapõe-se com clareza a uma tradução pelo próprio Mateus. Em manuscritos gregos minúsculos são citados ainda João, Bartolomeu e Tiago, irmão de Jesus, como possíveis tradutores (cf. T. ZAHN, *Einleitung*, v. 2, p. 273; B. WEISS, *Lehrbuch der Einleitung in das Neue Testament* [Berlin: Hertz, 1886], p. 536).

[109] T. ZAHN, *Einleitung*, v. 2, p. 266.

[110] Cf. W. SCHNEEMELCHER, op. cit., v. 1, p. 142ss.

[111] Cf. P. FEINE, op. cit., p. 43s. Jerônimo havia traduzido esse evangelho apócrifo para o grego e latim.

[112] Cf. as diferentes observações de Jerônimo em: K. ALAND, *Synopsis*, p. 545s (*De viris illustribus*, livro III; *Prologus quattuor evangeliorum*; *Praefatio Matthei*). M. MEINERTZ, op. cit., p. 173, escreve corretamente sobre essas confusões de Jerônimo: "De qualquer modo as confusões somente são possíveis com base em uma tradição existente, de que o original de Mateus tenha sido redigido em língua hebraica".

Também *Efrém, o Sírio* (m. 377), menciona diversas vezes que Mateus escreveu em hebraico.[113] Da mesma forma *Epifânio* (m. 403),[114] Agostinho[115] e Gregório de Nazianzo[116] falam de uma redação hebraica. Não está descartada a possibilidade de que em alguma época e em algum lugar se descubra um vestígio do Mateus aramaico. No entanto, depois do ataque árabe de que temos conhecimento, as chances são remotas (aliás, não dispomos dos autógrafos de nenhum escrito canônico).

"O evangelho hebraico de Mateus havia desaparecido",[117] mas pela providência divina o Mateus grego continuou "vivendo" como tradução autêntica, credenciada e canônica.

Dentre todas as propostas de solução desse tema, o estudo de Zahn não apenas é o mais exaustivo, mas também o mais plausível. Talvez se possa datar, como faz Albrecht, a tradução de Mateus para o grego um pouco mais cedo do que Zahn.[118]

2.1.5 Que sabemos sobre o autor?

2.1.5.1 Diversas hipóteses de autoria

Gostaríamos de supor que deve estar claro de que Mateus se está falando, quando, p. ex., consideramos a inequívoca afirmação de Orígenes: "O primeiro

---

[113] "Mateus escreveu-o em hebraico, e depois foi traduzido para o grego" (*Matthaeus hebraice scripsit id, et deinde translatum est in graecum*); "Mateus escreveu o evangelho em hebraico" (*Matthaeus hebraice scripsit evangelium*); "Mateus evangelizou junto aos indianos e na Judeia" (... *evangelizavit* [...] *Matthaeus apud Indos et in Iudaea*) — EFRAEMI, *Commentarius in Diatessaron Tatiani* (apud K. ALAND, *Synopsis*, p. 544).

[114] "Também o próprio Mateus escreve em letras hebraicas o evangelho e o proclama, não iniciando desde o começo, mas descrevendo a origem desde Abraão": καὶ αὐτὸς μὲν οὖν ὁ Ματθαῖος Ἑβραϊκοῖς γράμμασι γράφει τὸ εὐαγγέλιον καὶ κηρύττει, καὶ ἄρχεται οὐκ ἀπ' ἀρχῆς, ἀλλὰ διηγεῖται μὲν τὴν γενεαλογίαν ἀπὸ τοῦ 'Αβραάμ — kai autos men oun ho Matthaios Hebraikois grammasi graphei to euangelion kai kēryttei, kai archetai ouk ap' archēs, alla diēgeitai men tēn genealogian apo tou Abraam (EPIFÂNIO, *Panarion*, livro LI, 5.3). Epifânio menciona o evangelho de Mateus no contexto dos evangelhos que eram usados pelos nazoreus (*Panarion*, livro XXIX, 9.4) e pelos ebionitas (*Panarion*, livro XX, 3.7; 13.2; 14.3), mas que provavelmente não eram idênticos ao Mateus canônico (cf. P. VIELHAUER & G. STRECKER, Judenchristliche Evangelien, in: W. SCHNEEMELCHER, op. cit., v. 1, p. 118s).

[115] AGOSTINHO, *De consensu evangelistarum*, livro I, 2.4.

[116] Apud M. MEINERTZ, op. cit., p. 172.

[117] Cf. T. ZAHN, *Einleitung*, v. 2, p. 268.

[118] Cf. L. ALBRECHT, op. cit., p. 14; J. H. A. EBRARD, op. cit., p. 1005, defende uma datação da tradução para antes do ano 70.

(evangelho) foi escrito pelo ex-publicano e posterior apóstolo de Jesus Cristo, Mateus...".[119]

Ao estudar a bibliografia das introduções ao NT, imediatamente nos damos conta de que em épocas recentes se duvidou de várias maneiras dessa tradição da igreja antiga.[120] — P. ex., Lohse escreve:

> O próprio evangelho de Mateus contraria inequivocamente a asserção de que um discípulo e testemunha ocular da atuação de Jesus teria sido seu autor. Porque o evangelista não escreve com base em uma visão, mas trabalha fontes — Marcos e Q — e aproveita a tradição que lhe foi legada — o chamado material exclusivo — as quais coordena em uma obra de configuração planejada.[121]

Guthrie fornece indicações panorâmicas sobre os argumentos contrários à autoria por Mateus e sobre as diferentes opiniões.[122] Na sequência, apresentamos as indicações com complementações:

a) O maior impedimento para que os defensores da teoria das fontes do NT deem razão à tradição da igreja antiga consiste em sua convicção de que *o evangelho de Mateus seria uma elaboração posterior do evangelho de Marcos*. Segundo sua opinião, o autor de Mateus não apenas fez uso do evangelho de Marcos, mas praticamente incorporou na obra todo o evangelho de Marcos. Se essa hipótese for correta, a conclusão consequente será que um apóstolo teria utilizado uma fonte não apostólica, o que é praticamente inconcebível.[123] Então é obrigatório que estejam erradas, ou a teoria das duas fontes, ou a hipótese de Marcos, ou então Mateus não pode ser originário do grupo de apóstolos.[124] Sumamente significativa é a constatação de Michaelis: "De fato

---

[119] *Kommentar zu Mt 1* (conforme Euseb. HE, livro VI, 25.4).

[120] Além das já referidas afirmações da igreja antiga, cabe apontar ainda para TERTULIANO, *Contra Marcião*, livro IV, 2.2, que cita Mateus e João como apóstolos e autores de evangelhos, ao contrário de Marcos e Lucas ("...dentre os apóstolos implantam em nós a fé João e Mateus, dentre os discípulos de apóstolos revigoram-na Lucas e Marcos"). Também CLEMENTE DE ALEXANDRIA, *Stromateis*, livro I, 21.147, menciona o evangelho segundo Mateus, que listaria a genealogia de Jesus desde Abraão, fazendo-a encerrar com Maria. Em *Quis dives salvetur*, 17, ele cita Mateus 5.3,6, observando que esses versículos foram escritos por Mateus.

[121] E. LOHSE, *Entstehung*, p. 90.

[122] D. GUTHRIE, *Introduction*, p. 49ss.

[123] V. TAYLOR, *The Gospels*, 5. ed. (1945), p. 81, considera "extremamente improvável que um apóstolo utilize como fonte uma obra que se origina de alguém que não era testemunha ocular do ministério de Jesus".

[124] O. CULLMANN, *Einführung*, p. 37; W. G. KÜMMEL, *Einleitung*, p. 92 e (infelizmente) também W. MICHAELIS, op. cit., p. 31s, tiram essa segunda conclusão.

Mateus, portanto, somente é considerado autor quando simultaneamente se rejeita a teoria das duas fontes."[125]

Guthrie tenta evidenciar, apesar disso, que a anterioridade cronológica de Marcos, a qual considera possível, não contesta obrigatoriamente que o autor do evangelho de Mateus foi apóstolo e testemunha ocular.[126] Embora certamente fosse surpreendente que uma testemunha ocular tomasse empréstimos de uma fonte "secundária" (ainda que esta seja credenciada por Pedro; cf. mais adiante, a seção "O evangelho segundo Marcos"), seguramente se poderia afirmar que justamente por meio de uma utilização dessas teria sido confirmada, por parte apostólica, a autenticidade de Marcos.[127] No entanto, é preciso dizer que a opinião defendida por Guthrie se equipara mais a uma concessão à hipótese de Marcos. Não deveríamos, pelo contrário, em vista das declarações de Taylor e Lohse, submeter a teoria das fontes e a hipótese de Marcos a um profundo exame? (Cf. mais adiante, a seção sobre a questão sinóptica.)

b) Por muitos eruditos se rejeita, com base na expressão linguística, a redação do evangelho de Mateus por uma testemunha ocular, com o argumento de que o evangelho de Marcos seria muito mais vivo. Se uma testemunha ocular tivesse escrito o evangelho de Mateus, ela deveria ser mais espontânea no estilo narrativo:

> Uma testemunha ocular teria relatado a história evangélica assim como a presenciou [...] O evangelho de Mateus, porém, foi redigido segundo um plano literário, que com grande frequência dilui a situação histórica do indivíduo. Igualmente contém ordenamentos do material nos moldes exigidos pela proclamação missionária.[128]

A essas explicações[129] cabe dizer que todas elas têm a característica de asserções, mas que a força demonstrativa dos argumentos é extremamente reduzida e

---

[125] W. MICHAELIS, op. cit., p. 32, aponta nesse contexto para B. C. BUTLER, *The Originality of St. Matthew — A Critique of the Two-Document Hypothesis* (Cambridge: Cambridge University Press, 1951). Sobre Butler, cf. D. GUTHRIE, *Introduction*, p. 156s.

[126] Essa opinião também é partilhada por R. M. GRANT, op. cit., p. 129.

[127] Opinião de D. GUTHRIE em *Introduction*, 3. ed. (1970), p. 42.

[128] Opinião de P. FEINE, op. cit., p. 44; cf. W. G. KÜMMEL, *Einleitung*, p. 92.

[129] Como exemplo, citem-se ainda E. LOHSE, *Entstehung*, p. 90; P. VIELHAUER, *Geschichte der urchristlichen Literatur — Einleitung in das Neue Testament, die Apokryphen und die apostolischen Väter* (Berlin; New York: de Gruyter, 1978), p. 357ss; A. WIKENHAUSER & J. SCHMID, op. cit., p. 236ss. Menção especial ainda mereceriam as ideias de W. MARXSEN, *Einleitung in das Neue Testament*, 2. ed. (Gütersloh: Mohn, 1964), p. 131s. Fala de uma "historização das peças da tradição por Mateus". "O que na origem servia diretamente à proclamação é agora enfocado sob a perspectiva do de fato acontecido." Marxsen, portanto, percebe que Mateus

questionável. Como, p. ex., se pretende concluir, com base em um estilo narrativo menos vivo ou em uma concepção marcadamente organizada (cinco unidades de discursos com narrativas intercaladas), que o autor de Mateus de forma alguma poderia ter sido uma testemunha ocular e auricular?

Porventura o apóstolo Mateus não teria tido tempo suficiente para refletir exaustivamente tanto sobre o conteúdo como sobre a concepção de seu evangelho, se o evangelho (até mesmo na hipótese de uma datação antiga) foi escrito antes do ano 60? De qualquer modo, a nosso ver Guthrie defende com razão a ideia de que com base em ponderações linguísticas dificilmente teremos condições de extrair conclusões definitivas, como ocorre nas citações acima expostas.

c) *Kilpatrick* defende a concepção de que com a nota de Papias (τὰ λόγια — ta logia) provavelmente seja referido todo o evangelho de Mateus, porém que o título κατὰ Ματθαῖον — kata Matthaion (cf. anteriormente) seria o *pseudônimo de um coletivo*.[130] Kilpatrick constata que dificilmente teria sido viável que o evangelho de Mateus fosse aceito de modo geral como canônico se (como nos evangelhos apócrifos) uma pessoa sozinha tivesse escrito o presente evangelho sob o pseudônimo Mateus. No entanto, segundo Kilpatrick, seria mais viável que uma igreja inteira, na qual e pela qual o evangelho teria sido escrito, se impusesse mais facilmente sob o pseudônimo Mateus como codinome coletivo.[131]

A isso cabe dizer que tanto a hipótese como a argumentação são altamente questionáveis. Por que justamente o evangelho de Mateus teria sido publicado sob um pseudônimo coletivo, ao passo que nem no evangelho de Marcos nem no de Lucas Kilpatrick postula um procedimento similar?[132] — Será que todas as congregações destinatárias teriam aceito sem objeções que fossem enganadas? À ideia de Kilpatrick se opõe claramente toda a tradição da igreja antiga.

apresenta os acontecimentos como históricos. A forma de apresentação histórica, porém, de maneira alguma deve, para Marxsen, corresponder aos fatos, porque do contrário seu esquema racional histórico-crítico se tornaria quebradiço. Segundo ele, a "historização" de Mateus, "pelo contrário, é conduzida segundo a concepção dogmática de que Jesus era o Messias anunciado no AT. Visto que isso era basilar para Mateus e ele deseja comprovar esse seu postulado de fé [...], ele se considera autorizado a corrigir a 'história' " (op. cit., p. 131).

[130] G. D. KILPATRICK, *The Origins of the Gospel according to St. Matthew* (Oxford: Clarendon Press, 1946); apud D. GUTHRIE, *Introduction*, 1990, 4. ed., p. 34s, 50s; E. F. HARRISON, op. cit., p. 178.

[131] G. D. KILPATRICK, op. cit., p. 139.

[132] D. GUTHRIE, *Introduction*, p. 51.

d) *Stendahl* atribui a redação de Mateus a uma *escola de Mateus*, do tipo conhecido a partir da história de Qumran.[133] Conforme Gaechter, Mateus teria sido um rabino formado que mais tarde se teria tornado publicano.[134] Em Stendahl, ele seria um rabino qualquer, não identificável. Para Schmithals, é plausível "que Mateus tenha sido professor de uma escola catequética".[135]

Essa ideia da escola representa uma alternativa muito mais viável que um pseudônimo coletivo (cf. anteriormente, item c). Entretanto, seria sumamente estranho que a tradição da igreja antiga faça afirmações muito precisas sobre a autoria de uma pessoa individual (com o nome Mateus), enquanto não sabe absolutamente nada sobre uma escola de Mateus.

Em síntese, podemos afirmar que nenhuma das quatro hipóteses apresentadas é satisfatória. Por que o ex-publicano e posterior apóstolo Mateus não haveria de ser, como atesta inequivocamente a igreja antiga, o autor do presente evangelho?

2.1.5.2 Que sabemos sobre Mateus?

Tanto Tenney[136] como também Guthrie,[137] Harrison (com restrições),[138] Albrecht,[139] Zahn[140] e outros *defendem* a autoria do apóstolo Mateus, ou Levi, que nos é conhecido dos evangelhos.

Devemos e podemos aderir plenamente a essa convicção. Não temos nem motivo nem uma causa plausível para aceitar como correta uma ideia diferente.

Interessa-nos agora o que podemos depreender do NT sobre a pessoa do autor.

Seu nome significa provavelmente "dádiva de Javé". Em todas as listas de apóstolos, ele ocupa a sétima (Mc 3.18; Lc 6.15) ou oitava (Mt 10.3; At 1.13) posição. Além disso, o nome ainda ocorre em Mateus 9.9, por ocasião do episódio da vocação na coletoria de Cafarnaum. Na lista de Mateus 10.3 igualmente é mencionado que Mateus era publicano. Pelo fato de a vocação de Mateus 9.9-13 ser relatada em Marcos 2.13-17 e Lucas 5.27-32 com todos os detalhes, "como sendo de um publicano

---

[133] Cf. K. STENDAHL, The School of St. Matthew and its Use of the Old Testament, in: ASNU (Uppsala: [s.n.], 1954).

[134] P. GAECHTER, ZThK, n. 75, 1933, p. 480ss.

[135] W. SCHMITHALS, *Einleitung in die drei ersten Evangelien*, p. 383.

[136] M. C. TENNEY, op. cit., p. 163s.

[137] D. GUTHRIE, *Introduction*, p. 52s.

[138] E. F. HARRISON, op. cit., p. 177.

[139] L. ALBRECHT, op. cit., p. 11ss.

[140] T. ZAHN, *Einleitung*, v. 2, p. 258ss.

Levi, de sorte que não se pode duvidar da identidade dos fatos subjacentes ao episódio, deve-se também reconhecer que Levi era o mesmo que o apóstolo Mateus".[141] Em todos os três evangelhos a vocação sucede ao mesmo milagre, a saber, à cura de um paralítico. Também a passagem subsequente tem em todos os três o mesmo conteúdo: a questão do jejum.[142]

Apesar disso, Michaelis acredita que, no evangelho de Mateus, o nome Levi foi substituído por "Mateus".[143] Contudo, não se pode entender por que razão o autor do evangelho de Mateus teria substituído o nome Levi por Mateus sem que esses dois nomes se referissem à mesma pessoa. No mais, o autor do evangelho de Mateus não demonstra nenhum interesse pelo nome Mateus.[144]

Albright e Mann[145] opinam que o nome Levi apontaria para a filiação à tribo de Levi ("Mateus, o levita", apocopado na tradição antiga para o nome próprio "Levi"). "Contudo, não é muito plausível a mutação linguística de 'levita' para 'Levi'."[146]

---

[141] T. ZAHN, *Einleitung*, v. 2, p. 258. O valentiniano Heracleão (c. 200) já havia feito uma distinção entre Levi e Mateus (cf. CLEMENTE DE ALEXANDRIA, *Stromateis*, livro IV, 9; Heracleão arrola "Mateus, Filipe, Tomé, Levi" no contexto da morte pelo martírio). A mesma diferenciação ocorre também em ORÍGENES (*Contra Celso*, livro I, 62: ele conta Levi entre os seguidores de Jesus, mas não entre os apóstolos).

[142] Cf. F. GODET, *Einleitung*, v. 2, p. 71.

[143] W. MICHAELIS, op. cit., p. 34 argumenta: "Naquele tempo os judeus com frequência tinham dois nomes (At 1.23; 12.25; 13.9), mas então o segundo nome era latino ou grego [...] Ainda que Natanael em Jo 1.45 e outras vezes fosse idêntico com Bartolomeu em Mateus 10.3 e paralelos, Bartolomeu não era um segundo nome, mas definia Natanael segundo seu pai (exatamente como 'Bartimeu' em Mc 10.46 apenas significava 'filho de Timeu') [...] Entretanto 'Levi' e 'Mateus' são ambos nomes semitas e, mais precisamente, nomes próprios. Se com sua vocação [...] Levi tivesse adotado um novo nome, essa particularidade com certeza teria sido salientada com destaque justamente no evangelho de Mateus". MICHAELIS rejeita a formulação de Mateus 9.9: "um homem, chamado Mateus" como justificativa para essa mudança de nome, argumentando com Mateus 2.23; 26.14; 27.33. Igualmente aponta para a circunstância de que os evangelhos de Marcos e Lucas não trazem nenhuma observação de que Levi era um dos apóstolos. "A asserção de que Mateus tenha sido levita e por isso teria possuído um cognome formado segundo a descendência '(Ben) Levi' não tem fundamento" (ibidem).

[144] T. ZAHN. *Einleitung*, v. 2, p. 259. Sem explicar por que teria sido escolhido justamente o nome Mateus, PESCH fornece uma explicação diferente: para o evangelho de Mateus o grupo dos discípulos seria restrito aos Doze. "Como Levi não se encontra entre os Doze, não pode pertencer ao grupo dos discípulos. Por isso, sua convocação para discípulo não cabe na concepção do evangelho de Mateus" (Levi-Matthäus [Mc 2.14 — Mt 9,9; 10.3], ZNW, n. 59, 1968, p. 50, conforme A. WIKENHAUSER & J. SCHMID, op. cit., p. 230). Aqui, porém, novamente se sobrepõe à configuração textual existente uma concepção teológica postulada.

[145] W. F. ALBRIGHT & C. S. MANN, *Matthew*, in: AB, p. clxxvii ss.

[146] D. A. CARSON, D. J. MOO & L. MORRIS, op. cit., p. 72.

Conforme Zahn, o publicano Levi recebeu como apóstolo o novo nome Mateus. José, com o cognome Cabi,[147] Simão Cefas e José Barnabé são comprovações de pessoas com dois nomes semitas.[148] "Em vista do ódio devotado aos publicanos, tinha de ser duplamente bem-vindo para um judeu que abandonara essa profissão, ser chamado por um nome diferente do anterior."[149] Marcos 2.14 e Lucas 5.27,29 definiram historicamente com exatidão "que por ocasião do chamamento o publicano se chamava Levi, ao passo que em Mateus 9.9 o nome, usado por ele costumeiramente como apóstolo e na igreja, foi retroativamente inserido na história da vocação".[150] Em consonância, vemos que Marcos chama Pedro "antes da notícia de sua mudança de nome (Mc 3.16) sempre como Simão (Mc 1.16,29,36) e que, em contraposição, em Mateus 4.18 o segundo nome é imediatamente acrescentado".[151]

O pai de Mateus se chamava Alfeu (Mc 2.14), porém não é idêntico ao pai de Tiago, que tinha o mesmo nome. Se Mateus e Tiago fossem irmãos, eles teriam sido classificados nas listas como tais, em analogia à dupla Pedro e André e aos filhos de Zebedeu (João e Tiago), ainda mais que aparecem lado a lado em Mateus 10.3 e Atos 1.13.[152]

Mateus era publicano em Cafarnaum e, por conseguinte, no território de Herodes Antipas. Logo, Mateus não era funcionário romano. Ou era funcionário a serviço do soberano territorial (cf. Jo 4.46; Lc 8.3) "ou o empregado de um empresário que havia arrendado as coletorias da cidade ou de uma região maior".[153] Sua posição incluía que soubesse escrever, o que na época não era algo natural na região, e que além do aramaico também falasse grego.

A tradição da igreja antiga legou várias notícias sobre Levi ou Mateus,[154] mas cuja fidelidade não está assegurada. O *Evangelho de Pedro* (apócrifo) informa que Levi

---

[147] JOSEFO, *Antiguidades dos judeus*, livro XX, cap. 7.

[148] T. ZAHN, *Einleitung*, v. 2, p. 270. Além disso, existem comprovações nabateias para nomes duplos semitas (cf. W. L. LANE, Commentary on the Gospel of Mark, in: F. F. BRUCE (Org.), NICNT (Grand Rapids: Eerdmans, 1974), p. 100s. [Nabateia(s): referência a Nabateia, parte da antiga Arábia Pétrea, Noroeste da Arábia. (N. do R.)]

[149] T. ZAHN, *Einleitung*, v. 2, p. 259. Outra explicação é dada por Jeremias: supõe que Mateus era filho de Levi e se chamou Ben (Bar) Levi (cf. A. WIKENHAUSER & J. SCHMID, op. cit., p. 230). Contudo, isso dificilmente explica por que no NT os dois nomes nunca são citados lado a lado.

[150] T. ZAHN, *Einleitung*, v. 2, p. 270.

[151] T. ZAHN, *Einleitung*, v. 2, p. 270.

[152] Cf. T. ZAHN, *Einleitung*, v. 2, p. 259.

[153] T. ZAHN, *Einleitung*, v. 2, p. 259.

[154] Cf. F. BARTH, op. cit., p. 177; E. HENNECKE & W. SCHNEEMELCHER, op. cit., v. 2, p. 30s.

esteve presente na primeira aparição do Ressuscitado no lago de Genesaré.[155] Outra fonte afirma que, depois de aparecer às mulheres, Jesus teria aparecido primeiro a Mateus.[156] Heracleão noticia que Mateus não morreu como mártir.[157]

Justamente a pouca importância atribuída no NT a Mateus como pessoa depõe contra o posterior uso desse nome como pseudônimo; outros nomes como Pedro e Tiago eram muito mais plausíveis para uma redação pseudônima.[158]

2.1.6 Estrutura e redação

Ao se trabalhar o evangelho de Mateus, chama imediatamente a atenção a cuidadosa subdivisão e a ordem sistemática.

Acima já chamamos atenção aos cinco blocos de discursos que são complementados por relatos e narrativas. Reproduzimos de forma bem sucinta o esquema da estrutura:

A chegada do Messias	Mt 1.1–2.23
Preparo da atuação	Mt 3.1–4.11
Primeira atuação na Galileia	Mt 4.12–4.25
Primeiro bloco de discursos: o Sermão do Monte	Mt 5.1–7.29
Relato sobre curas e milagres	Mt 8.1–9.34
Segundo bloco de discursos: discurso missionário	
e envio dos discípulos	Mt 9.35–10.42
Relato sobre serviço e resistência	Mt 11.1–12.50
Terceiro bloco de discursos: sete parábolas do Reino dos céus	Mt 13.1-52
Atuação de Jesus pela Galileia e nas adjacências	Mt 13.53–17.27
Quarto bloco de discursos: instruções diversas aos discípulos	Mt 18.1-35
Relato da viagem pela Judeia	Mt 19.1–22.46
Quinto bloco de discursos: "Ais" sobre os fariseus	
e discursos sobre o fim dos tempos	Mt 23.1–25.46
Paixão, ressurreição e incumbência do Messias	Mt 26.1–28.20

---

[155] *Evangelho de Pedro*, v. 60 (cf. W. Schneemelcher, op. cit., v. 1, p. 188).

[156] *Didascalia Síria* 5.27s (cf. H. Achelis & J. Flemming, *Die ältesten Quellen des orientalischen Kirchenrechts*, (Leipzig: [s.n.], 1904), tomo 2: Die syrische Didaskalia übersetzt und erklärt (Texte und Untersuchungen zur Geschichte der altchristlichen Literatur, 25.2).

[157] Clemente de Alexandria, *Stromateis*, livro IV, 9.

[158] Cf. D. Guthrie, *Introduction*, p. 52; J. Cools, Die synoptischen Evangelien, in: J. Cools (Org.). *Die biblische Welt* (Olten; Freiburg: Walter, 1965), v. 2: Das Neue Testament, p. 77. H. E. F. Guerike, op. cit., p. 25s, mostra que, de acordo com o objetivo do evangelho de Mateus, em caso de uma redação pseudônima, o nome de Tiago teria sido consideravelmente mais apropriado.

Cada um dos cinco blocos de discursos termina com a formulação: Καὶ ἐγέ νετο ὅτε ἐτέλεσεν ὁ Ἰησοῦς τοὺς λόγους τούτους — kai egeneto hote etelesen ho lēsous tous logous toutous — "E aconteceu quando Jesus havia concluído essas palavras..." (ou semelhante): Mateus 7.28; 11.1; 13.53; 19.1; 26.1. Logo, Mateus não pretendia organizar arbitrariamente os blocos de discursos, mas os inseriu nos acontecimentos de acordo com os fatos.

Alguns autores remetem essa subdivisão em cinco blocos de discursos aos cinco livros do Pentateuco ou aos "cinco livros dos Salmos",[159] o que no entanto é rejeitado com razão por Kümmel e outros como especulação e por não condizer de nenhum modo com o nexo textual no seio do evangelho de Mateus.[160]

Essa estrutura interessante e única de Mateus não constitui sob hipótese alguma prova de que Mateus apenas processou, na função de "redator capaz", material colecionado de fontes e transmitido pela igreja. No capítulo sobre a "questão sinóptica" veremos que a teoria das duas fontes no NT foi desenvolvida de mãos dadas com o discernimento de fontes no AT. Enquanto no âmbito do AT, sobretudo o Pentateuco se tornou alvo do método histórico-crítico (cf. as postuladas etapas redacionais JEDP), no NT foram principalmente os evangelhos (em primeiro lugar, os sinópticos) que se tornaram campo de ação do método histórico-crítico.

Ainda que mais tarde a teoria das duas fontes fosse complementada pela história das formas e da redação,[161] ficou estabelecido há mais de cem anos o resultado de que Mateus não pode ser *mais* que um colecionador, transmissor, redator e sistematizador que (em conformidade com o terceiro lugar vivencial;[162] cf. a história da redação) incluiu sua própria teologia no evangelho. Veremos mais adiante que os referidos resultados se contrapõem à inspiração e divindade da Sagrada Escritura, razão pela qual não podem ser aceitos como proposta de solução. A alegação de que Mateus *não* poderia ser o autor direto, autorizado por Deus, de todo o evangelho hoje conhecido não se deixa demonstrar por nenhum método científico. A afirmação somente consegue ser postulada como "declaração de fé" com base em um esquema de raciocínio filosófico-evolucionista rigidamente arquitetado. Esse esquema de raciocínio filosófico-evolucionista posiciona no início

---

[159] P. ex., G. MILLIGAN, op. cit., p. 147s; mais tarde, esp. B. W. BACON, *Studies in Matthew* (1930).

[160] W. G. KÜMMEL, *Einleitung*, p. 77; cf. D. GUTHRIE, *Introduction*, p. 40.

[161] A esse respeito, cf. mais adiante a análise da questão sinóptica sob os itens 2.4.2.3 e 2.4.2.4.

[162] Em resumo, tentou-se constatar, na pesquisa histórico-crítica da história das formas, três "locais vivenciais": elementos históricos, a igreja pós-pascal, e a moldura e formatação pelo redator. Cf. tb. H. ZIMMERMANN, op. cit., p. 179ss.

das respectivas investigações asserções axiomáticas[163] como pretensos "resultados científicos assegurados".

O único motivo para que o evangelho de Mateus não seja um escrito independente e coeso, transmitido pelo Espírito Santo e pelo autor Mateus na forma presente, é que a ideia de que uma redação dessas do evangelho contraria o método histórico-crítico. É precisamente essa a razão pela qual, com poucas exceções, em quase todas as introduções ao NT hoje disponíveis Mateus é designado como colecionador e redator.

Uma citação para explicitar isso:

> A peculiaridade de Mateus "se mostra já sob o aspecto formal na estrutura, no aproveitamento e ordenamento do material que se tornou acessível a Mateus e ao qual deu acolhida [...] Mateus soube organizar com muita habilidade todo esse material que chegou a ele por diversos caminhos. Tinha um empenho especial de juntar lado a lado materiais do mesmo tipo". Nesse trabalho ele teria seguido um plano de conteúdo teológico.[164]

Em contraposição, duas outras citações:

> Evidentemente Mateus e Marcos, João e Lucas não empreenderam 'tentativas de escritos', porém cheios do Espírito Santo eles escreveram os evangelhos.[165]

> O evangelho 'segundo Mateus' não é um relato da boa notícia que tenha sido anotado por uma pessoa desconhecida qualquer com base em informações. Pelo contrário, essa expressão declara que se trata da forma da boa mensagem que nos foi legada segundo o relato próprio de Mateus.[166]

Em suma, não podemos deixar de atestar que o evangelho de Mateus é relato autêntico de uma testemunha ocular e auricular, o que não foi anotado como um alinhavo solto, mas de maneira maravilhosamente organizada.

O próprio evangelho de Mateus dá testemunho de uma infusão especial pelo Espírito Santo e da condução do apóstolo Mateus por ocasião da escrita.

---

[163] Axioma = sentença que não pode ser demonstrada e é exposta como fundamento de um raciocínio supostamente não contestável.

[164] W. MICHAELIS, op. cit., p. 35s.

[165] *Matthaeus quippe et Marcus et Joannes et Lucas non sunt 'conati' scribere, sed Spiritu sancto pleni scripserunt evangelia* (ORÍGENES, *Homilias sobre são Lucas*, 1). Cf. posição semelhante também em AMBRÓSIO, *Comentário ao evangelho de Lucas*, livro I, 3.

[166] L. ALBRECHT, op. cit., p. 11.

2.1.7 Características e peculiaridades[167]

2.1.7.1 Narrativas sucintas

Em comparação com Marcos, via de regra as narrativas em Mateus são formuladas de maneira mais breve e sucinta. Cf. os exemplos a seguir:

Evento	Mateus	Marcos
— Ressurreição da filha de Jairo	9.18-26	5.21-43
— Morte de João Batista	14.3-12	6.17-29
— Cura da criança epiléptica	17.14-2 1	9.14-29

2.1.7.2 O interesse messiânico

Para os primeiros cristãos, era extremamente relevante terem encontrado em Jesus Cristo o cumprimento da profecia do AT. Justamente em Mateus, direcionado como nenhum outro de forma singular primeiramente a cristãos judeus, chama-se constantemente a atenção, nas chamadas "citações reflexivas", para o cumprimento da profecia do AT e para o fato de que Jesus é o Messias:

- "... para que se cumprisse..."; "... pois assim escreveu..."
  Mateus 1.22; 2.5,15,17,23; 4.14 etc.
- — *Jesus de Nazaré é o Messias prometido*
  Mateus 1.1,21-23; 2.4-6,11; 3.11,17;4.1-11,14-25; 12.12-21,38-42; 16.13-16,21; 17.1-9,22-23; 20.17-19; 21.1-9,23-27; 22.41-46; 24; 26.63s; 28 etc.

A relevância decisiva dessa dupla preocupação, no passado e ainda hoje, é-nos explicitada por Atos, i.e., pela proclamação missionária dos primórdios cristãos (cf. p. ex., At 2.14-37; 10.34ss), bem como pelos discursos e cartas do apóstolo Paulo (At 13.16-41 etc.; 1Co2.1-2; 15.1ss etc.).

2.1.7.3 Jesus, o Salvador dos judeus e um Salvador para todo o mundo

Como discípulo de Jesus, Mateus mostra na atuação de seu Senhor com toda a nitidez a reviravolta na história da salvação. *Até a rejeição pelos judeus, até a morte na cruz dura a era antiga de salvação.* Com a manhã da Páscoa, irrompeu o novo tempo de salvação. Totalmente clara essa diferença se torna na comparação das duas incumbências missionárias em Mateus. Compare:

- Mateus 10.5s: "Jesus enviou os doze com as seguintes instruções: 'Não se dirijam aos gentios, nem entrem em cidade alguma dos samaritanos. Antes, dirijam-se às ovelhas perdidas de Israel' " (é por essa perspectiva que se deve entender Mateus 15.21-28 ["A mulher cananeia"]).

---

[167] Cf. D. GUTHRIE, *Introduction*, p. 28ss; E. F. HARRISON, op. cit., p. 170ss.

- Mateus 28.19: "Vão e façam discípulos de todas as nações".

2.1.7.4 A posição de Jesus diante do AT e da lei

Uma passagem extremamente importante em todo o ensinamento do NT apresenta a posição de Jesus diante do AT. Em toda a discussão em torno da relevância e do uso da lei (cf. esp. a carta aos Gálatas) jamais se deve perder de vista Mateus 5.17ss. Jesus sublinha a validade atemporal dos mandamentos de Deus; ele próprio, como Filho de Deus, subordina-se à autoridade do AT. Contudo, existe uma diferença entre o mandamento de Deus e a "tradição dos anciãos" (RA), que colocam de lado o mandamento de Deus, substituindo-o por estatutos humanos (cf. Mt 15.1-20).

Também na questão do sábado Jesus se contrapõe aos mandamentos e às proibições judaístas, porém jamais contra a ordem de Deus, conforme existe desde a criação: seis dias de trabalho e um dia de descanso (cf. Mt 12.1-14).[168]

2.1.7.5 Jesus e a igreja ou congregação

Mateus é o único dos quatro evangelistas que cita duas afirmações de Jesus, nas quais emprega o termo ἐκκλησία — ekklēsia:
- Mateus 16.18: "Eu lhe digo que você é Pedro, e sobre esta pedra edificarei a minha *igreja*, e as portas do Hades não poderão vencê-la".
- Mateus 18.17: "Se ele se recusar a ouvi-los, conte à *igreja*; e se ele se recusar a ouvir também a *igreja*, trate-o como pagão ou publicano".

Na primeira passagem está em jogo o fundamento da igreja, e na segunda a questão da disciplina eclesial.

Alguns estudiosos têm dificuldades para considerá-las palavras autênticas de Jesus, por serem únicas nos evangelhos.[169] Estamos convictos de que essas palavras de Jesus são absolutamente autênticas e verdadeiras, ainda que nos evangelhos o termo ἐκκλησία — ekklēsia conste apenas três vezes em Mateus.

Guthrie cita duas outras passagens que podem ser vistas em correlação com a igreja, ou que falam do interesse que Mateus tinha pela igreja e a edificação dela:
- Mateus 18.20 descreve a forma mais simples (como célula) de uma igreja do NT: "Onde se reunirem dois ou três em meu nome, ali eu estou no meio deles."

---

[168] Em lugar algum é dito que Jesus tenha anulado o mandamento do sábado. Quando a igreja do NT celebra o dia da ressurreição como dia de descanso, respectivamente dia do culto a Deus (cf., p. ex., At 20.7 etc.), ela não deixa de continuar fiel ao mandamento de Deus. Não é importante o nome do dia de descanso, e sim seu *significado e sua prática*.

[169] Cf., p. ex., H. CONZELMANN & A. LINDEMANN, op. cit., p. 252; E. SCHWEIZER, Das Evangelium nach Mateus, in: NTD, 16. ed. (1986), v. 2, p. 219 ("... em todos os casos a formulação 'minha igreja' é impossível para Jesus").

- Mateus 28.20 mostra que a incumbência missionária ainda não se encerra com o versículo 19 (tornar as nações discípulas e batizar), mas que agora iniciam o acompanhamento e ensinamento: "... ensinando-os a obedecer a tudo que eu lhes ordenei". Para isso, o Senhor promete sua presença duradoura (Mt 28.20b).

2.1.7.6 O interesse escatológico

Mateus evidencia um interesse muito especial pelas declarações escatológicas do Senhor. Mateus 24 não é apenas consideravelmente mais detalhado que o capítulo paralelo em Marcos 13, mas além disso ocorrem afirmações decisivas nas seguintes *parábolas*:

— Do joio no trigo: Mt 13.24ss,36ss
— Das bodas do rei: Mt 22.1-14
— Das dez virgens: Mt 25.1-13
— Dos talentos: Mt 25.14-30
A isso se soma a referência ao tribunal dos povos: Mt 25.31-46

2.1.7.7 O "Reino dos céus" ou o "reino celestial"

Outra característica essencial de Mateus é o uso da expressão βασιλεία τῶν οὐρανῶν — basileia tōn ouranōn (cf. as sete parábolas sobre o Reino dos céus em Mateus 13). Em comparação com os demais evangelhos, essa expressão é coincidente com "Reino de Deus" (cf. esse uso também em Mt 12.28). Insere-se no âmbito da teologia ou dogmática do NT discutir mais a fundo a interpretação desse conceito. Basta mostrar aqui que Mateus visa a comunicar, pelo uso da expressão, que, com a vinda de Jesus, tornou-se visível a "soberania dos céus" e se manifesta aqui na terra em seus discípulos e na igreja.

2.1.7.8 A postura de Jesus perante os fariseus

Ainda que afirmações sobre a postura de Jesus diante dos fariseus não sejam uma marca especial exclusiva de Mateus (ocorrem traços iguais em todos os evangelhos sinópticos), é preciso, no entanto, apontar para um ponto alto na controvérsia: ele se encontra nas *sete exclamações de ais* sobre os escribas e fariseus (Mt 23). Esses ais são a resposta de Jesus à espiritualidade meramente formal dos fariseus. Não causa surpresa que justamente nos fariseus a proclamação e os feitos de Jesus depararam com ardente oposição. Sempre os fariseus e escribas tentaram preparar uma armadilha para Jesus, para poder entregá-lo ao tribunal. Incomodava-os ao máximo que seu amor de buscar o perdido não se detinha diante de publicanos e pecadores. O próprio Mateus é um dos que foram "chamados para fora" pelo Senhor (Mt 9.9-13).

2.1.7.9 Ênfase no ensinamento de Jesus

A forte ênfase no ensinamento de Jesus é explicitada pelos cinco blocos de discurso. Em contraposição, são descritos em Marcos sobretudo os feitos de Jesus.

2.1.7.10 Rigorosa estrutura temática

Conforme foi mencionado, o evangelho de Mateus é claramente estruturado de acordo com os discursos e os atos de Jesus.

2.1.8 Finalidade e destinatários

É impossível não notar o objetivo de Mateus.[170] Ele visa a comprovar "que Jesus é o Messias profetizado no AT, o Legislador divino que leva o AT ao cumprimento".[171] A fé *cristã* constitui a consumação da "teocracia (do AT), e a igreja cristã é a criação de Jesus [...] na qual chega à consumação a vontade de Deus com a humanidade".[172]

É admirável como o autor é bem versado no AT e com que acerto consegue empregar citações do AT. Quem lê o evangelho de olhos abertos chega às seguintes conclusões:[173]

— Jesus é o Messias
— Jesus é Rei

A questão dos destinatários baseia-se fortemente na análise da autoria. Eusébio, p. ex., afirma: "Quando Mateus, que pregara inicialmente aos hebreus (i.e., aos judeus em Jerusalém e na Palestina), pretendia dirigir-se também a outros povos, anotou em sua língua materna o evangelho chamado segundo ele. Desse modo, visava dar aos que deixava para trás um substituto escrito pela falta de sua presença pessoal".[174] Isso significa sucintamente: "*O autor era judeu e escreveu para judeus*".[175]

Elucidemos aqui com uma passagem como se concretiza essa intenção: em Mateus 2.16-18 o autor relata o assassinato de crianças em Belém. Essa chacina, ordenada por Herodes, provavelmente teria suscitado pouco interesse entre leitores gentílicos. Mateus, porém, a traz em conexão com uma afirmação do AT (Jr 31.15). Ademais explica aqui um episódio histórico hediondo que certamente continuava vivo na memória de muitos judeus, mas cuja verdadeira correlação somente poucos judeus tinham

---

[170] Cf. item 2.1.7.2.
[171] P. FEINE, op. cit., p. 46.
[172] P. FEINE, op. cit., p. 46.
[173] Cf. sobre isso Mt 21.5; 26.63s; 27.11,37.
[174] Euseb. HE, livro III, 24.6; tradução alemã em L. ALBRECHT, op. cit., p. 11.
[175] D. GUTHRIE, *Introduction*, p. 32; cf. T. ZAHN, *Einleitung*, v. 2, p. 303.

compreendido. É provável que somente algumas pessoas tenham percebido que naquela ocasião se procurava a criança mais tarde conhecida como Jesus de Nazaré.

Além disso, o uso frequente da locução judaica βασιλεία τῶν οὐρανῶν — basileia tōn ouranōn, "Reino dos céus" em troca do conceito do AT, "reino de Javé", aponta para leitores de um contexto judaico. A expressão βασιλεία τῶν οὐρανῶν — basileia tōn ouranōn falta completamente nos outros evangelhos.

Fato é que, a deduzir da nota de Papias, o evangelho de Mateus se difundiu com muita rapidez e teve de ser traduzido para o grego por preletores que eram bilíngues, o que em breve demandou uma tradução exata e autêntica para o idioma grego (cf. anteriormente).

2.1.9 Lugar da redação

Em consonância com a tradição da igreja antiga, anotamos *que a edição do evangelho de Mateus hebraico ou aramaico, aconteceu na Palestina*,[176] antes que o autor se transferisse como missionário para outras regiões.[177] Não há nenhum fato de nosso conhecimento que se oponha a essa pressuposição.

Uma vez que a ciência introdutória histórico-crítica rejeita a autoria do apóstolo Mateus, suas obras também trazem apenas especulações acerca do lugar da redação, nas quais se dá preferência à Síria.[178] Rejeita-se a redação na Palestina porque se presume a datação após 70 e porque nesse tempo a maior parte da Palestina estava destruída.[179] Grande influência exerceu a argumentação de Streeter a favor da redação em Antioquia da Síria.[180]

2.1.10 Época da redação

Estamos cientes de que a decisão sobre uma datação presumida não é tomada a partir de argumentos detalhados, mas nos fundamentos da orientação teológica de

---

[176] Além das referências acima, de informações obtidas da igreja antiga, caberia citar ainda, p. ex., o chamado *Prólogo antimarcionita* ao evangelho de Lucas (K. ALAND, *Synopsis*, p. 533).

[177] Cf. a citação de Euseb. HE, livro III, 24.6. MICHAELIS não considera que o autor foi o apóstolo e até mesmo supõe que o lugar da redação foi a Palestina (op. cit., p. 41).

[178] Cf. W. G. KÜMMEL, *Einleitung*, p. 90; E. LOHSE, *Entstehung*, p. 91; W. MARXSEN, *Einleitung*, p. 136 (sugere a localidade de Pela); A. WIKENHAUSER & J. SCHMID, op. cit., p. 245s. Do lado de exegetas fiéis à Bíblia cita-se Antioquia, em M. C. TENNEY, op. cit., p. 165.

[179] Cf. D. A. CARSON, D. J. MOO & L. MORRIS, op. cit., p. 75.

[180] Cf. D. A. CARSON, D. J. MOO & L. MORRIS, op. cit., p. 75s.

um pesquisador. Rejeitamos integralmente o fundamento histórico-crítico. Entretanto, em cada um dos escritos do NT também pretendemos demonstrar que os respectivos argumentos detalhados não resistem à crítica. A isso passaremos a contrapor diversos argumentos positivos que sustentam, também nos pormenores, uma atitude de fidelidade à Bíblia. O mesmo valerá para a questão da autoria dos escritos do NT.

2.1.10.1 Datação após 70?

Concordamos com a verdade de que prenúncios gerados pelo Espírito de Deus foram anotados nos escritos bíblicos. Por isso, negamos os argumentos em favor de uma datação tardia, que se alicerçam unicamente sobre a premissa de que tais prenúncios seriam impossíveis e somente deveriam ser entendidos como *vaticinia ex eventu*.[181] Nosso apego à profecia bíblica vale para a análise dos argumentos de datação referentes a todos os escritos do NT.

Além disso, é preciso remeter, no caso de todos os argumentos dos críticos anotados neste bloco, para os fundamentos de visão de mundo, conforme foram formulados de maneira clássica por Troeltsch.[182]

Debruçamo-nos aqui sobre alguns dos argumentos aduzidos em favor de uma datação tardia do evangelho de Mateus. Visto que na teologia crítica praticamente não se impõem limites à formação de hipóteses, neste ponto e no comentário a outros escritos do NT os argumentos contrários com frequência são mais numerosos que os nossos, o que no entanto não compromete o peso de nossos argumentos.

a) Quanto à época da redação, posicionamo-nos decididamente *contra a datação tardia* (depois do ano 70), estabelecida por "consideração" para a postulada prioridade cronológica do evangelho de Marcos.[183]

b) Como argumento em favor da datação após 70, usa-se a passagem de Mateus 22.7: "O rei ficou irado e, enviando o seu exército, destruiu aqueles assassinos e queimou a cidade deles".

Essa seria uma clara referência à já acontecida invasão romana, porque aqui evidentemente se estaria aludindo à destruição de Jerusalém.[184] Em vez de ser

---

[181] *Vaticinium ex eventu* = profecia feita a partir de um fato já acontecido, posteriormente projetada para uma época anterior.

[182] A esse respeito, cf., nos Prolegômenos, o exposto no item 4.2.1.

[183] Cf., p. ex., E. LOHSE, *Entstehung*, p. 91: "O evangelho de Mateus pressupõe o de Marcos, ou seja, deve ter sido escrito mais tarde". A esse respeito, cf. o capítulo "A questão sinóptica".

[184] Cf., p. ex., H. J. HOLTZMANN, *Einleitung*, p. 373; W. G. KÜMMEL, *Einleitung*, p. 90.

interpretado como profecia de Jesus, como indicado no texto, esse versículo é explicado como *vaticinium ex eventu* (cf. início desta seção).

Réplica: Para nós, Mateus 22.7 não é prova em favor da datação tardia, mas, conforme mencionamos, uma prova da onisciência de Jesus e da veracidade da profecia divina.

Sem reconhecer Mateus 22.7 como profecia divina autêntica, Rengstorf debilita a tese da datação tardia baseada nessa passagem, seguindo os parâmetros do pensamento histórico-crítico.[185] Pretende considerar Mateus 22.7 uma descrição-padrão de antigas expedições de punição, conforme pode ser encontrada na literatura póspascal, do AT e rabínica. Ou seja, quem tenta encontrar de forma consequente um fundo literário para as afirmações do NT, por não admitir a inspiração divina, por coerência terá de deixar de lado Mateus 22.7 como argumento de datação.

c) Jülicher considera o fato de que, conforme Mateus 23.38, Jesus afirma sobre os habitantes de Jerusalém que sua casa ficaria deserta como prova de "que a cidade santa já estaria há mais tempo em ruínas".[186]

d) Da mesma forma se explicaria em Mateus 24.48 a chegada posterior do senhor, e em Mateus 25.5 a do noivo, a partir do fato de que o autor já se preocupava com a "não-ocorrência da volta de Jesus".[187]

Réplica: As duas passagens precisamente constituem, pelo contrário, evidências do profundo preparo pastoral que Jesus propiciou a seus discípulos para o período até sua volta.

e) Bornkamm supõe, entre outros, que a "aguçada contraposição" de Mateus aos fariseus, que após a destruição de Jerusalém "se tornaram líderes incontestes do judaísmo",[188] constitui a razão para uma datação depois do ano 70.[189]

---

[185] K. H. Rengstorf, Die Stadt der Mörder (Mt 22.7), in: W. Eltester (Org.), BZNW (Berlin: Töpelmann, 1960), v. 26, p. 106-29.

[186] A. Jülicher, op. cit., p. 264.

[187] A. Jülicher, op. cit., p. 264s. Cf. H. J. Holtzmann, *Einleitung*, p. 373.

[188] "Os fariseus haviam formado uma forte oposição aos sacerdotes, de pensamento majoritariamente saduceu. Por ocasião da destruição de Jerusalém, porém, os saduceus foram aniquilados" (E. Lohse, Umwelt des Neuen Testaments, p. 34).

[189] G. Bornkamm, Bibel — Das Neue Testament — Eine Einführung in seine Schriften im Rahmen der Geschichte des Urchristentums, in: H. J. Schultz (Org.), *Themen der Theologie* (Stuttgart; Berlin: Kreuz-Verlag, 1971), v. 9, p. 72. Cf. E. Schweizer, *Jesus Christus im vielfältigen Zeugnis des NT*, 5. ed. (Gütersloh: Mohn, 1979), p. 133s; M. Hengel, *Die johanneische Frage — Ein Lösungsversuch* (Tübingen: Mohr, 1993), p. 207.

Réplica: Quando levamos em conta que Mateus foi o único evangelista que ainda escreveu em um contexto de forte cunho judaico-cristão, fica compreensível que precisou descrever o comportamento de Jesus no encontro com os fariseus com mais frequência e muitas vezes com mais clareza e fundamentação que os outros, que escreveram sobretudo para destinatários gentílico-cristãos. Nesse intuito, porém, Mateus também se ateve sempre aos fatos de como Jesus se confrontou com os fariseus.[190] A delimitação de Jesus contra os fariseus e suas afirmações confirmando a lei não devem ser simplesmente desqualificadas como tradições eclesiais diversas, conforme pretende Schweizer.[191] Além disso, não se devem omitir as sete menções dos saduceus no evangelho de Mateus (no evangelho de Marcos e no de Lucas são mencionados apenas uma vez). Ou seja, na época da redação, os saduceus ainda não haviam sido esquecidos.[192]

f) De acordo com Wikenhauser e Schmid, a igreja de Mateus "separou-se da ligação com a sinagoga". Isso se "depreenderia das passagens em que a igreja é descrita como contraposta ao judaísmo".[193]

Réplica: As citadas passagens de Mateus 7.29; 9.35; 23.4, no entanto, não podem ser usadas como justificativa. Uma vez porque o pronome "*suas* (sinagogas, escribas)" nem sequer se refere sempre aos adeptos de Jesus, mas em parte possuem uma referência geográfica (p. ex., em Mt 9.35). Em segundo lugar, porém, constatamos que "*suas* sinagogas" também ocorrem em Marcos 1.23,39. Martin visualiza em Mateus 8.12 e 21.43 "sinais denunciadores da rejeição de Israel".[194] Contudo, quem fala aqui é Jesus (cf. item anterior). Marcos 12.9 fala da rejeição com a mesma clareza. Entretanto, conforme a teoria das duas fontes, as passagens do evangelho de Marcos deveriam ser datadas em época anterior.[195] Isso revela que essa argumentação sob as premissas dos críticos é em si inconsequente e insustentável.

---

[190] Comparem-se, p. ex., Mt 12.38-42/ Mc 8.11ss/ Lc 11.29-32; Mt 16.1-4/ Lc 12.54-59; Mt 16.5-12/ Mc 8.14-21; Mt 22.15-22/ Mc 12.13-17/ Lc 20.20-26; Mt 23/ Mc 12.38-40/ Lc 11.39-52; 20.45-47 (cf. item anterior).

[191] E. Schweizer, *Jesus Christus*, p. 133s.

[192] Cf. J. A. T. Robinson, op. cit., p. 114.

[193] A. Wikenhauser & J. Schmid, op. cit., p. 246s.

[194] R. P. Martin, op. cit., v. 1, p. 228.

[195] Ao afirmar isso, estamos cônscios de que alguns teólogos críticos postulam um "proto-Marcos", que posteriormente teria sido revisado para formar o atual evangelho de Marcos. Em decorrência, essas passagens igualmente poderiam ser atribuídas à revisão. Contudo, essa "solução quebra-galho" de vários teólogos histórico-críticos não desautoriza nossa afirmação, justamente por revelar os "galhos" a ser quebrados.

g) Conforme Weiss, Mateus 24.9 "já aponta para uma grande perseguição aos cristãos".[196]

Réplica: Em sua alegação, Weiss não nota que os cristãos já sofreram perseguições maiores bem antes do ano 70 (cf. At 8.1ss). Também quando se supõe que Mateus 24.9 não seria uma profecia, esse versículo não pode ser usado como argumento para a datação.

h) Ernst defende que Mateus 24.10-12 delineia "um quadro sombrio das condições intraeclesiais".[197]

Réplica: Janssen — ele mesmo em favor da datação tardia — admite que os próprios exegetas discordam entre si sobre a descrição do "posicionamento histórico--eclesiástico e histórico-dogmático" de Mateus.[198]

i) Como foi mencionado, diversos pesquisadores têm dificuldade para considerar Mateus 16.18 e 18.17s (citação da εκκλησία — *eklēsía*, a comunidade cristã) como palavras autênticas de Jesus. No entanto, p. ex., Filipenses 1.1 demonstra que com essas passagens não se pode argumentar em favor de uma datação tardia. A carta aos Filipenses é datada antes de 70 e já traz afirmações sobre diferentes cargos da igreja, enquanto aqui no evangelho de Mateus não aparecem declarações sobre cargos.[199]

j) Como historiador, Lucas teria considerado o evangelho de Mateus se o tivesse à sua disposição. Em contraposição, seria "compreensível que Mateus, um cristão judeu muito consciente de si, tenha podido deixar de lado a obra de um aluno de Paulo como Lucas".[200] Dessas explicações de Hengel, aliadas à sua datação de Lucas, resultam uma datação de Mateus entre os anos 85 e 95.[201]

Pelas razões arroladas até aqui, muitos estudiosos presumem uma data entre 80 e 100.

---

[196] B. Weiss, op. cit., p. 537. De forma similar, ele considera Mateus 23.35 (como pretenso indício do assassinato de Baruque na conquista de Gamala) e 24.30 (por causa de suposto conhecimento do Apocalipse).

[197] J. Ernst, Arbeitspapier I, in: R. Wegner (Org.), *Die Datierung der Evangelien — Symposion des Instituts für wissenschaftstheoretische Grundlagenforschung vom 20.-23. Mai 1982 in Paderborn*, 2. ed. (Paderborn: Deutsches Institut für Bildung und Wissen, 1983), p. 283. Cf. A. Wikenhauser & J. Schmid, op. cit., p. 246.

[198] H. Janssen, Arbeitspapier II, in: R. Wegner. op. cit., p. 301.

[199] Cf. D. A. Carson, D. J. Moo & L. Morris, op. cit., p. 77.

[200] M. Hengel, *Die johanneische Frage*, p. 206, nota 9.

[201] M. Hengel, *Die johanneische Frage*, p. 15, nota 13; p. 2007.

Kümmel, no entanto, rejeita qualquer datação após 100 "por causa do uso por Inácio" (m. c. 117).[202]

2.1.10.2 Datação antes de 70

Zahn defende a posição de que seria inconcebível que Mateus silenciasse sobre o cumprimento da profecia de Jesus, se já tivesse sido cumprida.[203] Pois justamente Mateus dá grande valor às correlações entre a profecia e seu cumprimento.

Alguns indícios da época da redação se encontram no próprio evangelho de Mateus, os quais temos de levar a sério se não nos quisermos contentar com meras suposições:

a) Em Mateus 27.8 consta "até hoje": ἕως τῆς σήμερον — heōs tēs sēmeron, e 28.15: μέχρι τῆς σήμερον — mechri tēs sēmeron. Mateus 27.8 diz que um campo nas cercanias de Jerusalém conservou o nome até a época da redação do evangelho. Essa declaração colide com uma datação tardia do evangelho, do mesmo modo que Mateus 22.7. Considerando-se que o boato mencionado em Mateus 28.15 seguramente podia manter-se vivo entre os judeus também após 70, esse argumento se aplica menos a uma datação determinada. A posição de Jülicher, de que a expressão "até hoje" corroboraria "a impressão de que o narrador se sente distante do episódio narrado por longos períodos",[204] não leva em conta que também no caso da datação mais antecipada possível do evangelho de Mateus havia um espaço de mais de dez anos entre o evento e a redação. Esse lapso de tempo explica suficientemente a formulação.

b) "Além disso, Mateus não faz o menor esforço para dissociar a profecia da parúsia de Cristo da profecia do juízo sobre Jerusalém e os contemporâneos judaicos (Mt

---

[202] W. G. KÜMMEL, Einleitung, p. 90; cf. W.-D. KÖHLER, Die Rezeption des Matthäus-Evangeliums in der Zeit vor Irenäus (Bern: [s.n.], 1985), p. 77ss; INÁCIO, Epístola aos esmirniotas, 1.1/ Mt 3.15; Epístola aos filadelfos, 2.2/ Mt 7.15; 6.1/ Mt 23.27; 3.1/ Mt 15.13; Epístola aos efésios, 15.1/ Mt 23.8; 17.1/ Mt 26.6-13; 19/ Mt 2.2,9; Epístola a Policarpo de Esmirna, 1.2s/ Mt 8.17. É muito provável que também o autor do Didaquê (c. 100 d.C.) já tenha usado o evangelho de Mateus (Didaquê 8.1s/ Mt 6.5ss; cf. W.-D. KÖHLER, op. cit., p. 30ss).

[203] T. ZAHN, Einleitung, v. 2, p. 303. No entanto, quando se supõe, como Kümmel, que com a passagem de Mateus 22.7 em forma de uma profecia teria sido dada intencionalmente à obra a aparência de que teria sido escrita antes da destruição de Jerusalém (essa conclusão tem de ser tirada da referida argumentação de Kümmel e outros), o argumento de Zahn não tem eficácia, porque então evidentemente se teria evitado qualquer alusão à destruição acontecida.

[204] A. JÜLICHER, op. cit., p. 265.

16.28; 24.3,34; 26.64)".²⁰⁵ Após 70 se esperaria que um autor tivesse diferenciado claramente o "juízo já ocorrido" dos eventos antes da parúsia.

c) Mateus 23.36 indica expressamente "o juízo sobre os judeus como ainda não consumado".²⁰⁶

d) Também o εὐθέως — eutheōs, "de imediato, em breve" em Mateus 24.29, relacionado com a volta, aponta para um período de redação antes de 70,²⁰⁷ sem que com isso tenhamos de presumir que o autor tenha equivocadamente esperado pela volta logo depois da destruição de Jerusalém.²⁰⁸

e) Encontramos outras passagens no evangelho de Mateus, cuja anotação somente após 70 causaria estranheza e que não poderiam refletir a situação da igreja após a destruição de Jerusalém: Mateus 5.23s; 10.5s,23; 12.5-7; 15.21-28; 17.24-27; 23.16-22; 26.60s.²⁰⁹

f) Para Godet, a grave exortação de Mateus 24.15 aos leitores (ὁ ἀναγινώσκων νοείτω — ho anaginōskōn noeitō, "quem lê, entenda (preste atenção)" em conexão com a mensagem de juízo depõe em favor de uma redação antes de 66.²¹⁰ Contudo, pretende ver nessa nota uma referência à gravidade da conjuntura política e à iminente guerra, datando para os anos 60-66.

g) De forma análoga, baseando-se na tradição, Zahn data o evangelho de Mateus para os anos 61-66: "Nada contradiz e tudo condiz com a tradição de que o evangelho de Mateus foi escrito por volta de 61-66."²¹¹

A citação de Ireneu, referida na seção "A tradição da igreja antiga", igualmente traz uma referência acerca da data da publicação do Mateus hebraico ou aramaico. Ireneu diz que Mateus teria publicado seu evangelho quando Pedro e Paulo anunciavam a mensagem da salvação em Roma, estabelecendo ali a igreja.²¹² Depende fundamentalmente da palavra ἐξήνενκεν — exēnenken, ἐκφέρω — ekpherō, "trazer para fora, produzir, publicar" como essa citação deve ser entendida em relação

---

²⁰⁵ T. Zahn, Einleitung, v. 2, p. 303; cf. M. Meinertz, op. cit., p. 174.
²⁰⁶ M. Meinertz, op. cit., p. 175.
²⁰⁷ Cf. F. Barth, op. cit., p. 180.
²⁰⁸ Cf. F. Godet, Einleitung, v. 2, p. 124s, que no entanto chega a uma conclusão diferente.
²⁰⁹ Cf. D. A. Carson, D. J. Moo & L. Morris, op. cit., p. 78; R. P. Martin, op. cit., v. 1, p. 235, nota 34.
²¹⁰ F. Godet, Einleitung, v. 2, p. 126. Infelizmente ele admite uma antiga fonte dos Logia. Ele segue a argumentação de G. Hörster, op. cit., p. 43.
²¹¹ T. Zahn, Einleitung, v. 2, p. 303.
²¹² Ireneu, Contra heresias, livro III, 1.1 (cf. Euseb. HE, livro V, 8.2).

à datação da redação de Mateus.²¹³ Albrecht enfatiza que Ireneu não fala de escrever, mas de "publicar". "Provavelmente se deva pensar em uma publicação para o uso no culto",²¹⁴ enquanto o escrito seria usado antes no contexto particular. Acontece que Albrecht se apoia em Eusébio,²¹⁵ que localiza a redação na época anterior ao momento em que Mateus havia se transferido dos judeus para outros povos. Essa mudança é datada por Albrecht para o ano 41 ou 42. Em diversas tradições da igreja antiga consta que os apóstolos saíram de Jerusalém doze anos depois da ressurreição de Jesus.²¹⁶ Pode essa saída dos apóstolos ter acontecido em conexão com a segunda onda de perseguição referida em Atos 12 (e At 8.1; ocorrida o mais tardar no ano 44). Um indício da retirada dos apóstolos é visto por Harnack em Atos 12.17, onde consta que, após libertado da prisão, Pedro se mudou "para outro lugar".²¹⁷ Esse evento confirma uma datação para o início dos anos 40.²¹⁸

Em Eusébio encontramos a seguinte referência a Clemente de Alexandria, que se reporta a uma tradição antiga: "Disse que os evangelhos que trazem as genealogias

---

[213] Cf. W. BAUER & K. ALAND, op. cit., p. 497; H. G. LIDDELL, R. SCOTT & H. S. JONES, op. cit., p. 524s.

[214] L. ALBRECHT, op. cit., p. 13.

[215] Euseb. HE, livro III, 24.6. E. F. HARRISON, op. cit., p. 176, provavelmente relacionou equivocadamente a frase inicial de Euseb. HE, livro III, 24.7, com a afirmação anterior sobre o evangelho de Mateus, em vez de ligá-la com a subsequente, sobre o evangelho de João. Por isso, pensa que nessa passagem Eusébio situaria cronologicamente a redação de Mateus depois dos evangelhos de Marcos e Lucas.

[216] Para os textos comprobatórios, cf. A. HARNACK, *Die Chronologie der altchristlichen Literatur bis Eusebius* (Leipzig: Hinrich, 1897), v. 1, p. 243; C. P. THIEDE, *Simon Peter — From Galilee to Rome* (Grand Rapids: Zondervan, 1988), p. 155:
— *Kerygma Petri*, apud CLEMENTE DE ALEXANDRIA, *Stromateis*, livro VI, 5 (sendo, porém, que o editor do texto em Migne-SL não relaciona os "doze anos" como W. SCHNEEMELCHER, op. cit., v. 2, p. 40 com a saída de Jerusalém, mas com o texto precedente);
— *Apollonius*, apud Euseb. HE, livro V, 18.14;
— *Acta Petri c. Simone* (texto em W. SCHNEEMELCHER, op. cit., v. 2, p. 262);
— *Pistis Sophia* (texto em W. SCHNEEMELCHER, op. cit., v. 1, p. 292);
— o papiro Bruce, em idioma copta.

[217] A. HARNACK, *Die Chronologie*, p. 243.

[218] Permanece sem elucidação a pergunta: por que o escrito seria destinado por tanto tempo apenas para uso pessoal? O uso meramente particular, na realidade, ajuda a explicar a datação, mas dificilmente pode ser explicado com a finalidade da redação fornecida por Euseb. HE, livro III, 24.6 ("porque visava dar aos que deixava para trás um substituto escrito para o que perderam com sua saída"), ou seja, provavelmente também para uma utilização pública entre os cristãos. Contudo, existia seguramente na época helenista uma diferença entre notas escritas particulares e publicações autorizadas (cf. R. RIESNER, *Jesus als Lehrer*, p. 496).

(ou seja, Mateus e Lucas [N. dos A.]), teriam sido escritos primeiro".[219] Conforme Orígenes, Mateus escreveu antes de Marcos.[220] Também Epifânio,[221] Crisóstomo,[222] Agostinho,[223] Jerônimo (m. 420)[224] e o chamado prólogo monarquiano mencionam que Mateus teria sido o primeiro evangelista a escrever sua obra.

Cosmas Indicopleustes (c. 550) datou o evangelho de Mateus para a época do apedrejamento de Estêvão, dizendo expressamente que Mateus foi o primeiro a escrever.[225] Na Idade Média, Teofilacto[226] (m. c. 1108) e Eutímio Zigabeno[227] (primeira metade do séc. XII) dataram o evangelho de Mateus para o oitavo ano após a ascensão de Jesus; Nicéforo (m. 829) datou para o décimo quinto ano após a ascensão.[228] Todos eles são, no mínimo, testemunhas de que Mateus foi o primeiro a escrever um evangelho canônico.

É bem possível que Mateus tenha feito algumas anotações já durante a vida de Jesus.[229] Contudo não aderimos à posição extrema de Walker, que presume a redação já por volta do ano 33 e a tradução em torno de 35 d.C.[231]

---

[219] προγεγράφθαι ἔλεγεν τῶν εὐαγγελίων τὰ περιέρχοντα τὰς γενεαλογίας — progegraphthai elegen tōn euangeliōn ta perierchonta tas genealogias (Euseb. HE, livro VI, 14.5).

[220] Cf. Euseb. HE, livro VI, 25.4 (cf. anteriormente).

[221] "Porque Mateus começou a evangelizar primeiro" (Ματθαῖος γὰρ πρῶτος ἄρχεται εὐ αγγελίζεσθαι — Matthaios gar prōtos archetai euangelizesthai), EPIFÂNIO, Panarion, livro LI, 4.12. O contexto permite supor que EPIFÂNIO se refere à redação do evangelho. Cf. Panarion, livro LI, 6.10.

[222] "Creio que Mateus começou mais cedo que os outros com seu trabalho... Marcos, porém, escreveu somente depois dele..." (CRISÓSTOMO, Commentarius in Sanctum Matthaeum Evangelistam, livro IV, 1). Nas frases seguintes também situa cronologicamente o evangelho de Lucas depois do de Mateus.

[223] AGOSTINHO, De consensu evangelistarum, livro I, 2.3.

[224] "O primeiro antes de todos é Mateus, o publicano, cognominado de Levi, que editou o evangelho na Judeia em idioma hebraico [...] O segundo é Marcos [...] O terceiro é o médico Lucas [...] O último é João" (Primus omnium Matheus est, publicanus cognomine Leui [...] secundus Marcus [...] tertius Lucas medicus [...] ultimus Iohannes...). Um pouco mais tarde lemos: "Mateus, que vem dentre os judeus, assim como na sequência é posicionado como primeiro, também foi o primeiro a escrever seu evangelho na Judeia" (ambas as citações de JERÔNIMO, Comentário ao evangelho de Mateus, prefácio).

[225] COSMAS INDICOPLEUSTES, Topographia Christiana, livro V, 245.

[226] Mencionado por H. ALFORD, Alford's Greek Testament (Grand Rapids: Baker, 1980), v. 1, p.31.

[227] EUTÍMIO ZIGABENO, Commentarius in Matthaeum, cap.1.

[228] NICÉFORO, Historia ecclesiastica, livro II, 45.

[229] Cf. E. LINNEMANN, Gibt es ein synoptisches Problem? (Neuhausen; Stuttgart: Hänssler, 1992), p. 166. Sobre lidar com material de anotações e preservar notas escritas na Antiguidade, cf. R. RIESNER, Jesus als Lehrer, p. 491ss; B. GERHARDSSON, Die Anfänge der Evangelientradition

Logo, podemos concordar com boas razões com uma datação *entre 40 e 63*. O período proposto por Zahn "até 66" parece já ser muito estendido, quando se leva em conta que Pedro e Paulo foram executados por volta de 64 (a provável data mais tardia é em torno do ano 67).

2.1.11 Excurso: *Genealogias em Mateus e Lucas*

2.1.11.1 *Nascimento virginal*

Tanto no evangelho de Mateus (1.18-25, com referência a Is 7.14) como também no de Lucas (Lc 1.26-38) fala-se do nascimento virginal (cf. Rm 1.1-4). Marcos e João não o mencionam, o que não significa absolutamente que a geração de Jesus por meio do Espírito Santo esteja sobre uma "base precária". Foi prometida no AT e atestada no NT.

Schofield explica a circunstância de que nem todos os autores do NT mencionam o nascimento virginal a partir dos enfoques principais[231] de cada um dos escritos:

> Quando se considera o enfoque de Mateus, vê-se o rei, mais precisamente já em seu nascimento e sua genealogia. Quando se observa o enfoque de Lucas, vê-se um homem no seio de sua família e seu clã. Quando se observa o enfoque de Marcos, vê-se o servo, mas afinal, quem tem muito interesse de ouvir algo sobre o nascimento ou a descendência de um servo? Por isso, Marcos silencia a esse respeito. No quarto enfoque — no relato de João — vemos o Filho de Deus, cuja existência de Deus é idêntica durante toda a eternidade. Por isso, igualmente não há detalhes sobre nascimento e origem.[232]

(Wuppertal: Brockhaus, 1977), p. 19s. Cf. tb. E. E. ELLIS, New Directions in Form Criticism, in: O. STRECKER (Org.), *Jesus Christus in Historie und Theologie — Neutestamentliche Festschrift für Hans Conzelmann zum 60. Geburtstag* (Tübingen: Mohr, 1975), p. 299-315; B. GERHARDSSON, *Memory and Manuscript — Oral Tradition and Written Transmission in Rabbinic Judaism and Early Christianity*, 2. ed. (Lund-Kopenhagen: [s.n.], 1964); R. H. GUNDRY, *The Use of Old Testament in St. Matthew* (Leiden. [s.n.], 1967), p. 181-3. (Estes últimos são mencionados por R. RIESNER, Wie steht es um die synoptische Frage? — Gedanken zur Cambridge Griesbach Conference 1979, ThBeitr, n. 2, 1980, p. 82.) O principal argumento de RIESNER em favor de uma tradição confiável, porém, reside na prática intensiva da memorização naquele tempo (cf. R. RIESNER, *Jesus als Lehrer*, p. 440ss).

[230] N. WALKER, The Alleged Matthaean Errata, NTS, n. 9, 1962-1963, p. 391ss; idem, *Patristic Evidence and the Priority of Matthew*, 1966, p. 571ss.

[231] Cf. M. F. UNGER & G. N. LARSON, *Ungers Grosses Bibelhandbuch* (Asslar: Schulte & Gerth 1987), p. 362.

[232] A. T. SCHOFIELD, Biblische Streiflichter zur Frage der Jungfrauengeburt Jesu, BuG, n. 4, 1980, p. 409s.

2.1.11.2 As duas genealogias[233]

No tempo de Jesus não era incomum que alguém pudesse comprovar sua origem ao longo de muitas gerações. Josefo[234] e o rabino Hillel[235] tinham condições de demonstrar sua genealogia com base em registros oficiais.[236]

A genealogia no evangelho de Mateus começa com Abraão e, passando por Davi e Zorobabel, leva a José, "marido de Maria, da qual nasceu Jesus, que é chamado Cristo" (Mt 1.16). Para Mateus, que escreveu sobretudo para os cristãos judeus, a origem de Jesus remonta unicamente ao patriarca Abraão, enquanto Lucas, em seu evangelho destinado primordialmente aos cristãos gentios, regride até Adão na ascendência de Jesus.[237]

A árvore genealógica em Lucas começa com Jesus, "quando começou seu ministério. Ele era, como se pensava, um filho de José, filho de Eli..." (Lc 3.23ss).

A *genealogia em Mateus* é a de José. Mateus escreveu essa genealogia porque, segundo a lei judaica, Jesus era descendente de José.[238] "Em vista de um serviço a judeus incrédulos, que antes de sua conversão obviamente não dariam crédito a uma

---

[233] No âmbito desse excurso não podemos dar atenção detalhada às diversas tentativas de explicação das genealogias, mas apresentaremos a nossa. As outras tentativas de explicação são:
— Ambas as genealogias seriam sobre *José* (F. F. BRUCE, Genealogy of Jesus Christ, in: IBD, v. 1, p. 548s).
— Ambas as genealogias seriam sobre *José*; Mateus 1,2ss sobre a mãe de José; Lc 3.23ss sobre o pai de José (R. P. NETTELHORST, The Genealogy of Jesus, JETS, n. 2, 1988).
— Mt 1.2-17 como *esboço da história de Israel*; ambas as genealogias seriam sobre *José* (T. ZAHN, Das Evangelium des Matthäus, in: idem [Org.], *Kommentar zum Neuen Testament*, 4. ed. [Leipzig; Erlangen: Deichert, 1922], v. 1, p. 44ss; idem, Das Evangelium des Lukas, in: ibidem, , 4. ed. [Leipzig; Erlangen: Deichert, 1920], v. 3, p. 203ss).
— Explicação *cristológica* (E. LERLE, Die Ahnenverzeichnisse Jesu — Versuch einer christologischen Interpretation, ZNW, n. 72, 1981. p. 112ss).
Uma análise de outras tentativas de solução é trazida por R. L. OVERSTREET, Difficulties of New Testament Genealogies, *Grace Theological Journal*, n. 2, 1981, p. 303-26; cf. tb. J. WENHAM, *Redating*, p. 213ss.

[234] Cf. JOSEFO, *Contra Ápio*, livro I, cap. 7.

[235] Cf. o tratado *Bereshit Rabba*.

[236] Cf. N. GELDENHUYS, Commentary on the Gospel of Luke, in: NICNT (1977), p. 151; H. L. STRACK & P. BILLERBECK, *Kommentar zum Neuen Testament aus Talmud und Midrasch*, 8. ed. (München: Beck, 1982), v. 1, p. 1ss; F. RIENECKER, *Praktischer Handkommentar zum Lukas-Evangelium* (Giessen: Brunnen, 1930), p. 137. Rienecker também remete ao censo, por ocasião do qual era obrigatório comprovar a descendência davídica em Belém (cf. Lc 2.4).

[237] Cf. N. GELDENHUYS, op. cit., p. 152s; R. L. OVERSTREET, op. cit., p. 313.

[238] Cf. N. GELDENHUYS, op. cit., p. 152.

concepção por meio do Espírito Santo, era singularmente necessário que Mateus direcionasse a atenção para o fato de José, pai de Jesus por *lei*, fosse pessoalmente um descendente de Davi."[239] Correspondia "aos conceitos de direito matrimonial do povo judeu na época" do NT que, pelo casamento de Maria com José, Jesus fosse reconhecido "como filho legítimo de José".[240]

A *genealogia no evangelho de Lucas* é a da Maria. Entre os judeus não era permitido "encerrar uma genealogia com uma mulher [...] Quando a linhagem acabava em uma filha, sempre se inseria o nome de seu esposo no lugar do nome pessoal dela. O marido, portanto, era descrito como filho do pai dela".[241] Encontramos a inclusão de um genro como filho também em Lucas 3.27, em comparação com Mateus 1.12 (Salatiel como genro de Neri).[242] Ou seja, Lucas dirige a atenção para o fato de que, por meio de sua mãe Maria, Jesus é descendente de sangue de Davi (cf. Sl 132.11; Jr 23.5; Lc 1.32; Ap 5.5; 22.16).[243] O fato de Maria acompanhar a viagem para Belém na ocasião do censo aponta para sua provável condição de "filha herdeira" (cf. Nm 27.8), cuja herança se encontrava em Belém. Como filha herdeira, ela não podia se casar com alguém de fora da tribo (Nm 36.8s). "O marido de uma filha herdeira tinha de se inscrever no clã do pai dela, passando assim a ter, na prática, dois pais" (cf. Ne 7.63; 1Cr 2.21s).[244]

Lucas cita Eli como primeiro antepassado masculino de Jesus (Lc 3.23). "Também fontes rabínicas apontam para a circunstância de que o pai de Maria se chamava Eli."[245] Eli era descendente de Ressa, que era filho de Zorobabel (Lc 3.27). Outro filho

---

[239] N. GELDENHUYS, op. cit., p. 152.

[240] H. L. STRACK & P. BILLERBECK, op. cit., v. 1, p. 35.

[241] A. T. SCHOFIELD, op. cit., p. 410s. F. RIENECKER, *Praktischer Handkommentar zum Lukas-Evangelium*, p. 303, cita o comprovante rabínico Baba bathra, f. 110, a: "A geração do pai é chamada de geração, a geração da mãe não é chamada geração" (*Genus patris vocatur genus, genus matris non vocatur genus*).

[242] A. T. SCHOFIELD, op. cit., p. 411s.

[243] Cf. F. RIENECKER, *Praktischer Handkommentar zum Lukas-Evangelium*, p. 301s.

[244] F. RIENECKER, Das Evangelium des Matthäus, in: *Wuppertaler Studienbibel*, 5. ed. (Wuppertal: Brockhaus, 1969), p. 14, nota 4. [*O evangelho de Mateus*, Curitiba, Editora Esperança, 1998, p. 34 (Comentário Esperança)].

[245] E. LERLE, *Die Ahnenverzeichnisse Jesu*, p. 113: pChagiga 2,77d, 50; o mesmo mais abreviado: pSanhedrin 6,23c. 38; cf. H. L. STRACK & P. BILLERBECK, *Kommentar zum Neuen Testament aus Talmud und Midrasch* (München: Beck, 1924), v. 2, p. 155ss. A relação desses textos comprobatórios com Maria, mãe de Jesus, é contestada por F. F. BRUCE, *Genealogy*, op. cit.; N. GELDENHUYS, op. cit., p. 154.

de Zorobabel, Abiúde, tornou-se antepassado de José (Mt 1.13). Portanto, em Salatiel e Zorobabel convergem as duas linhagens de José e Maria.[246]

A história do nascimento é descrita em Mateus predominantemente sob a perspectiva de José, enquanto em Lucas predomina a visão de Maria. Esse fato também reflete a importância das genealogias.

2.2 O evangelho segundo Marcos

2.2.1 Conteúdo e subdivisão

Versículo-chave:

"Pois nem mesmo o Filho do homem veio para ser servido, mas para servir e dar a sua vida em resgate por muitos" (Mc 10.45).

Constatamos três ênfases principais no evangelho de Marcos:
- Jesus é o Filho de Deus (cf. Mc 1.1; 14.60-62)
- Jesus é *Filho do homem* (cf. Mc 14.60-62)
- Jesus é *o Servo sofredor de Deus que serve aos humanos* (cf. Mc 10.45; Is 42—53)

"Após breve narrativa preliminar em Marcos 1.1-13, que versa sobre a atuação do Batista, o batismo e a tentação de Jesus, é descrita a atuação pública de Jesus."[247]

O material de Marcos se subdivide em *dois blocos principais*:
- a atuação de Jesus até Pedro testemunhar às portas de Cesareia de Filipe que ele é o Messias (Mc 1.14—8.30);
- a preparação da paixão, a paixão e a ressurreição (Mc 8.31—16.20).

2.2.1.1 Subdivisão

1.	**Preparação da atuação de Jesus**	Mc 1.1-13
	Atuação e pregação de João Batista	Mc 1.1-8
	Batismo e tentação de Jesus	Mc 1.9-13
2.	**Atuação de Jesus na Galileia**	Mc 1.14—6.6
2.1	*Jesus em Cafarnaum e adjacências*	Mc 1.14-45
	Começo da pregação de Jesus na Galileia;	
	vocação dos primeiros discípulos	Mc 1.14-20
	Jesus na sinagoga de Cafarnaum, pregação e cura	Mc 1.21-28
	Outras curas e serviço na Galileia	Mc 1.29-39
	Cura de um leproso	Mc 1.40-45

---

[246] Cf. A. T. Schofield, op. cit., p. 411.
[247] P. Feine, op. cit., p. 49.

B. Introdução aos escritos do NT

2.2	*Amor redentor e restaurador de Jesus e primeiras controvérsias com seus adversários*	Mc 2.1—3.6
	A cura do paralítico	Mc 2.1-12
	A vocação de Levi e o banquete com publicanos e pecadores	Mc 2.13-17
	A questão do jejum	Mc 2.18-22
	A colheita de espigas no sábado	Mc 2.23-28
	A cura da mão atrofiada no sábado	Mc 3.1-6
2.3	*Atuação subsequente e conflitos*	Mc 3.7-35
	Ajuntamento do povo e curas	Mc 3.7-12
	A vocação dos doze discípulos	Mc 3.13-19
	O conflito de Jesus com os escribas	Mc 3.20-30
	Os verdadeiros familiares de Jesus	Mc 3.31-35
2.4	*Parábolas*	Mc 4.1-34
	A parábola do semeador	Mc 4.1-9
	Sobre o sentido das parábolas	Mc 4.10-12
	Explicação da parábola do semeador	Mc 4.13-20
	Exortações aos discípulos	Mc 4.21-25
	A parábola da semente que cresce por si	Mc 4.26-29
	A parábola da mostarda; final das parábolas	Mc 4.30-34
2.5	*Atos milagrosos e rejeição*	Mc 4.35—6.6
	Jesus acalma a tempestade	Mc 4.35-41
	A cura de um possesso na terra dos gerasenos	Mc 5.1-20
	A ressurreição da filha de Jairo e a cura da mulher hemorrágica	Mc 5.21-43
	A rejeição de Jesus em Nazaré	Mc 6.1-6
3.	**Jesus em peregrinação**	Mc 6.7—10.52
3.1	*Andanças pela Galileia e adjacências*	Mc 6.7—9.50
	O envio dos Doze	Mc 6.6-13
	A opinião de Herodes sobre Jesus	Mc 6.14-16
	O fim de João Batista	Mc 6.17-29
	O retorno dos Doze	Mc 6.30-33
	A alimentação dos 5 mil	Mc 6.34-44
	Jesus anda sobre o mar	Mc 6.45-52
	Na região de Genesaré	Mc 6.53-56
	Controvérsia com fariseus sobre pureza e impureza	Mc 7.1-23
	A mulher siro-fenícia	Mc 7.24-30
	A cura de um surdo-mudo	Mc 7.31-37
	A alimentação dos 4 mil	Mc 8.1-9
	Os fariseus demandam um sinal	Mc 8.10-13
	Advertência diante do fermento dos fariseus e de Herodes	Mc 8.14-21

	A cura gradual do cego em Betsaida	Mc 8.22-26
	Primeiro ápice: A confissão de Pedro diante de	
	Cesareia de Filipe	Mc 8.27-30
	O primeiro anúncio da paixão	Mc 8.31-33
	Verdadeiro discipulado	Mc 8.34— 9.1
	A transfiguração de Jesus	Mc 9.2-8
	O diálogo sobre Elias	Mc 9.9-13
	Cura do menino epiléptico	Mc 9.14-29
	O *segundo* anúncio da paixão	Mc 9.30-32
	Exortações aos discípulos	Mc 9.33-50
3.2	*Peregrinação da Galileia para Jerusalém*	Mc 10.1-52
	Comentário sobre matrimônio e divórcio	Mc 10.1-12
	Jesus e as crianças (bênção das crianças)	Mc 10.13-16
	O jovem rico e o impedimento da riqueza	Mc 10.17-27
	Salário centuplicado	Mc 10.28-31
	O *terceiro* anúncio da paixão	Mc 10.32-34
	Jesus e os filhos de Zebedeu	Mc 10.35-44
	Versículo-chave do evangelho de Marcos	Mc 10.45
	Cura do cego Bartimeu em Jericó	Mc 10.46-52
4.	**Jesus em Jerusalém**	**Mc 11.1—15.47**
4.1	Atuação de Jesus *em Jerusalém*	Mc 11.1—13.37
	Entrada de Jesus em Jerusalém	Mc 11.1-11
	Jesus amaldiçoa a figueira	Mc 11.12-14
	A purificação do templo	Mc 11.15-19
	Diálogo sobre a figueira ressequida	Mc 11.20-26
	Pergunta pela autoridade de Jesus	Mc 11.27-33
	A parábola dos maus vinhateiros	Mc 12.1-12
	A pergunta dos fariseus (impostos para o imperador)	Mc 12.13-17
	A pergunta dos saduceus (ressurreição)	Mc 12.18-27
	A pergunta acerca do maior mandamento	Mc 12.28-34
	Uma réplica de Jesus (Filho de Davi ou Senhor)	Mc 12.35-37
	Palavras de Jesus contra os escribas	Mc 12.38-40
	A moedinha da viúva	Mc 12.41-44
	Discurso de Jesus sobre sua volta	Mc 13.1-37
4.2	Paixão de Jesus	Mc 14.1—15.47
	O atentado contra Jesus	Mc 14.1,2
	A unção em Betânia	Mc 14.3-9
	A traição de Judas	Mc 14.10,11
	A preparação da última ceia	Mc 14.12-16

A última ceia	Mc 14.17-25
O caminho para Getsêmani e o anúncio da negação de Pedro	Mc 14.26-31
Jesus em Getsêmani	Mc 14.32-42
A detenção de Jesus	Mc 14.43-52
Inquérito perante o Sinédrio	Mc 14.53-65
Negação de Pedro	Mc 14.66-72
Jesus perante Pilatos	Mc 15.1-15
Jesus é zombado, açoitado, coroado de espinhos e caminha para a morte	Mc 15.16-21
A crucificação de Jesus	Mc 15.22-41
O sepultamento	Mc 15.42-47
4.3 A ressurreição de Jesus e a incumbência missionária	Mc 16.1-20
O sepulcro vazio	Mc 16.1-8
Aparição do Ressuscitado e incumbência missionária	Mc 16.9-20).[248]

2.2.2 "Material exclusivo" do evangelho de Marcos

Ao lado de muitas "transições" de detalhes,[249] os seguintes relatos não são mencionados nem em Mateus nem em Lucas:

Temor dos familiares de que Jesus esteja fora de si	Mc 3.20,21
A parábola da semente que cresce por si	Mc 4.26-29
A cura de um surdo-mudo na Decápolis	Mc 7.31-37
A cura gradual do cego em Betsaida	Mc 8.22-26
Exortação à vigilância dos servos e porteiros	Mc 13.33-37
Homem jovem que fugiu nu	Mc 14.51-52
Os sinais que acompanham a fé	Mc 16.17-18
O Senhor exaltado e a atividade missionária dos apóstolos	Mc 16.19,20

2.2.3 Autenticidade e autor

2.2.3.1 Título e denominação

As denominações mais antigas de que temos conhecimento a partir dos dados dos manuscritos são as seguintes:[250]

— KATA MAPKON   ℵ B pc

— ευαγγελιον κατα Μαρκον   A D L W Θ f13 1. 33. 2427 𝔐 lat

— το κατα Μαρκον αγιον ευαγγελιον 209. 579. al (vgcl)

---

[248] Sobre a questão do final de Marcos, cf. o exposto no item 2.2.9.
[249] Cf. H.-H. STOLDT, op. cit., p. 16ss.
[250] Conforme Nestle-Aland27, p. 88, 721.

Ao códice ℵ cabe acrescentar que ele traz no final uma subscrição determinante para o sistema livreiro da Antiguidade: ΕΥΑΓΓΕΛΙΟΝ ΚΑΤΑ ΜΑΡΚΟΝ.[251]

Também aqui no evangelho de Marcos se pode notar que a designação não é componente original do texto do evangelho, mas foi acrescentada como designação posterior.

2.2.3.2 A tradição da igreja antiga

Como em Mateus, existem também acerca de Marcos diversas referências elucidativas dos primeiros tempos das comunidades cristãs. Isso é assim apesar de ter sido somente Vítor de Antioquia no século V que escreveu o primeiro comentário a Marcos de que temos conhecimento.[252]

a) Papias:

> E o ancião[253] disse o seguinte: Marcos, pois, por ser tradutor (ou intérprete) de Pedro, anotou com exatidão tudo de que se recordava que havia sido dito ou feito pelo Senhor, mas não em sequência (contudo, não pela ordem, ou sistematicamente). Porque não havia nem ouvido nem acompanhado ao Senhor. Mais tarde, porém, como foi dito, acompanhou a Pedro. E elaborou seus ensinamentos (apresentações doutrinárias) de acordo com as necessidades, porém não como se fizesse uma exposição ordenada das palavras do Senhor; logo, Marcos não cometeu erro ao anotar algo da forma como se recordava. Teve cuidado somente de uma coisa, de não deixar fora ou deturpar nada daquilo que havia ouvido.[254]

---

[251] M. Hengel. Die Evangelienüberschriften, p. 10s, nota 11.

[252] Cf. R. P. Martin, op. cit., v. 1, p. 78.

[253] Com grande probabilidade, tem-se em mente o apóstolo João; cf. T. Zahn, Einleitung, v. 2, p. 209ss.

[254] καὶ τοῦθ' ὁ πρεσβύτερος ἔλεγεν· Μάρκος μὲν ἑρμηνευτὴς Πέτρου γενόμενος, ὅσα ἐμνημόνευσεν, ἀκριβῶς ἔγραψεν, οὐ μέντοι τάξει τὰ ὑπὸ τοῦ κυρίου ἢ λεχθέντα ἢ πραχθέντα. οὔτε γὰρ ἤκουσεν τοῦ κυρίου οὔτε παρηκολούθησεν αὐτῷ, ὕστερον δέ, ὡς ἔφην, Πέτρῳ· ὃς πρὸς τὰς χρείας ἐποιεῖτο τὰς διδασκαλίας, ἀλλ' οὐχ ὥσπερ σύνταξιν τῶν κυριακῶν ποιούμενος λογίων, ὥστε οὐδὲν ἥμαρτεν Μάρκος οὕτως ἔνια γράψας ὡς ἀπεμνημόνευσεν. ἑνὸς γὰρ ἐποιήσατο πρόνοιαν, τοῦ μηδὲν ὧν ἤκουσεν παραλιπεῖν ἢ ψεύσασθαί τι ἐν αὐτοῖς — kai touth ho presbyteros elegen: Markos men hermēneutēs Petrou genomenos, hosa emnēmoneusen, akribōs egrapsen, ou mentoi taxei ta hypo tou kyriou ē lechthenta ē prachthenta. oute gar ēkousen tou kyriou oute parēkolouthēsen autō, hysteron de, hōs ephēn, Petrō! hos pros tas chreias epoieito tas didaskalias, all' ouch hōsper syntaxin tōn kyriakōn poioumenos logiōn, hōste ouden hēmarten Markos houtōs enia grapsas hōs apemnēmoneusen. henos gar epoiēsato pronoian, tou mēden hōn ēkousen paralipein ē pseusasthai ti en autois (cf. Euseb. HE, livro III, 39.15).

Três coisas são elucidativas nessa citação, sem que possamos ou queiramos fazer afirmações de validade definitiva:

1) O autor de Marcos não é testemunha ocular; não vem do grupo dos apóstolos.

2) Marcos é citado como intérprete ou tradutor do apóstolo Pedro. Fica evidente que Marcos havia recebido as informações sobre Jesus através de Pedro. Os eruditos discutem sobre o sentido que possui ἑρμηνευτὴς — hermēneutēs nessa citação.

- Zahn afirma que Marcos se tornou ἑρμηνευτὴς — hermēneutēs pela redação do evangelho. "Seria inconciliável com um conhecimento mínimo das condições histórico-linguísticas da época apostólica"[255] que Marcos, como intérprete, tenha traduzido discursos de Pedro para o grego ou palestras gregas para o latim.[256]
- Igualmente se constata nisso uma atividade de Marcos como "secretário particular" e auxiliar.[257]
- Com base no uso geral da palavra ἑρμηνευτὴς — hermēneutēs em Papias, alguns de fato imaginam uma atividade de Marcos como tradutor dos discursos públicos de Pedro em aramaico.[258]
- Outros "tentam explicar o cargo de intérprete de Marcos a partir de uma instituição do culto judaico mais antigo. Nesse caso, o palestrante em geral não falava pessoalmente à congregação, mas se dirigia a seu intérprete, o qual então proclamava em alta voz à congregação as palavras do mestre, explicando melhor o que fora sucintamente mencionado, transportando expressões difíceis para a linguagem popular e respondendo a perguntas".[259]

3) A estrutura de Marcos não acompanha a sequência cronológica das falas e atuações de Jesus, mas Marcos compõe os relatos da maneira como os recordava de Pedro.

4) A observação de Papias, de que Marcos teria "algo da forma como se recordava", indica que também Papias presumia que a redação aconteceu após a morte de Pedro, do contrário Marcos não teria dependido apenas de sua memória.[260]

---

[255] Recentemente C. P. Thiede, *Simon Peter*, p. 247s, postula que Marcos teria feito traduções para o latim.

[256] T. Zahn, *Einleitung*, v. 2, p. 214; cf. P. Feine, op. cit., p. 54; H. C. Thiessen, op. cit., p. 140.

[257] R. P. Martin, op. cit., v. 1, p. 211.

[258] E. F. Harrison, op. cit., p. 182; A. Wikenhauser & J. Schmid, op. cit., p. 212.

[259] L. Albrecht, op. cit., p. 108.

[260] Cf. W. Michaelis, op. cit., p. 56.

b) Em Ireneu encontra-se a seguinte afirmação: "Após morrerem, porém,[261] Marcos, aluno e tradutor de Pedro, nos transmitiu por escrito o que foi proclamado por Pedro".[262]

Também em outros textos Ireneu cita pelo nome o evangelho segundo Marcos.[263]

Dois pontos podem ser gravados:

1) Marcos é tradutor de Pedro (cf. citação de Papias).

2) A época da publicação do evangelho se insere "após a morte"[264] de Pedro e Paulo.[265]

c) Clemente de Alexandria nos informa que:

> Depois que Pedro havia proclamado publicamente a palavra em Roma e explicado o evangelho pelo Espírito, os numerosos ouvintes pediram a Marcos, visto que já o acompanhasse havia muito e tivesse na memória o que fora dito, que anotasse o que fora proclamado. Ele o fez e entregou o evangelho aos solicitantes. Quando Pedro tomou conhecimento disso, não o impediu nem encorajou.[266]

---

[261] Tem-se em mente a morte de Pedro e Paulo; cf. Ireneu, *Contra heresias*, livro III, 1.2.

[262] μετὰ δὲ τὴν τούτων ἔξοδον Μάρκος, ὁ μαθητὴς καὶ ἑρμηνευτὴς Πέτρου, καὶ αὐτὸς τὰ ὑπὸ Πέτρου κηρυσσόμενα ἐγγράφως ἡμῖν παραδέδωκεν — meta de tēn toutōn exodon Markos, ho mathētēs kai hermēneutēs Petrou, kai autos ta hypo Petrou kēryssomena engraphōs hēmin paradedōken (Ireneu, *Contra heresias*, livro III, 1.1; conforme Euseb. HE, livro V, 8,3). Cf. Ireneu, *Contra heresias*, livro III, 10.6: "Por isso também Marcos, intérprete e companheiro de Pedro, começou a anotação de seu evangelho com as palavras..." (*Quapropter et Marcus interpres et sectator Petri initium evangelicae conscriptionis fecit...*).

[263] Cf. Ireneu, *Contra heresias* III, 11,7.8; III, 16.3; IV, 16,1.

[264] ἔξοδος — exodos pode significar "morte" (cf. Lc 9.31) como também "distanciar-se, sair" (Hb 11.22). Também em 2Pe 1.15 a palavra deve ser traduzida por "morte", assim como aqui em Ireneu, justamente com base no texto de 2Pe. Cf. J. Wenham, *Redating Matthew, Mark and Luke — A Fresh Assault on the Synoptic Problem*, London/ Sydney/ Auckland/ Toronto: Hodder & Stoughton, 1991, p. 138s. C. P. Thiede, *Simon Peter*, p. 157s, pretende entendê-lo como "partida" de viagem.

[265] παραδέδωκεν — paradedōken, "ele transmitiu, legou", não exclui que a redação aconteceu enquanto o apóstolo ainda estava vivo (cf. J. Wenham, *Redating*, p. 139).

[266] τοῦ Πέτρου δημοσίᾳ ἐν Ῥώμῃ κηρύξαντος τὸν λόγον καὶ πνεύματι τὸ εὐαγγέλιον ἐξειπόντος, τοὺς παρόντας πολλοὺς ὄντας, παρακαλέσαι τὸν Μάρκον, ὡς ἂν ἀκολουθήσαντα αὐτῷ πόρρωθεν καὶ μεμνημένον τῶν λεχθέντων, ἀναγράψαι τὰ εἰρημένα· ποιήσαντα δέ, τὸ εὐαγγέλιον μεταδοῦναι τοῖς δεομένοις αὐτοῦ· ὅπερ ἐπιγνόντα τὸν Πέτρον προτρεπτικῶς μήτε κωλῦσαι μήτε προτρέψασθαι — tou Petrou dēmosia hen Rōmē kēryxantos ton logon kai pneumati to euangelion exeipontos, tous parontas pollous ontas, parakalesai ton Markon, hōs an akolouthēsanta autō porrōthen kai memnēmenon tōn lechthentōn, anagrapsai ta eirēmena: poiēsanta de, to euangelion

Marcos, acompanhante (e aluno) de Pedro, escreveu, a partir daquilo (das palestras), que fora dito por Pedro, o evangelho que é chamado segundo Marcos; (fez isso) quando Pedro pregou publicamente o evangelho na presença de alguns cavaleiros imperiais e mencionou muitos testemunhos de Cristo, tendo sido solicitado por eles (os cavaleiros), para que pudessem gravar o que fora dito.[267]

Nessas citações de Clemente de Alexandria são mencionadas pelo menos duas coisas importantes:

1) O lugar da redação é Roma. Esse dado torna mais precisas as afirmações de Papias e Ireneu.

2) Existe uma estreita relação entre o evangelho de Marcos e a proclamação da testemunha ocular Pedro.

d) Eusébio menciona a época do mandato de Cláudio (41-54) para o início da permanência de Pedro em Roma, acrescentando, mediante referência às *Hypotyposeis* de Clemente de Alexandria e a Papias:

"Diz-se que o apóstolo teria sabido do feito (a redação de Marcos [N. dos A.]) quando o Espírito lho manifestou, e teria se alegrado sobre o zelo dos homens e teria confirmado o escrito para a leitura nas igrejas".[268]

Em outra passagem, porém, se depreende que Eusébio data o evangelho de Marcos depois de Mateus.[269]

e) No século II também Justino[270] confirma que o evangelho de Marcos tem Pedro como pano de fundo, do mesmo modo como fazem Tertuliano por volta de

---

metadounai tois deomenois autou: hoper epignonta ton Petron protreptikōs mēte kōlysai mēte protrepsasthai (CLEMENTE DE ALEXANDRIA, *Hypotyposeis*, VI; conforme Euseb. HE, livro VI, 14,60.

[267] *Marcus, Petri sectator, palam praedicante Petro Evangelium Romae coram quibusdam Caesareanis equitibus, et multa Christi testimonia proferente; penitus ab eis, ut possent quae dicebantur memoriae commendare, scripsit ex his quae a Petro dicta sunt, Evangelium quod secundum Marcum vocatitur* (CLEMENTE DE ALEXANDRIA, *Adumbrationes ad 1Pe. 5.13*).

[268] γνόντα δὲ τὸ πραχθὲν φασι τὸν ἀπόστολον ἀποκαλύψαντος αὐτῷ τοῦ πνεύματος, ἡσθῆναι τῇ τῶν ἀνδρῶν προθυμίᾳ κυρῶσαί τε τὴν γραφὴν εἰς ἔντευξιν ταῖς ἐκκλησίαις — gnonta de to prachthen phasi apostolon apokalypsantos autō tou pneumatos, esthēnai tē tōn andrōn prothymia kyrōsai te tēn graphēn eis enteuxin tais ekklēsiais (Euseb. HE, livro II, 15.2).

[269] Euseb. HE, livro III, 24.7; cf. o capítulo sobre o evangelho de Mateus.

[270] JUSTINO, *Diálogo com Trifão* 106.3, fala de ἀπομνημονεύματα — apomnēmoneumata, "recordações, coisas memoráveis" de Pedro, sem no entanto citar o nome de Marcos. Contudo, é no mínimo improvável que se refira ao evangelho apócrifo de Pedro (cf. C.-J. THORNTON, Justin und das Markusevangelium, ZNW, 1 fev. 1993, p. 93-110). Justino usa com certa frequência para os evangelhos esse termo, provavelmente emprestado do livro de Xenofonte sobre as

200,[271] e Orígenes no século III.[272] No século IV confirmam-no Efrém, o Sírio,[273] e Epifânio,[274] e finalmente, por volta do ano 400, Jerônimo[275] e Crisóstomo.[276]

> memórias de Sócrates. P. ex., *Diálogo com Trifão*, 103; *Apologia I*, 66.3; 67.2. Cf. M. HENGEL, *Die Evangelienüberschriften*, p. 15.

[271] "Também de Marcos se confirma que ele editou o evangelho de Pedro, cujo intérprete era Marcos" (*Marcus quod edidit Petri adfirmetur, cuius interpres Marcus*; TERTULIANO, *Contra Marcião*, livro IV, 5.3). Cf. TERTULIANO, *Contra Marcião*, livro IV, 2.2 (cf. o texto no comentário a Mateus), onde se classifica Marcos como discípulo de apóstolo.

[272] "Em segundo lugar, porém, o (evangelho) segundo Marcos, como Pedro o havia orientado [...] ao qual por consequência também chamou de filho em sua carta geral" (δεύτερον δὲ τὸ κατὰ Μάρκον, ὡς Πέτρος ὑφηγήσατο αὐτῷ, ... ὃν καὶ υἱὸν ἐν τῇ καθολικῇ ἐπιστολῇ διὰ τούτων ὡμολόγησεν — deuteron de to kata Markon, hōs Petros hyphēgēsato autō, ... hon kai hyion en tē katholikē epistolē dia toutōn hōmologēsen) (*Comentários sobre são Mateus*; conforme Euseb. HE, livro VI, 25,5). O διὰ τούτων — dia toutōn, "em decorrência", provavelmente deve ser referido, em vista da declinação, à instrução de Pedro, e não ao evangelho de Marcos.

[273] "Marcos, porém, seguiu a Simão Pedro. Quando ele foi para Roma, persuadiram-no (os crentes), para que preservassem a tradição, a fim de não cair no esquecimento após certo tempo, e ele escreveu o que havia aprendido" — *Marcus autem sequebatur Simonem Petrum. Cum abiisset Romam, ut recordarentur traditionis, ne forte diuturnitate in oblivionem caderet, (fideles) persuaserunt eum (sc. Marcum), et scripsit id quod apprehenderat* (EFRÉM, *Commentarius in Diatessaron Tatiani*; conforme K. ALAND, *Synopsis*, p. 544).

[274] EPIFÂNIO, *Panarion*, livro LI, 6.10.

[275] "(Paulo), portanto, tinha a Tito como intérprete, assim como o bem-aventurado Pedro tinha a Marcos, cujo evangelho foi composto quando Pedro relatava e aquele escrevia" — *Habebat ergo Titum interpretem sicut et beatus Petrus Marcum, cuius evangelium Petro narrante et illo scribente conpositum est* (JERÔNIMO, *Castas*, 120.11; conforme K. ALAND, Synopsis, p. 545). "Marcos, o evangelista de Deus, o filho de Pedro no batismo e seu discípulo na palavra divina, que exerceu um cargo de sacerdote em Israel, segundo a carne um levita, convertido para a fé em Cristo, escreveu o evangelho na Itália" (JERÔNIMO, *Praefatio Marci*; citado conforme K. ALAND, *Synopsis*, p. 547). "O segundo é Marcos, intérprete do apóstolo Pedro e primeiro bispo da igreja de Alexandria, que na verdade não viu pessoalmente o Senhor e Redentor, mas relatou o que ouvira seu mestre pregar, mais segundo a fé (a declaração de fé) dos acontecimentos, do que segundo a sequência" (JERÔNIMO, *Comentário ao evangelho de Mateus*, prefácio). Com uma referência a Clemente de Alexandria, Jerônimo continua: "Marcos, discípulo e intérprete de Pedro, escreveu um breve evangelho quando foi solicitado pelos irmãos em Roma, de acordo com o que ouvira Pedro relatar. Quando Pedro ouviu isso, aprovou-o e o publicou para a leitura nas igrejas com sua autoridade" (apud K. ALAND, *Synopsis*, p. 545).

[276] "Porque dentre os discípulos que escreveram com João e Mateus os evangelhos, um deles era discípulo de Paulo, o outro de Pedro" (CRISÓSTOMO, *Commentarius in Sanctum Matthaeum Evangelistam*, 1.2).

Também o Prólogo antimarcionita,[277] cuja época de redação é controvertida, reforça que o evangelho de Marcos vem da convivência com Pedro e foi escrito na Itália.[278] E de acordo com Cosmas Indicopleustes (c. 550) Marcos redigiu o evangelho em Roma por orientação de Pedro.[279]

f) No Cânon muratoriano (c. 190), não mais disponível integralmente, falta a primeira metade da nota que com toda a probabilidade pertence ao evangelho de Marcos. No início, antes das explicações sobre Lucas e João, encontramos somente esta única frase: "Em alguns ele, apesar disso, esteve presente e o apresentou dessa maneira".[280]

Michaelis escreve sobre essa frase fragmentária que no começo *quibus* [nos quais] presumivelmente deve ser ampliado para *aliquibus* [alguns, nos quais]; e "de *tamen* [apesar disso] deve-se inferir que anteriormente foi enfatizado que Marcos não foi testemunha ocular da atuação de Jesus [...]. Pelo que parece, Marcos, portanto, teria estado presente em certo período da vida de Jesus, tendo sido capaz de relatar sobre ele como testemunha ocular".[281]

Em resumo, podemos fixar o seguinte da tradição da igreja antiga:

1) O nome do autor, a saber, "Marcos", tem atestação extremamente sólida.[282]

2) A estreita ligação da não-testemunha ocular Marcos com o apóstolo Pedro tem tão boa comprovação que se pode afiançar com Tertuliano que o evangelho de Marcos é ao mesmo tempo também o evangelho do apóstolo Pedro. No entanto,

---

[277] "... foi acrescentado por Marcos, chamado dedo-curto, porque em comparação com a estatura teria tido dedos mais curtos. Ele era intérprete de Pedro. Depois da morte de Pedro escreveu esse evangelho em regiões da Itália" (... *Marcus adsuerit, qui colobodactylus est nominatus, ideo quod ad ceteram corporis proceritatem digitos minores habuisset. iste interpres fuit Petri, post excessionem ipsius Petri descripsit idem hoc in partibus Italiae evangelium*); conforme K. ALAND, *Synopsis*, p. 532. "*Post excessionem*" corresponde ao grego μετὰ τὴν ἔξοδον — meta tēn exodon em Ireneu (cf. J. WENHAM, *Redating*, p. 140). Aqui, porém, a redação é localizada depois da morte.

[278] Para outros testemunhos da igreja antiga, cf. T. ZAHN, *Einleitung*, v. 2, p. 220s.

[279] COSMAS INDICOPLEUSTES, *Topographia Christiana*, livro V, 246.

[280] *Quibus tamen interfuit et ita posuit*, Cânon muratoriano (K. ALAND, *Synopsis*, p. 538; G. MILLIGAN, op. cit., p. 286ss).

[281] W. MICHAELIS, op. cit., p. 46; cf. T. ZAHN, *Einleitung*, v. 2, p. 205, 216. E. F. HARRISON, op. cit., p. 182, pensa na possibilidade de relacionar o *quibus* com os discursos de Pedro, o que, no entanto, parece bastante improvável por causa do *tamen*, "apesar disso".

[282] W. MARXSEN, *Einleitung*, p. 128, não pressupõe uma redação de João Marcos, mas cita a seguinte conclusão interessante da nota de Papias: "Parece ser assim que, já antes de Papias, Marcos foi considerado autor da obra (do contrário, provavelmente Papias teria indicado o próprio Pedro como autor)".

não existe correlação nenhuma entre o evangelho de Marcos e o *Evangelho de Pedro* apócrifo, de origem gnóstica.[283]

3) Há uma probabilidade muito grande de que o lugar da redação seja Roma.[284]

2.2.3.3 Vestígios de Pedro no evangelho

Notamos, p. ex., em Marcos 1.29,35s que Pedro era informante de Marcos ("Simão e seus companheiros foram procurá-lo", v. 36). Sobre esse ponto, Lerle explica: "Tais afirmações se formam quando um dos quatro relata que esteve a caminho com os outros naquela manhã. Na reformulação das declarações das testemunhas em um relato se coloca, então, no lugar da primeira pessoa, na qual fala uma testemunha, a terceira pessoa".[285] Vestígios semelhantes encontram-se em Marcos 3.16 (cf. Mt 10.1s; Lc 6.13s); Marcos 11.21 (cf. Mt 21.20); Marcos 16.7 (cf. Mt 28.7; Lc 24.9).

Marcos introduz ao evangelho com um relatório muito sucinto. Provavelmente temos de supor "que Marcos podia e queria entrar em pormenores somente a partir do ponto em que começavam as recordações pessoais de sua testemunha Pedro, i.e., desde a vocação de Pedro (Mc 1.16s) e que de propósito se dirigiu rapidamente a esse item após as comunicações preliminares".[286]

Godet também vê um traço significativo "na predominância da ação sobre os discursos. Isso condiz muito bem com o espírito de Pedro, que era mais um homem de ação que de palavras".[287]

Não no evangelho, mas em 2Pedro 1.15,16a encontramos uma possível referência de que o próprio Pedro esperava que o conteúdo de sua proclamação fosse anotado por escrito:[288]

> Eu me empenharei para que, também depois de minha partida, vocês sejam sempre capazes de lembrar-se destas coisas. De fato, não seguimos fábulas engenhosamente inventadas, quando lhes falamos a respeito do poder e da vinda de nosso Senhor Jesus Cristo.

---

[283] Cf. W. Schneemelcher, op. cit., v. 1, p. 180ss.

[284] Cf. item 2.2.7.

[285] E. Lerle, *Moderne Theologie unter der Lupe* (Neuhausen-Stuttgart: Hänssler, 1987), p. 39; cf. F. Godet, *Einleitung*, v. 2, p. 195.

[286] F. Barth, op. cit., p. 191.

[287] F. Godet, op. cit., v. 2, p. 195.

[288] Cf. H. C. Thiessen, op. cit., p. 143s.

Stoldt tenta propor uma comprovação detalhada de que Pedro não teria sido o informante para o evangelho de Marcos,[289] contudo não podemos nos associar a ele.

2.2.3.4 Que sabemos sobre o autor?

Embora a tradição da igreja antiga seja inequívoca no testemunho sobre a questão do autor, a ciência introdutória mais recente questiona tanto a identificação entre o autor (Marcos) e o João Marcos citado, em Atos dos Apóstolos, como o testemunho do apóstolo Pedro subjacente ao evangelho de Marcos.

a) Objeções à autoria de João Marcos
1) O poder comprobatório dos testemunhos da igreja antiga é considerado relativo por vários pesquisadores, quando afirmam que Papias seria a única testemunha independente para o relacionamento de Marcos e a redação do evangelho de Marcos com Pedro, enquanto as demais afirmações se baseariam nas de Papias.[290]

> Nesse crescimento da tradição em relação aos traços concretos e à precisão se denota uma tendência apologética. Pretende-se assegurar com crescente asseveração de certeza, diante do gnosticismo, os escritos reconhecidos pela igreja, e desse modo também a obra de Marcos, como testemunha da tradição apostólica não-desvirtuada.[291]

Contudo, o fato de não dispormos na tradição de nenhuma declaração que contradiz o testemunho de Papias sem dúvida depõe vigorosamente em favor da historicidade de sua observação.[292]

2) A teoria histórico-crítica sobre a tradição, que considera muitas vezes o material dos evangelhos como tradição da igreja, tenta discordar do fato de que o acompanhante de dois apóstolos e conhecedor da primeira igreja de Jerusalém escreveu seu evangelho com base em informações de primeira mão.[293]

3) No que tange às designações geográficas, surgiram entre alguns pesquisadores reservas quanto à autoria de um Marcos que no passado tenha vivido na Judeia. Kümmel, p. ex., escreve: "O autor obviamente não possui nenhum conhecimento

---

[289] H.-H. Stoldt, op. cit., p. 170-84.
[290] Cf. G. Bornkamm, *Bibel*, p. 63; A. Jülicher, op. cit., p. 274; H.-M. Schenke & K. M. Fischer, op. cit., v. 2, p. 91; A. Wikenhauser & J. Schmid, op. cit., p. 213.
[291] A. Wikenhauser & J. Schmid, op. cit., p. 213.
[292] Cf. D. A. Carson, D. J. Moo & L. Morris, op. cit., p. 93.
[293] Cf. W. G. Kümmel, *Einleitung*, p. 67s.

pessoal da geografia palestina, como mostram numerosos erros geográficos".[294] Citam-se como erros Marcos 5.1; 7.31; 10.1; 11.1.[295] Diversos autores, porém, evidenciam uma solução para as dificuldades em torno de Marcos 5.1.[296] A passagem de Marcos 7.31 pode ser simplesmente explicada de tal forma que, saindo de Tiro, Jesus fez um desvio por Sidom antes de seguir para Decápolis.[297] Também Marcos 10.1 não representa grandes dificuldades.[298] E a mera circunstância de que a localidade de Betfagé mencionada em Marcos 11.1 hoje não é mais localizável com toda a segurança[299] não precisa em absoluto significar que Marcos se equivocou.

4) Com Marcos 7.3s Conzelmann e Lindemann tentam comprovar que, para Marcos, os costumes judaicos eram estranhos e que ele os assinala "apenas de forma muito distanciada".[300] Mas, pelo contrário, a passagem mostra que Marcos sabe explicar os costumes judaicos aos leitores.[301]

5) O relato sobre a morte de João Batista estaria em contradição com o "costume palestino".[302] Entende-se por "costume" provavelmente a afirmação em Josefo,[303] segundo a qual Herodias esteve primeiramente casada com um Herodes, enquanto Marcos 6.17 (e também Mt 14.3) cita Filipe como nome do primeiro marido. Entretanto, pode-se questionar com razão se a afirmação de Josefo, nascido apenas em

---

[294] W. G. KÜMMEL, *Einleitung*, p. 69.

[295] W. G. KÜMMEL, *Einleitung*, p. 69, nota 58; H. CONZELMANN & A. LINDEMANN, op. cit., p. 247.

[296] G. DALMAN, *Orte und Wege Jesu*, p. 190ss; J. FINEGAN, *The Archeology of the New Testament*, ed. rev. (Princeton: Princeton University Press, 1992), p. 115ss; W. L. LANE, op. cit., p. 181, nota 6; T. ZAHN, Das Evangelium des Markus, in: idem (Org.), *Kommentar*, 2. ed. (Leipzig: Deichert, 1910), v. 2, p. 148s, nota 92.

[297] Opinião, p. ex., de T. ZAHN, *Markus*, p. 216; W. L. LANE, op. cit., p. 265.

[298] Cf. p. ex., W. L. LANE, op. cit., p. 351ss.

[299] Cf. T. ZAHN, *Markus*, p. 293, nota 37; J. W. MEIKLEJOHN, Bethphage, in: IBD, v. 1, p. 189; O. DALMAN, *Orte und Wege Jesu*, p. 268ss; J. FINEGAN, op. cit., p. 162ss. Conforme E. LOHSE, *Entstehung*, p. 86, Betfagé situa-se "diretamente à margem leste da cidade, enquanto Betânia ficava um pouco distante de Jerusalém na descida do monte das Oliveiras para sudeste", o que evidenciaria o desconhecimento do autor. Também P. VIELHAUER, *Geschichte der urchristlichen Literatur*, p. 339, nota 12, considera não realista a sequência Betfagé-Betânia-Jerusalém.

[300] H. CONZELMANN & A. LINDEMANN, op. cit., p. 247; cf. E. LOHSE, *Entstehung*, p. 86.

[301] Cf. item 2.2.5.2.

[302] W. G. KÜMMEL, Einleitung, p. 69. Infelizmente, Kümmel não esclarece como. D. GUTHRIE, Introduction, p. 72s, discute essa passagem.

[303] JOSEFO, *Antiguidades judaicas*, livro 18, cap. 7.

37/38, é mais confiável historicamente que o relato dos dois autores dos evangelhos, que eram mais velhos.[304]

6) Como "indício contrário à autoria de João Marcos" considera-se que o evangelho de Marcos "praticamente não seria influenciado pela teologia de Paulo", o que, no entanto, deveria ser presumível no caso de um acompanhante.[305] Cullmann, em contraposição, reconhece "sem dificuldades uma influência consistente dos pensamentos do apóstolo Paulo".[306]

Outros até mesmo propuseram considerar Marcos como *o* evangelho paulino, como Volkmar, Holsten, Holtzmann[307] e Bacon.[308]

7) Em contrapartida, Lohse também não constata praticamente nada de "tradição especificamente petrina".[309] Isso mostra com que arbitrariedade se trata a suposta conotação teológica de determinado escrito.[310]

8) A alimentação dos 5 mil (Mc 6.35ss) e a alimentação dos 4 mil (Mc 8.1ss), na realidade, seriam duas variantes da mesma história de alimentação, o que um "judeu cristão de Jerusalém" dificilmente teria ignorado.[311]

---

[304] T. ZAHN, *Markus*, p. 181, nota 58, deixa aberta também a possibilidade de que o primeiro marido de Herodias se chamava Herodes Filipe, ou seja, tinha ambos os nomes.

[305] H. CONZELMANN & A. LINDEMANN, op. cit., p. 247.

[306] O. CULLMANN, *Einführung*, p. 42. Cf. A. WIKENHAUSER & J. SCHMID, op. cit., p. 214.

[307] Cf. H. J. HOLTZMANN, *Einleitung*, p. 384; D. GUTHRIE, *Introduction*, p. 82, nota 1.

[308] B. W. BACON, *The Gospel of Mark — its Composition and Date* (New Haven: [s.n.], 1925); apud A. WIKENHAUSER & J. SCHMID, op. cit., p. 214.

[309] E. LOHSE, *Entstehung*, p. 85. Lohse defende a ideia de que a intenção de elevar o autor do evangelho de Marcos teria levado Papias a "relacioná-lo com o apóstolo da rocha". Um cristão anônimo da segunda geração, eventualmente chamado Marcos, teria sido o autor do evangelho de Marcos (p. 86).

[310] De forma drástica essa arbitrariedade nos é apresentada nos exemplos de modernos comentários por U. LUZ, Markusforschung in der Sackgasse?, ThLZ, n. 9, 1980, p. 641-55. Nas reflexões finais ele escreve, contando-se pessoalmente entre os pesquisadores histórico-críticos: "Quando consideramos que uma combinação de três hipóteses que em si tem cada qual a probabilidade de 50%, resulta para o produto final, a hipótese de terceira geração, uma probabilidade de pouco mais de 10%, devemos ser cautelosos e dizer com mais frequência e clareza quão pouco realmente sabemos" (p. 653). Com propriedade já formulava muito antes H. E. F. GUERIKE, op. cit., p. 27, nota 49: "Quanto maiores motivos formais depuserem em favor da autenticidade de um escrito, tanto mais terá de se destacar a individualidade do crítico que questiona a autenticidade do escrito por razões de conteúdo".

[311] W. G. KÜMMEL, *Einleitung*, p. 69.

b) Argumentos em favor da autoria de João Marcos

Diante dos recém-mencionados argumentos, a ciência introdutória fiel à Bíblia se atém à autoria atestada pela igreja antiga.[312]

Cremos em uma redação direta do evangelho pelo discípulo de apóstolo, a qual ele realizou com base em relatos de testemunhas oculares, e rejeitamos o postulado "trabalho" em material de fontes da "igreja pós-pascal" por ser hipótese não fundamentada (pormenores mais adiante, quando tratarmos da "questão sinóptica").

No entanto, além da vigorosa atestação da igreja antiga,[313] ainda podem ser citados outros argumentos em favor da redação por João Marcos:

1) É inegável que o evangelho deixou claros vestígios de uma testemunha ocular — ou seja, Pedro — o que se cristalizou principalmente na vivacidade do estilo narrativo.

2) O que sabemos a partir do NT sobre a vida de João Marcos e suas boas fontes de informação de primeira mão — a primeira igreja em Jerusalém, Pedro, Paulo — torna bastante viável que ele seja o escritor.[314]

c) Que sabemos sobre João Marcos?

No episódio de Marcos 14.51s existe uma alusão a João Marcos no grupo dos seguidores de Jesus: "Um jovem, vestindo apenas um lençol de linho, estava seguindo Jesus. Quando tentaram prendê-lo, ele fugiu nu, deixando o lençol para trás".

> Essa nota tem tão pouca relação intrínseca com a história restante do Getsêmani que existe quase a certeza de que seja uma reminiscência pessoal daquele que escreve. Foi comparada com a marca do pintor afixada pelo artista em um lugar qualquer da pintura. Conforme a nota, o autor não é um dos Doze, mas presenciou em Jerusalém a história da paixão.[315]

A partir de Marcos 14.51s também se pode explicar a frase no *Cânon muratoriano*.[316] No entanto, não se deveria pensar que Marcos fez parte dos 70

---

[312] Cf. L. ALBRECHT, op. cit., p. 106ss; D. GUTHRIE, *Introduction*, p. 81ss; E. F. HARRISON, op. cit., p. 184s; T. ZAHN, *Einleitung*, v. 2, p. 204ss.

[313] Além dos já referidos testemunhos da igreja antiga, ainda podem ser mencionados ORÍGENES, *Homilias sobre são Lucas*, 1. na qual Marcos é classificado, ao lado de outros evangelistas, como escritor pleno do Espírito Santo.

[314] Cf. D. GUTHRIE, *Introduction*, p. 82.

[315] F. BARTH, op. cit., p. 186; O. CULLMANN, *Einführung*, p. 41: "Essa anedota, sem relevância para os eventos da Paixão e sem interesse teológico, poderia levar à suposição de que esse jovem tenha sido Marcos...".

[316] Quanto à discussão sobre essa passagem na literatura da igreja antiga, cf. T. ZAHN, *Einleitung*, v. 2, p. 205, 216.

discípulos do Senhor, como mais tarde tentam defender, p. ex., Adamâncio[317] e Epifânio.[318]

Seu nome era João, seu cognome Marcos (At 12.12). Na casa de sua mãe, Maria, reuniam-se muitos cristãos para orar (At 12.12). Há suposições de que foi nessa mesma casa que Jesus celebrou com os discípulos também a ceia do *Passá* (cf. Marcos 14.13ss). Igualmente poderia ter sido a casa em que os discípulos se encontravam regularmente e se reuniam com as mulheres e Maria, mãe de Jesus, após a ascensão de Jesus (At 1.13s, a fim de aguardar o cumprimento da promessa do Pai — At 1.4s).

Marcos era sobrinho (ou primo)[319] de Barnabé (Cl 4.10). Ele e Paulo o levaram consigo para Antioquia e, em continuação, para a primeira viagem missionária até Chipre (At 12.25; 13.5; em 47/48 d.C.). Depois da travessia de Chipre para Perge na Panfília, João Marcos se separou dos dois e retornou para Jerusalém (At 13.13). Quando, mais tarde, Barnabé e Paulo pretendiam empreender novamente juntos uma viagem missionária a partir de Antioquia, a cooperação fracassou diante da pergunta se deveriam levar João Marcos ou não (At 15.36-40; em 49 d.C.). Barnabé foi sozinho com João Marcos para sua terra natal, Chipre (cf. At 4.36). No ano 62, Marcos é novamente mencionado, agora como colaborador de Paulo durante a prisão em Roma (Fm 24) — tornou-se ali um consolo para Paulo e provavelmente viajou por incumbência de Paulo até Colossos (Cl 4.10s). Pouco tempo depois (63/64), Pedro em Roma igualmente o chama "meu filho" (1Pe 5.13), no sentido de jovem colaborador e irmão, conforme 1Coríntios 4.15,17.[320] Em 2Timóteo 4.11 Paulo solicita Timóteo a acolher Marcos e trazê-lo consigo (para Roma; 66/67); pois lhe seria "útil para o ministério". Ou seja, entre 1Pedro (63/64) e 2Timóteo (66/67) Marcos havia saído novamente de Roma por determinado período.

Conecta-se com uma possível origem levita de Marcos[321] a tradição da igreja antiga de que Marcos teria cortado seu polegar para ser tornar imprestável para o sacerdócio.[322]

---

[317] *O diálogo de Adamâncio*, livro V. Sobre a época da redação desse diálogo (provavelmente após 325) e a questão da autoria (provavelmente anônima), cf. B. ALTANER & A. STUIBER, *Patrologie*, 9. ed. (Freiburg; Basel; Wien: Herder, 1978), p. 216.

[318] EPIFÂNIO, *Panarion*, livro LI, 6.11; *Anacephalaeosis*, 1121.

[319] ἀνεψιός — anepsios pode significar ambas as coisas e é traduzido de diversas maneiras pelos comentaristas.

[320] Cf. 1Tm 1.2; 2Tm 1.2; Tt 1.4; Fm 10 (cf. F. BARTH, op. cit., p. 187; T. ZAHN, *Einleitung*, v. 2, p. 215).

[321] Cf. a declaração sobre seu tio ou primo Barnabé em At 4.36. Também de acordo com o chamado "prólogo monarquiano", Marcos era levita (texto latino em K. ALAND, *Synopse*, p. 539).

[322] Por exemplo em HIPÓLITO, *Philosophumena*, livro VII, 30.

Eusébio informa:
> Diz-se que esse Marcos teria sido o primeiro enviado ao Egito para anunciar o evangelho, que ele também já havia redigido, e que então ele próprio teria sido o primeiro a fundar igrejas em Alexandria.[323]

Essas informações da igreja antiga, porém, não são seguras.[324] Encontramos outras tradições sobre Marcos, porém de cunho lendário, nos posteriores *Atos de Marcos*, nos *Atos de Barnabé*[325] e em uma lenda medieval "que fala de Marcos atuando em Aquileia, fazendo dele o patrono protetor de Veneza".[326]

2.2.4 A estrutura do evangelho de Marcos

Na terceira edição, Guthrie resume seu terceiro capítulo, sobre a estrutura de Marcos, com a importante frase:
> Independentemente do método literário que Marcos possa ter adotado na redação de seu evangelho, realizou sob a condução do Espírito Santo sua intenção evidente de retratar o Filho de Deus agindo (*in action*), movendo-se em direção da cruz. Esse era para ele, como para todos os evangelistas, o tema central do evangelho.[327]

A circunstância de emergirem muitas opiniões sobre a estrutura de Marcos está estreitamente ligada à questão das fontes e à história das formas e da redação.

a) Taylor, p. ex., defende a opinião de que o evangelho de Marcos foi compilado de vários "complexos" diferentes, à guisa de tijolos que foram encaixados em um conjunto.[328] Marcos teria acrescentado a esses "complexos", no máximo, pequenos comentários explicativos, ligando-os de forma mais ou menos solta para formar um evangelho todo. Em outras palavras: Taylor entende que Marcos foi editor e compilador.[329]

---

[323] Τοῦτον δὲ Μάρκον πρῶτόν φασιν ἐπὶ τῆς Αἰγύπτου στειλάμενον, τὸ εὐαγγέλιον, ὃ δὴ καὶ συνεγράψατο, κηρῦξαι, ἐκκλησίας τε πρῶτον ἐπ' αὐτῆς 'Αλεξανδρεί ας συστήσασθαι — Touton de Markon prōton phasin epi tēs Aigyptou steilamenon, to euangelion, ho dē kai synegrapsato, kēryxai, ekklēsias te prōton ep' autēs Alexandreias sustēsasthai (Euseb. HE, livro 11, 16.1). Outros testemunhos da igreja antiga sobre uma possível fundação da igreja em Alexandria por Marcos encontram-se em T. Zahn, *Einleitung*, v. 2, p. 218; E. Hennecke & W. Schneemelcher, op. cit., v. 2, p. 36; J. Wenham, *Redating*, p. 174s.

[324] Cf. W. Schneemelcher, op. cit., v. 2, p. 421s.

[325] F. Barth, op. cit., p. 188.

[326] D. Guthrie, *Einleitung*, 3. ed. (1970), p. 68s.

[327] Cf. Taylor, *The Gospel according to St. Mark* (London: Macmillan, 1953), p. 90ss.

[328] Compilador = confeccionador de um escrito reunido a partir de outros escritos.

[329] P. Carrington, op. cit.

b) Carrington defende a opinião de que Marcos teria organizado os episódios segundo o modelo do plano de leituras da sinagoga, que se baseia na sequência do calendário festivo judaico. Pretendia assim, da melhor forma possível, torná-los acessíveis ao uso litúrgico.

c) Farrer vê que estruturalmente Marcos se apoiou na tipologia do AT e nos esquemas numéricos do AT.[330] Contudo, Farrer tem dificuldades para explicar e comprovar essa asserção de maneira convincente.

d) Todo o evangelho de Marcos visaria explicitar paralelos entre a vida de Jesus e a experiência dos candidatos ao batismo na igreja primitiva. Essa intenção do ensino catequético seria o fator decisivo da estrutura de Marcos.[331]

e) Marxsen opina que a história da paixão teria sido o primeiro componente do evangelho. Dele teria se formado o restante.[332]

Nenhuma das citadas propostas de solução parece ser apropriada para nos facilitar o acesso à composição ou subdivisão do conteúdo de Marcos. Ao ler e estudar o evangelho de Marcos, nunca temos a impressão de que o trabalho foi feito por um redator com tesoura, cola e caneta corretora, ainda que "conteúdo e subdivisão" não denotem uma construção cronologicamente contínua. A nosso ver, o problema da estrutura pode ser mais facilmente explicado a partir da citação de Papias.

Papias diz que, como intérprete de Pedro, Marcos não anotou pela ordem — assim como ocorreram os fatos —, mas conforme os discursos doutrinários de Pedro, mais precisamente em todos os aspectos com uma exatidão condizente com o que Marcos conseguia relembrar, sem omitir ou deturpar nada (cf. a versão literal, citada anteriormente). Aqui nos é mostrado que Pedro não proclamava pela ordem (discursos e atuação de Jesus), mas de acordo com determinado modelo com uma certa ênfase, o que de certo modo podemos constatar como "arcabouço" em todos os sinópticos:

> Depois de uma introdução, a narrativa se move para o serviço na Galileia (Mc 1.14—6.13), seguida de um relato sobre a atividade de Jesus fora da Galileia (Mc 6.14—8.26), da viagem para Jerusalém (Mc 8.27—10.52) e do último serviço com

---

[330] A. FARRER, *A Study in St. Mark* (Westminster: Dacre Press, 1951); idem, *St. Matthew and St. Mark* (1954).

[331] G. SCHILLE, Bemerkungen zur Formgeschichte des Evangeliums — Rahmen und Aufbau des Markusevangeliums, NTS, n. 4, 1957-1958, p. 1-24.

[332] W. MARXSEN, *Einleitung*, p. 120.

o ápice na paixão e ressurreição de Jesus (Mc 11.1—16.20). Esse exemplo pode ser definido como a estrutura sinóptica.[333]

É bem possível que esse arcabouço já estivesse em uso durante uma primeira fase da missão e tradição, que seguramente poderia ser oral. De qualquer modo, Dodd chama a atenção para a circunstância de que esse modelo ou arcabouço também pode ser encontrado em Atos dos Apóstolos, sobretudo em Atos 10.34ss.[334] Isso, por seu turno, representa uma confirmação da tradição da igreja antiga, segundo a qual Marcos ouviu o conteúdo de seu evangelho dos lábios do apóstolo Pedro, anotando-o sob a orientação do Espírito Santo.

	At 10.34ss	Marcos
v. 36:	Anúncio do Cristo como Senhor sobre todos	Mc 1.1-3
v. 37-38a:	Batismo por João e começo da atuação na Galileia; preparação com o Espírito Santo e poder	Mc 1.4-37
v. 38b:	Andou pela região, fazendo o bem, curou enfermos e expulsou demônios	Mc 1.38—10.52
v. 39a:	Atuação de Jesus na terra da Judeia	Mc 11.1—13.37
v. 39b:	Crucificação	Mc 14.1—15.47
v. 40-42:	Ressurreição, aparições, ordem missionária	Mc 16.1-20

2.2.5 Características e peculiaridades

2.2.5.1 Universalidade do evangelho de Jesus Cristo

"Os traços judaico-cristãos característicos de Mateus faltam no evangelho de Marcos. De forma consistente e contínua defende-se a validade universal da mensagem de Jesus."[335] Como exemplos comparativos, podem ser referidos Mateus 10.5s e Marcos 6.7-13.

Essas e outras constatações similares evidenciam com total nitidez que o evangelho de Marcos foi redigido para gentios, a fim de conduzi-los à fé em Cristo.

---

[333] D. GUTHRIE, *Introduction*, p. 75.
[334] C. H. DODD, *New Testament Studies* (1953), p. 1-11. Cf. D. A. CARSON, D. J. MOO & L. MORRIS, op. cit., p. 106; J. COOLS, *Die synoptischen Evangelien*, p. 74.
[335] W. MICHAELIS, op. cit., p. 52.

2.2.5.2 Costumes e expressões judaicos são explicados

- Como Marcos evidentemente escreve para leitores não-judeus, ele explica costumes judaicos, detalhes geográficos e outros pormenores: Marcos 1.9; 7.2s; 12.42;[336] 14.12; 15.42.
- Tradução de expressões aramaicas: Marcos 3.17; 5.41; 7.11,34; 10.46; 14.36; 15.22,34.

2.2.5.3 A preservação do mistério do Messias

Insere-se entre as peculiaridades, não compreensíveis para nós sem mais nem menos, que em diversas passagens Jesus solicita com muita insistência que se silencie acerca do mistério de sua condição de Messias: Marcos 1.24s,34,43s; 3,11s; 5.43; 7.36; 8.30; 9.9. Isso porque o Senhor visava produzir, mediante contida discrição, o fruto autêntico da fé. Não queria mover emocionalmente as pessoas com o título, que na realidade lhe cabia. Isso poderia ter levado a um entusiasmo pelo Messias, mediante um mal-entendido político, uma vez que as concepções contemporâneas do Messias não correspondiam ao serviço humilde de Jesus.[337]

Justamente Marcos 9.9 aponta para o fato de que depois de sua ressurreição será permitido falar, por incumbência do Senhor, com toda a franqueza sobre sua condição de Messias.

2.2.5.4 Jesus censura a incompreensão dos discípulos

Marcos não queria rodear os discípulos com uma falsa "auréola de santidade". A redação de seu evangelho atesta plena honestidade. As seguintes passagens são dignas de nota: Marcos 4.13; 6.52; 8.17,21; 9.19,32.

Diante do fato de que Michaelis escreve sobre essas passagens, bem como sobre as citadas no item anterior: "Evidentemente não se trata, neste caso, apenas de recordações históricas, mas da expressão de uma posição teológica do evangelista",[338] temos de questionar seriamente onde poderia ser encontrado um parâmetro segundo o qual estaríamos em condições de julgar de forma fidedigna que afirmações são originárias de Jesus e quais são produto do redator. Nesse ponto, não leva adiante

---

[336] λεπτόν — lepton era uma moeda especificamente judaica, quadrante era uma moeda romana (cf. W. Michaelis, op. cit., p. 55; A. F. Walls, Money in the New Testament, in: IBD. v. 1, p. 1022).

[337] Acerca das concepções contemporâneas do Messias, cf., p. ex., E. Lohse, Umwelt des Neuen Testaments, p. 137ss.

[338] W. Michaelis, op. cit., p. 52.

nem mesmo a explicação de Wrede, na qual se assevera que Jesus teria mantido em segredo sua condição de Messias antes da ressurreição porque a primeira igreja considerou Jesus o Messias somente depois da ressurreição.[339]

2.2.5.5 Um "evangelho da ação"

Basta um olhar sobre o conteúdo do evangelho para constatar que o autor "prefere" movimento e ação a diálogos.[340] O ensinamento e proclamação geralmente também estão integrados em uma narrativa. A vivacidade do estilo transmite a impressão de um drama movimentado, tendo como ápice a cruz.[341] Com um extremo mínimo de pensamentos introdutórios, Marcos informa diretamente acerca do serviço de Jesus e descreve as diferentes fases da atuação milagrosa, dando atenção especial à crescente resistência por parte dos fariseus.[342] Marcos se empenha em prol do relato mais preciso possível dos fatos da vida e atuação de Jesus desde o batismo no Jordão até a manhã da Páscoa.

2.2.5.6 Nenhum relato do nascimento no evangelho de Marcos

Pode haver duas razões por que tentamos em vão descobrir em Marcos a história do nascimento:

- Primeira (como já mencionamos): Marcos pretendia chegar da forma mais direta e rápida possível à atuação de Jesus (cf. Mc 1.1ss).
- Segunda: não está excluído que Marcos tinha conhecimento do evangelho de Mateus, eventualmente também já do de Lucas, onde (segundo a opinião de Marcos) havia sido dito o suficiente sobre a história preliminar e o nascimento de Jesus.

2.2.5.7 Jesus: verdadeiro Deus e verdadeiro ser humano

Referimos acima que Jesus cuidava para que, antes de sofrer, morrer e ressuscitar, estivesse preservado seu segredo messiânico. Apesar disso, proclama-se em Marcos com toda a clareza a filiação divina de Jesus: Marcos 1.1,[343]11; 3.11; 9.7; 13.32; 14.61s.

---

[339] Cf. W. Wrede, *Das Messiasgeheimnis in den Evangelien — Zugleich ein Beitrag zum Verständnis des Markusevangeliums*, 4. ed. (Göttingen: Vandenhoeck & Ruprecht [1901] 1969), p. 227ss. Criticam a posição de Wrede os seguintes estudiosos: J. D. G. Dunn, *Le secret messianique chez Marc*, in: *Hokhma*, n. 18, 1981, p. 34-49; O. Cullmann, *Einführung*, p. 44s: F. Büchsel, Die Hauptfragen der Synoptikerkritik — Eine Auseinandersetzung mit R. Bultmann, M. Dibelius und ihren Vorgängern, in: BFChTh (Gütersloh: Bertelsmann, 1939), v. 40, p. 10-7.

[340] Cf. M. C. Tenney, op. cit., p. 186.

[341] Cf. D. Guthrie, *Introduction*, p. 61s.

[342] Cf. D. Guthrie, *Introduction*, p. 62.

[343] A atestação desse versículo nos manuscritos é: υἱοῦ θεοῦ — hyiou theou, "Filho de Deus", e consta em ℵ B D L W 2427 pc latt sy co Ir^lat; υἱοῦ τοῦ θεοῦ — hyiou tou theou consta em A f^1.13 33 𝔐. Essas palavras são omitidas por ℵ* Θ 28 l pc sa^ms Or.

O título "Filho do homem", igualmente frequente, será comentado ao tratarmos de Lucas.

Contudo, em Marcos não somente se enfatiza a filiação divina, i.e., a divindade de Jesus, mas do mesmo modo sua autêntica *condição humana*. As descrições de Marcos de maneira alguma favorecem o docetismo:

- Jesus precisava da oração: Mc 1.35
- Jesus se entristece: Mc 3.5
- Jesus é declarado louco pelos familiares: Mc 3.21
- Jesus geme: Mc 8.12
- Jesus se irrita: Mc 10.14
- Jesus abraça as crianças: Mc 10.16
- Jesus encara com amor: Mc 10.21
- Jesus sente fome: Mc 11.12
- Jesus está triste até a morte: Mc 14.34
- etc.[344]

2.2.6 Finalidade e destinatários

2.2.6.1 Finalidade

A frase de abertura de Marcos nos situa no meio do objetivo e da finalidade de Marcos: "Princípio do evangelho de Jesus Cristo, o Filho de Deus" (Mc 1.1).

Marcos redigiu um evangelho, i.e, um relato sobre a alegre mensagem de Jesus Cristo, o Filho de Deus. Essa intenção preponderante diferencia o livro de uma biografia[345] e explica a forte ênfase nas três últimas semanas da vida terrena de Jesus (cerca de um terço de todo o evangelho). Cruz e ressurreição constituem pontos axiais do evangelho.[346]

Conforme Tenney, o alvo do evangelho é a proclamação:

> Representa uma tentativa de propor ao povo a pessoa e obra de Jesus como uma nova mensagem, o "evangelho", sem pressupor no ouvinte muitos conhecimentos em teologia ou ensinamentos do AT. Suas breves anedotas, suas sentenças certeiras, sua aplicação precisa da verdade, são exatamente aquilo que um pregador de rua usaria se falasse de Cristo diante de uma multidão de constelação variada.[347]

---

[343] Todas as passagens em que Jesus critica os discípulos por falta de entendimento já foram mencionadas.

[345] Cf. item B.1.

[346] Cf. D. GUTHRIE, *Introduction*, p. 65.

[347] M. C. TENNEY, op. cit., p. 186; cf. D. GUTHRIE, *Introduction*, p. 65s; E. F. HARRISON, op. cit., p. 186.

Além disso, Harrison chama a atenção de que em Marcos também se defende um interesse apologético: Marcos mostra como sucedeu a rejeição do Filho de Deus. Obstinação interior e dureza do coração nos fariseus e escribas levaram à rejeição de seu serviço (Mc 3.5). Essa resistência chegou ao ápice na condenação pelo Sinédrio (Mc 14.61-64).[348]

O evangelista Marcos sabia de toda a situação com a perseguição aos cristãos eclodida, e cada vez mais cruel, sob o imperador Nero. Por meio do evangelho, desejava conclamar a igreja em Roma à perseverança e lhe infundir coragem, para permanecer fiel até mesmo em grave aflição e tribulação. É significativo que em Marcos 10.30 se pode ler: "... e com eles perseguição..." o que não é mencionado em Mateus nem em Lucas.[349]

Não há necessidade de nos determos aqui diante das referências histórico-formais e histórico-redacionais sobre a finalidade de Marcos, porque Marcos é mais que colecionador e compilador de diversos gêneros literários, aos quais teria dado sua conotação teológica.[350]

2.2.6.2 Os destinatários

A resposta a essa questão está estreitamente ligada à peculiaridade e finalidade do evangelho. Ainda que em lugar algum de Marcos sejam referidos ou designados diretamente os destinatários, podemos fazer inferências sobre os endereçados a partir de determinadas características individuais. Dificilmente se poderá negar que com grande probabilidade Marcos redigiu o evangelho para gentios em Roma.

Indícios claros de leitores gentílicos podem ser vistos nos seguintes pontos:

a) Os termos aramaicos são cuidadosamente explicados.[351] Logo, os leitores desconheciam esse idioma.

b) Encontramos em Marcos explicações de hábitos judaicos e referências geográficas que não podiam ser do conhecimento do grupo de leitores.[352]

c) Ao contrário do evangelho de Mateus, são arroladas muito menos profecias do AT.

---

[348] E. F. HARRISON, op. cit., p. 186.
[349] Cf. E. F. HARRISON, op. cit., p. 186.
[350] Uma análise abrangente dos objetivos de Marcos, supostos por diferentes teólogos, encontra-se em D. GUTHRIE, *Introduction*. p. 66s.
[351] Cf. item 2.2.5.2.
[352] Cf. item 2.2.5.2.

d) Além disso, não existem árvores genealógicas, que dificilmente despertariam o mesmo interesse em leitores gentílicos como nos leitores de Mateus.

e) Vários latinismos talvez permitam depreender leitores romanos: κεντυρίων — kentyriōn, "centurião" ou "capitão sobre cem" (Mc 15.39,44s); ξέστης — xestēs, "jarro" (cf. o latim *sextarius*; Mc 7.4); σπεκουλάτωρ — spekoulatōr, "carrasco" (Mc 6.27); ἐσχάτως ἔχει — eschatōs echei — "ela está nas últimas" (cf. o latim *in extremis esse*; Mc 5.23); τὸ ἱκανὸν ποιῆσαι — to hikanon poiēsai, "fazer um agrado" ou "satisfazer" (cf. o latim *satisfacere*; Mc 15.15); τιθέντες τὰ γόνατα — tithentes ta gonata, "dobrando os joelhos" (cf. o latim *ponere genua*; Mc 15.19; cf. Lc 22.41). Em seguida, também em Marcos 14.65 a expressão ῥαπίσμασιν αὐτὸν ἔλαβον — rapismasin auton elabon, "açoitaram-no", do latim *verberibus eum acceperunt*.[353] Esse argumento, porém, é debilitado pela circunstância de que outros latinismos também ocorrem no evangelho de Mateus, para o qual não se presume um grupo de leitores primordialmente romano:[354] δηνάριον — dēnarion, "denário" (Mt 18.28 etc.; Mc 6.37; 12.15; 14.5); κῆνσος — kēnsos, "tributo" (Mt 17.25; 22.17,19; Mc 12.14); λεγιών — legiōn (Mt 26.53; Mc 5.9,15); μόδιος — modios — "alqueire" (Mt 5.15; Mc 4.21); πραιτώριον — praitōrion, "pretório" (Mt 27.27; Mc 15.16 [aqui em Marcos, porém, marcadamente como explicação para a palavra grega αὐλή — aulē, "pátio"]); φραγελλόω — fragelloō, "flagelar" (Mt 27.26; Mc 15.15). Também a divisão romana do tempo mediante vigílias não consta unicamente em Marcos (Mt 14.25; 24.43; Mc 6.48). Kümmel constata, com razão, que se trata "em grande medida de termos técnicos militares".[355]

Em Marcos 10.12 Jesus fala da hipótese de uma mulher dispensar o marido. De acordo com o direito judaico, isso não poderia ocorrer, mas era possível segundo o costume grego e romano.[356]

Um nome próprio latino, Rufo (Mc 15.21; cf. Rm 16.13[357]) confirma a suposição de que os destinatários viviam em Roma e eram de origem gentílica. Pressupõe-se que Rufo e seu irmão Alexandre são conhecidos pelos leitores — mas igualmente pelo autor.

---

[353] Cf. W. G. Kümmel, *Einleitung*, p. 69; T. Zahn, *Markus*, p. 363, nota 25. No entanto, em *verberibus eum acceperunt* é interessante que na *Vulgata* o texto grego não foi traduzido com essa locução latina.

[354] Esse fato confirma a constatação de Lohse, de que se trata de latinismos, "que foram levados por soldados romanos a todos os quadrantes do Império Romano" (*Entstehung*, p. 87).

[355] W. G. Kümmel, *Einleitung*, p. 69s.

[356] Cf. T. Zahn, *Markus*, p. 269s; E. Lohse, *Entstehung*, p. 87.

[357] O nome Rufo, porém, era relativamente comum, de modo que não há certeza na identificação.

2.2.7 Lugar da redação

2.2.7.1 Objeções à redação em Roma

Em época recente geralmente são aduzidos argumentos contrários por pesquisadores que não admitem a redação por João Marcos. Logo, é preciso considerar como subjacentes as premissas da teoria das duas fontes.

a) Marxsen supõe, a partir do "destaque enfático" da região da Galileia, uma redação "na Galileia ou perto dela" — "porque, porventura se escreve um 'evangelho galileu' sem relação com esse espaço?".[358]

b) De acordo com Vielhauer, é plausível a suposição de "que o livro tenha sido escrito em uma cidade ou região, em que estava viva uma tradição palestina sobre a Síria grega, que oferecia essas condições em termos incomparavelmente maiores que Roma".[359] A cidade de Antioquia também é sugerida por Bartlet.[360]

c) Crisóstomo localiza a redação no Egito no contexto da tradição de que Marcos atuou ali.[361]

2.2.7.2 Argumentos a favor da redação em Roma

É verdade que sempre de novo se contestou que Pedro e, em decorrência, Marcos como seu acompanhante, realmente estiveram uma vez em Roma.[362] Alguns testemunhos da igreja antiga em favor da estadia de Pedro em Roma serão arrolados aqui:

a) Por volta do ano 200 Gaio, membro da igreja em Roma, escreveu: "Eu, porém, posso mostrar os sinais de vitória dos apóstolos. Porque se quiseres subir ao Vaticano ou andar pelo caminho para Ostia, encontrarás os sinais de vitória dos fundadores dessa igreja".[363]

---

[358] W. Marxsen, *Einleitung*, p. 128.

[359] P. Vielhauer, *Geschichte der urchristlichen Literatur*, p. 347.

[360] J. V. Bartlet, *St. Mark* (London: Thomas Nelson, s.d.), p. 5s. Cf. tb. H. Köster, op. cit., p. 602.

[361] Crisóstomo, *Commentarius in Sanctum Matthaeum Evangelistam*, 1.3.

[362] O decurso da discussão é evidenciado muito bem por O. Cullmann, *Petrus: Jünger — Apostel — Märtyrer — Das historische und das theologische Petrusproblem*, 2. ed. (Zürich; Stuttgart: Zwingli Verlag, 1960), p. 78ss.

[363] ἐγὼ δὲ τὰ πρόπαια τῶν ἀποστόλων ἔχω δεῖξαι. ἐὰν γὰρ θελήσῃς ἀπελθεῖν ἐπὶ τὸν Βασικανὸν ἢ ἐπὶ τὴν ὁδὸν τὴν Ὠστίαν, εὑρήσεις τὰ πρόπαια τῶν ταύτην ἱδρυσαμένων τὴν ἐκκλησίαν — egō de ta propaia tōn apostolōn exō deixai. ean gar thelēsēs apelthein epi ton Basikanon ē epi tēn odon tēn Ōstian, eurēseis ta propaia tōn tautēn hidrysamenōn tēn ekklēsian (conforme Euseb. HE, livro II, 25.7).

Do contexto se depreende que Eusébio associa a afirmação de Gaio com as sepulturas dos apóstolos Pedro e Paulo.³⁶⁴ Imediatamente antes, Eusébio falava da decapitação de Paulo e da crucificação de Pedro em Roma.³⁶⁵

b) Tertuliano menciona que Pedro padeceu em Roma da mesma maneira como Jesus.³⁶⁶

c) Ireneu fala que Pedro e Paulo residiram em Roma.³⁶⁷

d) Um primeiro indício de martírio se encontra na profecia de Jesus que nos é transmitida em João 21.18s, mas sem referência ao lugar. Nele se confirma o testemunho posterior sobre a crucificação de Pedro.

A suposição de que Marcos escreveu em Roma torna-se plausível com base nos mais diversos indícios.³⁶⁸

a) A referência a Marcos em 1Pedro 5.13 evidencia a ligação entre Marcos e Roma, uma vez que "Babilônia" deve ser interpretado como codinome para Roma, o que nos parece algo comprovado.³⁶⁹

b) A nota de Papias declara que Marcos foi tradutor, ou intérprete de Pedro.³⁷⁰ Isso corrobora a suposição da redação de Marcos em Roma. Implicitamente, também Ireneu aponta para Roma.³⁷¹

c) Clemente de Alexandria registra que Marcos escreveu o evangelho em Roma, enquanto Pedro ainda pregava.³⁷²

d) O *Prólogo antimarcionita* acrescenta que Marcos, depois da morte de Pedro, escreveu o evangelho na Itália.³⁷³

---

³⁶⁴ Cf. O. CULLMANN, *Petrus*, p. 133; C. P. THIEDE, *Simon Peter*, p. 191s.
³⁶⁵ Euseb. HE, livro II, 25.5.
³⁶⁶ TERTULIANO, A prescrição dos hereges, 36.2s; *Scorpiace*, 15.2s.
³⁶⁷ IRENEU, *Contra heresias*, livro III, 1.1 (cf. nota anterior).
³⁶⁸ Cf. D. GUTHRIE, *Introduction*, p. 73s; T. ZAHN, *Einleitung*, v. 2, p. 220. Quanto às citações da igreja antiga, cf. item 2.2.3.
³⁶⁹ Cf. C. P. THIEDE, *Simon Peter*, p. 154, 245s; idem, Babylon, der andere Ort: Anmerkungen zu 1Petr 5.13 und Apg 12.17, in: C. P. THIEDE, *Das Petrusbild*, p. 221ss; O. CULLMANN, *Petrus*, p. 93ss.
³⁷⁰ Cf. Euseb. HE, livro III, 39.15.
³⁷¹ Cf. IRENEU, *Contra heresias*, livro III, 1.3 (conforme Euseb. HE, livro V, 8.3).
³⁷² Cf. CLEMENTE DE ALEXANDRIA, *Hypotyposeis*, VI; Euseb. HE, livro VI, 14.6s; cf. tb. CLEMENTE DE ALEXANDRIA, *Adumbrationes ad 1Pe.* 5.13.
³⁷³ Cf. K. ALAND, *Synopsis*, p. 532; C. P. THIEDE, *Simon Peter*, p. 154s.

Em síntese, podemos afirmar que, com base em todos os testemunhos de que dispomos em relação ao lugar de surgimento, Roma pode ser citada unanimemente como lugar da redação.

2.2.8 Época da redação

Na datação do evangelho de Marcos, podemos constatar na bibliografia quatro fatores dominantes, os quais citaremos aqui de forma sintética:
- a prioridade cronológica de Marcos diante dos outros evangelhos, postulada por muitos pesquisadores;
- a pergunta de quando se deve datar a atuação em Roma;
- a catástrofe da conquista de Jerusalém;
- as perseguições em Roma, principalmente sob Nero.

2.2.8.1 Argumentos em favor da redação na década de 40

a) De acordo com Wenham et al.,[374] Pedro visitou Roma já no ano 42, na função de fundador da igreja em Roma, acompanhado de João Marcos. Para respaldar esse postulado e a datação precoce de Marcos associada com ele, são listadas algumas razões:

1) A tradição pertinente da igreja antiga, ainda hoje encontrável em escritos e descobertas arqueológicas.[375] A reivindicação da igreja de Roma, de ter sido fundada por Pedro, não sofreu contestação em todo o mundo.[376]

2) Romanos 15.20 mostraria indiretamente que em Roma outra pessoa já havia lançado um fundamento. Por isso, Paulo não teria visitado Roma antes.[377]

3) O nível espiritual e a magnitude da igreja em Roma, conforme se deduzem da epístola aos Romanos (ano 57 d.C.), apontariam para um crescimento espiritual positivo, que seria viável no período de 15 anos.[378]

---

[374] O impulso para essas ideias lhes foi fornecido sobretudo por G. EDMUNDSON, *The Church in Rome in the First Century* (London: Longmans, 1913).

[375] P. ex., Euseb. HE, livro II, 17.1. Cf. J. WENHAM, *Redating*, p. 156ss, 164s. IRENEU, *Contra heresias*, livro III, 3.2, fala da "igreja de Roma fundada e estruturada pelos dois mais gloriosos apóstolos, Pedro e Paulo" (*a glorissimis duobus apostolis Petro et Paulo Romae fundatae et constitutae Ecclesiae*). Acerca das diversas escavações em Roma e seu valor histórico, cf. E. DINKLER, Petrustradition, in: RGG3, v. 5, p. 261ss. Conforme ainda veremos na cronologia de Paulo, no v. 2, Paulo chegou a Roma somente em 59-60. Portanto, afirmações sobre a atividade de Paulo em Roma se referem a esse período tardio, durante sua prisão.

[376] L. ALBRECHT, op. cit., p. 107ss; J. WENHAM, *Redating*, p. 171s.

[377] J. WENHAM, *Redating*, p. 154ss; C. P. THIEDE, *Simon Peter*, p. 155s; S. DOCKX, Chronologie zum Leben des heiligen Petrus, in: C. P. THIEDE, *Das Petrusbild*, p. 93; J. A. T. ROBINSON, op. cit., p. 121.

[378] J. WENHAM, *Redating*, p. 149ss.

4) A perseguição no ano 42, que teria levado Pedro a sair de Jerusalém (cf. At 12.17ss), é outro ponto de argumentação. Por ser grande o perigo para Pedro, Wenham supõe que Pedro não apenas se dirigiu a uma das províncias próximas. Roma deve ter sido o lugar mais verossímil de refúgio.[379]

5) O detalhamento da narrativa sobre o conflito entre Pedro e Simão, o Mago, em Atos 8.9-24 se tornaria compreensível no contexto com os testemunhos da igreja antiga sobre a atuação bem-sucedida de Simão, o Mago, em Roma,[380] e o movimento evangelista contrário sob Pedro durante o mandato do imperador Cláudio.[381]

Contudo, Wenham rejeita uma atuação de 25 anos de Pedro em Roma, porque os dados do NT o contradizem flagrantemente.[382] Por exemplo, em 46/47 Pedro se encontrava novamente em Jerusalém (Gl 2.9).[383] Em 48 deparamos com ele em Antioquia (Gl 2.11). Esteve de volta a Jerusalém durante o concílio dos apóstolos em 49 (At 15.2ss). Em 1Pedro 1.1 percebemos ligações de Pedro com a Ásia Menor.

Para Marcos resultam, conforme Wenham, as seguintes datas: 42-46 (com Pedro) em Roma, eventualmente entre 44 e 46 estadia de um ano no Egito. Redação do evangelho de Marcos entre 44 e 46. Entre 50 e 60 e no final da década de 60 é possível uma atuação mais longa no Egito e na Cirenaica.[384]

b) Aqui será apontado em alguns pontos por que não concordamos com essa datação precoce nem com a suposição de uma visita de Pedro a Roma nesse período.

1) O próprio Wenham presume que as declarações de Ireneu e do *Prólogo antimarcionita* devem ser entendidas preferencialmente no sentido da morte de Pedro, e não de uma saída dele.[385] Contudo, ao prosseguir datando Marcos nos primeiros anos, não trata mais dessa questão.

---

[379] J. Wenham, *Redating*, p. 160s, 166; C. P. Thiede, *Simon Peter*, p. 154, 245s; idem, *Babylon, der andere Ort: Anmerkungen zu 1. Petr 5.13 und Apg 12.17*, p. 224ss. Thiede pretende interpretar o "outro lugar", com base em Ez 12.3, como referência velada à Babilônia, sendo que a Babilônia seria símbolo da cidade de Roma.

[380] Cf. Justino, *Apologia I*, 26; 56; Euseb. HE, livro II, 13.3—15.1; Eusébio, *Chronicon*. Sobre Simão, o mago, e seu ensinamento, cf. G. Quispel, op. cit., p. 83ss.

[381] Cf. Hipólito, *Philosophumena*, livro VI, 20. Cf. J. Wenham, *Redating*, p. 162s; J. A. T. Robinson, op. cit., p. 121; C. P. Thiede, *Simon Peter*, p. 241s.

[382] J. Wenham, *Redating*, p. 165s.

[383] J. Wenham, *Redating*, p. 169, interpreta a suposta volta: "Agora, enquanto Pedro estava em Roma, desenvolveu-se um trabalho sumamente bem-sucedido entre gentios em Antioquia [...] A evolução do trabalho entre gentios provocou tensões enormes entre Jerusalém e Antioquia, e isso pode ter sido a razão pela qual Pedro saiu de Roma", uma vez que seu antigo perseguidor Agripa já era falecido no ano 46.

[384] J. Wenham, *Redating*, p. 177.

[385] J. Wenham, *Redating*, p. 138ss.

2) O grande crescimento espiritual da igreja de Roma era bem viável mesmo sem uma atuação inicial de Pedro em Roma.

3) No entanto, como se explica que, depois de escrever o evangelho e de uma eventual atividade fundando igrejas no Egito, Marcos aparece em contato com Paulo e Barnabé de forma tão enfática somente como acompanhante e ajudante?

4) Por que Pedro se comportaria da forma descrita em Gálatas 2.12, se antes já colheu experiências em grandes partes do Império Romano,[386] sobretudo na construção da grande igreja em Roma? É difícil de imaginar que em uma atividade tão ampla Pedro tenha trabalhado somente entre judeus, como, aliás, sugere Gálatas 2.9c.

5) Por que εἰς ἕτερον τόπον — eis heteron topon, "para outro lugar" (At 12.17) significaria Roma, se Pedro supostamente foi primeiro para Antioquia, Ásia Menor e Corinto?

6) Por que a tradição da igreja antiga cita com grande frequência Paulo ao lado de Pedro como fundadores da igreja em Roma?[387] Tampouco é unânime na igreja antiga a datação do conflito entre Simão, o Mago, e Pedro em Roma. Conforme George Hamartolos (séc. IX), os dois se confrontaram durante o mandato de Nero.[388]

c) Independentemente da postulada visita a Roma em época anterior, recorre-se à descoberta do fragmento 7Q5 na caverna 7 de Qumran para datar mais cedo o evangelho de Marcos.[389] Discute-se com veemência entre os pesquisadores se esse fragmento de fato deve ser identificado com Marcos 6.52s.[390] O fragmento "foi escrito no chamado estilo ornamental herodiano, cujo fim via de regra se presume para o ano 50".[391]

---

[386] C. P. Thiede, *Simon Peter*, p. 155, acredita que a viagem para Roma não aconteceu de maneira direta. Após fugir de Jerusalém, Pedro provavelmente teria visitado Antioquia, várias cidades da Ásia Menor e Corinto. Cf. S. Dockx, op. cit., p. 91s. De um "plantar" por parte de Pedro (e de Paulo) fala Dionísio de Corinto (cf. Euseb. HE, livro II, 25.8), sendo que não são fornecidos dados cronológicos. A atuação de Pedro, mencionada em Euseb. HE, livro III, 1.2, certamente terá de ser datada para mais tarde em razão do contexto.

[387] Assim consta, p. ex., em Ireneu, *Contra heresias*, livro III, 1.1. Para outros dados, cf. T. Zahn, *Einleitung*, v. 2, p. 23.

[388] George Hamartolos, *Chronicon breve*, 3.120s.

[389] C. P. Thiede, *Die älteste Evangelienhandschrift? Das Markus-Fragment von Qumran und die Anfänge der schriftlichen Überlieferung des NT* (Wuppertal: Brockhaus, 1986).

[390] Para uma visão panorâmica equilibrada sobre esse debate, cf. O. Betz & R. Riesner, op. cit., p. 140-50.

[391] O. Betz & R. Riesner, op. cit., p. 142; cf. C. P. Thiede, *Die älteste Evangelienhandschrift?*, p. 14,37s. O próprio Thiede, porém, sabe que a questão da datação não pode ser respondida com tanta exatidão pela paleografia.

A caverna 7Q provavelmente foi fechada, como todas as demais cavernas de Qumran, no ano 68.[392]

d) À semelhança de Wenham, Albrecht supõe uma redação entre 42 e 49. A publicação a todas as igrejas, porém, teria ocorrido, devido à declaração de Ireneu, apenas após a morte de Pedro. Originariamente o evangelho de Marcos teria sido destinado somente como escrito particular para os ouvintes romanos.[393]

Posicionamento: Já no evangelho de Mateus, Albrecht tentou harmonizar diversas afirmações da igreja antiga por meio desse argumento de uma publicação inicial como escrito privado.[394] Faz o mesmo com o evangelho de Lucas.[395] No entanto, em parte alguma Eusébio afirma, como alega Albrecht, que o evangelho de Marcos teria sido destinado somente como *escrito privado* para a audiência em Roma. A proposta de Albrecht é pouco convincente, também porque nem todas as afirmações de Eusébio são inequívocas.

e) Torrey data para em torno do ano 40, porque a atrocidade em Marcos 13.14 apontaria para a tentativa de Calígula de erigir sua imagem no templo de Jerusalém,[396] mas Torrey também postula um original aramaico de Marcos. Allen data antes de 50, igualmente supondo um original aramaico, porém outro local de redação.[397]

*Ré*plica: Não há como comprovar em termos exegéticos que Marcos 13.14 aponta para o referido episódio, e a proposta praticamente não recebe outras sustentações. Ela parece ter sido apadrinhada pelo desejo de encontrar uma passagem em Marcos que pudesse ser identificada com um evento da história mais anterior possível, para que fosse confirmada a prioridade de Marcos antes dos demais evangelistas sinópticos.

Quanto à suposição de um original aramaico, cumpre dizer que não conhecemos nenhuma notícia sobre um original aramaico de Marcos. Conforme demonstramos, foi redigido para leitores de fala grega.

f) Conforme Agostinho, Marcos escreveu o evangelho ainda antes de Lucas, mas depois de Mateus.[398] Na Idade Média, Eutímio Zigabeno datou o evangelho

---

[392] Cf. C. P. THIEDE, *Die älteste Evangelienhandschrift?*, p. 55.

[393] L. ALBRECHT, op. cit., p. 107ss.

[394] Cf. item 2.1.10.2.

[395] Cf. L. ALBRECHT, op. cit., p. 155.

[396] C. C. TORREY, *Documents of the Primitive Church*, 1941, p. 1ss.

[397] W. C. ALLEN, The Gospel according to Saint Mark, in: *The Oxford Church Biblical Commentary* (1915).

[398] Cf. AGOSTINHO, *De consensu evangelistarum*, livro I, 2.3.

de Marcos para o décimo ano após a ascensão de Cristo, depois que Marcos foi instruído por Pedro.[399]

2.2.8.2 Na década de 50

a) O'Callaghan situa a redação em torno do ano 50 por causa da descoberta dos papiros na caverna 7 de Qumran.[400]

b) Alguns indicam como época da redação as décadas de 50 e 60. A justificativa é: Atos dos Apóstolos foi escrito aproximadamente no ano 63, o evangelho de Lucas um pouco antes, por isso o evangelho de Marcos, mais antigo segundo eles, deve ter sido escrito antes disso.[401] No entanto, por não concordarmos com a prioridade cronológica de Marcos (cf. mais adiante o comentário à "questão sinóptica"), não podemos concordar com essa argumentação.

2.2.8.3 Argumentos em favor da redação após 67

Volkmar fixou para o ano 73, Hilgenfeld para 81, Keim para 115-120 e Baur para 130-170.[402] Não nos deteremos mais aqui nos motivos específicos deles, mas analisaremos os argumentos de hoje:

a) Conforme Marxsen, Marcos 13.5ss, em correlação com Marcos 13.14, aponta, "com 'sinais' entendidos como atuais (guerras, clamor de guerra etc.) para a época da guerra judaica", razão pela qual Marxsen define a data para 67-69.[403]

b) Marcos 13.24ss distinguiria "nitidamente entre os horrores da guerra judaica e a catástrofe final [...] com uma naturalidade própria somente de um escritor" que os teria superado.[404] Ernst escreve: "Marcos 13 — um texto voltado à 'expectativa imediata' — foi revisado por Marcos com base na experiência da guerra judaica e 'reinterpretado' escatologicamente".[405]

---

[399] Eutímio Zigabeno, *Commentarius in Matthaeum*, cap. 1.

[400] Cf. D. A. Carson, D. J. Moo & L. Morris, op. cit., p. 97.

[401] Cf. D. A. Carson, D. J. Moo & L. Morris, op. cit., p. 99. M. Meinertz, op. cit., p. 187; A. Harnack, Neue Untersuchungen zur Apostelgeschichte und zur Abfassungszeit der synoptischen Evangelien, in: idem, *Beiträge zur Einleitung in das Neue Testament*, fasc. IV (Leipzig: Hinrich, 1911), p. 93. A maioria dos demais adeptos da teoria das duas fontes solve o problema da datação de outro modo que Harnack, situando Atos em época bem posterior. Também Albertz, Höpfel-Gut e Mariani datam entre 50 e 60 (apud W. G. Kümmel, *Einleitung*, p. 70, nota 64).

[402] Cf. F. Godet, *Einleitung*, v. 2, p. 194. Sobre Baur, cf. F. C. Baur, *Das Markusevangelium nach seinem Ursprung und Charakter* (Tübingen: [s.n.], 1851).

[403] W. Marxsen, *Einleitung*, p. 128s. De forma análoga data P. Feine, op. cit., p. 55s.

[404] A. Jülicher, op. cit., p. 282.

[405] J. Ernst, Arbeitspapier 1, in: R. Wegner, op. cit., p. 279.

c) A menção da ruptura da cortina do templo em Marcos 15.38 dificilmente teria podido ser escrita antes da destruição do templo, porque "isso teria exposto a obra a uma perigosa censura".[406]

d) Marcos 12.9 "distinguiria [...] a catástrofe do ano 70".[407]

e) Para Dibelius, as declarações sobre o sepulcro vazio em Marcos 16.1-8 parecem apontar para uma época em que já não era possível nenhum controle em nível local, ou seja, após o ano 70.[408]

f) No ano 75, um filósofo cínico fustigou o convívio imoral de Tito com Berenice, irmã de Agripa II. Por isso, o filósofo foi decapitado. Bacon data o evangelho de Marcos após 75, porque na decapitação de João Batista haveria um paralelo do evento citado — uma tese que não encontrou muitos defensores.[409]

g) Os judeus romanos teriam carecido de um evangelho após a conquista de Jerusalém, o qual teria apresentado Jesus como distanciado dos judeus de Jerusalém. Isso por causa do ódio contra os judeus, surgido naquele tempo. Esse evangelho seria, conforme Brandon, o de Marcos.[410]

h) Um escrito básico de Marcos teria surgido logo depois de 70, porque depois da catástrofe muitos "tementes a Deus" se teriam afastado da sinagoga, de modo que teria sido particularmente propícia a época para a missão cristã. Por isso, Schmithals escreve: "O escrito básico visa a ajudar a aproveitar o favor da hora, disponibilizando um manual doutrinário no estilo da tradição da sinagoga".[411] Apenas poucos anos mais tarde (c. 75; eventualmente após 80) teria sido feita a redação da atual forma de Marcos.[412]

i) De acordo com Ernst, "inclusões eclesiais subjacentes [...] levam a depreender certa distância dos acontecimentos".[413] Parece que, para Ernst, faz parte dessas

---

[406] A. JÜLICHER, op. cit., p. 282; cf. P. VIELHAUER, Geschichte der urchristlichen Literatur, p. 347; H.-M. SCHENKE & K. M. FISCHER, op. cit., v. 2, p. 80s. T. ZAHN, Mathäus, p. 715s, nota, trata do rompimento do véu e das notícias judaicas com conteúdo similar.

[407] P. VIELHAUER, Geschichte der urchristlichen Literatur, p. 347, A. JÜLICHER, op. cit., p. 282s; W. G. KÜMMEL, Einleitung, p. 70, nota 65, arrola outros autores que datam o evangelho de Marcos após o ano 70. A esse respeito, cf. o exposto em 2.1.10.1 sobre as observações acerca do vaticinium ex eventu.

[408] H.- SCHENKE & K. M. FISCHER, op. cit., v. 2, p. 80.

[409] B. W. BACON, Mark, p. 73s.

[410] S. G. F. BRANDON, The Fall of Jerusalem and the Christian Church, 2. ed. (1957), p. 185ss (apud D. GUTHRIE, Introduction, p. 89, que também acrescenta uma crítica bem fundamentada).

[411] W. SCHMITHALS, Einleitung in die drei ersten Evangelien, p. 418.

[412] W. SCHMITHALS, Einleitung in die drei ersten Evangelien, p. 430s.

[413] J. ERNST, Arbeitspapier 1, in: R. WEGNER, op. cit., p. 280.

"inclusões eclesiais" o tema "perseguição" (cf. Marcos 8.34ss; 9.38ss; 10.28ss). Segundo ele, essas passagens apontam "para experiências correspondentes nas controvérsias com a sinagoga".[414]

j) Marcos teria, como material básico, peças da tradição oral ou, até mesmo, fontes escritas.[415]

Posicionamento final: Rejeitamos todos esses pontos (a-j) como críticos à Bíblia. Não levam a sério o evangelho de Marcos e sua reprodução fidedigna dos discursos de Jesus e dos acontecimentos. Decisivas nesses argumentos não são as possíveis associações com episódios em torno ou antes do ano 70, mas a moldura interpretativa histórico-crítica, que não pretende considerar autênticas as afirmações de Marcos, assim como as dos outros evangelhos. A pesquisa histórico-crítica não pergunta se os relatos também poderiam ser autênticos, mas se é possível encontrar um paralelo posterior ou um acontecimento desencadeador. No detalhe eles geralmente podem ser arquitetados sem problemas. Nós, todavia, preservamos que admitir a autenticidade constitui, na constatação da origem dos diferentes relatos, o enquadramento mais plausível e também mais bem explicável.

2.2.8.4 Redação entre 64 e 67

Verdade é que alguns pesquisadores críticos datam o evangelho de Marcos para esse período, porém não necessariamente com argumentos partilhados por nós. Alguns o situam um pouco antes do ano 70, porque veem refletida nele a iminente catástrofe em Jerusalém.

Com base nos argumentos a seguir, que são breves, porém de peso, datamos *depois de 64* e antes de 67 (ficando excluído desse ínterim o período em que Marcos novamente saiu de Roma; cf. 2Tm 4.11[416]):

a) A apreciação da tradição da igreja antiga recomenda supor que nesse período ocorreu a atuação conjunta de Marcos e Pedro,[417] do que resulta essa data para a redação do evangelho de Marcos.

b) De acordo com a passagem já citada de 2Pedro 1.15,[418] é bem possível que o evangelho de Marcos foi redigido ou no mínimo concluído após a segunda epístola

---

[414] J. Ernst, Arbeitspapier 1, in: R. Wegner, op. cit., p. 280.

[415] J. Ernst, Arbeitspapier 1, in: R. Wegner, op. cit., p. 280.

[416] A esse respeito, cf. item 2.2.3.4.

[417] Cf. item 2.2.3.2; cf. tb. item 2.2.8.1, sobre nosso posicionamento diante do repetido postulado de que Pedro esteve mais cedo em Roma.

[418] Cf. item 2.2.3.3.

de Pedro (66/67), i.e., à sombra do episódio da morte de Pedro como mártir. Se isso for correto, o período da redação se resumiria ao ano 66/67.

2.2.9 Qual é o final autêntico de Marcos?

Um fenômeno muito peculiar na pesquisa dos evangelhos é a questão do final autêntico de Marcos.

Essa questão não despertou o interesse nem causou preocupação aos reformadores, porque quando editou seu NT grego (1516; 1519, 2. ed.) Erasmo trabalhou somente com manuscritos tardios do período do século XII.[419] Foi apenas no século XIX, mais precisamente na época de Tischendorf, que a questão realmente roubou a cena. No ano 1840, quando Tischendorf estava prestes a editar pela primeira vez seu NT completamente revisado (em lugar do *Textus Receptus*,[420] de 1633), conheciam-se somente os seguintes manuscritos dentre os mais antigos e famosos: Códice A (Alexandrino, séc. V); Códice B (Vaticano, cujo conteúdo ainda era desconhecido na época do jovem Tischendorf); Códice C (o palimpsesto decodificado por Tischendorf em Paris, o *Codex Ephraemi Rescriptus*, do séc. V); e o Códice D, *Bezae Cantabrigiensis* (do século V, com os evangelhos e Atos dos Apóstolos), bem como o Códice D *Claromontanus* (cartas de Paulo e carta aos Hebreus, do séc. VI, editado por Tischendorf).

Além deles, eram conhecidos importantes manuscritos da *koiné*, bem como as edições do NT de Erasmo de Roterdã (1466-1536; a segunda edição, de 1519, foi usada por Lutero), a poliglota complutense de 1514, 1520, as quatro edições de Robert Etienne (Estêvão), e ainda as edições de Bonaventura e Elzevir, em Leiden. No prefácio da segunda edição de 1633 consta a nomenclatura *Textus Receptus*, que já explicamos em uma nota de rodapé. Os resultados dos grandes pesquisadores textuais Bentley (1662-1742), Bengel (1687-1752), Griesbach (1745-1812) e Lachmann (1793-1851) — para citar apenas os mais importantes — eram do conhecimento do mundo teológico, mas foi somente pela grandiosa descoberta do Códice Sinaítico (1844/1859) por Konstantin von Tischendorf, bem como pela edição do Códice Vaticano (B: 1867), i.e., por meio das duas mais importantes e

---

[419] Cf. K. ALAND & B. ALAND, *Der Text des NT*, p. 13s.

[420] "Designa-se de Textus Receptus o texto daquelas edições a partir de Erasmo, desde que um editor eficiente (Elzevier, 1633) o anunciou desta maneira: *Textum ergo habes, nunc ab omnibus receptum: in quo nihil immutatum aut corruptum damus* (Tens aqui em mãos um texto que é aceito por todos e no qual não produzimos nada alterado nem deturpado)" (K. ALAND & B. ALAND, *Der Text des NT*, p. 14-6).

antigas testemunhas, que se conseguiu constatar que, ao contrário do número crescente dos manuscritos descobertos da *koiné*, faltavam em א (Sinaítico), B (Vaticano) e alguns outros os versículos de 9 a 20 de Marcos 16.

Como deve ser avaliado esse peculiar fenômeno? Seria imaginável e possível que Marcos encerrasse o evangelho no v. 8: "Tremendo e assustadas, as mulheres saíram e fugiram do sepulcro. E não disseram nada a ninguém, porque estavam amedrontadas"?

2.2.9.1 Evidência dos manuscritos e testemunho da igreja antiga

Antes que seja dada uma resposta rápida, faremos um esforço para assinalar a exata situação real:

Vale a pena conferir com precisão a atestação das variantes no NT grego.[421]

Os quatro finais que nos são transmitidos nos manuscritos "são chamados de final breve, final médio, final longo e final longo ampliado".[422]

a) O final breve

א e B, os mais antigos códices de pergaminho, concluem os evangelho de Marcos em 16.8. Faltam neles os versículos de 9 a 20. Contudo, chama atenção em B que, após o versículo 8, cerca de uma coluna e meia permanece vazia, enquanto os demais escritos do NT em B começam na respectiva coluna seguinte mais próxima após encerrado o escrito anterior.[423] Todavia, os versículos de 9 a 20 faltam também em muitos manuscritos da tradução armênia antiga (arm[mss]) e em alguns manuscritos da tradução saídica (sa[ms]), em 304, em sy[s], em Eusébio Eus[mss] e Hier[mss]. Eusébio[424] e Jerônimo assinalam a falta desse trecho em muitos manuscritos.[425]

A configuração original dos cânones de Eusébio não apresenta nenhuma possibilidade de contar outros trechos após Marcos 16.8. Não poucos manuscritos que contêm a passagem trazem escólios,[426] indicando que manuscritos gregos mais antigos não a contêm [...], e em outras testemunhas a passagem é caracterizada por um

---

[421] Cf. Nestle-Aland27, p. 148; B. M. Metzger, *A Textual Commentary*, p. 122ss; idem, *Der Text des NT*, p. 230ss; H. Alford, op. cit., p. 433ss.

[422] B. M. Metzger, *Der Text des NT*, p. 230.

[423] Cf. G. Milligan, op. cit., p. 274s; H. Alford, op. cit., p. 434.

[424] Eusébio, *Quaestio ad Marinum*, 1.1.

[425] Cf. H. Alford, op. cit., p. 434.

[426] "Escólios são observações explicativas de um mestre que constam à margem de um texto, a fim de instruir o leitor" (B. M. Metzger, *Der Text des NT*, p. 28 [N. do A.; N. do R.]).

asterisco⁴²⁷ ou óbelo,⁴²⁸ as marcas convencionais por meio das quais os manuscreventes explicitavam que uma frase não autêntica ficou inserida em uma obra literária.⁴²⁹

b) O final médio sozinho
Esse final médio consiste de um texto bem diferente de 16.9-20. Somente o manuscrito latino antigo *k* traz esse texto, sem que lhe seja acrescentado o final longo. O texto é o seguinte:

> Elas, porém, anunciaram aos em torno de Pedro sucintamente tudo de que foram incumbidos, depois disso, no entanto, Jesus enviou por meio delas a mensagem santa e não transitória da salvação eterna do Oriente até o Ocidente.⁴³⁰

c) O final médio inserido antes do final longo:
Essa combinação encontra-se em L Ψ 083. 099. 274ᵐᵍ. 579. l 1602 syʰᵐᵍ saᵐˢˢ boᵐˢˢ aethᵐˢˢ.

d) O final longo sozinho
Ele ocorre em A C D W Θ f¹³ 33. 2427 *M* lat syᶜ·ᵖ·ʰ bo Irˡᵃᵗ Eusᵐˢˢ Hierᵐˢˢ. Igualmente Taciano o traz em seu *Diatessaron* (cap. 55).⁴³¹

Ireneu cita expressamente com referência a Marcos o versículo 19.⁴³² Provavelmente o final longo já era conhecido de Justino (m. 165).⁴³³ Celso (c. 180) parece ter conhecido essa passagem.⁴³⁴ A *Epistula apostolorum* do século II poderia

---

[427] *Asterisco* é o nome dado a uma estrelinha no livro impresso (N. do A.; N. do R.).

[428] *Obelus* (latim) — "óbelo", espeto na horizontal (N. do A; N. do R.).

[429] B. M. METZGER, *Der Text des NT*, p. 230; W. L. LANE, op. cit., p. 601, traz como exemplos os seguintes manuscritos com escólios: 1, 20, 22, 137, 138, 1110, 1215, 1216, 1217, 1221, 1582.

[430] Conforme B. M. METZGER, *Der Text des NT*, p. 230s. O texto grego está impresso em Nestle-Aland27, p. 147.

[431] O *Diatessaron*, de TACIANO, é a mais antiga harmonia dos evangelhos de nosso conhecimento, a qual foi compilada por volta de 170 e contém todo o final longo de Marcos; cf. a tradução ao alemão por E. Preuschen: A. POTT (Org.) (Heidelberg: Winter, 1926), p. 239s.

[432] "No final do evangelho, porém, Marcos diz..." (*In finem autem Evangelii ait Marcus:...*), IRENEU, *Contra heresias*, livro III, 10.6.

[433] JUSTINO, *Apologia* I, 45.5: ἐξελθοντες πανταχου ἐκήρυξαν — exelthontes pantachou ekēryxan é uma possível harmonização com Marcos 16.20: ἐξελθοντες ἐκήρυξαν πανταχοῦ — exelthontes ekēryxan pantachou. Cf. W. R. FARMER, *The Last Twelve Verses of Mark*, in: SNTSMS (Cambridge: Cambridge University Press, 1974), v. 25, p. 31.

[434] Essa possibilidade pode ser depreendida de ORÍGENES, *Contra Celso*, livro II, 55. Cf. W. R. FARMER, *The Last Twelve Verses of Mark*, p. 31s.

ter extraído seu esquema básico do final longo de Marcos.[435] Também é possível que Tertuliano estivesse familiarizado com o final longo.[436] "Um texto do século III, às vezes atribuído a Hipólito, tem por conteúdo uma explicação de Marcos 16.18".[437] Vincêncio (bispo de Tíbaris em Cartago) faz uma evidente referência a Marcos 16.15-18 no Concílio de Cartago em 256.[438] O polêmico gentio Porfírio (m. 305) parece ter construído um argumento sobre Marcos 16.18 em sua obra κατὰ χριστιανῶν — kata christianōn, "contra os cristãos", livro VI.[439] O livro apócrifo *Atos de Pilatos* (também chamado de *Evangelho de Nicodemos*) tem conhecimento de Marcos 16.16-18.[440]

No decorrer do século IV, o final longo de Marcos conquista uma aceitação cada vez maior e mais ampla.[441] Afraat, um dos pais da igreja síria, cita por volta de 337 os versículos de 16 a 18 em uma homilia.[442] Ambrósio (bispo de Milão, m. 397) cita o trecho várias vezes.[443] Epifânio remete a Marcos 16.19.[444] Crisóstomo traz uma citação de Marcos 16.9.[445] Jerônimo acolhe o trecho na *Vulgata* e Agostinho "discute esses versículos como obra de Marcos em numerosas oportunidades".[446] Nestório cita Marcos 16.20 no ano 429, e um ano depois Cirilo de Alexandria aceita essa citação em um escrito contra Nestório.[447] Gregório de Nissa cita Marcos 16.19 em um sermão de Páscoa.[448]

---

[435] Cf. M. HENGEL, *Die Evangelienüberschriften*, p. 21, nota 47.

[436] TERTULIANO, A prescrição dos hereges, 30.16/ Mc 16.17,20.

[437] W. R. FARMER, *The Last Twelve Verses of Mark*, p. 32.

[438] Cf. W. R. FARMER, *The Last Twelve Verses of Mark*, p. 32s.

[439] Cf. W. R. FARMER, *The Last Twelve Verses of Mark*, p. 33.

[440] *Atos de Pilatos*, XIV; texto alemão em W. SCHNEEMELCHER, op. cit., v. 1, p. 408.

[441] Assim consta em AGOSTINHO, *Didymus*. Cf. H. ALFORD, op. cit., v. 1, p. 27; F. BARTH, op. cit., p. 192.

[442] Cf. W. R. FARMER, *The Last Twelve Verses of Mark*, p. 33.

[443] *Sobre o Espírito Santo*, 2.145 (Mc 16,15); 2.151 (Mc 16.15-18); *De Fide*, 1.86 (Mc 16,15); *Sobre a penitência*, 1.35 (Mc 16.17s).

[444] Apud W. R. FARMER, *The Last Twelve Verses of Mark*, p. 34.

[445] CRISÓSTOMO, *Homilia sobre a primeira carta aos Coríntios* (apud W. R. FARMER, *The Last Twelve Verses of Mark*, p. 34).

[446] W. R. FARMER, *The Last Twelve Verses of Mark*, p. 34.

[447] CIRILO DE ALEXANDRIA, *Adversus Nestorii Blasphemias*, 2,6.

[448] GREGÓRIO DE NISSA, *In sanctum Pascha sive in Christi resurrectionem*, sermão 2 (apud W. R. FARMER, *The Last Twelve Verses of Mark*, p. 34).

Em igrejas de diversas regiões e idiomas, o texto de Marcos 16.9ss também foi, nos séculos subsequentes, conteúdo das leituras regulares nos cultos.[449]

A família de manuscritos f¹ traz um final longo, provido de um óbelo, e insere uma observação após o versículo 8.[450]

Em um códice armênio de 986 existe uma lacuna após Marcos 16.8 e, como título do bloco seguinte (v. 9-20), consta "Do presbítero Aristião". No entanto, essa referência constitui uma atestação bastante tardia, mas está no contexto das declarações de Papias de 130/140.[451]

e) O final longo com uma inclusão após o versículo 14:

Jerônimo relata uma inclusão em vários manuscritos. Esse chamado *lógion de Freer* existe transmitido no manuscrito W do século V. Seu teor é o seguinte, embora o texto grego não seja completamente claro:

> Aqueles, porém, se desculparam, dizendo: "Este mundo injusto e incrédulo está sob [o domínio de] Satanás, que por meio de espíritos impuros impede que se receba a verdade e o poder de Deus!"[452] Por isso, revela já agora tua justiça", disseram a Cristo. E Cristo falou, voltado para eles: "O limite de anos em que Satanás tem poder se cumpriu; contudo, outras coisas terríveis se aproximam; para aqueles que haviam pecado, eu fui entregue à morte, para que se arrependam para a verdade e não mais pequem e herdem a glória espiritual e imperecível no céu".[453]

2.2.9.2 Conclusões

Ao invés de simplesmente aderir às conclusões de Metzger, a saber, que nenhum dos quatro finais mencionados do evangelho seria original,[454] façamos uma reflexão pessoal a respeito:

---

[449] Cf. W. R. FARMER, *The Last Twelve Verses of Mark*, p. 34s.

[450] O texto grego dessa observação consta em Nestle-Aland27, p. 148.

[451] Cf. F. BARTH, op. cit., p. 193; T. ZAHN, *Finleitung*, v. 2, p. 235s. C. R. Gregory, *Einleitun in das Neue Testament* (Leipzig: Hinrich, 1909), p. 626, escreve: "Até hoje ninguém encontrou uma boa razão para contestar a autoria de Aristião".

[452] "O texto é impreciso; outras possibilidades de entendimento: 'que não permite que a verdade e o poder de Deus sobre a impureza dos espíritos passem a dominar' ou: 'que não permite que aquilo que jaz sob espíritos impuros compreenda a verdade e o poder de Deus'" (B. M. METZGER, *Der Text des NT*, p. 57, nota 13).

[453] Citado conforme B. M. METZGER, *Der Text des NT*, p. 57. O texto grego consta em Nestle-Aland27, p. 148; um facsímile se encontra em G. MILLIGAN, op. cit., p. 182.

[454] B. M. METZGER, *Der Text des NT*, p. 231.

a) Acerca do final breve (Mc 16.8) a nosso ver Metzger observa com razão: "Parece que ἐφοβοῦντο γάρ — ephobounto gar em Marcos 16.8 não oferece o que Marcos pretendia fazer constar no final de seu evangelho".[455]

É preciso questionar a asserção de Kümmel[456] e Lohse[457] de que o versículo 8 seria o final do evangelho previsto por Marcos, sobretudo quando se compara a proclamação apostólica com esse versículo. É muito improvável que Marcos conseguisse finalizar o "evangelho" de Jesus Cristo, o Filho de Deus (Mc 1.1) com uma referência a mulheres amedrontadas em fuga.[458] Com certeza, Marcos sabia das revelações do Ressuscitado (cf. At 10.40ss).[459]

b) O final médio é, em comparação com o discurso de Pedro na casa de Cornélio (At 10.34ss), que denominamos o "arcabouço" de Marcos, decididamente resumido demais (comp. At 10.40-43 com o final médio).[460]

c) O *lógion* de Freer assemelha-se extraordinariamente com a literatura apócrifa e dificilmente pode ser autêntico.[461]

d) Que diremos do final longo (v. 9-20)?

Conforme vimos, o final longo é atestado por importantes unciais e minúsculos, e até mesmo pelo texto majoritário.

Se Justino, o Mártir, possivelmente teve conhecimento de Marcos 16.9-20 e Taciano, Ireneu e Tertuliano atestam esse final, ele já era conhecido havia muito tempo, antes de serem escritos ℵ e B, i.e., já na primeira metade do século II.

Considerações filológicas levam Metzger à opinião de que o final longo dificilmente poderia ser original. Seus argumentos são:

1) Cita "a presença de 17 palavras que não ocorrem em Marcos ou de palavras usadas com um sentido não usual em Marcos". 2) Alega "a falta de uma ligação harmônica entre os versículos 8 e 9 (o sujeito no v. 8 são as mulheres, enquanto no v. 9 se deve presumir que Jesus seja o sujeito)". 3) Destaca "a maneira como Maria é identificada no v. 9, apesar de já ter sido mencionada antes (v. 1)".[462]

---

[455] B. M. METZGER, *Der Text des NT*, p. 233.

[456] W. G. KÜMMEL, *Einleitung*, p. 72s.

[457] E. LOHSE, *Entstehung*, p. 84.

[458] Cf. D. GUTHRIE, *Introduction*, p. 91; R. LIEBI, Sind die Schlussverse des Markus-Evangeliums echt?, in *Factum*, n. 2, 1991, p. 49.

[459] Cf. H. BALZ, φοβέω — phobeō — Die Wortgruppe im Neuen Testament, in: ThWNT, v. 60, p. 206s.

[460] Cf. tabela no item 2.2.4.

[461] Cf., p. ex., F. RIENECKER, *Das Evangelium des Markus*, in: WSt (Wuppertal: Brockhaus, 1955), p. 287s.

[462] B. M. METZGER, *Der Text des NT*, p. 231; cf. tb. H. ALFORD, op. cit., p. 435ss; D. GUTHRIE, *Introduction*, p. 90s; T. ZAHN, *Einleitung*, v. 2, p. 237.

Com essa posição, Metzger não declara que esse final de Marcos não seja autêntico, mas diz apenas que com grande probabilidade 16.9-20 não provém da mão de Marcos.[463]

Acerca de item 1) cabe anotar o seguinte: o uso de palavras que não ocorrem em outras partes de Marcos ou ocorrem com sentido diverso ainda não prova nada. Farmer realizou um estudo detalhado do uso das palavras dos versículos de 9 a 20.[464] Dessa investigação ele concluiu que o versículo 10 sugere uma autoria que não é de Marcos, enquanto os versículos 9, 11, 13, 15 e 20 parecem pressupor uma redação de Marcos.[465]

Um exame dos versículos anteriores, de Marcos 15.44—16.8, revela que ali também ocorrem muitas palavras que não se encontram no restante do evangelho.[466]

Acerca de item 2) Liebi escreve com propriedade:

> O versículo 9 forma de certo modo um corte de peso no curso da narrativa. O versículo 8 diz que as mulheres foram tomadas de tremor, consternação e medo, embora tivessem sido informadas pelo anjo de que Jesus havia ressuscitado. A partir do versículo 9 acontece, então, a grande viravolta, e precisamente por causa da primeira aparição do Ressuscitado.[467]

Também a mudança do sujeito, sem que o novo sujeito seja expressamente mencionado, não deve ser uma razão para concluir que a redação dos versículos de 9 a 20 não seja de Marcos. Constatamos tais mudanças também em Marcos 1.21-29; 1,31s; 2.12s; 7.31s; 8.13s; 8.22; 10.10-13; 11.18s; 14.31s.

Acerca de item 3) citemos novamente Liebi:

> Dos versículos de 6 a 8 resulta que as três mulheres recebem uma incumbência do anjo, mas não tinham a força para executá-la. No versículo 9 se relata

---

[463] B. M. Metzger, *Der Text des NT*, p. 233.

[464] W. R. Farmer, *The Last Twelve Verses of Mark*, p. 83-103.

[465] W. R. Farmer, *The Last Twelve Verses of Mark*, p. 103.

[466] Essas palavras sao (por ordem de versículo e apresentadas na forma básica):
— 15.44: θνήσκω — thneskō, "estar morto"; πάλαι — palaiēō, "já, no passado";
— 15.45: δωρέομαι — dōreomai, "doar, dar";
— 15.46: ἐνειλέω — eneileō, "empacotar firmemente"; λατομέω — latomeō, "esculpir na pedra"; πέτρα — petra, "rocha"; προσκυλίω — proskyliō, "arrastar para perto";
— 16.1: διαγίνομαι — diaginomai, "transcorrer (tempo)"; ἄρωμα — arōma, "óleo, creme perfumado";
— 16.3s: ἀνακυλίω — anakyliō, "arrastar para longe" (essa palavra ocorre duas vezes nesses dois versículos, mas em nenhuma outra passagem de Marcos);
— 16.4: σφόδρα — sphodra, "muito";
— 16.8: τρόμος — tromos, "tremor, estremecimento".

[467] R. Liebi, op. cit., p. 49.

que uma das três posteriormente recebeu a força quando o Ressuscitado em pessoa lhe apareceu primeiro (cf. Jo. 20.11-18). Por que encontrou justamente apenas a ela? Será que valia mais que as outras? Não, diz Marcos praticamente, mas dela o Senhor havia expulsado sete demônios, e pela experiência dessa poderosa libertação ela entrou em um relacionamento muito especial com o Senhor Jesus.[468]

Vemos, portanto, que nem questões linguísticas nem de conteúdo depõem contra a redação por Marcos.

Tampouco estaria descartado que, depois de finalizar abruptamente o evangelho no versículo 8 devido a certas circunstâncias (perseguição aos cristãos em Roma), Marcos acrescentou mais tarde de próprio punho o final mais longo.[469] Meister chega a imaginar que Marcos teve de concluir às pressas o evangelho, razão pela qual o último trecho evidencia outro estilo que o texto anterior.[470] Para a ausência do trecho em muitos manuscritos, ele supõe que provavelmente "as pessoas se confundiam com o estilo subitamente modificado. Um trecho que não narrava nada de novo, mas contém ideias de outros evangelhos, era considerado insignificante demais para ser copiado".[471]

Contudo, tampouco está descartado que o final foi acrescentado pela mão de uma terceira pessoa.[472]

De qualquer modo, temos de rejeitar a classificação "o final não autêntico" em Feine[473] e Michaelis.[474] Os versículos de 9 a 20 não deixam de ser autênticos simplesmente porque ℵ e B não os conhecem, já que sua mais antiga e boa atestação é originária do início do século II. A questão da autenticidade depende — com palavras de Calvino — em primeiro lugar do *testimonium spiritus sancti internum* [testemunho interior do Espírito Santo], e somente em segundo lugar da mão e do nome do autor (a esse respeito, cf. as questões em torno da autenticidade de Jo 7.53—8.11).

---

[468] R. Liebi, op. cit., p. 49.
[469] Cf. F. Rienecker, *Das Evangelium des Markus*, p. 25ss.
[470] A. Meister, Gibt es einen unechten Markusschluss (Mc 16,8-20)? BuG, n. 4, 1971, p. 360-5.
[471] A. Meister, op. cit., p. 361s. Contudo, pode-se questionar se é correto supor uma prática tão negligente dos escritores daquele tempo.
[472] Cf. Aristião, citado por Papias, bem como o título de um livro armênio de evangelhos do séc. X; cf. nota anterior; cf. tb. F. Barth, op. cit., p. 193; T. Zahn, *Einleitung*, v. 2, p. 235s.
[473] P. Feine, op. cit., p. 56.
[474] W. Michaelis, op. cit., p. 57; C. R. Gregory, op. cit., p. 626, chega a escrever que o final longo "não tem direito de ocupar um espaço no texto do NT".

Diversas vezes chamou-se a atenção para o fato de que, por razões desconhecidas, Marcos não pôde mais continuar escrevendo nesse ponto, ou que em um estágio muito inicial a matriz para outras cópias foi danificada, ou que houve a perda de uma folha.[475] Interessante é que as 171 palavras cabiam sem problemas em uma folha de papiro. Se o manuscrito original ou um exemplar muito antigo de um códice de papiro de Marcos trazia na última página os versículos de 9 a 20, essa página pode ter-se perdido.

Outra proposta é que Marcos havia planejado uma continuação (cf. o evangelho de Lucas e Atos dos Apóstolos), que teria iniciado após o versículo 8.[476]

Não há como depreender se o final longo foi acrescentado pelo próprio Marcos em época posterior ou se outro aluno de apóstolo (eventualmente Aristião) fez o adendo. De qualquer forma, cremos que o versículo 8 foi o final originariamente previsto por Marcos.

Um fato inconteste é que o final longo de Marcos (v. 9-20) era conhecido no máximo antes da *Epístola pascal* de Atanásio (367 d.C.). Em nenhuma citação de pais da igreja de que tenho conhecimento daquele tempo, nem mesmo em um escrito disponível sobre o cânon do NT, se pode depreender algo de uma controvérsia em torno de Marcos 16.9-20.

Jerônimo (m. 420) sabe somente que os versículos de 9 a 20 não constam em todos os manuscritos de Marcos, mas acolhe a passagem na *Vulgata*.

Não está descartado que outros achados de manuscritos (talvez de um manuscrito em papiro à semelhança do P[45]) hão de trazer à luz do dia a autenticidade de Mc 16.9-20.

No momento, é impossível fornecer uma resposta final, plenamente segura, ao problema do final de Marcos, mas isso de forma alguma deve nos impedir de nos apegar à verdade integral dos referidos versículos. São asseguradas e proclamadas verdades magníficentes nesse final de Marcos, que com toda a certeza se equipara aos outros finais de evangelhos. Talvez, porém, se relacione justamente com a peculiaridade das afirmações dos versículos 17s, que se tentou prematuramente classificar como final não autêntico. Apesar disso, não consta nada, no texto de que dispomos para a discussão, que não fosse confirmado pelo restante da Escritura e não tivesse sido confirmado com extrema clareza ao longo dos dois milênios da história da igreja.

---

[475] ALFORD, p. ex., não exclui que uma página inteira tenha sido arrancada (cf. H. ALFORD, op. cit., v. 1, p. 434).

[476] Cf. D. GUTHRIE, *Introduction*, p. 92, que cita, entre outros, Blass em favor dessa posição.

A mensagem Marcos 16.9-20 está em total consonância com a Sagrada Escritura e encerra de maneira digna esse evangelho! A autenticidade é corroborada decisivamente por meio do *testimonium spiritus sancti internum* (Calvino).

Em resumo, cremos na autenticidade, verdade plena e inspiração divina de Marcos 16.9-20.

2.2.9.3. Bibliografia adicional sobre o final de Marcos

Neste ponto, apresentamos excepcionalmente uma bibliografia mais detalhada, sem, contudo, reivindicar completude. A bibliografia aqui indicada, no entanto, não pôde ser inserida na discussão exposta nos contornos do presente volume. A bibliografia citada espelha as diferentes tentativas de solução e nem sempre corresponde aos nossos resultados. Naturalmente, cabe remeter também aos comentários exegéticos sobre o evangelho de Marcos.

- ALAND, K. Bemerkungen zum Schluss des Markusevangeliums. In: ELLIS, E. E.; WILCOX, M. (Org.). *Neotestamentica et Semitica — Studies in Honour of Matthew Black* (Edinburgh: Clark, 1969), p. 157-80.
- ALAND, K. Der wiedergefundene Markusschluss? — Eine methodologische Bemerkung zur textkritischen Arbeit. In: *ZThK* (1970), p. 3-13.
- BURGON, J. W. *The Last Twelve Verses of the Gospel According to S. Mark* (Grand Rapids: Associated Publishers, s.d.).
- GODET, F. *Einleitung*, v. 2, p. 199-209.
- HARTMANN, G. *Der Aufbau des Markusevangeliums — mit einem Anhang: Untersuchungen zur Echtheit des Markus* (Münster: Aschendorff, 1936), p. 175-263.
- HELZLE, E. *Der Schluss des Markusevangeliums (Mk 16.9-20) und das Freer-Logion (Mk 16.14 W), ihre Tendenzen und ihr gegenseitiges Verhältnis — Eine Wortexegetische Untersuchung* (Tübingen, s.d.). Dissertação não publicada.
- HUG, J. *La Finale de L'Evangile de Marc* (Paris: Gabalda, 1978).
- KNOX, W. L. The Ending of St. Mark's Gospel. *HThR*, n. 1, 1942, p. 13-23
- WAETJEN, H. The Ending of Mark and the Gospel's Shift in Eschatology. ASTI, n. 4, 1965, p. 114-31.
- ZAHN, T. *Geschichte des Neutestamentlichen Kanons* (Erlangen; Leipzig: Deichert, 1892), v. 2, tomo 2, p. 910-38.
- ZWEMER, S. The Last Twelve Verses of the Gospel of Mark. In: FULLER, D. O. (Org.). *Counterfeit or Genuine? Mark 16? John 8?* 2. ed. (Grand Rapids: Grand Rapids International Publications, 1978), p. 159-74.

2.3 O evangelho segundo Lucas

2.3.1 Conteúdo e subdivisão

Versículo-chave:
O Filho do homem veio para buscar o que está perdido (Lc 19.10).
O tema de Lucas é o *Filho do homem*.
Lucas tem quatro grandes blocos principais:
- Prólogo e introdução   Lc 1.1—4.13
- Serviço na Galileia   Lc 4.14—9.50
- O relato de viagem por Lucas ou a viagem pela Samaria   Lc 9.51—19.27
- Em Jerusalém   Lc 19.28—24.53

2.3.1.1 Subdivisão

1.	**Introdução**	Lc 1.1—4.13
1.1	*Prefácio / Prólogo de Lucas*	Lc 1.1-4
1.2	*Preliminares*	Lc 1.5—2.52
	Anúncio do nascimento de João Batista	Lc 1.5-25
	O anjo anuncia a Maria o nascimento de Jesus	Lc 1.26-38
	Visita de Maria a Elisabete	Lc 1.39-56
	Nascimento de João Batista	Lc 1.57-80
	Nascimento de Jesus	Lc 2.1-20
	Circuncisão de Jesus e sua apresentação no templo	Lc 2.21-40
	O menino Jesus no templo aos 12 anos	Lc 2.41-52
1.3	*Preparativos da atuação de Jesus*	Lc 3.1—4.13
	Surgimento e pregação de João Batista	Lc 3.1-20
	O batismo de Jesus Cristo	Lc 3.21,22
	A genealogia de Jesus	Lc 3.23-28
	A tentação de Jesus	Lc 4.1-13
2.	**Atuação do Filho do homem na Galileia**	Lc 4.14—9.50
2.1	*Primeira atuação*	Lc 4.14—5.16
	Retorno de Jesus à Galileia e "sermão inaugural" em Nazaré	Lc 4.14-30
	Jesus na sinagoga de Cafarnaum	Lc 4.31-37
	Outras curas e fim da estadia em Cafarnaum	Lc 4.38-44

	A pescaria de Pedro	Lc 5.1-11
	A cura de um leproso	Lc 5.12-16
2.2	*Cinco controvérsias*	Lc 5.17—6.11
	A cura do paralítico	Lc 5.17-26
	A vocação de Levi e o banquete com publicanos e pecadores	Lc 5.27-32
	A questão do jejum	Lc 5.33-39
	A colheita de espigas no sábado	Lc 6.1-5
	A cura da mão ressequida no sábado	Lc 6.6-11
2.3	*Vocação dos discípulos e o "sermão da planície"*	Lc 6.12—6.49
	A vocação dos Doze	Lc 6.12-16
	Ajuntamento do povo e curas	Lc 6.17-19
	As bem-aventuranças	Lc 6.20-23
	Os ais	Lc 6.24-26
	Do amor ao inimigo e da retaliação	Lc 6.27-36
	Do julgar	Lc 6.37-42
	Exortação para produzir bons frutos	Lc 6.43-46
	Discurso de despedida, parábolas	Lc 6.47-49
2.4	*Feitos de Jesus*	Lc 7.1-35
	O centurião de Cafarnaum	Lc 7.1-10
	Ressurreição do jovem de Naim	Lc 7.11-17
	A pergunta de João Batista a partir da prisão	Lc 7.18-23
	O testemunho de Jesus sobre João Batista	Lc 7.24-35
2.5	*Jesus e as mulheres*	Lc 7.36—8.3
	A unção de Jesus pela pecadora	Lc 7.36-50
	Mulheres na companhia de Jesus	Lc 8.1-3
2.6	*A proclamação de Jesus*	Lc 8.4-21
	A parábola do semeador	Lc 8.4-8
	Sobre o sentido do discurso em parábolas	Lc 8.9,10
	Explicação da parábola do semeador	Lc 8.11-15
	Exortações aos discípulos	Lc 8.16-18
	Os verdadeiros familiares de Jesus	Lc 8.19-21
2.7	*Prodígios na Galileia e adjacências*	Lc 8.22—9.50
	Jesus acalma a tempestade	Lc 8.22-25
	Cura de um possesso na terra dos gerasenos	Lc 8.26-39
	A ressurreição da filha de Jairo e a cura da mulher hemorrágica	Lc 8.40-56
	O envio dos Doze	Lc 9.1-6
	A opinião de Herodes sobre Jesus	Lc 9.7-9
	Retorno dos Doze e alimentação dos 5 mil	Lc 9.10-17
	A confissão de Pedro e o primeiro anúncio da paixão	Lc 9.18-22

	O preço do discipulado	Lc 9.23-27
	A transfiguração de Jesus	Lc 9.28-36
	A cura do rapaz (epiléptico, Mt 17.15) com possessão demoníaca	Lc 9.37-43a
	Exortação aos discípulos	Lc 9.43b-50
	(Segundo anúncio da paixão)	(Lc 9.43b-45)
3.	**A caminhada pela Samaria até Jerusalém** (O relato de viagem por Lucas)	Lc 9.51—19.27
3.1	*Jesus passa pela Samaria*	Lc 9.51—11.13
	Rejeição pelos samaritanos	Lc 9.51-56
	Discipulado incondicional	Lc 9.57-62
	O envio dos 70 discípulos	Lc 10.1-12
	Exclamação de ais sobre cidades da Galileia	Lc 10.13-16
	Retorno dos 70 discípulos	Lc 10.17-20
	Oração de louvor de Jesus e bem-aventuranças dos discípulos	Lc 10.21-24
	A pergunta pelo maior mandamento	Lc 10.25-28
	A parábola do samaritano misericordioso	Lc 10.29-37
	Jesus com Maria e Marta	Lc 10.38-42
	O pai-nosso	Lc 11.1-4
	O amigo suplicante	Lc 11.5-13
3.2	*Jesus e os fariseus*	Lc 11.14-54
	Choque de Jesus com os fariseus	Lc 11.14-23
	Advertência contra a recaída	Lc 11.24-26
	Exortação para ouvir e preservar a palavra de Deus	Lc 11.27,28
	Contra a demanda de sinais	Lc 11.29-32
	Da luz e dos olhos	Lc 11.33-36
	Discurso de Jesus contra os fariseus	Lc 11.37-54
3.3	*A proclamação de Jesus aos discípulos e ao povo*	Lc 12.1—13.35
	Advertência aos discípulos	Lc 12.1-12
	Parábola do rico agricultor	Lc 12.13-21
	Das preocupações equivocadas e corretas	Lc 12.22-34
	Da vigilância e espera pela volta de Jesus	Lc 12.35-48
	Os sinais dos tempos	Lc 12.49-59
	Exortações ao arrependimento	Lc 13.1-9
	Cura no sábado	Lc 13.10-17
	As parábolas do grão de mostarda e do fermento	Lc 13.18-21
	Conclamação para a decisão correta	Lc 13.22-30
	Palavras de Jesus sobre Jerusalém	Lc 13.31-35
3.4	*Discursos à mesa e parábolas*	Lc 14.1—16.31
	A cura de um hidrópico no sábado	Lc 14.1-6

	Discursos à mesa	Lc 14.7-14
	A parábola da grande ceia	Lc 14.15-24
	A magnitude da decisão de se tornar discípulo de Jesus	Lc 14.25-35
	A parábola da ovelha perdida	Lc 15.1-7
	A parábola da moeda perdida	Lc 15.8-10
	A parábola do filho perdido	Lc 15.11-32
	A parábola do administrador astuto	Lc 16.1-13
	Palavras contra os fariseus	Lc 16.14-18
	O homem rico e o pobre Lázaro	Lc 16.19-31
3.5	*Do verdadeiro discipulado*	Lc 17.1—19.27
	Exortação aos discípulos	Lc 17.1-10
	A cura de dez leprosos	Lc 17.11-19
	Do Reino de Deus e do dia do Filho do homem	Lc 17.20-37
	Parábola do juiz injusto e da viúva suplicante	Lc 18.1-8
	A parábola do fariseu e do publicano	Lc 18.9-14
	Jesus e as crianças	Lc 18.15-17
	Jesus e o rico notável	Lc 18.18-30
	Terceiro anúncio da paixão	Lc 18.31-34
	A cura do cego em Jericó	Lc 18.35-43
	O publicano-mor Zaqueu	Lc 19.1-10
	A parábola dos talentos confiados	Lc 19.11-27
4.	**O Filho do homem em Jerusalém**	Lc 19.28—24.53
4.1	*Atuação de Jesus em Jerusalém*	Lc 19.28—21.38
	A entrada de Jesus em Jerusalém	Lc 19.28-40
	As lágrimas de Jesus sobre Jerusalém	Lc 19.41-44
	A purificação do templo	Lc 19.45-48
	A pergunta pela autoridade de Jesus	Lc 20.1-8
	A parábola dos maus vinhateiros	Lc 20.9-19
	A pergunta dos fariseus (sobre impostos para o imperador)	Lc 20.20-26
	A pergunta dos saduceus	Lc 20.27-40
	A réplica de Jesus	Lc 20.41-47
	A oferenda da viúva	Lc 21.1-4
	Discurso de Jesus sobre o fim dos tempos e sua volta	Lc 21.5-38
4.2	*A paixão de Jesus*	Lc 22.1—23.56
	Atentado contra Jesus e a delação de Judas	Lc 22.1-6
	Preparativos para a última ceia	Lc 22.7-13
	A última ceia	Lc 22.14-23
	Palavras de despedida aos discípulos	Lc 22.24-38

Jesus no Getsêmani	Lc 22.39-46
A detenção de Jesus	Lc 22.47-53
Negação de Pedro e interrogatório perante o Sinédrio	Lc 22.54-71
Jesus perante Pilatos	Lc 23.1-7
Jesus perante Herodes	Lc 23.8-12
A condenação de Jesus por Pilatos	Lc 23.13-25
A caminhada de Jesus ao Calvário	Lc 23.26-31
Crucificação e morte de Jesus	Lc 23.32-49
Sepultamento de Jesus	Lc 23.50-56
4.3 *Jesus, o Ressuscitado*	Lc 24.1-53
O sepulcro vazio	Lc 24.1-12
No caminho para Emaús	Lc 24.13-35
Aparições do Ressuscitado perante todos os discípulos e incumbência missionária	Lc 24.36-49
Ascensão de Jesus	Lc 24.50-53

2.3.2 "Material exclusivo" de Lucas

O evangelho de Lucas tem um total de 1.149 versículos. Possui, em paralelo com o evangelho de Marcos, cerca de 350 versículos e, além desses, 250 versículos em paralelo com Mateus. Logo, restam cerca de 520 versículos de material exclusivo em Lucas.

Antes de mencionar detalhes, podemos afirmar que são principalmente a introdução ao evangelho de Lucas e o relato de viagem (Lc 9.51—19.27) que apresentam a maior parte de "material exclusivo".

Prólogo	Lc 1.1-4
Anúncio do nascimento de João Batista	Lc 1.5-25
O anjo anuncia a Maria o nascimento de Jesus	Lc 1.26-38
Visita de Maria a Isabel	Lc 1.39-45
Louvor de Maria	Lc 1.46-56
Nascimento de João Batista e louvor de Zacarias	Lc 1.57-80
Censo e nascimento na estrebaria	Lc 2.1-7
Anúncio do nascimento por meio de anjos a pastores no campo	Lc 2.8-14
Pastores visitam o recém-nascido Jesus	Lc 2.15-20
Circuncisão de Jesus; sua apresentação no templo	Lc 2.21-40
O menino Jesus no templo aos 12 anos	Lc 2.41-51
João Batista responde à pergunta: "O que devemos fazer?"	Lc 3.10-14
Genealogia de Jesus (de sua mãe Maria)	Lc 3.23-38
"Sermão inaugural" de Jesus em Nazaré	Lc 4.16-30

A pescaria de Pedro	Lc 5.1-11
Os quatro ais	Lc 6.24-26
Ressurreição do jovem de Naim	Lc 7.11-17
Unção de Jesus pela pecadora	Lc 7.36-50
Mulheres na companhia de Jesus	Lc 8.1-3
Rejeição pelos samaritanos	Lc 9.51-56
O envio dos 70 discípulos	Lc 10.1-12
Retorno dos 70 discípulos	Lc 10.17-20
Bem-aventuranças de Jesus aos discípulos	Lc 10.21-24
A parábola do samaritano misericordioso	Lc 10.30-37
Jesus com Maria e Marta	Lc 10.38-42
O amigo suplicante	Lc 11.5-8
Quem pode se dizer feliz	Lc 11.27-28
Parábola do rico agricultor	Lc 12.13-21
"A quem muito foi dado, muito será exigido"	Lc 12.47,48
Os galileus vitimados; torre de Siloé	Lc 13.1-5
Parábola da figueira estéril	Lc 13.6-9
Cura, no sábado, da mulher encurvada	Lc 13.10-17
Conclamação para a decisão correta	Lc 13.22-30
Inimizade de Herodes	Lc 13.31-33
A cura de um hidrópico no sábado	Lc 14.1-6
Da ordem hierárquica e seleção dos convidados	Lc 14.7-14
A parábola da grande ceia	Lc 14.15-24
Estimativa de custos para construir uma torre e para guerrear	Lc 14.28-32
A parábola da moeda perdida	Lc 15.8-10
A parábola do filho perdido	Lc 15.11-32
A parábola do administrador infiel	Lc 16.1-10
Lázaro e o homem rico	Lc 16.19-31
Trabalho indiscutível dos servos	Lc 17.7-10
A cura de dez leprosos	Lc 17.11-19
Parábola do juiz injusto e da viúva suplicante	Lc 18.1-8
A parábola do fariseu e do publicano	Lc 18.9-14
O publicano-mor Zaqueu	Lc 19.1-10
Jesus chora sobre Jerusalém	Lc 19.41-44
Um anjo fortalece Jesus no Getsêmani e agonia de morte	Lc 22.43,44
Pedro corta a orelha de um servo do sumo Sacerdote (cf. Jo 18.10s)	Lc 22.49-51
Jesus perante Herodes	Lc 23.7-12
No caminho ao Calvário Jesus fala com as mulheres que o seguem	Lc 23.27-31

Três palavras proferidas na cruz	Lc 23.34,43,46
Diálogo na cruz com os dois criminosos	Lc 23.39-43
Dois anjos com as mulheres na manhã da Páscoa	Lc 24.4
Jesus com dois discípulos a caminho de Emaús	Lc 24.13-35
A ascensão de Jesus	Lc 24.50-53

2.3.3 Autenticidade e autor

2.3.3.1 Título e denominação

As designações mais antigas de que temos conhecimento com base no acervo de manuscritos são as seguintes:[477]

— ΚΑΤΑ ΛΟΥΚΑΝ — kata loukan	ℵ B pc vgst bo^{ms}
— ευαγγελιον κατα Λουκαν — euangelion kata Loukan	A D L W Θ Ξ Ψ 33 𝔐 lat sam^{ss} bo^{pt}
— το κατα Λουκαν αγιον ευαγγελιον — to kata Loukan agion euangelion	209. 579 al
— αρχη του κατα Λουκαν αγιου ευαγγελιον — archē tou kata Loukan agiou euangelion	1241 pc

Também no evangelho de Lucas ℵ traz na *subscriptio* a forma longa ΕΥΑΓΓΕΛΙΟΝ ΚΑΤΑ ΛΟΥΚΑΝ.[478] Os mesmos dizeres aparecem na *subscriptio* também em P^{75}, o mais antigo exemplar de Lucas preservado do período entre 175 e 225.[479]

Os títulos comprovam que já desde cedo havia grande unanimidade em relação ao autor. Dibelius pensa que existe grande probabilidade de que em uma obra com uma dedicatória para determinada pessoa também tenha constado o nome do autor.[480] Escritos com dedicatória, porém, sem referência do autor são a *Carta a Diogneto* e os quatro livros *ad Herennium* sobre retórica, fato que Vielhauer considera uma debilitação desse argumento.[481] Nao obstante, podemos afirmar que o título foi no mínimo acrescentado muito cedo.

---

[477] Conforme Nestle-Aland27, p. 150, 727.

[478] M. Hengel, *Die Evangelienüberschriften*, p. 10s, nota 11.

[479] M. Hengel, *Die Evangelienüberschriften*, p. 10s, nota 11; D. A. Carson, D. J. Moo & L. Morris, op. cit., p. 113; B. M. Metzger, *Der Text des NT*, p. 41.

[480] M. Dibelius, in: H. Greeven (Org.), *Aufsätze zur Apostelgeschichte* (Göttingen: Vandenhoeck & Ruprecht, 1951), p. 118s. É o que também supõe J. Wenham, *Redating*, p. 185.

[481] P. Vielhauer, *Geschichte der urchristlichen Literatur*, p. 407.

2.3.3.2 A tradição da igreja antiga

Segundo a tradição da igreja antiga, o evangelho de Lucas é tão bem documentado como o de Mateus e Marcos. A seguir, arrolamos as referências mais importantes:

a) *Ireneu* diz:

> Também Lucas, companheiro de Paulo, registrou em livro o evangelho proclamado por este.[482]
>
> Uma vez, porém, que esse Lucas era inseparável de Paulo e seu colaborador no evangelho, ele mesmo o tornou palpável, não se enaltecendo pessoalmente, mas sendo conduzido passo a passo pela própria verdade. Entretanto, se Lucas, que sempre pregou com Paulo e é chamado por ele de "amado", tendo anunciado com ele o evangelho, e de quem se acredita que ele nos transmitiu o evangelho, não soube dele nada além do que se depreende de suas palavras, como, então, é possível que aqueles que jamais foram companheiros de Paulo cheguem a se gloriar de ter recebido mistérios ocultos e indescritíveis?[483]

Também em outras ocasiões Ireneu cita nominalmente a Lucas como autor do evangelho.[484]

b) Outra referência encontra-se no *Cânon muratoriano:*

> O terceiro evangelho, segundo Lucas, foi redigido por esse médico, segundo seu critério, após a ascensão de Cristo, quando Paulo o levou consigo como companheiro, quase que cientista. Apesar disso, não viu pessoalmente o Senhor na carne, e por conseguinte começou a relatar, da maneira como conseguiu examinar, desde o nascimento de João.[485]

c) Ademais, escreve *Eusébio:*

> Lucas, oriundo de Antioquia e médico de profissão, esteve predominantemente na companhia de Paulo, e com os outros apóstolos não se relacionou secundariamente, dos quais obteve a arte de restaurar almas, do que nos legou exemplos em dois livros divinamente soprados: o evangelho, no qual atesta que o escreveu de acordo com o que lhe transmitiram aqueles que desde o começo foram testemunhas oculares e servos da palavra, e dos quais afirma que seguiu a todos desde o começo.

---

[482] καὶ Λουκᾶς δέ, ὁ ἀκόλουθος Παύλου, τὸ ὑπ' ἐκείνου κηρυσσόμενον εὐαγγέλιον ἐν βίβλῳ κατέθετο — kai Loukas de, ho akolouthos Paulou, to hyp ekeinou kēryssomenon euangelion en biblō katetheto. Irineu, *Contra heresias*, Livro III, 1.3; cf. Euseb. HE, Livro IV, 8.3.

[483] Ireneu, *Contra heresias*, livro III, 14.1.

[484] Cf. Ireneu, *Contra heresias*, livro III, 11.7-8; livro III, 14.2-3; livro III, 22.3; livro IV, 6.1.

[485] Tertium evangelii librum secundum Lucam. Lucas iste medicus, post ascensum Christi cum eum Paulus quasi litteris studiosum secum adsumpsisset, nomine suo ex opinione conscripsit, dominum tamen nec ipse vidit in carne, et ideo prout assequi potuit ita et a nativitate Iohannis incipit dicere (conforme K. Aland, *Synopsis*, p. 538). Acerca de determinadas dificuldades no texto, cf. A. Wikenhauser & J. Schmid, op. cit., p. 252, nota 3.

Adiante também em Atos dos Apóstolos, que ele compôs não através de coisas ouvidas, mas de coisas vistas com os olhos. Diz-se que Paulo costuma mencionar seu evangelho (o de Lucas) quando ele escreve, como se estivesse falando sobre seu próprio evangelho: de acordo com meu evangelho.[486]

d) Tertuliano menciona Lucas como discípulo de apóstolo e autor do evangelho,[487] escrevendo em seguida: "Porque também o (evangelho) colecionado por Lucas, costumam atribuí-lo a Paulo".[488]

e) *Clemente de Alexandria* cita Lucas 3.1, posicionando-o no mesmo nível do profeta Isaías.[489]

f) Orígenes identifica o médico Lucas de Antioquia, acompanhante de Paulo, com o irmão em 2Coríntios 8.18, "cujo louvor no evangelho está espalhado por todas as igrejas" (RA).[490] Seguem-no Crisóstomo,[491] Efrém[492] e Jerônimo.[493] Em tempos mais recentes, também Wenham[494] adere à posição dele.

---

[486] Λουκᾶς δέ τὸ μὲν γένος ὢν τῶν ἀπ' Ἀντιοχείας, τὴν ἐπιστήμην δὲ ἰατρός, τὰ πλεῖστα συγγεγονὼς τῷ Παύλῳ, καὶ τοῖς λοιποῖς δὲ οὐ παρέργως τῶν ἀποστόλων ὡμιληκώς, ἧς ἀπὸ τούτων προσεκτήσατο ψυχῶν θεραπευτικῆς ἐν δυσὶν ἡμῖν ὑποδείγματα θεοπνεύστοις κατέλιπεν βιβλίοις, τῷ τε εὐαγγελίῳ, ὃ καί χαράξαι μαρτύρεται καθ' ἃ παρέδοσαν αὐτῷ οἱ ἀπ' ἀρχῆς αὐτόπται καὶ ὑπηρέται γενόμενοι τοῦ λόγου, οἷς καί φεσιν ἔτ' ἄνωθεν ἅπασι παρηκολουθηκέναι, καὶ ταῖς τῶν ἀποστόλων Πράξεσιν, ἃς οὐκέτι δι' ἀκοῆς, ὀφθαλμοῖς δὲ παραλαβὼν συνετάξατο. φασὶν δ' ὡς ἄρα τοῦ κατ' αὐτὸν εὐαγγελίου μνημονεύειν ὁ Παῦλος εἴωθεν, ὁπηνίκα ὡς περὶ ἰδίου τινὸς εὐαγγελίου γράφων ἔλεγεν· κατὰ τὸ εὐαγγέλιόν μου — Loukas de to men genos ōn tōn ap' Antiocheias, tēn epistēmēn de iatros, ta pleista syngegonōs tō Paulō, kai tois loipois de ou parergōs tōn apostolōn hōmilēkōs, hēs apo toutōn prosektēsato psichōn therapeutikēs en dysin ēmin hypodeigmata theopneustois katelipen bibliois, tō te euangeliō, ho kai charaxai martyretai kath' ha paredosan autō hoi ap archēs autoptai kai hypēretai genomenoi tou logou, hois kai phesin et' anōthen hapasi parēkolouthēkenai, kai tais tōn apostolōn Praxesin, has ouketi di' akoēs, ophthalmois de paralabōn synetaxato. phasin d' ōs ara tou kat' auton euangeliou mnēmoneuein ho Paulos eiōthen, hopēnika hōs peri idiou tinos euangeliou graphōn elegen: kata to euangelion mou (Euseb. HE, livro III, 4.61).

[487] Tertuliano, *Contra Marcião*, livro IV, 2.2 (texto da nota anterior na análise do evangelho de Mateus).

[488] *Nam et Lucae digestum Paulo adscribere solent* (Tertuliano, *Contra Marcião*, livro IV, 5.3; v. 2.4).

[489] Clemente de Alexandria, *Stromateis*, livro I, 21.147.

[490] Cf. Orígenes, *Homilias sobre são Lucas*, 1.

[491] Crisóstomo, *In Secundam Ad Corinthios Epistolam Commentarius*, homilia VIII.

[492] Efrém, *Comentário às cartas de Paulo*, 103.

[493] Jerônimo, *De viris illustribus*, 7; *Commenterius in epistolam ad Philemon*, 24; *Prologus quattuor evangeliorum*; *Praefatio Lucae*. Cf. K. Aland, *Synopsis*. p. 545ss; T. Zahn, *Einleitung*, v. 2, p. 176.

[494] Cf. J. Wenham, *Redating*, p. 230ss.

g) Jerônimo se pronuncia ainda com maiores detalhes sobre o evangelho de Lucas: "Lucas, o médico antioqueno, tinha, como evidenciam seus escritos, bom domínio do grego. Como acompanhante do apóstolo Paulo e companheiro em toda a sua jornada, ele escreveu um evangelho...".[495]

h) Deparamos com um fenômeno extremamente interessante na seita dos marcionitas. Seu fundador, Marcião (m. em meados do século II), alcançou tanta influência com seu ensinamento em Roma que "sua atuação o levou no ano de 144 a se separar da igreja e fundar uma comunidade própria, que deve ter-se expandido com surpreendente rapidez por toda a área eclesiástica conhecida naquele tempo".[496] Em Marcião se contrapõem de forma incompatível o Deus do AT e o Deus do NT. A lei com juízo e a graça são inconciliáveis. Cristo é o Filho do "bom Deus do NT", que atua na terra em um corpo aparente e resgata a humanidade caída por meio de sua morte na cruz. Marcião demanda dos seguidores de Cristo a mais rigorosa ascese e total abstinência sexual. "Essa é a doutrina pura de Jesus segundo Marcião. Somente uma pessoa a detectou antes dele, que é Paulo. Paulo é o único discípulo autêntico do Senhor Jesus".[497] Marcião tenta agrupar para sua igreja o ensinamento puro em um cânon. O AT é descartado. "Dos evangelhos Marcião admite unicamente Lucas, o aluno de Paulo, depois que previamente purificou seu evangelho de todas as citações do AT. Os demais evangelhos são uma deturpação judaica da genuína doutrina do Redentor."[498]

Na formação do cânon do NT fica explícito que a igreja de Jesus Cristo foi forçada a se posicionar com clareza (cf., p. ex., o *Cânon muratoriano*), ainda que não entendamos a constituição do cânon como mera reação eclesiástica à heresia marcionita.

i) O chamado *Prólogo antimarcionita* informa que Lucas, companheiro de Paulo, redigiu seu evangelho na Acaia.[499]

Em síntese, podemos gravar que a autenticidade do evangelho de Lucas é atestada já nos tempos mais antigos.

---

[495] JERÔNIMO, *De viris illustribus*, 7.

[496] W. VON LOEWENICH, *Die Geschichte der Kirche*, 2. ed. (München; Hamburg: Siebenstern, 1966), v. 1, p. 44.

[497] W. VON LOEWENICH, op. cit., v. 1, p. 45.

[498] W. VON LOEWENICH, op. cit., v. 1, p. 46. Entre nossas fontes para conhecimentos acerca do cânon de Marcião, estão TERTULIANO, *Contra Marcião*, livros IV e V; EPIFÂNIO, *Panarion*, livro XLII, 9.

[499] Texto em K. ALAND, *Synopsis*, p. 533.

2.3.3.3. Que sabemos sobre o autor?

a) Objeções à redação por Lucas, o médico

Kümmel chega à conclusão de que a única coisa a ser afirmada com segurança, baseando-se no evangelho de Lucas, sobre seu autor é o fato de que ele era um cristão gentio.[500] Essa incerteza na questão da autoria é corroborada com os seguintes argumentos.

1) À tradição da igreja antiga não se deveria atribuir uma relevância autônoma.[501]

2) No prólogo, o autor se caracterizaria "como um homem da geração posterior que trabalha com base em uma tradição que, no entanto, por fim remonta a testemunhas oculares".[502]

3) O autor de Atos dos Apóstolos "não mais parece estar muito próximo da vida de Paulo" e revela pouca afinidade com a teologia paulina.[503] Visto que o autor de Atos provavelmente também deve ser o do evangelho de Lucas, é, por isso, "bem pouco provável que Lucas, o companheiro de Paulo, realmente seja o autor dos dois escritos a ele atribuídos".[504]

b) Argumentos em favor da autoria de Lucas, o médico

Com certeza, a questão da autoria do evangelho de Lucas está ligada bem estreitamente à questão da autoria de Atos dos Apóstolos.[505] No entanto, não trataremos dessas questões apenas quando chegarmos a Atos.

1) Em vista do prólogo (Lc 1.1-4), o autor se apresenta como testemunha não ocular, que teve acesso a todas as pessoas e lugares dos acontecimentos. Não fez uso simplesmente das tradições de que tinha conhecimento, mas pesquisou pessoalmente com o máximo de zelo. O autor é uma pessoa culta com um estilo literário primoroso, porém não fazia parte do grupo dos seguidores de Jesus.[506] Isso combina muito bem com a pessoa de Lucas.

---

[500] W. G. Kümmel, *Einleitung*, p. 118
[501] Cf. E. Lohse, *Entstehung*, p. 96.
[502] H. J. Holtzmann, *Einleitung*, p. 386.
[503] H. Conzelmann & A. Lindemann, op. cit., p. 264; cf. H. Janssen, Arbeitspapier II, in: R. Wegner, op. cit., p. 293ss.
[504] H. Conzelmann & A. Lindemann, op. cit., p. 264; cf. W. G. Kümmel, *Einleitung*, p. 118; E. Lohse, *Entstehung*, p. 96.
[505] Cf. D. Guthrie, *Introduction*, p. 115s; A. Wikenhauser & J. Schmid, op. cit., p. 255.
[506] Cf. D. Guthrie, *Introduction*, p. 113.

2) A tradição da igreja antiga (v. 2.3.3.2)[507] faz afirmações inequívocas sobre a autoria. Lucas não era apóstolo, o que confere peso às declarações dos pais da igreja, em vista da relevância que se atribuía à autoria apostólica.[508]

3) Como prova interior, vale a unidade entre autoria do evangelho de Lucas e Atos dos Apóstolos. Ambos os livros são dirigidos a Teófilo. Ambos são muito semelhantes no estilo e no vocabulário. Ambos os livros são atribuídos ao mesmo autor pela igreja antiga, a saber, a Lucas, o médico.[509]

4) Zahn traz uma detalhada visão geral "da comprovação de Hobart",[510] elaborada com enorme empenho, de que Lucas em muitas passagens se serviu das expressões do linguajar técnico da medicina daquele tempo. Para dizer o mínimo, a avaliação não depõe contra a autoria de um médico,[511] mesmo que com frequência a "prova" de Hobart seja classificada como inconsistente.[512] Cadbury evidencia que esse linguajar médico muitas vezes também ocorria em autores como Josefo, Plutarco e Luciano, que não eram médicos.[513]

5) O autor era parceiro do apóstolo Paulo, o que resulta claramente dos "relatos em nós" de Atos 16.10-17; 20.5-15; 21.1-18 e 27.1—28.16. Assim como Lucas, são conhecidos por nome alguns colaboradores de Paulo que poderiam ser cogitados — sob uma análise superficial — como autores de Atos e, por consequência, do evangelho de Lucas, em lugar de Lucas. Surgem, sobretudo, em Roma durante o primeiro tempo de prisão de Paulo:[514] Aristarco, Ártemas (cf. Tt 3.12), Demas (cf. Cl 4.14; Fm 24; 2Tm 4.10), Epafras (cf. Cl 1.7; 4.12s; Fm 23), Epafrodito (cf. Fp 2.25ss; 4.18), Jesus Justo (cf. Cl 4.11), Crescente (cf. 2Tm 4.10), Marcos, Timóteo, Tíquico e Tito. Contudo, grande número deles imediatamente é descartado: Aristarco, Marcos, Timóteo e Tíquico são

---

[507] Também Cosmas Indicopleustes, *Topographia Christiana*, livro V, 247, atribui o terceiro evangelho a Lucas.

[508] Cf. E. F. Harrison, op. cit., p. 196.

[509] Cf. D. Guthrie, *Introduction*, p. 116.

[510] W. K. Hobart, *The Medical Language of St. Luke* (Dublin: [s.n.], 1882; cf. T. Zahn, *Einleitung*, v. 2, p. 442s.

[511] Cf. W. Michaelis, op. cit., p. 62.

[512] Assim opina H. J. Cadbury, The Style and Literary Method of Luke, in: *Harvard Theological Studies* (1919-1920), tomo 1, v. 6, p. 39ss.

[513] Cf. E. F. Harrison, op. cit., p. 199; W. G. Kümmel, *Einleitung*, p. 117: A. Wikenhauser & J. Schmid, op. cit., p. 254.

[514] Cf. D. Guthrie, *Introduction*, p. 116s & E. F. Harrison, op. cit., p. 196s; W. Michaelis, op. cit., p. 63.

citados em Atos dos Apóstolos com nomes na terceira pessoa, ficando de fora como autores. Ártemas é citado somente depois do primeiro período de prisão, na carta a Tito, e Crescente somente em 2Timóteo. Demas renegou a Jesus quando Paulo ainda vivia, razão pela qual dificilmente concorre como autor. Epafras parece ter chegado de viagem da Ásia Menor e não ter vindo com Paulo. Epafrodito parece ter realizado somente uma visita a Paulo em Roma por incumbência da igreja de Filipos. Jesus Justo é cristão judeu. Atos 1.19, no entanto, fala do hebraico, ou aramaico, como "língua deles", indicando assim um autor gentio. Tito não pode ser autor de Atos, do contrário Atos 11.27-30 deveria ter sido escrito na primeira pessoa do plural (cf. Gl 2.1ss). Igualmente inexiste qualquer sinal de que Tito tenha vindo com Paulo para Roma.[515]

Desse modo, fecha-se de forma cada vez mais estreita o círculo em torno de Lucas.

6) No entanto, Lucas não é mencionado nas cartas aos Gálatas, Romanos, nas duas aos Coríntios e nas duas aos Tessalonicenses. Foram todas escritas em épocas não cobertas em Atos dos Apóstolos com relatos na primeira pessoa do plural. Sozinho, isso não possui poder de comprovação, porém robustece os demais argumentos.[516]

7) Visto que Atos acaba no (primeiro) período de prisão em Roma (At 28), é muito bem plausível que o autor seja mencionado por nome nas cartas da prisão (cf. Cl 4.14; Fm 24).

8) Cullmann constata um parentesco de ideias entre Lucas e Paulo na importância dada à pessoa e à atuação do Espírito Santo, na forma como são realçadas nos escritos de Paulo e no evangelho de Lucas.[517] Também em termos linguísticos se pode explicitar certo parentesco. Por exemplo, alguns termos do NT ocorrem unicamente em Lucas e Paulo.[518]

9) Outra proximidade teológica entre Lucas e Paulo reside na ênfase dada à morte vicária de Jesus, que Lucas na verdade não apresenta com essa terminologia, mas de forma narrativa. Por exemplo, Lucas menciona a oração de Jesus na cruz em prol de seus inimigos (Lc 23.34). "Somente Lucas relata como o Ressuscitado abre aos discípulos o entendimento de que o Messias padeceu para que em seu nome se pregasse o arrependimento para o perdão dos pecados (Lc 24.46s)."[519]

---

[515] Cf. T. Zahn, Einleitung, v. 2, p. 431s.
[516] Cf. D. Guthrie, Introduction, p. 117.
[517] O. Cullmann, Einführung, p. 47.
[518] Cf. M. Meinertz, op. cit., p. 194ss.
[519] G. Hörster, op. cit., p. 51.

Finalizando: Cada uma das argumentações acima referidas, contra a autoria de Lucas, tem grande dificuldade para convencer, até mesmo em suas conclusões finais.

Ou seja, temos todas as razões para continuar acreditando na autoria do evangelho de Lucas pelo médico Lucas, que ao mesmo tempo foi parceiro de viagem do apóstolo Paulo!

c) *Que sabemos sobre Lucas, o médico?*

Como já mencionamos algumas vezes, a profissão de Lucas era médico (Cl 4.14). Ele era um dos colaboradores de Paulo na atividade missionária que exercia.

Os chamados "relatos em nós" de Atos dos Apóstolos nos permitem acompanhar um pouco a cooperação de Lucas com Paulo. Na segunda peregrinação missionária de Paulo, vemos os dois juntos pela primeira vez em Trôade (ano 49; At 16.10). De lá viajaram para Filipos (At 16.11-17), onde parece que seus caminhos seguiram rumos distintos. Durante a terceira jornada missionária de Paulo, novamente encontramos Lucas em Filipos, de onde seguiu com Paulo para Jerusalém (ano 57; At 20.5-15; 21.1-18). Na viagem a Roma, Lucas torna a acompanhar Paulo (59/60; At 27.1-28.16).

Durante o primeiro cativeiro de Paulo em Roma, Lucas está junto dele como colaborador (60-62; cf. Cl 4.14; Fm 24). Também durante o segundo período de prisão de Paulo em Roma (66/67), novamente registramos a presença de Lucas perto dele (2Tm 4.11).

Contudo, Lucas não pode ser identificado com o Lúcio de Romanos 16.21[520] (Λουκᾶς – **Loukas** é forma abreviada ou carinhosa de Λούκιος – **Loukios**[521]), porque aqui Lúcio é listado por Paulo ao lado de outros como parente tribal, ao passo que em Colossenses 4.11,14 diferencia Lucas nitidamente "daqueles da circuncisão" (referindo-se aos cristãos judeus).[522] Também Lúcio de Cirene, mencionado em Atos 13.1, dificilmente pode ser identificado com o autor do evangelho, como fizeram Efrém, o Sírio, e muito mais tarde, p. ex., Bengel.[523]

---

[520] Essa identificação foi feita por Orígenes (cf. W. Marxsen, Lukas, in: RGG3, v. 4, p. 473). W. Michaelis, op. cit., p. 62, também considera possível essa identificação porque συγγενής – syngenēs não significaria obrigatoriamente parentesco, mas também um relacionamento de confiança. Também Sosípatro e Jasão, citados em Rm 16.21, provavelmente foram cristãos judeus. Cf. tb.J. Wenham, *Redating*, p. 187.

[521] Cf. A. Deissmann, *Licht vom Osten*, p. 372ss.

[522] Cf. P. Feine, op. cit., p. 59. Cl 4.11,14 não somente mostra que Lucas nasceu como gentio, mas que também permaneceu incircunciso (cf. T. Zahn, *Einleitung*, v. 2, p. 338).

[523] Citado por W. Marxsen, Lukas, op. cit., p. 473; T. Zahn, *Einleitung*, v. 2, p. 339. E. Lerle, *Moderne Theologie*, p. 30 igualmente faz essa identificação.

Testemunhos da igreja antiga fornecem mais informações, em parte de cunho especulativo.[524] Segundo dados de Eusébio, já mencionados, Lucas era de Antioquia.[525] Outros pensam que Lucas seria um escravo alforriado da abastada casa de Teófilo em Antioquia.[526] Epifânio e outros geralmente o relacionam entre os 70 discípulos de Jesus, em geral por causa do relato em Lucas 10.1ss.[527] Também se supôs que Lucas seria aquele discípulo incógnito que, ao lado de Cleopas, foi acompanhado por Jesus no caminho para Emaús (Lc 24.13ss).[528] Conforme Clemente de Alexandria, Lucas traduziu a carta aos Hebreus, supostamente redigida por Paulo no original em hebraico.[529] De acordo com Teodoro Lector (séc. VI)[530] e Nicéforo (séc. XIV),[531] ele teria sido pintor. Sedúlio e Vítor de Cápua (ambos do séc. V) o tornam celibatário e fazem-no chegar à idade entre 74 e 80 anos.[532] Gregório de Nazianzo diz que sofreu morte de mártir,[533] conforme Nicéforo por crucificação no tronco de uma oliveira, na

[524] Citações da igreja antiga, além das aqui apresentadas, em T. ZAHN, *Einleitung*, v. 2, p. 340.

[525] Euseb. HE, livro III, 4.6s. Cf. JERÔNIMO, *De viris illustribus*, livro VII; *Prologus quattuor evangeliorum*; *Praefatio Lucae* (textos em K. ALAND, *Synopsis*, p. 545ss). Uma interessante referência a Antioquia encontra-se em Nestle-Aland27 como variante para At 11.28 no códice D: "... quando, porém, nos havíamos reunido, falou..." (...συνεστραμμενων δε ημων εφη... — synestrammenōn de ēmōn ephē). Essa variante pressuporia a presença de Lucas em Antioquia antes da primeira viagem missionária de Paulo. É classificada como original por T. ZAHN, *Einleitung*. v. 2, p. 336.

[526] *Recognitiones Clementinas*, 10.71 (com texto em latim por T. ZAHN, *Einleitung*, v. 2, p. 339).

[527] EPIFÂNIO, *Panarion*, livro LI, 11.6; *Anacephalaeosis*, 1121. Da mesma forma, o *Diálogo com Adamâncio*, livro V; EUTÍMIO, *Theofilacto* (cf. W. MARXSEN, Lucas, op. cit., p. 473; M. MEINERTZ, op. cit., p. 190, nota 2; B. WEISS, op. cit., p. 554). J. WENHAM, *Redating*, p. 186s, parece também considerá-lo possível.

[528] Ideia de Gregório Magno e *Theofilacto* (apud F. GODET, *Einleitung*, v. 2, p. 232; M. MEINERTZ, op. cit., p. 190, nota 3); ainda, em tempos mais recentes, J. WENHAM, *Redating*, p. 187.

[529] CLEMENTE DE ALEXANDRIA, *Adumbrationes ad 1Pe* 5.13. Cf. Euseb. HE, livro VI, 14.2. Segundo COSMAS INDICOPLEUSTES, *Topographia Christiana*, livro V, 255, Lucas ou Clemente realizou essa tradução.

[530] Euseb. HE, livro VI, 43 (apud A. WIKENHAUSER & J. SCHMID, op. cit., p. 254).

[531] Cf. F. GODET, *Einleitung*, v. 2, p. 233; B. WEISS, op. cit., p. 554.

[532] De forma análoga, o *Prólogo antimarcionita* apresenta Lucas como solteiro, fazendo-o chegar à idade de 84. JERÔNIMO escreve: "Lucas, de cidadania síria, de Antioquia, médico de profissão, aluno dos apóstolos, que mais tarde seguiu a Paulo até o martírio. Servindo irrestritamente a Deus. Porque, não tendo como seus nem esposa nem filhos, morreu na idade de 74 anos, pleno do Espírito Santo na Bitínia" (*Praefatio Lucae*; conforme K. ALAND, *Synopsis*, p. 547).

[533] GREGÓRIO DE NAZIANZO, *Oratio IV contra Julianum*, livro 1, 69.

Grécia.[534] Conforme Jerônimo, os restos mortais de Lucas foram trazidos, no século IV, de Tebas, na Beócia, para Constantinopla.[535]

2.3.4 Prólogo e estrutura

2.3.4.1 Prólogo[536]

Em Lucas 1.1-4 lemos:

> Muitos já se dedicaram a elaborar [reproduzir] um relato dos fatos [feitos, acontecimentos] que se cumpriram entre nós, conforme nos foram transmitidos por aqueles que desde o início foram testemunhas oculares e servos da palavra. Eu mesmo investiguei [persegui] tudo cuidadosamente, desde o começo, e decidi escrever-te um relato ordenado, ó excelentíssimo Teófilo, para que tenhas a certeza das coisas [relatos, palavras] que te foram ensinadas.

Esse prólogo representa uma referência singular e uma autodefinição extremamente esclarecedora de Lucas sobre sua atividade literária, mais precisamente sobre o procedimento metodológico na coleta e organização dos relatos.

Visto que já apontamos para o caráter único, pioneiro e extraordinário da literatura dos evangelhos, é de valor inestimável obter, pelo menos em uma passagem dos quatro evangelhos, alguma informação sobre o procedimento de um evangelista.

Analisando com atenção o prólogo, os seguintes aspectos ficam evidentes:[537]

1) Lucas não se origina pessoalmente do grupo dos discípulos ou apóstolos do Senhor, como já vimos. Não é testemunha ocular.

2) Na realidade, Lucas não foi o primeiro a se propor escrever uma narrativa dos acontecimentos em torno de Jesus. Muitos empreenderam (talvez aqui no sentido de tentar) a redação de uma narrativa. Contudo, a circunstância de que Lucas inicia pessoalmente esse trabalho pode ser devido a que ele não conhecia nenhum escrito evangélico apropriado para o fim determinado por ele.

3) Já havia uma tradição *das testemunhas oculares*. Até que ponto ela era escrita ou oral, não se pode depreender do prólogo. É bem possível que Lucas tivesse conhecimento do evangelho de Mateus (aramaico). De forma alguma Lucas se posiciona criticamente diante dessa tradição de que tinha conhecimento. Porém, seu desejo é

---

[534] Cf. F. GODET, *Einleitung*, v. 2, p. 233.
[535] JERÔNIMO, *De viribus illustribus*, 8.
[536] Cf. o ensaio minucioso de A. D. BAUM, *Lukas als Historiker der letzten Jesusreise* (Wuppertal; Zürich: Brockhaus, 1993), p. 103-54.
[537] Cf. E. F. HARRISON, op. cit., p. 200s; M. C. TENNEY, op. cit., p. 191ss.

reunir mais dados e obter atestação da tradição com base na mais segura das fontes (testemunhas oculares).

4) Portanto, Lucas, autêntico pesquisador, empreendeu com destreza o trabalho de avançar pessoalmente até as fontes das informações e estruturá-las de uma forma bem original. Ou seja, dificilmente se pode imaginar algo diferente de Lucas, p. ex., visitando Maria, a mãe de Jesus, a fim de auscultar dela a história preliminar precisa do evangelho.[538]

5) Os fatos narrados no evangelho de Lucas "eram bem conhecidos no mundo cristão, sendo aceitos independentemente dos relatos. Lucas diz que esses episódios 'se cumpriram entre nós' (Lc 1.1)".[539]

6) Mais uma verdade se explicita a partir do prólogo: Lucas não é apenas pesquisador e verificador da tradição, tentando enriquecê-la da melhor forma possível. Seu plano é descrever para a personalidade influente ("excelentíssimo Teófilo"), a quem tenta conquistar para a fé em Cristo, tudo segundo determinada ordem (καθεξῆς — kathexēs, "pela ordem"); ou seja, nenhuma coletânea solta de informes mais ou menos conexos, mas um *relato com uma estrutura bem definida*.

2.3.4.2 A estrutura do evangelho de Lucas

O anúncio de um relato ordenado, feito por Lucas em seu prólogo, nos leva a observar com interesse a estrutura do evangelho de Lucas, principalmente em comparação com os outros evangelhos sinópticos. — É simultaneamente notável e surpreendente que o "arcabouço" do evangelho de Lucas coincida com o "arcabouço" de Mateus e Marcos, ainda que o evangelho de Lucas apresente, no interior desse "arcabouço", diversas variações e estruturas detalhadas específicas.

A história prévia, referente ao nascimento e à infância de Jesus, é consideravelmente mais detalhada no evangelho de Lucas que no de Mateus, revestindo-se ainda de relevância especial pelo fato de a história do precursor do Messias (João Batista) ser mostrada na mais estreita conexão com a humanização de Jesus e possuir grande importância para a história da salvação.

Enquanto Mateus salienta principalmente o cumprimento da profecia do AT, Lucas destaca sobretudo as correlações da história da salvação e sua "junção" com a história profana (p. ex.: "Naqueles dias César Augusto..." [Lc 2.1]).

---

[538] Cf. duas vezes no evangelho de Lucas a frase de que Maria guardava e movia no coração as palavras do anjo, acerca do menino Jesus aos 12 anos (Lc 2.51b). Essa frase não consta nos demais evangelhos.

[539] M. C. TENNEY, op. cit., p. 191.

João Batista possui uma importância tão inaudita em relação a Jesus que Lucas data de cinco maneiras em um único versículo (Lc 3.1) a atuação pública e o início da pregação de arrependimento do Batista:

"No décimo quinto ano do reinado de Tibério César, quando Pôncio Pilatos era governador da Judeia; Herodes tetrarca da Galileia; seu irmão Filipe, tetrarca da Itureia e [da região] da Traconitis; e Lisânias, tetrarca de Abilene...".

O período do serviço de Jesus acontecido na Galileia, conforme Lucas 4.14—9.50 tem a mesma estrutura dos relatos paralelos nos evangelhos de Mateus e Marcos. O bloco subsequente (o chamado relato de viagem por Lucas) em Lucas 9.51—19.27, com a descrição do itinerário de Jesus desde a Galileia, passando pela Samaria, até Jerusalém, foi "ordenado" especificamente por Lucas. Nesse bloco se situa uma grande parcela do "material exclusivo" de Lucas. Dados conhecidos e outros desconhecidos em Mateus e Marcos foram compostos de tal forma que se enfoca com determinação clara a paixão de Jesus em Jerusalém. Nesse "relato de viagem" são inseridos episódios que, ao contrário de Atos dos Apóstolos, são narrados sem qualquer definição mais precisa do lugar. Acerca deles, Lucas sabia que são oriundos da fase posterior do serviço de Jesus. Por isso se poderia intitular Lucas 9.51—19.27 simplesmente de "Da Galileia para a Judeia".

O informe sobre a paixão de Jesus acompanha a estrutura dos sinópticos, embora também aqui se registrem diversas complementações e variações de detalhes, como, p. ex., o interrogatório de Jesus perante Herodes (Lc 23.8-12) e as três palavras na cruz ("material exclusivo" — Lc 23.34,43,46).

O relato da ressurreição com as aparições do Ressuscitado apresenta diversos detalhes que ocorrem unicamente no evangelho de Lucas. Todas as revelações transcorrem em Jerusalém e suas adjacências. Não é dada nenhuma referência sobre aparições do Ressuscitado na Galileia, como nos outros evangelhos.

Alguns estudiosos constatam no evangelho de Lucas de forma bem marcante o trabalho de um redator teológico que processou as fontes coletadas segundo pontos de vista pessoais e teológicos.[540]

Por ora basta indicar que sob a providência divina e condução do Espírito Santo não foram escritos três, ou quatro, evangelhos coincidentes, mas que tanto a peculiaridade do autor como também a intenção e finalidade dos evangelhos deixaram

---

[540] Cf. J. ROHDE, *Die redaktionsgeschichtliche Methode — Einführung und Sichtung des Forschungsstandes* (Hamburg: Furche, 1966), p. 125ss.

marcas. Isso, porém, não nos obriga a falar de contradições, duplicações ou revisão redacional sob perspectiva pós-pascal ("teologia eclesial").[541]

Insere-se no espaço concedido por Deus que autores autorizados e incumbidos reproduziram relatos autênticos sobre a vida, atuação, morte e ressurreição de Jesus. Esses relatos não são totalmente coincidentes, porque não correspondem simplesmente a uma narrativa biográfica cronologicamente precisa. Os evangelistas organizaram sob determinados critérios o saber autêntico de que dispunham (tradição), sem que se tenha de falar de contradições. Pelo contrário, podemos falar de uma maravilhosa complementaridade. Sem dúvida, existem coisas a serem submetidas a uma cuidadosa análise de detalhes e que não se restringem a essas diretrizes fundamentais acerca da maneira de enfocar os relatos dos evangelhos.

Da asserção acima, sobre condução e autorização dos autores, também faz parte a constatação de que não apenas (como já referimos anteriormente) se lida fielmente, sobretudo no conteúdo, com as citações do AT de forma divinamente credenciada e sob o signo da inspiração divina, mas que do mesmo modo as palavras reais de Jesus pertencem às passagens, assim que as podemos aceitar como literais. As palavras de Jesus foram transmitidas por escrito, sob infusão divina e condução preservadora do Espírito Santo, com máxima probabilidade como tradução do aramaico ao grego. Por isso, talvez nem sempre sejam coincidentes na forma. Em razão disso, no entanto, de forma alguma são falsas ou contraditórias, mas devem ser vistas no contexto da envergadura, peculiar aos evangelhos, de três ou quatro informes mutuamente complementares.

2.3.5 Características e peculiaridades[542]

a) Importante ideia mestra é a *validade universal do evangelho*. Os anjos em Lucas 2.10,14 já expressam esse pensamento. No final do evangelho ele torna a ser salientado (24.47). Além disso, cabe notar Lucas 2.32 e 3.6. A viúva de Sarepta e Naamã da Síria estão no centro de duas ilustrações da pregação de Jesus em Nazaré, relatada somente por Lucas (Lc 4.25-27). Mais tarde, note-se o envio dos 70 discípulos em Lucas 10.1ss, relatado somente por Lucas e ocorrido em Samaria ou nas adjacências. Justamente samaritanos são apresentados em Lucas 10.29ss e 17.11ss como exemplos da fé e do amor.

---

[541] Para uma breve apreciação da história redacional, cf. o capítulo sobre a questão sinóptica, no item 2.4.2.4.

[542] Cf. F. BARTH, op. cit., p. 200s; D. GUTHRIE, *Introduction*, p. 102ss; W. MICHAELIS, op. cit., p. 74s.

b) Assim como não falta a relevância universal do evangelho em Mateus e Marcos, tampouco falta neles a referência ao *amor de Jesus pelos perdidos*. Também essa característica se destaca mais fortemente no evangelho de Lucas. Não é por acaso que no seio dos evangelhos sinópticos somente o de Lucas traz a palavra σωτήρ — sōtēr, "Salvador" (Lc 1.47 referente a Deus; Lc 2.11 referente a Jesus; nos demais evangelhos apenas mais uma vez, em Jo 4.42). No material exclusivo de Lucas também ocorre com frequência a busca e o achado daquilo que estava perdido (cf. as parábolas da moeda perdida e do filho perdido em Lucas 15; a história de Zaqueu com o versículo-chave de Lucas 19.10).

c) Palavras de Jesus sobre o *problema das posses terrenas* ocorrem no evangelho de Lucas em número maior que nos de Mateus e Marcos. Foram aguçadas, tanto em vista da exortação de Jesus diante dos perigos da riqueza (Lc 6.24s; 12.13-21; 16.1ss,19ss; 19.1ss) como também pela ênfase no amor de Jesus aos pobres (sobretudo Lc 6.20s; 16.19ss).

d) Não apenas em Atos dos Apóstolos, mas já em seu evangelho Lucas menciona com frequência o *Espírito Santo e seus efeitos*, em relação ao próprio Jesus (Lc 1.35; 4.1,14,18; At 10.38) e em relação ao futuro preparo dos discípulos (Lc 11.13; 24.49; At 1.4s,8).

e) O evangelho de Lucas é o livro mais extenso do NT (mais longo que os 28 capítulos de Mateus!). O evangelho de Mateus tem 1.068 versículos, o de Marcos 666, o de Lucas 1.149 e o de João 879.

f) A extensão cronológica do evangelho de Lucas é maior que em Mateus e Marcos: Lucas começa com o anúncio de João Batista e termina com a ascensão de Jesus, oferecendo o relato mais detalhado sobre a trajetória da Galileia até o Calvário.

g) Lucas tem grande *interesse nos mais diversos grupos étnicos e indivíduos.*

1) Interesse por *pessoas individualmente:* no centro da maioria das parábolas no evangelho de Lucas estão indivíduos — em Mateus, o Reino dos céus. Além disso, notemos a descrição do sacerdote Zacarias, de Isabel e de Maria, de Maria e sua irmã Marta, do publicano-mor Zaqueu e do entristecido Cleopas e seu companheiro e outros.

2) Interesse pelos *marginalizados e injuriados:* mais que os dois outros sinópticos, Lucas explicita o profundo amor do Senhor pelos marginalizados. Ele descreve a mulher profundamente degradada em Lucas 7.36ss, o odiado coletor de impostos Zaqueu e sua reparação (Lc 19.1ss), a contrição de um criminoso na cruz (Lc 23.39ss). Igualmente encontramos essa atitude do amor que busca nas parábolas do filho perdido (Lc 15.11ss) e na parábola do fariseu e do publicano (Lc 18.9-14). Não devem ser esquecidos os leprosos em Lucas 17.11-19.

3) Retratos de mulheres: no evangelho de Lucas são mencionadas 13 mulheres que não são citadas em nenhum outro evangelho. Dignas de especial referência são a viúva de Naim (Lc 7.11ss), a unção pela pecadora (Lc 7.36ss), as mulheres que sustentavam Jesus (Lc 8.1-3) e aquelas que o prantearam no caminho ao Calvário (Lc 23.27-30). Sobressaem-se singularmente mulheres na história do nascimento (Lc 1 e 2), bem como na cruz e na ressurreição (Lc 23 e 24).

4) Interesse por *crianças*: unicamente Lucas faz menção da infância de João Batista. Em três ocasiões, Lucas menciona de forma especial "crianças individuais": Lucas 7.12; 8.42; 9.37ss.

h) O evangelho de Lucas explicita muitas ocasiões de *comunhão:* Lucas informa sobre três refeições de Jesus com os fariseus (Lc 7.36ss; 11.37ss; 14.1ss). Além disso, é-nos apresentado o relacionamento especial entre Jesus e seus amigos em Betânia (Lc 10.38ss). Jesus entrou na casa do publicano Levi depois de convocá-lo (Lc 5.27ss) e na casa de Zaqueu (Lc 19.1ss). Aceitou o convite dos discípulos de Emaús para que passasse a noite com eles (Lc 24.13ss) etc.

i) Há no evangelho de Lucas ênfases especiais de Jesus com vistas à *oração*: Lucas menciona no mínimo nove orações que não são registradas em nenhum outro evangelho e que se situam todas no contexto de importantes acontecimentos: no batismo de Jesus (Lc 3.21); depois de um dia de prodígios, Jesus se recolheu ao deserto para orar (Lc 5.15s); antes da eleição dos Doze, ele passou a noite toda em oração (Lc 6.12); orou antes do primeiro anúncio da paixão (Lc 9.18ss), por ocasião da transfiguração (Lc 9.29), após o retorno dos 70 (Lc 10.17-21), antes de instruir os discípulos sobre como orar (Lc 11.1), no Getsêmani (Lc 22.39-46) e na cruz (Lc 23.34,46).

É somente no evangelho de Lucas que lemos que Jesus intercedeu particularmente por Pedro (Lc 22.31s).

Há três parábolas mencionadas somente no evangelho de Lucas que versam sobre a oração: o amigo à meia-noite (Lc 11.5ss); a viúva suplicante e o juiz injusto (Lc 18.1ss); bem como a parábola do fariseu e do coletor de impostos (Lc 18.9ss).

j) Lucas ressalta também a alegria: emprega com frequência termos que expressam a alegria autêntica (p. ex., Lc 1.14,44,47; 10.21). Há alegria no encontro e retorno da ovelha perdida, da moeda e do filho perdido (Lc 15). O evangelho de Lucas começa e se encerra com alegria (Lc 1.14,47; 24.52,53).

k) Quatro hinos marcantes encontram-se unicamente no evangelho de Lucas: o *Magnificat* (Lc 1.46-55); o *Benedictus* (Lc 1.68-79); o *Gloria in Excelsis* (Lc 2.14); o *Nunc Dimittis* [Despede agora] (Lc 2.29-32).

l) O grande tema de Lucas é a personagem *do Filho do homem*.[543] Não menos que 27 vezes a expressão consta no evangelho de Lucas. Alguns ápices desse título são:

> O Filho do homem veio buscar e salvar o que estava perdido (Lc 19.10).
>
> Então se verá o Filho do homem vindo numa nuvem com poder e grande glória (Lc 21.27).
>
> Estejam sempre atentos e orem para que vocês possam escapar de tudo o que está para acontecer, e estar em pé diante do Filho do homem (Lc 21.36).

Confira-se também Lucas 22.66-70.

Lucas 21.27 aponta inequivocamente para a única origem possível do conceito do Filho do homem como predicado de Jesus, a saber, para Daniel 7.13. Constitui uma tarefa válida para a teologia do NT explicitar que aqui não foram incorporadas nem influências gnósticas nem helenistas, mas a autodesignação "Filho do homem" está inseparavelmente ligada à filiação divina de Jesus e à sua condição de Messias.[544]

2.3.6 Finalidade e destinatário

De nenhum evangelho se pode afirmar com tanta clareza como no de Lucas que destinatário e finalidade se ligam da forma mais estreita.

No *Prólogo* (Lc 1.1-4) é apresentado o destinatário (*uma* pessoa):

O Teófilo que é desconhecido de nós, tratado da mesma forma como Félix (At 24.3) e Festo (At 26.25) e como personalidades romanas em geral, pode ter sido um magistrado desses.[545] É muito provável que Teófilo tenha sido atingido, talvez por meio do próprio Lucas ou por Paulo, pela proclamação sobre Jesus e agora queira obter esclarecimentos precisos sobre origem e expansão do evangelho.

Com certeza está na mira, ultrapassando essa personagem, um *grupo de leitores* que gostaria de receber (como Teófilo) esclarecimentos mais detalhados sobre os acontecimentos históricos e a vida de Jesus.[546]

---

[543] É verdade que a expressão também ocorre com grande frequência nos demais evangelhos (32 vezes em Mateus; 13 vezes em Marcos), contudo destaca-se a relevância de conteúdo no evangelho de Lucas.

[544] Realmente insatisfatório é o estudo de C. Colpe, ὁ υἱὸς τοῦ ἀνθρώπου — ho hyios tou anthrōpou, in: ThWNT, v. 8, p. 403ss. Melhor é o ensaio de Cullmann, Jesus der Menschensohn, in: O. Cullmann, *Die Christologie des NT*, 3. ed. (Tübingen: Mohr, 1963), p. 138-98. Cf. tb. D. Guthrie, *New Testament Theology* (Leicester; Downers Grove: InterVarsity, 1981), p. 270ss.

[545] Verdade é que o nome também ocorre entre judeus. W. G. Marx, A New Theophilus, EQ, n. 1, 1980, p. 17-26, entende Teófilo como pseudônimo para Agripa II, o que, contudo, é inconcebível; do contrário, deveria existir uma referência qualquer em At 26.

[546] Cf. E. F. Harrison, op. cit., p. 202; D. Guthrie, *Introduction*, p. 108ss.

Pode-se presumir muito bem que Teófilo se empenhou pessoalmente pela divulgação do evangelho de Lucas. Naquele tempo essa tarefa cabia muitas vezes à pessoa a que se dedicava uma obra literária.[547]

O ápice do relato está em que Roma foi alcançada com a boa nova após o apedrejamento de Estêvão (At 8.1-4) e com a chegada de Paulo a Roma (At 28.17ss).

Já por esse motivo se evidencia com toda a nitidez que o evangelho de Lucas e Atos dos Apóstolos formam uma unidade, ligada a uma finalidade notoriamente apologética, a saber, defender, nos antecedentes da incipiente perseguição aos cristãos sob Nero, a autenticidade, pureza e integridade da proposta cristã.

No entanto, os dois volumes da "obra historiográfica de Lucas" não se resumem absolutamente a uma apologia,[548] mas pretendem e podem conduzir à fé viva em Cristo pessoas que buscam e que são oriundas do contexto gentílico (e até mesmo da classe alta).

Lucas — conduzido pelo Espírito Santo — teve o magnífico êxito de mostrar a revelação de Deus em seu Filho Cristo Jesus, que produziu uma reviravolta na história da salvação. Lucas alcançou isso situando de maneira convincente no espaço e no tempo a paixão e morte vicárias de Jesus, bem como sua ressurreição, e expondo-as com base em um sem-número de dados e referências históricas de inconfundível natureza factual.

A fé em Cristo não é nem fábula nem mito, mas repousa sobre acontecimentos historicamente comprováveis. Cristo não é nem ser humano divinizado nem Deus humanizado (cf. de um lado todas as lendas de deuses e, de outro, o culto ao imperador), mas é verdadeiro ser humano e verdadeiro Deus. Justamente as emoções de Jesus descritas com diligência médica, desde o Getsêmani até o sepultamento, assim como também sua ressurreição corpórea triunfal, com a múltipla comprovação do sepulcro vazio, atestam e robustecem esse fato incontestável. E, ainda que tudo isso fosse muito pouco, a efusão do Espírito Santo em Pentecostes, a subsequente autorização dos apóstolos e a rápida disseminação do evangelho não deixam quaisquer dúvidas de que o evangelho *de Jesus* é verdade de validade última, divina, redentora e transformadora da vida.

---

[547] Cf. M. Hengel, *Die Evangelienüberschriften*, p. 31; R. P. Martin, op. cit., v. 1, p. 245.

[548] R. P. Martin, op. cit., v. 1, p. 246ss, analisa diversas finalidades de Lucas postuladas por outros, sobretudo de cunho apologético.

2.3.7 Lugar da redação

2.3.7.1 Diversas propostas quanto ao lugar da redação

O *Prólogo monarquiano*,[549] Jerônimo[550] e Gregório de Nazianzo[551] citam como lugar da redação a Acaia, ou seja, a Grécia.

Alguns manuscritos sírios da *Peshitta* situam a redação em Alexandria.[552]

Gregory e Schmithals sugerem a Ásia Menor.[553]

Koh cita Decápolis como lugar da redação.[554]

Kümmel afirma: "... somente podemos afirmar que o evangelho de Lucas com certeza foi escrito fora da Palestina".[555]

Barth sugere Antioquia.[556]

Posicionamento: As propostas mais recentes partem dos enquadramentos cronológicos do evangelho de Lucas, com os quais não podemos concordar (cf. item 2.3.8). Por isso, precisam lançar mão de conjeturas, que no entanto não possuem por base argumentos históricos.

2.3.7.2 Redação em Cesareia, na viagem para Roma ou em Roma

Constatamos acima, e veremos confirmação disso ao tratar das questões introdutórias de Atos dos Apóstolos, que Lucas é autor de uma obra de dois volumes. Não é difícil definir *Roma* para o local da redação de Atos, visto que o relato de Atos acaba no período do (primeiro) cativeiro do apóstolo Paulo em Roma (cf. At 28). Além disso, é absolutamente legítimo registrar que a coletânea de relatos de testemunhas auriculares e oculares, realizada com esmerada exatidão e citada no prólogo ao evangelho de Lucas, com grande probabilidade aconteceu durante os dois anos de prisão de Paulo em Cesareia.[557] Depreende-se inequivocamente de Atos 21 que Paulo foi acompanhado por Lucas quando retornou da terceira viagem missionária para Jerusalém.

---

[549] Texto em K. ALAND, *Synopsis*, p. 539.

[550] JERÔNIMO, *Prologus quattuor evangeliorum*; *Praefatio Lucae*; textos em K. ALAND, *Synopsis*. p. 546s.

[551] GREGÓRIO DE NAZIANZO, *Carmen*, 33.11.

[552] Cf. F. GODET, *Einleitung*, v. 2, p. 233; M. MEINERTZ, op. cit., p. 201.

[553] C. R. GREGORY, op. cit., p. 764; W. SCHMITHALS, *Einleitung in die drei ersten Evangelien*, p. 367.

[554] Apud W. G. KÜMMEL, *Einleitung*, p. 120, nota 95.

[555] W. G. KÜMMEL, *Einleitung*, p. 120. Cf. H. CONZELMANN & A. LINDEMANN, op. cit., p. 264.

[556] F. BARTH, op. cit., p. 205.

[557] Cf. D. GUTHRIE, *Introduction*, p. 131.

Logo, Lucas presenciou a detenção do apóstolo, acompanhando-o dois anos mais tarde até Roma (a partir de At 27). Ficou junto de Paulo (durante dois períodos de cativeiro) até o martírio dele (2Tm 4.11).

Alguns manuscritos minúsculos já trazem Roma como lugar da redação.[558]

Como lugar da redação do evangelho de Lucas, poderiam ser indicadas *Cesareia*, a viagem para *Roma* ou a própria *Roma*.

2.3.8 Época da redação

2.3.8.1 Argumentos em favor da redação após 70?

Arrolamos em seguida os argumentos, aos quais acrescentamos, em etapas, algumas réplicas.

a) A indicação no prólogo de Lucas, de que "já deveriam ter existido muitos escritos de evangelhos", seria inconciliável com a década de 60.[559]

Réplica: Uma tradução exata de Lucas 1.1-4 mostra que Lucas não menciona em momento algum que já existiam muitos escritos de evangelhos quando passou a compor seu evangelho para o excelentíssimo Teófilo. Afirma tão-somente que muitos já haviam iniciado a redação de um relato. Talvez nunca tenham concluído o empreendimento ou apresentassem os eventos por meio de narrativas distorcidas: "O autor não teria escrito um evangelho próprio se estivesse plenamente satisfeito com um desses escritos de que tinha conhecimento".[560]

Essa constatação não exclui, entre outras, a existência do evangelho aramaico de Mateus. Contudo, Lucas escreveu a uma personalidade importante, que dificilmente era capaz de ler hebraico ou aramaico.

Precisamente a circunstância de que não temos textos preservados desses "numerosos empreendimentos" depõe contra uma redação tardia do evangelho de Lucas. "Não sabemos nada sobre esses escritos, porque foram deslocados pelos nossos atuais evangelhos".[561]

b) Todos os defensores da teoria das duas fontes, ou da hipótese de Marcos, têm de se decidir coerentemente por uma data *depois* da redação do evangelho de Marcos.[562]

---

[558] Cf. M. Meinertz, op. cit., p. 201.
[559] W. G. Kümmel, *Einleitung*, p. 119; cf. P. Feine, op. cit., p. 66; A. Jülicher, op. cit., p. 295.
[560] M. C. Tenney, op. cit., p. 191.
[561] H. Appel, op. cit., p. 167. Apesar disso, porém, Appel supõe que foi escrito pouco depois do ano 70.
[562] Cf. E. Lohse, *Entstehung*. p. 96: "O evangelho de Lucas surgiu com certeza depois do evangelho de Marcos". Também T. Zahn, *Einleitung*, v. 2, p. 439, argumenta com a prioridade de Marcos.

Réplica: No próximo item principal ("A questão sinóptica") analisaremos um pouco mais de perto as teorias das fontes relativas ao NT, bem como a hipótese de Marcos. Se a hipótese de Marcos se patentear como descaminho teológico, será imperioso tirar as respectivas consequências. Quando Lohse (como meniconamos) escreve que o evangelho de Lucas surgiu com certeza *depois* de Marcos, a força demonstrativa da referida certeza se alicerça sobre um resultado do método histórico-crítico, o qual questionaremos.

Harrison[563] e Michaelis,[564] que igualmente se atêm à prioridade cronológica do evangelho de Marcos, consideram absolutamente concebível e possível situar o evangelho de Lucas na década de 60.

c) Com base em Lucas 19.43s e 21.20,24, muitos pesquisadores consideram impossível uma data anterior a 70. Muito elucidativas são as exposições de Kümmel acerca desse ponto: "Lucas 21.20,24 parece ser a profecia apocalíptica do *sacrilégio terrível*, de Marcos 13.14ss, reformulada em profecia de ameaça sobre Jerusalém, que foi configurada *ex eventu* [a partir do acontecido]".[565]

Réplica: Pode ser viável carimbar as passagens de Lucas 21.20,24 e 19.43s como *vaticinium ex eventu*, quando se trata de literatura apócrifa. Contudo, de forma alguma concordamos com isso em nenhum trecho de um livro da Sagrada Escritura infundido pelo Espírito Santo.[566]

Outros eventos importantes em torno da destruição de Jerusalém, p. ex., o incêndio do templo e também as numerosas crucificações, não são mencionados no evangelho de Lucas.[567] A destruição de Jerusalém também é omitida em Atos dos Apóstolos,[568] enquanto foi expressamente anotado em Atos 11.28 o cumprimento da profecia de Ágabo.[569]

d) Barth opina que o autor escreve nos καιροὶ ἐθνῶν — kairoi ethnōn, "tempos dos gentios (ou das nações)", nos quais Jerusalém seria pisoteada pelos gentios (cf. Lc 21.24).[570]

---

[563] E. F. Harrison, op. cit., p. 202.

[564] W. Michaelis, op. cit., p. 78s.

[565] W. G. Kümmel, *Einleitung*, p. 119; cf. P. Feine, op. cit., p. 66; A. Jülicher, op. cit., p. 295; W. C. van Unnik, *Einführung*, p. 37.

[566] Para uma argumentação detalhada em favor da datação antes de 70 em correlação com essas passagens proféticas, cf. A. Harnack, *Neue Untersuchungen zur Apostelgeschichte und zur Abfassungszeit der synoptischen Evangelien*, p. 82ss. Entretanto, Harnack não parte do pressuposto de que o texto por princípio é incontestável.

[567] Cf. G. Hörster, op. cit., p. 52.

[568] Cf. G. Hörster, op. cit., p. 52.

[569] Cf. D. A. Carson, D. J. Moo & L. Morris, op. cit., p. 116; F. Godet, *Einleitung*, v. 2, p. 311.

[570] F. Barth, op. cit., p. 204.

Réplica: A asserção de Barth, de que Lucas escreveria nos καιροὶ ἐθνῶν — kairoi ethnōn, não se pode embasar no texto. O texto não traz nenhum indício de que o autor escreve nessa época. Ademais, o começo dos "tempos dos gentios" não pode ser simplesmente fixado para a ocasião da destruição de Jerusalém. Devem ser vistos em termos de história da salvação, como contraposição ao tempo de Israel (cf. Rm 11.17-26; At 1.6).[571]

e) A omissão das palavras "para todos os povos" em Lucas 19.46 (essas palavras constam somente em Mc 11.17; faltam também em Mt 21.13) e "o desconhecimento da palavra da destruição e da reconstrução do templo no relato sobre o interrogatório de Jesus perante o Sinédrio judaico" (essas palavras constam em Mt 26.61 e Mc 14.58; faltam em Lc 22.63ss) poderiam ser compreensíveis após a destruição do templo.[572]

Réplica: Wikenhauser e Schmid datam o evangelho de Mateus para depois de 70.[573] Consequentemente, porém, com base em sua argumentação sobre o evangelho de Lucas, deveriam datar Mateus 26.61 antes do ano 70. Sua inconsistência demonstra que não se mantém nenhum esquema contínuo na questão sobre o que deveria ser datado depois ou antes do ano 70. Dessa forma se explicita também a relatividade em vista de Lucas 19.46 e 22.63ss.

f) Para o relato sobre o recenseamento em Lucas 2.1, Lucas teria tomado como exemplo a contagem do ano 74. Somente ela teria abrangido toda a população do Império Romano.[574]

Réplica: Michaelis refuta essa alegação apontando para o fato de que Lucas "podia classificar o cadastramento como ecumênico (At 11.28) também quando caísse em um período no qual tais contagens fossem realizadas em várias províncias e simultaneamente ainda ocorresse um censo para todos os cidadãos romanos...".[575]

g) Em Lucas 3.1s o autor se basearia nas *Antiguidades judaicas* de Josefo. Ou seja, o evangelho de Lucas teria sido escrito somente depois de 94 (presume-se que as *Antiguidades judaicas* tenham sido publicadas no ano 94).[576]

---

[571] J. C. K. VON HOFMANN, op. cit., p. 266.

[572] A. WIKENHAUSER & J. SCHMID, op. cit., p. 271; cf. J. ERNST, Arbeitspapier I, in: R. WEGENER, op. cit., p. 281.

[573] Cf. A. WIKENHAUSER & J. SCHMID, op. cit., p. 246.

[574] Como defendem Meyer e J. Jeremias (apud W. MICHAELIS, op. cit., p. 79).

[575] W. MICHAELIS, op. cit., p. 79.

[576] Cf. H. J. HOLTZMANN, *Einleitung*, p. 374, que enumera os mais diversos defensores dessa ideia.

Réplica: Em Lucas 3.1, o autor cita Lisânias como tetrarca de Abilene. Josefo igualmente se refere a um tetrarca Lisânias de Abilene.[577] Em outra passagem, Josefo menciona um Lisânias, filho de Ptolomeu, que foi assassinado por ordem de Cleópatra.[578] No entanto, a circunstância de o nome Lisânias ocorrer no evangelho de Lucas e em Josefo de forma alguma pressupõe que o evangelho de Lucas dependeu de Josefo. Discrepâncias cronológicas e outras refutam nitidamente essa postulada dependência.[579] Semelhanças linguísticas podem ser atribuídas ao conhecimento que ambos os autores tinham da LXX e de outra literatura daquele tempo.[580]

h) O'Neill pretende ter comprovado que Justino e Lucas se baseiam, em suas exposições, em fontes comuns, i.e., que o evangelho de Lucas teria sido redigido, quando muito, pouco antes da época de Justino, ao passo que a fonte teria sido consideravelmente mais antiga. O'Neill propõe uma data entre 115-130.[581]

Réplica: Na realidade não há grande necessidade de nos posicionarmos diante da concepção de O'Neill, uma vez que é totalmente inverossímil.[582] Constrói sua afirmação sobre a suposição de que Justino e o autor do evangelho de Lucas teriam trabalhado um completamente independente do outro. As semelhanças de seus escritos levariam a concluir que pertenceram à mesma geração.[583]

Se Justino (m. c. 165) conhece diversas passagens do evangelho de Lucas,[584] pode muito bem ter tido acesso ao próprio evangelho de Lucas. Não precisa se referir a uma fonte que estivesse disponível para ele e para Lucas. Jamais seria imaginável que o evangelho de Lucas encontrasse, em prazo exíguo e como escrito tão tardio, aceitação tão ampla e canônica em todo o cristianismo, como constatamos na tradição da igreja antiga. Já por volta do ano 100, ou um pouco depois,

---

[577] JOSEFO, *Antiguidades judaicas*, livro XIX, cap. 4.

[578] JOSEFO, *Antiguidades judaicas*, livro. XV, cap. 5.

[579] Cf. F. BARTH, op. cit., p. 205; D. A. CARSON, D. J. MOO & L. MORRIS, op. cit., p. 117; J. C. K. VON HOFMANN, op. cit., p. 260s; M. F. UNGER, op. cit., p. 73; T. ZAHN, *Einleitung*, v. 2, p. 435.

[580] Cf. M. MEINERTZ, op. cit., p. 198.

[581] J. C. O'NEILL, *The Theology of Acts in its Historical Setting*, 2. ed. (London: SPCK, 1970), p. 18, 21.

[582] Também em W. G. KÜMMEL, *Einleitung*, p. 119s, se confirma que a tentativa de O'Neill é insustentável.

[583] J. C. O'NEILL, op. cit., p. 5, 17.

[584] Cf. JUSTINO, *Diálogo com Trifão*, 81 / Lc 20.35s; 103/ Lc 22.44; 105/ Lc 23.46; *Apologia*, 15/ Lc 6.28; 33/ Lc 1.32; 66/ Lc 22.19. Quanto ao parentesco com Atos, cf. mais adiante, a datação de Atos dos Apóstolos.

se registram em diversos escritos possíveis alusões a passagens do evangelho de Lucas e de Atos.[585] Poucos anos depois de Justino, Teófilo de Antioquia parece se referir a Lucas 18.27.[586] Taciano usou, por volta de 170, também o evangelho de Lucas para sua harmonização dos evangelhos. Na carta das igrejas de Viena e Lião às igrejas da Ásia e da Frígia (c. 177) existe uma alusão a Lucas 1.6.[587] Celso (c. 180) se referiu uma vez ao evangelho que fez remontar a ascendência de Jesus a Adão.[588] Clemente de Alexandria (m. antes de 215) conhecia bem o evangelho de Lucas.[589]

i) Conforme Gregory, "o recuo maior até a história prévia ao nascimento de João [...] deveria servir de razão silenciosa para que se suponha um desenvolvimento posterior da tradição formadora de mitos".[590] Por isso, Gregory estabelece a data em torno do ano 80. Para Bornkamm, a "ampliação do lapso cronológico descrito mostra [...] a distância a partir da qual o autor vê a história de Jesus...".[591]

Réplica: Também esse argumento carece de qualquer consistência e não precisa de maiores refutações. Fazia parte da liberdade do evangelista determinar a amplitude cronológica do evangelho.

j) A maneira como o autor relataria as histórias de milagres "já faria recordar levemente com sua característica semissimbolizadora o gosto da época que soltou as rédeas de sua fantasia nos evangelhos apócrifos".[592]

Réplica: Quem conhece a literatura apócrifa poderá muito bem reconhecer diferenças drásticas entre ela e o evangelho de Lucas. A literatura apócrifa com frequência se esbalda em ilustrações fantasiosas de quaisquer detalhes miraculosos.

k) A obra dupla de Lucas teria como pressuposto a reestruturação farisaica da federação das sinagogas, que teria se estendido depois da destruição do templo até o começo do século II. Para os cristãos que não se curvaram diante das regras farisaicas, não teria mais havido lugar na sinagoga. "Em razão disso a saída da sinagoga por

---

[585] São exemplos: *Didaquê* 1.3/ Lc 6.28; 16.1/ Lc 12.35; INÁCIO, *Epístola aos esmirniotas*, 3.2/ Lc 24.39. Cf. F. GODET, *Einleitung*, v. 2, p. 330s.
[586] TEÓFILO DE ANTIOQUIA, *Ad Autolycum*, 2.13.
[587] Apud Euseb. HE, livro V, 1.10.
[588] Conforme ORÍGENES, *Contra Celso*, livro II, 32. Para outras referências ao evangelho de Lucas em Celso, cf. F. GODET, *Einleitung*, v. 2, p. 335.
[589] Cf., p. ex., CLEMENTE DE ALEXANDRIA, *Stromateis*, livro I, 21.145, 147; livro IV, 9 etc.
[590] C. R. GREGORY, op. cit., p. 768.
[591] G. BORNKAMM, *Bibel*, p. 77.
[592] A. JÜLICHER, op. cit., p. 296.

parte da congregação cristã constituía um ato de testemunho..."[593] As igrejas, das quais pretensamente teriam surgido as tradições do evangelho de Lucas, já teriam realizado essa saída. Isso estaria refletido nas passagens, segundo as quais "o evangelho cristão" seria apresentado "como mensagem judaica aos judeus", porém os pregadores "são rejeitados e expulsos contra sua vontade pelos líderes judeus" (cf. Lc 4.14-30; 6.22; 20.1-19; At 4.1-22; 7.51-60; 13.13-52; 22.1-22).[594]

Réplica: Esse argumento não considera os textos citados afirmações de Jesus, e sim uma tradição tardia da igreja.

l) A observação de que a obra teria sido "escrita sob o impacto de intensas perseguições aos cristãos" apontaria para o fim do mandato do imperador Domiciano (81-96).[595]

Réplica: As perseguições a cristãos não ocorreram apenas no tempo de Domiciano, como evidenciam claramente, p. ex., as cartas de Paulo.

m) As mais diferentes *razões teológicas* são aduzidas em defesa de uma datação tardia:

1) A obra dupla de Lucas combateria um "pré-marcionismo" ou o "hiperpaulinismo". A "concepção de Cristo e do cristianismo, de lei e revelação" do evangelho de Lucas teria "mais analogias" nos escritos do século II "que os escritos indubitavelmente mais antigos. Digno de nota é a ênfase com que ainda em Lucas 24.25-27,44 o Jesus ressuscitado se pronuncia a favor da lei, dos profetas e de todos os escritos, como se já fosse preciso rechaçar o gnosticismo antijudaico."[596]

2) Acerca da teologia da história, supostamente específica de Lucas, Janssen expõe: o recurso à historicidade de certos acontecimentos visaria a substituir em Lucas "a *certitudo* [certeza] da fé por uma *securitas* [segurança] humana", o que ainda teria sido inconcebível por volta do ano 60.[597]

3) Conforme Ernst, também seria possível encontrar no evangelho de Lucas uma "ideologia dos mártires".[598]

---

[593] W. Schmithals, *Einleitung in die drei ersten Evangelien*, p. 359.

[594] W. Schmithals, *Einleitung in die drei ersten Evangelien*, p. 359. Cf. E. Schweizer, *Jesus Christus*, p. 138. Ele escreve: "De modo totalmente diverso de Mateus, e sobretudo de Paulo, a devoção do judaísmo transita de forma mais ou menos ininterrupta para seu cumprimento na fé cristã".

[595] W. Schmithals, *Einleitung in die drei ersten Evangelien*, p. 367.

[596] A. Jülicher, op. cit., p. 295s.

[597] Cf. H. Janssen, Arbeitspapier II, in: R. Wegner, op. cit., p. 292. Cf. tb. J. Ernst, Arbeitspapier I, in: R. Wegner, op. cit., p. 281. G. Bornkamm, *Bibel*, p. 77, opina que o autor teria "interesse em um curso contínuo da história, que se estende até a atualidade da igreja", que ainda inexistiria nos demais evangelistas.

[598] J. Ernst, Arbeitspapier I. in: R. Wegner, op. cit., p. 281.

4) Também a escatologia perceptível no evangelho de Lucas faz parte desses argumentos.[599]

5) A "ausência da ideia da morte expiatória" igualmente é apresentada por Ernst.[600]

6) Também seriam evidentes no evangelho de Lucas "tendências protocatólicas".[601]

Réplica: Novamente cabe assinalar como são especulativas as análises críticas. Robinson escreve que as "ponderações gerais sobre o tempo demandado para o desenvolvimento da perspectiva teológica e histórica de Lucas e Atos dos Apóstolos... sabidamente são sempre subjetivas" e dependem de outros dados.[602]

Conclusão: Dependendo da hipótese, sugerem-se para a redação datas entre 70 e 113 d.C.: Feine data "não muito tempo depois de 70",[603] Jeremias "após 74",[604] Kümmel "entre 70 e 90",[605] Barth "no período entre 75 e 90",[606] Lohse "por volta de 90",[607] Jülicher "de 80 a 110".[608]

2.3.8.2 Redação antes de 70

O livro de Atos dos Apóstolos foi escrito por volta do final do primeiro cativeiro de Paulo 62/63 (cf., mais adiante, sobre a datação de Atos). Por isso, o evangelho de Lucas deve ser situado antes disso.[609]

É provável que, durante os dois anos de prisão de Paulo em Cesareia, Lucas tenha realizado suas investigações intensivas.[610] Essa prisão deve ser datada para os anos 57-59. A redação aconteceu ou durante esse período ou logo depois.

---

[599] J. ERNST, Arbeitspapier I. in: R. WEGNER, op. cit., p. 281.

[600] J. ERNST, Arbeitspapier I. in: R. WEGNER, op. cit., p. 281.

[601] J. ERNST, Arbeitspapier I. in: R. WEGNER, op. cit., p. 281.

[602] J. A. T. ROBINSON, op. cit., p. 97.

[603] P. FEINE, op. cit., p. 67.

[604] Cf. W. MICHAELIS, op. cit., p. 79.

[605] W. G. KÜMMEL, *Einleitung*, p. 120.

[606] Γ. BARTH, op. cit., p. 205.

[607] E. LOHSE, *Entstehung*, p. 96.

[608] A. JÜLICHER, op. cit., p. 296.

[609] O fato de que Atos pressupõe o evangelho de Lucas é contestado sem razão por alguns poucos como F. H. Chase, R. Koh, P. Parker, H. G. Russell e C. S. G. Williams (todos citados por J. A. FITZMYER, *The Gospel According to Luke*, in: AB [Garden City: Doubleday, 1981], v. 28, p. 53).

[610] Cf. D. GUTHRIE, *Introduction*, p. 131; E. F. HARRISON, op. cit., p. 202; E. LERLE, *Moderne Theologie*, p. 40s; W. MICHAELIS, op. cit., p. 78; M. C. TENNEY, op. cit., p. 197; H. C. THIESSEN, op. cit., p. 157s.

Essa suposição é respaldada pelos seguintes indícios:

a) Como já foi mencionado, Clemente de Alexandria escreveu que os dois evangelhos que contêm as genealogias foram escritos primeiro.[611] Em decorrência, o evangelho de Lucas deve ser situado antes do de Marcos.

Na Idade Média, Eutímio Zigabeno data o evangelho de Lucas para o décimo quinto ano após a ascensão de Jesus.[612]

b) Como indício de que passagens como Lucas 19.41-44 e 21.20-23 devem ser lidas como profecia divina e foram proferidas e anotadas antes do ano 70, podemos considerar a fuga da igreja cristã de Jerusalém para Pela (Transjordânia) no ano 66.[613] Na hipótese de um *vaticinium ex eventu*, redigido *após* 70 (cf. seção anterior), justamente esse importante episódio seria absolutamente inconcebível e inexplicável.

c) Conforme von Hofmann, Lucas 3.1 foi seguramente escrito antes da guerra judaica (66-70). Depois dessa guerra não haveria motivos para mencionar Lisânias, cuja tetrarquia teria sido doada a Herodes Agripa pelo imperador Cláudio.[614]

Síntese: Fixamos a data do evangelho de Lucas para o ano 59/60.

2.3.9 Excurso: *Algumas reflexões sobre Lucas 2.1s*

2.3.9.1 *Descrição do problema*

Muitos pesquisadores contestam que na época do nascimento de Jesus tenha sido realizado um recenseamento no Império Romano.[615]

Josefo menciona que Quirino foi enviado pelo imperador romano para a Síria, a fim de realizar uma avaliação patrimonial: "Quanto aos territórios que Arquelau possuía, Augusto anexou-os à Síria e deu a Cirênio que fora cônsul a incumbência de fazer o inventário e vender o palácio de Arquelau".[616]

---

[611] Euseb. HE, livro VI, 14.5.

[612] EUTÍMIO ZIGABENO, *Commentarius in Matthaeum*, cap. 1.

[613] Cf. D. A. CARSON, D. J. MOO & L. MORRIS, op. cit., p. 116s; D. GUTHRIE, *Introduction*, p. 129s.

[614] J. C. K. VON HOFMANN, op. cit., p. 261. A réplica de T. ZAHN, *Einleitung*, v. 2, p. 446, não consegue desacreditar esse indício.

[615] E. LOHSE, Umwelt des Neuen Testaments, p. 156: "Não existe nenhuma notícia de uma ordem de Augusto, que em todo o império se realizasse um recenseamento geral em determinado prazo (Lc 2.1)". Cf. a afirmação de Jeremias, já mencionada entre os argumentos sobre a datação. As dúvidas foram formuladas de maneira clássica por D. F. STRAUSS, *Das Leben Jesu – kritisch bearbeitet* (1835), v. 1, p. 199ss.

[616] JOSEFO, *Antiguidades judaicas*, livro XVII, cap15; livro XVIII, cap 3: "Depois que Cirênio vendeu os bens confiscados a Arquelau e terminou o inventário, que se realizou trinta e sete anos depois da batalha de Áccio, ganha por Augusto contra Antônio...".

Uma vez que Arquelau foi deposto somente no ano 6 d.C., esse censo não pode ter ocorrido na época do nascimento de Jesus.

Bruce não questiona Lucas 2.1, porém — com base em Josefo — deixa Quirino "fora da jogada". Bruce traduz assim Lucas 2.1: "Esse alistamento aconteceu antes daquele que foi realizado quando Quirino era governador da Síria",[617] embora essa tradução não reproduza fielmente o texto grego.

Além disso, aconteceu, de acordo com Tertuliano, um recenseamento sob Sêntio Saturnino, que foi governador romano na Síria entre os anos 9 e 7 (ou 6) a.C.[618]

Surge, pois, a pergunta *se Lucas 2.1 corresponde à verdade* e de que maneira se deve entender essa passagem? Será que realmente era possível um mandato de Quirino na época do nascimento de Jesus? E que dizer do recenseamento? Aconteceu mais cedo ou mais tarde? Era realmente possível que se instaurasse um recenseamento no território de Herodes I? Ou será que uma contagem ocorreu pela primeira vez por volta de 6 d.C.?

2.3.9.2 Indícios da legitimidade histórica de Lucas 2.1s

Se a Sagrada Escritura for palavra de Deus (inspirada e sem erro), então Lucas 2.1s corresponde à verdade. Lucas 2.1ss não se torna verdade apenas quando o evento citado é plenamente confirmado pela história contemporânea. No entanto, existem, sem dúvida, confirmações para a veracidade dos referidos versículos.

a) Zahn questiona a exatidão das afirmações de Josefo, referentes à história mais antiga. Josefo nasceu somente por volta de 37/38 d.C. e anotou a fase inicial de seu relato histórico em parte sem dispor de fontes escritas. Zahn salienta com razão que o médico e pesquisador Lucas, mais velho, com certeza é mais digno de crédito que Josefo.[619] Ademais, sabe-se que Josefo deve ser considerado, em parte, um "autor tendencioso".[620]

b) Como favorito e amigo do imperador Augusto, Herodes I havia recebido importantes prerrogativas para o território que governava. Contudo, próximo ao fim de

---

[617] F. F. BRUCE, *Zeitgeschichte*, tomo 1, p. 36, nota 1. De forma análoga F. GODET, *Einleitung*, v. 2, p. 324s; W. BRINDLE, The Census and Quirinius: Luke 2.2, JETS, n. 1, 1984, p. 48ss.

[618] TERTULIANO, *Contra Marcião*, 4.19. Cf. W. M. RAMSAY, *Was Christ Born in Bethlehem? — A Study on the Credibility of St. Luke*, reimpr. (Minneapolis: James Family Publishing [1898] 1978), p. 154ss; R. MARCHANT, *The Census of Quirinius — The Historicity of Luke 2.1-5*, IBRI Report, n. 4, s.d., p. 7.

[619] T. ZAHN, *Lukas*, p. 129s, esp. nota 17.

[620] Cf. E. STAUFFER, *Jesus*, p. 26s.

sua vida e de seu tempo de governo, Herodes I caiu na desgraça do imperador romano Augusto,[621] provavelmente em torno do ano 8 ou 7 a.C.[622] Nessa época da confiança quebrada entre o imperador e Herodes, era bem viável que Augusto mandasse realizar um recenseamento e uma avaliação das fortunas.[623] No entanto, o nome Quirino foi usado por Lucas como definição cronológica, o que não precisava significar que Quirino mandou pessoalmente realizar o recenseamento no território de Herodes.[624]

c) Por meio de um papiro egípcio, somos informados de que nesses recenseamentos as pessoas tinham de se deslocar para seus locais de origem. Entretanto, o papiro data já do ano 104.[625]

d) Uma vez que o recenseamento de Lucas 2.1 aconteceu segundo a genealogia, correspondendo assim ao modo de pensar judaico, ele não chamou muito a atenção, não sendo imperioso que desse motivos para que Josefo o anotasse em suas obras.[626]

e) Ramsay observa que em Lucas 2.1 consta o tempo presente ἀπογράφεσθαι — **apographesthai**, "ser alistado", o que expressa no grego um aspecto de continuidade. "O que Augusto fez foi introduzir o princípio do registro sistemático no mundo romano, não ordenar a arrecadação de um imposto único."[627] De acordo com Ramsay, Augusto introduziu esse princípio provavelmente em 9 a.C., porém não conseguiu implantá-lo de imediato em todos os lugares.[628]

Um recenseamento durava muitos anos. "No começo ocorre o apógrafo, ou seja, o traslado sistemático de todos os sujeitos e objetos tributários. Para anotar os sujeitos tributários era necessário o inventário fundamental das pessoas [...] O ato final das morosas providências de recenseamento era constituído, na Síria, Palestina e outras regiões, pela *apotímesis*, a instrução tributária oficial", que se realizou por volta de 6 d.C. e sobre a qual informa Josefo.[629]

---

[621] Cf. Josefo, *Antiguidades judaicas*, livro XVI, cap. 15: "César ficou muito encolerizado e escreveu a Herodes uma carta cheia de ameaças, que dizia, entre outras coisas, que até então ele o considerara um amigo, mas que dali em diante o trataria como súdito".

[622] Cf. W. M. Ramsay, op. cit., p. 178.

[623] Cf. M. F. Unger, op. cit., p. 55. E. Stauffer, *Jesus*, p. 30ss, mostra a situação tributária daquele tempo com seus paralelos em Petra e na cidade-Estado síria de Apaineia.

[624] Cf. W. M. Ramsay, op. cit., p. 104s.

[625] Cf. A. Deissmann, *Licht vom Osten*, p. 231ss (com o texto desse papiro); cf. tb. W. M. Ramsay, op. cit., p. 128ss; E. Stauffer, *Jesus*, p. 29.

[626] Cf. W. M. Ramsay, op. cit., p. 107s; E. Stauffer, *Jesus*, p. 33.

[627] W. M. Ramsay, op. cit., p. 124.

[628] Cf. W. M. Ramsay, op. cit., p. 160. Data o recenseamento para 7 ou 6 a.C. (op. cit., p. 195).

[629] E. Stauffer, *Jesus*, p. 29.

f) Marchant considera possível que Sêntio Saturnino, mencionado por Tertuliano, fosse a pessoa designada por Quirino para executar o recenseamento.[630] Stauffer comprova que por longo tempo Quirino exercia no Império Romano a função de um "generalíssimo do Oriente", de forma quase contínua de 12 a.C. a 17 d.C.[631] Nessa função, deve ter ocupado temporariamente o cargo de legado na Síria.[632]

Por meio de gravações em pedra, essa atividade de Quirino no Oriente é confirmada para antes da era cristã.[633]

Foi descoberta uma laje de mármore com uma inscrição, a saber, o documento de um oficial que havia sido promovido sob o legado sírio Quirino e que informa, na mesma gravação, que na gestão de Quirino ajudou a realizar um recenseamento.[634]

Com boas razões, portanto, fiamo-nos na historicidade do que foi narrado em Lucas 2.1: segundo esse relato, a ἀπογραφή — **apographē**, "registro" no cadastro tributário romano aconteceu no final do reinado e da vida de Herodes I e ao mesmo tempo durante o mandato do legado Quirino na Síria, ou seja, *entre 7 e 4 a.C.*

2.4 A questão sinóptica[635]

O problema sinóptico, i.e., a pesquisa do parentesco mais próximo entre os três primeiros evangelhos, constitui uma das questões mais difíceis da ciência introdutória do NT.

A evolução histórica da teoria das duas fontes evoca fortemente a crítica de fontes praticada em relação ao AT com as hipotéticas fontes J, E, D e P no Pentateuco.[636]

---

[630] R. Marchant, op. cit., p. 7.

[631] E. Stauffer, *Jesus*, p. 32.

[632] Cf. W. Grundmann, Das palästinensische Judentum im Zeitraum zwischen der Erhebung der Makkabäer und dem Ende des Jüdischen Krieges, in: J. Leipoldt & W. Grundmann, op. cit., 7. ed. (1985), v. 1, p. 160.

[633] Cf. A. Deissmann, *Licht vom Osten*, p. 4s. Lá também há um fac-símile de uma pedra de Antioquia na Pisídia, a "base de uma estátua de C. Caristânio, prefeito do governador P. Sulpício Quirino" (op. cit., p. 4).

[634] Cf. W. M. Ramsay, op. cit., p. 150ss; T. Zahn, *Lukas*, p. 131; idem, *Einleitung*, v. 2, p. 402s, embora Zahn presuma que Lucas tenha se enganado por 1 a 2 anos ao datar o período de governo de Quirino ainda no tempo de vida de Herodes I.

[635] Este capítulo foi publicado originariamente em *Fundamentum*, n. 2, 1982; n. 1, 1983. Foi revisado para ser integrado ao presente livro.

[636] J. Roloff, *Neues Testament* (Neukirchen-Vluyn: Neukirchener Verlag, 1977), p. 5, escreve a respeito disso: "Essa crítica de fontes trouxe alguns resultados que se tornaram um sólido acervo da pesquisa: é o caso da teoria das fontes sinópticas no NT e, no AT, a análise das fontes do Pentateuco".

Contudo, ao mesmo tempo cumpre dizer que a problemática da questão sinóptica se diferencia da indagação pelo surgimento dos cinco primeiros livros do AT na medida em que o Pentateuco descreve uma sequência sintética dos episódios desde a criação até a entrada de Israel na terra prometida. Em contraposição, os três primeiros evangelhos constituem *relatos paralelos* da *mesma* boa notícia, que apresentam um grande número de pontos em comum, mas também interessantes diferenças. Portanto, trata-se de esclarecer e solucionar relações de parentesco no âmbito dos evangelhos sinópticos. Ao analisarmos a evolução histórica dos fatos, será explicitado claramente que o posicionamento diante da questão sinóptica se tornou um "divisor de águas" na ciência introdutória do NT.

É compreensível que nos parâmetros de um ensaio não se poderá iluminar cada detalhe. Nossa análise se concentrará nos seguintes pontos:
- Descrição do problema
- O desenvolvimento histórico da crítica dos sinópticos
- Apreciação crítica da hipótese de Marcos
- Uma proposta de solução

2.4.1 Descrição do problema

Cullmann escreve:

> Os primeiros três evangelhos, Mateus, Marcos e Lucas, constituem, na comparação entre si, certa unidade em relação ao quarto, o evangelho segundo João. Aqui tudo se desenrola nos mesmos moldes cronológicos e geográficos: a atuação pública de Jesus [...] começa na Galileia e se encerra com sua paixão e morte na Judeia. João, no entanto, apresenta essa atuação de Jesus com a duração de dois ou três anos, deslocando-o integralmente para a Judeia e somente alguns episódios para a Galileia.
>
> A estrutura dos primeiros três evangelhos é tão similar que se pode sem dificuldades anotá-los em três colunas lado a lado e lê-los de maneira paralela, no mesmo relance: é daí que se origina sua designação "evangelhos sinópticos". Essa expressão, usada pela primeira vez por Griesbach no século XVIII, é derivada do verbo grego *synorao*, que significa "ver em conjunto", "ver pelo mesmo ângulo".
>
> Deparamo-nos, assim, com o "problema sinóptico": como se explicam, de um lado, o parentesco desses três evangelhos entre si e, de outro, as diferenças que apesar de tudo existem entre eles?[637]

---

[637] O. Cullmann, *Einführung*, p. 29.

Acerca da dimensão do parentesco entre os sinópticos, são trazidas por *Bruce* as seguintes exposições:

> Sem maiores esforços reconhecemos que esses três evangelhos têm em comum uma extraordinária quantidade de materiais. Por exemplo, o conteúdo de 606 do total de 666 versículos do evangelho de Marcos retorna no de Mateus, e 350 versículos de Marcos constam com pequenas alterações em Lucas. Em outras palavras: dos 1.068 versículos do evangelho de Mateus cerca de 600 contêm material que também se encontra em Marcos, e dos 1.149 versículos do evangelho de Lucas aproximadamente 350 têm paralelo em Marcos. Ao todo, o evangelho de Marcos traz somente 31 versículos para os quais não existe paralelo em Mateus ou em Lucas.
>
> Uma comparação entre Mateus e Lucas demonstra que esses dois trazem cerca de 250 versículos com o mesmo conteúdo, para os quais não existe paralelo em Marcos. Esse material comum aos dois foi rendido em uma linguagem que em alguns momentos chega a ser idêntica em Mateus e Lucas, em parte, porém, evidencia também consideráveis diferenças. Restam cerca de 300 versículos em Mateus, em parte narrativas, em parte diálogos, que constituem material exclusivo do evangelho, e cerca de 550 versículos em Lucas não possuem conteúdo paralelo nos dois outros evangelhos.[638]

Stoldt constata que os quatro evangelhos canônicos não apenas representam em toda a literatura mundial, tanto sacra como profana, "um fenômeno literário realmente singular", mas igualmente contêm "um problema de fontes absolutamente único, não encontrado analogamente em nenhum outro lugar".[639]

No ano 1794 Eichhorn (1752-1827), tirando as consequências da problemática acima esboçada, levantou a "célebre alternativa": "'Ou os três evangelistas fizeram uso um do outro, ou dependem de uma mesma fonte comum".[640]

Ou seja, propõem-se duas soluções:

- uma intrassinóptica,
- uma pré-sinóptica, ou extrassinóptica.

A possibilidade de uma terceira alternativa será objeto de nossa atenção mais abaixo.

Que caminho, pois, foi trilhado pela história da pesquisa sinóptica?

---

[638] F. F. BRUCE, *Die Glaubwürdigkeit*, p. 36.

[639] H. H. STOLDT, op. cit., p. 8.

[640] J. G. EICHHORN, "Über die drei ersten Evangelisten", in: EICHHORNs *Allgemeine Bibliothek der biblischen Literatur* (1794) p. 766 (apud H. H. STOLDT, op. cit., p. 9).

2.4.2 O desenvolvimento histórico da crítica dos sinópticos[641]

A situação não é assim que a questão sinóptica tenha causado noites de insônia a todos os teólogos desde a publicação dos evangelhos.

Da patrística (= época dos pais da igreja) temos informação de apenas dois exemplos de homens que tentaram se posicionar diante desse problema. Um era *Taciano*, que por volta de 170 intentou produzir, com o *Diatessaron* (harmonia dos evangelhos) um evangelho homogêneo e tentou afastar as dificuldades pela harmonização. Depois dele, *Agostinho* foi o primeiro a tecer considerações sobre a relação literária entre os diversos evangelhos. Em *De consensu evangelistarum*[642] constam anotações históricas sobre os evangelhos: de acordo com Agostinho, os evangelhos surgiram na mesma ordem em que aparecem no cânon (i.e. Mateus, depois Marcos, depois o evangelho de Lucas), e os evangelhos posteriores não foram escritos sem conhecimento dos anteriores, ainda que cada evangelista tenha configurado de forma independente o curso da narrativa.[643] A conclusão de Agostinho, de que o evangelho de Marcos seria um extrato de Mateus, antecipa a crítica aos sinópticos no século XVIII.[644]

2.4.2.1 Hipóteses extrassinópticas ou pré-sinópticas

a) *A hipótese do protoevangelho*[645]

Lessing levantou a tese de que os atuais evangelhos segundo Mateus, Marcos e Lucas se baseiam sobre um *protoevangelho aramaico*, o chamado *Evangelho dos nazareus* (ou nazarenos),[646] acerca do qual Jerônimo traz notícias no século IV de

---

[641] Quanto à retrospectiva histórica da evolução da crítica sinóptica e às teorias de fontes, cf. as respectivas hipóteses de fontes, cronologicamente anteriores, na crítica ao Pentateuco (cf. S. R. KÜLLING, *Zur Datierung der "Genesis-P-Stücke", namentlich des Kapitels Genesis 17* [Kampen: Kok, 1964], esp. a breve visão panorâmica à p. 151s).

[642] Escrito em c. 400; cf. B. ALTANER & A. STUIBER, op. cit., p. 431.

[643] Cf. AGOSTINHO, *De consensu evangelistarum*, livro I, 2.3.

[644] Cf. W. G. KÜMMEL, *Einleitung*, p. 19.

[645] Cf. esp. D. GUTHRIE, *Introduction*, p. 138s; W. G. KÜMMEL, *Einleitung*, p. 19s; H. J. GENTHE, op. cit., p. 62-5.

[646] Cf. W. SCHNEEMELCHER, op. cit., v. 1, p. 128ss. O *Evangelho dos nazareus*, conhecido por Jerônimo em idioma aramaico, foi equivocadamente relacionado com a citação de Papias sobre uma redação original aramaica do evangelho canônico de Mateus (cf. o exposto anteriormente sobre Mateus). Hoje se conhece melhor a característica (muitos floreios novelísticos) e a redação (primeira metade do séc. II) do *Evangelho dos nazareus* que na época de Lessing (cf. W. SCHNEEMELCHER, op. cit., v. 1, p. 133ss).

que ainda estaria em uso na seita dos nazarenos.[647] Em seguida, com base na famosa citação de Papias,[648] Lessing tenta rotular Mateus como primeiro tradutor do *Evangelho dos nazareus* (entretanto, a citação de Papias dificilmente tolera uma interpretação dessas). A hipótese de Lessing foi revestida de caráter científico somente com as publicações de Eichhorn. Em 1794, ele primeiramente supôs que cada um dos três evangelistas teria utilizado o protoevangelho em uma forma distinta,[649] mas em 1804 deu configuração nova e independente à hipótese.[650] Supôs um protoevangelho aramaico e derivou desse escrito originário nove diferentes escritos de evangelhos,[651] que, "além de outras fontes, formariam a base dos atuais evangelhos. A hipótese de Eichhorn se evidenciou como artificial demais e trabalhava com excessivo número de unidades desconhecidas..."[652] para que pudesse se impor.

b) A hipótese dos fragmentos ou das diégeses[653]

O primeiro defensor da hipótese das diégeses ou dos fragmentos foi o professor racionalista *Heinrich Paulus* (atuou primeiro em Jena, depois em Würzburg e, por fim, em Heidelberg).[654]

"Quando iniciou seus estudos em Tübingen, combatiam-se Lessing e Goeze."[655] Segundo a opinião de H. E. G. Paulus, os evangelistas colecionaram e aproveitaram anotações de testemunhas oculares (conforme H. E. G. Paulus, os milagres nos evangelhos se baseiam em uma ilusão das testemunhas oculares[656]).

---

[647] Cf. G. E. Lessing, *Neue Hypothesen über die Evangelisten als bloss menschliche Geschichtsschreiber betrachtet* (1778).

[648] Cf. mais adiante sobre a tradição da igreja antiga com referência ao evangelho de Mateus.

[649] Cf. J. G. Eichhorn, *Über die drei ersten Evangelisten* (apud W. G. Kümmel, *Einleitung*, p. 19.)

[650] Cf. J. G. Eichhorn, *Historisch-kritische Einleitung in das Neue Testament* (1804), v. 1 (apud D. Guthrie, *Introduction*. p. 139; W. G. Kümmel, *Einleitung*, p. 19).

[651] Para dados mais precisos, cf. P. Feine, op. cit., p. 15.

[652] Cf. W. G. Kümmel, *Einleitung*, p. 19s.

[653] *Diégese* vem do grego διήγησις — diēgēsis, "narrativa", "análise", "proclamação, "notícia" Sobre a hipótese dos fragmentos, cf. sobretudo D. Guthrie, *Introduction*, p. 139; W. G. Kümmel, *Einleitung*, p. 20; H. J. Genthe, op. cit., p. 76, 85.

[654] Cf., p. ex., H. E. G. Paulus, *Exegetisches Handbuch über die drei ersten Evangelien* (Heidelberg: [s.n.], 1830-1832).

[655] H. J. Genthe, op. cit., p. 76. Cf. as preciosas anotações sobre a extraordinária luta em torno da verdade da Bíblia entre Lessing e o pastor Goeze de Hamburgo, em G. Dürr, J. M. Goeze — ein Kämpfer für die Wahrheit der Heiligen Schrift, BuG, n. 2, 1971, p. 97-105; n. 3, 1971, p. 211-22; n. 4, 1971, p. 301-11.

[656] Cf. H. J. Genthe, op. cit., p. 76.

A ideia de coleções das histórias de milagres, das afirmações de Jesus ou das histórias da paixão foi adotada e ampliada por *Schleiermacher*.[657] Teria emergido, principalmente fora das fronteiras da Palestina, um grande anseio por essas anotações. "Desse modo os anotadores em breve se teriam tornado colecionadores. Um teria reunido histórias de milagres, outro, discursos, um terceiro, entre outras, narrativas da história da paixão e ressurreição."[658] Como "comprovação" da sustentabilidade dessa hipótese, foi argumentado sem razão com o "prólogo de Lucas" em Lucas 1.1-4. Esses resultados de coletâneas (fragmentos/diégeses) teriam sido utilizados na confecção dos atuais evangelhos.

Guthrie ressalta que a principal debilidade dessa hipótese reside em que até hoje falta qualquer vestígio de uma coletânea dessas e, também, que essa teoria não fornece uma elucidação sobre o enorme parentesco dos evangelhos sinópticos, que se destaca até no vocabulário e na sequência dos resultados.[659] De certo modo, Schleiermacher se tornou, com sua hipótese das *diégeses* e fragmentos, precursor da história das formas no século XX.[660] Muito em breve a hipótese de Schleiermacher foi substituída por uma nova teoria.

c) A teoria da tradição oral[661]

A ideia de um protoevangelho é conhecida desde Lessing e Eichhorn.

Enquanto na hipótese do protoevangelho se falava de um escrito apostólico antigo em aramaico (*Evangelho dos nazareus*), *Herder* 1796/1797 presumiu, "na esteira de Lessing, um protoevangelho *oral*, que consistia de partes isoladas...".[662]

Foi *Gieseler* quem conferiu formato sólido a essa hipótese.[663] De acordo com a teoria de Gieseler, constituiu-se muito cedo um evangelho oral — primeiro aramaico, mais tarde grego[664] — que serviu de fonte para o evangelho de Mateus,

---

[657] Cf. F. Schleiermacher, *Über die Schriften des Lukas*.

[658] W. G. Kümmel, *Einleitung*, p. 20.

[659] Cf. D. Guthrie, *Introduction*, p. 139.

[660] Cf. D. Guthrie, *Introduction*, p. 139; W. G. Kümmel, *Einleitung*, p. 20.

[661] Cf. D. Guthrie, *Introduction*, p. 139ss; W. G. Kümmel, *Einleitung*, p. 20s. No conceito "tradição oral" trata-se de uma transmissão e um acúmulo de tradições orais.

[662] W. G. Kümmel, *Einleitung*, p. 20. Cf. J. G. Herder, *Regel der Zusammenstimmung unserer Evangelien* (1797).

[663] J. C. L. Gieseler, *Historisch-kritischer Versuch über die Entstehung und die frühesten Schicksale der schriftlichen Evangelien* (1818); cf. W. G. Kümmel, *Einleitung*, p. 21.

[664] Cf. A. D. Baum, Die älteste Teilantwort auf die synoptische Frage (Lc 1.1- 4), *Jahrbuch für Evangelikale Theologie*, n. 8, 1994, p. 16s; E. Linnemann, op. cit., p. 28s.

"especificamente palestino", para um evangelho "modificado" de Marcos e para o evangelho "paulino" de Lucas. As diferenças dos três evangelhos podem ser atribuídas, conforme Gieseler, aos diferentes objetivos e "capacidades" dos evangelistas. O erudito Wetzel afiançou, em 1883, que, do grupo dos discípulos, Mateus teria sido particularmente capaz para levar avante a tradição oral.[665] É flagrante que a hipótese de uma tradição oral abriu para diversos estudiosos um amplo campo para variações de hipóteses.[666]

A hipótese da tradição oral não foi capaz de se consolidar, porque apresenta excessivo número de pontos fracos.[667] P. ex., como se deve explicar, a partir de uma tradição oral, a sequência, em muitos casos idêntica, dos episódios, bem como a igualdade linguística que chega aos mais detalhados pormenores da formulação? Como se pode conceber que Mateus e Lucas, apesar de considerável acervo de "material exclusivo", sempre retornam ao "arcabouço de moldura", do qual também Marcos faz uso? Por que Marcos, ao acolher a tradição oral, deixaria fora tão grande parcela dos ensinamentos de Jesus que se pode constatar nos outros dois? A suposição das fontes escritas pareceu muito mais plausível a numerosos críticos que a explicação de uma tradição, difícil de captar, de transmissão oral.

d) Observações de síntese

As três hipóteses sucintamente explicadas propõem uma solução pré-sinóptica ou extrassinóptica. Ainda que as citadas teorias extrassinópticas tivessem sido ampliadas por mais algumas, seguramente não se alteraria o fato de que as soluções extrassinópticas fazem parte "das interpretações equivocadas dos evangelhos".[668]

2.4.2.2 Propostas intrassinópticas

a) A reviravolta das hipóteses extrassinópticas para uma busca de explicação intrassinóptica

Com o grande erudito Johann Jakob *Griesbach* (1745-1812),[669] teve início uma nova etapa na pesquisa dos evangelhos.

---

[665] Cf. G. WETZEL, *Die synoptischen Evangelien* (Heilbronn: [s.n.], 1883); apud D. GUTHRIE, *Introduction*, p. 141.

[666] Cf. A. WRIGHT, *The composition of the Four Gospels* (1890); apud D. GUTHRIE, *Introduction*, p. 142. Cf. tb. J. W. DOEVE (apud W. G. KÜMMEL, *Einleitung*, p. 21).

[667] Cf. D. GUTHRIE, *Introduction*, p. 142ss.

[668] É o que defende com razão H. H. STOLDT, op. cit., p. 10.

[669] Lecionou como professor de NT a partir de 1771 em Halle, a partir de 1775 em Jena.

Foi Griesbach (como já observamos) o primeiro a designar de "sinópticos" os três evangelhos Mateus, Marcos, Lucas, e que pela primeira vez publicou em 1774 (cada evangelho em uma coluna, lado a lado) uma "sinopse" (= visão de conjunto) dos evangelhos.

Desde Griesbach, a crítica dos evangelhos buscou, em variações sempre novas, por uma solução intrassinóptica, como explicaremos brevemente na sequência. Reveladora é nesse ponto a constatação de Stoldt:

> ... para a crítica dos evangelhos resultou esta conclusão: o problema sinóptico somente pode ser explicado a partir de uma relação de utilização e de algum tipo entre os três evangelhos de Mateus, Marcos e Lucas. *Porém, de que tipo? Foi e continua sendo esse o problema controvertido e enigma não solucionado.*

Até hoje foi considerado pacífico que haveria, ao todo, seis diferentes possibilidades de utilização, as quais eram calculadas segundo a lei da permutação:[670] Contudo, nelas as possibilidades de combinações não são 6, mas 33 [...]. Pode-se dizer que quase todas as variações de relacionamento teóricas foram também defendidas na prática, ou pelo menos emergiram no curso da história da pesquisa. Entretanto, foram somente duas delas em torno das quais se adensou a discussão científica e que, por consequência, se tornaram de fato historicamente relevantes: a hipótese de Griesbach e a hipótese de Marcos.[671]

Quando Kümmel afirma, que dentre todas as combinações teoricamente possíveis, "somente três pontos de vista conseguiram se afirmar",[672] não está em contradição com Stoldt, já citado, que fala somente de duas variantes historicamente relevantes. Porque Kümmel menciona a mais, em primeiro lugar, a concepção de Agostinho.

Portanto, as propostas mais significativas e intrassinópticas são estas três:
- A teoria de *Agostinho*
- A teoria da utilização de *Griesbach*
- A hipótese de *Marcos*

Agostinho defende a sequência: Mateus, Marcos, Lucas. Essa teoria encontra defensores até os dias de hoje (p. ex., Schlatter, Zahn, Butler); "geralmente, porém, de uma forma modificada, que imagina Marcos dependente de um estágio preliminar de Mateus".[673]

---

[670] Permutação = conjugação de todas as constelações possíveis a partir de determinado número de elementos [N. dos A.].

[671] H. H. STOLDT, op. cit., p. 10.

[672] W. G. KÜMMEL, *Einleitung*, p. 21.

[673] W. G. KÜMMEL, *Einleitung*, p. 21.

b) A hipótese da utilização ou teoria de Griesbach[674]

Seguindo Agostinho, Griesbach manteve a prioridade de Mateus, mas postulou a seguinte sequência: Mateus, Lucas, Marcos. A teoria que leva seu nome foi apresentada por ele já em 1789/1790 "em uma pesquisa analítica perspicaz, redigida em latim".[675]

> Nessa ideia Griesbach já tivera um precursor na pessoa do inglês Henry Owen,[676] reitor de St. Olave em Hart-Street e membro da Sociedade Real [...] Owen caracteriza o evangelho de Marcos como uma abreviação compilatória de Mateus e Lucas (*an abridgement of St. Matthew and St. Luke*): *That St. Mark followed this plan, no one can doubt, who compares his Gospel with those of the two former Evangelists. He copies largely from both: and takes either the one or the other perpetually for his guide. The order indeed is his own, and is very close and well connected* [Ninguém que compara esse evangelho com os dois anteriores poderá duvidar de que Marcos seguiu esse plano. Ele copia consideravelmente de ambos e toma ou um ou outro como seu guia permanente. A ordem, sem dúvida, é dele próprio, e é bastante próxima e bem ligada].[677]

Essa teoria de fontes de Owen e Griesbach foi alvo de atenção geral imediatamente depois da publicação da *Commentatio*, ainda mais que Griesbach indubitavelmente foi um erudito de elevada categoria científica, sendo aceita e disseminada pela maioria dos principais cientistas do ramo na primeira metade do século passado [séc. XIX].[678]

Os defensores mais conhecidos da hipótese de Griesbach foram *Bleek*,[679] além de *Strauss*, a escola de *Baur*[680] e *De Wette*[681] e, como representantes de nossa geração, William R. *Farmer*, de Dallas[682] e Bernard *Orchard*, de Londres.[683]

---

[674] Cf. D. GUTHRIE, *Introduction*, p. 145ss; W. G. KÜMMEL, *Einleitung*, p. 21s, e diversos trechos em H. J. GENTHE.

[675] H. H. STOLDT, op. cit., p. 11. A obra referida é: J. J. GRIESBACH, *Commentatio, qua Marci evangelium totum e Matthaei e Lucae commentariis decerptum esse monstratur* (Jena: [s.n.], 1789-1990).

[676] H. OWEN, *Observations on the four Gospels* (London: [s.n.], 1764).

[677] H. OWEN, op. cit., p. 50.

[678] H. H. STOLDT, op. cit., p. 11s.

[679] Cf. F. BLEEK, *Einleitung in das Neue Testament* (Berlin: [s.n.], 1862); idem, *Beiträge zur Evangelienkritik* (1846), p. 72-5; idem, *Synoptische Erklärung der drei ersten Evangelien* (1862); cf. W. R. FARMER, *The Synoptic Problem — critical analysis* (Dillsboro: Western North Carolina Press [1964], 1976), p. 9, nota 9.

[680] Cf. F. C. BAUR, *Kritische Untersuchungen über die kanonischen Evangelien, ihr Verhältnis zu einander, ihren Charakter und ihren Ursprung* (Tübingen: [s.n.], 1847).

A grande vantagem da teoria de Owen e Griesbach residia em subsistir sem hipóteses auxiliares.

> Seus fundadores haviam chegado ao resultado por meio de uma simples análise interna dos evangelhos sinópticos; não precisavam buscar dados a serem elaborados [...] nem procurar por construções complementares.[684]

Em 1838 a teoria de Owen e Griesbach foi substituída por uma nova hipótese e descartada.

c) A grande guinada de 1838[685]

A prioridade de Marcos antes de Mateus e Lucas já havia sido defendida por alguns pesquisadores no século XVIII.[686] Então, o filólogo *Lachmann* observou, em seu trabalho no texto grego original do NT, que os evangelhos de Mateus e Lucas somente convergem na ordem quando têm a mesma sequência do evangelho de Marcos.[687] Lachmann "concluiu disso que Marcos reproduz a tradição da forma mais original; Mateus teria combinado com o material de Marcos uma coletânea de discursos".[688] Logo depois, em 1838, *Wilke*[689] e *Weisse*[690] postularam simultaneamente, porém independentemente um do outro, "que Marcos representa para o material narrativo a fonte comum de Mateus e Lucas, e Weisse complementava essa constatação com a hipótese de que Mateus e Lucas teriam combinado uma coletânea de ditos de Jesus que ambos conheciam".[691] A teoria das duas fontes, assim fundamentada, encontrou, na sequência, Holtzmann[692] como "seu mais eficaz

---

[681] W. M. L. DE WETTE, op. cit. Outras referências de representantes da hipótese de Griesbach constam em H. H. STOLDT, op. cit., p. 12.

[682] Cf. W. R. FARMER, *The Synoptic Problem* ([1964] 1976).

[683] Cf. B. ORCHARD, *Matthew, Luke and Mark* (Manchester: [s.n.], 1976).

[684] H. H. STOLDT, op. cit., p. 12s.

[685] Cf. H. H. STOLDT, op. cit., p. 28ss; D. GUTHRIE, *Introduction*, p. 147ss; W. G. KÜMMEL, *Einleitung*, p. 22ss; H. J. GENTHE, op. cit., esp. p. 117ss.

[686] Cf. J. B. KOPPE, *Marcus non Epitomator Matthaei* (1782); G. C. STORR, *De fonte evangeliorum Matthaei et Lucae* (1794).

[687] C. LACHMANN, De ordine narrationum en evangeliis synopticis, ThStKr, n. 8, 1835, p. 570ss.

[688] W. G. KÜMMEL, *Einleitung*, p. 22.

[689] Cf. C. G. WILKE, op. cit.

[690] Cf. C. H. WEISSE, *Die evangelische Geschichte*, op. cit.; idem, *Die Evangelienfrage in ihrem gegenwärtigen Stadium* (Leipzig: [s.n.], 1856).

[691] W. G. KÜMMEL, *Einleitung*, p. 22.

[692] Cf. H. J. HOLTZMANN, *Die synoptischen Evangelien — ihr Ursprung und ihr geschichtlicher Charakter* (Leipzig: [s.n.], 1863).

defensor, embora Holtzmann obviamente presumisse no início, como muitos defensores da teoria das duas fontes depois dele, um proto-Marcos, diferente do Marcos atual, como fonte para Mateus e Lucas".[693]

d) A hora do surgimento da hipótese de Marcos ou da teoria das duas fontes

A teoria das duas fontes, portanto, afirma o seguinte: o evangelho de (proto-)Marcos ocupa cronologicamente o primeiro lugar e forma a estrutura para os evangelhos de Mateus e Lucas. No entanto, uma vez que Marcos, *grosso modo*, "fornece" somente o material narrativo, é necessária ainda uma fonte de ditos ou discursos, muitas vezes chamada fonte de *logia* com a sigla Q, de modo a explicar o conteúdo de Mateus e Lucas. Visto que em 1832 *Schleiermacher* fez a asserção de que nos *logia* citados por Papias de forma alguma se trata do evangelho de Mateus, mas de uma coletânea de *logia*[694], isso foi muito apropriado para *Weisse*, principal proponente da hipótese de Marcos:

> Com auxílio dessa coletânea de *logia* de Mateus mencionada no fragmento de Papias, Christian Hermann Weisse pensava ser capaz de elucidar consistentemente o excedente de ditos em Mateus e Lucas, solucionando assim o problema sinóptico.[695]

Weisse escreve: "Não apenas Marcos constitui fonte comum daqueles dois (de Mateus e Lucas; nota de H. H. Stoldt.), mas segundo nossa convicção, também a coletânea de ditos de Mateus".[696]

Conforme Weisse a situação é a seguinte:

$$\text{Mateus} = \text{Marcos} + Q$$
$$\text{Lucas} = \text{Marcos} + Q$$

No entanto, isso de forma alguma esgotou tudo que se pudesse dizer acerca da questão das fontes dos sinópticos. A respeito da suposta fonte de discursos, Weisse inicialmente não sabia nada além do nome. "Como se chegava a conhecer seu conteúdo e sua formulação? Não restava outra opção senão deduzi-lo. De onde? Dos evangelhos de Mateus e Lucas, uma vez que, segundo a hipótese, esses dois teriam utilizado os 'logia' como fonte."[697]

---

[693] W. G. Kümmel, *Einleitung*, p. 22.
[694] Cf. F. Schleiermacher, *Über die Zeugnisse des Papias*, op. cit.
[695] H. H. Stoldt, op. cit., p. 49.
[696] C. H. Weisse, *Die evangelische Geschichte*, v. 1, p. 83 (conforme H. H. Stoldt, op. cit., p. 49).
[697] H. H. Stoldt, op. cit., p. 50.

Contudo, a ordem distinta e as formulações, em parte diferentes do material de discursos em Mateus e Lucas, dificultaram consideravelmente esse trabalho. E nem todos os discursos no evangelho de Mateus, ou no de Lucas, possuem uma correspondência no outro evangelho — "um problema sumamente complicado, de reconstruir em vista dessas divergências a configuração da segunda fonte hipotética do primeiro e terceiro evangelista, para que viesse a ser palpável".[698]

Também suscitou indagações a questão da definição dos *logia* — Que, afinal, se deveria imaginar com esse termo? Em concordância com Schleiermacher, Weisse havia limitado a coletânea de *logia* exclusivamente a afirmações e discursos de Jesus. Contudo, Weisse não convergia com Schleiermacher em quais *logia* deveriam ser incluídos nessa coletânea, uma vez que Weisse ampliou essa fonte de discursos também para o evangelho de Lucas. Após a morte de Schleiermacher, Weisse reivindicou sem razão que Schleiermacher concordaria com sua teoria se ainda estivesse vivo.[699]

"Agora Weisse já estava enleado no meio das dificuldades das hipóteses. Porque agora não sabia o que fazer, a não ser indicar, na reconstrução da fonte de *logia*, como local para procurar e encontrá-la, *de fato toda a transição conjunta*" do evangelho de Mateus e Lucas.[700] Weisse escreve: "... porque continuamos convictos de que deva ser atribuído a essa fonte tudo o que os dois evangelistas têm em comum entre si, não porém com Marcos".[701]

Conforme já observamos, a teoria das duas fontes, projetada por Weisse, teve seu *mais célebre defensor* e advogado na pessoa de Heinrich Julius *Holtzmann*.[702]

O que nos interessa de forma muito peculiar nesse ponto é a pergunta: por que, afinal, *no ano 1838*, de dois lados distintos, independentes um do outro, a hipótese de Marcos foi galgada, tanto por Wilke como por Weisse, com toda a veemência ao *status quo*?

Uma investigação precisa dessa importante pergunta nos leva de volta ao período da enorme luta intelectual na "pesquisa da vida de Jesus". De um lado

---

[698] H. H. STOLDT, op. cit., p. 50s. Em época mais recente, H. KÖSTER, op. cit., p. 479, tentou solucionar essas divergências com o postulado de que "esse escrito estava disponível para Mateus e Lucas em revisões de formato diferente". Com isso, ele, na realidade, atesta que a fonte Q é insustentável, sem, contudo, estar disposto a distanciar-se dessa hipótese.

[699] Cf. H. H. STOLDT, op. cit., p. 51.

[700] H. H. STOLDT, op. cit., p. 51.

[701] C. H. WEISSE, Die evangelische Geschichte, v. 2, p. 4 (conforme H. H. STOLDT, op. cit., p. 51).

[702] Holtzmann fundamentou exaustivamente a teoria das duas fontes durante sua atividade como professor em Heidelberg, em 1863, e posteriormente, a partir de Estrasburgo, emitiu em várias obras um aprofundamento (cf. H. J. GENTHE, op. cit., p. 117ss).

estava o aluno de Hegel, David Friedrich Strauss[703] com sua *Vida de Jesus* (1835) e a afirmação: "Os evangelhos não são documentos históricos, porém mitos".[704] Compreende-se que uma asserção dessas não podia ficar sem resposta por parte dos pesquisadores de orientação positiva. "Na realidade, a totalidade de todos os pesquisadores dos evangelhos de orientação positiva se sentiu desafiada e se levantou unanimemente, a fim de refutar Strauss com a mesma unanimidade. *Sob a influência desse sentimento antisstrauss* [...] *nasceu a teoria das duas fontes*".[705]

Os adversários de Strauss, no entanto, não apenas visavam a negar uma afirmação e refutá-la em nível filológico, mas também estabelecer uma demonstração contrária. Direcionaram "seu acalorado empenho em elaborar, a partir do evangelho de Marcos, um quadro impecável, absolutamente incontestável em termos científicos, do Jesus histórico",[706] ou seja, salvar o que ainda pudesse ser salvo. O evangelho de Marcos é o mais curto, tem muita ação e poucos discursos longos, "trazendo mais originariamente" as características de uma testemunha ocular e, conforme Lachmann, possui a forma mais original da tradição. Afinal, é unicamente nessa perspectiva que se torna possível explicitar essa *hipótese de difícil fundamentação* diante da teoria bem refletida de Owen e Griesbach.

"Consequência imperiosa disso foi um fato histórico-teológico de extraordinária relevância: a fundamentação da pesquisa historista[707] dos evangelhos — como resultado de que ela passou a ter, por um período de quase cem anos, a posição dominante na ciência do NT. A segunda consequência, ainda mais onerosa para a história intelectual, foi o surgimento e desabrochar de uma [...] alastrante pesquisa da vida de Jesus", que experimentou o auge no começo do século XX.[708]

Foi somente a história das formas que "acarretou o fim da pesquisa historista dos evangelhos, ao declarar: os evangelhos não devem ser vistos como documentos históricos, mas como documentos de fé. Logo, deveriam ser apreciados não em termos históricos, mas querigmáticos; porque não reproduziriam recordações contemporâneas

---

[703] Cf. I I. J. Genthe, op. cit., p. 87ss.
[704] Cf. H. H. Stoldt, op. cit., p. 232.
[705] H. H. Stoldt, op. cit., p. 232.
[706] H. H. Stoldt, op. cit., p. 232.
[707] O historismo é um enfoque da história que tenta compreender e explicar todos os fenômenos a partir de seus condicionamentos históricos. Cf. J. Klapwijk, *Philosophien im Widerstreit — Zur Philosophie von Dilthey, Heidegger, James, Wittgenstein und Marcuse* (Asslar: Schulte-Gerth; Riehen: Immanuel-Verlag, 1985), p. 12s [N. dos A.].
[708] H. H. Stoldt, op. cit., p. 232s.

de Jesus por parte dos discípulos, e sim formariam o registro de experiências pós-históricas de Cristo na igreja crente".[709]

Com essa última constatação, já alcançamos o ponto seguinte. O que resta dizer no final do item sobre a "hipótese de Marcos" é que Streeter[710] desenvolveu, a partir da teoria das duas fontes, a chamada teoria das quatro fontes, que obteve ampla consideração, ainda que curiosamente se continuasse usando a designação "teoria das duas fontes".[711]

e) Streeter e a teoria ampliada das duas fontes de 1924
Streeter postula:
- Marcos como evangelho romano
- Q como documento de Antioquia
- M como documento especial de ditos de Jerusalém
- L como fonte representativa de Cesareia

É provável que Marcos forme a base tanto do evangelho de Mateus como de Lucas. Q seria uma fonte utilizada em conjunto por Mateus e Lucas. Ou seja, conforme Streeter, Q seria a exata somatória daquilo que Mateus e Lucas têm em comum além de Marcos.

M seria, portanto, o material exclusivo de Mateus e L o material exclusivo de Lucas.

O esquema de Streeter, por conseguinte, seria algo como:

$$\text{Mateus} = \text{Marcos} + Q + M$$
$$\text{Lucas} = \text{Marcos} + Q + L$$

O esquema de Streeter não foi adotado diretamente por um grande número de eruditos. Apesar disso, os defensores da teoria das duas fontes, que "nos últimos cem anos conquistou amplo reconhecimento",[712] não ignoraram que com o esquema de Weisse e Holtzmann, referido anteriormente, não se consegue explicar tudo. Também os defensores da teoria das duas fontes notaram que precisamente a questão do material exclusivo merece atenção especial.

---

[709] H. H. STOLDT, op. cit., p. 233.
[710] Cf. B. H. STREETER, *The Four Gospels* (1924).
[711] Cf. D. GUTHRIE, *Introduction*, p. 147ss.
[712] W. G. KÜMMEL, *Einleitung*. p. 22.

Por isso, supôs-se que, além de Marcos e da fonte de discursos, Lucas teria acolhido outra fonte narrativa,[713] ou pelo menos um relato especial da paixão;[714] ou que Lucas teria inserido, em um "proto-Lucas", já entrelaçado com a fonte de discursos, o material de Marcos.[715]

2.4.2.3 Será que o método da história das formas não superou a hipótese de Marcos?

No âmbito do tema a nós proposto, não se pode tratar de executar um estudo detalhado sobre surgimento, finalidade e métodos de trabalho da escola da história das formas.[716] Em contraposição, a menção da história das formas, com sua substituição avassaladora do antigo liberalismo e com seu enfoque completamente novo diante da tradição dos evangelhos, se insere forçosamente na sequência histórica do desenvolvimento da questão sinóptica. A crítica sinóptica das fontes, da teologia liberal, se ocupou da possível composição do material dos evangelhos (i.e., com questões de crítica literária); o método da história das formas investiga os evangelhos segundo a espécie (gênero literário), a origem (o "lugar vivencial") e a constituição de cada peça que serve de fonte.

Wrede[717] e Wellhausen[718] chamaram a atenção "para a influência da fé eclesial sobre a configuração e modificação da tradição sinóptica e para a teologia de cada evangelista".[719] Após a Primeira Guerra Mundial, a pesquisa metódica da história das formas da tradição dos evangelhos foi atacada intensamente. A pesquisa da história das formas transferiu postulados da história literária de outros campos, sobretudo da pesquisa do AT,[720] para os evangelhos sinópticos. "A tradição popular segue

---

[713] Aqui Kümmel remete para Grundmann, Rengstorf e Schlauer [N. dos A.].

[714] Aqui Kümmel aponta para diversos pesquisadores desconhecidos [N. dos A.].

[715] W. G. KÜMMEL, Einleitung, p. 23. Para o último aspecto, Kümmel aponta, entre outros, para Streeter (cf. seção anterior) e J. JEREMIAS, Zur Hyppothese einer schriftlichen Logienquelle, ZNW, n. 29, 1930, p. 147ss.

[716] Para a apreciação mais pormenorizada da história das formas, cf. o ensaio esclarecedor: H. STADELMANN, Die Entstehung der synoptischen Evangelien — Eine Auseinandeisetzung mit der formgeschichtlichen Synoptikerkritik, BuG, n. 1, 1977, p. 46-67.

[717] Cf. W. WREDE, Das Messiasgeheimnis in den Evangelien.

[718] Cf. J. WELLHAUSEN, Das Evangelium Matthaei (Berlin: Reimer, 1904); idem, Das Evangelium Marci (Berlin: Reimer, 1903); idem, Das Evangelium Lucae (Berlin: Reimer, 1904).

[719] W. G. KÜMMEL, Einleitung, p. 24.

[720] Aqui cumpre mencionar H. GUNKEL, Genesis, 6. ed. (Göttingen: Vandenhoeck & Ruprecht [1901] 1966), e H. GRESSMANN; cf. W. G. KÜMMEL, Einleitung, p. 24.

determinadas regras para reproduzir e configurar seus materiais, as quais diferem de acordo com o respectivo gênero literário (conto, lenda, narrativa histórica, hino, provérbio de uma ou outra finalidade, etc.)."[721] Isso também se aplica às "diferentes pequenas peças da tradição", das quais teriam sido amalgamados os evangelhos ou seus precursores literários.[722]

Analisá-las e enquadrá-las corretamente segundo critérios da história das formas, significa, ao mesmo tempo, encontrar parâmetros para sua origem histórica; porque a forma ou gênero específicos não é uma construção do acaso ou do comportamento aleatório, mas surge sob determinadas premissas históricas, têm um "lugar vivencial" (Gunkel).[723]

Pioneiro da aplicação da história das formas aos sinópticos foi Karl Ludwig *Schmidt*,[724] com o postulado de "que no evangelho de Marcos a moldura da narrativa seria obra do autor, ou seja, que não existe como base uma narrativa originariamente contínua, mas uma coletânea, alinhavada de forma solta, de histórias e palavras isoladas que teriam circulado de forma independente".[725] A aplicação da história das formas foi adotada por Martin *Dibelius*,[726] Rudolf *Bultmann*[727] e seus sucessores. "O primeiro motivo para configurar e transmitir a tradição evangélica veio da pregação cristã primitiva, e não do interesse pela biografia de Jesus. A forma mais antiga da tradição foi modificada de múltiplas maneiras..."[728]

Enquanto a antiga escola liberal via na fé pascal dos discípulos o ponto de inflexão na tradição dos evangelhos, o método da história das formas aponta para uma tradição oral de décadas que teria configurado, sob as mais diversas influências e conforme determinadas leis próprias, a imagem de Jesus que se encontra nos evangelhos.

a) Breve excurso sobre os princípios básicos da história das formas
Stadelmann define assim a história das formas:

---

[721] W. G. Kümmel, *Einleitung*, p. 24.
[722] W. G. Kümmel, *Einleitung*, p. 24.
[723] W. G. Kümmel, *Einleitung*, p. 24.
[724] Cf. K. L. Schmidt, *Der Rahmen der Geschichte Jesu — Literarkritische Untersuchungen zur ältesten Jesusüberlieferung* (Berlin: Trowitzsch, 1919).
[725] W. G. Kümmel, *Einleitung*, p. 24.
[726] Cf. M. Dibelius, *Die Formgeschichte des Evangeliums*, 3. ed (Tübingen: Mohr [1919] 1959).
[727] Cf. R. Bultmann, *Die Geschichte der synoptischen Tradition*, 2. ed. (Göttingen: Vandenhoeck & Ruprecht [1921] 1931).
[728] W. G. Kümmel, *Einleitung*, p. 25.

Praticar a história das formas significa investigar as diferentes formas de unidades distintas da tradição e tentar traçar sua história ao longo da fase pré-literária desde seu "lugar vivencial", passando por suas possíveis transformações no curso da tradição oral, até sua coletânea e fixação em uma obra escrita.[729]

Em sua discussão, digna de apreciação, com o método da história das formas, ele destacou e formulou dez princípios da história das formas:[730]

1) Antes de serem escritos os evangelhos, temos de contar com um longo período em que as palavras e histórias de Jesus foram transmitidas oralmente no seio da igreja.

2) Durante esse período oral, o material dos evangelhos circulava em pequenas unidades independentes (= perícopes).

3) De acordo com suas características literárias, essas unidades podem ser classificadas em "gêneros".

4) Cada uma dessas unidades teve origem em determinado "lugar vivencial",[731] que determinou sua forma e configurou seu conteúdo.

5) Esse lugar vivencial pode ser reconstruído pelo método de inferir, da forma atual de uma unidade, seu local histórico de surgimento (porque esse lugar de surgimento na realidade teria cunhado a forma).

6) A teologia da igreja crente desempenhou uma função decisiva no decorrer da tradição oral, em vista da modificação e recriação do material dos evangelhos.

7) Analisando as leis que operam na tradição oral e aplicando critérios críticos a essas tradições, podem-se redescobrir as formas originais da tradição.

8) Quando os evangelistas colecionaram as histórias orais isoladas, inserindo-as em uma moldura, foram constituídos os atuais evangelhos.

9) Essa moldura geográfica e cronológica é, na maior parte, produto do próprio evangelista, e por isso secundária e não autêntica (= não realmente original).[732]

10) Diante dessa história do surgimento, nossos evangelhos não podem valer como documentos históricos, mas somente como obras querigmáticas (= de proclamação) e teológicas de uma igreja crente pós-pascal.[733]

(Fim do excurso)

---

[729] H. STADELMANN, *Die Entstehung der synoptischen Evangelien*, p. 49.

[730] Para um breve posicionamento sobre esses princípios que rejeitamos, acompanhando a Stadelmann, cf., mais adiante, o excurso c).

[731] O "lugar vivencial" constitui na teologia uma formulação consolidada para o lugar sociológico do surgimento e da utilização de determinada forma do discurso ou de certo conteúdo de proclamação. Isto é, presume-se na teologia histórico-crítica que em determinados episódios ou circunstâncias como miséria, enfermidade, salvação, cultos etc. são reproduzidos os respectivos conteúdos estabelecidos de proclamação em determinadas formas.

[732] A rigor, esse ponto já diz respeito à história da redação. No método da história da redação — como se alega — acrescenta-se ainda a concepção e interpretação teológicas.

[733] H. STADELMANN, *Die Entstehung der synoptischen Evangelien*, p. 49s.

b) Breve excurso sobre os gêneros literários postulados pela pesquisa da história das formas

Para Dibelius, estão no início as formas breves e puras dos gêneros. Haacker descreve assim esse postulado da história das formas:

> Porque a forma normal de um gênero corresponde às necessidades a que os textos servem em determinado "lugar vivencial". Tão logo materiais ou textos transmitidos oralmente são retirados desse contexto de vida e passam a ter utilização literária, estão sujeitos a outras influências. Particularmente a liberdade autoral dos evangelistas permite, então, variações do esquema básico.[734]

Entretanto, Taylor considera que no início havia uma tradição predominantemente sem forma.

Nem sempre os diferentes gêneros são definidos e nomeados de maneira idêntica por todos os pesquisadores. Em visão panorâmica, podemos citar os seguintes gêneros literários:

1) *Tradição de palavras*

Dibelius as subdividiu em *palavras sapienciais, palavras ilustrativas, parábolas, breves ordens e instrução pormenorizada.*

Em Bultmann encontramos a subdivisão em *ditos de sabedoria, palavras proféticas e apocalípticas, mandamentos e regras comunitárias, palavras em eu, e parábolas.*

2) *Tradição de histórias*

α) *Paradigmas*

Paradigmas são "aqueles relatos de formulação muito sucinta que desembocam em uma palavra central de Jesus. A colheita de espigas de trigo no sábado pelos discípulos é um relato desses. Ele desemboca na palavra de Jesus: o sábado foi feito por causa do ser humano, e não o ser humano por causa do sábado. Portanto, o Filho do homem é Senhor também do sábado (Mc 2.27s)".[735] Bultmann denomina esses paradigmas de *apophthégmata*, incluindo-as na tradição das palavras.

β) *Novela* (Dibelius), ou *história de milagre* (Bultmann)

"Aqui se narra em estilo largo e com predileção por detalhes. A história em que Jesus acalma uma tempestade no lago de Genesaré (Mc 4.36-41) é um exemplo desse gênero."[736]

---

[734] K. Haacker, *Neutestamentliche Wissenschaft — Eine Einführung in die Fragestellungen und Methoden*, 2. ed. (Wuppertal: Brockhaus, 1985), p. 55.

[735] H. Stadelmann, *Die Entstehung der Synoptischen Evangelien*, p. 52.

[736] H. Stadelmann, *Die Entstehung der Synoptischen Evangelien*, p. 52.

γ) *Narrativas históricas e lendas*
Geralmente se incluem entre elas histórias de cunho biográfico.

(Fim do excurso)

Esse breve panorama pode ser suficiente para mostrar que a história das formas devia fornecer os argumentos históricos tradicionais para negar o valor histórico da parcela dos evangelhos de "coloração sobrenatural". Isso aconteceu com premissas filosóficas que de antemão se contrapunham ao sobrenatural. A história das formas traz consigo uma perda total dos fatos históricos.

c) Excurso: *Breve posicionamento sobre as teses da história das formas e seus gêneros postulados*

Rejeitamos com toda a clareza os princípios da história das formas porque questionam ou rejeitam a inspiração plena e a inerrância da Sagrada Escritura, a divindade de Jesus, a autenticidade das afirmações proféticas, bem como a credibilidade de todos os eventos fixados por escrito (chegando até a negar a ressurreição corporal de Jesus Cristo).

Em relação a cada um dos aspectos, limitemo-nos aqui ao seguinte:

1) Conforme nossa datação dos evangelhos, a fase oral até a anotação escrita dos textos na forma dos evangelhos canônicos foi relativamente breve. Em decorrência, falta o tempo para uma formação tão complexa de material tradicional, como postulado pela história das formas.

2) É sumamente provável que já havia muito cedo, antes da redação dos evangelhos canônicos, anotações escritas dos apóstolos.[737]

3) Tamanha alteração do material transmitido, na maneira suposta pela história das formas, é inconcebível diante do fato de que ainda viviam muitas testemunhas oculares.

4) Não se pode ignorar que justamente os nomes de gêneros citados no final do excurso b) já comunicam um juízo depreciativo sobre a historicidade do respectivo conteúdo da história. Também quem não tem fundamentalmente nada a opor contra uma diferenciação e subdivisão de diversos tipos de proclamações e histórias não pode classificar de forma tão pejorativa as perícopes dos evangelhos se não deseja acompanhar a crítica negativa.

---

[737] A esse respeito, cf. item 2.1.10.2, penúltimo parágrafo.

5) Quem há de decidir se no começo da tradição havia a forma pura de um gênero ou uma tradição sem forma?

Haacker demonstra que Dibelius dificilmente tem razão ao asseverar que a forma pura era original:

> ... se de fato a maioria dos textos (processos de linguagem) de determinado gênero possui certas características, é maior a probabilidade de que a forma normal vai se consolidando, e não que ocorra o contrário.[738]

Essa citação mostra que de forma alguma está comprovada uma forma originariamente pura. Contudo, igualmente rejeitamos postulados que afirmam outras modificações dos conteúdos da tradição.

6) Jesus falou de maneira breve e longa. Relatos nos evangelhos podem, mediante suas frases curtas e longas, reproduzir uma verdade integral. Ninguém pode afirmar que Jesus se expressou apenas em formas breves estereotipadas.

7) "Sob o aspecto da história da literatura, os evangelhos são um gênero 'sui generis', i.e.,, são 'únicos' na literatura antiga. Não são meramente composição do folclore e tampouco biografias tradicionais. Antes do surgimento dos atuais sinópticos nunca houve um evangelho no antigo Oriente. Em decorrência, precisa ser questionado, no que tange à correção metodológica, o procedimento de Rudolf Bultmann, que transfere as leis da formação da literatura de folclore para o surgimento dos evangelhos."[739]

8) "Muitos historiadores das formas defendem que motivos das religiões helenistas sincréticas (i.e., das religiões gregas mescladas) teriam sido acolhidas na tradição de Jesus, deturpando-a. Contra uma suposição dessas, porém, cabe aduzir o *fato histórico-religioso* de que a conversão à fé cristã significava nada menos que uma ruptura radical com tudo que era gentílico e sincrético (cf. p. ex., 1Ts 1.9; 2Co 6.14-16).[740] O próprio contraste radical, no qual a fé em Cristo se encontrava diante do paganismo, já torna impossível a ideia de uma adoção de motivos helenistas para a glorificação do Cristo. O significado da separação da congregação de cristãos diante de correntes religiosas estranhas não deve ser ignorado na pergunta pela preservação da pureza do evangelho."[741]

9) "O postulado da história das formas, de que esquecimento e uma pululante imaginação devota por parte dos discípulos e da igreja tenham deturpado a lem-

---

[738] K. Haacker, op. cit., p. 58s.

[739] H. Stadelmann, *Die Entstehung der synoptischen Evangelien*, p. 55.

[740] Posição de F. Büchsel, op. cit., p. 86.

[741] H. Stadelmann, *Die Entstehung der synoptischen Evangelien*, p. 55.

brança do Jesus histórico até torná-lo irreconhecível, não resiste a *fatos fundamentais da história da tradição*. Nesse ponto cumpre remeter novamente à importante função do treinamento da memória e à memorização na pedagogia do antigo judaísmo. Pelo fato de Jesus repetir sempre de novo suas ideias principais, por utilizar-se de linguagem figurada e formas de fácil fixação, foi reforçada a gravação na memória tão bem como pelas anotações escritas adicionais. E para qualquer um deveria ser evidente que os discípulos conservaram as palavras e ações daquele a quem veneravam como o Messias com pelo menos a mesma reverência e dedicação como os discípulos de rabinos guardavam a tradição de seus mestres (como argumenta Gerhardsson)."[742] À boa memória e à cuidadosa conservação daquilo que Jesus fez e ensinou, acrescenta-se, como fator relevante, o que Jesus declarou aos discípulos em seus discursos de despedida, em João 14.26: "O Conselheiro, o Espírito Santo, que o Pai enviará em meu nome, lhes ensinará todas as coisas e lhes fará lembrar tudo o que eu lhes disse".

10) "Ademais cumpre mencionar um *fato sociológico* que contradiz as opiniões tradicionais dos historiadores das formas e demanda confiar na credibilidade dos evangelhos. Pois para os historiadores das formas os evangelhos são produto de uma 'igreja primitiva criativa', o registro da chamada 'teologia eclesial'. Em vez de reconhecer que foi o evangelho que gerou a igreja, afirma-se o oposto, que a igreja teria produzido o evangelho. Contudo, essa opinião deixa de considerar totalmente a circunstância sociológica de que coletivos (como, p. ex., uma igreja) sempre são unidades receptivas, e não criativas.[743] Não o produto coletivo, mas a individualização está no início de uma obra genial. Essa visão sociológica está em total harmonia com o que a Bíblia tem a dizer sobre o início e a transmissão da tradição dos evangelhos. Aqui Jesus Cristo aparece como aquele de quem deriva toda a tradição dos evangelhos. Como testemunhas oculares e auriculares das palavras e ações de Jesus, os apóstolos se tornam portadores dessa tradição. E de forma bem organizada prossegue o processo da tradição: o apóstolo 'transmite' e a igreja 'recebe' (cf. 1Co 15.1-4)."[744]

(Fim do excurso)

Em vista do acesso completamente novo à apreciação da tradição dos evangelhos pelo método da história das formas, não causaria surpresa, à primeira vista, se

---

[742] H. Stadelmann, *Die Entstehung der synoptischen Evangelien*, p. 56.
[743] O. PIPER, The Origin of the Gospel Pattern, JBL, n. 78, 1959. p. 123.
[744] H. STADELMANN, *Die Entstehung der synoptischen Evangelien*, p. 56.

Schmidt, Dibelius, Bultmann e seus seguidores tivessem rompido com a teoria das duas fontes ou com a hipótese de Marcos. Qual é, porém, a situação?

É notório que dificilmente uma introdução ao NT de língua alemã defenda um ponto de vista diferente daquele que em 1863 foi guindado por Julius Holtzmann ao *status quo*, a saber, a ampliação da hipótese de Marcos.[745] Vielhauer, p. ex., escreve (exemplar para outros):

> A teoria das duas fontes se impôs gradativamente desde a segunda metade do século XIX — defendida principalmente por H. J. Holtzmann, C. Weizsäcker e B. Weiss, de certo modo formulada de maneira clássica por P. Wernle — e é hoje amplamente aceita. Não existem alternativas dignas de nota para ela, ainda que não faltem teorias contrárias [...] Diante delas a teoria das duas fontes tem a vantagem de explicar, da forma mais simples e plausível, a relação entre os sinópticos com o menor recurso a hipóteses.[746]

Qual seria a causa de que a história das formas acolheu e levou adiante, sem análise e sem crítica, a hipótese de Marcos, e sem se pronunciar muito sobre ela? A razão é que o método da história das formas não retroage até as premissas dos postulados do liberalismo, mas continua construindo sobre o fundamento do método histórico-crítico.[747] As três regras básicas de Ernst Troeltsch (crítica histórica, analogia e correlação),[748] que em última análise rejeitam tudo que é transcendente, milagroso e único na história da salvação, vigoram também sem restrições para o enfoque histórico-formal como ponto de partida do trabalho teológico.

Acontece que existem na história da teologia processos muito peculiares, muitas vezes difíceis de descrever. O melhor seria falar de um "casamento". O trabalho de crítica literária (discernimento de fontes) da teologia liberal evidentemente levou a um "casamento" desses com a teoria das duas fontes. Uma vez que a história das formas se alicerça sobre a "genealogia" dos resultados da crítica literária, não tem condições, apesar de seu novo enfoque, de superar a hipótese de Marcos, porque do contrário teria de questionar a si mesma e ao seu embasamento teológico. Provavelmente seja essa a mais profunda razão do ardente apego à hipótese de Marcos.

---

[745] A *única* exceção de que temos conhecimento é G. Hörster, *Einleitung und Bibelkunde zum Neuen Testament* (Wuppertal; Zürich: Brockhaus, 1993) [*Introdução e síntese do Novo Testamento*, Curitiba, Editora Esperança, 1996].

[746] P. Vielhauer, *Geschichte der urchristlichen Literatur*, p. 269.

[747] H. Zimmermann, op. cit., p. 92, mostra com toda a clareza que essa é a realidade.

[748] Cf., nos Prolegômenos, item 4.2.1.

2.4.2.4 Como o método da história da redação[749] se posiciona diante da teoria das duas fontes?

Uma vez que a maioria dos tratados científicos apresenta a história da redação como uma evolução integrada na história das formas, na literatura as principais informações sobre a escola histórico-redacional constam nos ensaios sobre a crítica histórico-formal aos sinópticos.

Após a Segunda Guerra Mundial, a pesquisa se "voltou para as premissas, os métodos e as tendências literárias, sociológicas e teológicas de cada evangelista, enfocando assim um terceiro 'lugar vivencial' (depois da história de Jesus e da formação da tradição pela igreja) para a tradição dos evangelhos ('história da redação')".[750] Os evangelistas, portanto, já não eram considerados meros colecionadores e transmissores.

Bornkamm foi o primeiro a aplicar a história da redação em 1948 ao evangelho de Mateus,[751] *Conzelmann* em 1954 ao evangelho de Lucas.[752] Kümmel considera tão importante a história da redação "como entendimento de cada evangelho quanto como para a história da tradição sinóptica em particular"; admite, porém, que "ainda não foi produzido nenhum método seguro".[753]

Desde o desenvolvimento do método histórico-redacional, o estudante de teologia tem de se debruçar, além da pergunta pelas fontes e pelo gênero, também sobre a pessoa e teologia do autor.

Estando inabalável a questão crítico-literária (o *status quo* atual é a hipótese de Marcos e a teoria das duas fontes), é preciso diferenciar entre três "lugares vivenciais":

O *primeiro lugar vivencial* é a situação originária na vida de Jesus com as palavras "autênticas" de Jesus (a chamada *ipsissima vox Jesu* [voz mesmíssima de Jesus]).

O *segundo lugar vivencial* é constituído pelas afirmações querigmáticas[754] da igreja pós-pascal (de caso para caso, judaico-cristã ou helenista). Nas afirmações que pertencem ao "segundo lugar vivencial", aparentemente não têm importância as perguntas pela disponibilidade, ou seja, pela possibilidade de comprovar historicamente

---

[749] Cf. J. ROHDE, op. cit.

[750] W. G. KÜMMEL, *Einleitung*, p. 26.

[751] Cf. G. BORNKAMM, Die Sturmstillung im Mateusevangelium, *Wort und Dienst* [anuário da Escola Teológica de Bethel, nova série], n. 1, 1948, p. 49-54.

[752] H. CONZELMANN, *Die Mitte der Zeit*, 1954.

[753] W. G. KÜMMEL, *Einleitung*, p. 26.

[754] Querigmático = que proclama.

os episódios mencionados na moldura narrativa, bem como as perguntas de interesse geográfico ou biográfico.

O *terceiro lugar vivencial* foi "descoberto" pela escola histórico-redacional e debate sobretudo a concepção teológica, o plano geral do evangelista: sob que condições, com que realidades, com que material de fontes, com que capacidades (linguísticas, estilísticas e teológicas) e com que finalidade trabalhou o autor?

Entretanto, a autonomia do vigor assertivo teológico do evangelista, postulada pela história da redação, tampouco questionou a teoria das duas fontes, como não o fez a história das formas.[755] Pelo contrário: a hipótese de Marcos é erigida como resultado assegurado do método histórico-crítico, como, p. ex., deixa explícito uma menção em Conzelmann e Lindemann. É muito revelador que Conzelmann assinala "pontos fracos" da teoria das duas fontes, que retomaremos a seguir sob o item "Apreciação crítica da hipótese de Marcos". A consequência desses "pontos fracos" seria um questionamento genuíno da hipótese de Marcos, o que no entanto é habilmente encoberto por Conzelmann e Lindemann depois de apresentar esses "pontos fracos":

> Nenhuma teoria é perfeita, nenhuma hipótese é capaz de explicar suficientemente todos os problemas, sempre haverá questões abertas. Porém, parece ser assim que a teoria das duas fontes é apropriada para solucionar satisfatoriamente a maior parte dos problemas que surgem no contexto do problema sinóptico.[756]

Sintetizaremos os últimos dois itens apontando para a circunstância de que nem a história das formas nem a história da redação superaram os postulados da crítica literária (discernimento de fontes) da escola liberal. A nosso ver, o apego à hipótese de Marcos não contribuiu em nada para elucidar o problema sinóptico. A pesquisa dos sinópticos entrou em um beco sem saída, do qual poderá livrá-la somente uma total indagação de fundo à teoria das duas fontes. Contudo, ao invés disso, a teoria das duas fontes é continuamente reerguida e fortalecida, como explicitará uma citação de Lohse:

> Ainda que não se consiga definir a fonte Q com a mesma exatidão de Marcos como base de Mateus e Lucas, a necessidade de reconstruir Q não altera nada no fato de que a segunda sentença da teoria das duas fontes pode valer como comprovada: além do evangelho de Marcos, Mateus e Lucas usaram, independentemente um do outro, uma segunda matriz que continha quase exclusivamente *logia* de Jesus.

---

[755] P. ex., J. ROLOFF, op. cit., p. 6, escreve: "História da redação, portanto, pressupõe a crítica literária assim como a história das formas...".

[756] H. CONZELMANN & A. LINDEMANN, op. cit., p. 59.

Além disso, cada um dos dois evangelistas também utilizou o chamado material exclusivo, i.e., materiais que não havia nem em Marcos nem em Q [...]. Contudo, não se deve supor que, além de Marcos e Q, ainda houve outras fontes escritas [...] Por isso, a história das formas e a teoria das duas fontes se complementam, tornando compreensível o caminho da tradição de Jesus desde os primórdios até a fixação literária pelos evangelistas."[757]

No final da apreciação, brevemente abordada, do novo enfoque teológico pela história das formas e pela história da redação, cabe assinalar com toda a clareza que ambas as hipóteses devem ser classificadas como descaminho trágico da pesquisa dos evangelhos.

2.4.3 Apreciação crítica da hipótese de Marcos

Depois que duzentos anos de crítica aos sinópticos passaram por nossa mente e temos condições de aprofundar pelo estudo próprio diversos aspectos, apenas expostos sucintamente, com base nas respectivas referências bibliográficas oferecidas, encontramo-nos no ponto em que, visando definir de forma honesta nossa posição, levantaremos algumas indagações críticas à hipótese de Marcos. Estará correto o *status quo* "inconteste" e "científico", na forma em que cada estudante de teologia no primeiro semestre é ensinado a estimá-lo por meio das aulas e livros introdutórios?

Para que nossa apreciação acerte na melhor maneira possível o centro da questão, lembremos novamente de forma sucinta o esquema e a explicação da *hipótese de Marcos*, mais especificamente da *teoria das duas fontes*:

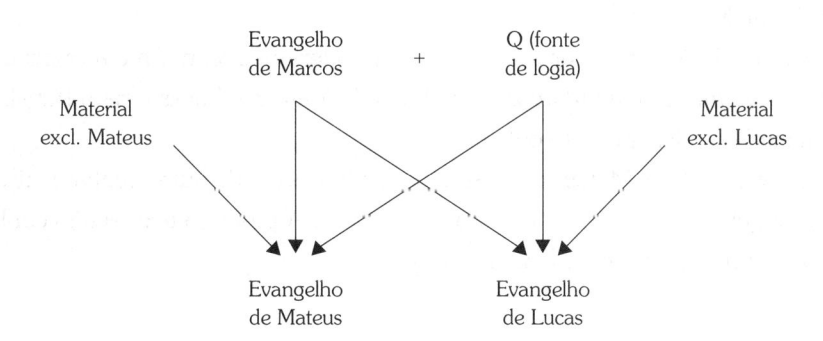

```
                    Evangelho              Q (fonte
                    de Marcos      +       de logia)
   Material                                                    Material
   excl. Mateus                                                excl. Lucas
                         ▼  ▼              ▼  ▼
                    Evangelho              Evangelho
                    de Mateus              de Lucas
```

De acordo com a concepção da teoria das duas fontes, o evangelho de Marcos (ou um proto-Marcos) foi escrito por primeiro. Contudo, uma vez que o conteúdo dos dois outros evangelhos sinópticos é muito mais amplo que o conteúdo de Marcos,

---

[757] E. LOHSE, *Entstehung*, p. 82s.

a hipótese de Marcos, por coerência, não se sustenta sem pelo menos uma fonte adicional, que desde Schleiermacher, Weisse e Holtzmann se acreditou ser localizável na coletânea de ditos ou fonte de *logia* Q.

Para os defensores da teoria das duas fontes, uma reconstrução exata de Q continuou sendo algo hipotético, porque até hoje não se conseguiu encontrar tal coletânea de ditos. Via de regra os adeptos da teoria das duas fontes identificam o tamanho da fonte de ditos (fonte de discurso, fonte de *logia*) com o volume do material que os evangelhos de Mateus e Lucas têm em comum além de Marcos. Não podia deixar de ser considerado que, além disso, ambos, Mateus e Lucas, apresentam considerável material exclusivo, em função do que a teoria das duas fontes — como já exposto acima — teve de ser ampliada para uma teoria de quatro ou mais fontes (cf. Streeter e outros).

Vejamos agora as *indagações críticas* e argumentos:

a) A hipótese de Marcos é considerada resultado "assegurado" da ciência,[758] contudo somente se sustenta quando é respaldada pela teoria das duas fontes. O que, no entanto, acontecerá com a hipótese de Marcos, se Q nunca existiu como fonte de ditos?

Até hoje não foi possível encontrar a hipotética coletânea de ditos Q. Ela também é totalmente controvertida em seu volume postulado e em sua coloração teológica.

b) Como se explica que Marcos 4.26-29 (parábola da semente que cresce autonomamente), Marcos 7.32-37 (milagre da cura de um surdo-mudo), Marcos 8.22-26 (cura do cego) e Marcos 3.21 não são de forma alguma mencionados nem no evangelho de Mateus nem no de Lucas, se ambos teriam utilizado como matriz o evangelho de Marcos?[759]

Esse fato é ainda mais grave quando se pondera que, conforme a opinião dos defensores da hipótese de Marcos, os autores de Mateus e Lucas teriam trabalhado de forma independente um do outro.

É inverossímil que Mateus e Lucas, independentes um do outro, tenham utilizado não o evangelho de Marcos, mas um proto-Marcos. A pesquisa textual não conhece nenhum manuscrito de Marcos sem esses trechos.

---

[758] Cf., p. ex., W. Marxsen, *Einleitung*, p. 106. E J. Roloff, op. cit., p. 9s, escreve: "Quem lida com textos sinópticos de modo geral não precisa procurar e fundamentar determinada hipótese de fontes [...] Pelo contrário, é cientificamente apropriado apoiar-se na teoria das duas fontes. O que se espera do intérprete de um texto sinóptico é simplesmente que enquadre e interprete corretamente os dados literários dele a partir das premissas da teoria das duas fontes!".

[759] Esse "ponto fraco" da hipótese de Marcos é admitido por H. Conzelmann & A. Lindemann, op. cit., p. 58.

c) Stoldt aponta para *180 pequenos "transbordamentos"*[760] de Marcos além de Mateus e Lucas, levantando a justificada pergunta:

> Como se podia explicar que Mateus e Lucas, em 180 casos, independentemente e sem saber um do outro, deixaram de lado e omitiram unanimemente sempre as mesmas locuções e frases do evangelho de Marcos, se este constituiu sua fonte?[761]

d) Além disso, o filólogo Stoldt chama a atenção para a circunstância de que Mateus ou Lucas "sem contato entre si, e apesar de sua forma de trabalho separado, acrescentaram, no mesmo lugar do texto de Marcos de que dispunham, em 35 casos, exatamente a mesma formulação".[762]

Como seriam possíveis e concebíveis esses *35 pequenos transbordamentos, literalmente idênticos*, de Mateus e Lucas, além do evangelho de Marcos, vistos da perspectiva da hipótese de Marcos?[763]

e) Em outros 35 casos, Mateus e Lucas, independentemente um do outro, substituíram "uma palavra que, segundo a hipótese, encontraram em sua matriz de Marcos, por outra, mas idêntica em ambos".[764] Como chegaram a isso?

f) Stoldt tem ainda uma interrogação justificada:

> Por que motivo os dois outros sinópticos, em 22 casos, independentemente um do outro e sem contato entre si, mas apesar disso de forma idêntica, realizaram, na mesma palavra que possuem em comum no texto com Marcos, exatamente a mesma pequena modificação[765]?[766]

Esses pequenos pontos em comum, de Mateus e Lucas *contra* o texto literal de Marcos — ou seja omissões, transições e outras seleções conjuntas de termos por

---

[760] Entre os "transbordamentos" estão partes de versículos ou palavras isoladas, que faltam nos textos paralelos (nos evangelhos de Mateus e Lucas, respectivamente em Mateus ou Lucas). Um exemplo: somente Marcos menciona que durante a história da tentação "estavam com Jesus animais selvagens", cf. Mc 1.13. Todos os 180 "transbordamentos" do evangelho de Marcos foram listados por H. H. STOLDT, op. cit., p. 16 22.

[761] H. H. STOLDT, op. cit., p. 26.

[762] H. H. STOLDT, op. cit., p. 26. Stoldt cita uma por uma essas passagens às p. 22s.

[763] Também esse "ponto fraco" da hipótese de Marcos é reconhecido por H. CONZELMANN & A. LINDEMANN, op. cit., p. 58s.

[764] H. H. STOLDT, op. cit., p. 26, menciona uma por uma essas passagens às p. 23s.

[765] Uma modificação é uma pequena alteração. P. ex., em Marcos 4.9 consta: "Quem tem um ouvido, ouça", enquanto nos dois textos paralelos (Mt 13.9; Lc 8.8) ocorre a forma plural "ouvidos": "Aquele que tem ouvidos para ouvir, ouça".

[766] H. H. STOLDT, op. cit., p. 26.

Mateus e Lucas; cf. os itens c-f — são chamados na linguagem técnica de *minor agreements* ("concordâncias menores"),[767] que de fato constituem uma das questões mais difíceis de solucionar por parte dos adeptos da hipótese de Marcos.[768]

g) Por que a discussão científica acerca da solução do problema sinóptico foi concentrada, até os tempos mais recentes, principalmente em duas propostas contrárias? Porque se contrapõem principalmente a visão de Griesbach/Owen (sequência Mateus, Lucas, Marcos) e a hipótese de Marcos ou teoria das duas fontes. Segundo Stoldt, porém, existe um total de 33 diferentes possibilidades de utilização (i.e., propostas de solução intrassinópticas).[769]

h) Não conseguimos nos livrar da ideia de que o surgimento da teoria das duas fontes foi apadrinhado, entre outros, também pela ideia da evolução (em analogia à distinção de fontes do Pentateuco[770]). A ideia é que o evangelho mais breve estaria mais próximo da verdade. Por conseguinte, Mateus e Lucas teriam acolhido e "enfeitado" Marcos. Como, porém, é possível que em grande número de detalhes o evangelho de Marcos seja muito mais minucioso que Mateus e Lucas (comp., p. ex., o relato da ressurreição da filha de Jairo em Marcos 5 com Mateus 9 e Lucas 8)?

i) A *pesquisa da vida de Jesus*,[771] de Holtzmann até Schweitzer, na segunda metade do século XIX e início do século XX, submeteu os relatos sobre Jesus nos evangelhos a uma "prova de fogo". O resultado foi aniquilador: "O Jesus terreno ou histórico é diferente do Cristo ensinado pela igreja".[772] Seria preciso questionar a fundo os evangelistas.

Justamente no momento em que a pesquisa da vida de Jesus se pôs a buscar uma descrição até certo ponto confiável do "Jesus terreno", o evangelho de

---

[767] Cf. R. RIESNER, Wie sicher ist die Zwei-Quellen-Theorie?, ThBeitr, n. 2, 1977, p. 61ss; F. FENDLER, *Studien zum Markusevangelium* (Göttingen: Vandenhoeck & Ruprecht, 1991), p. 148. F. FENDLER, op. cit., p. 149ss, apresenta um esboço da história do tratamento dado aos *minor agreements* na pesquisa do NT.

[768] É o que elabora e confirma R. RIESNER, Wie sicher ist die Zwei-Quellen-Theorie?, p. 61ss. Alguns teólogos opinam que os autores de Mateus e Lucas tinham em mãos uma revisão posterior de Marcos (chamada deutero-Marcos), à qual se deveriam atribuir os *minor agreements* (cf. F. FENDLER, op. cit., p. 147, 156s, 186ss).

[769] H. H. STOLDT, op. cit., p. 10, 134ss.

[770] Cf. os contemporâneos de Holtzmann e suas teorias; p. ex., Hupfeld, Graf, Kuenen, Weilhausen e muitos outros.

[771] Cf. H. J. GENTHE, op. cit., p. 117-78.

[772] H. J. GENTHE, op. cit., p. 134.

Marcos se ofereceu como apropriado, porque apresenta "nexos cronológicos e espaciais".[773] Ou seja, isso significa que a hipótese de Marcos representa o resultado de uma pesquisa filológica precisa, mas se insere mais facilmente no esquema de pensamento filosófico do método histórico-crítico. Se a pesquisa da vida de Jesus alicerça a hipótese de Marcos, mediante a perda do Jesus bíblico, será ela ainda suficientemente sustentável, uma vez que a pesquisa da vida de Jesus foi há muito substituída por outras teorias, esquemas de pensamento e sistemas teológicos?

j) Quando buscamos provas em Wilke e Weisse (1838), fundadores da hipótese de Marcos, encontramos em Stoldt uma série de citações pertinentes acerca da forma da argumentação, cuja reprodução em detalhe levaria muito longe.[774] Ambos os autores alicerçam, conforme Stoldt, suas asserções sempre de novo sobre uma *petitio principii*,[775] que diz, de forma simplificada: "O evangelho de Marcos é o protoevangelho porque o de Mateus e o de Lucas foram redigidos somente mais tarde e por consequência utilizaram o evangelho de Marcos".

k) Um fato que sempre de novo chama atenção na análise do problema sinóptico é o profundo silêncio sobre aquilo que os primeiros pais da igreja disseram acerca de todo esse complexo de questões.[776] Ou será que hoje temos melhores condições de avaliar as coisas que as pessoas que direta ou indiretamente estiveram em contato com a era da primeira igreja? Quando lemos o que Ireneu, Papias, Clemente de Alexandria, Eusébio e outros declaram sobre as circunstâncias e a época da redação, a hipótese de Marcos fica completamente em xeque. Com base nas citações da patrística, confirma-se a sequência: Mateus, Lucas, Marcos.

Em nossas "indagações críticas" não tratamos dos esquemas de estruturas, esboçados em muitas introduções ao NT e que são usados como "comprovação" da hipótese de Marcos.[777] Estamos convictos de que com tais esquemas também se pode "comprovar" exatamente o oposto. Nesse contexto, queremos mais uma vez lembrar as "anotações críticas sobre a hipótese de Marcos" de Riesner, dignas de atenção, que se debruçou mais de perto sobre essa questão.[778]

---

[773] H. J. GENTHE, op. cit., p. 137.
[774] Cf. H. H. STOLDT, op. cit., p. 29ss.
[775] *Petitio principii* é uma demonstração que se alicerça sobre uma afirmação não comprovada.
[776] Ocasionalmente se menciona a célebre "nota de Papias" sobre uma redação hebraica ou aramaica de Mateus, mas então é, em parte, descartada com rapidez e questionada integralmente.
[777] Cf., p. ex., W. G. KÜMMEL, *Einleitung*, p. 31ss.
[778] R. RIESNER, Wie sicher ist die Zwei-Quellen-Theorie?, p. 55ss.

Esperamos que os argumentos apresentados (não completos) e a investigação crítica da hipótese de Marcos sirvam para explicitar que o *status quo* atual na pesquisa dos evangelhos é completamente questionável. Afirmamos que a hipótese de Marcos, ou a teoria das duas fontes, chegou a um beco sem saída, e que nenhuma "saída honrosa" consegue mudar algo nesse fato. A tenacidade com que também as histórias da forma e da redação se apegam a essa hipótese não constitui indício de sua credibilidade, muito pelo contrário. No entanto, a questão sinóptica continua sendo uma das questões mais difíceis da história da formação do NT, para cuja solução provavelmente jamais se consiga levantar completamente o véu do mistério.

2.4.4 Uma proposta de solução

Para nos aproximarmos de uma solução, nossa tarefa é firmar alguns critérios essenciais que podem ser considerados como moldura ou limites, dentro dos quais, a nosso ver, se pode oferecer responsavelmente uma proposta de solução.

2.4.4.1 Critérios para uma proposta de solução

a) Uma proposta de solução tem de corresponder à qualidade da literatura a ser analisada.[779]

Essa demanda de cunho tão singelo se reveste de peso muito grande em vista de uma demarcação diante do método da história das formas, onde se transfere rapidamente o surgimento de músicas populares, contos e lendas, com a classificação "lugar vivencial" dentro de uma comunidade étnica, para o texto da Bíblia.

b) Uma proposta de solução reconhece, no tocante aos evangelhos, as seguintes verdades:

1) inspiração divina para cada evangelho em particular;
2) a credibilidade de todos os evangelhos;
3) a inerrância e
4) a não-contraditoriedade dos evangelhos;
5) a classificação correta do apostolado dos discípulos de Jesus, instituído pelo Senhor, bem como sua tradição credenciada como testemunhas oculares e auriculares.[780]

---

[779] Cf. D. GUTHRIE, *Introduction*, p. 1039ss (itens 2 e 4).
[780] Cf. o valioso ensaio de H. HEINZE, Die Zweiquellentheorie und das Apostolat, *Factum*, n. 8, 1982, p. 17-23; cf. tb. H. RIDDERBOS, *Begründung des Glaubens*.

Essas verdades citadas contrastam diametralmente com uma tradição postulada pela história das formas, de décadas, oral, não controlada, "multiplamente alterada"[781] do "material dos evangelhos" pela "igreja pós-pascal".

c) Ademais vale a pena, como recomendado acima, levar mais a sério os testemunhos da igreja antiga[782] do que ocorre na maioria das tentativas de solução propostas atualmente. Nisso devem ser observadas duas coisas:

1) Os testemunhos da igreja antiga obviamente nunca possuem o mesmo peso afirmativo como asserções bíblicas (i.e., precisam ser lidos e comparados com cautela); em contraposição, os métodos atuais de pesquisa histórico-crítica, que eram totalmente desconhecidos dos pais da igreja, não podem mudar nada no fato de que as citações dos pais chegam muito perto da época da redação dos evangelhos.

2) Constitui uma completa superestimação de qualquer método pretender ter melhores condições, com uma distância cronológica de mais de mil e quinhentos anos, para apreciar corretamente quem escreveu, sob que circunstâncias, quando, onde e o quê.

d) São extraordinariamente importantes não somente os testemunhos da igreja antiga, mas também as vozes de competentes "não conformistas" de tempos mais recentes. Por exemplo, é digno de nota que grandes estudiosos como Bengel, Schlatter, Zahn e Butler perseveram na prioridade cronológica de Mateus.

Butler, p. ex., deu em 1951 um alarme, impossível de ignorar, contra a hipótese de Marcos e da mesma forma rompeu nitidamente com a hipótese da fonte Q.[783]

Guthrie chama a atenção para o fato de que, com sua investida, Butler encontrou pouca "clemência". Guthrie escreve: "Como a maioria dos críticos das fontes permanecem apegados a uma espécie de hipótese 'Q', os argumentos de Butler são considerados não convincentes".[784]

e) Uma tentativa de solução discute muito mais seriamente o método de Griesbach e Owen do que acontece hoje nas introduções ao NT atuais. O extremamente valioso ensaio de Stoldt, já citado diversas vezes, revela como esse empenho é justificado.

Embora Guthrie leve a sério os citados critérios de a-d e escreve em sentido fiel à Bíblia, ele permanece preso, em sua introdução ao NT, à prioridade cronológica

---

[781] Cf. W. G. KÜMMEL, *Einleitung*, p. 25.
[782] Cf. D. GUTHRIE, *Introduction*, p. 1029ss.
[783] Cf. B. C. BUTLER, op. cit.
[784] D. GUTHRIE, *Introduction*, p. 157.

de Marcos, ainda que com sensível desconforto.[785] Guthrie vê a grande força de uma eventual prioridade de Mateus, por funcionar sem hipóteses auxiliares.

Interessante é a referência de Riesner à Cambridge Griesbach Conference, de 1979.[786] Essa conferência é a melhor prova da necessidade e da importância de nosso critério d). Mesmo que a ruptura correspondente tenha acontecido somente em uma minoria dos exegetas evangélicos do NT, a conferência, como sua discussão, é norteadora para o trabalho atual no questionamento sinóptico.

Cerca de 50 exegetas de todos os continentes discutiram sobre a questão sinóptica. "O congresso se inseria em uma série de eventos anteriores como, p. ex., o Simpósio Griesbach, de 1976, em Münster, e um congresso interdisciplinar sobre os evangelhos na Trinity University em San Antonio, no Texas".[787] Farmer e Orchard estiveram por trás dessas conferências como forças propulsoras.

As discussões na Cambridge Griesbach Conference "mostraram que, por um lado, um crescente número de estudiosos do NT percebe que os problemas da fórmula simples das duas fontes são cada vez mais prementes, mas que, por outro, apenas uma minoria considera a hipótese de Griesbach uma alternativa autêntica. Salientou-se de forma marcante a consciência de que muitos dos argumentos tradicionais em favor da prioridade de Marcos de forma alguma são tão inequívocos, como se julgou por longo tempo".[788]

Riesner observou na conferência duas tendências:

1) O crescente "ceticismo diante de soluções literárias simples do problema sinóptico" faz com que muitos "tentem avistar tentativas de explicação mais complexas". A troca de segmentos de frases, p. ex., suscita graves indagações no caso de uma dependência literária no âmbito dos sinópticos.

Também E. E. Ellis voltou a destacar em que proporção estavam disseminados no mundo contemporâneo do NT escoras escritas para a memória. Por isso, impõe-se a pergunta se tais notas escritas já não existiam em grande número antes da redação dos evangelhos, e até mesmo se algumas delas já não remontam ao tempo da atuação de Jesus.[789]

---

[785] D. GUTHRIE, Introduction, p. 1043ss.

[786] R. RIESNER, Wie steht es um die synoptische Frage?, p. 80-3.

[787] R. RIESNER, Wie steht es um die synoptische Frage?, p. 80s.

[788] R. RIESNER, Wie steht es um die synoptische Frage?, p. 81.

[789] R. RIESNER, Wie steht es um die synoptische Frage?, p. 82. Riesner remete em notas de rodapé a: E. E. ELLIS, op. cit., p. 304-9; B. GERHARDSSON, Memory and Manuscript, op. cit.; R. H.

2) "Além disso, externou-se com frequência um mal-estar diante do fato de que em muitas reconstruções históricas os evangelistas se parecem de modo muito flagrante com teólogos modernos, que em sua escrivaninha discutem com adversários literários invisíveis. Por isso, alguns palestrantes tentaram relacionar o surgimento dos evangelhos com situações históricas conhecidas de outras fontes. Nisso, porém, foi possível constatar uma grande gama de variações."[790]

f) O trabalho filológico (i.e., o trabalho preciso nas minúcias do texto) não deve ser subestimado para uma tentativa de solução. Justamente nesse ponto há predileção em recorrer ao grande filólogo Lachmann, que três anos depois de Schleiermacher, e por influência dele, interpretou em 1835 a citação de Papias no sentido de uma "fonte de *logia*", da qual Weisse, fundador da teoria das duas fontes (1838), derivou sua hipótese da fonte Q.[791] Contudo, representa um grande equívoco usar as conclusões finais de Weisse para jogar o filólogo Lachmann contra Griesbach.[792]

Com base nos intensivos estudos da sinopse, Lachmann chega à seguinte conclusão:

> Se for evidente que aqueles [referindo-se a Mateus e Lucas], apesar da elevadíssima concordância, não dispunham, como matriz, de um exemplar de Marcos, ao qual imitaram, que outra suposição ainda restaria a não ser a de que aquela função de acolitato,[793] cumprida por todos eles (os três) como se lhes fosse prescrita, já tenha sido fixada antes de sua atividade literária por meio da tradição evangélica de maneira imperiosa e definitiva?[794]

Lachmann, portanto, exclui expressamente o uso de Marcos "por Mateus e Lucas, presumindo ao invés disso uma ordem narrativa pré-evangélica, fixada de forma determinante pela tradição. Naquele momento não pretendia examinar se ela esteve disponível para o evangelista em forma escrita ou se foi transmitida através do costume da instrução oral, para não se desviar da questão em análise".[795]

GUNDRY, The Use of Old Testament em St. Matthew, op. cit. (aqui também se encontra bibliografia mais antiga a respeito).

[790] R. RIESNER, Wie steht es um die synoptische Frage?, p. 83.
[791] Cf. H. H. STOLDT, op. cit., p. 48s.
[792] Cf. as importantes considerações acerca de Lachmann em H. H. STOLDT, op. cit., p. 137ss.
[793] Acolitato = aqui: acompanhamento (imitação) no sentido de um "arcabouço" pré-estabelecido e compromissivo de evangelho.
[794] C. LACHMANN, op. cit. (conforme H. H. STOLDT, op. cit., p. 138, traduzido por Stoldt).
[795] H. H. STOLDT, op. cit., p. 138.

Logo, basear-se em Lachmann representa um completo equívoco por parte dos representantes da hipótese de Marcos. Ele não pressupõe o evangelho de Marcos como matriz para os dois outros sinópticos, nem considera a sequência narrativa dos dois outros sinópticos como estabelecida pelo evangelho de Marcos.⁷⁹⁶

As consequências resultantes da investigação de Stoldt são estas: sem razão as pessoas se estribam no filólogo Lachmann em relação à fundamentação da hipótese de Marcos postulada por Weisse e da teoria das duas fontes. Não condiz com os fatos quando Lohse faz a transição da teoria de Griesbach e Owen para a hipótese de Marcos com as seguintes palavras: "No entanto a isso se contrapõe inicialmente a comprovação elaborada pela primeira vez por Lachmann [...] de que Marcos é o mais antigo dos três evangelhos sinópticos".⁷⁹⁷

Também o encadeamento da síntese, como tal boa, das descobertas de Lachmann em Kümmel torna Lachmann um importante defensor da prioridade cronológica de Marcos, o que justamente não se deixa harmonizar com as conclusões finais de Lachmann, acima demonstradas.⁷⁹⁸

No balanço final de seu minucioso trabalho, Stoldt chega ao resultado de que a hipótese de Marcos "de qualquer modo não é sustentável pelo aspecto filológico".⁷⁹⁹

Recentemente foram feitas minuciosas contagens de palavras por Linnemann.⁸⁰⁰ Seu trabalho, conduzido com destreza, levou-a a concluir que o postulado histórico-crítico de uma dependência literária dos sinópticos entre si não é sustentável.⁸⁰¹

g) Na sequência, levaremos em consideração todas as ponderações sobre a autoria, lugar e data da redação dos três evangelhos sinópticos acima tratados (Mateus, Marcos e Lucas), chegando à seguinte proposta de solução:

2.4.4.2 Proposta de solução

A proposta de solução a seguir não possui caráter definitivo, mas deve ser aquilatada como resultado dos estudos apresentados.

Apresentação em etapas:
1ª etapa: atuação e ensino de Jesus.

---

[796] Cf. H. H. STOLDT, op. cit., p. 139s.
[797] E. LOHSE, *Entstehung*, p. 78s.
[798] Cf. W. G. KÜMMEL, *Einleitung*, p. 22.
[799] H. H. STOLDT, op. cit., p. 233.
[800] Cf. E. LINNEMANN, op. cit.
[801] Cf. E. LINNEMANN, op. cit., esp. p. 132ss.

2ª etapa: gravação na memória e anotação de tópicos dos discursos e da atuação de Jesus até a ascensão (27-30) por parte dos discípulos.
3ª etapa: proclamação evangelística e missionária do evangelho de Jesus pelos apóstolos e constituição da "tradição sinóptica" (a partir de 30). Exemplos ocorrem em Atos 2; 10; 13.13ss etc.
4ª etapa: redação de Mateus em idioma aramaico (c. 40/45)
5ª etapa: redação do evangelho de Lucas (c. 60) e de Atos (c. 63).
6ª etapa: redação de Marcos em contato com Pedro, conhecendo e possivelmente utilizando Mateus (aramaico; não se exclui que Marcos conhecia o evangelho de Lucas; c. 64-67).
7ª etapa: tradução de Mateus para o grego (antes de 100).

Esboço esquemático:

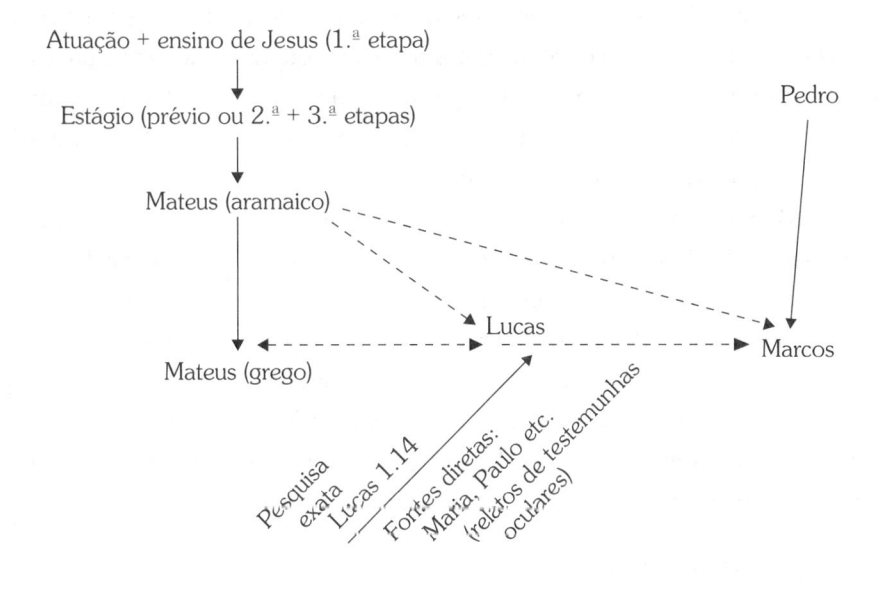

Atuação + ensino de Jesus (1.ª etapa)
↓
Estágio (prévio ou 2.ª + 3.ª etapas)   Pedro
↓   ↓
Mateus (aramaico)
       ↓   ↘
Mateus (grego) ← - - → Lucas - - - - - - - → Marcos

(Pesquisa exata Lucas 1.14; Fontes diretas: Maria, Paulo etc. (relatos de testemunhas oculares))

Não está descartado que cronologicamente a versão grega de Mateus tenha sido realizada apenas concomitante com o evangelho de Lucas, ou se ocorreu depois, e eventualmente no mesmo processo da redação de Lucas, visto que, conforme Stoldt, a convergência linguística entre os evangelhos de Mateus e Lucas é maior que entre o evangelho de Mateus e Marcos. O uso mais numeroso de expressões aramaicas em Marcos, sempre traduzidas para o grego, leva a supor que João Marcos, oriundo de Jerusalém (cf. At 12.12), tinha o evangelho aramaico e o levou em consideração.

Na análise de como transcorreu o estágio prévio (ou 2.ª e 3.ª etapas), o NT e as anotações da igreja antiga nos deixam sem dados, com exceção do prólogo de Lucas (Lc 1.1-4). Ou seja, podemos no máximo realizar suposições acerca dele, como nos tópicos sintetizados anteriormente.

a) Podemos afirmar que já durante a época da atuação de Jesus eram relevantes tanto a gravação na memória como a fixação através de anotações escritas. Ambas as atividades eram intensamente praticadas em Jerusalém na época de Jesus.[802]

b) Em vista da atuação posterior de proclamação dos discípulos de Jesus, o Senhor lhes diz em seus discursos de despedida: "O Conselheiro, o Espírito Santo, que o Pai enviará em meu nome, lhes ensinará todas as coisas e lhes fará lembrar tudo o que eu lhes disse" (Jo 14.26); e: "Quando o Espírito da verdade vier, ele os guiará a toda a verdade" (Jo 16.13a).

De acordo com a profecia de Jesus, os apóstolos terão capacidade de proclamar de forma autorizada o evangelho sob a direção e o respaldo do Espírito Santo.

c) Desde o dia de Pentecostes encontramos os apóstolos como testemunhas credenciadas do Senhor. No centro estava agora a expansão evangelística e missionária da boa notícia de Jesus (entre judeus e gentios). Conforme Atos 2.42, o evangelho proclamado deve ser equiparado à doutrina dos apóstolos.[803]

d) Não é impossível que, em virtude dos dados no prólogo de Lucas e com base nas diversas anotações de proclamação em Atos dos Apóstolos (a partir da prática) sob supervisão apostólica e mediante a condução do Espírito Santo, tenha sido consolidada certa moldura, determinada ordem da proclamação, i.e., que, por um lado, as tradições escrita e oral tenham sido examinadas com muito cuidado (cf. o prólogo de Lucas) e, por outro, tenha sido estabelecida uma ordem existente do ensino e da atuação de Jesus (comp., p. ex., At 10.34s com Marcos), a qual obteve registro no arcabouço da moldura dos evangelhos sinópticos.

3. O EVANGELHO SEGUNDO JOÃO

Calvino entendia o evangelho de João como a chave para os outros evangelhos. Com ele, "concordaram pensadores cristãos de muitas épocas, que encontraram

---

[802] Cf. a bibliografia já referida acima, de: R. RIESNER, Jesus als Lehrer, op. cit.; ELLIS; GERHARDSSON; GUNDRY.

[803] Sobre a relevância decisiva de tradição e apostolado, cf. H. RIDDERBOS, Begründung des Glaubens.

nesse evangelho profundezas da verdade espiritual [...] Apesar disso, o quarto evangelho foi, nos últimos anos, objeto de infindáveis discussões".[804]

3.1 Conteúdo e subdivisão

Palavra-chave: Filho de Deus
Versículo-chave:
> Aquele que é a Palavra tornou-se carne e viveu entre nós. Vimos sua glória, glória como do Unigênito do Pai, cheio de graça e de verdade (Jo 1.14).

3.1.1 Subdivisão

1.	**Prólogo**	Jo 1.1-18
2.	**A atuação de Jesus perante o mundo**	Jo 1.19–12.50
2.1	*Preparação*	Jo 1.19-51
	O testemunho de João Batista	Jo 1.19-34
	A vocação dos primeiros discípulos	Jo 1.35-51
2.2	*Atuação de Jesus na Galileia, em Jerusalém (primeira ida a Jerusalém) e Samaria*	Jo 2.1–4.42
	As bodas de Caná (primeiro sinal)	Jo 2.1-12
	Jesus em Jerusalém; a purificação do templo	Jo 2.13-25
	Jesus e Nicodemos	Jo 3.1-21
	Testemunho final de João Batista	Jo 3.22-36
	Jesus e a samaritana	Jo 4.1-42
2.3	*Atuação de Jesus na Galileia, em Jerusalém (segunda ida a Jerusalém) e no mar da Galileia*	Jo 4.43–6.71
	Jesus na Galileia; a cura do filho de um oficial do rei (segundo sinal)	Jo 4.43-54
	Jesus em Jerusalém; a cura do enfermo no tanque de Betesda (terceiro sinal)	Jo 5.1-18
	Discurso de Jesus sobre sua atuação e autoridade para ressuscitar mortos (agora e no juízo final)	Jo 5.19-30
	Jesus é o Filho de Deus	Jo 5.31-47
	Jesus na costa leste do mar da Galileia; alimentação dos 5 mil (quarto sinal)	Jo 6.1-15
	Jesus anda sobre a água (quinto sinal)	Jo 6.16-21
	Jesus em Cafarnaum: seus discursos sobre o pão da vida	Jo 6.22-59

---

[804] F. F. BRUCE, *Die Glaubwürdigkeit*, p. 53.

	O efeito do discurso de Jesus sobre os discípulos	Jo 6.60-71
	(auge: resposta de Pedro)	Jo 6.68,69)
2.4	*Atuação de Jesus em Jerusalém (terceira ida a Jerusalém)*	Jo 7.1—10.39
	Jesus em Jerusalém na Festa dos Tabernáculos	Jo 7.1-52
	(Jesus e a adúltera	Jo 7.53—8.11)
	Controvérsia de Jesus com o judaísmo incrédulo	Jo 8.12-59
	A cura do cego de nascença (sexto sinal)	Jo 9.1-41
	Jesus é a porta e o bom pastor	Jo 10.1-21
	Atuação de Jesus na festa de inauguração do templo	Jo 10.22-39
2.5	*Atuação de Jesus na Transjordânia e em Jerusalém*	
	(quarta ida a Jerusalém)	Jo 10.40—12.50
	A ressurreição de Lázaro (sétimo sinal)	Jo 10.40—11.44
	Resolução do Sinédrio para matar Jesus	Jo 11.45-57
	A unção de Jesus em Betânia	Jo 12.1-11
	A entrada de Jesus em Jerusalém	Jo 12.12-19
	Jesus e os gregos; discurso sobre sua paixão	
	(comparação com o grão de trigo)	Jo 12.20-36a
	Retrospecto sobre a atuação pública de Jesus	Jo 12.36b-50
3.	**A atuação de Jesus perante os discípulos**	Jo 13.1—17.26
	A última refeição com lava-pés e indicação do traidor	Jo 13.1-30
	O novo mandamento e prenúncio da negação de Pedro	Jo 13.31-38
	Discursos de despedida de Jesus (promessa do Paráclito)	Jo 14.1—16.33
	A oração sumo-sacerdotal de Jesus	Jo 17.1-26
4.	**Paixão, ressurreição e aparições de Jesus**	Jo 18.1—21.25
4.1	*A paixão de Jesus*	Jo 18.1—19.42
	A detenção de Jesus no Getsêmani	Jo 18.1-14
	A negação de Pedro e o inquérito de Jesus diante dos sumos	
	sacerdotes (Anás e Caifás)	Jo 18.15-27
	Jesus perante Pilatos: inquérito, flagelação,	
	coroação com espinhos e condenação	Jo 18.28—19.16a
	A crucificação de Jesus	Jo 19.16b-37
	O sepultamento por José de Arimateia e Nicodemos	Jo 19.38-42
4.2	*Ressurreição e aparições do Ressuscitado*	Jo 20.1—21.25
	O sepulcro vazio ("competição" entre Pedro e	
	João na corrida à sepultura de Jesus)	Jo 20.1-10
	Aparição de Jesus diante de Maria Madalena	Jo 20.11-18
	Aparições de Jesus perante os discípulos	Jo 20.19-29
4.3	*Atestação, finalidade e encerramento do evangelho*	Jo 20.30—21.25
	Finalidade do evangelho de João	Jo 20.30,31
	O Ressuscitado no lago de Tiberíades	Jo 21.1-14
	Conduções especiais de Pedro e do discípulo predileto	Jo 21.15-23
	Atestação da verdade do conteúdo, e final do evangelho	Jo 21.24,25

3.2 A relação entre o evangelho de João e os evangelhos sinópticos

São flagrantes as diferenças entre o evangelho de João e os sinópticos. Isso também se confirma por meio do elevado percentual de material exclusivo. O evangelho de João possui 879 versículos (incluída a perícope da adúltera). Disso cerca de 80 % são material exclusivo.

O único milagre que ocorre em todos os quatro evangelhos é a alimentação dos 5 mil (Mt 14; Mc 6; Lc 9; Jo 6). Numerosos elementos da história da paixão igualmente são relatados em todos os evangelhos.

Importantes são, em João, as festas em Jerusalém e as idas de Jesus a Jerusalém.

Não causa surpresa que, justamente por causa desse cunho diferente, o evangelho de João se tornasse uma pedra de tropeço para a pesquisa histórico-crítica dos evangelhos, do século XIX.[805] Na busca pelo Jesus histórico já *não* se considera, o mais tardar desde D. F. Strauss, o evangelho de João como fonte histórica "útil" para a pesquisa da vida de Jesus.[806]

Ainda que em última análise o caráter diferente de João continue um mistério, não podemos deixar de ser gratos pelas numerosas coisas que João nos relata, desconhecidas a partir dos evangelhos sinópticos. O evangelho de João é um magnífico complemento daquilo que sabemos pelos evangelhos de Mateus, Marcos e Lucas.

É altamente provável que essa diferença de João esteja relacionada com a circunstância de que na época da redação do quarto evangelho os três sinópticos já eram muito bem conhecidos, ou seja, não careciam de repetição.[807] Essa teoria é elaborada adiante por Albrecht:

Muito mais que os outros evangelistas, João ressalta os discursos de Cristo [...] Enquanto nos três primeiros evangelhos se destaca, sobretudo, a maneira de ensino popular, proverbial de Jesus, os discursos de Jesus em João revelam uma forma de expressão divergente, sublime e serena [...] O centro dos discursos de Jesus em João [...] é a própria pessoa daquele, cuja relevância abrangente e dignidade celestial são nitidamente destacadas neles.[808]

Uma ênfase incide na instrução acerca do Espírito Santo. Em muitos temas se explicita um aprofundamento intencional para destinatários leitores que já são crentes.[809]

---

[805] Cf. cap. "Die Geschichte der johanneischen Frage" em W. G. Kümmel, Einleitung, p. 162-5.
[806] Cf. H, J. Genthe, op. cit., p. 137.
[807] Cf., mais adiante, a questão da datação de João.
[808] L. Albrecht, op. cit., p. 235.
[809] Cf. L. Albrecht, op. cit., p. 235s.

3.3 Autenticidade e autor

3.3.1 Título e denominação

Nos manuscritos dispomos, como denominações mais antigas a nós transmitidas, das seguintes variantes:[810]

- ΚΑΤΑ ΙΩΑΝΝΗΝ   א B
- ευαγγελιον κατα Ιωαννην P^{66} P^{75} A C D L W^s Θ Ψ
     f^1 33 𝔐 vg^{ww}
- αγιον ευαγγελιον κατα Ιωαννην   (28) al

Conforme já ocorre nos evangelhos de Marcos e Lucas, o Códice א traz, na subscrição, a forma longa ΕΥΑΓΓΕΛΙΟΝ ΚΑΤΑ ΙΩΑΝΝΗΝ.[811]

Digno de nota é a atestação antiga da designação (P^{66}: o mais tardar em 200.[812] P^{75}, séc. III).

A mais antiga comprovação segura do NT é um fragmento com um *recorte de cinco versículos do evangelho de João* (Jo 18.31-33,37s): trata-se do papiro P^{52} (fragmento John Ryland) de um códice de *cerca de 125 d.C.* Justamente o evangelho mais atacado pelo método histórico-crítico possui atestação extraordinariamente antiga e sólida.

3.3.2 A tradição da igreja antiga

a) *Ireneu*, que na juventude conviveu com o conhecido aluno de João, o bispo Policarpo de Esmirna (morto como mártir em c. 155),[813] escreve no final de suas observações sobre a redação dos evangelhos sinópticos:

> Depois disso João, o discípulo do Senhor, que também jazia em seu peito, publicou por sua vez o evangelho, enquanto residia em Éfeso na Ásia Menor.[814]

---

[810] Conforme Nestle-Aland27, p. 247, 732.

[811] M. Hengel, *Die Evangelienüberschriften*, p. 10s, nota 11.

[812] Essa é a datação de seu editor. Outros, porém, situam esse manuscrito em época consideravelmente mais antiga, até a primeira metade do séc. II (cf. B. M. Metzger, *Der Text des Neuen Testaments*, p. 40, nota 9; C. P. Thiede, *Die älteste Evangelienhandschrift?*, p. 23, 70.

[813] Ireneu também remete a Policarpo, como, p. ex., em *Contra heresias*, livro III, 3.4 (apud Eusébio HE, livro IV, 14.3-8); cf. Euseb. HE, livro III, 28.6.

[814] ἔπειτα Ἰωάννης, ὁ μαθητὴς τοῦ κυρίου, ὁ καὶ ἐπὶ τὸ στῆθος αὐτοῦ ἀναπεσών, καὶ αὐτὸς ἐξέδωκεν τὸ εὐαγγέλιον, ἐν Ἐφέσῳ τῆς Ἀσίας διατρίβων — epeita Iōannēs, ho mathētēs tou kyriou, ho kai epi to stēthos autou anapesōn kai autos exedōken to euangelion, en Ephesō tēs Asias diatribōn (Ireneu, *Contra heresias*, livro III, 1.1; conforme Euseb. HE, livro V, 8.4).

E todos os presbíteros que na Ásia estiveram junto de João, discípulo do Senhor, atestam que João fez tradição. Porque conviveu com eles até os tempos de Trajano.[815]

Pouco antes dessa citação, constam diversas citações ou reproduções semelhantes ao evangelho de João. O segmento da frase de "que João fez tradição" significa que escreveu um evangelho.

Mas também a igreja em Éfeso, fundada por Paulo, e na qual João viveu até os tempos de Trajano, é testemunha fidedigna da tradição dos apóstolos.[816]

Em outra passagem, Ireneu afirma que João teria escrito o evangelho contra o falso mestre daquele tempo, Cerinto, e contra a heresia dos nicolaítas.[817] O Apocalipse teria sido escrito por João por volta do final do mandato de Domiciano.[818]

Ao tratar do evangelho de João, Ireneu sempre se refere a João como "discípulo do Senhor"[819] ou como "apóstolo"[820] João.

b) De acordo com *Clemente de Alexandria,* João foi o último dos evangelistas a escrever um evangelho "espiritual" diante do fato de que os outros evangelistas teriam tratado exaustivamente da natureza humana de Jesus.[821]

Em outro texto, Clemente de Alexandria cita do evangelho de João, dizendo expressamente que foi escrito pelo apóstolo João.[822]

c) Provavelmente Michaelis tem razão ao classificar o recorte do *Cânon muratoriano* como "lendário e tendencioso", em função do que "não consegue fornecer uma elucidação real sobre o surgimento" desse evangelho.[823] Não obstante, trazemos aqui sua forma literal:

---

[815] καὶ πάντες οἱ πρεσβύτεροι μαρτυροῦσιν οἱ κατὰ τὴν Ἀσίαν Ἰωάννῃ τῷ τοῦ κυρίου μαθητῇ συμβεβληκότες παραδεδωκέναι τὸν Ἰωάννην. παρέμεινεν γὰρ αὐτοῖς μέχρι τῶν Τραϊανοῦ χρόνων — kai pantes hoi presbyteroi martyrousin hoi kata tēn Asian Iōannē tō tou kyriou mathētē symbeblēkotes paradedōkenai ton Iōannēn. paremeinen gar autois mechri tōn Traianou chronōn (IRENEU, *Contra heresias,* livro II, 22.5; conforme Eusébio HE, livro III, 23.3.

[816] IRENEU, *Contra heresias,* livro III, 3.4; conforme Eusébio HE, livro III, 23.4.

[817] Cf. IRENEU, *Contra heresias,* livro III, 11.1.

[818] Cf. Euseb. HE, livro V, 8.6.

[819] Cf. IRENEU, *Contra heresias,* livro I, 8.5; livro II, 2.5; Livro III, 11.1; 16.5; livro V, 18.2.

[820] Cf. IRENEU, *Contra heresias,* livro I, 9.2.

[821] CLEMENTE DE ALEXANDRIA, *Hypotyseis* (apud Euseb. HE, livro VI, 14.7).

[822] CLEMENTE DE ALEXANDRIA, *Stromateis,* livro V, 12/ Jo 1.18.

[823] W. MICHAELIS, op. cit., p. 93.

O quarto evangelho é oriundo do discípulo João. Encorajado por seus co-discípulos e supervisores, disse: "Jejuai comigo de hoje por três dias, e o que for revelado a cada um, nós o comunicaremos uns aos outros". Na mesma noite, foi revelado a André, um dos apóstolos, que todos deveriam estar de acordo em que João, por sua vez, anotasse tudo.[824]

d) No *Prólogo antimarcionita* ao evangelho de João, encontra-se uma referência de que Papias teria relatado em sua obra que escreveu o evangelho de João conforme o ditado de João.[825] Essa notícia não foi preservada em nenhum outro documento e não pode ser considerada segura.[826] Apesar disso, representa mais uma confirmação da autoria de João. Impossível, porém, é o adendo de que, no evangelho, João teria refutado a Marcião. Este ensinou somente por volta do ano 130.[827]

No *Prólogo antimarcionita* ao evangelho de Lucas, menciona-se que João escreveu seu evangelho na Ásia *após* o Apocalipse, o qual compôs na ilha de Patmos.[828]

e) Na sequência, analisaremos ainda a referida citação de *Papias*, que nos foi legada por Eusébio. Papias escreveu:

> Quando vinha alguém que havia acompanhado os presbíteros, eu (lhe) perguntava acerca das palavras dos presbíteros; o que disseram André ou o que Pedro, ou o que Filipe, o que Tomé, ou Tiago, ou o que João ou Mateus ou outro dos discípulos do Senhor? E que dizem Aristião e o presbítero João, os discípulos do Senhor? Porque não imaginava que aquilo (oriundo) dos livros me podia ajudar do mesmo modo como aquilo de voz viva e (ainda) duradoura.[829]

Na sequência, *Eusébio* se limita inicialmente a trazer duas vezes o nome João. Considera que aí reside uma confirmação do relato, segundo o qual haveria em Éfeso duas sepulturas de João. Eusébio diferencia o discípulo João e o presbítero João como duas pessoas. O Apocalipse teria sido escrito pelo presbítero.[830] A citação mais longa que Eusébio traz da obra de Papias não se relaciona "diretamente com o

---

[824] *Quartum evangeliorum Iohannis ex discipulis. cohortantibus condiscipulis et episcopis suis dixit 'Conieiunate mihi hodie triduo, et quid cuique fuerit revelatum alterutrum nobis enarremus'. Eadem nocte revelatum Andreae ex apostolis, ut recognoscentibus cunctis Iohannes suo nomine cuncta describeret* (Cânon muratoriano; texto em K. ALAND, *Synopsis*, p. 538).

[825] K. ALAND, *Synopsis*, p. 533.

[826] Cf. W. MICHAELIS, op. cit., p. 92.

[827] Cf. J. A. T. ROBINSON, op. cit., p. 268.

[828] Texto em K. ALAND, *Synopsis*, p. 533.

[829] Euseb. HE, livro III, 39.4.

[830] Euseb. HE, livro III, 39.5s.

evangelho de João; contudo, a polêmica de Eusébio pelo menos leva a concluir que Papias deve ter atribuído o evangelho de João ao João, filho de Zebedeu".[831]

De acordo com Eusébio, Papias não teria ouvido nem visto pessoalmente os apóstolos, mas somente pessoas que estiveram próximas dos apóstolos. É isso que o próprio Papias teria gravado na introdução de sua obra.[832] Verdade é que Ireneu o contradiz.[833]

No começo da citação se usa o termo πρεσβύτεροι — presbyteroi, "presbíteros" ou "anciãos" para os discípulos de Jesus.[834] Logo abaixo, apenas para João. Igualmente se designam Aristião e João em conjunto como discípulos do Senhor. A circunstância de que Aristião não nos seja conhecido pelo NT não precisa significar forçosamente que ele não possa ter pertencido ao grupo mais amplo de discípulos.[835] O testemunho desses dois últimos é arrolado no tempo presente ("que *dizem*", diferente do "que *disseram*"). Com Aristião e João, Papias menciona "de certa forma os dois, cujas informações os informantes de Papias (não na época da redação de sua obra, mas na de suas pesquisas, ou seja, ao se findar o séc. I) ainda podiam ouvir por ainda estarem vivos".[836] E justamente porque "se distinguem afirmações de época anterior e recente, era possível que, sob esse aspecto, João tivesse lugar em ambas as listas".[837] O fato de que João é citado depois de Aristião talvez se explique com Michaelis, com a observação de que já na lista

---

[831] W. Michaelis, op. cit., p. 92.

[832] Cf. Euseb. HE, livro III, 39.2.

[833] Ireneu, *Contra heresias*, livro V, 33.4.

[834] Nesse contexto, o sentido não pode ser o do título do cargo na igreja, visto que são citados sete nomes e todos eles fazem parte do grupo de doze discípulos de Jesus. Cf. W. Michaelis, op. cit., p. 93; F. Barth, op. cit., p. 294s.

[835] Cf. D. Guthrie, *Introduction*, p. 279.

[836] W. Michaelis, op. cit., p. 93.

[837] W. Michaelis, op. cit., p. 93; cf. F. Barth, op. cit., p. 295; D. Guthrie, *Introduction*, p. 280; G. Maier, *Die Johannesoffenbarung und die Kirche*, in: WUNT, cf. 25, 1981, p. 54ss; M. Meinertz, op. cit., p. 219; H. C. Thiessen, op. cit., p. 167. Uma explicação independente nos é fornecida por Zahn. Ela é assim descrita por U. Swarat, op. cit., p. 227: "Em sua própria explicação do proêmio, Zahn expõe que Papias teria recebido suas tradições por duas vias: em parte diretamente de apóstolos e discípulos de Jesus (os 'presbíteros'), em parte através de inquirições junto a alunos de apóstolos. Entre os alunos de apóstolos inquiridos se poderia novamente distinguir dois grupos, a saber, aqueles que puderam transmitir tradições de apóstolos fora da Ásia Menor, e outros que computavam entre seus conhecimentos as tradições de apóstolos no seio da Ásia Menor. É em função dessa diferenciação geográfica que se explica, conforme Zahn, a dupla ocorrência do nome João, porque João teria tido seguidores tanto na Palestina quanto na Ásia Menor".

anterior de nomes o menos importante consta primeiro (André antes de Pedro, Tiago antes de João; na segunda contagem, portanto, Aristião antes de João).[838]

A segunda e terceira cartas de João já evidenciam que o apóstolo João era chamado, de forma especial, pelo nome de honra ὁ πρεσβύτερος — ho presbyteros, "o presbítero" ou "o ancião".[839]

As mais antigas menções que nos foram legadas acerca de duas pessoas de nome João na Ásia Menor são as de Dionísio de Alexandria (m. c. 265), citadas por Eusébio.[840] Dionísio tem dificuldades por razões dogmáticas — como salienta Feine — para considerar autor do evangelho de João também o autor do Apocalipse.[841]

Entretanto, as escavações não parecem confirmar essa tradição de duas pessoas de nome João em Éfeso.[842]

Registramos, pois, que o presbítero João é idêntico ao discípulo de Jesus e ao apóstolo João e que existe somente *uma* sepultura (autêntica) do (apóstolo) João em Éfeso. Ademais, resta considerar que, apesar da subdivisão em duas pessoas, feita por Eusébio em função de "razões dogmáticas", Eusébio sustenta a autoria do evangelho de João por meio do apóstolo João e também confirma sua residência em Éfeso.

f) *Taciano* empregou o evangelho de João para sua harmonia dos evangelhos. Isso leva a concluir pelo reconhecimento geral do evangelho de João. "Afinal, o *Diatessaron*, que via de regra se atém estreitamente ao texto predeterminado dos quatro evangelhos, visava a ser aprovado e reconhecido nas igrejas da Síria e além dela, razão pela qual com certeza não introduziria, a título de experimento, um texto muito recente e ainda fortemente controvertido".[843]

g) *Teófilo* de Antioquia (c. 175) chama João de "portador do Espírito", i.e., um autor inspirado pelo Espírito Santo, o qual ele cita com as palavras de João 1.1.[844] Para ele, portanto, João é o autor inspirado desse versículo e, por consequência, do evangelho de João.

h) As heresias do *montanismo*, de que o Consolador (Paráclito, ou seja, o Espírito Santo), estaria presente corporificado na pessoa de Montano, estribaram-se sem

---

[838] W. MICHAELIS, op. cit., p. 93.
[839] Cf. P. FEINE, op. cit., p. 91; F. BARTH, op. cit., p. 295.
[840] Euseb. HE, livro VII, 25; cf. P. FEINE, op. cit., p. 91.
[841] Cf. P. FEINE, op. cit., p. 91.
[842] Por volta de 1900 isso foi explicado a Feine por O. Benndorf, dirigente das escavações austríacas em Éfeso (cf. P. FEINE, op. cit., p. 91).
[843] M. HENGEL, *Die johanneische Frage*, p. 22.
[844] Cf. Teófilo de Antioquia, *Ad Autolycum*, 2.22.

razão nas declarações de Jesus acerca do Espírito Santo como relatadas em João. Por volta de 157, Montano fez surgir esse movimento. Essa usurpação[845] de João acarretou, na época subsequente, durante algumas décadas, certa rejeição a João entre diversos representantes da igreja.[846]

i) *Tertuliano* menciona, além de Mateus, também João como apóstolo no contexto da redação dos evangelhos.[847]

j) Orígenes escreveu um comentário ao evangelho de João e mencionou que este foi escrito por "João, que havia repousado no peito de Jesus".[848]

k) *Eusébio* explica, em uma passagem, que o apóstolo João foi quem escreveu seu evangelho como último entre os evangelhos canônicos.[849]

Em outro local, após referir sucintamente ao mandato brutal do imperador romano Domiciano, ele escreve: "Nessa época, informa-se, ainda teria estado vivo o apóstolo e evangelista João, sendo condenado, por causa de seu testemunho em prol da palavra divina, a viver na ilha de Patmos".[850]

E em relação ao período de mandato do sucessor de Domiciano, Nerva, durante o qual o senado romano teria chamado de volta pessoas injustamente banidas, Eusébio continua escrevendo: "Naquela época, pois, também o apóstolo João saiu do banimento na ilha e retomou sua permanência em Éfeso, conforme nos dizem as tradições de nossos antigos".[851]

Nos dados de que a duração da vida de João foi até o governo de Trajano, Eusébio se reporta expressamente a *Ireneu* e *Clemente de Alexandria*, que considera dignos de crédito.[852]

l) No *Prólogo monarquiano* ao evangelho de João, encontram-se, entre outras, as seguintes frases:

> Esse é o evangelista João, um dos discípulos de Deus [...] Escreveu, porém, esse evangelho na província da Ásia, depois que havia escrito o Apocalipse na ilha de Patmos [...] E é aquele João que, sabendo que havia chegado o dia de falecer,

---

[845] Usurpação = assenhoreamento ou apropriação ilegítimos.
[846] Cf. M. HENGEL, *Die johanneische Frage*, p. 26.
[847] TERTULIANO, *Contra Marcião*, livro IV, 2.2; 5.3.
[848] Cf. Euseb. HE, livro VI, 25.7ss.
[849] Euseb. HE, livro III, 24.
[850] Euseb. HE, livro III, 18.1.
[851] Euseb. HE, livro III, 20.9.
[852] Euseb. HE, livro III, 23.1s.

reuniu seus discípulos em Éfeso e através de muitas demonstrações de milagres, revelando a Cristo, desceu ao lugar escavado para seu sepultamento e, depois de fazer um discurso, foi reunido a seus ancestrais [...] Embora tenha escrito seu evangelho depois de todos os outros, apesar disso é colocado depois de Mateus na sequência do cânon ordenado.[853]

m) *Vitorino de Pettau* (m. c. 304) defende que João escreveu o evangelho depois do Apocalipse para combater o gnóstico Valentino, que ensinava em meados do século II.[854]

n) *Dídimo* (m. 398) cita o evangelho de João como escrito por *Johannes theologus*.[855] Em seu comentário a 2João, no entanto, fica claro que ele considera que o evangelho de João, assim como as cartas de João, foram escritas pelo discípulo de Jesus e apóstolo João.[856] Em outra passagem, ele cita o evangelho de João como sendo da autoria do apóstolo João.[857]

o) *Epifânio* (m. 403) declara que João, na idade de mais de 90 anos, teria sido impelido pelo Espírito Santo a escrever o evangelho. Isso teria acontecido depois do desterro para Patmos e depois que ele já havia vivido muitos anos na Ásia.[858] Contudo, gera perplexidade o fato de Epifânio datar esse banimento na época do imperador Cláudio[859] e afirmar, em outro texto, que João teria profetizado sob Cláudio "antes de sua morte".[860]

p) *Cosmas Indicopleustes* (c. 550) diz que o discípulo e teólogo João teria editado seu evangelho em Éfeso, a pedido dos crentes.[861]

q) George Hamartolos (séc. IX) diz que o teólogo e evangelista João teria sido banido, durante o governo de Domiciano, para a ilha de Patmos.[862] Nerva teria

---

[853] *Hic est Iohannes evangelista unus ex discipulis dei* [...] *Hoc autem evangelium scripsit in Asia, posteaquam in Pathmos insula apocalypsin scripserat et hic est Iohannes, qui sciens supervenisse diem recessus sui convocatis discipulis suis in Epheso per multa signorum experimenta promens Christum descendens in defossum sepulturae suae locum facta oratione positus est ad patres* [...] *qui etsi post omnes evangelium scripsisse dicitur, tamen dispositione canonis ordinati post Matthaeum ponitur...* (conforme K. ALAND, *Synopsis*, p. 538).

[854] Vitorino (apud J. A. T. ROBINSON, op. cit., p. 268).

[855] DÍDIMO, *Sobre a Trindade*, livro I, 15.17/ Jo 1.1ss.

[856] DÍDIMO, *In Epistolas Catholicas Enerratio*, sobre 2Jo 6.

[857] DÍDIMO, *Sobre a Trindade*, livro I, 27.84/ Jo 13.13.

[858] EPIFÂNIO, *Panarion*, livro LI,12.2.

[859] EPIFÂNIO, *Panarion*, livro LI,12.2; 33.9.

[860] EPIFÂNIO, *Panarion*, livro LI, 33.9.

[861] COSMAS INDICOPLEUSTES, *Topographia Christiana*, livro V, 248.

[862] GEORGE HAMARTOLOS, *Chronicon breve*, 3.131.

mandado buscar João em Patmos, permitindo-lhe viver em Éfeso. Ainda antes do martírio, ele teria escrito o evangelho.[863]

r) De 20 fragmentos de papiro de evangelhos, encontrados no Egito e originários de uma época pré-constiniana, 11 trazem textos do evangelho de João. Isso demonstra o alto apreço que esse evangelho desfrutava já desde cedo no Egito.[864]

Em síntese, pode-se dizer que tanto os títulos, que remontam até o século II (p. ex., P^{66}), como a tradição da igreja antiga, dão um testemunho muito claro da autenticidade do evangelho de João e da autoria do apóstolo e presbítero João, filho de Zebedeu.

3.3.3 A história da questão joanina[865]

Ireneu já sabia de pessoas que rejeitavam a promessa, mencionada em João, do Espírito como Consolador ou Advogado (Jo 14.15ss; 15.26; 16.7ss), condenando assim também o evangelho de João.[866] Provavelmente para privar os montanistas de sua pretensa base nas Escrituras para a heresia do Paracleto presente na pessoa de Montano, o presbítero romano Gaio classificou, pouco depois do ano 200, o evangelho de João e o Apocalipse como obra do gnóstico Cerinto. Também os *álogoi* atribuíam o evangelho de João a Cerinto. Rejeitavam o evangelho de João e o Apocalipse.[867] Essa crítica ao evangelho de João foi limitada no tempo, condicionada que era pela encampação de João pelos montanistas.[868] Paralelamente a essa situação, porém, o evangelho de João desfrutava o melhor crédito e a maior aceitação na igreja antiga.

Foi somente no crescente racionalismo no século XVIII que a redação do evangelho de João por um apóstolo sofreu contestações esparsas, embora a influência desses críticos ainda continuasse pequena.[869]

Bretschneider inaugurou em *1820* a contestação moderna da autenticidade de João.[870] Ao lado das "dificuldades" da doutrina de Jesus em João, comparada aos

---

[863] GEORGE HAMARTOLOS, *Chronicon breve*, 3.134.

[864] Cf. M. HENGEL, *Die johanneische Frage*, p. 31.

[865] Cf. esp. P. FEINE, op. cit., p. 81-5; W. G. KÜMMEL, *Einleitung*, p. 162-5; W. SCHMITHALS, *Johannesevangelium und Johannesbriefe*, p. 29 200.

[866] IRENEU, *Contra heresias*, livro III, 11.9.

[867] Cf. Epifânio, *Panarion*, livro LI, 3; *Anacephalaeosis*, 1112.

[868] Cf. M. HENGEL, *Die johanneische Frage*, p. 26.

[869] Como, p. ex., por meio de E. EVANSON, *The Dissonance of the Four generally received Evangelists* (1792). Cf. W. SCHMITHALS, *Johannesevangelium und Johannesbriefe*, p. 50ss.

[870] Cf. K. G. BRETSCHNEIDER, *Probilia de evangelii et epistularum Joannis, apostoli, indole et origine* (1820); apud W. G. KÜMMEL, *Einleitung*, p. 163; cf. tb. W. SCHMITHALS, *Johannesevangelium und Johannesbriefe*, p. 56ss.

evangelhos sinópticos, ele alegou contra a autoria apostólica a característica não judaica e a suposta atestação tardia. Por lhe ser contraposta vigorosa resistência, Bretschneider retirou já em 1824 a crítica ao evangelho de João. Foi também decisiva para esse ato a influência de *Schleiermacher*, que considerava o evangelho de João até mesmo o mais antigo dos evangelhos e o relato de uma testemunha ocular. Entretanto, em breve a crítica ao evangelho de João se impôs entre a maioria dos teólogos. *Strauss* defendia em *1835* que em João havia uma evolução dos mitos que ele também postulava nos evangelhos sinópticos.[871] E *Baur* enfatizava que o evangelho de João "nem sequer visava a ser um relato histórico, mas a exposição de uma ideia".[872] Contudo, a datação de Baur, situando João no final do século II, não se impôs nem mesmo na pesquisa histórico-crítica. Entretanto, infelizmente foi acolhida em grande medida a negação da autoria apostólica e a suposição de uma credibilidade histórica pretensamente baixa.

Pesquisadores conservadores como Schlatter, Zahn e outros, no entanto, continuaram defendendo a autenticidade do evangelho de João.[873]

No tempo subsequente, os teólogos histórico-críticos se excediam em classificações teológicas e análises de João.[874] Algumas das principais teorias de seu surgimento podem, desde então, ser sintetizadas da seguinte maneira:[875]

a) Uma troca de folhas teria misturado o conteúdo de João. Desde 1871 essa ideia obteve adeptos. Em sentido análogo corre a suposição de que o conteúdo do

---

[871] Cf. D. F. Strauss, op. cit.

[872] W. G. Kümmel, *Einleitung*, p. 163. Cf. F. C. Baur, *Kritische Untersuchungen*.

[873] W. Schmithals, *Johannesevangelium und Johannesbriefe*, p. 97s, fornece uma longa lista daqueles que sustentam a autenticidade do evangelho de João. Cf. tb. H. J. Holtzmann, *Einleitung*, p. 434.

[874] Essa multiplicidade de análises subjetivas torna-se evidente na detalhada história da pesquisa fornecida por W. Schmithals, *Johannesevangelium und Johannesbriefe*, p. 50-200. Em sua análise, ele acrescenta um veredicto subjetivo (cf. op. cit., p. 215-432). A persistência dos críticos, apesar da multiplicidade da subjetividade de teorias críticas, é expressa com propriedade em S. Mendner, Johanneische Literarkritik, ThZ n. 6, 1952, p. 433s: "Se a crítica literária em João ficou atolada com seus resultados diferentes e muitas vezes quase contraditórios, isso pode atestar arbitrariedade e subjetividade. Grande dano foi causado dessa maneira, e não deve ser surpresa que todo o procedimento se tornou alvo de tamanho descrédito, porém isso ainda não deveria ser razão para lhe negar por princípio a validade objetiva". Restaria indagar quando virá o momento em que também na opinião de um teólogo desses se negará a validade desse procedimento.

[875] Cf. W. G. Kümmel, *Einleitung*, p. 164s.

evangelho teria sido legado, pelo autor, "de forma incompleta e organizado incorretamente por seus alunos".[876]

b) Uma composição de diferentes fontes ou a ampliação de um escrito básico teria, conforme outros teólogos, levado à formação do evangelho de João.

c) Um ou vários redatores teriam ampliado o escrito básico, mudando sua ordem e adaptando-o à situação da igreja daquele tempo. Essa teoria se alicerça principalmente em Wellhausen[877] e Schwartz.[878]

3.3.4 A questão histórico-religiosa[879]

No século XX se agregaram à crítica literária no evangelho de João também as questões em torno das dependências e dos parentescos histórico-religiosos desse evangelho.

Em todos os livros do NT é importante o pano de fundo do surgimento, porém em nenhum outro exerce uma função tão relevante como no evangelho de João. A interpretação, em parte controvertida, de todo o livro é fortemente influenciada pelas diferentes compreensões relativas ao contexto, tanto do autor quanto também dos leitores.

Citemos aqui, com as respectivas réplicas, algumas dessas áreas, frequentemente citadas, que podem ter influenciado o evangelho.

3.3.4.1 Teologia do cristianismo primitivo

Postulado: O evangelho de João espelharia a teologia do incipiente cristianismo. Nesse ponto é irrelevante se o próprio autor foi testemunha ocular ou se esteve muito próximo de uma delas.

Réplica:

a) Não se pode negar que o evangelho de João possui características bem nítidas de uma testemunha ocular (v., p. ex., Jo 1.39ss; 4.6; 13.30 ["E era noite"]; 18.18 ["Fazia frio"]; 19.35; 20.30s; 21.24s).[880]

---

[876] W. G. Kümmel, *Einleitung*, p. 164; cf. E. Lohse, *Entstehung*, p. 108s.

[877] Cf. J. Wellhausen, *Erweiterungen und Änderungen im vierten Evangelium* (Berlin: Reimer, 1907).

[878] Sobre E. Schwartz e suas publicações cf. W. Schmithals, *Johannesevangelium und Johannesbriefe*, p. 104ss.

[879] Cf. esp. D. Guthrie, *Introduction*, p. 338ss; J. Schneider, Das Evangelium nach Johannes, in: ThHK, 3. ed. (Berlin: Evangelische Verlagsanstalt 1985), p. 32ss.

[880] Cf., entre outros, F. Barth, op. cit., p. 280; P. Feine, op. cit., p. 87; D. Guthrie, *Introduction*, p. 263s; M. Meinertz, op. cit., p. 229s; M. C. Tenney, op. cit., p. 209; B. Weiss, op. cit., p. 595s.

b) *Não* existe conflito entre os sinópticos e o evangelho de João (cf. a participação de mais de 80% de "material exclusivo").

c) No entanto, João possui uma ênfase diferente.

d) O conteúdo de João com certeza está estreitamente ligado à teologia do incipiente cristianismo; contudo, não de tal forma que se possa classificar o cristianismo incipiente como "autor" do evangelho de João, mas, pelo contrário, que o evangelho de João confirma, por tradição direta, a configuração do cristianismo primitivo.

3.3.4.2 Paulinismo

Postulado: Alguns pesquisadores asseveraram que o autor de João teria sido adepto de Paulo (chamado "paulinista").[881] Isso significaria que a teologia joanina representa uma "evolução" da teologia paulina. O esquema evolutivo seria o seguinte: sinópticos/Paulo/carta aos Hebreus/João.

Réplica: Com Guthrie, rejeitamos inteiramente esse pensamento evolutivo. Pelo contrário, a situação é que as cartas de Paulo, a carta aos Hebreus e as de João constituem manifestações diversas da mesma teologia e foram cunhadas e presenteadas simultaneamente em momento inicial pela revelação de Deus e pelo acontecimento da salvação em Jesus Cristo (centro: cruz e ressurreição de Jesus), pelo Espírito Santo.

3.3.4.3 Judaísmo

a) *Postulado:* O evangelho de João seria dependente do rabinismo.[882]

Réplica: Remetendo, entre outros, a Schlatter[883] e Strack/ Billerbeck,[884] Guthrie afirma que é preciso fazer uma cuidadosa diferenciação entre a influência do AT sobre o autor do evangelho de João e a postulada influência do rabinismo contemporâneo. Todo o evangelho evidencia que o parentesco com AT é muito maior que com a teologia rabínica. O pano de fundo judaico pode ser entendido sem dificuldades a partir do fato de que Jesus era judeu. Em contraposição, Jesus (e em consequência também João) se posiciona com sua doutrina em contraste intransponível com o judaísmo. Em nenhum dos evangelhos isso se expressa com tanta clareza como em João (cf., p. ex., Jo 5.16-18; 6.41ss; 7.30ss; 8,21ss; 10.31ss).

---

[881] P. ex., E. F. Scott, *The Fourth Gospel, its Purpose and Theology*, 2. ed. (1908), p. 46 (apud D. Guthrie, *Introduction*, p. 338, nota 3).

[882] Cf. J. Schneider, op. cit., p. 34.

[883] Cf. A. Schlatter, *Der Evangelist Johannes — Ein Kommentar zum vierten Evangelium*, 3. ed. (Stuttgart: Calwer Verlag, 1960).

[884] Cf. H. L. Strack & P. Billerbeck, op. cit., v. 2.

b) *Postulado*: Desde o descobrimento dos escritos de Qumran não se sustenta mais integralmente a afirmação de que o evangelho de João estaria perpassado inteiramente de helenismo, porque muitas características igualmente ocorrem na literatura de Qumran. Muitos postulam, agora, uma dependência e um grande parentesco entre Qumran e João.[885] Sobretudo o uso das mesmas expressões duplas como "luz e verdade" ou as antíteses "luz e trevas", "verdade e mentira" sublinhariam a suposta "dependência".[886]

Réplica: Cullmann[887] ressalta que as diferenças entre João e Qumran são consideravelmente maiores que as semelhanças, justamente no que tange à pessoa de Jesus Cristo.[888] Também Lohse constata diferenças fundamentais na doutrina: "Na comunidade de Qumran o dualismo não está associado à expectativa messiânica, enquanto no evangelho de João os contrastes de luz/trevas, verdade/mentira, vida/morte são determinados a partir da cristologia".[889] Os textos de Qumran podem no máximo ajudar a iluminar o fundo palestino de João, porém "não podem ser classificados como a matriz histórico-religiosa por excelência do evangelho de João".[890]

3.3.4.4 Literatura hermética

Postulado: Da mesma forma se chamou atenção para possíveis paralelos entre o evangelho de João e os herméticos. Os herméticos são uma coletânea de tratados filosóficos e religiosos do Egito atribuídos a Hermes Trismegisto. Calcula-se uma data de redação deles para os século II e III. Dodd,[891] que realizou um estudo especial acerca desses escritos, defende a opinião de que se pode comprovar um parentesco entre João e os herméticos, mas que não se pode falar de uma dependência literária. Contudo, Dodd tenta aclarar com os herméticos o contexto intelectual de João.

---

[885] Cf., p. ex., R. M. GRANT, op. cit., p. 160.
[886] Cf. E. LOHSE, *Entstehung*, p. 109s.
[887] Apud D. GUTHRIE, *Introduction*, p. 340, nota 2.
[888] Cf. D. GUTHRIE, *Introduction*, p. 339s; cf. tb. W. G. KÜMMEL, *Einleitung*, p. 186s.
[889] E. LOHSE, *Entstehung*, p. 110.
[890] E. LOHSE, *Entstehung*, p. 110.
[891] Cf. C. H. DODD, *The Interpretation of the Fourth Gospel* (Cambridge: University Press 1953), p. 10-53; idem, *The Bible and the Greeks*, 1935 (apud D. GUTHRIE, *Introduction*, p. 340, nota 3).

Réplica: Guthrie observa que o parentesco no vocabulário com a LXX é maior que com os tratados herméticos,[892] sem levar em conta que o evangelho de João foi escrito muito mais cedo.

3.3.4.5 Filonismo

Postulado: Filo de Alexandria é o principal representante do judaísmo helenista, no qual de longe constitui a personagem mais influente. O ponto de contato comum entre o evangelho de João e Filo diz respeito ao prólogo (Jo 1.1-14), sugerindo-se interpretar a "ideia do *Logos*" à luz de Filo. Além disso, Filo e o evangelho de João têm em comum certo simbolismo, p. ex., no aspecto de que Deus é luz, bem como na referência à fonte/água da vida e ao pastor.

Réplica: De modo geral, pode-se afiançar que as diferenças entre Filo e o evangelho de João são grandes e que o parentesco é apenas periférico. Por exemplo, o conceito do *Logos* em João tem uma acepção pessoal. O *Logos* se encarnou em Cristo, algo impensável em Filo.[893]

3.3.4.6 Gnosticismo

Postulado: Alguns encontram certo parentesco entre a doutrina do gnosticismo e o evangelho de João, principalmente em ideias "dualistas" e em relação à ideia da redenção.[894]

Réplica: Os paralelos precisam ser interpretados no sentido de que João tem conhecimento do gnosticismo inicial (cf. o gnóstico Cerinto) e que tanto no evangelho como nas cartas ele se diferencia do gnosticismo em tom apologético (cf. sua formulação clara contra o docetismo, p. ex., em 1Jo 4.1ss).

Além disso, o mito gnóstico, na forma como foi suposto por Bultmann para o evangelho de João, é oriundo somente da fase tardia do gnosticismo,[895] e não possui nenhuma atestação literária em sua configuração plenamente desenvolvida.[896] Entre a figura gnóstica do redentor e o Cristo de João, existe "a diferença fundamental de que o último não é o protótipo de um ser humano carente de redenção, não um 'redentor

---

[892] D. Guthrie, *Introduction*, p. 340. Cf. W. G. Kümmel, *Einleitung*, p. 184.

[893] Cf. C. H. Dodd, *The Interpretation of the Fourth Gospel*, p. 73; D. Guthrie, *Introduction*, p. 341; W. G. Kümmel, *Einleitung*, p. 184.

[894] Cf., p. ex., F. Hahn (Org.), M. Dibelius, in: *Geschichte der urchristlichen Literatur*, 3. ed. (München: Kaiser, 1990), p. 71; W. G. Kümmel, *Einleitung*, p. 185, 187ss.

[895] Cf. H. Conzelmann & A. Lindemann, op. cit., p. 289.

[896] A. Wikenhauser & J. Schmid, op. cit., p. 331.

a ser redimido'. Como traço comum resta, então, unicamente a descida e a ascensão do Mediador da salvação".[897]

3.3.4.7 Mandaísmo

Postulado: O mandaísmo é outro movimento (com traços semelhantes ao gnosticismo), que é aduzido, principalmente por Bultmann, como pano de fundo do evangelho de João.[898] Origem e época do surgimento dos mandeus são controvertidas.[899]

Réplica: Os dados do mandaísmo localizam-se em tempo "tardio" demais para que (com Reitzenstein) possamos continuar defendendo esse culto pré-cristão.[900] Em função disso, também não é cabível uma influência por parte de escritos mandeus sobre João. Se fosse possível comprovar uma influência, ela deveria ter ocorrido vice-versa (i.e., do evangelho de João sobre os escritos dos mandeus).

A concepção de Bultmann e Bauer[901] acerca de um pano de fundo mandeu no evangelho de João encontrou poucos adeptos entre os estudiosos.[902]

3.3.5 Que sabemos sobre o autor?

Classificamos como de relevância não desprezível a questão se o evangelho de João foi escrito ou não pelo zebedaida João. A circunstância de Wikenhauser e Schmid conisderarem essa pergunta "não decisiva para a fé" deve ser vista no âmbito de seu entendimento histórico-crítico.[903] Pelo fato de que supostamente não se pode comprovar, no evangelho de Mateus, uma relação segura como o apóstolo Mateus, consequentemente perderia relevância a pergunta pela autoria apostólica no evangelho de João. "Por isso, a pergunta a ser respondida aqui, pelo autor do quarto evangelho, precisa ser feita e respondida de forma puramente histórica segundo as normas do método histórico."[904] Ocorre, porém, que na teologia histórico-crítica

---

[897] Cf. A. WIKENHAUSER & J. SCHMID, op. cit., p. 331.
[898] Cf. R. BULTMANN, Der religionsgeschichtliche Hintergrund des Prologs zum Johannes-Evangelium, ZNW, n. 24, 1925, p. 100-46 (apud D. GUTHRIE, *Introduction*, p. 342, nota 5).
[899] Cf. C. COLPE, Mandäer, in: RGG3, v. 4, p. 711s.
[900] Cf. D. GUTHRIE, *Introduction*, p. 342; J. SCHNEIDER, op. cit., p. 37s. H. CONZELMANN & A. LINDEMANN, op. cit., p. 288, igualmente confirmam "que no mínimo a anotação escrita dos textos mandeus aconteceu muito depois do evangelho de João".
[901] Cf. W. BAUER, Das Johannesevangelium, in: HNT, 3. ed. (Tübingen: Mohr, 1933), v. 6.
[902] Cf. D. GUTHRIE, *Introduction*, p. 342, nota 7.
[903] Cf. A. WIKENHAUSER & J. SCHMID, op. cit., p. 306.
[904] A. WIKENHAUSER & J. SCHMID, op. cit., p. 306.

a fé perde de forma crescente a relação com a realidade.[905] Já não encontra sua fundamentação na inclinação pessoal de Deus ao ser humano e no resgate da perdição por meio de Jesus Cristo. Em decorrência, segundo os moldes histórico-críticos, a fé torna-se independente da historicidade do acontecimento bíblico. A fé passa a se desenrolar apenas na mente de cada ser humano, sem conexão com a realidade vivenciada. Do mesmo modo, a pergunta se os evangelistas eram testemunhas oculares ou não perde importância no pensamento histórico-crítico, e até mesmo as ideias do NT precisam ter emanado praticamente do pensamento das igrejas e dos teólogos do primeiro século, para que se possa justificar a perda de relação com a realidade também na época atual. Desde já encontramos, portanto, em teólogos modernos uma tendência contrária ao testemunho ocular e à intervenção visível e tangível de Deus em nossa realidade.

3.3.5.1 Objeções à redação pelo apóstolo, discípulo de Jesus e zebedaida João

a) A citação de Papias mais uma vez conduz à afirmação de que o evangelho de João não deve ser atribuído a João, filho de Zebedeu, e sim ao "presbítero" João em Éfeso, supostamente uma pessoa diferente.[906]

Réplica: Não há como comprovar a existência de um presbítero João que deva ser diferenciado do zebedaida. Ainda que ela pudesse ser comprovada, isso de forma alguma seria evidência de que esse presbítero é o autor.[907]

b) É "curioso que Inácio, que está próximo de João em termos cronológicos e provavelmente também geográficos, mas sobretudo na linguagem teológica, não mencione o evangelho de João".[908]

c) Policarpo não fala, nem na *Carta aos filipenses*, nem no relato sobre seu martírio, que conhece João. Isso torna mais inverossímil a declaração de Ireneu, visto que Ireneu cita Policarpo como elo entre João e ele próprio.[909]

d) A diversificada contestação da autoria apostólica por volta do ano 200 somente teria sido possível porque a asserção da autoria apostólica teria sido "dúbia e de data recente".[910]

---

[905] Cf. K. Bockmühl, *Atheismus in der Christenheit — Anfechtung und Überwindung*, 2. ed. (Wuppertal: Aussaat, 1970).

[906] A essa conclusão chega, p. ex., M. Hengel, *Die johanneische Frage*, p. 86ss, 204ss.

[907] Cf. D. A. Carson, D. J. Moo & L. Morris, op. cit., p. 143; D. Guthrie. *Introduction*, p. 280.

[908] H. Conzelmann & A. Lindemann, op. cit., p. 286.

[909] Cf. H. Conzelmann & A. Lindemann, op. cit., p. 286s.

[910] P. Vielhauer, *Geschichte der urchristlichen Literatur*, p. 412.

Réplica: Esse argumento pode ser invertido com boas razões: é somente pela autoria apostólica que se pode explicar que o evangelho tenha se consolidado como canônico, apesar de seu abuso pelos gnósticos e montanistas.[911]

e) A suposta linguagem gnóstica dos discursos de Jesus, conforme anotados em João, tornaria impossível a redação por parte de uma testemunha ocular.[912]

f) Uma vez que no evangelho de João se recorre a material de fontes, seria "sumamente improvável que o autor tenha sido testemunha ocular dos acontecimentos".[913]

Réplica: Até o presente ainda não foi possível, na pesquisa histórico-crítica, obter aceitação geral para nenhuma fonte. E, de certo modo, esse argumento crítico representa um curto-circuito, porque a suposição de fontes é precedida do postulado básico, muitas vezes nem sequer verbalizado, de que o autor não poderia ter sido uma testemunha ocular.

É, sem dúvida, possível que o autor conheceu os outros evangelhos, "contudo não se trata [...] de dependência indigna de uma testemunha ocular".[914]

g) A concepção teológica de João deporia contra a condição de testemunha ocular.[915]

h) Tanto Pedro como João são classificados em Atos 4.13 como ἄνθρωποι ἀγράμματοι — **antrōpoi agrammatoi**, "homens sem instrução". Disso, Kümmel infere: "O evangelho de João, no entanto, foi escrito em bom grego, ainda que com conotação semita. Por isso, é impossível a redação do evangelho de João pelo zebedaida João", e o autor é desconhecido.[916]

Réplica: Após o episódio de Atos 4.13 João esteve atuante durante muitos anos na proclamação e no aconselhamento pastoral. Logo, teve tempo suficiente para se desenvolver como escritor.[917] Ademais, a sentença do Sinédrio afirma tão-somente que Pedro e João não haviam passado por um estudo formal, o que não depõe absolutamente contra a inteligência nem o dom de eloquência deles.

i) Cullmann, que considera o "discípulo predileto" autor do evangelho João, não o identifica com o apóstolo João, aponta para João 21.2, onde são citados

---

[911] Cf. H. APPEL, op. cit., p. 208.
[912] Cf. W. G. KÜMMEL, *Einleitung*, p. 210; A. WIKENHAUSER & J. SCHMID, op. cit., p. 339.
[913] H. CONZELMANN & A. LINDEMANN, op. cit., p. 286.
[914] H. APPEL, op. cit., p. 210.
[915] Cf. W. MARXSEN, *Einleitung*, p. 219; A. WIKENHAUSER & J. SCHMID, op. cit., p. 339.
[916] W. G. KÜMMEL, *Einleitung*, p. 210.
[917] Cf. G. HÖRSTER, op. cit., p. 67.

dois discípulos sem nome, mas claramente diferenciados dos filhos de Zebedeu.[918] Segundo esse dado, o "discípulo predileto" teria sido um desses dois discípulos sem nome.

Réplica: Godet supõe que o autor não referiu o nome desses dois porque não faziam parte do grupo dos Doze,[919] o que no entanto constitui um *argumentum e silentio* [argumento a partir do silêncio], por isso não decisivo. Visto que os nomes dos outros discípulos de João 21.2 também ocorrem em outras passagens de João, é preciso localizar o "discípulo predileto", quando não entre os citados sem nome, também aqui entre os filhos de Zebedeu, quando se concorda com a suposição de Godet (cf. a seguir).

j) A concentração dos relatos na Judeia e especificamente em Jerusalém seria "um daqueles motivos que tornam extraordinariamente inverossímil que o evangelho tenha sido escrito ou sequer inspirado por um discípulo galileu".[920]

k) Conforme Hörster, as supostas rupturas no evangelho de João podem ser explicadas pelo argumento de que um aluno do apóstolo João teria configurado o conteúdo básico apostólico do evangelho no formato atual de João, sendo que o aluno seria fiador da tradição correta.[921]

Réplica: Não vemos nenhum motivo para postular a redação por um aluno de apóstolo. Se devêssemos presumir uma revisão redacional, "rupturas" poderiam ter sido predominantemente eliminadas. Por um lado, o argumento não condiz com a maneira concreta de trabalho de um revisor. Por outro, uma suposição dessas em relação ao evangelho de João não explica absolutamente nada. Pelo contrário, torna relativa a credibilidade.

3.3.5.2 Argumentos em favor da redação pelo apóstolo, discípulo de Jesus e zebedaida João

a) O fato da diferença de João em relação aos evangelhos sinópticos "torna indubitável que nosso quarto evangelho tem de ser originário de uma pessoa que era bem conhecida e altamente respeitada em toda a igreja".[922]

---

[918] O. CULLMANN, *Einführung*, p. 60. Como hipótese, propõe uma identificação do "discípulo predileto" com Lázaro (cf. Jo 11.3,5).

[919] F. GODET, *Kommentar zu dem Evangelium des Johannes*, 4. ed., reimpr. (Giessen; Basel: Brunnen, 1987), p. 26.

[920] M. HENGEL, *Die johanneische Frage*, p. 306.

[921] G. HÖRSTER, op. cit., p. 67.

[922] L. ALBRECHT, op. cit., p. 234. Cf. D. GUTHRIE, *Introduction*, p. 266.

b) O nome João, filho de Zebedeu, *nunca* é citado no evangelho de João, ao passo que ocorre quatro vezes a designação "o discípulo a quem Jesus amava" (Jo 13.23; 19.26; 20.2; 21.20). O "discípulo a quem Jesus amava" esteve ao pé da cruz, onde Jesus padeceu e morreu (Jo 19.26). De João 19.34s e 21.24 pode-se inferir que esse discípulo é o autor do evangelho. Várias vezes esse discípulo é citado ao lado de Pedro (Jo 13.23ss; 20.2ss; talvez em Jo 18.15ss). Isso permite concluir, com certa probabilidade, que se trata de um dos filhos de Zebedeu. No entanto, não é possível que seja Tiago, porque sofreu o martírio (cf. At 12.2) cedo demais para que se pudesse disseminar o boato de que não morreria (cf. Jo 21.23).[923]

Que "o discípulo a quem Jesus amava" não era símbolo de uma escola teológica ou outra figura simbólica qualquer é evidenciado por João 21.23, onde se faz referência à morte desse discípulo[924] (que, no entanto, ainda não precisa ter ocorrido). Esse discípulo em geral também é citado em conjunto com outras pessoas (com Pedro, cf. parágrafo anterior; com Maria, Jo 19.26s), que claramente não podem ser entendidas como símbolos ou figuras ideais.[925]

c) O autor apresenta o Batista simplesmente como "João", sem maiores explicações (Jo 1.6,15,19), enquanto os sinópticos o apresentam como "João Batista" (cf. Mt 3.1; Mc 1.4; Lucas traz a história precedente do nascimento e o chama, na atividade de batizador, de "João, filho de Zacarias" [Lc 1.5ss,57ss; 3.2ss]). O fato de que o autor de João não considerou necessário distinguir expressamente o Batista do zebedaida pode ser facilmente explicado se o zebedaida for o autor.[926]

d) Quando se supõe que o autor não deveria ser idêntico ao zebedaida João, torna-se difícil explicar por que, afinal, em todo o evangelho João nunca é citado por nome.[927]

e) Apesar de todas os ataques modernos, a atestação da igreja antiga depõe com extremo vigor em favor da redação pelo apóstolo João.

---

[923] Cf. H. APPEL, op. cit., p. 209; D. A. CARSON, D. J. MOO & L. MORRIS, op. cit., p. 145; F. GODET, *Johannes*, p. 26; M. C. TENNEY, op. cit., p. 209; B. WEISS, op. cit., p. 587.

[924] Cf. H. CONZELMANN; A. LINDEMANN, op. cit., p. 291; O. CULLMANN, *Einführung*, p. 59; contudo presumem que Jo 21 tenha sido escrito após sua morte. Por exemplo, E. LOHSE, *Entstehung*, p. 111s, considera o "discípulo predileto" uma personagem ideal.

[925] Cf. O. CULLMANN, *Einführung*, p. 59; F. GODET, *Johannes*, p. 26.

[926] Cf. D. A. CARSON, D. J. MOO & L. MORRIS, op. cit., p. 145; D. GUTHRIE, *Introduction*, p. 257.

[927] Cf. D. A. CARSON, D. J. MOO & L. MORRIS, op. cit., p. 149; D. GUTHRIE, *Introduction*, p. 257; W. MICHAELIS, op. cit., p. 97.

3.3.5.3 Que sabemos sobre o apóstolo, discípulo de Jesus e zebedaida João?

João e seu irmão, presumivelmente mais velho, eram filhos de Zebedeu, com o qual trabalhavam como pescadores (Mt 4.21). Muitas vezes os evangelistas citam primeiro Tiago e em seguida acrescentam João, "irmão de Tiago". A circunstância de que o pai deles ainda contratava diaristas (Mc 1.20) aponta para certa prosperidade da família.

A mãe de João e Tiago é citada, entre outras, em Mateus 27.56. Fazia parte daqueles que observavam de longe a crucificação de Jesus. Pelo fato de que em Marcos 16.1, no relato da ressurreição, são listadas as mesmas duas Marias, como em Mateus 27.56, mas como terceira mulher aparece Salomé, alguns identificam essa Salomé com a mãe dos filhos de Zebedeu. E já que em João 19.25, sem indicação de nome, consta a irmã da mãe de Jesus ao pé da cruz, essa Salomé com frequência é considerada irmã de Maria. Se isso estiver correto, João e Tiago teriam sido primos de Jesus.[928]

É provável que os irmãos Tiago e João já tenham sido amigos de Pedro antes de sua vocação (cf. Lc 5.10). Com frequência, João é identificado com o discípulo do Batista, mencionado sem nome, que estava junto de André (Jo 1.35ss).[929]

Depois de sua vocação para seguir a Jesus (Mt 4.21s; Mc 1.19s) foram em breve chamados por Jesus "filhos do trovão" (Mc 3.17). Seu zelo evidenciou-se quando em uma aldeia samaritana foi negada a hospitalidade a Jesus: os filhos do trovão queriam fazer cair fogo do céu para aniquilar a aldeia (Lc 9.54).

Ao lado de Pedro, os dois desfrutavam uma posição especial no grupo dos apóstolos (na casa de Jairo: Mc 5.37; Lc 8.51; na transfiguração: Mt 17.1; Mc 9.2; Lc 9.28; no Getsêmani: Mt 26.37; Mc 14.33). Isso também os levou, com sua mãe, à tentação de solicitar um lugar ao lado dele em seu Reino (Mt 20.20s; Mc 10.35ss).

Antes de seu último *Passá*, Jesus enviou João e Pedro à frente para prepararem a ceia do *Passá* (Lc 22.8).

Durante o *Passá*, João estava reclinado ao peito de Jesus (Jo 13.23: o discípulo a quem Jesus amava).[930] A esse discípulo Jesus confiou, durante sua crucificação, o cuidado posterior por sua mãe (Jo 19.26s). Possivelmente era o "outro discípulo",

---

[928] Cf. R. V. G. TASKER, John the Apostle, in: IBD, v. 2, p. 794. Isso é rejeitado com justificativa exegética por F. GODET, *Johannes*, p. 23s.

[929] Cf. A. SCHLATTER, *Der Evangelist Johannes*, p. 55.

[930] Pelo fato de que no *Passá* estiveram presentes unicamente os apóstolos (cf. Mt 26.20; Mc 14.17; Lc 22.14), resulta também dessa passagem que o "discípulo predileto" tinha de ser um dos apóstolos. Cf. D. A. CARSON, D. J. MOO & L. MORRIS, op. cit., p. 144.

que durante o interrogatório de Jesus conseguiu o acesso de Pedro ao palácio do sumo sacerdote.[931]

Junto de Pedro, João soube, por meio de Maria Madalena, da ressurreição de Jesus; ambos correram juntos até a sepultura aberta (Jo 20.1ss). João presenciou também diversas aparições do Ressuscitado, como, p. ex., no mar de Tiberíades (Jo 21.4ss).

Depois da ascensão de Jesus e da vinda do Espírito Santo no Pentecostes, encontramos João e Pedro curando um paralítico na entrada do templo, pregando e depois sendo presos e interrogados (At 3-4). Corajosamente confessaram a Jesus diante do Sinédrio. Após sua soltura e nova detenção com os demais apóstolos, foram milagrosamente conduzidos para fora da prisão por um anjo (At 5.17ss). Também na terceira detenção, quando foram interrogados e açoitados, os apóstolos permaneceram firmes (At 5.26ss). Algum tempo depois, João é enviado com Pedro pela igreja para a Samaria, onde havia acontecido um despertar dos samaritanos para a fé por meio de Filipe (At 8.14).

Ao lado de Tiago, irmão do Senhor, e de Pedro, João era considerado uma das colunas da igreja de Jerusalém (Gl 2.9).

Idoso, foi banido para a ilha de Patmos (Ap 1.9),[932] onde lhe foram dadas por Deus as revelações do último livro do NT.

De fontes da igreja antiga sabemos que João viveu mais tarde em Éfeso.[933] A negação da permanência de João em Éfeso, por ter sido executado muito antes, carece de qualquer credibilidade.[934] É muito revelador que na proximidade das ruínas da antiga cidade de Éfeso exista a aldeia Ajasoluk (do grego ἅγιος Θεολόγος — **hagios theologos**, "santo teólogo"). Justiniano mandou construir ali, no século VI, uma igreja dedicada a João.[935]

Uma declaração de Jesus foi erroneamente interpretada pelos primeiros cristãos no sentido de que João não morreria (cf. Jo 21.20ss).

Acerca do falecimento de João, existem alguns testemunhos da igreja antiga, que no entanto não fornecem um quadro inequívoco.[936] Afirmações isoladas, que

---

[931] Cf. F. BARTH, op. cit., p. 278s.

[932] Isso nos transmitem também alguns pais da igreja. Entre outros: CLEMENTE DE ALEXANDRIA, *Quis dives salvetur*, 42; Euseb. HE, livro III, 18.1; Orígenes e Tertuliano (apud H. E. F. GUERRICKE, op. cit., p. 55).

[933] Cf. CLEMENTE DE ALEXANDRIA, *Quis dives salvetur*, 42.

[934] Cf. E. LOHSE, *Entstehung*, p. 113.

[935] Cf. E. M. B. GREEN & C. J. HEMER, Ephesus, in: IBD, v. 1, p. 461.

[936] Cf. F. GODET, *Johannes*, p. 47s; M. HENGEL, *Die johanneische Frage*, p. 88ss; R. V. G. TASKER, op. cit., p. 795; A. WIKENHAUSER & J. SCHMID, op. cit., p. 308s.

apontam para uma morte como mártir ainda jovem, não têm condições de reivindicar historicidade.⁹³⁷ Jerônimo data sua morte para o sexagésimo oitavo ano após a paixão de Jesus, ou seja, por volta de 98.⁹³⁸ Polícrates de Éfeso (c. 190) menciona que o discípulo João morreu em Éfeso.⁹³⁹

3.4 Estrutura do evangelho de João

3.4.1 Unidade e coesão

Aqui importa, sobretudo, constatar a unidade e coesão do evangelho de João, visto que em virtude da crítica de fontes foram postulados os mais diversos processos redacionais.⁹⁴⁰

Lohse, p. ex., constata "rupturas" na apresentação do evangelho, alegando poder demarcar "diferenças entre os longos discursos e os atos, sucintamente descritos, de Jesus, como em João 2.1-12; 4.43-54; 12.1-8".⁹⁴¹

No mais, Lohse cita Wellhausen⁹⁴² e Schwartz, que presumiam um escrito básico muito mais curto de João, posteriormente ampliado. No escrito básico, João 14.31 teria continuado diretamente em João 18.1. Tudo o que agora está entre essas passagens teria sido agregado mais tarde.⁹⁴³ Conforme Hirsch,⁹⁴⁴ o escrito básico é oriundo da época em torno do ano 100: "Na sequência, um teólogo da Ásia Menor teria realizado, por volta de 130/140, uma revisão eclesiástica".⁹⁴⁵ Lohse ressalta que as consistentes peculiaridades estilísticas de João (exceto Jo 7.53—8.11) lançam dúvidas sobre as teorias supracitadas. Em contraposição, Lohse, apoiado em Bultmann, atribui a atividade de redator a *um único autor*: "Conforme Bultmann, o evangelista tinha diante de si fontes escritas e as trabalhou".⁹⁴⁶ São citadas:

---

⁹³⁷ Cf. D. GUTHRIE, *Introduction*, p. 272ss; G. MAIER, *Die Johannesoffnbarung und die Kirche*, p. 55ss; J. A. T. ROBINSON, op. cit., p. 269, nota 19.

⁹³⁸ Jerônimo, *De viris illustribus* 9 (apud J. A. T. ROBINSON, op. cit., p. 267, nota 10).

⁹³⁹ Cf. Euseb. HE, livro V, 24.3.

⁹⁴⁰ Cf. a história da pesquisa em W. SCHMITHALS, *Johannesevangelium und Johannesbriefe*, p. 50-200.

⁹⁴¹ Cf. E. LOHSE, *Entstehung*, p. 106.

⁹⁴² Cf. J. WELLHAUSEN, *Erweiterungen*.

⁹⁴³ E. LOHSE, *Entstehung*, p. 107; cf. W. SCHMITHALS, *Johannesevangelium und Johannesbriefe*, p. 103ss.

⁹⁴⁴ Cf. E. Hirsch, *Studien zum vierten Evangelium* (Tübingen: Mohr, 1936).

⁹⁴⁵ E. LOHSE, *Entstehung*, p. 107.

⁹⁴⁶ E. LOHSE, *Entstehung*, p. 107; cf. D. GUTHRIE, *Introduction*, p. 323s; W. SCHMITHALS, *Johannesevangelium und Johannesbriefe*, p. 168s; P. VIELHAUER, *Geschichte der urchristlichen*

a) fonte de sinais (fonte de *semeia*),

b) fonte de discursos,

c) uma fonte dos chamados "discursos de revelação".

Como discursos de revelação, Bultmann calcula um total de 157 versículos — "protoprólogo, diálogo com Nicodemos, partes dos capítulos 4 e 5, discurso sobre o pão, partes do discurso sobre a luz do mundo, do bom pastor, a palavra da ressurreição e da vida, um trecho do capítulo 12 e principalmente os discursos de despedida e a oração sacerdotal de Jesus".[947] Pelo aspecto histórico-religioso, esses discursos de revelação teriam o cunho de um gnosticismo oriental, presumido por Bultmann para batistas gnósticos. Contudo, o artifício de Bultmann não é acompanhado por Lohse.[948]

Em síntese, podemos afirmar que, por meio da pesquisa histórico-crítica dos evangelhos, foram seriamente questionadas a unidade e homogeneidade do evangelho de João.

Em contrapartida, constatamos em Guthrie um ponto importante que depõe *em favor da unidade* e coesão do evangelho, a saber, a *estrutura estilística homogênea* do evangelho.[949]

Com Guthrie, rejeitamos todas as tentativas de transposições no evangelho em favor da forma hoje existente.[950] A perícope da adúltera (Jo 7.53—8.11) não pode ser uma prova a favor dos defensores de transposições ou troca de folhas. No caso da troca de folhas, teria relevância não desprezível o número exato de linhas (ou também de letras) de cada trecho, porque os trechos deveriam caber sempre com precisão em uma página do códice.

Igualmente o fato de que as próprias hipóteses dos diferentes críticos se contradizem fundamentalmente abala sua credibilidade.

Literatur, p. 423. Contudo, as fontes de Bultmann não são listadas de maneira uniforme nessas obras.

[947] E. Lohse, *Entstehung*, p. 108.

[948] E. Lohse, *Entstehung*, p. 108.

[949] D. Guthrie, *Introduction*, p. 318. Cf. P. Feine, op. cit., p. 100. Pressupõem a unidade de João também alguns pesquisadores que não admitem que o evangelho tenha sido escrito pelo zebedaida João: M. Hengel, *Die Johanneische Frage*; E. Ruckstuhl, Die literarische Einheit des Johannesevangeliums — Der gegenwärtige Stand der einschlägigen Forschungen, in: NTOA (Freiburg: Universitätsverlag; Göttingen: Vandenhoeck & Ruprecht, 1987), v. 5; E. Ruckstuhl & P. Schulnigg, Stilkritik und Verfasserfrage im Johannesevangelium, in: NTOA (Freiburg: Universitätsverlag; Göttingen: Vandenhoeck & Ruprecht 1991), v. 17.

[950] Cf. a discussão dessas teorias em D. Guthrie, *Introduction*, p. 331ss.

3.4.2 Algumas reflexões sobre João 7.53—8.11 e o capítulo 21

3.4.2.1 A perícope da adúltera (Jo 7.53—8.11)

a) Os dados dos manuscritos e o testemunho da igreja antiga[951]

1) O trecho não consta em importantes manuscritos antigos, sem que apresentem um indício dele ou uma lacuna: P^{66} P^{75} ℵ B T W X Y e muitos outros. Parece estar ausente em C.

No Códice Alexandrino A, a apreciação é difícil. Nesse ponto está danificado, i.e., faltam páginas com o texto de João 6.50—8.52. Em escrita normal a perícope sob suspeição não teria lugar ao lado do texto restante. Por isso, muitos pesquisadores supõem que A nunca teve essa perícope.[952] Essa asserção torna-se relativa em vista das exposições de Burgon.[953] Conforme sua contagem das letras, na forma de escrita usual no Códice A o texto sem a perícope não preencheria o espaço das páginas faltantes. Porém, as duas primeiras linhas da primeira página existente após o texto perdido apontam para o fato de que havia texto demais para o espaço disponível. Essas duas linhas possuem um número consideravelmente maior de letras que o usual em A.

Também exegetas dos primeiros séculos, que interpretaram o evangelho de João de forma contínua, omitiram a perícope da adúltera (é o caso de Orígenes, Crisóstomo e Nono [c. 400]). Ela também falta na lista de Cosmas de Jerusalém (c. 700) quando apresenta uma lista das narrativas de João.[954]

2) Depois de João 7.52, ou seja, em um lugar familiar para o leitor das edições conhecidas da Bíblia, diversos manuscritos trazem o texto sem um sinal especial, entre outros D G H K S U 𝔐, vários manuscritos de traduções latinas antigas e não poucos de outras traduções. Jerônimo menciona que essa perícope se encontra em numerosos manuscritos gregos e latinos.[955] E Agostinho assevera que, por medo de que mulheres interpretassem erroneamente essa passagem, ela teria sido eliminada do evangelho de João por muitos.[956] Paciano (370), Fausto (c. 400), Rufino (400),

---

[951] Cf. K. Aland, *Synopsis*, p. 325; Greek-NT4 acerca do texto; U. Becker, Jesus und die Ehebrecherin, in: BZNW (Berlin: Töpelmann, 1963), v. 28, p. 8ss; G. M. Burge, A Specific Problem in the New Testament Text and Canon: The Women Caught in Adultery (John 7.53—8.11), JETS, n. 2, 1984, p. 142ss; Z. C. Hodges, The Women Taken in Adultery (John 7.53—8.11): The Text, BS, n. 544, 1979, p. 322ss; B. M. Metzger, *Der Text des Neuen Testaments*, p. 227s.

[952] P. ex., B. M. Metzger, *Der Text des Neuen Testaments*, p. 227.

[953] J. W. Burgon, Pericope de Adultera, in: D. O. Fuller, op. cit., p. 143.

[954] Cf. G. M. Burge, op. cit., p. 142.

[955] Cf. Jerônimo, *Dialogus Adversus Pelagionos*, 2.17.

[956] Agostinho, *De adulterinis coniugiis*, 2.7.

Crisólogo (433) e Sedúlio (434), originários de diferentes regiões, citam todos essa perícope.[957] Também em Vitório (457), Vigílio (484), Gelásio (492), Cassiodoro e Gregório Magno ocorrem referências.[958] No mais, a perícope está preservada na *Didascalia* (nas traduções síria e latina; antes ou depois de 250).[959]

3) Marcado com um óbelo ou asterisco depois de João 7.52, esse texto ocorre nos manuscritos S 1077, 1443 e 1445.

4) Outros trazem ainda o texto marcado no mesmo lugar e partes da perícope com um asterisco ou óbelo: *E* (Jo 8.2-11); Λ, Π e alguns lecionários (Jo 8.3-11). Um lecionário tem o sinal em João 8.1-11.

5) A família de manuscritos f^{13} traz o texto logo após Lucas 21.38.

6) Em um manuscrito armênio do século V e na família de manuscritos gregos f^1, o trecho aparece depois de João 21.25.

7) Depois de João 7.36, a perícope aparece no minúsculo 225, do século XII.

8) O corretor de um manuscrito isolado tardio, 1333^C, insere João 8.3-11 depois de Lucas 24.53.

9) Eusébio menciona que Papias teria referido, do evangelho dos Hebreus, a história de uma mulher que foi acusada perante Jesus por causa de numerosos pecados.[960]

b) Conclusões

Dos dados acima podem ser tiradas diferentes conclusões. Pode-se postular, por princípio, que o texto originariamente pertencia ao evangelho de João, sendo depois deixado fora por muitos copistas. Burgon defende que sem essa perícope o contexto seria mais difícil de compreender e que João 7.53 adere claramente ao texto precedente.[961] Como já fez Agostinho, também Burgon considera motivos dogmáticos e éticos como causa da exclusão. Na subdivisão grega do texto para os lecionários, a perícope teria caído para a Festa de Pentecostes, por isso foi omitida nos lecionários.[962] Uma vez que não teria sido lida nas igrejas, também se tornou desnecessário que exegetas como Crisóstomo a comentassem.[963]

---

[957] Cf. J. W. BURGON, *Pericope de Adultera*, p. 145.

[958] Cf. J. W. BURGON, *Pericope de Adultera*, p. 145s.

[959] Cf. T. ZAHN, Das Evangelium des Johannes, in: idem (Org.), *Kommentar*, 4. ed. (Leipzig; Erlangen: Deichert, 1912), v. 4, p. 724.

[960] Cf. Euseb. HE, livro III, 39.17.

[961] J. W. BURGON, *Pericope de Adultera*, p. 136ss. Cf. Z. C. HODGES, The Women Taken in Adultery (John 7.53—8.11): Exposition, BS, n. 545, 1980, p. 42.

[962] J. W. BURGON, *Pericope de Adultera*, p. 148s.

[963] J. W. BURGON, *Pericope de Adultera*, p. 152.

Em contraposição, também se pode defender que o texto foi inserido somente mais tarde. Zahn escreve que seria inconcebível que a referida perícope tenha constado primeiramente no evangelho de João e depois, antes do final do século II, tenha sido cortada em numerosos grupos eclesiais. Contra uma possibilidade dessas depõem, segundo Zahn, os dois fatos de que muito cedo a perícope é atestada como narrativa independente do evangelho de João e de que esse trecho não está formulado no estilo de João. Isso poderia explicar por que os manuscritos da f^{13} o inseriram, p. ex., depois de Lucas 21.38.⁹⁶⁴ Toma posição contrária à afirmação de Agostinho, de que uma exclusão teria sido causada por medo de abusos. Outros textos, com os quais foram praticados frequentes abusos, permaneceram solidamente inseridos no contexto. "De fato a perícope não traz nada que pudesse torná-la histórica ou eticamente inverossímil."⁹⁶⁵

É extremamente difícil explicar de que maneira ocorreu o desenvolvimento da tradição da perícope. O mais antigo manuscrito de que temos conhecimento e que realizou a interpolação⁹⁶⁶ da referida perícope é o Códice D. Isso significa, portanto, que João 7.53—8.11 (com posicionamentos diferentes no NT) é considerado desde cerca do ano 500 um componente do NT canônico, sendo porém conhecido e transmitido desde muito antes como narrativa e podendo ser rastreado via Papias até a época apostólica. Ainda que seja duvidoso o posicionamento correto, pode-se com certeza defender a verdade da perícope da adúltera.⁹⁶⁷

3.4.2.2 Será o capítulo 21 um adendo ao evangelho de João?

Kümmel escreve:

> É incontestável que o capítulo 21 representa um adendo, porque João 20.30s constitui um nítido fechamento de livro. A pergunta é somente se esse adendo se origina do evangelista ou de outro autor.⁹⁶⁸

Antes de analisar a questão, cabe notar que nenhum dos manuscritos do NT (esp. João) de que temos conhecimento foi publicado sem o capítulo 21 ou que o conteúdo do capítulo 21 tenha sido transmitido em outro lugar qualquer (comp.

---

⁹⁶⁴ T. Zahn, *Johannes*, p. 721. Interessante, porém, é ainda que f^{13} também traz outro bloco do texto em um lugar incomum: o texto de Lucas 22.43s ocorre, em f^{13}, após Mt 26.39 (cf. Nestle-Aland²⁷, p. 235).

⁹⁶⁵ T. Zahn, *Johannes*, p. 721.

⁹⁶⁶ Interpolação = inserção de palavras ou frases em um texto tradicional.

⁹⁶⁷ M. Meinertz, op. cit., p. 237, escreve que "sua validade canônica é inatacável", mesmo quando supõe que João não teria criado a forma em questão.

⁹⁶⁸ W. G. Kümmel, *Einleitung*, p. 173.

com Jo 7.53—8.11). Apesar disso, persiste o estranho fato de que "nenhum escrito histórico do NT e poucas obras historiográficas da Antiguidade possuem um final tão nítido como o quarto evangelho em João 20.30s".[969]

Em sua exaustiva pesquisa, Zahn chega às seguintes constatações:

a) O capítulo 21 não é "um *anexo* que possa ser imaginado independentemente da história do surgimento do evangelho, mas um *adendo* acrescentado pouco depois da redação do evangelho".[970]

b) Na verdade, o capítulo 21 "caracteriza-se para nós como adendo, por causa das frases de encerramento em João 20.30s, porém de forma alguma se caracteriza por si mesmo como uma narrativa independente. De forma idêntica a João 3.22, 5.1 e 6.1, adiciona-se em João 21.1 uma narrativa isolada às anteriores [...] O capítulo 21 visa a ser, embora posteriormente acrescentado, uma parte do todo que o incorpora como segmento".[971]

c) Baseado no tipo de redação, Zahn defende a opinião de que com máxima probabilidade o capítulo 21 pode ser oriundo da caneta de um escrevente dentre o grupo mais próximo de seguidores, o qual simultaneamente estaria dando um testemunho, em João 21.24, em favor da autoria apostólica dos capítulos de 1 a 20.[972]

d) João ainda vivia na época da redação de João 21. Se João já estivesse morto, o boato mencionado no versículo 23 estaria definitivamente refutado e não haveria necessidade de combatê-lo.[973] A conclusão, porém, igualmente resulta do tempo presente do gerúndio ὁ μαρτυρῶν — ho martyrōn, "o qual testemunha".[974]

Por fim, cumpre registrar que, em vista da grande convergência estilística do capítulo 21 com o restante do evangelho de João[975] e do fato de que também a partir do conteúdo de João 21.23 não existe necessidade premente de transferir a redação desse capítulo para a época posterior à morte de João, tampouco existe uma necessidade imperiosa de entregar a caneta do capítulo 21 nas mãos de um "amigo" do apóstolo ou de um "grupo de redatores" de João.[976]

---

[969] T. ZAHN, *Einleitung*, v. 2, p. 492.

[970] T. ZAHN, *Einleitung*, v. 2, p. 493.

[971] T. ZAHN, *Einleitung*, v. 2, p. 495.

[972] Cf. T. ZAHN, *Einleitung*, v. 2, p. 495s. O mesmo defende J. C. K. VON HOFMANN, op. cit., p. 336.

[973] Cf. T. ZAHN, *Einleitung*, v. 2, p. 499.

[974] Cf. J. C. K. VON HOFMANN, op. cit., p. 336.

[975] Cf. E. RUCKSTUHL,, op. cit., p. 134ss.

[976] Cf. M. MEINERTZ, op. cit., p. 231s, que somente exclui os dois versículos finais como não originários do próprio apóstolo, mas daqueles mais próximos dele. J. C. K. VON HOFMANN,

A locução ὁ γράψας ταῦτα — ho grapsas tauta, "o qual escreveu isso" não precisa se referir apenas aos capítulos de 1 a 20, mas pode do mesmo modo incluir o capítulo 21. Nada depõe contra o fato de que, antes de publicar o evangelho, João tenha, com certo intervalo depois do capítulo 20, ainda acrescentado pessoalmente (ou ditado) o capítulo 21.[977] Pode-se notar um final análogo, p. ex., também em João 12.36bss; depois de algumas observações intercaladas de João, foram anotadas ali (v. 44), sem introdução de novos ouvintes, outras palavras de Jesus.[978]

3.5 Características e peculiaridades

Em todos os aspectos o evangelho de João é um escrito muito peculiar, que consiste quase exclusivamente de marcas singulares!

3.5.1 A "moldura"

Nenhum evangelho foi tão maravilhosamente emoldurado como o de João, a saber, por meio de um *prólogo* (Jo 1.1-18) com a indicação de que o Logos divino se tornou "carne", e o capítulo final de João 21, acima comentado sucintamente, com sua atestação expressa do evangelho.

3.5.2 Milagres no quarto evangelho

Nos evangelhos sinópticos os feitos miraculosos de Jesus são designados frequentemente como δυνάμεις — dynameis e uma vez, em Mateus 21.15, como θαυμασία — thaumasia. Essas palavras, no entanto, nunca são empregadas por João. Ele classifica as ações sobrenaturais de Jesus expressamente como σημεῖα — sēmeia. O primeiro e o segundo milagre chegam a ser numerados (Jo 2.11; 4.54).

No sentido de despertar a fé, como milagre realizado pelo Jesus corporalmente presente, a palavra σημεῖον — sēmeion, conforme usada em João 13 vezes, não é encontrada em lugar algum dos sinópticos.

Os milagres de João são especificamente:
- transformação de água em vinho nas bodas em Caná (Jo 2.1-11);
- cura do filho de um funcionário real (Jo 4.43-54);

---

op. cit., p. 336, escreve acerca desses dois versículos: "Não é forçoso classificar a passagem como inautêntica. Porque na realidade não se apresenta como sendo escrita pelo autor, mas quem a escreveu se diferencia assim do autor".

[977] Também ORÍGENES pressupõe expressamente a autoria por João para João 21.25 (cf. *Comentários ao evangelho de são João*; apud Euseb. HE, livro VI, 25.9).

[978] Cf. F. BARTH, op. cit., p. 299.

B. Introdução aos escritos do NT   261

- cura de um enfermo no tanque de Betesda (Jo 5.1-9);
- alimentação dos 5 mil (Jo 6.1-14);
- Jesus anda sobre o mar (Jo 6.16-21);
- cura de um cego de nascença (Jo 9.1-12);
- ressurreição de Lázaro (Jo 11.1-45);
- a pesca dos discípulos após a ressurreição de Jesus (Jo 21.1-8).

3.5.3 As festas judaicas em Jerusalém

Pelo que parece, João encontrou nos sinópticos uma lacuna pelo fato de não terem mencionado na íntegra as festas em Jerusalém, visitadas por Jesus. Justamente a partir dessa complementação em João se pode constatar a duração do serviço do Senhor. São citadas *três festas do Passá* (Páscoa): João 2.23; 6.4; 13.1; além de uma *Festa dos Tabernáculos* (Jo 7.2) e uma *Festa da Dedicação* (do templo) no inverno (Jo 10.22). A isso se agrega uma festa não definida em João 5.1. A menção de três festas do *Passá* indica um serviço de cerca de três anos de Jesus entre o batismo no Jordão, na idade aproximada de 30 anos (cf. Lc 3.23), e a crucificação, durante o mandato do imperador Tibério (14-37 d.C.; cf. tb. Lc 3.1s).

3.5.4 Ênfase sobre a atividade na Judeia

Descrevem-se não somente as diferentes visitas de Jesus a Jerusalém, mas adicionalmente uma *considerável atividade na Judeia,* ao passo que nos evangelhos sinópticos existe um destaque especial às atividades de Jesus na Galileia. Citemos, p. ex., João 2.13-25 (purificação do templo), depois o diálogo com Nicodemos (Jo 3.1ss), o serviço com batismo por meio dos discípulos na terra da Judeia (Jo 3.22ss); Jesus no tanque de Betesda (Jo 5.1ss); a cura do cego de nascença (Jo 9.1ss); a ressurreição de Lázaro (Jo 11.1ss) etc.

3.5.5 Diálogos com indivíduos

Em João não se acham muitas ocorrências em que Jesus se dirige a uma grande massa popular. Nele a ênfase reside muito mais nos diálogos face a face ou com pequenos grupos. Os exemplos mais detalhados estão em João 3 (diálogo com Nicodemos) e em João 4 (diálogo com a samaritana). Justamente esse último é um magnífico exemplo da "estratégia de diálogo" de Jesus.

3.5.6 O evangelho da ἀγάπη — agapē, "amor"

O amor divino revela-se em diversos sentidos. Deus, o Pai, ama seu Filho Jesus Cristo (Jo 3.35; 10.17; 15.9; 17.23s,26). O mesmo Pai ama também a humanidade perdida (Jo 3.16) e de maneira singular os seguidores de Jesus (Jo 14.21,23; 17.23). O Filho Jesus Cristo entrega a vida por amor ao Pai (Jo 14.31) e à humanidade (cf. Jo 13.1). Esse amor deve ser correspondido por parte do ser humano e se explicitar em um estilo de vida santificado (Jo 14.15,21,23; 15.9s), sobre a qual Jesus constrói um relacionamento muito profundo de amor (Jo 14.21; 15.9). Esse amor deve configurar a convivência dos seguidores de Jesus (Jo 13.34; 15.12,17).

No último capítulo de João, o diálogo de Jesus com Pedro gira primordialmente em torno do amor divino.

3.5.7 A divindade do Filho

Nos evangelhos sinópticos, a filiação divina de Jesus não é alvo de pouca consideração. Mas em João deparamo-nos com certos trechos que confirmam *de maneira bem explícita e corajosa* a divindade e a filiação divina de Jesus (v., p. ex., Jo 1.18; 5.19-47; 8.46-59; 10.14-30; 17.1ss; 20.28, etc.).

Duas designações cristológicas ocorrem somente em João: O Filho de Deus é o *Pré-existente* (Jo 1.1,14; 8.58; 17.5). A outra designação é a do *Logos* (Jo 1.1,14).

3.5.8 Um evangelho de vocabulário simples[979]

O vocabulário dos evangelhos sinópticos é consideravelmente mais amplo que o de João. Enquanto João usa no evangelho cerca de 1.011 palavras, registram-se nos sinópticos entre 1.345 (Marcos, o evangelho mais breve) e 2.055 (Lucas) palavras diferentes.[980]

3.5.9 Nove dias = nove capítulos

Única é a constatação de que o período de nove dias (um dia antes do Domingo de Ramos até a Páscoa) perfaz mais de um terço do evangelho (cf. acima, na subdivisão).

3.5.10 A expressão ἐγώ εἰμι — egō eimi, "Eu sou"

São marcas de autoridade singular. Todas elas dão testemunho do caráter extraordinário, único, exclusivo e universal de Jesus.

João 6.48: "Eu sou o pão da vida" (cf. v. 35,41,51).
João 8.12: "Eu sou a luz do mundo".
João 10.7,9: "Eu sou a porta das ovelhas".
João 10.11: "Eu sou o bom pastor".
João 11.25s: "Eu sou a ressurreição e a vida".
João 14.6: "Eu sou o caminho, a verdade e a vida".

---

[979] Cf. R. P. Martin, op. cit., v. 1, p. 271s.
[980] Cf. R. Morgenthaler, op. cit., p. 164.

João 15.1: "Eu sou a videira verdadeira" (cf. v. 5).
João 18.37: "... sou rei...".

3.5.11 Observações pessoais do autor

Mais que os sinópticos, João entremeia no texto observações próprias, pensamentos e comentários. Como exemplo mais proeminente, deve-se citar o prólogo, em João 1.1-18. Intercalações menores de João são: João 2.11,21s,24s; 4.54; 6.6,64b; 7.39; 11.13,51s; 12.6,16,33,37-43; 13.1-3,11; 18.9,32; 19.2b,35-37; 20.9,30s; 21.14,19,24s.[981]

3.6 Finalidade e destinatários

3.6.1 Finalidade[982]

João 20.30s pode ser a passagem-chave para definir os objetivos de João:
Jesus realizou na presença dos seus discípulos muitos outros sinais miraculosos, que não estão registrados neste livro. Mas estes foram escritos para que vocês creiam que Jesus é o Cristo, o Filho de Deus e, crendo, tenham vida em seu nome.

"Três palavras se destacam nessa breve passagem: 'sinais', 'fé', 'vida' [...] Nos *sinais* está a revelação de Deus, a *fé* é a reação que deve ser suscitada pelos sinais; *vida* é o resultado que a fé produz."[983]

A finalidade do evangelho de João é múltipla:

a) O evangelho de João possui caráter complementar, i.e., ele complementa as anotações dos evangelhos sinópticos (cf. a citação de Clemente de Alexandria).

b) Possui caráter apologético. Feine escreve:

> De diversos lados [...] o quarto evangelho é entendido como escrito para a defesa contra as objeções judaicas ao evangelho. Correto nessa versão é de qualquer forma que *os judeus* aparecem no quarto evangelho como adversários de Jesus que o perseguem com ódio fanático e o encaram, em atos e palavras, com total incompreensão, p. ex., em João 2.20; 5.37; 6.52; 8.22ss,48ss; 9.18ss.[984]

Significativo é que no evangelho de João "se fala menos de fariseus, não se fala absolutamente de escribas ou saduceus, mas precisamente dos *judeus*".[985]

---

[981] Cf. F. BARTH, op. cit., p. 296.
[982] Cf. D. GUTHRIE, *Introduction*, p. 283ss; E. F. HARRISON, op. cit., p. 225s.
[983] M. C. TENNEY, op. cit., p. 213.
[984] P. FEINE, op. cit., p. 99.
[985] P. FEINE, op. cit., p. 99.

Das epístolas de João se pode depreender que ataques anticristãos contra o verdadeiro evangelho causavam problemas às igrejas. É muito bem imaginável que por meio de seu evangelho João pretendia propiciar aos crentes uma base firme. A forte ênfase no *testemunho ocular* (marcante como em nenhum outro evangelho: Jo 1.14,16; 19.35; 20.30; 21.24 etc.) visa a desmascarar como inverdade ou descaminho todos os relatos distorcidos que sorrateiramente se imiscuíam e disseminavam no final do século I.

c) De forma geral, o evangelho de João provavelmente possui a característica (evangelística, missionária) de despertar a fé e fortalecê-la.

3.6.2 Destinatários

Tão ampla como é a finalidade do evangelho, tão amplo deve ser imaginado o universo de destinatários. Com certeza, as igrejas da Ásia Menor (cf. Ap 2-3) foram as primeiras a usufruir o evangelho de João.[986] A história da pesquisa textual demonstra, porém, que o evangelho de João foi objeto de uma disseminação muito rápida e ampla. Uma prova nítida é o fragmento John-Ryland (P[52]) com João 18.31-33,37,38. Embora tenha apenas pequeno volume textual, ele comprova o uso de João em uma cidade provincial do Egito já na primeira metade do século II.[987]

Algumas notas explicativas assinalam que João escreveu para leitores gentios (Jo 1.38,41s; 2.6,13; 4.9; 5.2; 6.1; 19.31; 20.16).

3.7 Lugar da redação

Muitas introduções histórico-críticas situam a redação do evangelho de João na Síria.[988] Já Efrém, no comentário ao *Diatessaron* de Taciano, cita Antioquia como lugar de redação,[989] porém igualmente devido a outras razões. A defesa atual da redação na Síria ocorre por causa da postulada proximidade de João com o incipiente gnosticismo, cuja localização se presume sobretudo na Síria. Essa proximidade teológica de João com o incipiente gnosticismo já foi rejeitada por nós, de modo que também cai por terra a localização geográfica atrelada a ela.

Pelo fato de que na pesquisa histórico-crítico em geral se presumem diversas camadas de tradição e redação, a pergunta pelo local de redação perde importância. Em decorrência, de fato dificilmente se pode determinar o lugar em um só ponto.

---

[986] Cf. T. ZAHN, *Einleitung*, v. 2, p. 475.

[987] Cf. B. M. METZGER, *Der Text des Neuen Testaments*, p. 38s.

[988] Cf., entre outros, O. CULLMANN, *Einführung*, p. 55; H. KÖSTER, op. cit., p. 632; W. G. KÜMMEL, *Einleitung*, p. 212; E. LOHSE, *Entstehung*, p. 114; P. VIELHAUER, *Geschichte der urchristlichen Literatur*, p. 460.

[989] Cf. H. APPEL, op. cit., p. 213; W. MICHAELIS, op. cit., p. 125.

Já Ireneu[990] e outros testemunhos que nos foram legados pela igreja antiga, no entanto, citam como lugar de redação do evangelho de João a cidade de *Éfeso*, na Ásia Menor. Nada contradiz essa informação, e sem dúvida podemos concordar com ela.[991]

3.8 Época da redação

3.8.1 Datação consideravelmente anterior a 90 ou mesmo antes de 70?

Apenas raramente o evangelho de João é considerado o primeiro dos evangelhos, como, *p. ex.*, por Goodenough.[992]

Vindo de um enfoque totalmente crítico, Schenke e Fischer presumem uma redação entre os anos 75 e 85. Em termos de história da tradição, ele não deveria ser considerado um "neto", mas um "irmão" de Marcos, razão pela qual também precisaria ser datado próximo dele.[993]

Grant postula para o evangelho de João um grupo de leitores formado sobretudo por adeptos de seitas judaicas[994] (cf. o comentário sobre o parentesco, rejeitado por nós, entre o evangelho de João e os escritos de Qumran). Ele data o evangelho de João por volta da guerra judaica (66-70), porque naquele tempo o autor teria tentado apresentar aos adeptos de seitas judaicas, abalados e afligidos pela guerra, a fé em Jesus. Da postulada proximidade com Qumran, porém, ele conclui ao mesmo tempo que o autor provavelmente não seria o filho de Zebedeu.

Robinson introduz nas discussões teológicas uma data anterior, obtendo certo sucesso também entre autores conservadores, embora ele próprio traga consigo premissas histórico-críticas. Trataremos aqui de alguns argumentos de Robinson.

a) Não existe alusão à destruição de Jerusalém e do templo. Conforme Robinson, no entanto, justamente isso teria sido plausível para o evangelho de João.[995]

---

[990] Ireneu, *Contra heresias*, livro III, 1.1.

[991] Cf., entre outros, H. Appel, op. cit., p. 213; E. F. Harrison, op. cit., p. 217s; W. Michaelis, op. cit., p. 124s.

[992] Cf. E. R. Goodenough, JBL, n. 2, 1945, p. 145-82 (apud E. F. Harrison, op. cit., p. 216s).

[993] H.-M. Schenke & K. M. Fischer, op. cit., v. 2, p. 197.

[994] R. M. Grant, op. cit., p. 160.

[995] J. A. T. Robinson, op. cit., p. 287. H. Gebhardt, *Die Abfassungszeit des Johannesevangeliums* (1906), já apresentava esse argumento (apud W. Schmithals, *Johannesevangelium und Johannesbriefe*, p. 43; T. Zahn, *Einleitung*, v. 2, p. 570).

b) Chama a atenção de Robinson que o autor, especificamente depois de João 2.20, não faz menção da destruição do templo, porque ali se escreve sobre a construção do templo.[996]

c) O tempo presente em João 5.2, ao ser descrito o tanque Betesda, sugere presumir uma redação anteerior à destruição de Jerusalém.[997]

Réplica: É verdade que não se pode afirmar que todas as construções em Jerusalém foram destruídas por volta do ano 70. No entanto, não importava ao autor a pergunta se ainda estavam em pé precisamente os pavilhões do tanque de Betesda. Com a mesma razão se poderia depreender de João 11.18 "que Betânia e Jerusalém haviam desaparecido da face da terra" quando João escreveu seu evangelho.[998] Também o linguajar de Josefo revela que o presente e formas verbais do pretérito eram usados em tais descrições de forma permutável.[999]

d) Robinson menciona também o *Cânon muratoriano*, que informa que os "codiscípulos" ainda viviam na época da redação, o que seria mais provável no caso de uma data anterior.[1000]

e) O boato referido em João 21.23, de que João não morreria, seria mais fácil de compreender logo depois da morte de outras pessoas importantes da igreja incipiente (Tiago, Pedro, Paulo) e no contexto dos acontecimentos nos anos prévios a 70, porque nesse período provavelmente teria havido um avivamento da expectativa imediata do retorno de Jesus. Ou seja, o boato não estaria falando de uma vida incessante de João, mas do iminente retorno. O autor teria pretendido "abafar falsas esperanças de uma intervenção apocalíptica" de Deus.[1001]

f) Interessante é que na Idade Média Eutímio Zigabeno data o evangelho de João para o trigésimo segundo ano após a ascensão de Jesus.[1002] Assim, na realidade data o evangelho de João antes de 70, mas também localiza a redação de João claramente depois dos evangelhos sinópticos.

---

[996] J. A. T. Robinson, op. cit., p. 288s. Assim já argumentaram há mais tempo também Bengel, Lampe e Wuttig (cf. T. Zahn, Einleitung, v. 2, p. 570).
[997] J. A. T. Robinson, op. cit., p. 289s.
[998] T. Zahn, *Einleitung*, v. 2, p. 570.
[999] Cf. T. Zahn, *Einleitung*, v. 2, p. 570.
[1000] J. A. T. Robinson, op. cit., p. 268.
[1001] J. A. T. Robinson, op. cit., p. 293.
[1002] Eutímio Zigabeno, *Commentarius in Matthaeum*, cap. 1.

3.8.2 Argumentos em favor da datação no final do século I

3.8.2.1 Contra a datação apenas no século II

Na escola de Tübingen, Baur datou o evangelho de João para em torno de 170, Zeller e Hilgenfeld em torno de 150.[1003] Baur defendia que o evangelho de João "pressupõe as lutas em torno de gnosticismo e do montanismo".[1004]

Não podemos aderir a argumentos que contam com uma dependência de um ou vários sinópticos e seu surgimento tardio.[1005] Também rejeitamos um longo tempo de revisão redacional até o século II.

Essa datação tardia, porém, não se sustenta, por diversas razões:

1) Contra um surgimento tardio no século II depõe que Gaio e os outros que contestavam a autoria de João entre 180 e 220 dataram o evangelho de João para muito antes. Se o evangelho de João tivesse surgido apenas em meados do século II, Gaio com certeza teria apontado para essa datação tardia, pois afinal teria sido uma prova de sua crítica.[1006]

2) A comprovação antiga pelo manuscrito P^{52} refuta um surgimento tão tardio do evangelho.[1007]

3) *Inácio* (m. c. 117) não menciona por nome o evangelho de João, mas parece de fato conhecê-lo, como podemos depreender de diversas passagens.[1008]

Em *Justino* encontram-se alusões a textos de João, que no entanto são controvertidas.[1009] Por exemplo, Justino parece ter retirado do evangelho de João uma afirmação acerca do *Logos*.[1010]

Igualmente se pode comprovar conhecimento de João em *Apolinário* de Hierápolis, *Melito* (ambos c. 170)[1011] e *Atenágoras* (c. 177),[1012] do mesmo modo como na carta das igrejas de Viena e Lião às igrejas da Ásia e da Frígia (c. 177).[1013]

[1003] Cf. M. HENGEL, *Die johanneische Frage*, p. 232.

[1004] E. LOHSE, *Entstehung*, p. 112.

[1005] Cf. A. WIKENHAUSER & J. SCHMID, op. cit., p. 344.

[1006] Cf. M. HENGEL, *Die johanneische Frage*, p. 27s.

[1007] Cf., entre outros, O. CULLMANN, *Einführung*, p. 54.

[1008] INÁCIO, *Epístola aos magnésios*, 7.1/ Jo 5.19; *Epístola aos filadelfos*, 7.1/ Jo 3.8; 9.1/ Jo 10.9.

[1009] P. ex., JUSTINO, *Apologia*, 61/ Jo 3.3-5. Cf. M. HENGEL, *Die johanneische Frage*, p. 63s; W. SCHMITHALS, *Johannesevangelium und Johannesbriefe*, p. 5s.

[1010] Cf. JUSTINO, *Diálogo com Trifão*, 105.

[1011] Cf. M. HENGEL, *Die johanneische Frage*, p. 22s.

[1012] ATENÁGORAS, *Petição em favor dos cristãos*, 10.2/ Jo 1.3; 10.38.

[1013] Comp. Euseb. HE, livro V, 1.15 com Jo 16.2. Essa carta alude duas vezes ao evangelho de João. Cf. Euseb. HE, livro V, 1.22/ Jo 7.38; 19.34; 1.48/ Jo 17.12.

Clemente de Alexandria cita um trecho de João 10.8, com a observação "como diz a Escritura".[1014] Em outra passagem, ele fala do AT e do NT e em seguida cita diretamente João 7.24 como palavra de Jesus.[1015] Portanto, ele nitidamente considera o evangelho de João parte do cânon bíblico inspirado e credenciado pelo Espírito Santo.

Também o gnóstico *Celso* (c. 180) já conhecia o evangelho de João e polemizou intensamente contra ele.[1016]

4) Se o apóstolo João for o autor do evangelho, dificilmente entrará em cogitação uma redação após o ano 100.[1017]

3.8.2.2 Em favor da datação no final do século I

1) Há boa comprovação na igreja antiga de que a permanência de João na ilha de Patmos aconteceu sob o imperador Domiciano (81-96) e que João viveu até o período de governo do imperador Trajano (98-117).[1018] Foram-nos legadas muitas provas que situam o evangelho de João claramente mais tarde que os evangelhos sinópticos, como já comentamos.

2) Em João 21.19 já se pressupõe a morte de Pedro.[1019] João 21.23 parece ter sido escrito muito mais tarde, do contrário dificilmente teria sido necessária uma explicação.[1020]

3) O evangelho de João pressupõe que o leitor esteja familiarizado com os evangelhos sinópticos. Pessoas conhecidas desses evangelhos não são mais apresentadas de forma especial, enquanto, p. ex., para Nicodemos se tornou necessária uma descrição precisa.[1021]

Finalizando: esses pensamentos possuem para nós maior peso que os argumentos de Robinson em favor da datação anterior. Permanecemos, pois, na linha dos "conservadores" e datamos o evangelho de João para o último decênio do século I, ou seja, *em torno do ano 95 d.C.*

[1014] CLEMENTE DE ALEXANDRIA, *Stromateis*, livro I, 21.144.
[1015] CLEMENTE DE ALEXANDRIA, *Stromateis*, livro V, 13.
[1016] Cf. M. HENGEL, *Die johanneische Frage*, p. 28.
[1017] Cf. D. GUTHRIE, *Introduction*, p. 299.
[1018] Cf. as citadas declarações de Ireneu, Clemente de Alexandria e, reportando-se a eles, Eusébio.
[1019] Cf. F. BARTH, op. cit., p. 280.
[1020] Cf. M. C. TENNEY, op. cit., p. 210.
[1021] Cf. E. F. HARRISON, op. cit., p. 217.

4. ATOS DOS APÓSTOLOS

4.1 Conteúdo e subdivisão

Versículo-chave:

"Mas receberão poder quando o Espírito Santo descer sobre vocês, e serão minhas testemunhas em Jerusalém, em toda a Judeia e Samaria, e até os confins da terra" (At 1.8).

Nesse livro do NT é descrita a ação do Espírito Santo nas primeiras igrejas e na expansão do evangelho. Por isso, também já foi chamado de "Atos do Espírito Santo".[1022]

4.1.1 Subdivisão

1.	Expansão do evangelho na Palestina e Síria	At 1.1—12.25
1.1	Os inícios da comunidade primitiva em Jerusalém	At 1.1— 5.42
	Prefácio: ascensão de Jesus	At 1.1-14
	A eleição suplementar do décimo segundo apóstolo	At 1.15-26
	A efusão do Espírito Santo em Pentecostes e pregação de Pedro; conversão de 3 mil pessoas: fundação da igreja do NT	At 2.1-41
	A vida na comunidade primitiva	At 2.42-47
	A cura de um paralítico no templo	At 3.1-26
	Pedro e João diante do Sinédrio	At 4.1-31
	Segunda descrição da vida na igreja	At 4.32-37
	Ananias e Safira	At 5.1-11
	Desenvolvimento tranquilo da igreja	At 5.12-16
	Os apóstolos diante do Sinédrio	At 5.17-42
1.2	Morte de Estêvão e perseguição à comunidade primitiva	At 6.1—8.3
	Instituição dos sete diáconos	At 6.1-7
	Estêvão perante o Sinédrio; seu martírio	At 6.8—8.1a
	A perseguição à comunidade primitiva	At 8.1b-3
1.3	A missão na Samaria e Síria	At 8.4—12.25
	A missão em Samaria	At 8.4-25
	Filipe e o camareiro da Etiópia	At 8.26-40
	A conversão de Saulo de Tarso	At 9.1-9
	Saulo e Ananias	At 9.10-19a
	Saulo em Damasco e Jerusalém	At 9.19b-30
	Pedro em Lida e Jope	At 9.31-43

[1022] Cf. D. GUTHRIE, Introduction, p. 366.

	Pedro e o capitão Cornélio em Cesareia	At 10.1–11.18
	Primórdios da igreja em Antioquia	At 11.19-30
	(Pela primeira vez os discípulos são chamados *cristãos*	At 11.26)
	Perseguição da comunidade primitiva sob Herodes Agripa I	At 12.1-25
2.	**O trabalho missionário do apóstolo Paulo**	At 13.1–28.31
2.1	A *primeira viagem missionária e o concílio dos apóstolos*	At 13.1–15.35
	Envio de Barnabé e Paulo para a primeira viagem missionária;	
	Barnabé e Paulo em Chipre	At 13.1-12
	Em Antioquia da Pisídia	At 13.13-52
	Em Icônio	At 14.1-7
	Em Listra (apedrejamento do apóstolo Paulo)	At 14.8-20a
	Encerramento da primeira viagem missionária	At 14.20b-28
	O concílio dos apóstolos em Jerusalém	At 15.1-35
2.2	*A segunda viagem missionária*	At 15.36–18.23
	Partida para a segunda viagem missionária	At 15.36-41
	Pela Ásia Menor até Trôade	At 16.1-10
	A fundação de uma igreja em Filipos	At 16.11-40
	A fundação de uma igreja em Tessalônica	At 17.1-9
	A fundação de uma igreja em Bereia	At 17.10-15
	Paulo em Atenas (discurso no areópago)	At 17.16-34
	A fundação de uma igreja em Corinto	At 18.1-17
	Encerramento da segunda e início da terceira viagem missionária	At 18.18-23
2.3	*A terceira viagem missionária*	At 18.24–21.14
	Apolo em Éfeso e Corinto	At 18.24-28
	Paulo em Éfeso	At 19.1-40
	Viagem para a Macedônia e Grécia e continuação via Trôade e Mileto	At 20.1-16
	Discurso de despedida de Paulo aos anciãos de Éfeso	At 20.17-38
	Continuação e permanência em Cesareia	At 21.1-14
2.4	*Paulo como prisioneiro em Jerusalém e Cesareia*	At 21.15–26.32
	A chegada em Jerusalém e visita à comunidade primitiva	At 21.15-26
	Detenção de Paulo em Jerusalém	At 21.27-40
	Discurso de Paulo, detido, ao povo	At 22.1-21
	Paulo como prisioneiro na fortaleza Antônia	At 22.22-29
	Paulo perante o Sinédrio	At 22.30–23.11

O atentado dos judeus contra a vida de Paulo	At 23.12-22
A transferência de Paulo para Cesareia	At 23.23-35
Processo diante do procurador Félix	At 24.1-23
Delongas do processo	At 24.24-27
Apelação de Paulo ao imperador diante de Festo	At 25.1-12
Discurso de defesa de Paulo perante Agripa II e Festo	At 25.13—26.32

2.5 De Cesareia para Roma — At 27.1—28.31

A penosa viagem para Roma	At 27.1—28.15
Paulo em Roma	At 28.16-31
Final de Atos com referência à atuação do apóstolo durante dois anos completos como prisioneiro em moradia alugada	At 28.16,30,31

4.2 Autenticidade e autor

4.2.1 Reflexões introdutórias

Na exposição sobre Lucas, anotamos que a questão da autoria do evangelho de Lucas está muito estreitamente ligada à questão da autoria de Atos, o que agora será apreciado mais de perto.

Já muito cedo Lucas foi associado com os outros evangelhos, pelo que o evangelho de Lucas e Atos ficaram separados um do outro. Isso, no entanto, não é desculpa "suficiente para o fato de que a ligação desses dois livros como parte de uma obra de projeto homogêneo e, por decorrência, também a relação do prólogo com os dois livros foram tantas vezes ignoradas".[1023] O prólogo do evangelho de Lucas também deve ser relacionado com Atos. A formulação περὶ τῶν πεπληροφορημένων ἐν ἡμῖν πραγμάτων — peri tōn peplērophorēmenōn en ēmin pragmatōn, "sobre os feitos que aconteceram entre nós" (Lc 1.1) ficaria inexplicável se ela tratasse de nada mais que de uma história de Jesus até a ascensão".[1024] O prólogo como tal, portanto, permite inferir uma segunda obra. Agora é apresentado Atos dos Apóstolos como segunda obra, dedicada ao mesmo Teófilo. O autor se refere a um "primeiro tratado" (RC), que teria descrito "o que Jesus começou a fazer e a ensinar" até a ascensão (At 1.1). Isso evidencia que Atos havia sido previsto como continuação.[1025]

[1023] T. ZAHN, *Einleitung*, v. 2, p. 372.

[1024] T. ZAHN, *Einleitung*, v. 2, p. 372.

[1025] Cf. T. ZAHN, *Einleitung*, v. 2, p. 373; W. MICHAELIS, op. cit., p. 130.

4.2.2 Título e denominação

Nos manuscritos antigos da Bíblia, lemos os seguintes títulos:[1026]

— PRACEIS	ℵ 1175 pc
—ΠΡΑΞΕΙΣ ΑΠΟΣΤΟΛΩΝ	B ψ pc
—ΠΡΑΞΙΣ ΑΠΟΣΤΟΛΩΝ	D
—αι πραξεις των αποστολων	323ˢ. 945 al
—αι πραξεις των αγιων αποστολων	1505. 1739ˢ
—πραξεις των αγιων αποστολων	453. 1884 pm
—αρχη συν θεω αι πραξεις των αποστολων	1241
—Λουκα ευαγγελιστου πραξεις των αγιων αποστολων	
	3. 189. 1891.2344 al
—πραξεις των αγιων αποστολων συγγραφεις παρα του αποστολου και ευαγγελιστου Λουκα	614
— πραξεις των αγιων αποστολων συγγραφεις παρα του αγιου Λουκα του αποστολου και ευαγγελιστου	1704

Exceto em manuscritos tardios, não consta nenhum nome de autor no título, "não porque se estivesse incerto quanto ao autor, mas porque o título deve ser de uma época em que o evangelho de Lucas e Atos ainda eram transmitidos como uma só obra dupla".[1027]

4.2.3 A tradição da igreja antiga[1028]

Com base nas citações supracitadas de *Ireneu*[1029] e *Eusébio*,[1030] acerca da autoria de Lucas, pode-se constatar com facilidade que Lucas não apenas é chamado autor do evangelho de Lucas, mas do mesmo modo autor de Atos. Para Ireneu, Atos é claramente um relato autêntico sobre os acontecimentos nas primeiras igrejas.[1031]

Nesse ponto acrescentaremos passagens que se referem especificamente à redação de Atos dos Apóstolos.

[1026] Conforme Nestle-Aland27, p. 320, 735.

[1027] W. Michaelis, op. cit., p. 129.

[1028] Cf. tb. a seção sobre a tradição da igreja antiga acerca do evangelho de Lucas.

[1029] Acerca de Atos, cf. Ireneu, *Contra heresias*, livro III, 15.1; 17.2. Em 13.3, ele fala do *Lucae de apostolis testificatio* [testemunho de Lucas sobre os apóstolos].

[1030] Euseb. HE, livro III, 4.6s. V; livro II, 22.1.

[1031] Cf. Ireneu, *Contra heresias*, livro III, 12; 14.

a) O chamado *Prólogo antimarcionita*,[1032] *Clemente de Alexandria*,[1033] *Tertuliano*[1034] e *Orígenes*[1035] atribuem Atos a Lucas.

Consideravelmente mais tarde, fazem-no, p. ex., também *Cosmas Indicopleustes*[1036] e *George Hamartolos*.[1037]

b) *Jerônimo* situa expressamente a redação depois do primeiro cativeiro de Paulo em Roma.[1038] Remetendo a Eusébio, também *Eutálio* data a redação por volta do final da prisão de dois anos de Paulo.[1039]

4.2.4 A questão do autor na perspectiva de hoje

4.2.4.1 Objeções à autoria de Lucas, o médico e acompanhante de Paulo

A contestação da autenticidade de Atos surgiu apenas no começo do século XIX.[1040] Na pesquisa atual se levantam principalmente dois argumentos contra sua autenticidade:

a) Atos não evidenciaria "nem conhecimento da teologia de Paulo nem das cartas do apóstolo".[1041] (Acerca desse tema, cf. a seguir o item específico.)

[1032] Texto em K. ALAND, *Synopsis*, p. 533.

[1033] CLEMENTE DE ALEXANDRIA, *Stromateis*, livro V, 12.251; *Adumbrationes ad 1Pe. 5.13*.

[1034] TERTULIANO, *Sobre o jejum*, 10.3, fala do *commentarius Lucae*. Em *Contra Marcião*, livro V, 1.6 e 2.7, e *A prescrição dos hereges*, 23.2, porém, fala igualmente dos *Acta Apostolorum* [Atos dos Apóstolos].

[1035] ORÍGENES, *Contra Celso*, livro VI, 11 (apud Euseb. HE, livro VI, 25.14).

[1036] COSMAS INDICOPLEUSTES, *Topographia Christiana*, livro V, 247.

[1037] GEORGE HAMARTOLOS, *Chronicon breve*, 3.122.

[1038] "Também publicou outra obra proeminente que é designada pelo título 'Atos Apostólicos', cuja história vai até a permanência de dois anos de Paulo em Roma, ou seja, até o quarto ano de Nero. Disso depreendemos que o livro foi escrito precisamente nessa cidade [...] No entanto, escreveu Atos dos Apóstolos como se os tivesse presenciado pessoalmente" (*Aliud quoque edidit volumen egregium quod titulo Apostolicorum* πράξεων *praenotatur, cuius historia usque ad biennium Romae commorantis Pauli pervenit, id est usque ad quartum Neronis annum* [...] *Acta vero apostolorum, sicut viderat ipse, conposuit*) (JERÔNIMO, *De viris illustribus*, 7; conforme K. ALAND, *Synopsis*, p. 545s). "A esse Lucas também foi dada, não sem merecimento, a possibilidade de escrever Atos dos Apóstolos..." (JERÔNIMO, *Praefatio Lucae*; conforme K. ALAND, *Synopsis*, p. 547).

[1039] EUTÁLIO, *Prólogo às cartas de Paulo* (apud A. WIKENHAUSER & J. SCHMID, op. cit., p. 372s). Sobre Eutálio, cf. A. WIKENHAUSER & J. SCHMID, op. cit., p. 73.

[1040] Conforme B. WEISS, op. cit., p. 585, foi Schrader que em 1836 pela primeira vez contestou a autenticidade.

[1041] E. LOHSE, *Entstehung*, p. 101.

b) Os chamados relatos em "nós" de Atos seriam obtidos de uma fonte ou imaginários, mas em todos os casos não reproduziriam a experiência própria do autor.[1042] Desse modo cairia por terra a autoria de um companheiro de viagem de Paulo.

4.2.4.2 Argumentos em favor da autoria de Lucas, o médico e acompanhante de Paulo

a) Vocabulário, estilo linguístico, encadeamento da reflexão teológica e o prólogo de Atos assinalam que o autor de Atos é idêntico ao do evangelho de Lucas.[1043] Uma vez que aceitamos que a redação do evangelho de Lucas foi autoria do médico Lucas, isso nos leva a concluir que o autor de Atos é o mesmo.[1044]

b) A tradição da igreja antiga aponta nitidamente para Lucas, companheiro de viagem, como autor de Atos.[1045]

c) Já no evangelho de Lucas demonstramos que Lucas se insere no grupo mais restrito de nomes que pode ser cogitado como autor de Atos. Conforme foi mencionado, os companheiros de Paulo listados por nome na terceira pessoa em Atos não podem ser levados em conta.

4.3 Organização, estrutura e "fontes" de Atos dos Apóstolos

4.3.1 Organização sob o aspecto da expansão do evangelho

Sob a perspectiva da expansão do evangelho, a estrutura de Atos se desenha em cerca de seis etapas:

0)	Conexão com evangelho de Lucas, promessa do Pentecostes e ascensão de Jesus	At 1.1-11
1)	Hora do nascimento (em Pentecostes) e crescimento da primeira igreja do NT em Jerusalém	At 1.12—6.7
2)	Primeira onda de perseguição	At 6.8—8.3
3)	Evangelização para muito além de Jerusalém e fundação da igreja em Samaria	At 8.4—11.18
4)	A expansão do evangelho entre os gentios com Antioquia (Síria) como ponto de partida e Jerusalém como retaguarda	At 11.19—21.26

[1042] Cf. W. G. Kümmel, *Einleitung*, p. 151. A esse respeito, cf. item 4.3.3.

[1043] Cf. O. Cullmann, *Einführung*, p. 63; P. Feine, op. cit., p. 58; D. Guthrie, *Introduction*, p. 115s; E. F. Harrison, op. cit., p. 236ss; W. Michaelis, op. cit., p. 130.

[1044] Obviamente inverte esse argumento quem como W. G. Kümmel, *Einleitung*, p. 116ss, 124, e E. Lohse, *Entstehung*, p. 101s, rejeita a redação do evangelho de Lucas pelo médico Lucas.

[1045] Cf. P. Feine, op. cit., p. 76.

5)	Primeiro concílio decisivo para a continuidade das primeiras igrejas cristãs formadas por judeus e gentios	At 15.1-29
6)	Defesa do evangelho por Paulo prisioneiro; em Jerusalém, Cesareia e Roma	At 21.27—28.3

4.3.2 Estrutura sob o aspecto de personagens individuais

1)	Jesus dá últimas instruções aos Onze antes da ascensão	At 1.1-8
2)	Escolha de Matias como décimo segundo apóstolo (em lugar de Judas Iscariotes) dentre o grupo dos 120 (v. 15)	At 1.15-26
3)	Depois de Pentecostes destacam-se sobretudo Pedro e João	At 2.1—5.42
4)	Os sete diáconos, principalmente Estêvão	At 6.1—7.59
5)	Saulo persegue a igreja	At 8.1-3
6)	O diácono Filipe evangeliza na Judeia e em Samaria	At 8.5-40
6a)	Por meio do ministro de finanças da Etiópia, o evangelho chega à África	At 8.26-39
7)	Conversão e primeiras atividades de Saulo	At 9.1-31
8)	Pedro na Judeia e no mar Mediterrâneo	At 9.32—11.18
8a)	Por intermédio da conversão de Cornélio é influenciada decisivamente a missão aos gentios	At 10.1—11.18
9)	Barnabé procura Saulo	At 11.19-30
10)	Execução de Tiago e libertação de Pedro do cárcere	At 12.1-17
11)	Morte de Herodes Agripa I	At 12.18-25
12)	Os mestres em Antioquia e a seleção de Barnabé e Paulo para a primeira viagem missionária	At 13.1—14.28
13)	Concílio dos apóstolos com as personagens principais: Paulo, Barnabé, Pedro e Tiago, irmão de Jesus	At 15.1-29
14)	Paulo em sua segunda e terceira viagem missionária e sua prisão (colaboradores Silvano, Timóteo, Lucas)	At 15.30—28.31

4.3.3 "Fontes" de Atos dos Apóstolos

Desde 1798[1046] a crítica literária trata da questão das fontes em Atos dos Apóstolos, com os mais diferentes resultados. Até mesmo no âmbito da pesquisa histórico-

---

[1046] Cf. B. L. KÖNIGSMANN, *Prolusio de fontibus commentariorum sacrorum qui Lucae nomen praeferunt* (Altona: [s.n.], 1798). Foi seguido em 1801 por W. K. L. ZIEGLER (apud H. J. HOLTZMANN, *Einleitung*, p. 394; A. WIKENHAUSER & J. SCHMID, op. cit., p. 354, nota 10).

-crítica muitas dessas hipóteses sobre fontes encontraram apenas poucos adeptos. Sem pretender ser completos, analisaremos aqui alguns desses postulados, sem no entanto acrescentar réplica a cada caso:

a) Harnack postula para Atos 2—5 "duas fontes paralelas". Uma delas seria "historicamente valiosa" e a outra "uma duplicata sem valor". Mais recentemente essa tese foi sustentada, entre outros, por Reicke. "Conforme Reicke, foram justapostas em Atos 2.42—4.31 e 4.32—5.42, duas tradições da comunidade primitiva, paralelas até nos detalhes".[1047]

Réplica: Contra a "construção de Reicke depõem não apenas sua artificialidade, mas igualmente a comprovação de Jeremias, de que os dois relatos de interrogatórios em Atos 4.1ss e Atos 5.17ss de forma alguma são paralelos, mas descrevem acontecimentos de conteúdo distinto, bem como o fato de que os informes sumários de Atos 2.42ss e 4.32ss são do mesmo autor."[1048]

b) Para Atos 6—15, Harnack supôs uma *fonte antioquena*, justificada pela afinidade no conteúdo.[1049] Essa suposição foi retomada e modificada de diferentes maneiras (entre outros, por Bultmann[1050] e Jeremias[1051]).

Réplica: Haenchen derrota essa proposta com os recursos próprios da teologia histórico-crítica, que postula para a comunidade primitiva uma expectativa imediata radical: Persistiria "o enigma de como pôde surgir essa crônica: a geração que se considera a última não escreve para uma vindoura".[1052] Ainda que não concordemos com a suposição da expectativa imediata radical nas primeiras igrejas, essa citação, sem dúvida, evidencia a incoerência e a contradição da hipótese da fonte antioquena.

c) Os *relatos em "nós"* levaram muitos pesquisadores a presumir que para a segunda metade de Atos o autor teve à disposição uma fonte que trazia no mínimo os relatos em "nós". Esse postulado anda de mãos dadas com a contestação de que o

---

[1047] W. G. KÜMMEL, *Einleitung*, p. 142: cf. D. GUTHRIE, *Introduction*, p. 392.

[1048] W. G. KÜMMEL, *Einleitung*, p. 142; cf. D. GUTHRIE, *Introduction*, p. 386, 392s (com referência à crítica de Jeremias a Harnack).

[1049] Mencionado por D. GUTHRIE, *Introduction*, p. 393s; W. G. KÜMMEL, *Einleitung*, p. 142s; E. LOHSE, *Entstehung*, p. 98; H.-M. SCHENKE & K. M. FISCHER, op. cit., v. 2, p. 150s.

[1050] R. BULTMANN, Zur Frage nach den Quellen der Apostelgeschichte, in: A. J. B. HIGGINS (Org.), *New Testament Essays* (Manchester: Manchester University Press, 1959), p. 68-80.

[1051] J. JEREMIAS, Untersuchungen zum Quellenproblem der Apg, ZNW, n. 36, 1937, p. 205-21 (apud H.-M. SCHENKE & K. M. FISCHER, op. cit., v. 2, p. 150).

[1052] E. HAENCHEN, *Die Apostelgeschichte*, 13. ed. (Göttingen: Vandenhoeck & Ruprecht, 1961), tomo 3, p. 75.

livro inteiro de Atos tenha sido escrito pelo companheiro de viagem de Paulo, exceto que se suponha que Lucas utilizou seu próprio diário de viagem.[1053]

Lohse conjectura que para a segunda parte de Atos o autor teve à disposição somente um índice de estações da viagem de Paulo, um chamado itinerário, sendo que o "nós" não deveria ser considerado critério para delimitar uma fonte, mas apenas um recurso estilístico para uma narrativa mais viva.[1054] Também Conzelmann; Lindemann defendem "que os relatos em 'nós' visam a criar a impressão de um testemunho ocular, sem que isso de fato seja o caso".[1055]

Réplica: Na realidade, a possibilidade de um diário de viagem já foi contestada por diversas razões, p. ex., porque não existe nenhum paralelo da época.[1056]

d) Para Atos 1—15 diversos pesquisadores presumem uma fonte aramaica.[1057]

Réplica: Os aramaísmos postulados por Torrey podem ser explicados a partir do pano de fundo dos hebraísmos no texto grego da LXX.[1058]

e) Alguns estudiosos imaginaram uma revisão redacional completa de um escrito original.[1059]

f) Shepherd supôs uma fonte de Pedro, outra de Antioquia e atos de Paulo como fontes para Atos.[1060]

g) A composição de uma fonte helenista, outra de viagem e outra de um livro de bordo foi sugerida por Buck/Taylor.[1061]

h) Conforme Hirsch, uma fonte exclusiva utilizada em Lucas 24 teria tido continuação em Atos 1.15ss.[1062]

[1053] Essa hipótese é defendida por pesquisadores histórico-críticos mais conservadores (arrolados por W. G. KÜMMEL, *Einleitung*, p. 144, nota 85).

[1054] E. LOHSE, *Entstehung*, p. 98 (com uma referência a Dibelius). Cf. M. DIBELIUS, *Aufsätze zur Apostelgeschichte*, p. 93, 166ss.

[1055] H. CONZELMANN & A. LINDEMANN, op. cit., p. 273. Cf. W. MARXSEN, *Einleitung*, p. 148; P. VIELHAUER, *Geschichte der urchristlichen Literatur*, p. 391.

[1056] E. HAENCHEN, op. cit., p. 76ss, mas também Ehrhardt e Schille estao entre os que discordam do itinerário (cf. W. G. KÜMMEL, *Einleitung*, p. 145).

[1057] Pensam assim C. C. TORREY, *The Composition and Date of Acts* (Cambridge: [s.n.], 1926); H. SAHLIN, *Der Messias und das Gottesvolk* (Uppsala: [s.n.], 1945), apud A. WIKENHAUSER & J. SCHMID, op. cit., p. 355; F. ZIMMERMANN, op. cit., p. 195ss.

[1058] Cf. A. WIKENHAUSER & J. SCHMID, op. cit., p. 355.

[1059] P. ex., A. LOISY, *Les Actes des Apôtres*, 2. ed. (1925); apud W. G. KÜMMEL, *Einleitung*, p. 141.

[1060] M. H. SHEPHERD, *A Venture in the Source Analysis of Acts* (1946); apud W. G. KÜMMEL, *Einleitung*, p. 141, nota 74.

[1061] Apud W. G. KÜMMEL, *Einleitung*, p. 141, nota 74.

[1062] Apud W. G. KÜMMEL, *Einleitung*, p. 141.

i) Uma fonte que inicia em Atos 3 teria estado vinculada originariamente, por meio de Atos 1.13s, com Marcos 16.8.[1063]

Réplica final: Em termos linguísticos, "Atos sem dúvida tem uma configuração homogênea, de sorte que inexistem argumentos de crítica estilística para a demarcação de fontes".[1064] Essa sentença se confirma também pelo fato de que os teólogos histórico-críticos de forma alguma são unânimes no discernimento das fontes. A dificuldade de segregar fontes e a falta de unidade dos teólogos, no entanto, não podem ser explicadas, como faz Marxsen, com o argumento de "que Lucas deu às suas fontes uma radical reformulação e em parte também uma nova configuração [...] e depois as combinou".[1065] A observação de Marxsen mostra que a suposição de fontes não é resultado da pesquisa, mas em geral fruto do desejo do pesquisador.

Como réplica para as diversas hipóteses de fontes, podem ser relacionados adicionalmente alguns pensamentos de Guthrie:[1066]

Sendo o autor um dos companheiros de viagem do apóstolo Paulo, ele tinha *acesso direto* às informações em Atos 9.1-31; 11.25-30; 12.25-28.31. Para o restante de Atos, outras correlações podem auxiliar como referência. De Colossenses 4.10,14 se depreende que Lucas conhecia João Marcos e que passou a ter maior comunhão com ele o mais tardar em Roma. Dele pôde obter importantes informações sobre a comunidade primitiva em Jerusalém. Basta lembrar, p. ex., as reuniões de oração na casa paterna de João Marcos (At 12.12). É bem possível que essa casa tenha sido um importante ponto de encontro dos cristãos e também dos apóstolos. Com certeza, havia poucas coisas anteriores ao concílio dos apóstolos (At 15) que João Marcos não conhecesse de primeira mão.

Se for correto que Lucas era oriundo de Antioquia,[1067] ele também teve acesso direto a todos os acontecimentos de sua cidade natal. Além disso, vemos em Atos 21.8 que Lucas teve contato com o diácono e evangelista Filipe e suas filhas, dos quais pôde obter todas as informações sobre os acontecimentos posteriormente des-

---

[1063] É o que postula A. E. HAEFNER, JBL, n. 77, 1958, p. 67-71 (apud D. GUTHRIE, *Introduction*, p. 391, nota 4; W. G. KÜMMEL, *Einleitung*, p. 141).

[1064] E. LOHSE, *Entstehung*, p. 98. O próprio Lohse, no entanto, não deixa de supor fontes para a segunda parte de Atos. Também H. KÖSTER, op. cit., p. 483, pesquisador extremamente crítico, tem de admitir: "Ademais o estilo do autor se explicita tão claramente em todas as partes que não é possível realizar uma segregação de fontes com base em razões estilísticas".

[1065] W. MARXSEN, *Einleitung*, p. 147.

[1066] Cf. D. GUTHRIE, *Introduction*, p. 389s.

[1067] Cf. o exposto anteriormente acerca de Lucas.

critos em Atos 6—8. Uma vez que Filipe conhecia muito bem a Estêvão, com certeza pôde contar a Lucas tudo sobre o mártir. Atos 6.1-7 e o capítulo 8 diziam respeito ao próprio Filipe. Além disso, seguramente é concebível que Lucas tenha conhecido também a Barnabé (talvez já em Antioquia). Ele tinha igualmente à disposição os demais companheiros de viagem de Paulo: Silas, Tito, Timóteo e Tíquico e grande número de testemunhas oculares (cf. o prólogo ao evangelho de Lucas).

4.4 Características de Atos dos Apóstolos[1068]

4.4.1 Ponte entre os evangelhos e as cartas

Atos forma uma magnífica ponte entre o relato sobre Jesus Cristo e a correspondência apostólica. Atos fornece esclarecimento acerca dos primeiros frutos e consequências da boa nova proclamada sobre Jesus. A fé no Crucificado e Ressuscitado é sustentadora para judeus e gentios. Após o Pentecostes, hora do nascimento da igreja do NT, a ênfase incide na fundação de igrejas, suscitadas segundo uma estratégia instruída pelo Senhor (At 1.8). Acerca do atendimento das igrejas, haveremos de encontrar muitas referências relevantes nas cartas.

4.4.2 Noção da ação histórica de Deus

No estudo atento de Atos, evidencia-se de imediato que o Espírito Santo faz história e que a história eclesiástica original é resultado da ação redentora de Deus. Aqui a "igreja de Jesus em forma de serva"[1069] e a história eclesiástica oficial ainda constituem uma unidade.

4.4.3 Descrição da primeira vida eclesial

Ainda que Lucas não apresente um informe sistemático sobre a organização, estrutura, subdivisão e circunstâncias de cada igreja que passamos a conhecer no decorrer de Atos dos Apóstolos, não obstante pode-se afirmar que recebemos várias indicações extremamente valiosas sobre o crescimento e o desdobramento da vida eclesial dos primórdios. Travamos conhecimento com situações que dão destaque ao pano de fundo das cartas, explicitando vários aspectos que dificilmente seriam compreensíveis sem Atos. Justamente o capítulo 15, com o relato do primeiro con-

---

[1068] Cf. D. GUTHRIE, Introduction, p. 351ss.

[1069] Com palavras de E. H. BROADBENT, Gemeinde Jesu in Knechtsgestalt — Ein Gang durch ihre zweitausendjährige Geschichte, 4. ed. (Dillenburg: Christliche Verlagsgesellschaft, 1991).

cílio geral da igreja, representa um caso exemplar de autêntica solução de conflitos na igreja primitiva. Ali se encontram todos os grandes expoentes da mais prístina história da igreja.

4.4.4 A proclamação apostólica

Dodd localiza diversos trechos em Romanos, 1Coríntios, Gálatas e nas duas cartas aos Tessalonicenses que podem ser posicionados ao lado dos discursos dos apóstolos em Atos 2—5; 10 e 13. É importante ver que a doutrina dos apóstolos, conforme a conhecemos das epístolas, está alicerçada sobre o anúncio missionário da boa nova em Atos.[1070] A proclamação não está sujeita a um processo evolucionista, mas se baseia na revelação abrangente de Deus no *Logos* que se fez carne e na revelação de Deus no Espírito Santo.

Essa revelação chega ao desdobramento pleno em Atos, tanto no conteúdo e na extensão, quanto na dimensão temporal.

As cartas são expressão dessa mesma revelação e não constituem um estágio superior ou grau mais importante da sistemática de uma pretensa teologia eclesial pós-pascal.

4.4.5 Pedro e Paulo

Faz parte das peculiaridades mais interessantes de Atos que já não ouvimos mais quase nada ou praticamente nada da maior parte dos apóstolos, mas em troca muito mais de Pedro e Paulo. É difícil encontrar uma razão para isso. Poderíamos afirmar que faz parte da providência divina que Lucas tenha travado conhecimento principalmente com esses dois expoentes. Igualmente poderia ser que Lucas desejava explicitar sobretudo a incumbência dos que proclamaram o evangelho aos judeus e aos gentios. Em Atos 1-12 Lucas evidencia como o evangelho veio de Jerusalém para Antioquia. Nessa primeira parte, Pedro é a personagem principal.

Antioquia torna-se ponto de partida para a missão em grande formato do apóstolo Paulo dirigida aos gentios. Da Ásia Menor, o evangelho avança para a Grécia (de Filipos até Corinto; cf. At 16ss), chegando, por fim, a Roma. Paulo é descrito magistralmente: primeiro como perseguidor da igreja, e após sua dramática conversão, como ardente defensor do "novo caminho" (cf. At 22.4; 24.14,22).

[1070] Cf. C. H. DODD. *The Apostolic Preaching and its Developments*, 2. ed. (1944); apud D. GUTHRIE, *Introduction*, p. 353.

4.4.6 Três relatos da conversão de Paulo

Com base em Atos, não obtemos nenhuma descrição coesa do apóstolo Paulo no sentido de uma biografia (cf. a seguir). Pontos importantes nos são comunicados apenas nas cartas (cf. Gl 1 e 2; Fp 3.4-8; 2Co 11.22—12.10; 1Tm 1.12-16; 2Tm 1.3; 4.6-8). No entanto, se tivermos uma noção clara dos objetivos de Atos, constataremos imediatamente que não é intenção de Lucas escrever uma biografia do grande apóstolo dos gentios, mas assinalar a corrida vitoriosa do evangelho de Jerusalém até Roma. Mais adiante, trataremos com detalhe da vida do apóstolo Paulo. Por ora, interessa-nos o fato de que em Atos encontramos três relatos da conversão do apóstolo, que muitas vezes foram classificados como contraditórios:

- primeiro relato (At 9.1-19): relato documental;
- segundo relato (At 22.1-21): testemunho perante os sumo sacerdotes e anciãos e a multidão de judeus amotinados em Jerusalém;
- terceiro relato (At 26.1-23): testemunho diante de Festo e Agripa II.

Sabemos principalmente de dois argumentos aduzidos como prova de uma pretensa contradição, diante dos quais também nos posicionaremos:

a) Os três relatos não são coincidentes; cada um tem omissões em relação ao outro ou também "material exclusivo".

Posicionamento: Aqui deparamos com o mesmo fenômeno dos evangelhos sinópticos. É somente a *somatória de todos os três relatos* que nos propicia um quadro relativamente completo da conversão de Saulo. Isso se explica com facilidade, visto que dificilmente alguém, dando seu testemunho pessoal, contaria em todos os lugares exatamente as mesmas coisas com a mesma amplitude.

Todos os três informes são verdadeiros e palavra inspirada de Deus. *A questão da verdade não se decide na questão da completude.* Os relatos têm muitas facetas, porém não se contradizem.

b) A questão da voz celestial e da luz é descrita de diversas maneiras.

Posicionamento: Para termos uma visão panorâmica, seguem-se aqui os três relatos sobre o falar de Deus a Paulo:

- Atos 9.7: "Os homens [...] ouviam a voz mas não viam ninguém".
- Atos 22.9: "Os que me acompanharam viram a luz, mas não entenderam a voz daquele que falava comigo".
- Atos 26.13: "... uma luz do céu, mais resplandecente que o sol, brilhando ao meu redor e ao redor dos que iam comigo".

Apreciação:

1) Paulo e seus companheiros viram todos a luz celestial, contudo não viram nenhuma personagem, provavelmente tampouco Paulo viu alguém (Paulo viu o Senhor somente mais tarde, no templo em Jerusalém; cf. Atos 22.17ss. Paulo estava cego, os outros não (At 9.8; 22.11).

2) Somente Paulo ouviu e *entendeu* as palavras do Senhor exaltado (At 22.9s; 26.14-18). Os companheiros perceberam acusticamente que uma voz falava, sem no entanto poder entender o que estava sendo dito (At 9.7). Isso não gera contradição com Atos 22.9, porque em Atos 22.9 se afirma que não ouviam a voz daquele que falava, i.e., que eles não a podiam compreender[1071] (cf. Jo 12.28-30; cf. tb. Êx 20.18s; Hb 12.18-21).

4.5 Supostas contradições entre Atos dos Apóstolos e as cartas de Paulo

Aqui podemos tratar somente das mais importantes das pretensas contradições.[1072]

4.5.1 As visitas do apóstolo Paulo a Jerusalém

De acordo com o relato de Atos, Paulo visitou Jerusalém *três vezes* até o concílio dos apóstolos (At 9.20ss; 11.29s; 15.2). Conforme Gálatas 1.16ss; 2.1ss, apenas *duas vezes*.[1073]

Posicionamento: Isso representa uma contradição somente se a carta aos Gálatas for datada *após* o concílio de Jerusalém.[1074] Se Gálatas foi escrita *antes* dos episódios de Atos 15, não existe contradição.[1075] Então, a segunda visita a Jerusalém, descrita em Gálatas 2.1ss, é idêntica à "visita para entrega dos donativos" de Atos 11.29s.[1076]

[1071] Cf. H. E. F. GUERIKE, op. cit., p. 77.

[1072] Cf., entre outros, a análise em D. GUTHRIE, *Introduction*, p. 373ss.

[1073] Cf. H. APPEL, op. cit., p. 177; W. G. KÜMMEL, *Einleitung*, p. 147; E. LOHSE, *Entstehung*, p. 100s; P. VIELHAUER, *Geschichte der urchristlichen Literatur*, p. 391.

[1074] Cf. a teoria da Galácia Setentrional, rejeitada por nós, na introdução à carta aos Gálatas, a seguir, v. 2.

[1075] Cf. D. GUTHRIE, *Introduction*, p. 375.

[1076] Essa identificação também é feita por H. E. F. GUERIKE, op. cit., p. 80ss, com exaustiva justificativa, sem no entanto datar a carta aos Gálatas no período anterior ao concílio dos apóstolos.

4.5.2 Paulo e a lei judaica

Em Atos é descrito duas vezes um procedimento ritual judaico do apóstolo Paulo (At 16.3; 21.23ss) que, analisado superficialmente, parecem formar um contraste com a atitude do apóstolo conhecida das cartas. P. ex., a circuncisão de Timóteo (At 16.3) parece contradizer Romanos 2.25ss e Gálatas 5.1ss.[1077]

Posicionamento: Paulo posicionava-se com veemência contra uma circuncisão dos cristãos gentios. Timóteo, porém, era filho de mãe judia; sob esse aspecto a situação dele era outra que, p. ex., a de Tito (cf. Gl 2.3).

Em Romanos 2.25-29 Paulo não afirma que a circuncisão (para os judeus) não tenha mais sentido algum (cf. Rm 2.25a: "A circuncisão tem [certo] valor se você obedece à Lei..."). Na carta aos Gálatas, Paulo resiste terminantemente contra que se faça da circuncisão para os cristãos gentios uma *conditio sine qua non*.[1078] Os gentios não precisam tornar-se judeus para depois ser cristãos. Quem como gentio convertido se deixa circuncidar submete-se, assim, ao domínio da lei e, por consequência, à maldição da lei (cf. Gl 3). Em função disso, a exigência de circuncisão constitui um contraste radical com a pessoa de Jesus (Gl 5). Ou circuncisão (lei) ou graça (Jesus Cristo). Em contraposição, podemos tranquilamente afirmar que no jovem judeu Timóteo Paulo "recupera" a circuncisão por consideração aos judeus, mas com isso não contraria nem Romanos 2 nem a carta aos Gálatas.[1079]

4.5.3 Paulo e as resoluções conciliares de Jerusalém

Constata-se uma contradição entre as deliberações do concílio (At 15.20) e Gálatas 2.6,10. Em Gálatas 2, Paulo escreve que em Jerusalém os "homens influentes não [lhe] acrescentaram nada", além de lembrá-lo "dos pobres, o que me esforcei por fazer" (Gl 2.10). Disso se conclui que as proibições de Atos 15.20,29 não foram decididas no concílio dos apóstolos — pelo menos não com a participação do apóstolo Paulo.[1080]

[1077] E. LOHSE, *Entstehung*, p. 101, escreve de forma sumária sobre Atos: "Foi esquecida a luta em prol de Cristo como fim da lei...". Cf. tb. H. CONZELMANN & A. LINDEMANN, op. cit., p. 268.

[1078] *Conditio sine qua non* = condição sem atendimento da qual nada pode acontecer ou ser.

[1079] Cf. D. A. CARSON, D. J. MOO & L. MORRIS, op. cit., p. 189; D. GUTHRIE, *Introduction*, p. 374.

[1080] Cf. W. G. KÜMMEL, *Einleitung*, p. 14s; E. LOHSE, *Entstehung*, p. 101; P. VIELHAUER, *Geschichte der uschristlichen Literatur*, p. 391; A. WIKENHAUSER & J. SCHMID, op. cit., p. 364ss.

Posicionamento: Aqui se impõe novamente a pergunta pela data da redação da carta aos Gálatas. Se essa carta foi escrita *antes* do motivo descrito em Atos 15, a "contraposição" já se solucionou. Seria estranho imaginar uma situação — como é descrita em Gálatas 2.11-15 (Paulo contra Pedro em Antioquia) — *após* o concílio dos apóstolos em Jerusalém.

4.5.4 O perfil do apóstolo Paulo traçado por Lucas

O quadro de Paulo descrito por Lucas em Atos leva alguns pesquisadores a ver uma discrepância entre o Paulo de Atos e o Paulo das cartas. Algumas dessas pretensas diferenças serão enfocadas agora:

a) Atos mostraria Paulo como milagreiro, o que não encontramos nas cartas.[1081] É verdade que em 2Coríntios 12.12 Paulo se refere a atos milagrosos; mas com isso dificilmente estariam sendo imaginadas coisas extraordinárias, como são mencionadas em Atos (curas de enfermos com lenços [At 19.11s], ressurreição de Êutico [At 20.7-12], sacudir da serpente letal [At 28.1-5] etc.). Conforme Haenchen, Paulo veria "o essencial de seu apostolado justamente não nesses atos de poder".[1082]

Posicionamento: A contradição artificial se dissolve imediatamente quando se levam em conta quatro pontos. 1) O que se testemunha sobre Paulo em Atos vale do mesmo modo para os apóstolos João e Pedro (cf. At 3.1ss; 5.12ss; 9.32ss). Nenhum dos dois, porém, menciona esses feitos miraculosos em suas cartas (1 e 2Pedro; 1 a 3João). Isso, contudo, não torna obrigatório que se fale de diferenças entre Atos e as cartas dos dois apóstolos. 2) A circunstância de Paulo não detalhar nas cartas os milagres citados atesta sua humildade. 3) Entretanto, temos de discordar de Haenchen, quando pensa que Paulo não apoia seu caráter apostólico sobre esses milagres extraordinários. Paulo defende muito bem seu apostolado de múltiplas maneiras (cf. 2Co 10—13; Gl 1,2 etc.), também — contudo de forma alguma exclusivamente — por meio das "marcas [miraculosas] de um apóstolo — sinais, maravilhas e milagres" (2Co 12.12). 4) Os adversários de Paulo não alegam que os milagres de Paulo eram insuficientemente extraordinários (o que assevera Haenchen), mas se aproveitavam da ausência de Paulo para o chamar de fraco (cf. 1Co 4.18; 2Co 10.10).

b) De acordo com Haenchen, Atos nos apresenta Paulo como um homem habilidoso para discursar, que podia se apresentar como orador convincente diante das

---

[1081] Cf. E. HAENCHEN, op. cit., p. 100s; W. MARXSEN, *Einleitung*, p. 148; H. M. SCHENKE & K. M. FISCHER, op. cit., v. 2, p. 139.

[1082] E. HAENCHEN, op. cit., p. 101.

mais diferentes plateias (judeus e gregos, magistrados e filósofos). Entretanto, nas cartas não constatamos a confirmação disso (p. ex., 2Co 10.10).[1083]

Posicionamento: Diante disso, pode-se observar que em Atos Paulo nunca é descrito como orador eloquente a exemplo de Apolo (cf. At 18.24). Além disso, o juízo dos coríntios não deve ser apreciado como autêntico. Sua crítica erra de tal forma o alvo que não pode ser levada a sério.[1084]

c) Outra diferença residiria na maneira em que se fala da existência de Paulo como apóstolo. Em Atos não seria feita nenhuma tentativa de posicionar Paulo no mesmo nível dos apóstolos de Jerusalém. Em contrapartida, Paulo enfatizaria fortemente nas cartas sua vocação ao apostolado, que não seria inferior aos "superapóstolos" (p. ex., 2Co 11.5; 12.11s etc.).[1085]

Posicionamento: Justamente o fato de que em Atos Paulo é mencionado como apóstolo, ocupando ao lado de Pedro a posição mais importante, constitui suficiente evidência de que aqui não se pode tratar de uma contradição; ademais, porque a questão do questionamento ao caráter apostólico de Paulo parecia representar um problema somente na igreja em Corinto.

Conclusão: As cartas de Paulo de maneira alguma se contrapõem ou contradizem Atos dos Apóstolos ou vice-versa.

4.6 Finalidade e destinatários[1086]

Como destinatário, é citado diretamente Teófilo. Por meio de Atos, Lucas deseja propiciar a Teófilo a continuação do evangelho de Lucas.

Além disso, podem ser notadas ainda outras finalidades:[1087]

4.6.1 Um relato histórico

Lucas entendia sua obra como relato histórico dos eventos, que ele não escreveu como crônica árida, mas no qual descreveu seletivamente as coisas que haviam causado profundo impacto nele. Gostaríamos de saber em um ou outro caso detalhes adicionais, como, p. ex., sobre a visita de Paulo à Arábia ou sobre a visita

---

[1083] Cf. E. HAENCHEN, op. cit., p. 101.

[1084] Cf. D. GUTHRIE, *Introduction*, p. 376s.

[1085] Cf. W. G. KÜMMEL, *Einleitung*, p. 149; P. VIELHAUER, *Geschichte der urchristlichen Literatur*, p. 391.

[1086] Cf. a seção "Finalidade e destinatários" de Lucas.

[1087] Cf. esp. D. GUTHRIE, *Introduction*, p. 365ss.

intercalada em Corinto. Alguns desses fatos não mencionados nos são informados nas cartas de Paulo.

4.6.2 Um evangelho do Espírito Santo

Diante do fato de que o evangelho de Lucas e Atos dos Apóstolos devem ser vistos como um todo, e porque a primeira parte da obra dupla foi escrita como evangelho, também a segunda parte (Atos) precisa ser vista sob esse aspecto. Para o autor, possui grande relevância que, por trás de todos os acontecimentos citados, existe atividade divina. Em função disso, deposita-se muito peso no agir do Espírito Santo. A igreja começa a existir em virtude da efusão do Espírito (At 2): a plenitude do Espírito Santo era a marca distintiva da verdadeira existência cristã (At 2.4,38; 6.3; 8.17; 10.44; 19.6; cf. Ef 5.18b). Por meio do Espírito Santo, Barnabé e Paulo foram separados para o serviço missionário (At 13.2). O Espírito Santo impediu a incursão missionária na Bitínia (At 16.7). Não sem motivo, Atos foi também chamado de "Atos do Espírito Santo".

Igualmente é muito significativo que algumas vezes o relato sobre diferentes acontecimentos e milagres é chamado de continuação da ação de Jesus (cf. At 3.16; 4.10,30; 9.34).

4.6.3 Um escrito apologético

Os críticos mais antigos de Tübingen consideravam Atos uma contemporização entre petrinismo e paulinismo, i.e., que Atos foi escrito com determinada tendência. Esse tipo de crítica está superada hoje, assim como a ideia da escola de Tübingen, de que o gnosticismo seria a chave do entendimento apropriado de Atos.

A finalidade apologética de Atos possui duas direções: uma diante dos judeus e outra diante das autoridades romanas.

O autor mostra o estreito parentesco entre cristianismo e judaísmo. O AT é autoridade determinante como Bíblia para cristãos e judeus. Com base no cumprimento da profecia do AT, os judeus podem ser persuadidos de que a fé cristã é correta.

Diante do Estado romano, a igreja cristã é "inócua". O Estado pode conceder ao cristianismo, sem problemas, a mesma tolerância dispensada ao judaísmo.

4.6.4 Uma carta de defesa para Paulo

Se o processo de Paulo ainda se arrasta na época de Atos, poderia surgir o pensamento de que, com a obra dupla para Teófilo, Lucas forneceria uma volumosa explicação acerca do surgimento e da natureza do cristianismo, a fim de dirimir mal-entendidos. Supõe-se que Teófilo era uma personalidade de grande influência e que tinha poderes de realizar algo em favor de Paulo. No entanto, carecemos de qualquer indício histórico referente a uma ajuda dessa espécie.

4.6.5 Um documento teológico

Muitos estudiosos dão enorme importância ao interesse teológico de Lucas. O movimento do cristianismo de Jerusalém para Roma significa, para o autor, mais que um evento geográfico. Possui relevância teológica. Manifesta o triunfo do cristianismo em um mundo hostil. Por essa perspectiva, a chegada de Paulo em Roma representa um ponto culminante do relato histórico.

4.7 Lugar da redação

Alguns consideram insolúvel a questão do lugar da redação, condicionados que são por sua rejeição da autoria do companheiro de viagens de Paulo.[1088]

Atos termina com uma breve menção do primeiro cativeiro de Paulo em Roma (At 28.30s). Por isso defendemos a convicção de que Lucas escreveu Atos em *Roma*.

4.8 Época da redação

4.8.1 Argumentos em favor da datação após 70

a) Atos pressupõe o evangelho de Lucas, escrito após o ano 70,[1089] o qual seria, como já foi mencionado, posterior ao de Marcos. Dependendo da data atribuída a Lucas, Atos é transferido até o século II.

Réplica: Não podemos concordar com essa posição, porque defendemos uma data anterior a 70 para o evangelho de Lucas.

b) A organização eclesiástica já existente, ou seja, a menção de anciãos (At 14.23; 20.17) e diáconos (At 6.1-6), apontaria para a segunda geração.[1090]

[1088] Cf. W. G. Kümmel, *Einleitung*, p. 154; A. Jülicher, op. cit., p. 395; E. Lohse, *Entstehung*, p. 102; P. Vielhauer, *Geschichte der urchristlichen Literatur*, p. 407.

[1089] Cf. F. Barth, op. cit., p. 233; O. Cullmann, *Einführung*, p. 64; J. Ernst, Arbeitspapier I, in: R. Wegner, op. cit., p. 282; W. G. Kümmel, *Einleitung*, p. 153.

[1090] Cf. J. Ernst, Arbeitspapier I, in: R. Wegner, op. cit., p. 282; E. J. Goodspeed, *Introduction to the New Testament* (1937), p. 191ss (apud D. Guthrie, *Introduction*, p. 362); H. Janssen, Arbeitspapier II, in: R. Wegner, op. cit., p. 294; A. Jülicher, op. cit., p. 396; W. Marxsen, *Einleitung*, p. 151.

Réplica: Até mesmo Lohse é obrigado a admitir que Atos "ainda não conhece nenhuma constituição protocatólica consolidada da igreja".[1091]

Entretanto, é preciso remeter também para outras passagens do NT, nas quais são mencionados cargos eclesiásticos e que datamos para antes de 70. Esses cargos, no sentido de serviços consolidados na igreja, são ἐπίσκοπος — episkopos, "supervisor" (Fp 1.1; 1Tm 3.2; Tito 1.7), diácono (Fp 1.1; 1Tm 3.8,12), ancião[1092] (1Tm 5.17,19; Tt 1.5; Tg 5.14; 1Pe 5.1). Se a teologia crítica assevera que todas essas passagens seriam explicáveis somente como tardias, em função do desenvolvimento da estrutura da igreja,[1093] podemos constatar com pelo menos as mesmas razões que justamente todas essas passagens constituem testemunhos primitivos da ordem eclesiástica do NT. Lucas (em Atos), Pedro, Tiago e Paulo conhecem essa ordem da igreja.

c) As "controvérsias com a heresia nas próprias fileiras (At 20.30) mediante recurso à tradição" inserem-se entre os argumentos em favor da datação tardia.[1094]

d) A época inicial da igreja em Jerusalém e na Judeia seria "apenas tangível na retrospectiva do historiador".[1095]

Réplica: Também em nossa suposição de que Atos foi escrito nos anos 62/63 reside certa distância cronológica que faz com que um relatório de fatos, como Lucas anotou para Teófilo, tenha certas características de um historiador.

e) A suposta tensão entre a figura de Paulo nas cartas paulinas e em Atos deve tornar incompreensível que Atos tenha sido escrito pelo companheiro de Paulo, apontando assim para um tempo posterior.[1096]

f) Pelo fato de Atos imaginar a glossolalia como "falar em toda sorte de idiomas estrangeiros, mas Paulo somente informa sobre um balbuciar extático incompreensível

---

[1091] E. LOHSE, *Entstehung*, p. 102. Apesar disso, a data proposta por Lohse é o final do séc. I.

[1092] Esse termo pode ser facilmente explicado a partir do judaísmo (cf. as numerosas passagens nos sinópticos que se referem aos líderes dos judeus). Aliás, uma comparação entre At 20.17 e 20.28, bem como entre Tt 1.5 e 1.7 deixa claro que os "supervisores" são ao mesmo tempo "anciãos".

[1093] Alguns como, p. ex.. A. JÜLICHER, op. cit., p. 396, traçam paralelos com as cartas pastorais, vendo isso como confirmação de uma data tardia.

[1094] Cf. J. ERNST, *Arbeitspapier I*, in: R. WEGNER, op. cit., p. 282. Com "tradição" Ernst deve se referir provavelmente à atividade de proclamação de Paulo em Éfeso, mencionada em At 20.31.

[1095] Cf. J. ERNST, *Arbeitspapier I*, in: R. WEGNER, op. cit., p. 282.

[1096] Cf. J. ERNST, *Arbeitspapier I*, in: R. WEGNER, op. cit., p. 282; H. JANSSEN, *Arbeitspapier II*, in: R. WEGNER, op. cit., p. 292ss.

para o ouvinte", Atos 2 estaria baseado "sobre um grave mal-entendido da expressão 'falar em línguas', algo que jamais poderia ter acontecido a um contemporâneo dos que falavam em línguas".[1097]

Réplica: Situa-se além do horizonte desse pensamento racionalista que Deus, ao derramar seu Espírito, seja capaz de realizar esse milagre de idiomas. Sem aprofundar aqui a questão do falar em línguas, registramos que não podemos jogar Atos 2 contra 1Coríntios 12—14. Cremos no poder de Deus para produzir efeitos sobrenaturais. A dádiva da graça de falar idiomas (falar em línguas) tampouco acabou simplesmente após poucas décadas, de modo que em razão disso fosse admissível fixar uma data tardia para Atos 2.

g) Atos 5.36s seria dependente de Josefo[1098] e, por consequência, de época posterior ao ano 95, sendo que o autor de Atos entendeu erroneamente o texto de Josefo.[1099]

Réplica: Deve-se presumir muito antes que Josefo e Lucas dispunham de informações independentes entre si. Não se fala imperiosamente do mesmo Teudas. Se o autor de Atos tivesse recorrido a Josefo, com certeza teria aproveitado de outra maneira a referência sobre Teudas.[1100]

Além disso, é possível constatar muito cedo vestígios de Atos que dificilmente permitem uma datação por volta do ano 100.[1101] Em Clemente de Roma (c. 95) encontram-se tais ressonâncias.[1102] Também em *O pastor*, de Hermas (c. 140), talvez se possa atribuir uma passagem a Atos,[1103] assim como um texto do *Didaquê*[1104] (c. 100),

---

[1097] A. JÜLICHER, op. cit., p. 402. Cf. E. J. GOODSPEED, op. cit., p. 191ss (apud D. GUTHRIE, *Introduction*, p. 362); H. JANSSEN, Arbeitspapier II, in: R. WEGNER, op. cit., p. 294.

[1098] JOSEFO, *Antiguidades judaicas*, livro XX, cap 2.

[1099] Cf. R. KNOPF, op. cit., p. 135.

[1100] Cf. D. GUTHRIE, *Introduction*, p. 363; H. C. THIESSEN, op. cit., p. 182s. Sobre a questionável confiabilidade histórica de Josefo, cf. a seção em que discutimos o censo populacional (Lc 2.10).

[1101] Esses vestígios são interpretados por O'Neill como parentesco, que tornam imperiosa uma datação de Atos para essa mesma época tardia (cf. o exposto sobre a datação do evangelho de Lucas).

[1102] Exemplos: *1 Clemente* 2.1/At 20.35; *1 Clemente* 18.1/At 13.22 (ambos com o adendo τὸν τοῦ Ἰεσσαί — ton tou Iessai, "o [filho] de Jessé", que não consta nas passagens citadas do AT [Sl 89.20; na LXX, Sl 88.21]). E ainda: *2 Clemente* 1.1/At 10.42.

[1103] HERMAS, *Visão*, livro IV, 2.4/At 4.12.

[1104] *Didache* 4.8/At 4.32.

da *Carta de Policarpo*[1105] (m. c. 155) e das cartas de Inácio[1106] (m. c. 117). Ainda no século II, também Justino parece ter conhecido Atos.[1107] E na carta das igrejas de Viena e Lião às igrejas da Ásia e da Frígia constam semelhanças com Atos.[1108]

4.8.2 Argumentos em favor da datação antes de 70

a) Conforme observamos, Atos encerra fazendo referência aos dois anos de prisão do apóstolo Paulo em Roma, onde espera pelo julgamento e pela absolvição (cf. Fp 1). Seria extremamente questionável datar Atos somente para o ano 70 ou depois, sem que soubéssemos do desfecho do processo judicial e de como ocorreram uma absolvição do apóstolo, presumida com boas razões, e a segunda detenção e o martírio. É altamente provável que Lucas tenha permanecido companheiro de Paulo até que falecesse, o que se pode depreender de 2Timóteo 4.11. Por que Lucas não descreveria mais nada dos acontecimentos até o martírio do apóstolo Pedro e Paulo no ano 67 d.C., se tivesse escrito por volta do ano 70?[1109]

Defendemos uma data mais antiga, ainda que Janssen descarte o argumento recém-apresentado, porque Lucas nem sequer estaria escrevendo uma biografia de Paulo, mas fundamentando "a reivindicação da igreja de ser o verdadeiro Israel".[1110] A segunda parte de Atos, sem dúvida, trata primordialmente de Paulo, de sorte que teria sido apropriado um informe sobre sua morte.

b) Lucas também não menciona a perseguição sob Nero em Roma, do ano 64, nem a destruição de Jerusalém. Esses argumentos *e silentio* [com base no silêncio] não possuem força comprobatória sozinhos, porém relevância de sustentação.[1111]

[1105] *Epístola de Policarpo* 2.1/ At 10.42.

[1106] INÁCIO, *Epístola aos esmirniotas*, 3.3/ At 10.41; *Epístola aos tralianos* 3.3/ At 6.1ss.

[1107] Comp. JUSTINO, *Apologia I*, 50 com At 1.8; 2.3. Repercussões: *Apologia I*, 49/ At 13.27,48.

[1108] Essa carta é citada exaustivamente por Eusébio. V. Euseb. HE, livro V, 2.5/ At 7.60; 2.3/ At 3.15; 1.26/ At 15.29.

[1109] Cf. D. A. CARSON, D. J. MOO & L. MORRIS, op. cit., p. 192; H. E. F. GUERIKE, op. cit., p. 72; D. GUTHRIE, *Introduction*, p. 356ss; E. F. HARRISON, op. cit., p. 239; J. A. T. ROBINSON, op. cit., p. 97ss.

[1110] H. JANSSEN, Arbeitspapier II, in: R. WEGNER, op. cit., p. 297.

[1111] Cf. D. A. CARSON, D. J. MOO & L. MORRIS, op. cit., p. 194; D. GUTHRIE, *Introduction*, p. 355s; E. F. HARRISON, op. cit., p. 239.

c) É improvável que um autor posterior qualquer de Atos, ao reconstruir a atuação de Paulo, não teria feito uso das cartas dele ou pelo menos inserido alusões a essas cartas.[1112]

Finalizando: Não temos motivo para fixar para Atos uma data posterior a 62/63 d.C.

4.9 As viagens missionárias do apóstolo Paulo

4.9.1 Os caminhos de Paulo antes de sua primeira viagem missionária[1113]

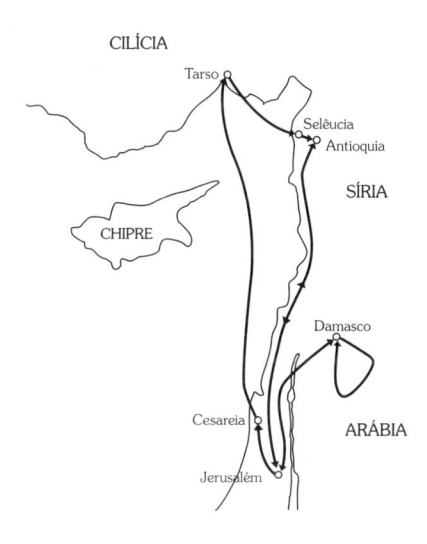

Essas viagens cobrem um período de 17 anos. Primeiramente cumpre citar sua viagem de Jerusalém para Damasco e a surpreendente conversão (At 9.1-9). À conversão diante das portas de Damasco segue uma permanência na Arábia e o retorno para Damasco (Gl 1.17). De lá ele vai a Jerusalém (At 9.26-28; Gl 1.18s), vive depois em Tarso (At 9.30; Gl 1.21) e alguns anos mais tarde é buscado por Barnabé para Antioquia (At 11.25). Ao lado de Barnabé e Tito ele traz um donativo a Jerusalém (At 11.29s; Gl 2.1-10). Na viagem de volta para Antioquia levam consigo João Marcos (At 12.25).

4.9.2 A primeira e a segunda viagem missionária

Para a descrição geográfica das expedições missionárias, é importante constatar que Lucas emprega em Atos sobretudo nomes de regiões e apenas raramente os

---

[1112] Cf. J. A. T. ROBINSON, op. cit., p. 97.

[1113] Cf., mais adiante, no que tange à cronologia de Paulo.

nomes das províncias, enquanto Paulo sempre usa em suas cartas os nomes das províncias.

A *primeira viagem missionária* abarca Atos 13.1—14.28 (pode-se acrescentar a reunião dos apóstolos em Jerusalém, em At 15).

Região ou província	Localidade	Acontecimentos	Texto	Acompanhante
Síria	Antioquia	Convocação e envio	At 13.1-3	Barnabé; João Marcos
	Selêucia	Embarque no navio	At 13.4	
Chipre	Salamina	Pregações em sinagogas	At 13.5	
	Pafos	Mágico Barjesus tenta afastar da fé o governador Sérgio Paulo e é punido com cegueira; Sérgio torna-se cristão. Pela primeira vez, Saulo é chamado de Paulo. A partir de então, Paulo é citado antes dos companheiros	At 13.6-12 (v. 9)	
Panfília	Perge		At 13.13	João Marcos retorna a Jerusalém
Galácia[1114] (Pisídia)	Antioquia	Pregação na sinagoga em dois sábados; grande "sucesso". Perseguição pelos judeus. Paulo e Barnabé voltam-se para os gentios	At 13.24-52	
Galácia (Licaônia)	Icônio	Pregação na sinagoga. Permanência prolongada. Cisão na cidade. Fuga	At 14.1-7	

[1114] Quanto à extensão da região da Galácia, cf. *Oxford Bible Atlas*, p. 90s.

Região ou província	Localidade	Acontecimentos	Texto	Acompanhante
	Listra	Cura de um paralítico. Veneração de Paulo e Barnabé como deuses. Protesto de Paulo e Barnabé contra essa veneração. Agitação contra eles por judeus de Antioquia e Icônio. Apedrejamento que deixa Paulo à beira da morte	At 14.8-20	
	Derbe	Pregação e numerosas conversões	At 14.20s	
	Listra	Visita às igrejas recém--fundadas na viagem de retorno. Fortalecimento dos crentes. Instalação de anciãos em todas as igrejas (mediante imposição de mãos)	At 14.21-23 (v. 23)	
	Icônio		At 14.21-23	
Galácia (Pisídia)	Antioquia		At 14.21-24	
Panfília	Perge	Pregação	At 14.25	
	Atália	Embarque no navio	At 14.25s	
Síria	Antioquia	Relatório à igreja que os enviou. Estadia mais longa	At 14.26-28	
Judeia	Jerusalém	Reunião dos apóstolos por causa da questão da circuncisão de cristãos gentios	At 15.1-21	Barnabé e outros de Antioquia
Síria	Antioquia	Comunicação da decisão eclesiástica	At 15.22-32	Barnabé, Judas Barsabás, Silas e outros

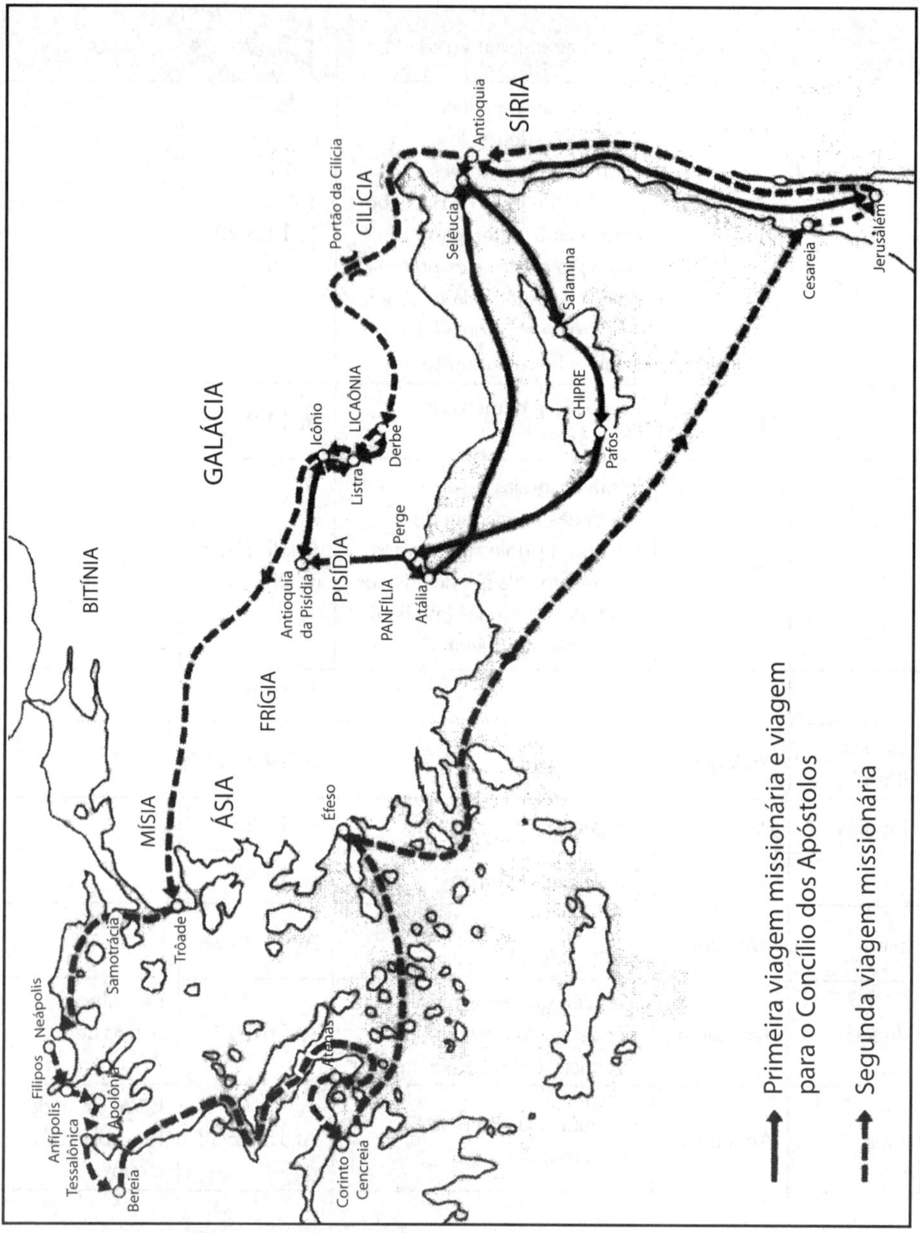
BITÍNIA
GALÁCIA
SÍRIA
CILÍCIA
Portão da Cilícia
Antioquia
Selêucia
Salamina
CHIPRE
Pafos
LICAÔNIA
Icônio
Derbe
Listra
Perge
PISÍDIA
Antioquia da Pisídia
PANFÍLIA
Atália
FRÍGIA
ÁSIA
MÍSIA
Éfeso
Trôade
Samotrácia
Neápolis
Filipos
Anfípolis
Apolônia
Tessalônica
Bereia
Atenas
Corinto
Cencreia
Cesareia
Jerusalém
Primeira viagem missionária e viagem para o Concílio dos Apóstolos
Segunda viagem missionária

B. Introdução aos escritos do NT

A *segunda viagem missionária* abarca Atos 15.36—18.22.

Região ou província	Localidade	Acontecimentos	Texto	Acompanhante
Síria	Antioquia	Divergência entre Paulo e Barnabé por causa da questão se João Marcos deveria ser levado outra vez. Partida de Paulo com Silas sob a bênção da igreja	At 15.36-40	Silas
Síria e Cilícia		Fortalecimento das igrejas	At 15.41	
Galácia (Licaônia)	Derbe	Comunicação das decisões da reunião dos apóstolos em Jerusalém às igrejas da Ásia Menor	At 16.1,4	
	Listra	Encontro com Timóteo. Convocação. Paulo circuncida-o	At 16.1-3	Adicionalmente Timóteo
Frígia na Galácia		O Espírito Santo impede a atuação nas províncias da Ásia Menor	At 16.6s	
Mísia	Trôade	Chamado para a Macedônia. Embarque	At 16.8-10	Adicionalmente Lucas
(ilha)	Samotrácia	Chegada de navio	At 16.11	
Macedônia	Neápolis		At 16.11	
	Filipos	Conversão de Lídia. Uma serva é liberta do espírito adivinhador. Prisão de Paulo e Silas. Conversão do carcereiro. Libertação de Paulo e Silas	At 16.12-40	Partida sem Lucas ("eles")
	Anfípolis		At 17.1	
	Apolônia		At 17.1	
	Tessalônica	Pregação em três sábados na sinagoga, muitas conversões. Incidente com ataque ao cristão Jasom. Partida noturna de Paulo e Silas	At 17.1-10	Provavelmente Timóteo viaja um pouco mais tarde para Bereia

Região ou província	Localidade	Acontecimentos	Texto	Acompanhante
	Bereia	Atividade frutífera de pregação. Distúrbio causado por judeus de Tessalônica	At 17.10-15a	Silas e Timóteo ficam no local. Cristãos de Bereia acompanham Paulo até Atenas
Acaia	Atenas	Incumbência aos acompanhantes, de enviarem Silas e Timóteo. Pregações na sinagoga, no mercado e no areópago. Discurso sobre o "deus desconhecido"	At 17.15b-34	Silas e Timóteo chegam depois. Timóteo é enviado de volta a Tessalônica (1Ts 3.1s)
	Corinto	No início trabalho com Áquila e Priscila como fabricante de tendas.[1115] Pregação na sinagoga todos os sábados. Rejeição pelos judeus. Continuação da pregação na casa de Tito Justo, ao lado da sinagoga. Conversão de Crispo, presidente da sinagoga. Paulo é arrastado por judeus perante o procurador Gálio, que, no entanto, se recusa a julgá-lo. Permanência total de um ano e meio	At 18.1-18 (v. 11)	Silas e Timóteo chegam depois (At 18.5)[1116]
	Cencreia	Cumprimento de uma promessa (corte do cabelo)	At 18.18	Juntam-se Priscila e Áquila
Ásia	Éfeso	Diálogo com judeus na sinagoga. Paulo pode ficar pouco tempo	At 18.19-21	Deixa no local Priscila e Áquila
Samaria	Cesareia		At 18.22	
Judeia	Jerusalém	Encontro com a igreja	At 18.22	
Síria	Antioquia	Permanência por algum tempo	At 18.23	

[1115] De acordo com At 18.2, Áquila e Priscila haviam sido expulsos de Roma pouco antes, por meio de um edito do imperador Cláudio. A esse respeito, cf. a cronologia da atuação pública de Paulo.

[1116] Provavelmente Silas havia esperado por Timóteo em Atenas, que vinha da Macedônia, ou fora ao encontro dele. A segunda alternativa explicaria o que Lucas escreve em At 18.5, que "Silas

4.9.3 A terceira viagem missionária e a viagem para Roma após dois anos de detenção em Cesareia

A *terceira viagem missionária* abarca Atos 18.23—21.26.

Região ou província	Localidade	Acontecimentos	Texto	Acompanhante
Síria	Antioquia		At 18.23	Silas e Timóteo
Galácia			At 18.23	
Frígia			At 18.23	
Ásia	Éfeso[1117]	Paulo batiza discípulos de João Batista. Prega durante três meses na sinagoga, depois dois anos na escola de Tirano. Rebelião dos ourives liderados por Demétrio. Permanência total de três anos (At 20.31)	At 18.24-20.1	Envio de Timóteo para Corinto (1Co 4.17). Retorno para Éfeso (1Co 16.10s). No final da estadia em Éfeso, ainda antes da rebelião de Demétrio, Paulo envia adiante dele Timóteo e Erasto à Macedônia (At 19.22)
Macedônia[1118]		Exortação às igrejas	At 20.1s	Tito chega de Corinto (2Co 7.5ss), sendo enviado a Corinto com nova tarefa (2Co 8.6ss; 12.18)
Acaia	(Corinto)	Permanência de três meses. Perseguição pelos judeus	At 20.2s	

e Timóteo vieram da Macedônia". P. FEINE, op. cit., p. 107, suspeita que também Silas havia sido enviado com Timóteo de volta para a Macedônia, mas a outras cidades que Timóteo (p. ex., Bereia ou Filipos). Essa variante também é possível. Em todos os casos, não é cabível construir uma contradição entre Atos e 1Tessalonicenses, como faz F. BARTH, op. cit., p. 21s.

[1117] Com visita intercalada em Corinto, cf. item 5.1.4.5 (tabela).

[1118] A partir da Macedônia Paulo deve ter feito uma breve viagem para a Ilíria, mencionada em Rm 15.19.

Região ou província	Localidade	Acontecimentos	Texto	Acompanhante
Macedônia		Percurso por essa via porque a viagem de navio fora impedida pelos judeus.	At 20.3-5	Sópatro, Aristarco, Segundo, Gaio, Timóteo, Tíquico, Trófimo
Mísia	Trôade	Permanência de sete dias. Ressurreição de Êutico. Continuação a pé, enquanto os companheiros seguem de navio	At 20.5-12	Adicionalmente Lucas ("nós")
	Assôs	Paulo embarca no navio	At 20.13s	
Ilha de Lesbos	Mitilene		At 20.14	
Ilha de Quio			At 20.15	
Ilha de Samos			At 20.15	
Ásia	Mileto	Discurso de despedida aos anciãos da igreja de Éfeso	At 20.15—21.1	
Caria	Cós		At 21.1	
Ilha de Rodes			At 21.1	
Lícia	Pátara		At 21.1	
Fenícia	Tiro	Permanência de sete dias. Os discípulos dali comunicam a Paulo pelo Espírito que ele não deve seguir para Jerusalém	At 21.3-6	
	Ptolemaida	Permanência de um dia	At 21.7	
Samaria	Cesareia	Permanência na casa do evangelista Filipe. O profeta Ágabo prenuncia a detenção de Paulo em Jerusalém	At 21.8-15	
Judeia	Jerusalém	Encontro com os anciãos. Detenção (v. 27ss)	At 21.15-26	

B. Introdução aos escritos do NT 299

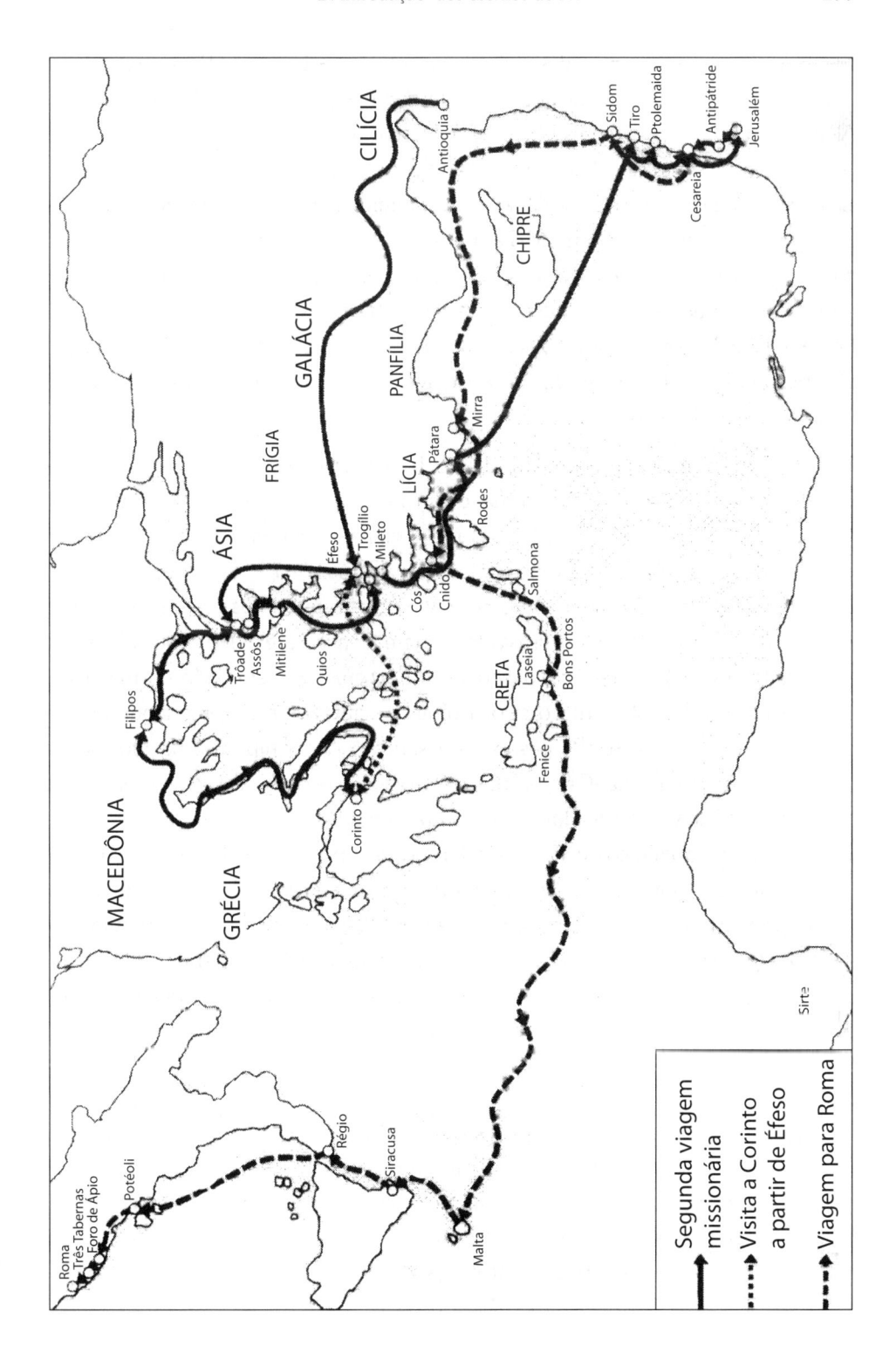

Em época mais recente, desencadeia-se acerca da viagem de Paulo *para Roma* uma discussão em torno da localização da ilha Μελίτη — Melitē, "Melite" (At 28.1). Além das sugestões existentes, de Malta e Mileto, Warnecke levantou pela primeira vez a possibilidade de ser a ilha grega ocidental *Kephallenia*.[1119] É verdade que a nova sugestão é cativante por causa da exaustiva argumentação, contudo ainda não nos parece um voto decisivo contra Malta. Para nós, continua claro que levemos a sério o relato de viagem de Lucas, inclusive com seus detalhes. Por isso, tentaremos apresentar nossa crítica a alguns pontos da nova proposta. A sugestão de Warnecke de fato é aplaudida por muitos e considerada uma possibilidade pioneira de explicação histórica do relato de viagem. Estamos cientes de que também a chegada em Malta deixa perguntas em aberto.

- Não cremos que o autor de Atos 27 "tenha sido evidentemente tão impressionado por paralelos homéricos" a ponto de "que tenha retirado da Odisseia expressões literárias e termos náuticos (como cortar as amarras, naufragar e encalhe do navio) ao redigir o episódio de deriva e naufrágio".[1120]
- Atos 27.14 afirma que o vento τυφωνικός — typhōnikos era chamado pelo nome de εὐρακύλων — eurakylōn e que é idêntico a ele. No início Warnecke rejeitou essa identificação e descreve o εὐρακύλων — eurakylōn como "estenordeste",[1121] mais tarde o εὐρακύλων — eurakylōn foi reconfigurado em vento sul ou sudeste,[1122] passando assim a servir à hipótese da direção de viagem de Warnecke. Opomo-nos à dissociação de τυφωνικός — typhōnikos e εὐρακύλων — eurakylōn, pois contraria nitidamente o texto do NT.
- Tampouco podemos aceitar que a tempestade possa ter sido somente de curta duração, porque uma tempestade de duas semanas "contraria qualquer experiência meteorológica" e porque uma tentativa de fuga dos marujos (At 27.30ss) somente faria sentido com mar sereno.[1123] Essa tentativa de fuga, no entanto, não exige que o mar já tenha estado tranquilo por algum tempo. Ademais, cabe salientar que Lucas fala de uma tempestade de "muitos dias"

[1119] H. WARNECKE, Die tatsächliche Romfahrt des Apostel Paulus, in: *Stuttgarter Bibelstudien* (Stuttgart: Katholisches Bibelwerk, 1987), v. 127; H. WARNECKE & T. SCHIRRMACHER, *War Paulus wirklich auf Malta?* (Neuhausen-Stuttgart: Hänssler, 1992).

[1120] H. WARNECKE, War Paulus wirklich auf Malta?, in: H. WARNECKE & T. SCHIRRMACHER, op. cit., p. 32.

[1121] H. WARNECKE, *Die tatsächliche Romfahrt*, p. 40.

[1122] H. WARNECKE, *War Paulo wirklich auf Malta?*, p. 30.

[1123] H. WARNECKE, *War Paulo wirklich auf Malta?*, p. 89.

(At 27.20), durante os quais eles não haviam visto nem sol nem estrelas. Nos versículos 27 e 33 se fala da décima quarta noite e do décino quarto dia, ou seja, que a tempestade durou sem cessar 14 dias (At 27.41b ainda pressupõe a perduração de uma intensa ressaca: "a popa foi quebrada pela violência das ondas").

- Interessante, no entanto, é ainda que Warnecke nem sequer considera essa tentativa de fuga como tal, mas explica o baixar do barco salva-vidas como medida náutica sensata para o controle do navio, que em boa parte estaria avariado para manobras. Paulo teria se enganado na avaliação da situação, e por consequência igualmente Lucas em seu informe.[1124] Atos 27.40, porém, mostra que leme e vela ainda funcionavam pelo menos parcialmente. Rejeitamos a opinião de que Lucas não teria corrigido a suposta avaliação equivocada.

Conclusão: Parece-nos arriscado demais transferir, com base, entre outros, na crítica ao texto bíblico, o naufrágio de Malta para *Kephallenia*, principalmente porque o medo de soçobrar nos perigosos arrecifes de Sirte (diante da orla da África; At 27.17), leva a imaginar muito antes uma deriva de muitos dias na direção sudoeste que na rápida deriva para noroeste.

[1124] H. WARNECKE, *Die tatsächliche Romfahrt*, p. 90s; idem, *War Paulus wirklich auf Malta?*, p. 90.

Volume II

VOLUME II

5. AS CARTAS DO APÓSTOLO PAULO – O *CORPUS PAULINUM*

5.1 Observações preliminares

5.1.1 A forma das cartas paulinas[1]

Chama atenção no NT o grande número de cartas (21 de 27 escritos do NT). No AT, na verdade, encontramos breves cartas entremeadas em outros escritos (2Sm 11.14s; 1Rs 21.7-11; 2Rs 5.5s; 10.1-3; 19.10-14; 2Cr 2.10ss; 21.12ss; Ed 1.1ss; 4.8ss,17ss; 5.5ss; 6.2ss; 7.11ss; Jr 29) – o que no NT ocorre em Atos 15.23ss e 23.25ss. No entanto, nenhum escrito do AT em si possui formato de carta.

Na Antiguidade, era costume geral a troca de correspondências ou missivas que acompanhavam um emissário.

Entretanto não se colocava, como entre nós hoje, o destinatário (e em cartas comerciais o endereço do remetente) no começo, e a saudação no final da carta. Naquele tempo, o autor se apresentava no começo da carta, acrescentando uma saudação aos destinatários ("de A para B, saudação" [χαίρειν – chairein]), conforme vemos também em Atos 15.23 e 23.26. Essa indicação do nome e a saudação são chamadas juntas de *prescrito*. O endereço do destinatário era afixado no exterior da carta dobrada. No final da carta se escrevia simplesmente uma breve saudação de despedida.

Nas cartas paulinas, porém, constatamos não somente o prescrito simples. Com frequência são citados corremetentes e inseridos votos de bênção (*epítetos*), ao que via de regra sucedem detalhadas asserções de gratidão (*proêmio*).

Na Antiguidade a carta também podia ser usada como forma literária artística. Deissmann fez para isso a escolha um pouco infeliz do termo "epístola".[2] O rótulo é infeliz porque no uso geral do idioma "epístola" também é empregado para cartas verdadeiras.

A circunstância de que as cartas do NT agora fazem parte de um livro não significa absolutamente que não foram escritas como cartas verdadeiras.[3] As cartas pau-

---

[1] Cf. D. A. Carson, D. J. Moo & L. Morris, *An Introduction to the New Testament* (Grand Rapids: Zondervan, 1992), p. 231ss; W. Michaelis, *Einleitung in das Neue Testament*, 3. ed. (Bern: Berchtold Haller Verlag, 1961), p. 144ss; O. Roller, *Das Formular der Paulinischen Briefe – Ein Beitrag zur Lehre vom antiken Briefe* (Stuttgart: Kohlhammer, 1933).

[2] A. Deissmann, *Bibelstudien* (Marburg: Elwert, 1895), p. 187ss.

[3] W. Michaelis, op. cit., p. 145, escreve com precisão: "Também as cartas de Lutero ou Goethe se tornaram parte da literatura alemã, ou até mesmo mundial; contudo, o leitor de hoje as leria de maneira errônea se não as soubesse ler como cartas".

linas fornecem várias indicações de situações concretas "e comprovam sua natureza epistolar também na interpretação, ou seja, justificam sua compreensão como cartas por meio de um sem-número de observações que do contrário demandariam uma explicação totalmente diferente, porém menos satisfatória".[4]

5.1.2 Questões gerais sobre as cartas paulinas[5]

Do total de 13 cartas de Paulo, salientam-se dois grupos. As chamadas *cartas pastorais* (1Timóteo; 2Timóteo; Tito), escritas no final da atuação de Paulo, têm por conteúdo principalmente instruções e estímulos próprios da função pastoral. Distinguem-se igualmente das demais cartas paulinas no estilo e no vocabulário.

Outro grupo de cartas foi escrito durante o primeiro cativeiro em Roma (Efésios, Filipenses, Colossenses, Filemom). Essas cartas são hoje geralmente chamadas de cartas da prisão.

Muitas vezes Romanos, 1Coríntios, 2Coríntios e Gálatas são classificadas como as chamadas *cartas principais*, sem que, no entanto, haja para isso uma razão real do ponto de vista do conteúdo. A chamada escola de Tübingen em torno de Baur pretendia reconhecer a validade somente dessas quatro cartas de Paulo. Os "holandeses radicais"[6] chegaram a declarar que até mesmo essas seriam inautênticas, datando-as na época em torno de 140 (cf. abaixo, sobre Gálatas). Feine fornece a esse respeito um comentário certeiro:

> Ora, mais claramente não se podia levar ao absurdo a crítica de Baur. A personalidade de Paulo na verdade abarca muito mais possibilidades do que teólogos críticos achavam de que seria capaz. Cada carta de Paulo possui algo independente. Por mais diferente que cada uma dessas cartas possa ser, e por mais variados que sejam os problemas que causam à pesquisa histórica, é mais seguro compreendê-las historicamente, inclusive as cartas pastorais, como produto de *um só* grande pensador da época apostólica, precisamente de Paulo.[7]

Hoje, na ciência introdutória histórico-crítica, a maioria considera autênticas as quatro cartas principais, bem como 1Tessalonicenses, Filipenses e Filemom.

Adicionalmente às cartas preservadas até hoje, sabemos acerca de outros três escritos de Paulo. Por exemplo, ele menciona em 1Coríntios 5.9 um escrito que

---

[4] W. Michaelis, op. cit., p. 146.
[5] Cf. P. Feine, *Einleitung in das Neue Testament*, 5. ed. (Leipzig: Quelle & Meyer, 1930), p. 101s.
[6] Cf. os Prolegômenos no v. 1.
[7] P. Feine, op. cit., p. 101.

antecedeu essa carta. E em 2Coríntios 2.4 é referida uma carta que hoje chamamos de "carta das lágrimas". Colossenses 4.16 nos traz a terceira referência.

Excluindo-se o fato de que na igreja antiga a carta aos Hebreus muitas vezes era considerada paulina, aparecendo, por consequência, muitas vezes nos manuscritos do NT dentro do *corpus paulinum*, as cartas paulinas tinham uma ordem definida nos manuscritos, assim como hoje ainda é observada. Como exceção, o P[46] traz Efésios antes de Gálatas, provavelmente porque Efésios é um pouco mais extensa que Gálatas. Uma sequência completamente diferente nos é apresentada pelo *Cânon muratoriano* (c. 180): 1Coríntios, 2Coríntios, Efésios, Filipenses, Colossenses, Gálatas, 1Tessalonicenses, 2Tessalonicenses, Romanos, Filemom e por fim as pastorais. O herege Marcião tinha em seu cânon mutilado a seguinte ordem: Gálatas, 1Coríntios, 2Coríntios, Romanos, 1Tessalonicenses, 2Tessalonicenses, uma carta a Laodiceia (cf. a inscrição de Marcião para Efésios), Colossenses, Filemom e Filipenses.[8]

5.1.3 A história prévia do apóstolo Paulo[9]

Paulo nasceu como judeu da tribo de Benjamim (Fp 3.5), com cidadania romana (At 16.37; 22.28), na "notória cidade" de Tarso, na província romana da Cilícia (At 21.39; 22.3). No ato de sua circuncisão (Fp 3.5), foi nomeado segundo o primeiro rei israelita (da mesma tribo) Saul (Saulo). Contudo, não cresceu em sua cidade paterna Tarso, mas em Jerusalém, onde foi instruído na "lei dos pais" aos pés de Gamaliel,[10] célebre mestre judaico (At 22.3; 26.4). Como judeu cumpridor da lei, do partido dos fariseus, Saulo se tornou um ζηλωτὴς τοῦ θεοῦ — zēlōtēs tou theou, "zeloso de Deus", que por convicção perseguia os adeptos de Jesus (At 22.3s; 26.5; 8.1,3; 9.1s; Gl 1.14; Fp 3.5s).

Em seu ministério posterior ele nunca enfeitou seu passado, quando "respirava ameaças de morte contra os discípulos do Senhor" (At 9.1), nem perante uma audiência judaica (At 22 e 26), nem em suas cartas a leitores cristãos (cf., p. ex., 1Co 15.9; Fp 3.6; 1Tm 1.13).

---

[8] Cf. EPIFÂNIO, *Panarion*, livro XLII, 9. Acerca do cânon de Marcião, cf. TERTULIANO, *Contra Marcião*, livros IV e V.

[9] Cf. E. MAUERHOFER, Der Brief an die Epheser, *Fundamentum*, n. 1, 1990, seção 2, p. 19s.

[10] No tempo de Jesus, Gamaliel (m. 50) era membro do Sinédrio em Jerusalém. Como respeitado mestre, dava continuidade à tendência e escola de seu avô Hillel, que recomendava moderação e cautela. Em At 5.34 lemos que ele era "respeitado por todo o povo".

No caminho para Damasco, para onde rumava com ordens de detenção contra os cristãos, Saulo foi vencido de maneira surpreendente por Jesus Cristo (cf. At 9; 22; 26). O que daí aconteceu será delineado em outros momentos.[11]

5.1.4 Cronologia da atuação pública de Paulo

Diferencia-se entre uma cronologia *relativa* e uma *absoluta*.[12] A cronologia *relativa* trata das datas e dos períodos que podem ser depreendidos de Atos e das cartas de Paulo, sem fixá-los em termos de calendário. Uma cronologia *absoluta* somente será viável se, com ajuda de datas inequivocamente defíníveis do contexto e da história contemporânea, a cronologia relativa puder ser transformada em datas de calendário.

Uma cronologia absoluta de Paulo somente é possível de maneira *aproximada* (a diferença pode ser de 1 a 3 anos).

Os seguintes acontecimentos do mundo e da história contemporânea são fundamentais para a datação da atuação pública do apóstolo Paulo:

5.1.4.1 O edito do imperador Cláudio

Por meio de um edito, Cláudio expulsou os judeus de Roma (At 18.2). De acordo com o historiador Orósio (séc. V), ele foi publicado no ano de 49: "Em seu nono ano de governo Cláudio teria, como relata Josefo, expulso os judeus da capital".[13]

Nos textos de Josefo a nós transmitidos, não temos nenhuma referência a esse edito. Uma nota sem indicação de ano consta no escritor romano (não cristão) Suetônio (c. 120): "Aos judeus, que constantemente causavam distúrbios por incitação de certo Cresto, ele expulsou de Roma".[14]

O encontro de Paulo com Áquila e Priscila em Corinto durante sua segunda jornada missionária deve, portanto, ser datada, conforme os dados de Orósio, para o ano de 49 ou 50 (sua chegada a Corinto aconteceu, de acordo com Atos 18.2, προσφάτως – **prosphatōs**, "recentemente").

---

[11] Cf. as tabelas das viagens do apóstolo Paulo no v. 1 (At, item 4.9.) e a tabela sobre a cronologia da atuação de Paulo (item 5.1.4.5).

[12] Cf. W. MICHAELIS, op. cit., p. 150.

[13] *Anno eiusdem nono expulsos per Claudium Urbe Iudaeos Iosephus refert* (OROSIUS, *Historiarum Adversum Paganos*, livro VII, 6.15).

[14] *Judaeos impulsore Chresto assidue tumultuantes Romae expulit* (SUETÔNIO, *Vita Claudii*, livro 25,4; conforme W. MICHAELIS, op. cit., p. 156). Cf. C. K. BARRETT & C.-J. THORNTON (Org.), *Texte zur Umwelt des Neuen Testaments*, 2. ed. (Tübingen: Mohr, 1991), p. 14s.

5.1.4.2 A epidemia de fome precedente[15]

Conforme Atos 11.28, Ágabo prediz em Antioquia uma grande fome que "sobreviria a todo o mundo romano". De fato, essa epidemia de fome passou do Ocidente (48 ou 49 na Grécia) para Oriente (49 ou 50/51 na Itália). Na Palestina ela deve ter acontecido em 47 ou 48.[16] Jeremias a atribui ao ano sabático judaico, promulgado a cada sete anos, e durante o qual as terras eram deixadas em pousio, o que várias vezes teria levado a gargalos de abastecimento. Um desses anos sabáticos ocorreu do outono de 47 até o outono de 48. Jeremias delineia o seguinte cenário possível: "No verão de 47 fracassa a safra, o ano sabático de 47/48 agrava a epidemia de fome, prolongando-a até a próxima colheita na primavera de 49".[17]

5.1.4.3 A troca de procuradores: Félix por Festo[18]

Atos 24.27 menciona a chegada de Pórcio Festo como procurador da Judeia em sucessão a Félix, mais precisamente dois anos após a detenção de Paulo em Jerusalém.

Josefo[19] e Tácito[20] nos fornecem dados sobre o início do mandato de Félix como procurador. Segundo eles, iniciou seu mandato em 52 ou 53, conservando-o durante vários anos. Depois de sua demissão, líderes judeus de Cesareia o acusaram em Roma.[21] Nero somente se tornou clemente porque Palas, irmão de Félix e bem considerado junto ao imperador Nero, atuou em defesa dele. De acordo com Tácito, porém, esse Palas caiu em desgraça no início do ano 55.[22]

No entanto, é preciso supor que Palas também conseguiu agir algum tempo mais tarde em defesa do irmão. Do contrário, resultaria uma cronologia insustentável (Félix substituído no cargo antes de 55 e, em consequência, Paulo aprisionado antes de 53).

---

[15] Cf. W. MICHAELIS, op. cit., p. 151.
[16] Cf. JOSEFO, Antiguidades judaicas, livro XX, cap. 5; EUSEB. HE, livro II, 12.1ss.
[17] J. JEREMIAS, Sabbatjahr und neutestamentliche Chronologie, ZNW, n. 27, 1928, p. 100 (conforme W. MICHAELIS, op. cit., p. 151).
[18] Cf. F. F. BRUCE, Zeitgeschichte des Neuen Testaments (Wuppertal: Brockhaus, 1986), tomo 2, p. 149; W. MICHAELIS, op. cit., p. 151; B. REICKE, Neutestamentliche Zeitgeschichte, 3. ed. (Berlin; New York: de Gruyter, 1982), p. 208ss.
[19] JOSEFO, Guerra dos judeus contra os romanos, livro II, cap. 21; Antiguidades judaicas, livro XX, cap. 7.
[20] TÁCITO, Anais, livro XII, 54 (apud W. MICHAELIS, op. cit., p. 151).
[21] JOSEFO, Antiguidades judaicas, livro XX, cap. 7.
[22] TÁCITO, Anais, livro XIII, 14 (apud W. MICHAELIS, op. cit., p. 151).

"Em favor de uma data posterior a 55 para a deposição de Félix depõe também que ainda no ano de 63 uma delegação judaica em Roma pleiteou em defesa de sacerdotes para lá enviados por Félix",[23] como somos informados por Josefo.[24]

Uma troca no ano de 59 foi também confirmada por achados de moedas na Judeia.[25]

5.1.4.4 A chamada inscrição de Gálio[26]

Lucas escreveu em Atos 18.11s que Paulo permaneceu e pregou em Corinto, até a data indicada, durante um ano e seis meses. Durante o proconsulado de Gálio na Acaia, ocorreu uma agitação dos judeus contra Paulo, que o arrastaram ao tribunal.

Acontece que esse Gálio também é citado em uma inscrição de que temos informações parciais e que pode ser datada com mais precisão, razão pela qual nos permite tirar importantes conclusões para a cronologia de Paulo. Em função disso, analisamos mais pormenorizadamente essa inscrição para a cidade grega de Delfos (= inscrição de Delfos), cujo texto foi complementado (com algumas incertezas) à base de algumas inscrições similares formuladas segundo estereótipos.[27]

---

[23] W. MICHAELIS, op. cit., p. 151.

[24] JOSEFO, Vida de Flávio Josefo escrita por ele mesmo (apud W. MICHAELIS, op. cit., p. 151).

[25] Cf. F. F. BRUCE, Zeitgeschichte, tomo 2, p. 149; E. M. B. GREEN & C. J. HEMER, Festus, in: IBD, v. 1, p. 505s.

[26] Cf. A. DEISSMANN, Paulus — Eine kultur- und religionsgeschichtliche Skizze (Tübingen: Mohr, 1911), p. 159ss. Vigora um forte consenso acerca do fato de que a inscrição de Gálio representa um auxílio importante para a definição da cronologia absoluta da atuação paulina. Somente alguns poucos, como, p. ex., D. Slingerland, Acts 18.1-18, The Gallio Inscription, and Absolute Pauline Chronology, JBL, n. 3, 1991, p. 439-49, rejeitam esse recurso. Primordialmente por motivos crítico-redacionais, Slingerland não quer aceitar a confiabilidade cronológica de Atos dos Apóstolos.

[27] Texto grego segundo A. DEISSMANN, Paulus, p. 165ss (maiúsculas: texto de um fragmento; minúsculas: reconstrução); versão alemã conforme C. K. BARRETT & C.-J. THORNTON, op. cit., p. 59.

B. Introdução aos escritos do NT 311

ΤΙΒΕΡιος κλαυδιος καΙΣαρσεβαστΟΣ Γερμανικος αρχιερευς μεγιστος δημαρχικης εξου
ΣΙΑΣτο· ιβ' αυτοκρατωρ τΟ·ΚΣ'Πατηρ πΑΤΡΙδος υπατος το· ε' τιμητης δελφων τηι πολει χαιρειν
ΠΑΛαι μεν ΤΗΠολει ΤΩΝ ΔΕΛΦων προθΥΜΟς γενομενος ……………………………………ευνο
ΧΗΣΑΕΠΕΤΗΡΗσα δε τη ΝΘΡΗΣΚΕΙαν τΟΥΑΠΟλλωνος του πυθιου
ΝΥΝΛΕΓΕΤΑΙΚΑΙπολΕΙΤΩΝΕΡΙ… εΚΕΙΝΑΙΩ………………………………… λουκιος ιου
ΝΙΟΣΓΑΛΛΙΩΝΟΦιλος ΜΟΥΚΑιανθυΠΑΤΟΣτης αχαιας
ΕΠΙΕΞΕΙΝΤΟΝΠΡΟτερΟν…………Ε
ΛΩΝΠΟΛΕΩΝΚΑ
ΑΥΤΟΙΣΕΠΙΤΡΕτω
ΦΩΝΩΣΠΟΛΕ
ΤΑΙΜΕΤΩΚΙσα
το ΥΤΟΥ

Tibér[io Cláudio Cés]ar A[ugustu]s G[ermanicus, no 12.º ano de seu tribunício pod]er, [Imperador pel]a 26.ª vez, P[ai da P]átri[a, saúda--.]

Há muit[o estive para com a] cid[ade] de Delfo[s n]ão apena[s benevolente, mas também me preocupei com sua fe]licidade; sempre preser[vei a]o cul[to desse [pítio] Apo[lo. Visto que, porém, ela] atualmente também teria po[ucos cida]dãos, c[omo recentemente] meu a[migo] e[proc]ônsul [L. Jú]nio Gálio [me comunicou], assim con[cedo-vos] — [a partir do desejo de que Delfos possa conservar] o an[terior esplendor] também doravante [completamen]te —[ordem para também de ou]tras cidades [nascidos livres como novos moradores para] cha[mar e] lhes [e a seus descendentes todos conceder] pre[rogativas dos del]fenses como a cid[adãos sob a condição de igualdade de direitos]...

A segunda linha da inscrição traz o número decisivo para nós, o número 26 (κϛ' — ks') da aclamação[28] "Pai da Pátria" para o imperador romano Cláudio.

Acontece que Cláudio alcançou um total de 27 dessas aclamações imperiais. Em um monumento do décimo segundo ano de governo de Cláudio, que transcorreu de 25 de janeiro de 52 a 24 de janeiro de 53, ele aparece como *imperator XXVII*.[29] Esse monumento é um arco monumental da *Aqua Claudia*, no qual foi afixada uma dedicatória em 1.º de agosto de 52.[30] A inscrição, portanto, estaria reproduzindo o título de honra de Cláudio da maneira como era no dia da inauguração do aquífero.

Acontece que Cláudio consta na inscrição de Gálio como *imperator XXVI*. Com esse número aparece ainda em outras inscrições, sendo que em parte o número ocorre também sem indicação do ano de governo.[31] Tanto o ano do mandato como também *imperator XXVI* estão na inscrição da cidade de Kys, na Cária.[32] Seguramente essa inscrição se origina da época entre o começo do décimo segundo ano de governo e a primeira ocorrência da vigésima sétima aclamação imperial.

Ora, é possível fixar com exatidão o começo do décimo segundo ano de governo, uma vez que sabemos com precisão a data da ascensão de Cláudio ao trono: 25 de janeiro de 41.[33]

---

[28] Aclamação = demonstração de aplauso.
[29] Cf. *Corpus Inscriptionum Latinarum* (abrev. CIL), v. VI, n. 1256 (apud A. DEISSMANN, *Paulus*, p. 169).
[30] Cf. FRONTINUS, *De aquis*, livro I, 13 (apud A. DEISSMANN, *Paulus*, p. 169).
[31] Cf. CIL, v. VIII, supl. 14727; v. XIII, n. 254 (apud A. DEISSMANN, *Paulus*, p. 169).
[32] Texto em A. DEISSMANN, *Paulus*, p. 169.
[33] Cf. C. K. BARRET & C.-J. THORNTON, op. cit., p. 59.

A inscrição de Kys deve, portanto, ser datada entre 25 de janeiro de 52 e 1.º de agosto de 52. Provavelmente também a inscrição de Gálio possa ser situada nessa época. Possível, no entanto, é também que Cláudio tenha recebido sua vigésima sexta aclamação imperial já no décimo primeiro ano de governo, ou seja, que a inscrição de Kys foi escrita um pouco depois da aclamação propriamente dita. Documentadas estão para nós do décimo primeiro ano de governo a vigésima segunda e a vigésima quarta aclamações. Logo, a vigésima terceira com certeza se situa igualmente no décimo primeiro ano de mandato, e provavelmente a vigésima quinta também. "Se a vigésima sexta igualmente ocorreu ainda no décimo primeiro ano, somente poderia ser situada no final dele, a saber, no fim de 51 ou janeiro de 52. Contudo, de forma alguma esse posicionamento pode ser classificado como provável."[34]

Disso é preciso tirar as conclusões para a época de governo de Gálio. Normalmente o mandato de um procônsul durava um ano. Somente em casos excepcionais ele permanecia mais tempo no cargo. Diante do fato, porém, de que o filósofo Sêneca, irmão de Gálio, nos informa que Gálio teria adoecido de febre por causa das condições climáticas na Acaia,[35] dificilmente se pode presumir uma prorrogação de mandato.

O respectivo início de um ano de atuação de procônsul não pode ser determinado com toda a exatidão a partir dos dados que nos são conhecidos. No entanto, é possível afirmar que começava no início do verão.[36] Para simplificar, supomos que seja o 1.º de junho.[37]

Teoricamente existem, portanto, para o tempo de mandato de Gálio duas possibilidades:

a) de 1.º de junho de 51 a 1.º de junho de 52;

b) de 1.º de junho de 52 a 1.º de junho de 53.

A alternativa a) resultaria em uma datação da inscrição de Gálio entre fim de 51 e 1.º de junho de 52.

No caso da alternativa b) seria necessário datar a inscrição entre 1.º de junho de 52 e 1.º de agosto de 52.

---

[34] A. Deissmann, *Paulus*, p. 169s.
[35] Sêneca, *Cartas a Lucílio*, 104.1 (apud A. Deissmann, *Paulus*, p. 172 [texto latino]).
[36] Pormenores a esse respeito em A. Deissmann, *Paulus*, p. 172s.
[37] Essa data é usada também por W. Michaelis, op. cit., p. 152. F. F. Bruce, *Zeitgeschichte*, seção 2., p. 99s, indica o dia 1.º de julho.

Diante do fato de que certos acontecimentos já devem ter antecedido a inscrição de Gálio, dos quais Gálio provavelmente prestou relatório ao imperador, a alternativa b) é muito improvável.³⁸ Além do mais, o 1.º de agosto de 52 na realidade "não é o dia do recebimento da vigésima sétima aclamação imperial, mas somente o *terminus ante quem*³⁹ para essa titulação".⁴⁰

De Atos 18.11s conclui-se que Paulo experimentou dois procônsules durante sua estadia de dezoito meses em Corinto. Em consonância, Paulo não chega a Corinto antes do fim de 49⁴¹ — mais provável no ano de 50 — e sai novamente dessa cidade dezoito meses mais tarde, muito provavelmente para comparecer à Festa do *Passá* em Jerusalém no ano de 52.⁴²

Nossa conclusão é que *a permanência de Paulo em Corinto deve ser datada entre 50-52*.

---

³⁸ Cf. W. MICHAELIS, op. cit., p. 152.

³⁹ *Terminus ante quem* = data antes da qual algo precisa ter ocorrido.

⁴⁰ A. DEISSMANN, *Paulus*, p. 174, nota 2.

⁴¹ Considerando que Paulo encontrou em Corinto o casal Áqüila e Priscila, expulso de Roma pelo edito de Cláudio, era necessário que desde o edito do ano 49 tivesse transcorrido certo tempo.

⁴² "Visto que Paulo [...] havia organizado a viagem para Jerusalém na medida do possível no sentido de que pudesse estar lá para uma festa judaica (At 18.21, Códice D; 20.3ss), cabe indagar para que festa ele poderia ter viajado naquela hora para Jerusalém. Se partiu no final do verão de 51, entraria em cogitação a Festa da Reconciliação, no outono, ou a Festa dos Tabernáculos. Importância incomparavelmente maior, no entanto, teve a Festa do *Passá*, que acontecia em abril. Se Paulo desejava estar em Jerusalém por ocasião de uma Festa do *Passá*, só poderia ter sido a Festa do *Passá* de 52 (a de 51 ainda se situava *antes* do começo do mandato de Gálio, e a de 53 tempo demais *depois* de seu governo)" (W. MICHAELIS, op. cit., p. 152).

5.1.4.5 Tabela da cronologia da atuação pública de Paulo[43]

Evento	Texto bíblico	Dados para a cronologia relativa	Datas	Fatos do mundo e da história contemporâneos	Cartas
Apedrejamento de Estêvão na presença do jovem fariseu Saulo; perseguição da igreja por Saulo	At 7.58; 8.1,3		c. 30/31	Possível, devido à posição fragilizada de Paulo no final[44]	
Conversão de Saulo diante de Damasco	At 9.1-19; 22.3-16; 26.12-18; Gl 1.13-16		c. 31		
Paulo vai de Damasco à Arábia e retorna a Damasco	Gl 1.17 (At 9.20-25)		31/32	Damasco temporariamente sob controle do rei nabateu Aretas (9 a.C.-40 d.C.). Acervo de moedas: entre 34-62 nenhuma moeda com insígnia imperial[45]	
Fuga de Damasco para Jerusalém	At 9.25s 2Co 11.32s		33/34		

---

[43] Cf. E. MAUERHOFER, Der Brief an die Epheser – Seção 1, *Fundamentum*, n. 4, 1989, p. 28s.

[44] Cf. F. F. BRUCE, *Zeitgeschichte*, seção 2, p. 26s.

[45] Cf. F. F. BRUCE, *Zeitgeschichte*, seção 2, p. 43s; H. J. CADBURY, *The Book of Acts in History* (New York: Harper, 1955), p. 20s; E. M. B. GREEN, Aretas", in: NBD, p. 80s, E. M. B. GREEN; C. J. HEMER, Aretas, in: IBD, v. 1, p. 109.

Evento	Texto bíblico	Dados para a cronologia relativa	Datas	Fatos do mundo e da história contemporâneos	Cartas
Primeira visita de Paulo a Jerusalém depois da conversão; conhece a Pedro, Tiago e Barnabé; de Jerusalém por Cesareia até Tarso (Síria e Cilícia)	Gl 1.18-24; At 9.26-30	Três anos após a conversão (Gl 1.18)	33/34		
Paulo é trazido a Antioquia por Barnabé	At 11.19-26	Um ano em Antioquia (At 11.26)	46		
Segunda visita a Jerusalém com um donativo da igreja de Antioquia, acompanhado de Barnabé e Tito	At 11.27-30; Gl 2.1-10; At 12.25	14 anos após a primeira visita a Jerusalém (Gl 2.1)	47		
Primeira viagem missionária de Paulo com Barnabé e João Marcos (este somente até Perge, At 13.13).	At 13.1–14.25 (Gl 2.6-10)[46]		47/48		
Retorno a Antioquia e controvérsia com Pedro	At 14.26-15.2; Gl 2.11-14		48		Gl: 48/49
Concílio dos apóstolos em Jerusalém	At 15.2-35		49		

[46] Gl 2.6-10 não se refere diretamente à primeira viagem missionária. Nesses versículos aparece a estratégia preparatória do Espírito Santo, quando os responsáveis da igreja de Jerusalém deram "luz verde" para a missão aos gentios e, pouco depois do retorno dos dois a Antioquia, o Espírito Santo incumbiu essa igreja de separar os dois para a missão aos gentios (At 13.1ss).

Evento	Texto bíblico	Dados para a cronologia relativa	Datas	Fatos do mundo e da história contemporâneos	Cartas
Começo da *segunda viagem missionária* (separação de Barnabé) com Silas (por Trôade, Filipos até Atenas)	At 15.36—17.34		49	Expulsão dos judeus de Roma sob Cláudio no ano 49: Áquila e Priscila, vindo da Itália, estão em Corinto (At 18.2)	
Paulo em Corinto	At 18.1-18	18 meses (At 18.11)	50-52		1Ts: 50 2Ts 50/51
Retorno: por Éfeso (com Áquila e Priscila), Cesareia, Jerusalém (muito provavelmente na Festa do *Passá*) para Antioquia	At 18.18-22	Se Paulo viajou para a Festa do *Passá* em Jerusalém, a partida de Corinto aconteceu na primavera	52	Gálio, procurador da Acaia (cf. o exposto sobre a inscrição de Gálio)	
Começo da *terceira viagem missionária* até Éfeso	At 18.23; 19.1		52		
Paulo em Éfeso	At 19.1-20	Na sinagoga: três meses; dois anos ensinando na escola de Tirano (At 19.8ss); duração total: três anos (At 20.31)	52-55		1Co (primavera) 54 (cf. 1Co 16.8ss)
Visita intermediária em Corinto	2Co 12.14; 13.1s; (2.1)	Após escrever 1Co	54/55		

Evento	Texto bíblico	Dados para a cronologia relativa	Datas	Fatos do mundo e da história contemporâneos	Cartas
Continuação da terceira viagem missionária: perigo de vida para Paulo na Ásia; da Ásia para a *Macedônia*; de lá, visita intermediária para a Ilíria (Rm 15.19)	At 20.1,2a; 2Co 1.8-10; 2.12s; 7.5; 9.2; (Rm 15.19)	Antes da adiada terceira visita a Corinto	56	Paulo usa em Rm 15.19 a palavra latina *Illyricum*, referindo-se provavelmente à província romana na costa oriental do Adriático, não à região um pouco maior da Ilíria[47]	2Co: 56 (provavelmente a partir da Macedônia)
Terceira visita a Corinto (Paulo passa o inverno em Corinto)	At 20.2b; Rm 15.22ss	Três meses na Grécia	56/57		Rm: 57 (cf. Rm 15.25)
Retorno para Jerusalém: por Trôade e Mileto (despedida dos anciãos de Éfeso); por via marítima até Cesareia	At 20.3-38 At 21.1-14	Paulo desejava estar em Jerusalém para o Pentecostes	57		
Chegada e aprisionamento em Jerusalém	At 21.15—23.11		57		
Paulo é levado a Cesareia; prisão e negociações judiciais sob Félix e Festo; Paulo apela ao imperador	At 23.12—26.32; 25.9-12		57-59	52-59 Félix procurador da Judeia; 59-62 Festo procurador da Judeia (m. 62)	

[47] Cf. F. F. Bruce, *Zeitgeschichte*, seção 2, p. 138 (com errata de "costa ocidental" em lugar de "costa oriental", como no original inglês).

B. Introdução aos escritos do NT

Evento	Texto bíblico	Dados para a cronologia relativa	Datas	Fatos do mundo e da história contemporâneos	Cartas
Viagem de Paulo a Roma	At 27.1–28.16	Do outono até a primavera	59/60		
Paulo preso em Roma	At 28.17-31	Dois anos completos (At 28.30)	60-62		Ef: 62 Cl: 62 Fm: 62
Paulo absolvido pelo imperador Nero (*antes de eclodir a perseguição aos cristãos*)	(Fp 1.25)		62/63	Incêndio de Roma e eclosão da perseguição aos cristãos no ano 64	Fp: 63
Nova atuação missionária (eventualmente até a Espanha[48]); visita às igrejas fundadas na Grécia, Creta e Ásia Menor	Rm 15.24,28); Tt 3.12; 2Tm 4.10-22		63-66		Tt: 65/66 1Tm: 65/66
Segundo cativeiro e morte de martírio sob o imperador Nero	2Tm 4.6-8		67	Martírio em Roma é atestado por igreja antiga, datado por Eusébio para 67, por Jerônimo para 68.[49]	2Tm: 66/67

[48] Cf. 1 Clemente, 5 (c. 95). Clemente de Roma menciona, nesse breve capítulo, a morte de Pedro e Paulo como mártires; em relação ao apóstolo Paulo, ele escreve: "Depois de haver sido acorrentado sete vezes, expulso, apedrejado, tendo-se tornado anunciador no Oriente e no Ocidente, obteve a excelente glória de sua fé; depois de haver ensinado justiça a todo o mundo e chegado aos confins do Ocidente e testemunhado perante os governantes...". Knopf escreve acerca da expressão "confins do Ocidente": "[A] expressão dificilmente pode ser entendida, em um escrito da cidade de Roma, de outra maneira do que no sentido de que o autor pretende falar de uma atuação de Paulo a oeste de Roma. Ela mais bem combina com uma pregação na Espanha" (Die Apostolischen Väter, HNT [Tübingen: Mohr, 1920], v. 1, supl., p. 52, comentado por R. Knopf).

[49] Cf. M. F. UNGER, Archaeology and the New Testament (Grand Rapids: Zondervan, 1970), p. 323.

5.2 A carta aos Gálatas

5.2.1 Conteúdo e subdivisão

Palavra-chave: ἐλευθερία — eleutheria — "liberdade" (Gl 2.4; 5.1,13)
Versículos-chave:

> Pois por meio da lei eu morri para a lei, a fim de viver para Deus. Fui crucificado com Cristo. Assim, já não sou eu quem vivo, mas Cristo vive em mim. A vida que agora vivo no corpo, vivo-a pela fé no filho de Deus, que me amou e se entregou por mim (Gl 2.19s).

5.2.1.1 Subdivisão

1.	**Introdução**	Gl 1.1-10
	Introito (prescrito e epítetos)[50]	Gl 1.1-5
	Nenhum outro evangelho	Gl 1.6-10
2.	**A autoridade apostólica de Paulo**	Gl 1.11—2.21
	Paulo recebeu seu evangelho e ministério apostólico por revelação divina direta	Gl 1.11-24
	Reconhecimento pelas "colunas" (Tiago,[51] Pedro e João) em Jerusalém	Gl 2.1-10
	Paulo corrige a Pedro em Antioquia	Gl 2.11-14
	Judeus e gentios são igualmente justificados pela fé	Gl 2.15-18
	A unidade do crente com Cristo	Gl 2.19-21
3.	**Lei e fé**	Gl 3.1-18
	Paulo lembra aos gálatas a experiência deles próprios	Gl 3.1-5
	A bênção de Abraão vale para todos os crentes	Gl 3.6-9(14)
	Somente Cristo — o Crucificado — pode libertar da maldição da lei	Gl 3.10-14
	A lei não anula as promessas para a fé	Gl 3.15-18
4.	**O significado da lei no plano de salvação de Deus**	Gl 3.19—4.31
	A lei é o παιδαγωγός — **paidagōgos**, "educador" rumo a Cristo	Gl 3.19-25
	Servidão da lei ou filiação por Jesus Cristo	Gl 3.26—4.7
	Recaída dos gálatas, apelo fervoroso do apóstolo ao primeiro amor dos cristãos gálatas	Gl 4.8-20

---

[50] Falta em Gálatas o proêmio, i.e, a asserção de gratidão.

[51] Tiago, irmão do Senhor; o apóstolo Tiago já havia falecido como mártir antes da redação de Gálatas (ano 44); cf. At 12.

	Servidão ou liberdade[52]	Gl 4.21-31
	Ilustrada no contraste entre	
	— Hagar e Sara[53]	
	— Ismael e Isaque	
	— Sinai (e Jerusalém terrena) e Jerusalém celestial	
5.	**Liberdade cristã e andar no Espírito**	Gl 5.1—6.10
	Exortação para viver na liberdade do	
	evangelho (questão da circuncisão)	Gl 5.1-12
	Não andar na carne, mas andar no Espírito	Gl 5.13-26
	Decorrências práticas do andar espiritual:	
	suportar-se recíproco	Gl 6.1-10
6.	**Final da carta**	Gl 6.11-18
	Glória da cruz de Cristo	

5.2.2 Autoria, autenticidade e integridade

5.2.2.1 *Autor*[54]

Ao contrário dos escritos do NT analisados até aqui, em Gálatas o autor se apresenta pessoalmente duas vezes pelo nome. No prescrito (Gl 1.1) ele se dá a conhecer como "*Paulo*, apóstolo enviado, não da parte de homens nem por meio de pessoa alguma, mas por Jesus Cristo e por Deus Pai". E em Gálatas 5.2 lemos: "Eu, Paulo, lhes digo...".

Ao lado disso, constam também importantes pormenores da vida de Paulo (esp. Gl 1.11-2.15).

Faz menção de sua atuação anterior entre os destinatários da carta e apela para sua autoridade espiritual diante deles (Gl 1.6,9,11; 4.11-20; 5.2s).

Na carta aos Gálatas está em jogo primordialmente a justificação mediante a fé, um tema particularmente central de Paulo.

5.2.2.2 *Tradição da igreja antiga*

A documentação da igreja antiga para o conhecimento dos escritos do NT aumenta em número ao longo dos primeiros séculos. Por isso, remetemos para os mais

---

[52] Exemplo clássico de *alegoria* (= forma artística de uma narrativa em estilo de parábola, na qual cada traço específico possui um significado).

[53] Sara, porém, não é citada por nome.

[54] Acerca da vida de Paulo, cf. v. 1, item 4.9 (referente às viagens) e v. 2, item 5.1.4.5 (referente à cronologia).

importantes primeiros testemunhos e, em seguida, apenas a título de exemplo, para os pais da igreja posteriores. Esse procedimento vale para a tradição da igreja antiga em relação a todos os escritos do NT.

Em Gálatas temos o seguinte quadro da tradição:

a) Cita-se literalmente uma parte de Gálatas 6.7 na carta de *Policarpo* aos filipenses (c. 130).[55]

b) Como mencionado, Gálatas também fazia parte do cânon do herege *Marcião* no século II.[56]

c) *Justino* cita Deuteronômio 27.26 com Deuteronômio 21.23 e interpreta essas passagens do AT como em Gálatas 3.10-13,[57] o que pode valer como possível indício do conhecimento de Gálatas. Além disso, ele talvez aluda a Gálatas 4.12 e 5.20.[58]

d) Também o gnóstico *Valentino* (c. 150) conhecia Gálatas.[59]

e) *Atenágoras* (c. 177) traz em uma passagem uma formulação que pode ser retirada de Gálatas.[60]

f) No *Cânon muratoriano*, Gálatas igualmente é listada como carta de Paulo.

g) *Ireneu* menciona diversas vezes a carta que foi escrita por Paulo "aos Gálatas", citando várias passagens.[61] Também em outras ocasiões alude a Gálatas[62] ou a cita textualmente.[63] Ireneu também reproduz Gálatas sem dizer especificamente o nome da carta, mas com referência a Paulo como autor, como, p. ex., Gálatas 4.8s.[64]

h) Orígenes diz que o herege *Celso* (c. 180) teria citado, como única frase de Paulo, Gálatas 6.14.[65]

---

[55] *Epístola de Policarpo*, 5.1.

[56] Cf. TERTULIANO, *Contra Marcião*, livro V, 2; EPIFÂNIO, *Panarion*, livro XXLII, 9.

[57] JUSTINO, *Diálogo com Trifão*, 95-96 (cf. F. GODET, *Einleitung in das Neue Testament*, recf. alemã por E. Reineck, cf. 1 [Hannover: Carl MEYER, 1894], p. 141).

[58] JUSTINO, *Oratio ad Graecos* (apud H. ALFORD, *Alford's Greek Testament* [Grand Rapids: Baker, 1980], cf. 3, p. 51).

[59] Cf. IRENEU, *Contra heresias*, livro I, 3.5 (apud M. MEINERTZ, *Einleitung in das Neue Testament*, 5. ed. [Paderborn: Schöningh, 1950], p. 94).

[60] ATENÁGORAS, *Petição em favor dos cristãos*, 16.3/ Gl 4.9.

[61] IRENEU, *Contra Heresias*, livro III, 7.2/ Gl 3.19; 13.3/ Gl 2.1s; 16.3; 22.1/ Gl 4.4s; livro IV, 21.1/ Gl 3.5ss; livro V, 32/ Gl 4.28; 35.2/ Gl 4.26.

[62] IRENEU, *Contra Heresias*, livro III, 12.15/ Gl 2.12s; 13.1/ Gl 2.8.

[63] IRENEU, *Contra Heresias*, livro III, 13.2/ Gl 1.1.

[64] IRENEU, *Contra Heresias*, livro III, 6.5. Cf. tb. 16.7/ Gl 4.4.

[65] Orígenes, *Contra Celso*, livro V, 64.

i) *Clemente de Alexandria* cita várias vezes de Gálatas,[66] às vezes indicando que a citação foi escrita por Paulo.[67]

j) *Tertuliano* conhece a carta aos Gálatas[68] e a cita como escrito por Paulo.[69]

5.2.2.3 Autenticidade e integridade da carta aos Gálatas

De todas as cartas de Paulo, Gálatas está entre as menos controvertidas. Gálatas tem uma marca tão inequívoca de autenticidade que apenas os críticos mais radicais desde Bruno Bauer (1850/1852) ocasionalmente levantaram dúvidas.[70] Diante do fato, porém, de que esses argumentos contra a autenticidade de Gálatas e contra as cartas paulinas principais em geral podem aqui e acolá ser arbitrariamente desengavetados ou desenvolvidos de novo,[71] não deixaremos de tratar aqui de alguns. Além disso, deparamos com importantes constatações de princípio na controvérsia de Gloël[72] com essa crítica radical, as quais podem nos servir de ajuda na análise subsequente com a crítica hoje corrente.

A crítica à autenticidade também das cartas paulinas principais pertence à natureza do próprio método histórico-crítico. Gloël escreveu com razão em 1890 que "não se pode contestar que *do ponto de vista da nova escola crítica* é absolutamente consistente submeter também a autenticidade das cartas paulinas principais à mesma prova que foi praticada diante das cartas pequenas",[73] sem que Gloël aderisse a essa crítica.

---

[66] CLEMENTE DE ALEXANDRIA, *Stromateis*, livro I, 1.116/ Gl 6.8s; 11.127/ Gl 4.1ss.

[67] CLEMENTE DE ALEXANDRIA, *O pedagogo*, livro I, 6/ Gl 3.23ss; *Stromateis*, livro III, 15.201/ Gl 4.19.

[68] TERTULIANO, A prescrição dos hereges, 6 (apud H. ALFORD, op. cit., cf. 3, p. 71).

[69] TERTULIANO, A ressurreição dos mortos, 23.7/ Gl 5.5. Cf. tb. A prescrição dos hereges, 6.1-2/ Gl 5.20.

[70] Se E. EVANSON (*The Dissonance of the Four generally received Evangelists* [Ipswich: [s.n.], 1792]) já havia negado a autenticidade da totalidade de escritos do NT, obviamente incluiu também Gálatas (cf. P. FEINE, op. cit., p. 122).

[71] Hoje isso sucede preferencialmente em forma de hipóteses que defendem que as cartas são compostas de várias cartas originais. Sem acompanhar totalmente a crítica dos "holandeses radicais", Schmithals, p. ex., lamenta em relação à carta aos Romanos que "hoje em boa medida levamos menos a sério" o problema literário que se pode notar em Romanos "do que fizeram esses críticos radicais. É verdade que a carta aos Romanos demanda uma solução melhor do enigma histórico patenteado por ela, contudo persiste demandando precisamente uma solução. Diante das soluções fictícias hoje comuns, os críticos radicais têm a parcela maior da razão" (W. SCHMITHALS, Der Römerbrief als historisches Problem, in: StNT, n. 9 (Gütersloh: Mohn, 1975), p. 52.

[72] J. GLOËL, *Die jüngste Kritik des Galaterbriefes auf ihre Berechtigung geprüft* (Erlangen; Leipzig: Deichert, 1890).

[73] J. GLOËL, op. cit., p. 25.

a) Objeções gerais contra a autenticidade das quatro cartas paulinas principais

Fritz Barth nos fornece uma boa compilação das objeções da crítica radical, sem, contudo, aderir a elas.[74] Trataremos aqui sucintamente dessa e de outras objeções.

1) "O posicionamento decidido dessas cartas frente à lei mosaica somente é concebível em tempos quando o cristianismo se havia separado integralmente do judaísmo, o que significa apenas no século II."[75]

Réplica: Essa delimitação vigorosa diante dos mestres que propagavam uma justificação em virtude do cumprimento da lei era necessária principalmente na época "em que o judaísmo ainda possuía esplendor e força de atração".[76]

2) A cristologia das cartas com um ente celestial que se tornou humano evocaria as especulações gnósticas, tornando-se plausível somente depois de uma evolução mais longa.[77]

Réplica: Essa asserção tem por base que o próprio Jesus não pode ter levantado a reivindicação de ser Filho de Deus e ter existido "antes de Abraão". Todas as indicações da preexistência de Jesus são explicadas com base no gnosticismo. Gloël complementa com acerto:

> Mais profundamente não passam de ressalvas dogmáticas contra a verdade da visão paulina e joanina acerca da pessoa de Cristo, que forçam aqui como lá a afastar ao máximo asserções tão sublimes de um período em que o Senhor atuou na terra. Essas ressalvas, porém, não conseguem abalar o fato histórico de que desde o início a igreja dos crentes viveu unida pelo testemunho de Jesus como Senhor e pela *adoração* de seu nome.[78]

3) O Paulo de Atos seria mais judaico, inconsequente e moderado que o Paulo das cartas principais. Em consequência, o Paulo de Atos deveria ser historicamente mais plausível e obter preferência.

---

[74] F. BARTH, *Einleitung in das Neue Testament* (Gütersloh: Bertelsmann, 1908), p. 32s. Do ponto de vista da escola de Tübingen, R. LINDEMANN (*Die Authentizität der Paulinischen Hauptbriefe gegen Steck's Umsturzversuch vertheidigt* [Zürich: Schröter & MEYER, 1889]) defende a autenticidade das cartas paulinas principais.

[75] F. BARTH, op. cit., p. 32. Cf. R. STECK, *Der Galaterbrief nach seiner Authentizität untersucht nebst kritischen Bemerkungen zu den paulinischen Hauptbriefen* (Berlin: Reimer, 1888), p. 14, que descreve a crítica de Loman (que pode ser encontrada em A. D. LOMAN, Quaestiones Paulinae, in: *Theol. Tijdschrift* [1882ss]).

[76] F. BARTH, op. cit., p. 33.

[77] Cf. R. STECK, op. cit., p. 276ss.

[78] J. GLOËL, op. cit., p. 79s.

Posicionamento: Vimos em Atos que, com exatamente a mesma argumentação, a maioria dos teólogos histórico-críticos não desvaloriza Gálatas, mas Atos.

4) O silêncio completo de Atos acerca das cartas paulinas seria "muito estranho".[79]

5) "Os autores cristãos mais antigos até Justino silenciam acerca das cartas paulinas principais."[80]

Réplica: Seria difícil de explicar que Marcião acolheu essas cartas em seu cânon já mutilado se elas tivessem sido escritas apenas pouco tempo antes, no século II. Antes de Marcião também já se pode constatar o conhecimento das cartas paulinas principais, conforme veremos na atestação de cada uma das cartas pela igreja antiga. Tenta-se negar em parte a importância desse conhecimento para a datação das cartas principais pela fixação tardia de escritos eclesiásticos antigos.[81]

6) As citações do AT nas cartas principais se ateriam à LXX. Em decorrência, o autor não conhece o texto original hebraico, revelando-se assim como autor gentio.[82]

Réplica: No caso de um judeu nato da dispersão helenista, não pode causar estranheza quando lia o AT "na difundida e altamente considerada tradução da LXX e quando, nas cartas a igrejas de fala grega", que pessoalmente "conheciam o AT em idioma grego, citava a palavra da Escritura do AT segundo uma tradução grega".[83]

7) Nas cartas principais seriam utilizados escritos surgidos mais tarde, como o livro apócrifo de 4Esdras e os escritos de Lucas, datados em época tardia pelos teólogos críticos.[84]

Réplica: "A pretensa dependência das cartas principais [...] resume-se a conotações ocasionais, tais como podem existir entre os textos mais extremamente divergentes"[85] ou também podem ser explicadas pelo fundo comum judaico-cristão. Do mesmo modo, se as dependências de fato fossem comprovadas, não poderiam ser declaradas inautênticas em todos os casos arrolados por Steck em função da datação.[86]

---

[79] R. STECK, op. cit., p. 12, novamente referente à crítica de Loman.

[80] F. BARTH, op. cit., p. 32. Cf. R. STECK, op. cit., p. 13s, sempre continuando sua referência à crítica de Loman.

[81] Em decorrência, Steck data *1 Clemente* para 130 ou 140, em vez de c. 95 (cf. J. GLOËL, op. cit., p. 68).

[82] Cf. R. STECK, op. cit., p. 211ss.

[83] J. GLOËL, op. cit., p. 76.

[84] Cf. R. STECK, op. cit., p. 224ss.

[85] F. BARTH, op. cit., p. 34.

[86] Cf. a análise exaustiva em J. GLOËL, op. cit., p. 56ss.

Além do mais, já vimos com que arbitrariedade os escritos de Lucas são lançados pelos críticos (dependendo do ponto de vista) contra as cartas paulinas. Continuamos considerando os dois autores (Lucas e Paulo) testemunhas autênticas das primeiras décadas do cristianismo.

8) "Muitos pormenores nas cartas são exegeticamente difíceis de serem aceitos como palavras de Paulo, o que nos obriga a transferir sua data para o século II."[87]

Réplica: As cartas principais dão a impressão de "que determinada individualidade, uma personalidade original, de grande estatura, está lavrando os textos. Cada uma das quatro cartas nos transporta para determinada situação histórica e corresponde à necessidade da hora; cada uma delas é a seu modo tão verdadeira e expressiva que jamais se conseguiria convencer alguém de que um falsificador do século II teria inventado com tanto tato psicológico toda a situação e ainda a própria carta correspondente, ademais correndo o risco de se trair imediatamente como falsificador perante os cristãos da respectiva igreja destinatária por meio de um dado incorreto de pessoas ou lugares que contrariasse as recordações dos antigos".[88]

b) *Objeções contra a autenticidade e integridade da carta aos Gálatas, especificamente*

1) Pierson, um dos chamados "holandeses radicais", posicionou-se contra a autenticidade de Gálatas, porque a carta teria sido escrita "por um ultrapaulino que se dirige apenas aparentemente a uma igreja real e se esbalda na descrição de um Paulo caído do céu e de um paulinismo rígido".[89] Pierson realiza um confronto de algumas passagens que devem mostrar a inautenticidade e dependência literária de Gálatas. P. ex., comparam-se: Gálatas 1.17 com 2Coríntios 11.32; Gálatas 1.10 e 2.11ss com 1Coríntios 10.23-33; Gálatas 1.12 e 2.6 com 2Coríntios 5.16.[90] Steck considera Gálatas dependente de Romanos e das duas cartas aos Coríntios,[91] mas que ele também declara inautênticas.[92]

---

[87] F. BARTH, op. cit., p. 33.

[88] F. BARTH, op. cit., p. 33. Até mesmo R. STECK, op. cit., p. 352s, tem de admitir a originalidade e pessoa intelectualmente poderosa que está por trás das cartas principais, mas tenta visualizar uma pessoa do séc. II. Nisso estabelece um paralelo com o evangelho de João, que, conforme Steck, tampouco seria da autoria do apóstolo (quanto a João, cf. nossa introdução no v. 1).

[89] G. A. van den Bergh VAN EYSINGA, *Die holländische radikale Kritik des Neuen Testaments — Ihre Geschichte und Bedeutung für die Erkenntnis der Entstehung des Christentums* (Jena: Diederichs, 1912), p. 3.

[90] Cf. G. A. van den Bergh VAN EYSINGA, op. cit., p. 4.

[91] Cf. R. STECK, op. cit., p. 74, 146ss.

[92] Cf. R. STECK, op. cit., p. 154ss.

Réplica: Quando não se nega a Gálatas e à sua disputa com as tendências judaístas qualquer relação com uma realidade histórica, é correta a afirmação de Gloël, feita por ele em sua excelente controvérsia com Steck:

> Se, no entanto, a carta aos Gálatas não trata de uma luta contra perigos imaginários, e sim de um uma luta decisiva *real*, então *a carta somente pode ter sido escrita na época em que se processavam o desligamento do cristianismo do judaísmo e a fundação de igrejas livres da lei, formadas por cristãos gentios incircuncisos* [...] Se na época apostólica, como *Steck* não contesta, foram reunidas por emissários de origem judaica igrejas cristãs no mundo gentílico [...] era também *imperioso* que no tempo apostólico fosse tomada uma decisão primordialmente acerca da questão se os gentios que abraçam a fé precisam ou não receber *a circuncisão* ao ingressar na igreja de Cristo.[93]

No entanto, se Gálatas é originário dessa época inicial, resta unicamente a conclusão de que ele se origina de Paulo, o "verdadeiro portador da missão aos gentios".[94]

No que se refere à dependência, uma comparação de cada uma das passagens de forma alguma tem de resultar obrigatoriamente em contradição ou dependência literária.[95] Gloël expõe a esse respeito:

> Sem dúvida ocorrem na carta aos Gálatas numerosas semelhanças com a carta aos Romanos. Isso em si não causa espécie, pelo contrário, é óbvio no caso em que *o mesmo* autor trata questões *correlatas* em ambas as cartas [...] Existe a possibilidade mais remota de que o mesmo homem recorre ambas as vezes à plenitude de sua riqueza interior, sem considerar em um caso a exposição apresentada no outro.[96]

Em relação ao tipo das similaridades, Gloël escreve:

> Em nenhum lugar encontramos na carta aos Gálatas uma frase que fosse inteiramente idêntica a uma frase da carta aos Romanos, exceto uma citação do AT utilizada em ambas as cartas. Em momento algum cada uma das expressões tem uma caracterização tal que *obrigue* a supor uma cópia da carta aos Romanos.[97]

---

[93] J. Gloël, op. cit., p. 88.
[94] J.Gloël, op. cit., p. 90.
[95] Cf. a análise exaustiva em C. Clemen, *Paulus — Sein Leben und Wirken* (Giessen: Ricker [Töpelmann], 1904), p. 18ss. Cf. tb. F. Godet, op. cit., v. 1, p. 141ss.
[96] J. Gloël, op. cit., p. 29. Ele remete para "as inúmeras tangências recíprocas e repetições que se encontram nos escritos de Lutero" como paralelo da literatura teológica posterior.
[97] J. Gloël, op. cit., p. 30.

Steck também cai em contradição quando reconhece no autor uma pessoa original e intelectualmente poderosa, mas a considera capaz de "uma inserção tão inábil de pedras alheias na própria construção" e quando constata "pedras alheias na estrutura da carta aos Gálatas", as quais "agora não se encontram em local apropriado".[98]

2) McGuire considera Gálatas 2 dependente de Atos 15. Logo, o texto de Gálatas 2 não poderia ter sido escrito por Paulo.[99]

3) De acordo com O'Neill, o conteúdo original de Gálatas foi completado por glosas marginais inseridas no texto e por interpolações[100] calculadas.[101] Weisse já postulara, no século XIX, que Gálatas estaria repleta de interpolações.[102]

Réplica: Jülicher escreve de forma acertada:

> A tremenda comoção com que a carta foi escrita exclui qualquer ideia de uma ficção e explica melhor as obscuridades isoladas de formulação e todas as ousadias ou lacunas da linha de arguição que qualquer hipótese de interpolação.[103]

5.2.3 Objetivo da carta aos Gálatas

Em função da notícia de falsos mestres que penetraram nas igrejas da Galácia, Paulo se vê obrigado a acrescentar à anterior proclamação oral uma carta de exortação. Nessas igrejas conquistaram atenção vozes que proclamavam uma justiça "por obras da lei". Pelo que parece, voltou-se a valorizar nas igrejas da Galácia a observação de determinados feriados (Gl 4.10) e a circuncisão (Gl 5.2s; 6.13) também dos cristãos gentios. Paulo, pois, tenta explicar aos gálatas mais uma vez a posição correta da lei na história da salvação. A justiça exclusiva por meio do sacrifício vicário de Jesus

---

[98] J. GLOËL, op. cit., p. 29.

[99] F. R. McGUIRE, Did Paul Write Galatians?, *Hibbert Journal*, n. 66, 1967-1968, p. 52ss (apud D. GUTHRIE, *New Testament Introduction*, 4. ed., ed. rev. [Leicester: Apolo; Downers Grove: InterVarsity, 1990], p. 485); W. G. KÜMMEL, *Einleitung in das Neue Testament*, 21. ed. (Heidelberg: Quelle & MEYER, 1983), p. 256 (lá outra indicação de fonte: *Hibbert Journal*, n. 65, 1966-1967).

[100] Interpolação = inclusão de palavras ou frases em um texto da tradição.

[101] Cf. J. C. O'NEILL, The Recovery of Paul's Letter to the Galatians, in: SPCK (London: [s.n.], 1972); apud H.-M. SCHENKE & K. M. FISCHER, *Einleitung in die Schriften des Neuen Testaments* (Berlin: Evangelische Verlagsanstalt, 1978), v. 1, p. 89.

[102] H. WEISSE, *Beiträge zur Kritik der Paulinischen Briefe an die Galater, Römer, Philipper und Kolosser* (Leipzig: Hirzel, 1867).

[103] A. JÜLICHER, *Einleitung in das Neue Testament*, 6. ed. (Tübingen: Mohr, 1913), p. 58.

(Gl 3.13) e pela fé em Jesus (Gl 2.16; 3.2ss) constitui o fundamento da vida cristã. Sobre essa justiça deve ser construída a vida em liberdade (pela ligação total com o Senhor) e em configuração pelo Espírito Santo (Gl 5.16ss).

5.2.4 Os destinatários (teoria gálata setentrional e meridional)

Em Gálatas 1.2b lemos: ταῖς ἐκκλησίαις τῆς Γαλατίας — tais ekklēsiais tēs Galatias — "às igrejas da Galácia".

Cullmann faz, pois, a pergunta premente pela identidade dos gálatas, introduzindo assim diretamente à "problemática":

> Quem são os gálatas? Essa pergunta é de resposta menos simples que poderia parecer a princípio, porque havia duas regiões na Ásia Menor, uma no Norte e outra no Sul, que tinham o nome Galácia.
>
> A Galácia do Norte, ou seja, a região de Pessino e Ancira (hoje Ancara), situada entre o Ponto, a Bitínia e a Licaônia, era habitada por uma população celta (daí o nome gálatas), que havia se assentado ali no século III a.C. No ano 50 a.C. Amintas, último rei dos gálatas, unificou com seu território a Licaônia e a Pisídia, duas regiões sulistas da Ásia Menor. Ao morrer, em 25 a.C., a região toda de Amintas passou para os romanos, que a transformaram em uma única província sob o mesmo legado.[104]

Essa província obteve sinteticamente o nome *Galatia*.

As igrejas da Galácia meridional (Antioquia, Icônio, Listra e Derbe) foram fundadas por Paulo na primeira migração missionária (At 13.13—14.25). Na segunda viagem, Paulo tornou a visitar essas igrejas (At 16.1ss). Em seguida, encontramos em Atos 16.6 a descrição da trajetória subsequente, cuja formulação textual não traz plena clareza: "Viajaram pela região da Frígia e da Galácia,[105]

---

[104] O. CULLMANN, *Einführung in das Neue Testament* (München; Hamburg: Siebenstern, 1968), p. 72s.

[105] O grego διῆλθον τὴν Φρυγίαν καὶ Γαλατικὴν χώραν — diēlthon tēn Phrygian kai Galatikēn chōran pode ser traduzido de diversas maneiras: "percorreram a Frígia e a região gálata", ou: "percorreram a região frígia e gálata", e até mesmo "a região frígio-gálata". Nesse último sentido, pode referir-se às terras entrelaçadas da região da Frígia e da província da Galácia. Cf. o mapa em H. G. MAY (ORG.), *Oxford Bible Atlas*, 3. ed. (London; New York; Toronto: Oxford University Press, 1984), p. 90s; H. STADELMANN, Die Vorgeschichte des Galaterbriefes — Ein Testfall für die historische Zuverlässigkeit des Paulus und Lukas, BuG, n. 2, 1982, p. 155; cf. o mapa da segunda viagem missionária no v. 1, p. 294.

tendo sido[106] impedidos pelo Espírito Santo de pregar a palavra na província da Ásia...".

E no começo da terceira peregrinação missionária Paulo viajou "por toda a região da Galácia e da Frígia" (At 18.23).

Muitos teólogos supõem que nessas duas passagens Paulo teria visitado a região gálata setentrional.[107]

Nesse momento a questão é se a carta foi endereçada às igrejas do Sul ou a igrejas do Norte não conhecidas em Atos. Não se trata apenas de uma questão geográfica, mas, como veremos, também de uma questão de datação e até mesmo muito mais da pergunta pela inspiração não contraditória tanto de Gálatas como de Atos.

É interessante que até o século XIX se defendia geralmente a teoria gálata setentrional. Em 1748, Johann Joachim Schmidt chamou atenção para os destinatários do sul da Galácia.[108] Foi seguido posteriormente por Mynster,[109] Perrot[110] e outros.[111] O fato de que até 1748 os destinatários da carta foram situados no norte da Galácia poderia ter como causa "que já para os pais da igreja a terra gálata meridional em torno de Derbe, Listra e Icônio não era mais conhecida como 'Galácia', porque essas regiões não pertenciam mais à província da Galácia desde o século II".[112]

Para que o leitor possa elaborar sua própria opinião, apresentaremos os argumentos mais importantes da teoria gálata setentrional e da meridional.

---

[106] Somente quando em sua peregrinação para noroeste adentraram a parte da Frígia, que pertencia à província da Ásia, podiam ser impedidos pelo Espírito Santo de fazer missão na Ásia. Portanto, é incorreta uma frase causal secundária "então, porque" (como traz, p. ex., a versão de Lutero de 1984). Somente entra em cogitação a tradução modal: "... no que foram impedidos pelo Espírito Santo", ou: "quando eles...".

[107] Entre outros, veja os nomes referidos em cada um dos argumentos.

[108] J. J. Schmidt, *Praelusio de Galatis, ad quos Paulo literas misit* (1750); apud H. Appel, *Einleitung in das Neue Testament* (Leipzig; Erlangen: Deichert, 1922), p. 20.

[109] J. P. Mynster, *Einleitung in den Brief an die Galater* (1825); apud H. Appel, op. cit., p. 20.

[110] G. Perrot, *De Galatia Provincia Romana* (Paris: Thorin, 1867).

[111] Uma listagem de diversos defensores da teoria gálata meridional encontra-se em W. G. Kümmel, op. cit., p. 263, nota 18, também em A. Wikenhauser & J. Schmid, *Einleitung in das Neue Testament*, 6. ed. (Freiburg; Basel; Wien: Herder, 1973), p. 412, nota 3.

[112] H. Stadelmann, *Die Vorgeschichte des Galaterbriefes*, p. 154, remete para W. M. Ramsay, *The Church in die Roman Empire before AD 170*, 6. ed. (London: Hodder & Stoughton, 1900), p. 111; F. F. Bruce, Galatian Problems II: North or South Galatians, BJRL, n. 52, 1970, p. 247. Cf. tb. R. P. Martin, *New Testament Foundations* (Exeter: Paternoster, 1978), v. 2, p. 146.

5.2.4.1 Argumentos dos defensores da teoria gálata setentrional

a) Cullmann considera inadequada para as cidades helenizadas do sul da Galácia a interpelação em Gálatas 3.1 ῏Ω ἀνόητοι Γαλάται — Ō anoētoi Galatai, "Ó insensatos gálatas!".[113] Conforme Feine, se Paulo tivesse interpelado os moradores da Licaônia e da Pisídia como gálatas, isso equivaleria a uma "ofensa ao sentimento nacional".[114]

Réplica: Uma vez que no relato da primeira viagem missionária nos deparamos com diversos nomes em três diferentes regiões na parte meridional da Ásia Menor, das quais com certeza duas pertencem à grande província romana da Galácia, por que as interpelações em Gálatas 1.2 "às igrejas na Galácia" e Gálatas 3.1 "Ó insensatos gálatas" teriam ferido o sentimento nacional? Já desde 50 a.C. a Pisídia e Licaônia pertenciam ao reino, e desde 25 a.C. à província da Galácia. Cerca de setenta e cinco anos mais tarde Paulo escreve uma carta a diversas igrejas em diferentes regiões da mesma província. Por que isso seria inadmissível ou descortês?[115] A consequência da argumentação de Feine seria que os defensores da teoria gálata setentrional pudessem localizar os destinatários de Gálatas unicamente na região da Galácia, e não no Ponto gálata, não na Paflagônia ou na Frígia. Uma interpretação dessas, porém, dificilmente seria admissível com base em Atos 16.6 e Atos 18.23.[116]

---

[113] O. CULLMANN, op. cit., p. 73. Cf. H. APPEL, op. cit., p. 22; F. HAHN (Org.), M. Dibelius, in: *Geschichte der urchristlichen Literatur*, 3. ed. (München: Kaiser, 1990), p. 105; W. MARXSEN, *Einleitung in das Neue Testament*, 2. ed. (Gütersloh: Mohn, 1964), p. 46; H.-M. SCHENKE & K. M. FISCHER, op. cit., v. 1, p. 86.

[114] P. FEINE, op. cit., p. 118; Cf. F. BARTH, op. cit., p. 37; E. F. HARRISON, *Introduction to the New Testament*, rev. (Grand Rapids: Eerdmans, 1971), p. 273; G. HÖRSTER, *Einleitung und Bibelkunde zum Neuen Testament* (Wuppertal; Zürich: Brockhaus, 1993), p. 116; A. JÜLICHER, op. cit., p. 61; W. G. KÜMMEL, op. cit., p. 259; E. LOHSE, *Die Entstehung des Neuen Testaments*, in: C. ANDRESEN et al. (Org.), *Theologische Wissenschaft*, 2. ed. (Stuttgart; Berlin; Köln; Mainz: Kohlhammer, 1975), v. 4, p. 36; P. VIELHAUER, *Geschichte der urchristlichen Literatur — Einleitung in das Neue Testament, die Apokryphen und die apostolischen Väter*, Berlin/ New York: de Gruyter, 1978, p. 107; A. WIKENHAUSER & J. SCHMID, op. cit., p. 412. Contudo, se H. Conzehnann & A. LINDEMANN, *Arbeitsbuch zum Neuen Testament*, 4. ed. (Tübingen: Mohr, 1979), p. 194, asseguram que a interpelação "celtas estúpidos" seria improvável para não-celtas, isso constitui uma inversão dos fatos, porque essa interpelação nem sequer consta em Gl 3.1.

[115] Cf. tb. F. F. BRUCE, Epistle to the Galatians, in: IBD, v. 1, p. 536; H.-W. NEUDORFER, Mehr Licht über Galatien?, in: JETh (1991), v. 5, p. 60s.

[116] Cf. novamente as fronteiras assinaladas no *Oxford Bible Atlas*, p. 90s.

b) Kümmel postula a simultaneidade de Gálatas 2.1ss e Atos 15.1ss com a justificativa de que "em ambos os casos se trata da mesma questão da circuncisão e do compromisso com a lei entre Paulo e Barnabé e os apóstolos de Jerusalém".[117]

Réplica: Uma sincronização de Gálatas 2.1ss com Atos 15.1ss é impensável com base em todos os dados disponíveis (cf. nossa cronologia). O fato de que a questão da circuncisão e do compromisso com a lei esteve em discussão no concílio dos apóstolos ainda não significa em absoluto que ela não tenha se tornado muito candente certo tempo antes (cf. Gl 2.1ss). Do contrário, provavelmente não teria havido motivo para um concílio dos apóstolos. Kümmel admite abertamente que para muitos o problema da relação entre Gálatas 2.1ss e Atos 15.1ss se resolve quando contestam a simultaneidade desses dois textos.[118]

c) Outro argumento de Cullmann em favor da teoria gálata setentrional é que Atos "sempre fala da 'terra gálata' em combinação com a Frígia, outra região setentrional, e para designar um estágio na viagem apostólica para o Norte (At 16.6 e 18.23)".[119]

Réplica: Acima já descrevemos com as próprias palavras de Cullmann a expansão da província romana da Galácia. No interior dessa grande província Paulo passou duas vezes por território "frígio-gálata" (At 16.6), ou melhor, pela "região gálata e Frígia" (At 18.23). A forma literal do texto, bem como a localização exata da "Galácia Frígia", não requer nenhuma viagem pela Galácia Setentrional.

d) "Se Gálatas fosse dirigida às igrejas fundadas na primeira viagem missionária, ele não teria dito em Gálatas 1.21: *então cheguei às regiões da Síria e Cilícia*, mas: *então cheguei à Síria, Cilícia e a vós*."[120]

Réplica: Uma comparação com a cronologia de Paulo[121] mostra que o argumento de Feine somente é consistente quando a primeira viagem missionária do apóstolo precisasse ser datada antes da segunda visita a Jerusalém.[122] Em Atos 9.30 lemos que,

---

[117] W. G. KÜMMEL, op. cit., p. 264. R. STECK, op. cit., p. 95ss, tenta relacionar esses dois textos com o mesmo episódio, não economizando críticas aos dois relatos e declarando que Gálatas depende de At 15 e, como mencionado, que Gálatas não é autêntico.

[118] Cf. W. G. KÜMMEL, op. cit., p. 263.

[119] O. CULLMANN, op. cit., p. 74.

[120] P. FEINE, op. cit., p. 117. Cf. G. HÖRSTER, op. cit., p. 116; W. G. KÜMMEL, op. cit., p. 259; W. MARXSEN, op. cit., p. 46.

[121] Cf. item 5.1.4.5.

[122] É o que afirma W. G. KÜMMEL, op. cit., p. 264, supondo que a descrição do itinerário em At 11.30 e 12.25 se baseia em um equívoco.

depois de sua primeira visita a Jerusalém, Paulo retornou à sua cidade natal, Tarso. Para alcançar essa cidade situada na Cilícia, ele obviamente passou por território sírio (cf. Gl 1.21). Essa permanência em Tarso de forma alguma deve ser confundida com a primeira viagem missionária.

e) Conforme Kümmel et al. a expressão τὸ πρότερον — to proteron (quanto à tradução, cf. a seguir), em Gálatas 4.13, pressupõe "duas permanências de Paulo na Galácia".[123]

Réplica: O adjetivo πρότερος — proteros (advérbio: τὸ πρότερον — to proteron) de forma alguma requer de maneira imperiosa duas visitas antes da redação da carta. πρότερος — proteros significa no grego *koiné*: "anterior, precedente".[124] Ademais, não se deve desconsiderar o fato de que, no trajeto de retorno da primeira viagem missionária, Paulo visitou pela segunda vez todas as igrejas (com exceção de Derbe como ponto de retorno; At 14.21-25).[125]

Se, portanto, a tradução de τὸ πρότερον — to proteron demandaria obrigatoriamente duas visitas às igrejas, isso a nosso ver seria nitidamente correto também para a teoria gálata meridional e a redação de Gálatas após a primeira viagem missionária.

f) "Conforme Gálatas 4.13, o apóstolo levou o evangelho aos gálatas por causa de limitações físicas devidas a uma enfermidade. No entanto, Atos 13 e 14 não denotam nenhum conhecimento disso, e a descrição, ali oferecida, da atuação do apóstolo na Pisídia e Licaônia tampouco gera a impressão de que naquele tempo Paulo tenha estado doente."[126]

Réplica: A argumentação de Feine em relação a Atos 13 e 14 poderia ser aplicada sem dificuldades com a mesma coerência lógica à segunda e à terceira jornada missionária.[127] Em nenhuma etapa das quatro viagens descritas se obtém a impressão de que Paulo tenha sido um homem enfermo. Entretanto, captamos das cartas diversos detalhes que Lucas não narra *expressis verbis* em Atos (cf., p. ex., 2Co 1.8s; 11.23-33; 12.7; faz parte disso também Gl 4.13-15; 6.17).

---

[123] W. G. Kümmel, op. cit., p. 264. Cf. H. Appel, op. cit., p. 24s; F. Barth, op. cit., p. 38; W. Marxsen, op. cit., p. 45; P. Vielhauer, op. cit., p. 109s; A. Wikenhauser & J. Schmid, op. cit., p. 417s.

[124] A. Jülicher, op. cit., p. 62, chama a atenção para o fato de que em Jó 42.5, na LXX, τὸ πρότερον — to proteron contrasta com um νυνὶ δὲ — nyni de, "agora, porém", "sem que nem mesmo fosse imaginável um 'pela segunda vez' de permeio".

[125] Cf. H. Stadelmann, *Die Vorgeschichte des Galaterbriefes*, p. 161.

[126] P. Feine, op. cit., p. 117. Cf. H. Appel, op. cit., p. 23; F. Barth, op. cit., p. 37; E. F. Harrison, op. cit., p. 273; M. Meinertz, op. cit., p. 90; A. Wikenhauser & J. Schmid, op. cit., p. 412.

[127] Cf. H. Stadelmann, Die Vorgeschichte des Galaterbriefes, p. 157s.

Se, conforme Feine, a enfermidade é concebível na segunda viagem missionária,[128] ela poderia ser viável da mesma forma já durante a primeira. Ou porventura a fraqueza física, enfermidade ou também uma doença nos olhos seriam inimagináveis após o apedrejamento em Listra (At 14.19)?

g) "Gálatas pressupõe um grupo homogêneo de leitores, igrejas que surgiram na mesma época, cuja condição cristã seja aproximadamente a mesma, e que são ameaçadas pelos mesmos perigos, de sorte que somente cabe escolher entre os licaônios e pisídios, por um lado, e os habitantes da região da Galácia, por outro. Em vista disso, deve-se rejeitar a formulação da teoria gálata meridional, segundo a qual Paulo se dirigiria predominantemente às igrejas do sul da Galácia, mas não excluiria as igrejas do norte da Galácia, entrementes fundadas [...] É somente a hipótese gálata setentrional que corresponde à realidade da tradição."[129]

Réplica: É preciso rejeitar, com razão, com os argumentos de Feine, a mescla dos destinatários (gálatas do Sul e do Norte). Mas por que a conclusão final seria a validade exclusiva da teoria gálata setentrional? — Uma conclusão genuína dos argumentos de Feine seria uma posição de empate entre as duas teorias.

h) Enquanto Lucas fala de sérias perseguições a Paulo nas cidades do sul da Galácia, Paulo não menciona nada disso em sua carta.[130]

i) "Os leitores são inequivocamente apostrofados como ex-gentios que no passado não conheciam a Deus, serviam a ídolos que por natureza nem sequer são deuses (Gl 4.8) e estavam escravizados pelos elementos do mundo (Gl 4.9)."[131] Contudo, teria existido somente no norte na Galácia uma população puramente gentílica.

Réplica: Pelo que sabemos, não existe nenhuma igreja sequer fundada por Paulo que fosse de origem puramente gentílica ou puramente judaica. Paulo sempre tentou fazer contato com os judeus.

Significa, portanto, que Gálatas não foi escrita nem para ex-judeus nem exclusivamente para ex-gentios. Justamente Gálatas 3 e 4 pressupõe um bom conhecimento do AT (cf. tb. Gl 2.15-17). Ao lado disso, corre igualmente em Gálatas — como em praticamente todas as cartas doutrinárias do apóstolo — o outro elemento, i.e., a instrução de ex-gentios. Por exemplo, Gálatas 4.8ss pode ser posicionado sem problemas ao lado de Efésios 2.1ss. Além do mais, já foi comprovado de sobejo que

---

[128] P. Feine, op. cit., p. 118.
[129] P. Feine, op. cit., p. 118.
[130] E. F. Harrison, op. cit., p. 273.
[131] E. Lohse, *Entstehung*, p. 36. Cf. A. Wikenhauser & J. Schmid, op. cit., p. 412.

também na Galácia Setentrional existiam colônias judaicas na época do apóstolo. Isso enfraquece o argumento de uma origem meramente gentílica dos cristãos gálatas.

j) A gramática de Atos 16.6 mostraria "que os missionários vieram à região gálata depois que tentaram entrar na (província da) Ásia, e isso aconteceu nitidamente depois de finalizar a visita às cidades ao sul, em todos os casos a Derbe e Listra".[132] Esse impedimento não teria deixado outra possibilidade a Paulo senão dirigir-se para o Norte.[133]

Réplica: Aqui se atrela incorretamente, na correlação com Atos 16.6, a gramática grega como cavalo de tração à frente da teoria gálata setentrional. Quem observa atentamente o itinerário de caminhada do apóstolo Paulo em sua segunda viagem missionária, vê que ele partiu na província Cilícia-Síria (na cidade de Antioquia; At 15.41), para chegar pelo noroeste (pela célebre porta Cilícia) às igrejas fundadas na primeira viagem missionária e que são listadas pela ordem (Derbe, Listra, Icônio; cf. At 16.1ss). A todas elas entregou a carta do concílio dos apóstolos e fortaleceu as congregações (At 16.4s). Quem verifica no mapa[134] a viagem aqui descrita vê sem dificuldades como Paulo, com Silas e Timóteo, se movimenta para noroeste, passando em Atos 16.6 por território frígio-gálata e, por consequência, ultrapassando a fronteira da província romana da Ásia, onde o Espírito Santo lhes bloqueou a conhecida rota militar rumo a Éfeso (capital da província da Ásia). Por isso, prosseguiram em direção da Mísia, tentando, antes de descer para o mar Egeu em Trôade, empreender um avanço missionário em direção da Bitínia (ou seja, para o Norte em direção do mar Negro). Contudo, novamente o Espírito Santo impediu seu intento (At 16.7). Porventura isso não constitui mais uma prova de que já não haviam rumado para o Norte em Atos 16.6? Então, a nosso ver, Atos 16.7 seria um absurdo! Restava-lhes tão-somente a descida para Trôade (At 16.8) e de lá a travessia do mar até a Europa (At 16.9ss).

Esse roteiro de viagem traçado de acordo com o texto bíblico de forma alguma é refutado pela gramática. Não há nenhuma necessidade para diluir o *participium conjunctum* κωλυθέντες — kōlythentes (aoristo, particípio na voz passiva) com "depois de" (temporal) ou com "porque" (causal), do contrário Paulo na realidade teria se deslocado para leste e não para oeste. Porque também podemos traduzir assim Atos 16.6: "Percorreram (vindo de Derbe, Listra e Icônio) território frígio-gálata (e

---

[132] E. F. Harrison, op. cit., p. 273. Cf. F. Barth, op. cit., p. 37; H. J. Holtzmann, *Lehrbuch der Historisch-Kritischen Einleitung in das Neue Testament*, 3. ed. (Freiburg: Mohr, 1892), p. 218.

[133] Cf. J. Moffatt, *Introduction to the Literature of the New Testament*, 3. ed., (1918), p. 93 (apud D. Guthrie, op. cit., p. 467); F. Godet, op. cit., v. 1, p. 112.

[134] Cf. p. [294].

ultrapassando a fronteira para a província da Ásia), foi-lhes impedido pelo Espírito Santo dizer a palavra na (província da) Ásia".

Askwith presume, com base em outras passagens de Atos, que a forma no particípio passivo do aoristo κωλυθέντες — kōlythentes pode se referir com a mesma probabilidade a uma proibição pelo Espírito Santo *depois* da passagem pela Frígia e Galácia.[135]

k) Moffatt explica que a forma verbal διῆλθον — diēlthon, "passaram por" (aoristo) em Atos 16.6, associada a Atos 18.23, não significaria simplesmente um atravessar.[136] Implicaria a fundação de igrejas no distrito gálata setentrional.

Réplica: Se em Atos 18.23 Paulo, na região frígio-gálata, "fortalecia os discípulos", isso de forma alguma tem de ser relacionado com o território gálata setentrional. Moffatt observa com razão que em Atos 18.23 é pressuposta a existência de igrejas. No entanto, presume equivocadamente que essas igrejas deveriam ser localizadas fora das congregações a nós conhecidas de Atos, porque Paulo em Atos 16.6 passou por território frígio-gálata *após* sua passagem por Derbe e Listra. Acontece que em Atos existem cidades em que Paulo fundou igrejas durante sua primeira viagem missionária que não são mencionadas no capítulo 16 e que deviam ser consideradas como pertencentes à Frígia ou à região frígio-gálata: Icônio e Antioquia.[137] Logo, Atos 18.23 não pressupõe nenhuma fundação de igrejas em cidades que não conhecemos por nome, i.e.., que Atos 16.6 não descreve um roteiro por território da Galácia Setentrional, mas a viagem pela região em torno de Icônio e Antioquia. Portanto, a afirmação de Moffatt não pode ser usada como argumento em favor da teoria gálata setentrional.

l) A ausência de nomes de cidades deporia "antes em favor da Galácia mais rural (setentrional) que em favor da região mais densamente povoada com cidades, mencionada em Atos 13s".[138]

Posicionamento: Esse postulado se alicerça sobre premissas erradas. Também as cidades do sul da Galácia — como as do norte — não eram muito grandes, não desfrutando ampla importância política que tivesse tornado imperiosa sua citação nominal.

---

[135] E. H. ASKWITH, *The Epistle to the Galatians — an Essay on its Destination and Date* (1899), p. 7ss (apud D. GUTHRIE, op. cit., p. 470).

[136] J. MOFFATT, op. cit., p. 95 (apud D. GUTHRIE, op. cit., p. 467).

[137] Cf. E. A. JUDGE, Phrygia, in: IBD, v. 3, p. 1227. Quando em At 13.14 Antioquia é situada na Pisídia, isso representa uma designação territorial que se entrelaça com a região frígio-gálata. As duas denominações não se contradizem (cf. tb. o mapa em IBD, v. 3, p. 1226).

[138] H. CONZEHNANN & A. LINDEMANN, op. cit., p. 194.

m) Lightfoot dá grande peso à caracterização dos destinatários de Gálatas, tal como são retratados na carta.[139] Tendem à embriaguez, avareza, discórdia, vanglória, ira, impulsividade e inconstância. De acordo com as afirmações de Lightfoot, essa descrição (principalmente a inconstância) corresponde ao caráter dos descendentes celtas na Galácia Setentrional.

Réplica: As asserções de Gálatas valem em Paulo como descrições genéricas de todas as igrejas,[140] como mostram os chamados catálogos de vícios em outras cartas paulinas (cf. Rm 1.29ss; 13.13; 1Co 5.10; 6.9s; 2Co 12.20; 1Tm 1.9s; 2Tm 3.2ss). Se a caracterização se refere aos descendentes dos celtas, por que não é dito nada acerca de outros grupos étnicos como, p. ex., os frígios, que se haviam mesclado aos gálatas?[141]

Até aqui os argumentos da teoria gálata setentrional. Debrucemo-nos agora sobre a teoria gálata meridional.

5.2.4.2 Argumentos em prol de comunidades destinatárias no sul da Galácia

a) Ramsay interpreta Atos 16.6 e 18.23 de outra maneira[142] que, p. ex., Moffatt. Em Atos 16.6 ele entende Φρυγίαν — Phrygian como adjetivo para "região gálata" no sentido de Frígio-Galácia (cf. supra), visto que na realidade uma parcela da Frígia pertencia, como designação territorial, à província romana da Galácia. Disso ele conclui que a região da Galácia, i.e., o território outrora habitado por celtas na Galácia Setentrional, não foi visitada por Paulo (consequentemente, tampouco foi evangelizada por ele).

Stadelmann explica assim o itinerário da segunda viagem missionária:

> O plano do apóstolo era voltar a visitar as cidades atingidas durante a primeira viagem missionária (At 15.36), razão pela qual viajou de Antioquia pela Síria e Cilícia (At 15.41), alcançando as cidades licaônicas Derbe e Listra a partir do sul (At 16.1). Aqui tiveram de sair da Licaônia e percorrer a região frígio-gálata (At 16.6), para chegar via Icônio até Antioquia na Pisídia.[143]

---

[139] J. B. LIGHTFOOT, *Saint Paul's Epistle to the Galatians*, 10. ed. (London: Macmillan, 1900), p. 13ss (apud D. GUTHRIE, op. cit., p. 467).

[140] Cf. D. GUTHRIE, op. cit., p. 467.

[141] Cf. D. GUTHRIE, op. cit., p. 467.

[142] Cf. W. M. RAMSAY, *A Historical Commentary on St. Paul's Epistle to the Galatians* (1899); idem, *The Church in die Roman Empire* (apud D. GUTHRIE, op. cit., p. 468).

[143] H. STADELMANN, *Die Vorgeschichte des Galaterbriefes*, p. 155. Em uma nota de rodapé ele explica: "O fato de que Derbe e Listra se situam na Licaônia, não em Icônio, depreende-se da comparação de At 14.1,6".

b) *Falta de informação sobre igrejas gálatas setentrionais:*[144] Causa estranheza que se afirma tão pouco sobre igrejas na Galácia do Norte, diante da importância da controvérsia de que temos conhecimento a partir de Gálatas. É muito mais plausível visualizar, em correlação com Gálatas, igrejas às quais Lucas dedicou toda a sua atenção em vista da atuação anterior do apóstolo, e que são as igrejas do contexto gálata meridional, mencionadas em Atos 13 e 14.

Moffatt vê que essa argumentação é plausível, porém aduz que Lucas também deixou de lado outros aspectos do trabalho missionário de Paulo em seu relato (p. ex., a atividade missionária na Ilíria; cf. Rm 15.19).[145] No entanto, cabe considerar que na segunda viagem missionária Lucas se uniu ao grupo itinerante pouco depois de Atos 16.6-8 em Trôade (cf. At 16.10: "nós"). Certamente teria sido muito bem informado acerca de notáveis fundações de igrejas no norte da Galácia. O fato de que Lucas cita um grande número de estações no itinerário da segunda viagem missionária sugere que ele também teria citado as cidades da Galácia Setentrional.[146]

c) *O isolamento da Galácia Setentrional:*[147] De acordo com afirmações de Gálatas, foi com grande debilidade física que Paulo visitou as igrejas (Gl 4.13). Seria muito improvável que nessas condições Paulo tivesse deslocado das estradas de bom tráfego até a região inóspita do planalto central ao norte (cidades de Pessino, Távio e Ancira).[148]

d) *O uso de nomes de províncias em Paulo:*[149] Era costume do apóstolo Paulo designar a localização das igrejas fundadas por ele com o nome da província romana, como, p. ex., as igrejas na Acaia, Ásia e Macedônia. Ainda que Lucas preferisse os nomes regionais à designação das grandes províncias romanas, isso não significa que Paulo tenha feito o mesmo, como explicita uma comparação entre Atos e as cartas de Paulo.

---

[144] Cf. D. A. CARSON, D. J. MOO & L. MORRIS, op. cit., p. 290; D. GUTHRIE, op. cit., p. 468; H. STADELMANN, *Die Vorgeschichte des Galaterbriefes*, p. 156.

[145] J. MOFFATT, op. cit., p. 97 (apud D. GUTHRIE, op. cit., p. 468s).

[146] Estamos cientes de que isso constitui um *argumentum e silentio* [argumento baseado na não ocorrência] e por consequência não possui força comprobatória definitiva. Contudo, ao lado de outros argumentos depõe claramente em favor da teoria gálata meridional. Cf. H. STADELMANN, *Die Vorgeschichte des Galaterbriefes*, p. 155.

[147] Cf. D. A. CARSON, D. J. MOO & L. MORRIS, op. cit., p. 291; D. GUTHRIE, op. cit., p. 469.

[148] Embora, no entanto, como base militar Távio talvez fosse acessível em termos de estradas; cf. J. MOFFATT, op. cit., p. 97 (apud D. GUTHRIE, op. cit., p. 469).

[149] Cf. D. GUTHRIE, op. cit., p. 469s; T. ZAHN, *Einleitung in das Neue Testament*, 3. ed. (Leipzig: Deichert, 1906), v. 1, p. 131ss.

Moffatt replica que também em Paulo, precisamente em Gálatas 1.21, teriam sido usados nomes geográficos.[150] Contra Moffatt se pode argumentar que em Gálatas 1.21 Paulo não fala de igrejas, mas de sua permanência pessoal (cf. a cidade natal Tarso). Quando se estuda o *Oxford Bible Atlas*, vê-se que Paulo com certeza se ateve à nomenclatura corrente das províncias (Cilícia e Síria).[151]

Em 1Coríntios 16.1 "Paulo falou das 'igrejas na Galácia'. No mesmo contexto ele se referiu a Macedônia (At 16.5), Acaia (At 16.15) e Ásia (At 16.19). Como esses três nomes citados por último se referem a províncias romanas, parece provável que a Galácia" em 1Coríntios 16.1 "igualmente significa a província como um todo".[152]

Também em outras passagens, como 2Coríntios 1.16; 1Tessalonicenses 1.7 e 2.14, Paulo emprega os respectivos nomes de províncias.[153] Naquela época, a Judeia era uma província romana.[154]

e) *É apropriado e mais simples designar a região meridional com o nome Galácia*: Ramsay registra que não havia outro nome equivalente para expressar a inclusividade geral dos diferentes grupos populacionais do distrito meridional senão pela classificação com o nome da província romana.[155] Esse nome teria sido usado para todos os habitantes da província, sem conotação étnica. Ramsay chega a acreditar que os gálatas meridionais teriam sido orgulhosos da designação que simultaneamente implicava a cidadania romana.

f) *Em Gálatas 2 Barnabé é citado três vezes* (v. 1,9,13).[156] Defensores da teoria gálata meridional valorizam essa circunstância como indicação a favor das igrejas da

---

[150] Cf. tb. E. LOHSE, *Entstehung*, p. 36.

[151] Cf. *Oxford Bible Atlas*, p. 88s; E. M. B. GREEN & C. J. HEMER, Cilicia, in: IBD, v. 1, p. 288; K. A. KITCHEN, Syria, Syrians, in: IBD, v. 3, p. 1505.

[152] M. C. TENNEY, *Die Welt des Neuen Testaments* (Marburg: Francke, 1979), p. 290. Quanto às fronteiras e aos nomes da autonomia das províncias romanas, cf. *Oxford Bible Atlas*, p. 90s; E. A. JUDGE, Achaia, in: IBD, v. 1, p. 10s; idem, Asia, ibidem, v. 1, p. 135; idem, Macedonia, ibidem, v. 2, p. 927s.

[153] Essas passagens são usadas incorretamente por G. HÖRSTER, op. cit., p. 116, para comprovar o contrário. Quando E. LOHSE, *Entstehung*, p. 36, assevera que em 1Ts 2.14 Paulo teria usado o nome Judeia para uma região — e não para uma província, ele faz essa afirmação sem qualquer fundamento (embora Paulo dificilmente tenha se referido especificamente às regiões da Galileia, que naquele tempo pertenciam à província da Judeia).

[154] Cf. J. D. DOUGLAS, Judaea, in: IBD, v. 2, p. 821s. Isso, porém, é contestado por P. VIELHAUER, op. cit., p. 106.

[155] W. M. RAMSAY, *A Historical Commentary on St. Paul's Epistle to the Galatians*, p. 319 (apud D. GUTHRIE, op. cit., p. 470).

[156] Cf. D. GUTHRIE, op. cit., p. 470s; H.-W. NEUDORFER, op. cit., p. 58s.

primeira viagem missionária fundadas por Paulo e Barnabé. Elas conheciam bem a Barnabé. Foi somente nessa jornada que Barnabé acompanhou a Paulo. Justamente Gálatas 2.13 parece pressupor que as igrejas já conheciam o caráter de Barnabé ("de modo que o próprio Barnabé foi seduzido").

No entanto, o argumento é debilitado, porém não anulado, pela menção de Barnabé em 1Coríntios 9.6, uma vez que Barnabé não fundou com Paulo a igreja em Corinto. Contudo, ele poderia ser tão conhecido ali como também, p. ex., Pedro (1Co 1.12).

g) *A atividade de cristãos judaizantes:*[157] Gálatas não deixa prevalecer dúvidas de que os que confundiam as igrejas gálatas eram "cristãos" judaicos que pretendiam onerar os gentios convertidos com as leis rituais judaicas (p. ex., a circuncisão). Uma atividade dessas é muito mais provável na região Sul que nas distantes áreas setentrionais. Ademais, foi justamente essa atividade dos falsos mestres judaicos, destrutiva para as igrejas, que tornou extremamente urgente o concílio dos apóstolos mencionado em Atos 15.

h) *Detalhes eventuais em Gálatas:*[158] A indicação em Gálatas 4.14 acerca do "enviado de Deus" poderia ser um indício indireto para Atos 14.12 (veneração de Paulo como Hermes em Listra), e a frase "trago no corpo as marcas de Jesus" (Gl 6.17) poderia ser vista no contexto do apedrejamento (At 14.19). Nesse caso, as igrejas do sul da Galácia seriam as destinatárias da carta.

i) *Diversas expressões como, p. ex., Gálatas 2.1-16 são difíceis de imaginar desse modo depois de Atos 15*, sem que Paulo diretamente em seguida comunicasse o desfecho do concílio dos apóstolos.[159] Ele com certeza teria mencionado algo em Gálatas 3.1ss ou 5.1ss a respeito do conteúdo da carta que foi entregue a Paulo e seus companheiros como resolução dos apóstolos e anciãos em Jerusalém (At 15.22-31), se Gálatas tivesse sido redigida *após* o acontecido de Atos 15.22ss.[160] E *Gálatas 2.6b seria uma mentira após o concílio dos apóstolos* (cf. At 15.22ss; 16.4).

j) Em Gálatas 4.10 Paulo menciona, entre outros, καιροὶ καὶ ἐνιαυτοί — kairoi kai eniautoi, "tempos e anos", "em favor de cuja observação aparentemente pressionavam os adversários de Paulo. Quando se considera que são judaístas, torna-se plausível a suposição" de que nos anos "se falaria da instituição judaica do ano sabático" (cf. Lv 25.3ss).[161] Um ano sabático desses pode ser constatado por volta do ano 48.[162]

---

[157] Cf. D. GUTHRIE, op. cit., p. 472; H. STADELMANN, *Die Vorgeschichte des Galaterbriefes*, p. 156s.

[158] Cf. D. GUTHRIE, op. cit., p. 471.

[159] Cf. F. F. BRUCE, Espistole to the Galatians, p. 535; D. A. CARSON, D. J. MOO & L. MORRIS, op. cit., p. 294; H.-W. NEUDORFER, op. cit., p. 53s; M. C. TENNEY, op. cit., p. 291.

[160] Cf. R. P. MARTIN, New Testament Foundations, v. 2, p. 150s.

[161] H.-W. NEUDORFER, op. cit., p. 55.

[162] Cf. item 5.1.4.2 sobre o corpus paulinum.

Encerramos aqui os argumentos em favor da tese dos destinatários gálatas meridionais. Com certeza, nem todos têm o mesmo peso. Justamente o penúltimo ponto, porém, parece-nos ser uma prova da maior relevância em favor do acerto da teoria gálata meridional.

No todo, a probabilidade maior depõe em favor da teoria gálata meridional (v., ao lado dos pontos aqui arrolados, também as réplicas aos argumentos que defendiam os gálatas setentrionais).

Acrescentamos ainda uma observação de Guthrie, à qual conseguimos atribuir apenas uma relevância menor.

k) *A delegação de Atos 20.4 não tem nenhum representante da Galácia Setentrional*:[163] "Acompanharam-no, porém, Sópatro, filho de Pirro, de Bereia; dos tessalonicenses, no entanto, Aristarco e Segundo, e Gaio de Derbe[164] e Timóteo e Tíquico e Trófimo da Ásia".

Em Guthrie essa delegação é chamada de *delegação da coleta*. Dessa coleta participaram as igrejas gálatas (cf. 1Co 16.1), cujos representantes são dois gálatas do Sul (Timóteo e Gaio). Do norte da Galácia não é mencionado ninguém.

Esse argumento, contudo, perde peso quando se pondera que de Corinto e Filipos tampouco há citação de delegados.[165] Ademais, não se pode depreender de Atos 20 se a delegação citada no v. 4 era formada por representantes de uma delegação de coleta ou se, pelo contrário, não arrola simplesmente um número de companheiros de viagem.

5.2.5 Uma comparação das visitas a Jerusalém em Atos com a carta aos Gálatas

5.2.5.1 Comparação de Gálatas 2.1-10 com Atos 15[166]

a) Em ambos os relatos, Paulo partiu junto com Barnabé de Antioquia na Síria para Jerusalém. Em Atos 15.2 menciona-se que "alguns outros" foram com eles. Em Gálatas 2.1 consta que Tito estava junto deles.

b) Ambas as vezes trata-se da questão do relacionamento dos cristãos gentios com a lei.

c) Em Gálatas 2.1 Paulo escreve que ele se dirigia πάλιν – *palin*, "de novo" para Jerusalém. Paulo pressupõe, portanto, no mínimo *uma* visita anterior. Lucas traz, antes de Atos 15, já duas idas de Paulo a Jerusalém (At 9.26ss; 11.30).

---

[163] Cf. D. Guthrie, op. cit., p. 471.

[164] De acordo com o texto ocidental consta "Doberus", localidade na Macedônia, cf. Códice D.

[165] Cf. H. Conzelmann & A. Lindemann, op. cit., p. 193.

[166] Cf. D. Guthrie, op. cit., p. 474ss.

d) Atos 15 causa a impressão de uma reunião oficial, na qual Paulo e Barnabé dialogaram como enviados da igreja de Antioquia com os apóstolos e anciãos da igreja de Jerusalém. De Gálatas 2 não fica claro se essa visita tinha caráter oficial ou se assemelhava mais a uma conversa particular.[167]

e) Em Atos 15.12 Paulo e Barnabé relatam sobre a ação de Deus na primeira viagem missionária. Em contraposição, Gálatas 2.7-9 representa uma importante clarificação *anterior* à primeira viagem missionária.

f) Em Atos 15.22ss é entregue aos enviados da Antioquia uma missiva com o mandamento de não comer carne ofertada a ídolos, nem sangue, nem carne de animais asfixiados, e de abster-se de imoralidade. Em Gálatas 2.6,10 Paulo diz que não lhe foi imposto nada, exceto que se lembrasse dos pobres.

g) A controvérsia de Gálatas 2.11ss mostra que a questão do relacionamento dos cristãos com a lei ainda não estava definitivamente solucionada entre as pessoas dirigentes das igrejas nem mesmo depois da recém-relatada segunda estadia de Paulo em Jerusalém, enquanto Atos 15 causa a impressão de que foi tomada uma decisão definitiva.

5.2.5.2 Comparação de Gálatas 2.1-10 com Atos 11.27ss e 12.25[168]

a) Em ambos os textos se informa que Barnabé e Saulo foram de Antioquia a Jerusalém. De acordo com Gálatas 2.1, levaram consigo também a Tito.

A circunstância de que em Atos 11.30 não se fala de Tito[169] pode ser facilmente explicada, visto que na verdade também em Gálatas 2.1 ele é apenas "levado junto", não sendo um companheiro de viagem no mesmo nível.

b) A igreja de Antioquia enviou, por intermédio de Barnabé e Paulo, uma dádiva para Jerusalém (At 11.29s). Conforme Gálatas 2.2, Paulo se dirigiu a Jerusalém por causa de uma revelação, para falar com os responsáveis de lá sobre o evangelho e a liberdade cristã.

c) Paulo e Barnabé foram enviados pela igreja em Antioquia com a dádiva aos "anciãos" em Jerusalém (At 11.29s). Em Gálatas 2.9 lemos sobre um diálogo de Paulo e Barnabé com Tiago, Cefas e João.

Pelo fato de que em Atos 15.2,4,6,22s e 16.4 os "anciãos" são consistentemente diferenciados dos apóstolos, não se pode entender, em Atos 11.30, esse conceito

---

[167] F. F. Bruce, Epistle to the Galatians, in: IBD, v. 1, p. 535 escreve que é pouco satisfatório supor que Gl 2.1-10 descreve uma conversa privada, que Paulo e Barnabé com Tiago, Pedro e João, tenham tido (diretamente) antes do Concílio Público.

[168] Para aprofundar uma discussão com fundamentos a favor e contra uma identificação de Gl 2 com Atos 11.27ss, cf. H. Stadelmann, Die Vorgeschichte des Galaterbriefes, p. 160ss.

[169] Cf. D. Guthrie, op. cit., p. 480.

simplesmente como termo genérico para os dirigentes da igreja de Jerusalém, até mesmo os apóstolos.[170]

No entanto, Atos 11.29s de maneira alguma exclui um contato com os apóstolos em Jerusalém. A passagem simplesmente informa que Paulo e Barnabé foram enviados *aos anciãos com a dádiva*. Em Atos 6.1-6, na escolha dos sete diáconos, já constatamos que os apóstolos não podiam nem deviam cuidar em primeira linha de questões do abastecimento material da igreja.

d) De acordo com Gálatas 2.7ss, Tiago, Cefas e João viram que a Paulo fora "confiada" a proclamação do evangelho entre os gentios.

Durante toda a atuação de Paulo, continuou sendo seu princípio anunciar o evangelho sempre primeiro aos judeus. Por isso, depois de sua conversão em Damasco, Paulo também se voltou primeiramente aos judeus (cf. At 9.20ss). Porém, já na conversão Deus lhe havia falado da missão aos gentios (At 26.17s). E em Damasco Ananias lhe disse que ele seria uma testemunha para Deus "a todos os homens" (At 22.15; cf. também At 9.15). Não é improvável que, durante essa época em Tarso e Antioquia (At 11.25s), Paulo já tenha se voltado decididamente também à missão entre gentios, ainda mais que em Antioquia, já antes da chegada de Paulo, alguns pregavam também entre os gregos (At 11.20). Afinal, foi precisamente em Antioquia que mais tarde também eclodiram as dificuldades por causa do relacionamento dos cristãos gentios com a lei, que levaram ao concílio dos apóstolos.

Logo, a primeira viagem missionária não precisava de maneira alguma ser a primeira atividade missionária de Paulo entre gentios. Também a partir de outros fatos os apóstolos podiam obter suficientes razões para admitir que a missão aos gentios fora confiada a Paulo com graça singular (Gl 2.7ss).[171]

5.2.6 Época da redação

As datas postuladas correspondem à respectiva teoria (gálata setentrional ou meridional). Além disso, a datação também depende de toda a cronologia de Paulo, na qual cada um dos pesquisadores diverge com outros em alguns anos.

5.2.6.1 Datação em caso de inautenticidade

O crítico radical do século XIX Steck datou Gálatas, com referência a Gálatas 4.25, "muito depois da ruína do povo e do Estado judaicos" e também depois de

---

[170] Cf. D. GUTHRIE, op. cit., p. 480.
[171] Cf. D. GUTHRIE, op. cit., p. 480.

Atos, cuja redação ele situa por volta do ano 100, na época do governo de Adriano, depois de 120.[172]

5.2.6.2 Datação pelos representantes da teoria gálata setentrional

Por representantes da teoria gálata setentrional Gálatas é predominantemente datada na época da terceira viagem missionária, pouco depois da permanência na Galácia mencionada em Atos 18.23.[173] As referências dos anos diferem de 52 a 57.

Paralelos entre Gálatas e 2Coríntios, bem como com Romanos, levam alguns a sugerir uma datação de Gálatas em torno da cronologia dessas duas outras cartas.[174]

Como já expusemos, *não* podemos acompanhar essa datação tardia nem a teoria gálata setentrional relacionada com ela.

Refoulé postula que Gálatas foi escrita depois das duas cartas aos Coríntios.[175] A crise na Galácia deve ter emergido após a época da redação de 1Coríntios, porque uma coleta, como descrita em 1Coríntios 16.1, para a Galácia, também pressuporia uma relação de confiança. Em contraposição, Gálatas 2.10 não poderia ter sido escrita antes que a campanha da coleta tivesse ao menos sido iniciada. Ademais, a crise na Galácia teria sido o primeiro caso da tensão que Paulo vivenciou em Jerusalém e que levou à sua prisão.

Posicionamento: De forma alguma podemos concordar com essas asserções de Refoulé. Gálatas 2.10 não tem de pressupor 1Coríntios 16.1. Além disso, também é possível que a coleta ali mencionada na Galácia já tenha acontecido no passado.

5.2.6.3 Datação pelos representantes da teoria gálata meridional

No âmbito da teoria gálata meridional existem principalmente duas possibilidades de datação. As duas alternativas dependem da interpretação de Gálatas 4.13.

---

[172] Cf. R. STECK, op. cit., p. 149s.

[173] É a posição de F. BARTH, op. cit., p. 39; O. CULLMANN, op. cit., p. 74; P. FEINE, op. cit., p. 122; F. GODET, op. cit., v. 1, p. 139; C. R. GREGORY, Einleitung in das Neue Testament (Leipzig: Hinrich, 1909), p. 661ss; E. F. HARRISON, op. cit., p. 278s; H. J. HOLTZMANN, op. cit., p. 220; G. HÖRSTER, op. cit., p. 116s; A. JÜLICHER, op. cit., p. 63; W. G. KÜMMEL, op. cit., p. 265s; E. LOHSE, Entstehung, p. 36; P. VIELHAUER, op. cit., p. 110s.

[174] J. B. LIGHTFOOT, op. cit., p. 40ss (apud H. STADELMANN, Die Vorgeschichte des Galaterbriefes, p. 156); U. BORSE, Der Standort des Galaterbriefes (Köln; Bonn: Hanstein, 1972); R. M. GRANT, A Historical Introduction to the New Testament (London: Collins, 1963), p. 184s. Uma refutação da opinião de que essa proximidade de conteúdo com as demais cartas seria relevante para a datação consta em H. STADELMANN, Die Vorgeschichte des Galaterbriefes, p. 156.

[175] F. REFOULÉ, Date de l'Epître aux Galates, RB, n. 2, 1988, p. 161-83.

a) Michaelis supõe que Gálatas 4.13 de fato tem por premissa duas visitas já realizadas aos destinatários da carta.[176] Ele identifica essas duas visitas com as presenças de Atos 13.14ss e 16.1ss. Segundo essa interpretação, Gálatas deve ser escrita durante a segunda viagem missionária[177] no ano 50.

b) Tenney data Gálatas "na véspera da reunião dos apóstolos" no ano de 48/49, após Paulo retornar da primeira viagem missionária e depois da controvérsia com Pedro e outros acerca da questão da circuncisão.[178] Nessa variante, a segunda visita às igrejas gálatas deve ser identificada com o roteiro de retorno da primeira viagem missionária (At 14.21).

Desse modo se explica mais facilmente a circunstância de que as resoluções do concílio não são mencionadas em Gálatas.

Ademais, também é interessante constatar que Timóteo não é referido em Gálatas, mas de resto em todas as cartas de Paulo, exceto Efésios e Tito. Timóteo tinha uma relevância tão grande na equipe de colaboradores de Paulo que sempre era mencionado nas cartas. Se na época da redação de Gálatas, Timóteo já tivesse sido colaborador de Paulo, uma menção dele seria bastante provável. Como *argumentum e silentio* isso não possui o caráter de prova, contudo não deixa de sustentar a suposição de que a redação não ocorreu apenas durante a segunda viagem missionária ou até mesmo mais tarde, mas antes do concílio dos apóstolos.

Além disso, a visita de Pedro em Antioquia (Gl 2.11ss) também se explica somente antes do concílio. O fato de que com essa interpretação (cf. nossa cronologia) se pode "mais facilmente obter a conciliação" entre Gálatas 2.1ss e Atos 15.1ss já é confirmado por Kümmel,[179] mesmo que ele não queira ou não possa aderir a ela.

Conclusão: Fixamos que os problemas de datação serão mais bem solucionados se os eventos descritos em Gálatas 2.1-10 tiverem ocorrido antes do concílio e, por consequência, antes da primeira viagem missionária. Estamos convictos de que

---

[176] W. Michaelis, op. cit., p. 190s.

[177] Cf. L. Albrecht, Das Neue Testament in die Sprache der Gegenwart übersetzt und kurz erläutert, 12. ed. (Giessen; Basel: Brunnen, 1980), p. 494ss; H. Binder, Paulus und die Thessalonicherbriefe, in: R. F. Collins (Org.), The Thessalonian Correspondence (Leuven: Leuven University Press; Leuven: Peeters, 1990), p. 90; T. Zahn, Einleitung, v. 1, p. 140, 147 (sendo que Zahn possui uma cronologia deslocada um pouco para trás e por isso data para o ano 53).

[178] M. C. Tenney, op. cit., p. 292. Cf. tb. D. A. Carson, D. J. Moo & L. Morris, op. cit., p. 294; D. Guthrie, Introduction, p. 477ss.

[179] Cf. W. G. Kümmel, op. cit., p. 263.

Gálatas *é a primeira carta de Paulo* e foi escrita *entre a primeira viagem missionária (At 13s) e o concílio dos apóstolos.*[180]
Como data, pode valer mais apropriadamente o ano 48/49 d.C.

5.2.7 Lugar da redação

5.2.7.1 Em caso de datação da carta após o concílio dos apóstolos

Como foi mencionado, Michaelis defende que Gálatas foi escrita durante a segunda viagem missionária e presume que o lugar da redação foi Filipos, Tessalônica ou Corinto;[181] Binder igualmente supõe que foi na segunda viagem missionária, em Atenas.[182]

Muitos defensores da teoria gálata setentrional defendem que a carta foi escrita na terceira viagem missionária em Éfeso.[183] Essa localização também já foi mencionada por Cassiodoro, Vitorino e o *Prólogo antimarcionita*.[184] Hörster cita Éfeso ou Macedônia,[185] enquanto Marxsen defende Éfeso ou "uma parada qualquer antes de sua chegada a Éfeso".[186] Borse presume que foi na Macedônia.[187]

Uma exceção representa Thiessen, ao supor leitores gálatas meridionais, mas pretendendo que a carta seja escrita durante a terceira viagem missionária na Grécia.[188]

---

[180] Cf. F. F. Bruce, Epistle to the Galatians, in: IBD, v. 1, p. 536; M. C. Tenney, op. cit., p. 292; W. C. van Unnik, Einführung in das Neue Testament (Wuppertal: Brockhaus, 1967), p. 99.

[181] W. Michaelis, op. cit., p. 191. Cf. T. Zahn, Einleitung, v. 1, p. 140 (indica Corinto como lugar da redação).

[182] H. Binder, Paulus und die Thessalonicherbriefe, p. 90. Cf. L. Albrecht, op. cit., p. 495.

[183] Cf. H. Appel, op. cit., p. 24; F. Barth, op. cit., p. 39; O. Cullmann, op. cit., p. 74; F. Godet, op. cit., v. 1, p. 139; C. R. Gregory, op. cit., p. 663; E. F. Harrison, op. cit., p. 278; A. Jülicher, op. cit., p. 63; H. Köster, Einführung in das Neue Testament im Rahmen der Religionsgeschichte und Kulturgeschichte der hellenistischen und römischen Zeit (Berlin; New York: de Gruyter, 1980), p. 536, 550ss; E. Lohse, Entstehung, p. 36; H.-M. Schenke & K. M. Fischer, op. cit., v. 1, p. 83; P. Vielhauer, op. cit., p. 111; A. Wikenhauser & J. Schmid, op. cit., p. 418s.

[184] Apud F. Refoulé, op. cit., p. 162; T. Zahn, Einleitung, v. 1, p. 141.

[185] G. Hörster, op. cit., p. 116s. Cf. W. G. Kümmel, op. cit., p. 265.

[186] W. Marxsen, op. cit., p. 46. Cf. H. J. Holtzmann, op. cit., p. 221.

[187] U. Borse, op. cit., p. 57.

[188] H. C. Thiessen, op. cit., p. 216s. De forma análoga, J. A. T. Robinson, Wann enstand das NT?, (Paderborn: Bonifatius; Wuppertal: Brockhaus, 1986), p. 65, embora seja bastante inseguro tanto na localização dos destinatários como também na datação da carta.

Holtzmann menciona que, desde Jerônimo e Teodoreto, alguns dizem que Gálatas foi redigida em Roma,[189] o que também se constata em diversos manuscritos.[190]

5.2.7.2 Em caso de datação da carta antes do concílio dos apóstolos

Uma vez que nem a própria carta nem Atos fornecem um dado mais exato acerca do lugar da redação de Gálatas, não nos resta outra coisa senão extrair nossa conclusão da questão da datação, i.e., que como lugar de redação entra em cogitação mais seguramente Antioquia[191] ou uma etapa da trajetória entre Antioquia e Jerusalém.[192]

5.2.8 Estrutura da carta aos Gálatas

Em Gálatas — além da subdivisão apresentada no início — podemos perceber três ênfases:

1) Seção apologética[193]	Gl 1.6—2.21
2) Seção dogmática	Gl 3.1—5.12
3) Seção paraclética[194]	Gl 5.13—6.10

5.2.9 Características e peculiaridades[195]

a) O *tom da carta* é pronunciadamente incisivo, acima de tudo quando interpela os falsos mestres judaicos (p. ex., Gl 5.12); mas também na censura aos cristãos gálatas (Gl 1.6-9; 3.1; 4.20).

b) A *ausência da costumeira ação de graças no introito da carta* está estreitamente ligada à intensidade e premência com que o autor deseja arrancar os destinatários de seu engano.

c) O apóstolo mostra uma *grande firmeza em sua exposição*. Ele cita o AT, comprova sua autoridade apostólica, apela para experiências realizadas, apresenta argumentos lógicos, adverte e exorta, tentando conquistar de maneira completamente nova os que deparam com perigo exterior.

---

[189] H. J. HOLTZMANN, op. cit., p. 221, cf. outros dados em T. ZAHN, Einleitung, v. 1, p. 144.

[190] De acordo com NESTLE-ALAND27, p. 503, os seguintes manuscritos indicaram, na subscriptio, Roma como local de redação: B¹ 0278, 81, 1739, 1881 𝔐 pc.

[191] Cf. M. C. TENNEY, op. cit., p. 292; W. C. VAN UNNIK, Einführung, p. 99.

[192] Cf. D. GUTHRIE, op. cit., p. 479.

[193] Apologético = defensivo.

[194] Paraclético = de exortação fraterna.

[195] Cf. esp. E. F. HARRISON, op. cit., p. 279s.

d) *Ao lado da segunda carta aos Coríntios*, Gálatas traz *a maior quantidade de anotações autobiográficas* do apóstolo Paulo.

e) O *final de Gálatas é singular*. Em Gálatas 6.11 diz Paulo: "Vejam com que letras grandes estou lhes escrevendo de próprio punho!". A nosso ver, isso propicia à carta toda mais uma peculiar conotação de urgência.

f) Gálatas é a única carta de Paulo dirigida expressamente a todo um grupo de igrejas ("às igrejas da Galácia").

5.2.10 Palavra final

Gálatas propicia uma visão da crise que não podia deixar de ocorrer com a expansão do evangelho entre os gentios (cf. At 10—15) e de cuja solução dependia o declínio ou a sobrevivência da igreja primitiva. Se deve ser levada a sério a ordem missionária universal do Senhor exaltado, é preciso *proclamar* com extrema exclusividade e radicalidade o evangelho como *justificação unicamente mediante a fé*.

Uma conversão a Cristo, que é modificada em uma conversão ao judaísmo (sob o disfarce de uma devoção especial) é prejuízo do próprio Senhor (Gl 5.4) e perversão do verdadeiro evangelho. Justamente nesse momento da história da igreja, Deus precisava de uma testemunha autorizada como Paulo, que com empenho total e consequência teológica extrema desafiou o cristianismo primitivo com autenticidade e consistência, não descansando até que fosse tirado dos falsos mestres judaicos qualquer respaldo junto às "colunas" (Gl 2.9) responsáveis da igreja e uma clara base de partida (At 15.22ss) assegurasse a continuidade da expansão da sã doutrina (Gl 2.5).

Em Gálatas não nos deparamos simplesmente com uma pessoa impetuosa em seu zelo, mas com homem de Deus amadurecido, porém inflexível, que com dedicação extrema luta pela redenção dos desencaminhados e não tem receios de defender com máximo vigor (mas não sem tato) a verdade que reconheceu.

5.3 A primeira carta aos Tessalonicenses

5.3.1 Conteúdo e subdivisão

Versículo-chave:

> Que o próprio Deus da paz os santifique inteiramente. Que todo o espírito, a alma e o corpo de vocês sejam preservados irrepreensíveis na vinda de nosso Senhor Jesus Cristo (1Ts 5.23).

5.3.1.1 Subdivisão

1.	Saudação da carta (prescrito e epítetos)	1Ts 1.1
2.	Gratidão e intercessão pela igreja (proêmio)	1Ts 1.2-10
	Gratidão por fé, amor e esperança na igreja	1Ts 1.2,3
	Eleição, proclamação e discipulado	1Ts 1.4-6
	O exemplo de fé dos tessalonicenses	1Ts 1.7-10
3.	A relação do apóstolo com a igreja e sua situação atual	1Ts 2.1—3.13
	Recordação da atuação do apóstolo em Tessalônica	1Ts 2.1-12
	A boa acolhida do evangelho em Tessalônica	1Ts 2.13-16
	Saudade do apóstolo pela igreja em Tessalônica	1Ts 2.17-20
	Relato encorajador e consolador de Timóteo de Tessalônica	1Ts 3.1-8
	Oração pelos tessalonicenses	1Ts 3.9-13
4.	Seção paraclética (de exortação)	1Ts 4.1—5.22
	Exortação à santificação e ao amor fraterno	1Ts 4.1-12
	Consolo pelos que adormeceram na fé e referência à (primeira) ressurreição e ao arrebatamento	1Ts 4.13-18
	Vigilância em vista da vinda de Jesus	1Ts 5.1-11
	Diversas admoestações	1Ts 5.12-22
5.	Voto de bênção e saudações	1Ts 5.23-28

5.3.2 Autoria, autenticidade e integridade

5.3.2.1 Autor

Quando se dá atenção ao testemunho interno, pode-se notar nitidamente que no caso de 1Tessalonicenses se trata de um escrito do apóstolo *Paulo*. Em 1Tessalonicenses 1.1 Paulo se apresenta pelo nome, sem — como de costume — trazer qualquer dado acerca de seu ministério apostólico ou algo semelhante. Além do mais, ele escreve nitidamente em 1Tessalonicenses 2.18: "Eu mesmo, Paulo". Ainda que o nome do apóstolo apenas seja citado em 1Tessalonicenses 1.1 e 2.18, uma comparação entre os dados pessoais em 1Tessalonicenses com Atos não apenas evidencia plena concordância, mas confirma a autoria de 1Tessalonicenses por Paulo (cf. 1Ts 2.1s,7,13; 3.1,2 com At 16,17).

Como *corremetentes,* aparecem os nomes *Silvano* e *Timóteo* (assim somente ainda em 2Ts). Em 1Tessalonicenses 3.2,5s, Timóteo também é referido na terceira pessoa. Quando nesses versículos os remetentes falam no plural (1Ts 3.1s: "Quando não pudemos mais suportar, achamos por bem permanecer sozinhos em Atenas e, assim, enviamos Timóteo..."; 1Tessalonicenses 3.6: "Timóteo acaba de chegar..."), trata-se de Paulo e Silvano. Como autor principal, Paulo se designa, além de 1Tessalonicenses 2.18, mais duas vezes na primeira pessoa, contudo sem citar novamente o nome (1Ts 3.5; 5.27).

Nesta oportunidade trataremos mais de perto da pessoa de Silvano (a respeito de Timóteo, cf. abaixo, nas cartas pastorais).

Silvano, em Atos sempre chamado *Silas*,[196] é originário da igreja de Jerusalém, tendo sido ali um homem respeitado com o dom de profetizar (At 15.22,32). Como Paulo, era de origem judaica (o que podemos depreender de sua incumbência em At 15.22ss; cf. abaixo) e possuía a cidadania romana (At 16.37s).

Depois do concílio dos apóstolos no ano de 49, a igreja de Jerusalém o envia, ao lado de Paulo, Barnabé e Judas Barsabás, para Antioquia, com a incumbência de explicar oralmente a carta que levam consigo (At 15.25-27). Depois de se desincumbir da tarefa e de certo período de proclamação, Silas retornou a Jerusalém com Judas Barsabás (At 15.32s). Alguns manuscritos trazem como adendo ainda o v. 34: "... mas Silas decidiu ficar ali".[197] Isso, portanto, significaria que Judas Barsabás retornou sozinho para Jerusalém. Certo é que apenas breve tempo depois Silas se encontrava novamente (ou ainda) em Antioquia, partindo com Paulo na segunda viagem missionária dele (At 15.40). Os dois atravessaram a Ásia Menor até a Macedônia (At 16). Em Bereia, Paulo acabou sendo enviado sozinho no percurso subsequente, enquanto Silas e Timóteo, companheiro de viagem que se juntou a eles na Ásia Menor, permaneceram no lugar (At 17.14). De Atenas, Paulo enviou aos dois a incumbência de que viessem atrás dele (At 17.15). Encontrara-se com eles em Atenas (cf. o "nós" em 1Ts 3.1). Lá em Atenas, Silas provavelmente esperou por Timóteo, novamente enviado à Macedônia (cf. 1Ts 3.1s),[198] enquanto Paulo já se deslocava para Corinto. Na sequência, Silas e Timóteo encontraram Paulo novamente em Corinto (At 18.5), auxiliando-o na proclamação (2Co 1.19). Em Corinto, também foram redigidas as duas cartas aos Tessalonicenses, em que Silvano é citado como corremetente (1Ts 1.1; 2Ts 1.1; cf. a seguir).

---

[196] Silas deve ser o nome semita, provavelmente derivado da forma aramaica do nome Saul. Nas cartas de Paulo e em 1Pedro ele é chamado de Silvano, que provavelmente representa a forma latinizada do nome. Deve-se presumir que os dois nomes são usados para a mesma pessoa. Cf. R. E. Nixon, Silas, in: IBD, v. 3, p. 1451; H. Binder, *Paulus und die Thessalonicherbriefe*, p. 87.

[197] Cf. Nestle-Aland[27], p. 367.

[198] Talvez Silas ainda tenha viajado ao encontro de Timóteo, razão pela qual Lucas escreveu em At 18.5 que "Silas e Timóteo chegaram da Macedônia".

Considerável tempo mais tarde, encontraremos Silvano com Pedro em Roma (1Pe 5.12). No ínterim, perdemo-lo de vista. Atos não cita mais seu nome. Durante a terceira viagem missionária ele não mais parece estar com Paulo (do contrário, seu nome provavelmente seria mencionado no prescrito das duas cartas aos Coríntios).

Pelo fato de Paulo levar Silvano em sua segunda viagem missionária, estabeleceu-se certa relação da igreja de Jerusalém, da qual era proveniente Silvano, com a missão aos gentios por Paulo. Em função disso, Silvano podia ajudar a defender em Jerusalém o interesse da missão aos gentios.

5.3.2.2 Confirmação pela igreja antiga

a) Talvez já se possam constatar em *Inácio* possíveis, embora muito livres, alusões a 1Tessalonicenses 2.4[199] e 5.17.[200]

b) 1Tessalonicenses foi acolhida pelo herege *Marcião* (em torno do ano 140) em seu cânon mutilado.[201]

c) Outra possível alusão se encontra em *Policarpo* (falecido por volta de 155).[202]

d) Também o *Cânon muratoriano* cita 1Tessalonicenses como carta de Paulo.

e) *Ireneu* cita literalmente 1Tessalonicenses 5.23a e escreve que o "apóstolo" escreveu o trecho "na primeira carta aos Tessalonicenses".[203]

f) Em *Clemente de Alexandria* encontramos citações de palavras de 1Tessalonicenses,[204] em parte com a anotação de que foram escritas por Paulo[205] ou pelo (θεῖος) Ἀπόστολος — (theios) Apostolos, "(divino) apóstolo".[206]

g) *Tertuliano* (c. 200) cita 1Tessalonicenses 5.1ss com a observação: *in ipsa ad Thessalonicenses epistola*, "na mesma carta aos Tessalonicenses".[207]

---

[199] INÁCIO, *Epístola aos romanos*, 2,1.

[200] INÁCIO, *Epístola aos efésios*, 10,1.

[201] Cf. TERTULIANO, *Contra Marcião*, livro V, 15 (apud M. MEINERTZ, op. cit., p. 84); EPIFÂNIO, *Panarion*, livro XXLII, 9.

[202] POLICARPO, *Aos Filipenses*, 11.2/1Ts 5.22.

[203] IRENEU, *Contra heresias*, livro V, 6.1. Cf. 30.2/1Ts 5.3.

[204] CLEMENTE DE ALEXANDRIA, *Stromateis*, livro I, 1.117/1Ts 2.5ss; 11.128/1Ts 5.21; livro IV, 22/1Ts 5.6ss etc.

[205] CLEMENTE DE ALEXANDRIA, *O pedagogo*, livro I, 5/1Ts 2.7.

[206] CLEMENTE DE ALEXANDRIA, *Stromateis*, livro IV, 12.218/1Ts 4.3ss; livro I, 6.41/1Ts 4.9.

[207] TERTULIANO, *A ressurreição dos mortos*, 24.9ss/1Ts 5.1ss. Cf. tb. 24.1/1Ts 1.9s; 41.7/1Ts 4.15ss; *Contra Marcião*, livro IV, 5.1.

h) *Orígenes* escreveu um comentário, não mais preservado, às duas cartas aos Tessalonicenses.[208] Em outros textos ele também fala de uma "primeira" carta aos Tessalonicenses.[209]

i) Por fim, citemos ainda alguns testemunhos mais tardios: *Jerônimo* cita 1Tessalonicenses 5.23 com a observação de que Paulo teria escrito essas palavras *in epistula ad Thessalonicenses prima*, "na primeira carta aos Tessalonicenses".[210] *Cosmas Indicopleustes* (c. 550) reproduz 1Tessalonicenses 4.14-17 como da autoria de Paulo[211] e fala em outras passagens, ao recorrer à mesma passagem, da "primeira carta aos Tessalonicenses".[212]

Tanto o testemunho interno quanto o externo são inequívocos em favor da autoria paulina.

5.3.2.3 Autenticidade e integridade

a) Análise das objeções contra a autenticidade

1) Baur e parte de sua escola (Volkmar, Holsten[213]) contestaram a autenticidade de 1Tessalonicenses.[214] A carta careceria de originalidade e de qualquer ideia dogmática de relevância. Igualmente, seria dependente de outros escritos do NT, como 1Coríntios, Atos e Apocalipse. A carta não conteria nada de justiça mediante a fé, nem de polêmica contra a doutrina judaísta da lei, nem citações do AT, e o apocalipsismo em 1Tessalonicenses 4 e 5 seria não paulino.

Ademais, a palavra severa contra os judeus em 1Tessalonicenses 2.14-16 não lembraria o amor os judeus expresso em Romanos 9-11.

Réplica (para a qual daremos voz a uma citação de Feine):

> Em Tessalônica não se havia desencadeado a luta judaísta em torno da justiça mediante a fé, que precisava ser travada com auxílio do AT. Pelo fato de Baur considerar a luta dogmática de Paulo contra os judaístas como padrão do paulinismo autêntico, não tinha sensibilidade para a maneira vivaz, individual-pessoal, da carta.[215]

---

[208] A. Wikenhauser & J. Schmid, op. cit., p. 404.
[209] Orígenes, *Contra Celso*, livro II, 65 (apud M. Meinertz, op. cit., p. 88).
[210] Jerônimo, *Cartas*, 120.12.
[211] Cosmas Indicopleustes, *Topographia Christiana*, livro V, 252s; v. 254.
[212] Cosmas Indicopleustes, *Topographia Christiana*, livro V, 261.
[213] C. C. J. Holsten, in: *Jahrbuch für protestantische Theologie* (1877), v. 4 (apud B. Weiss, *Lehrbuch der Einleitung in das Neue Testament* [Berlin: Hertz, 1886], p. 172).
[214] Cf. F. Barth, op. cit., p. 24s; P. Feine, op. cit., p. 110; E. F. Harrison, op. cit., p. 263.
[215] Cf. P. Feine, op. cit., p. 110.

Em relação a 1Tessalonicenses 2.14-16, Barth menciona com razão que Estêvão (cf. At 7.51ss) e Jesus (cf. Mt 23.32s) se expressaram de maneira análoga. "Um olhar mais penetrante já podia prever que o povo fanatizado, que havia repelido seu verdadeiro Messias e perseguia seus seguidores, rumava para uma terrível catástrofe."[216]

2) Steck pretende ter encontrado um parentesco entre o escrito apócrifo de 4Esdras (provavelmente escrito em torno de 100 d.C.) e 1Tessalonicenses 4.15.[217]

Réplica: Muito mais plausível é aceitar a afirmação de 1Tessalonicenses 4.15 como uma revelação propiciada ao apóstolo Paulo ("Porque dizemos isso com uma palavra do Senhor"), em analogia a 1Coríntios 15.51s.

b) Análise das objeções contra a integridade

1) Schmithals postula que as duas cartas aos Tessalonicenses sejam compiladas de diversas cartas de Paulo. No entanto, ao longo do tempo ele próprio aumentou o número dessas cartas hipotéticas de quatro[218] para cinco.[219] A razão de cinco cartas terem sido transformadas em duas é explicada assim por Schmithals: na época do primeiro cristianismo, o número "sete" teria exercido uma importância especial, justamente também na coletânea de escritos. Uma coletânea de sete escritos explicitaria a relevância para todo o cristianismo. Acontece que um editor teria compilado uma coletânea principal de sete escritos paulinos (1 e 2Coríntios; Gálatas; Filipenses; 1 e 2Tessalonicenses; Romanos). "Como o editor da coletânea principal dispunha de mais de sete cartas de Paulo, cujo material essencial ele desejava acolher em sua coletânea, mas por outro lado se considerava comprometido, pela referida razão, a editar uma coletânea de sete cartas, unificou nas diferentes cartas de sua coletânea vários escritos originais de Paulo."[220] Concretamente isso aconteceu de tal maneira que o redator "distribuiu apropriadamente as duplicações, configurando assim um pouco mais vistosamente o formato das duas cartas, pelo recurso de, por um lado, conservar em maior proporção que nas demais ocasiões, partes de várias molduras de cartas e, por outro, acrescentar seus próprios acréscimos teológicos [...] principalmente às cartas aos Tessalonicenses".[221]

---

[216] F. BARTH, op. cit., p. 25. Cf. A. JÜLICHER, op. cit., p. 47, que chega a escrever que 1Ts 2.16 ostenta "em medida destacada um carimbo paulino".

[217] Cf. R. STECK, op. cit., p. 232.

[218] Cf. W. SCHMITHALS, Die Thessalonicherbriefe als Briefkompositionen, in: E. DINKLER (Org.), *Zeit und Geschichte — Dankesgabe an Rudolf BULTMANN zum 80. Geburtstag* (Tübingen: Mohr, 1964), p. 308.

[219] Cf. W. SCHMITHALS, *Die Briefe des Paulus in ihrer ursprünglichen Form* (Zürich: Theologischer Verlag Zürich, 1984), p. 111ss.

[220] W. SCHMITHALS, *Die Briefe des Paulus*, p. 15.

[221] W. SCHMITHALS, *Die Briefe des Paulus*, p. 111.

Réplica: De forma alguma está comprovada a hipótese de uma coletânea de originariamente sete cartas.[222] Não constatamos nem uma evidência disso no seio do NT, nem qualquer testemunho da igreja antiga em favor de uma coletânea menor desse tipo. Mesmo que tenha existido, isso não significa nem de longe que tivesse de ser composta de cartas de Paulo cujo número tenha sido originariamente maior.

Além disso, não encontramos no mundo contemporâneo do NT quaisquer paralelos com uma composição posterior dessas de cartas. Broer, teólogo histórico-crítico, explicita como se argumenta de maneira inconsequente nesse caso: "A investigação histórico-crítica do NT deve seus sucesso em boa medida ao pensamento por analogias — será que nesse ponto podemos simplesmente abrir mão de analogias?".[223]

E se existissem na Antiguidade tais composições de cartas, isso de forma alguma constituiria uma prova em favor da asserção de Schmithals.

2) Antes de Schmithals, Eckart já empreendera outra subdivisão crítico-literária de 1Tessalonicenses.[224] Ele postulou que 1Tessalonicenses teria sido composta de duas cartas originais e de alguns acréscimos não-paulinos. A primeira carta teria os conteúdos de 1Tessalonicenses 1.1–2.12; 2.17–3.4; 3.11-13. A segunda carta abrangeria 1Tessalonicenses 3.6-10; 4.9-10a; 4.13–5.11; 5.23-26,28. Não paulinos seriam 1Tessalonicenses 2.13-16; 3.5; 4.1-8; 4.10b-12; 5.12-22,27; eventualmente 1Tessalonicenses 4.18.[225]

3) Diverge disso mais uma vez a subdivisão crítico-literária feita por Schenke e Fischer, no que, porém, igualmente presumem duas cartas originais e acréscimos de um redator.[226] A primeira carta conteria 1Tessalonicenses 2.1-14; 2.17–3.4; 3.11-13; 4.1-8. A segunda carta abarcaria 1Tessalonicenses 1.1-10; 3.6-10; 4.9-17; 5.1-26,28. No seio dessas peças, contudo, seria necessário realizar diversas transposições. Da caneta do redator seriam oriundos 1Tessalonicenses 2.15s; 3.5; 4.18; 5.27.

4) Fuchs supõe que em 1Tessalonicenses tenha sido inserida uma segunda carta de Paulo, formada de 1Tessalonicenses 4.13–5.11.[227]

---

[222] Cf. W. G. Kümmel, op. cit., p. 425s.

[223] I. Broer, "Der ganze Zorn ist schon über sie gekommen" [Já lhes sobreveio a ira toda]: Bemerkungen zur Interpolationshypothese und zur Interpretation von 1 Thess 2.14-16, in: R. F. Collins (Org.), *The Thessalonian Correspondence*, p. 147.

[224] K.-G. Eckart, Der zweite echte Brief des Apostel Paulus an die Thessalonicher, ZThK, n. 58, 1961, p. 30-44 (apud H.-M. Schenke & K. M. Fischer, op. cit., v. 1, p. 66, 75).

[225] Cf. a exposição em H.-M. Schenke & K. M. Fischer, op. cit., v. 1, p. 66.

[226] H.-M. Schenke & K. M. Fischer, op. cit., v. 1, p. 67ss.

[227] E. Fuchs, *Glaube und Erfahrung* (Tübingen: Mohr, 1965), p. 119.

5) 1Tessalonicenses cita três remetentes em 1Tessalonicenses 1.1 ("Paulo, Silvano e Timóteo"). Binder presume, pois, que Paulo também tenha dado a palavra a Silvano.[228] Provavelmente os dois teriam ditado alternadamente a Timóteo. Duas posições teológicas diferentes estariam em contraposição. Binder as caracteriza assim:

> Ora a presença da salvação na igreja, ou na comunhão de destino ἐν Χριστῷ — en Christō constitui a preocupação decisiva da proclamação; aí fala Paulo. Ora predomina a ideia do caráter futuro da salvação, que faz prevalecer na atualidade tão-somente o serviço [...] e a espera... (1Ts 1.9,10); aí fala Silvano.[229]

Réplica: Binder caracteriza Silvano como "apocalíptico". Chega a esse atributo porque Lucas nos informa em Atos 15.32 que Silvano era "profeta". Que significa "apocalipsismo"? "Apocalipsismo é 'uma especulação que — de preferência em forma alegórica [...] — tenta interpretar o curso do mundo e desvelar o fim dos tempos' ".[230]

Essa definição mínima — à qual ainda se poderiam agregar diversos aspectos — mostra que, assim entendido, o conceito do apocalipsismo não pode ser relacionado com profetismo autêntico, que tem por fonte não especulações humanas, mas o falar de Deus.[231] A teologia histórico-crítica não conhece um falar desses de Deus, em função do que tem de desqualificar o profeta Silvano como "apocalíptico" e, por consequência, como produtor de especulações escatológicas. Rejeitamos essa depreciação do profetismo genuíno (embora de fato também tenha havido e possa haver falsos profetas no seio de igrejas cristãs).

Binder também avalia de maneira não condizente com os fatos a relação entre a salvação atual e futura. A passagem de 1Tessalonicenses 1.9s, à qual recorre para embasar a suposta teologia de Silvano, mais voltada ao futuro, justamente faz a conexão da salvação atual com a futura. "Servir" e "esperar" não são atividades que desvalorizam a existência atual, pelo contrário, a atualidade justamente adquire sentido no preparo para a salvação vindoura. É óbvio que Paulo não precisa sempre de novo formular essa ligação da salvação atual com o futuro. Além disso, não se pode negar que Paulo considerava os aspectos relacionados com o futuro, quando se

---

[228] Cf. H. BINDER, *Paulus und die Thessalonicherbriefe*, p. 87ss.

[229] Cf. H. BINDER, *Paulus und die Thessalonicherbriefe*, p. 90.

[230] H. RINGGREN, Apokalyptik I, in: RGG³, v. 1, p. 463.

[231] Uma vez que Binder trabalha com premissas histórico-críticas, temos de presumir que ele emprega o conceito do apocalipsismo no sentido dessa definição, e não no sentido que explicitaremos, e o usaremos mais adiante, em Apocalipse, para o "apocalipsismo intrabíblico". Quanto à relação entre Apocalipse e o apocalipsismo extrabíblico, cf. 8.3.

declaram ao mesmo tempo as passagens correspondentes como não-paulinas. Isso significaria um paralogismo inadmissível.

Mantemos a inspiração plena de 1Tessalonicenses como palavra de Deus. A carta de fato foi enviada conjuntamente por Paulo, Silvano e Timóteo, porém redigida por Paulo (veja, p. ex., 1Ts 3.1s,5s), que escreveu com autoridade apostólica (cf. 1Ts 2.13).

c) *Existem partes não autênticas na primeira carta aos Tessalonicenses?*

1) Conforme referimos, Schmithals postula que o redator e editor teria instalado suas "próprias complementações teológicas" nas duas cartas aos Tessalonicenses. Elas se localizariam hoje em 1Tessalonicenses 2.14-16; 4.15-18; 2Tessalonicenses 1.4b-10; 2.5-8a,9-12.[232] Ao "redator e editor da 'coletânea principal' paulina" deveriam ser atribuídas, além das inserções nas duas cartas aos Tessalonicenses, também certas partes da carta aos Romanos.[233]

Schmithals apresenta algumas razões por que considera esses trechos não paulinos:

α) O redator estaria vendo retrospectivamente em 1Tessalonicenses 2.16b ("... sobre eles, finalmente, veio a ira") a destruição de Jerusalém (70),[234] o que tornaria impossível uma redação desse versículo por Paulo.[235]

β) Os cristãos gentios estariam "sob a pressão da sinagoga em vias de organização", o que notaríamos em 1Tessalonicenses 2.16a.[236]

γ) O redator distanciaria "a igreja do judaísmo revoltoso" (cf. 1Ts 2.14-16).[237] Esses versículos sempre foram declarados não autênticos por causa de seu pretenso conteúdo antijudaico.[238] Como já foi mencionado, Baur havia usado essas passagens no século XIX como um dos argumentos em favor da inautenticidade da carta.[239]

δ) O redator dissiparia os temores de que os que morrem antes da parúsia estariam em desvantagem por ocasião da parúsia (1Ts 4.15-18). Isso se teria tornado

---

[232] W. SCHMITHALS, *Die Briefe des Paulus*, p. 111, 160ss.
[233] Cf. W. SCHMITHALS, *Die Briefe des Paulus*, p. 160.
[234] W. SCHMITHALS, *Die Briefe des Paulus*, p. 160.
[235] Sobre 1Ts 2.14-16, cf. a seguir, item a).
[236] W. SCHMITHALS, *Die Briefe des Paulus*, p. 160.
[237] W. SCHMITHALS, *Die Briefe des Paulus*, p. 160.
[238] Cf. a discussão da bibliografia sobre esses versículos, em I. BROER, op. cit., p. 137ss.
[239] Cf. F. C. BAUR, *Paulus — Der Apostel Jesu Christi — Sein Leben und Wirken, seine Briefe und seine Lehre* (Leipzig: [s.n.], 1867), v. 1, p. 96s (apud I. BROER, op. cit., p. 145s).

necessário porque através das aflições de uma expectativa imediata e no tempo subsequente teriam sido despertados esses temores.[240]

2) Friedrich considera 1Tessalonicenses 5.1-11 a inclusão de uma pessoa do "círculo de Lucas". Isso poderia ser constatado no fato de que o vocabulário e o tema do trecho não seriam de Paulo.[241]

Posicionamento: Os artigos de Collins[242] e Plevnik[243] demonstram que essa afirmação pode ser muito bem refutada com exaustivas análises de vocabulário e estilo.

Conclusão: Os cortes arbitrários de prescritos e finais de cartas, bem como declarações de inautenticidade de passagens de carta não são apenas hipotéticos,[244] mas completamente irresponsáveis. Jamais fará justiça às elevadas exigências da Escritura Sagrada.

d) Argumentos em favor da autenticidade e integridade

Apesar de sua brevidade, as seguintes constatações têm grandes peso, rebatendo as não comprovadas hipóteses de fracionamento:

1) O estado do texto depõe com toda a nitidez em favor da integridade de 1Tessalonicenses.

2) O conteúdo e nexo lógico de 1Tessalonicenses (justamente também ao ser comparada com Atos) confirma tão vigorosamente a unidade e coesão da carta que dilacerá-la somente pode ser entendido como ato arbitrário, de motivação subjetiva, sendo igualmente insustentável teologicamente.[245] Por exemplo, 1Tessalonicenses 1.1—2.14 representa uma descrição, consistente em si, da atuação de Paulo em Tessalônica e da acolhida da mensagem naquela localidade.[246] E em 1Tessalonicenses 2.13

---

[240] W. Schmithals, *Die Briefe des Paulus*, p. 160.

[241] G. Friedrich, I Thessalonicher 5.1-11, der apologetische Einschub eines Späteren, ZThK, n. 70, 1973, p. 288-315 (apud D. Guthrie, op. cit., p. 591).

[242] R. F. Collins, Tradition, Redaction, and Exhortation in 1 Th 4.13—5.11, in: J. Lambrecht (Org.), *L'Apocalypse johannique et l'Apocalyptique dans le Nouveau Testament* (Gembloux: Duculot; Leuven: Leuven University Press, 1980), p. 325-43.

[243] J. Plevnik, I Thess 5.1-11: Its Authenticity, Intention and Message, *Biblica*, n. 1, 1979, p. 71-90.

[244] Cf., p. ex., também as ressalvas mais graves de W. G. Kümmel, op. cit., p. 225s.

[245] Até mesmo E. Lohse, *Entstehung*, p. 35, escreve: "A carta é certamente coesa e arredondada na condução de suas ideias".

[246] Contra H.-M. Schenke & K. M. Fischer, op. cit., v. 1, p. 68, que consideram 1Ts 2.1-12 em separado de 1Ts 1.1-10 como "complexo fechado em si mesmo".

Paulo expressa (sintetizando 1Ts 1.2—2.12) sua gratidão pelo fato de que seus esforços em Tessalônica renderam frutos.[247] Como último exemplo, seja referida a correlação entre 1Tessalonicenses 3.12 e 4.9s.

3) A igreja antiga confirmou sem contestação a autoria paulina.

5.3.3 Fundação da igreja em Tessalônica[248]

Para homenagear a esposa Tessalônica (meia-irmã de Alexandre Magno), Cassandro, conquistador da Macedônia, unificou em 315 a.C. as localidades Terme, Aéneia, Haha e Emátia. Concedeu à nova fundação o nome da esposa. No Império Romano, Tessalônica era capital da província da Macedônia e, por conseguinte, sede de um procônsul romano. A cidade estava situada na Via Egnatia, a mais importante via comercial entre o Oriente e o Ocidente, no Império Romano, e no final da estrada que levava dos países à margem do Danúbio até o mar Mediterrâneo. Tessalônica tinha uma população considerável.

Como sabemos de Atos 17.1, havia em Tessalônica, no início da era cristã, também uma colônia judaica.

Paulo chegou a Tessalônica em sua segunda jornada missionária, acompanhado de Silas e Timóteo (At 17.1ss).[249] Pregou durante três sábados na sinagoga de lá, ao que alguns judeus, muitos gregos tementes a Deus, simpatizantes do judaísmo e ainda mulheres influentes se converteram. Essas conversões, no entanto, suscitaram rapidamente a inveja dos demais judeus. Formou-se uma agitação na cidade — desencadeada por esses judeus e realizada de fato pela população autóctone — e à noite Paulo e Silas foram enviados adiante, para Beréia.[250] É provável que também Timóteo tenha seguido em breve (torna a ser mencionado em Beréia; At 17.14).

Pouco tempo depois, Paulo enviou Timóteo de Atenas de volta para Tessalônica, para que pudesse fortalecer e exortar os crentes (1Ts 3.1ss). Também desejava saber se haviam perseverado na perseguição. Entrementes, Paulo prosseguiu para Corinto.

---

[247] Discordando de K.-G. ECKART, op. cit., p. 30ss, que vê uma ruptura entre 1Ts 2.12 e 2.13.

[248] Cf. O. CULLMANN, op. cit., p. 67s; D. GUTHRIE, op. cit., p. 585s; B. REICKE, Thessalonich, in: RGG³, v. 6, p. 850s; H.-M. SCHENKE & K. M. FISCHER, op. cit., v. 1, p. 64.

[249] A esse respeito, cf. a tabela no v. 1 sobre Atos do Apóstolos, item 4.9.2.

[250] A circunstância de que esses acontecimentos não são mencionados em 1Tessalonicenses infelizmente leva, p. ex., W. MARXSEN, op. cit., p. 34, a desqualificar o relato de Atos como historicamente não confiável.

5.3.4 Objetivo e destinatários[251]

a) *Situação dos destinatários*: Os crentes em Tessalônica têm de suportar muita tribulação e perseguição (1Ts 1.6; 2.14; 3.4). Graças à sua lúcida conversão e entrega ao Senhor, são um *exemplo brilhante* (1Ts 1.2s,6-10; 2.19s). Os tessalonicenses foram aprovados na adversidade e perseveraram na palavra de Deus (1Ts 2.13ss).

Uma vez que Paulo não podia visitar pessoalmente a igreja (1Ts 2.18), enviou para lá Timóteo, que traz a Corinto um bom relatório sobre a vida de fé da igreja (1Ts 3.6).

b) Paulo, porém, ainda constata uma deficiência na fé (1Ts 3.10) e na conduta dos tessalonicenses. Por isso, ele exorta os leitores em diversos pontos:

1) Ele reforça o objetivo da santificação e castidade (1Ts 4.3ss).

2) Exorta os destinatários da carta a trabalhar com as próprias mãos e viver um estilo de vida honrado (1Ts 4.11s).

3) Paulo pede respeito aos responsáveis pela igreja (1Ts 5.12s).

4) Em 1Tessalonicenses 5.14-22 ele acrescenta as mais diversas admoestações.

c) Paulo se dedica, em 1Tessalonicenses 4.13ss, à grande preocupação dos leitores no que tange aos membros da igreja falecidos como crentes.

d) Nesse contexto, ele traz uma referência ao arrebatamento, externando um chamado à vigilância (1Ts 4.14—5.10).

5.3.5 Lugar da redação

A carta foi escrita pouco depois do retorno de Timóteo a Paulo, durante a segunda migração missionária, em *Corinto*.[252]

Marxsen cita Atenas ou Corinto como lugar de redação.[253] Atenas é citada igualmente por diversos manuscritos na subscrição[254] e por Teodoreto, bem como por Teofilacto.[255]

---

[251] Cf. P. FEINE, op. cit., p. 107ss; D. GUTHRIE, op. cit., p. 586s; W. MICHAELIS, op. cit., p. 219ss.

[252] Cf., no v. 1, item 4.9.2, e no v. 2, item 5.3.3. De acordo com Nestle-Aland[27], p. 538, somente poucos manuscritos assinalaram expressamente em seu subscrito Corinto como lugar de redação: 81 pc.

[253] W. MARXSEN, op. cit., p. 35.

[254] Conforme Nestle-Aland[27], p. 538: A B¹ 0278, 1739*, 1739ᶜ, 1881 𝔐.

[255] Mencionado em F. GODET, op. cit., v. 1, p. 89.

5.3.6 Época da redação

5.3.6.1 Em caso de rejeição da autenticidade da carta

Schmithals, que, conforme dissemos, considera a carta uma compilação de diversas cartas, escreve que "em boa medida o conteúdo da correspondência com Tessalônica [...] corre em paralelo com a correspondência com Corinto".[256] Isso seria "plausível em vista da proximidade geográfica entre ambas as igrejas e em vista da circunstância de que os mesmos falsos mestres atormentam as duas igrejas".[257]

5.3.6.2 Em caso de admissão da autenticidade da carta

a) Durante a terceira viagem missionária

1) Hadorn presume que a redação de 1Tessalonicenses aconteceu na terceira viagem missionária de Paulo, entre 1 e 2Coríntios.[258]

2) Para Michaelis, 1Tessalonicenses surgiu por diversos motivos durante os dois primeiros anos da permanência de Paulo em Éfeso, durante a terceira viagem missionária, ainda antes de 1Coríntios.[259]

α) Paulo enviou Timóteo de Atenas de volta para a Macedônia (1Ts 3.1ss). Acontece, porém, que Michaelis supõe que Silas e Timóteo chegaram de Bereia para reencontrar Paulo somente em Corinto (At 17.14; 18.5), ou seja, naquele tempo nem mesmo estiveram com Paulo em Atenas.

β) O breve tempo entre a atuação de Paulo na segunda viagem missionária em Tessalônica e a subsequente permanência em Corinto não permitiria que a fé dos tessalonicenses tenha se tornado notória "por toda parte" (cf. 1Ts 1.8). Michaelis entende que "por toda parte" são as igrejas da Ásia Menor fundadas durante a primeira viagem missionária.

Posicionamento: Não está claro por que "por toda parte" deva significar as igrejas da Ásia Menor fundadas durante a primeira viagem missionária. Tessalônica

---

[256] W. Schmithals, *Die Briefe des Paulus*, p. 111. De forma semelhante argumenta W. Lütgert, *Die Vollkommenen in Filipos und die Enthusiasten in Thessalonich*, BFChTh, v. 13, n. 6, 1909, p. 55s (apud G. Hörster, op. cit., p. 139).

[257] W. Schmithals, *Die Briefe des Paulus*, p. 111.

[258] W. Hadorn, *Die Abfassung der Thessalonicherbriefe in der Zeit der dritten Missionsreise des Paulus*, BFChTh, v. 24, n. 3-4, 1919; idem, Die Abfassung der Thessalonicherbriefe auf der dritten Missionsreise und der Kanon des Marcion, in: ZNW, n. 19, 1919, p. 67-72 (ambos mencionados por H.-M. Schenke & K. M. Fischer, op. cit., v. 1, p. 74, 76).

[259] W. Michaelis, op. cit., p. 221ss.

tinha um porto importante, sendo bem possível que sua fé se tornasse mundialmente conhecida por meio de uma intensiva missão entre marinheiros.

γ) "Ainda que a igreja fosse composta, em sua maioria, de pessoas idosas", não seria crível que apenas poucos meses após a fundação "já tenham ocorrido diversos óbitos".[260]
Posicionamento: Um único caso de falecimento de um crente podia desencadear a pergunta pelo destino dos cristãos que morrem ainda antes da volta Cristo. E pelo fato de que os cristãos tessalonicenses tiveram de suportar uma perseguição, é bem possível que alguns tenham morrido prematuramente das sequelas.[261]

δ) Michaelis considera que a dupla intenção de visitar a igreja de Tessalônica (1Ts 2.18) somente constitui prova de sua saudade se as duas vezes não se sucederam cronologicamente de imediato. Ademais, dificilmente se explicaria essa intenção de visita durante a viagem ao Sul (Atenas, Corinto) e contínua aceitação de novas tarefas.

ε) "1Tessalonicenses 2.14 soa como se desde a fundação da igreja Paulo tivesse permanecido na Palestina, obtendo ali novas impressões acerca do sofrimento das igrejas cristãs de lá por parte de seu entorno judaico."[262]

Enfim: Não há como acompanhar a argumentação de Michaelis e suas conclusões finais para a datação (cf. a seguir, item b).

b) Durante a segunda viagem missionária

Pela inscrição de Gálio[263] que nos foi preservada, é possível datar 1Tessalonicenses com bastante precisão. Segundo ela, Gálio foi procônsul em Corinto de junho de 51 a junho de 52. A redação da carta deve ser situada pouco tempo após a chegada em Corinto durante a segunda viagem missionária (cf. 1Ts 3.6ss; At 18.1ss). Assim, a redação de 1Tessalonicenses ainda ocorre antes da posse de Gálio.

As recordações da atuação missionária em Tessalônica ainda parecem ser bastante vivas (1Ts 2.5,9s).[264] Em 1Tessalonicenses 2.17, Paulo escreve que por um período limitado eles estiveram "órfaos" dos tessalonicenses, o que igualmente aponta para uma ausência breve. Além disso, a falta de referências ao ministério apostólico

---

[260] W. MICHAELIS, op. cit., p. 223.
[261] Cf. R. P. MARTIN, *New Testament Foundations*, v. 2, p. 164.
[262] W. MICHAELIS, op. cit., p. 224.
[263] Cf. o exposto acerca do *corpus paulinum*, item 5.1.4.4.
[264] Cf. G. HÖRSTER, op. cit., p. 139; W. G. KÜMMEL, op. cit., p. 223; A. NEANDER, *Geschichte der Pflanzung und Leitung der christlichen Kirche durch die Apostel* (Hamburg: Perthes, 1832), p. 260, nota 1.

ou algo semelhante no prescrito poderia apontar para um lapso curto entre a fundação da igreja e a época da redação.

Em decorrência, datamos 1Tessalonicenses, acompanhando a maioria das introduções ao NT, para o ano 50.[265]

5.3.7 Características e peculiaridades

a) A *conduta* dos cristãos tessalonicenses:

1) Acolheram com alegria a mensagem de Paulo sob aflições (1Ts 1.6) como palavra de Deus (1Ts 2.13).

2) O empenho missionário dos cristãos tessalonicenses é ímpar e exemplar. Provavelmente também realizaram uma missão entre marinheiros, de sorte que sua fé se tornasse mundialmente conhecida (1Ts 1.8).

3) Seguiram o exemplo de Paulo e de seus colaboradores e, por sua vez, também se tornaram exemplos (1Ts 1.6s). Existe um efeito recíproco entre o discipulado fiel e a função de exemplo.

4) Característica dos cristãos tessalonicenses eram obras de fé, trabalho no amor, perseverança na esperança (1Ts 1.3), firmeza no Senhor (1Ts 3.8) e amor fraterno (1Ts 4.9s).

b) Acerca da *volta de Jesus Cristo*:

1) Os tessalonicenses se converteram para servir a Deus e esperar pelo Filho (1Ts 1.10).

2) Paulo se alegra que, quando Cristo retornar, os tessalonicenses farão parte de sua "coroa de vitória" (1Ts 2.19).

3) Paulo deseja aos tessalonicenses que, quando Jesus retornar, seus corações sejam fortalecidos "para serem irrepreensíveis em santidade diante de nosso Deus" (1Ts 3.13).

4) O *arrebatamento dos santificados* por ocasião da volta de Jesus (1Ts 4.13-18). Aliadas ao que consta em 1Coríntios 15.51-53, encontramos nessa passagem de 1Tessalonicenses indicações extremamente relevantes acerca da questão do arrebatamento.

---

[265] A maioria concorda em que 1Tessalonicenses foi escrita no começo da permanência em Corinto. Os números dos anos oscilam de 50 a 51, em introduções antigas até 53 (como em F. BARTH, op. cit., p. 23; F. GODET, op. cit., v. 1, p. 90; T. ZAHN, *Einleitung*, v. 1, p. 147; A. JÜLICHER, op. cit., p. 45, indica 53-54), dependendo da cronologia referente à atuação de Paulo.

c) *Santificação*. Os temas santidade e santificação (ἁγιωσύνη — hagiōsynē; ἁγιασμός — hagiasmos; ἁγιάζειν — hagiazein) revestem-se de grande importância em 1Tessalonicenses (cf. 1Ts 3.13; 4.3s,7; 5.23).[266]

5.4 A segunda carta aos Tessalonicenses

5.4.1 Conteúdo e subdivisão

Versículo-chave:

> O Senhor é fiel; ele os fortalecerá e os guardará do maligno (2Ts 3.3).

5.4.1.1 Subdivisão

1.	Autor, destinatários e saudação (prescrito e epítetos)	2Ts 1.1,2
2.	Gratidão e intercessão pela igreja (proêmio)	2Ts 1.3-12
	Gratidão pela constância da igreja	2Ts 1.3,4
	O juízo sobre os perseguidores da igreja e a glorificação dos crentes na volta do Senhor	2Ts 1.5-10
	Oração por aprovação e aperfeiçoamento dos crentes para a glorificação de Jesus	2Ts 1.11,12
3.	Aparição do "ser humano do pecado" antes da volta de Cristo	2Ts 2.1-12
	Advertência diante de sedutores em vista da parúsia de Jesus	2Ts 2.1-3a
	Aparição do Anticristo e seu poder de sedução satânico	2Ts 2.3b-10
	O juízo sobre o adversário e sobre todos que se deixaram seduzir, na volta do Senhor	2Ts 2.8b,11,12
4.	Exortação para perseverar na verdade	2Ts 2.13-17
	Gratidão pela eleição dos tessalonicenses	2Ts 2.13,14
	Exortação de apegar-se à doutrina recebida	2Ts 2.15
	Voto de bênção	2Ts 2.16,17
5.	Exortações finais	2Ts 3.1-15
	Intercessão mútua	2Ts 3.1-5
	Atitude frente a membros desordeiros (preguiçosos) da igreja	2Ts 3.6-15
6.	Saudação e voto de bênção	2Ts 3.16-18

---

[266] Sobre esse tema, cf. E. MAUERHOFER, *Der Kampf zwischen Fleisch und Geist bei Paulus*, 2. ed. (Frutigen: Trachsel, 1981), p. 107ss.

5.4.2 Autoria, autenticidade e integridade

5.4.2.1 Autor

No começo da carta, encontramos os mesmos três nomes de 1Tessalonicenses (*Paulo, Silvano e Timóteo*). Em certo ponto, no meio do texto, Paulo torna a escrever na primeira pessoa do singular (2Ts 2.5), o que nos mostra que Paulo é autor sozinho, e os outros dois, corremetentes. No final da carta, ele salienta que escreve a saudação de próprio punho (2Ts 3.17). Essa saudação é σημεῖον — sēmeion, "sinal" da autenticidade de suas cartas.

5.4.2.2 Confirmação pela igreja antiga

Antes de iluminar a questão da autenticidade, é preciso fixar que na igreja antiga a atestação de 2Tessalonicenses é ainda melhor que a de 1Tessalonicenses.

a) *Inácio* já conhecia 2Tessalonicenses.[267]

b) 2Tessalonicenses foi incluída pelo gnóstico *Marcião* em seu cânon.[268]

c) Possivelmente *Policarpo* já faça uma referência a 2Tessalonicenses.[269]

d) Também *Justino* tinha conhecimento da carta.[270]

e) Como carta paulina, 2Tessalonicenses também fazia parte do *Cânon muratoriano*.

f) *Ireneu* menciona "a segunda (carta) aos Tessalonicenses" e cita de 2Tessalonicenses 2.8s.[271] Cita 2Tessalonicenses 2.4 com a indicação expressa de que "o apóstolo" ("*apóstolos*")[272] ou Paulo[273] teria escrito essas palavras.

g) *Clemente de Alexandria* cita 2Tessalonicenses 3.1s com a observação de que isso foi dito "pelo apóstolo".[274]

h) *Tertuliano* traz, pouco depois de uma citação de 1Tessalonicenses, outra de 2Tessalonicenses 2.1ss e escreve que ela consta *in secunda* — "na segunda

---

[267] INÁCIO, *Epístola aos magnésios*, 9 (em uma versão mais longa do texto), cita 2Ts 3.10.
[268] Cf. EPIFÂNIO, *Panarion*, livro XXLII, 9.
[269] POLICARPO, *Aos Filipenses*, 11.4/2Ts 3.15. Quando E. LOHSE, *Entstehung*, p. 54, escreve que Policarpo cita 2Tessalonicenses, porém se trata de exagero.
[270] JUSTINO, *Diálogo com Trifão*, 32.110 (apud M. MEINERTZ, op. cit., p. 87).
[271] IRENEU, *Contra heresias*, livro III, 7.2. Cf. tb. livro IV, 29.1/2Ts 2.11s.
[272] IRENEU, *Contra heresias*, livro V, 25.1. Cf. tb. livro IV, 27.4/2Ts 1.6ss.
[273] IRENEU, *Contra heresias*, livro III, 6.5. Cf. tb. livro V, 25.3/2Ts 2.8ss.
[274] CLEMENTE DE ALEXANDRIA, *Stromateis*, livro V, 3/2Ts 3.2.

(carta)".²⁷⁵ Em outro local, refere-se a 2Tessalonicenses como sendo escrita por Paulo.²⁷⁶

i) Quanto a um testemunho consideravelmente mais tardio, referimos a *Cosmas Indicopleustes* (c. 550), que cita o texto de 2Tessalonicenses 1.7-9 como escrito por Paulo "na segunda (carta) aos Tessalonicenses".²⁷⁷

5.4.2.3 Autenticidade e integridade

a) Análise das objeções contra a autenticidade

Antes de chegar à apresentação das objeções contra a autenticidade, reproduziremos uma declaração de Godet que caracteriza de forma certeira a crítica aos escritos paulinos:

> Tão logo a crítica encontra certa analogia entre dois escritos paulinos, ela tira proveito disso, considerando um deles mera imitação do outro por meio de um falsificador. Quando, porém, encontra uma divergência, ela a vê como contradição. Disso resultaria, por fim, que o Paulo genuíno teria podido escrever somente uma única carta. Se tivesse escrito uma segunda, ela poderia ou ter apenas repetido a primeira, ou ser diferente dela. Em ambos os casos, porém, seria alvo de suspeita.²⁷⁸

Foram apresentadas pela primeira vez ressalvas contra a autenticidade de 2Tessalonicenses no ano de 1801 por J. E. C. Schmidt.²⁷⁹

Arrolamos aqui os mais diversos argumentos e alegações contra a autenticidade:

1) Como argumento principal contra a autenticidade de 2Tessalonicenses postula-se uma *dependência literária de 1Tessalonicenses*.²⁸⁰ Kern foi o primeiro a

---

[275] TERTULIANO, A ressurreição dos mortos, 24.12ss.

[276] TERTULIANO, *Scorpiace*, 13.1/2Ts 1.4s.

[277] COSMAS INDICOPLEUSTES, *Topographia Christiana*, livro V, 259.

[278] F. GODET, op. cit., Cf. 1, p. 102.

[279] J. E. C. SCHMIDT, Vermuthungen über die beyden Briefe an die Thessalonicher, in: *Bibliothek für Kritik und Exegese des Neuen Testaments und älteste Christengeschichte* (Hadamar: [s.n], 1801), v. 2, fasc. 3, p. 380-6 (apud H.-M. SCHENKE & K. M. FISCHER, op. cit., v. 1, p. 194; W. TRILLING, *Untersuchungen zum zweiten Brief an die Thessalonicher* [Leipzig: Benno, 1972], p. 13; W. TRILLING, op. cit., p. 159ss, reproduziu o texto de Schmidt).

[280] Cf. F. LAUB, Paulinische Autorität in nachpaulinischer Zeit (2 Thes), in: R. F. COLLINS, op. cit., p. 403; H.-M. SCHENKE & K. M. FISCHER, op. cit., v. 1, p. 194s.

erigir esse postulado em 1839.²⁸¹ O peso maior da pesquisa de Kern incidiu sobre 2Tessalonicenses 2.1-12. Esses versículos teriam surgido no entorno de Apocalipse 13.3ss e 17.10s.²⁸² "Um aluno de Paulo teria rodeado essa pintura apocalíptica de uma moldura" que ele extraiu dos materiais de 1Tessalonicenses.²⁸³

Vários autores referem alguns paralelos entre 1Tessalonicenses e 2Tessalonicenses, que devem evidenciar uma dependência literária. Um terço do vocabulário seria comum a ambas as cartas.²⁸⁴ Cada um dos temas e blocos teria sido deslocado e retrabalhado. Contudo, justamente a novidade que consta em 2Tessalonicenses daria a impressão de "não ser provocada por uma causa real, mas, pelo contrário, de ser uma revisão do texto conhecido".²⁸⁵ Weizsäcker e outros descrevem também a modificação de cada um dos temas, que desde já acrescentaremos a cada um dos pontos da postulada dependência.

α) No começo das duas cartas são citados os mesmos nomes como autores.²⁸⁶

β) "Tribulação e perseguição dos crentes em Tessalônica" seriam tema idêntico em ambas as cartas.²⁸⁷ "A constância elogiada na primeira parte, em comparação com a ação dos perseguidores, torna-se contraste apreensivo do juízo divino vindouro, com salvação para uns e castigo para os demais."²⁸⁸

γ) Igualmente consta em ambas as cartas a solicitação aos cristãos em Tessalônica, "para corroborar os ensinamentos apostólicos com sua conduta, e preservar a decência e boa fama para fora".²⁸⁹ "A recordação dos mandamentos éticos do evangelho torna-se recomendação de fidelidade ao apóstolo e sua doutrina."²⁹⁰

Posicionamento: Com Kümmel, preservamos que a referência à enfática "autoridade do apóstolo e à tradição por ele transmitida (2Ts 2.2,15; 3.4,6,10,12,14)

---

²⁸¹ F. H. KERN, Über 2 Thess 2.1-12 — Nebst Andeutungen über den Ursprung des 2. Briefes an die Thessalonicher, TübZTh, n. 2, 1839, p. 145-214 (apud W. Trilling, op. cit., p. 13ss, 166).

²⁸² Pelo que se depreeende, Kern data esses trechos de Apocalipse e, na sequência, também a passagem de 2Tessalonicenses em c. 68-70 (cf. P. FEINE, op. cit., p. 112).

²⁸³ P. FEINE, op. cit., p. 112.

²⁸⁴ E. LOHSE, *Entstehung*, p. 54.

²⁸⁵ C. WEIZSÄCKER, *Das Apostolische Zeitalter der Christlichen Kirche*, 2. ed. (Freiburg: Mohr, 1892), p. 250.

²⁸⁶ C. WEIZSÄCKER, op. cit., p. 249.

²⁸⁷ C. WEIZSÄCKER, op. cit., p. 249.

²⁸⁸ C. WEIZSÄCKER, op. cit., p. 250. Cf. H. KÖSTER, op. cit., p. 680.

²⁸⁹ C. WEIZSÄCKER, op. cit., p. 249.

²⁹⁰ C. WEIZSÄCKER, op. cit., p. 250. Cf. H. KÖSTER, op. cit., p. 680.

desconhece que em 1Tessalonicenses 4.1s; 1Coríntios 7.25,40; 14.37; Gálatas 5.2; Filipenses 2.12 Paulo não dá menos ênfase à sua autoridade apostólica".[291]

δ) Os cristãos de Tessalônica não se deveriam furtar, sob o manto da fé, ao trabalho e aos deveres de sua vida.[292] Também essa parte lhe serviria de pretexto para "incutir a autoridade do apóstolo no exemplo e na doutrina, razão pela qual também na primeira carta teria sido traçada a recordação da laboriosa vida do próprio apóstolo".[293]

ε) As duas cartas teriam em comum a "preocupação dos crentes com a expectativa da parúsia e o impaciente suspense por ela".[294] O ensinamento acerca do destino dos crentes finados na volta de Cristo e acerca da chegada surpreendente da parúsia se tornariam "uma advertência diante da opinião de que ela pudesse chegar já de imediato".[295]

Posicionamento: 2Tessalonicenses não retira nada da expectativa escatológica da primeira carta. Paulo, no entanto, combate em 2Tessalonicenses a ideia de que a prontidão demandada para a volta de Jesus significaria a dissolução dos relacionamentos terrenos "e por isso também depreciaria o valor dos deveres terrenos". Paulo demonstra que a volta de Jesus "também constitui o alvo de uma trajetória terrena da história conduzida por Deus, convidando para prestar atenção a ela".[296]

Certas semelhanças entre 2Tessalonicenses 2 e os discursos escatológicos de Jesus (cf. Mt 24; Mc 13; Lc 21) também mostram que Paulo estava muito bem familiarizado com o conteúdo da proclamação de Jesus.

ξ) Wrede considera que a dependência literária reside principalmente na estrutura das duas cartas.[297] Seria notório, entre outros, que as ações de graças em

---

[291] W. G. KÜMMEL, op. cit., p. 230.
[292] C. WEIZSÄCKER, op. cit., p. 249.
[293] C. WEIZSÄCKER, op. cit., p. 250. Cf. H. KÖSTER, op. cit., p.680.
[294] C. WEIZSÄCKER, op. cit., p. 249.
[295] C. WEIZSÄCKER, op. cit., p. 250. Cf. H. CONZELMANN & A. LINDEMANN, op. cit., p. 190; H. KÖSTER, op. cit., p. 680; E. LOHSE. *Entstehung*, p. 53s. Visto que Lohse presume tal modificação do ensinamento paulino em 2Tessalonicenses, soa curioso quando escreve à p. 54: "Como autêntico comentário de 1Tessalonicenses, 2Tessalonicenses logo encontrou aceitação...". Não fica claro como se deve entender aqui "autêntico".
[296] F. BARTH, op. cit., p. 27.
[297] Cf. W. WREDE, *Die Echtheit des zweiten Thessalonicherbriefes*, TU NF, v. 9, n. 2, 1903 (apud W. SCHMITHALS, *Die Briefe an die Thessalonicher als Briefkompositionen*, p. 297ss). Cf. H.-M. SCHENKE & K. M. FISCHER, op. cit., v. 1, p. 195; P. VIELHAUER, op. cit., p. 96.

1Tessalonicenses 1.10 estejam concluídas, mas sejam retomadas ou repetidas em 1Tessalonicenses 2.13. De maneira idêntica se encerrariam em 2Tessalonicenses 1.12 as ações de graças, sendo continuadas depois em 2Tessalonicenses 2.13. Esse procedimento não ocorreria em outras passagens de Paulo. Importantes paralelos entre a estrutura das duas cartas aos Tessalonicenses, porém, igualmente se constatariam em relação às repetidas tentativas de finalizar a carta.

Posicionamento diante de todo o item 1): Entre 1Tessalonicenses e 2Tessalonicenses, Paulo recebeu novas notícias de Tessalônica. Quando soube que na igreja havia o risco de penetração de mal-entendidos em relação a temas que ele, entre outros, também já havia tratado na primeira carta, podia muito bem expressar na segunda carta as mesmas ideias, ou ideias análogas e complementares com outras palavras, para dirimir esses mal-entendidos[298] e externar exortações (1Ts 4.11; 2Ts 3.8-12).

2) Conforme Kern, 2Tessalonicenses 3.17 é uma nota que tinha a finalidade de abrir o acesso da carta inautêntica às igrejas cristãs.[299] Laub bate na mesma direção: "Talvez o autor tenha conhecido 1Coríntios 16.21 [...] talvez também Gálatas 6.11".[300] O autor visava fornecer aos leitores (ao lado de 2Ts 2.2,15; 3.14 ["ao que dizemos nesta carta"]) um segundo critério para poderem diferenciar entre cartas autênticas e inautênticas de Paulo, uma vez que 1Tessalonicenses não apresenta esse sinal, sendo assim indiretamente deslocado para o âmbito da falsificação.[301]

Posicionamento:[302] 2Tessalonicenses 3.17 não podia suscitar desconfiança em relação a 1Tessalonicenses, uma vez que ninguém podia sentir falta em 1Tessalonicenses daquele sinal da autenticidade de cartas paulinas. Afinal, os destinatários sabiam "que na época da redação da primeira carta Paulo ainda não havia sido levado a adicionar o sinal por causa da carta falsamente atribuída a ele em Tessalônica (2Ts 2.2), no período entre a redação da primeira e da segunda".[303]

3) A exortação em 2Tessalonicenses 2.15, de apegar-se ao ensinamento transmitido via oral ou por carta, deveria ser relacionada com 1Tessalonicenses, em caso de uma redação paulina de 2Tessalonicenses. Contudo, 1Tessalonicenses "de forma

---

[298] Cf. O. CULLMANN, op. cit., p. 70.

[299] Apud P. FEINE, op. cit., p. 112. Cf. H.-M. SCHENKE & K. M. FISCHER, op. cit., v. 1, p. 195.

[300] F. LAUB, op. cit., p. 409.

[301] F. LAUB, op. cit., p. 409. Cf. H.-M. SCHENKE & K. M. FISCHER, op. cit., v. 1, p. 195.

[302] A esse respeito, cf. tb. o apêndice desta obra, acerca da questão da pseudepigrafia.

[303] H. E. F. GUERIKE, *Beiträge zur historisch kritischen Einleitung ins Neue Testament* (Halle: Gebauer, 1828), p. 96.

alguma ajudaria na situação mudada".[304] Em decorrência, 2Tessalonicenses 2.15 visaria a orientar a igreja de forma bem geral em Paulo. "Essa orientação na autoridade apostólica, porém, constitui justamente um motivo pós-paulino."[305]

Posicionamento: 2Tessalonicenses 2.15 pode se referir à permanência de Paulo em Tessalônica ("palavra") e igualmente muito bem à 1Tessalonicenses ("carta"). A situação na hora da redação de 2Tessalonicenses não é fundamentalmente outra, e o conteúdo de 2Tessalonicenses não é totalmente novo, mas complementar e explicativo de 1Tessalonicenses. Já naquele tempo 1Tessalonicenses representava uma ajuda para a igreja em Tessalônica, diante de cujo pano de fundo era possível ler e entender 2Tessalonicenses.

4) Em cartas posteriores de Paulo nunca se ouviria algo de que adversários fizessem uso de cartas falsas de Paulo. Na época pós-paulina, porém, os adversários teriam recorrido ao apóstolo como autoridade em favor de sua própria posição.[306]

Réplica: Para esse tempo tardio, Marxsen se baseia em 2Pedro 3.15s. Lá, Pedro escreve que "os ignorantes e inseguros" distorceriam graves trechos das cartas paulinas. Isso, porém, seguramente era possível já em tempos anteriores, ainda que não tenhamos conhecimento de outra passagem, exceto 2Tessalonicenses 2.2. Ademais *não* datamos, como Marxsen, 2Pedro apenas no ano de 130/140,[307] mas pouco antes da morte de Pedro em 66/67 d.C., como carta autêntica do apóstolo Pedro (cf. abaixo).

5) Não por causa de dependência literária e modificação dos trechos escatológicos em 2Tessalonicenses, mas por causa de sua aparente contradição com as demais cartas paulinas em relação à escatologia, outros autores como, p. ex., Holtzmann consideram 2Tessalonicenses inautêntica.[308] O conteúdo de 2Tessalonicenses 2.3ss (de que antes da volta Cristo tem de acontecer a apostasia e ser revelado o ser humano do Maligno, que se assenta no templo e se encena como Deus) contrariaria o ensino de Paulo em 1Tessalonicenses 5.2s, de que a volta Cristo viria de forma surpreendente "como um ladrão na noite".[309] 2Tessalonicenses 2.5 pressuporia que

---

[304] W. MARXSEN, op. cit., p. 43.

[305] W. MARXSEN, op. cit., p. 43.

[306] W. MARXSEN, op. cit., p. 44; P. VIELHAUER, op. cit., p. 100.

[307] Cf. W. MARXSEN, op. cit., p. 208.

[308] Foi esse ponto que, em 1801, também destacou J. E. C. SCHMIDT, *Vermuthungen über die beyden Briefe an die Thessalonicher* (cf. P. VIELHAUER, op. cit., p. 95).

[309] Cf. H. J. HOLTZMANN, op. cit., p. 215; W. MARXSEN, op. cit., p. 43; P. VIELHAUER, op. cit., p. 95s.

o autor já tivesse familiarizado os leitores com o conteúdo dos versículos 3s, ou seja, com os eventos prévios à parúsia, enquanto os leitores de 1Tessalonicenses 5.2 têm "um conhecimento nítido" da "impossibilidade absoluta de determinação" da hora.[310]

Os acontecimentos escatológicos de 2Tessalonicenses 2.3s seriam "novidades que se desprendem da moldura de restante da escatologia de Paulo",[311] mas poderiam ser mais consistentemente explicados com base no Apocalipse.[312] A carta seria "escrita para transportar a escatologia apocalíptica para o mundo intelectual paulino (2Ts 2.1-12) e reprimir certas manifestações da mentalidade apocalíptica que na prática eram notadas com desdém (2Ts 3.6-l0)".[313] Holtzmann indica as passagens postuladas da origem dos conteúdos de 2Tessalonicenses com base no Apocalipse, das quais referimos aqui algumas:

α) ἡ ἀποστασία — hē apostasia, "a apostasia" (2Ts 2.3) poderia ser explicada a partir de Apocalipse 13.4,8,12,14s.[314]

β) A autodivinização e a idolatria (2Ts 2.4) poderiam ser explicadas com base em Apocalipse 13.6,12,14s; 19.20.[315]

γ) O "aparecimento do iníquo [...] segundo a eficácia de Satanás, com todo poder, e sinais, e prodígios da mentira" (2Ts 2.9, RA) poderia ser explicada com base em Apocalipse 13.2,12-14; 16.13 e 19.20.[316]

δ) ὁ υἱὸς τῆς ἀπωλείας — ho hyios tēs apōleias, "o filho da perdição" (2Ts 2.3) poderia ser explicado pela expressão εἰς ἀπώλειαν ὑπάγειν — eis apōleian hypagein, "dirigir-se à perdição" (Ap 17.8,11).[317]

---

[310] Cf. H. J. Holtzmann, op. cit., p. 215.

[311] H. J. Holtzmann, op. cit., p. 215. Cf. E. Lohse, Entstehung, p. 54, que escreve que em nenhum outro lugar Paulo descreveria "ainda um drama escatológico". Ainda F. Laub, op. cit., p. 403; H.-M. Schenke & K. M. Fischer, op. cit., v. 1, p. 195. Quanto ao surgimento de novas ideias em 2Tessalonicenses, P. Vielhauer, op. cit., p. 95, escreve corretamente "que nas partes apocalípticas de suas cartas Paulo não projeta uma visão geral do curso das últimas coisas, mas sempre fala delas apenas diante de indagações concretas e situações específicas...". Contudo, não podemos concordar em que "essas ilustrações isoladas tampouco formam um harmonia completa entre si".

[312] H. J. Holtzmann, op. cit., p. 215. É o que também já asseverava Kern (cf. 5.4.2.3). A postulada dependência de Apocalipse foi também para a escola de Tübingen o argumento em detrimento da autenticidade de 2Tessalonicenses (cf. A. Wikenhauser & J. Schmid, op. cit., p. 406).

[313] H. J. Holtzmann, op. cit., p. 216.

[314] H. J. Holtzmann, op. cit., p. 215.

[315] H. J. Holtzmann, op. cit., p. 215.

[316] H. J. Holtzmann, op. cit., p. 215.

[317] H. J. Holtzmann, op. cit., p. 215.

Posicionamento sobre todo o ponto 5): Justamente em 1Tessalonicenses 5 "é explanado que a vinda do Senhor na realidade será uma terrível surpresa para o mundo, para 'os de fora', mas não deveria sê-lo para cristãos, porque eles examinam os sinais dos tempos e aguardam alertas a chegada de seu Senhor".[318]

Os paralelos com Apocalipse são inegáveis, contudo não confirmam a suposição de ideias pós-paulinas e apocalípticas, e sim a *consistência e integridade de conteúdo* do profetismo divino.

6) O autor de 2Tessalonicenses eliminaria, conforme Marxsen, a relação da salvação com a atualidade, em geral comum em Paulo, e consideraria a salvação mero fenômeno futuro.[319]

Posicionamento: Um nexo da salvação com a atualidade está em 2Tessalonicenses 2.13, onde fica evidente que a eleição para a salvação se explicita na vida presente dos tessalonicenses na "santificação por intermédio do Espírito e na fé na verdade".

7) Nas duas descrições apocalípticas de 2Tessalonicenses 1.7b-10 e 2.3-12 faltaria qualquer citação de uma personalidade do passado reverenciada naquele tempo, ou um recurso a uma delas.[320] Especificamente Holland esperaria uma citação de Jesus. Afinal, recorrer a autoridades maiores teria sido usual nesses cenários apocalípticos.[321] A ausência desse recurso a uma autoridade do passado poderia ser explicada se a carta fosse atribuída a um autor deuteropaulino. "Em um caso desses o próprio Paulo é a figura reverenciada do passado, cuja autoridade constituía a base para o cenário apocalíptico apresentado por um autor de geração posterior."[322]

Posicionamento: Em momento algum 2Tessalonicenses apresenta Paulo como figura reverenciada do passado, mas reivindica ser uma carta autêntica do apóstolo. O postulado de Holland parte de características hipotéticas que deveriam estar presentes em pretensos textos apocalípticos, mas que não se confirmam em escritos bíblicos. Além disso, constata-se somente muito mais tarde uma literatura "apocalíptica cristã",

---

[318] F. BARTH, op. cit., p. 29. Cf. F. GODET, op. cit., v. 1, p. 103; M. MEINERTZ, op. cit., p. 86. Além disso, B. WEISS, *Einleitung*, p. 175, nota 1: "A sedução dos descrentes, porém, por meio do Anticristo (2Ts 2.10s), com certeza não exclui que eles sigam vivendo em paz e segurança (1Ts 5.3) e não suspeitem nada acerca da perdição que lhes traz o iminente juízo".

[319] W. MARXSEN, op. cit., p.43.

[320] G. HOLLAND, "A Letter Supposedly from Us" — A Contribution in the Discussion about the Authorship of 2 Thessalonians, in: R. F. COLLINS, op. cit., p. 400.

[321] Cf. G. HOLLAND, op. cit., p. 398.

[322] G. HOLLAND, op. cit., p. 401.

de modo que não se pode recorrer a ela nem mesmo para uma comparação formal, muito menos para uma comparação do conteúdo.

8) O autor de 2Tessalonicenses argumenta "como se não soubesse nada" da existência de 1Tessalonicenses, "embora a imite em termos literários".[323] Apesar do uso literário intensivo, o autor da segunda carta silencia acerca da primeira. Em nenhum momento o "autor pseudônimo" reivindica autoridade apostólica de modo a "permitir que o Paulo" da primeira carta "se explique a si próprio, deixando-o dizer, p. ex., na intenção principal de seu escrito, o entendimento correto da expectativa da parúsia (2Ts 2.1-12): o que vos escrevi em minha carta anterior acerca da expectativa da parúsia deve ser entendido desse e daquele modo sob as atuais circunstâncias."[324] O autor, portanto, não visaria interpretar a escatologia de 1Tessalonicenses em si, mas substituí-la. Por isso, ele tentaria fazer valer a autoridade de Paulo para sua carta, contrapondo-a a 1Tessalonicenses, praticamente dando a entender aquela como falsificação.[325]

9) A ideia do juízo em 2Tessalonicenses 1.5-10 não seria paulina.[326]

Posicionamento: Podemos apresentar as mais diversas passagens de cartas universalmente reconhecidas como sendo de Paulo, a fim de mostrar que essa ideia de juízo não era estranha a Paulo (cf., entre outras, Rm 2.8; 12.19; Fp 1.28).

10) 2Tessalonicenses evidenciaria "consistentemente traços judaicos e moralizantes".[327]

Posicionamento: Ainda que importe para Paulo em 2Tessalonicenses sempre de novo a configuração concreta da santificação na vida dos crentes, ele não deixa de explicitar reiteradamente que é Deus quem no fundo causa essa santificação (cf. 2Ts 1.11; 2.13,17; 3.3,5). Isso retira o alicerce de qualquer esforço moral por força própria. A carta, portanto, não apenas não mostra traços moralizantes, mas se contrapõe exatamente a eles.

11) O estilo de 2Tessalonicenses teria "apenas um parentesco distante com o estilo paulino de pensar e escrever".[328] Em 2Tessalonicenses dominariam certa

---

[323] F. Laub, op. cit., p. 404. Cf. A. Wikenhauser & J. Schmid, op. cit., p. 407.
[324] F. Laub, op. cit., p. 404.
[325] F. Laub, op. cit., p. 407s.
[326] H.-M. Schenke & K. M. Fischer, op. cit., v. 1, p. 195.
[327] H.-M. Schenke & K. M. Fischer, op. cit., v. 1, p. 195.
[328] W. Trilling, op. cit., p. 66.

parcimônia na expressão e o uso de expressões pré-formuladas, em contraposição ao calor humano encontrável em 1Tessalonicenses.[329]

Réplica: Trilling cita elementos estilísticos tipicamente paulinos que supostamente faltariam em 2Tessalonicenses. Com esse argumento contra a autenticidade de uma carta depararemos sempre em outras cartas. Com análises de estilo se pode comprovar quase tudo.[330] Decisão prévia já constitui a questão sobre quais são as outras cartas e, em decorrência, quais os elementos estilísticos que se consideram paulinos. Além disso, cabe notar que em uma carta breve evidentemente faltam numerosos elementos de estilo. Ademais, deve-se levar em conta a situação do autor e dos destinatários. Finalmente — chegando ao caso concreto aqui citado — não se pode falar de "ausência de características estilísticas paulinas", se quase em cada caso é preciso mencionar uma ou várias exceções.[331]

b) Objeção contra a integridade

O redator postulado por Schmithals (cf. 1Ts) poria novamente limites à expectativa imediata da volta de Jesus, sem no entanto remeter a parúsia a um futuro distante (cf. 2Ts 2.5-7).[332]

c) Pleito final em favor da autenticidade

Em vista de 2Tessalonicenses 2.2 e 3.17, bem como da indicação do autor no prescrito, consideramos inconcebível uma redação pseudônima.

A autoria paulina também é confirmada pela atestação da igreja antiga.

Summa summarum [síntese geral]: Ao lado de muitos renomados teólogos,[333] defendemos a unidade e autenticidade de 2Tessalonicenses. Nenhum dos postulados de inautenticidade apresentados (mesmo que não tenhamos refutado todos eles detalhadamente) faz justiça ao propósito de 2Tessalonicenses, não tendo condições nem de perto para se impor contra a autoria e autenticidade paulinas de 2Tessalonicenses.

---

[329] W. TRILLING, op. cit., p. 63.

[330] Em contradição a Trilling, W. G. KÜMMEL, op. cit., p. 230, escreve que linguagem e estilo — independentemente de palavras isoladas — são decididamente paulinos.

[331] W. TRILLING, op. cit., p. 64.

[332] W. SCHMITHALS, *Die Briefe des Paulus*, p. 160.

[333] Cf., entre outros, F. BARTH, op. cit., p. 28ss; D. A. CARSON, D. J. MOO & L. MORRIS, op. cit., p. 345s; O. CULLMANN, op. cit., p. 69ss; P. FEINE, op. cit., p. 112ss; D. GUTHRIE, op. cit., p. 592ss; E. F. HARRISON, op. cit., p. 265s; W. G. KÜMMEL, op. cit., p. 228ss; W. MICHAELIS, op. cit., p. 230s; T. ZAHN, *Einleitung*, v. 1, p. 175s.

5.4.3 Objetivo e destinatários[334]

As condições eclesiais pressupostas em 2Tessalonicenses eram as mesmas de 1Tessalonicenses. Paulo, no entanto, obteve novas notícias de Tessalônica ("ouvimos", 2Ts 3.11). Apesar de incessante perseguição, a igreja não fraquejou (2Ts 1.4).

Os destinatários corriam o risco de se deixar influenciar por hereges que tentavam ensinar de diversas maneiras que "o dia do Senhor já [havia] chegado" (2Ts 2.2). "Esse fanatismo exerceu influência nefasta sobre a atitude moral de vários membros da igreja, de modo que Paulo" ordena praticar "severa disciplina eclesial contra esses entusiastas" (2Ts 3.6ss,11ss).[335]

Paulo se defende contra uma carta atribuída a ele (2Ts 2.2), fornece em 2Tessalonicenses 3.17 aos destinatários novamente um sinal claro de uma carta autêntica de sua mão e ensina detalhadamente sobre a atuação do Anticristo antes da volta de Jesus (2Ts 2.1-12).

Com diversas hipóteses sobre os destinatários tentaram-se explicar os problemas, múltiplas vezes descritos, da semelhança literária e de conteúdo das duas cartas aos tessalonicenses.

a) Dibelius considera possível que 2Tessalonicenses tenha sido escrita somente a determinado grupo da igreja em Tessalônica pouco depois de 1Tessalonicenses.[336] Harnack havia imaginado que 2Tessalonicenses tenha sido escrita simultaneamente com 1Tessalonicenses, porém a uma minoria judaico-cristã da igreja.[337]

Posicionamento: Paulo dificilmente teria apoiado uma separação dessas no seio da igreja, escrevendo cartas a esses grupos diversos.[338]

b) Schweizer supõe que 2Tessalonicenses teria sido originariamente uma carta aos Filipenses e enviada ao mesmo tempo que 1Tessalonicenses. Depois teria sido copiada em Tessalônica, acabando no arquivo dessa igreja.[339]

---

[334] Cf., entre outros, L. ALBRECHT, op. cit., p. 549ss; P. FEINE, op. cit., p. 11ss; D. GUTHRIE, op. cit., p. 602s.

[335] P. FEINE, op. cit., p. 112.

[336] M. DIBELIUS, op. cit., p. 101.

[337] A. HARNACK, *Das Problem des zweiten Thessalonicherbriefes* (1910), p. 560ss (apud W. MARXSEN, op. cit., p.42).

[338] Cf. D. GUTHRIE, op. cit., p. 598.

[339] E. SCHWEIZER, Der zweite Thessalonicherbrief ein Philipperbrief?, in: ThZ 1945, p. 90ss (apud W. MARXSEN, op. cit., p.42).

Posicionamento: Nada em 2Tessalonicenses nos torna plausível essa suposição de Schweizer. A carta é claramente dirigida à igreja em Tessalônica. Não há referências na carta que serviriam melhor para a igreja em Filipos que para os tessalonicenses.

c) Schenke e Fischer consideram 2Tessalonicenses "um escrito geral de exortação e ensino" que não havia sido destinado a nenhuma igreja em particular.[340]

Posicionamento: Essa afirmação somente pode ser feita quando não se leva absolutamente a sério o texto da carta. A carta se dirige a uma igreja (2Ts 1.1) e faz referência a situações concretas na época em que Paulo esteve presente nessa igreja (2Ts 3.7ss).

5.4.4 Lugar da redação

5.4.4.1 Em caso de rejeição da autenticidade da carta

a) O lugar do surgimento provavelmente deverá ser buscado "como geralmente em tais pseudepígrafos, ou no lugar para onde a carta supostamente foi dirigida", "ou onde surge pela primeira vez".[341] Por isso, poder-se-ia supor uma igreja paulina da Macedônia ou da Ásia Menor.

5.4.4.2 Em caso de admissão da autenticidade da carta

a) Gregson opina que 2Tessalonicenses tenha sido escrita antes de 1Tessalonicenses (cf. a seguir). Timóteo teria levado 2Tessalonicenses consigo de Atenas para Tessalônica (cf. 1Ts 3.2).[342]

Como local da redação, igualmente diversos manuscritos citam Atenas na subscrição.[343]

b) Alguns poucos manuscritos citam na subscrição Roma como lugar de redação.[344]

c) Com Guthrie, pensamos que 2Tessalonicenses foi escrita pouco depois de 1Tessalonicenses; em todos os casos, antes da próxima visita do apóstolo a Tessalônica

---

[340] H.-M. Schenke & K. M. Fischer, op. cit., v. 1, p. 191.

[341] P. Vielhauer, op. cit., p. 102.

[342] R. Gregson, A Solution in the Problems of the Thessalonian Epistles, EQ, n. 2, 1966, p. 79. Cf. tb. T. W. Manson (apud E. F. Harrison, op. cit., p. 268). Quanto à sequência das duas cartas, cf. a seção seguinte.

[343] Conforme Nestle-Aland^{27}, p. 542: A B¹ P 0278, 81, 1739*, 𝔐.

[344] Conforme Nestle-Aland^{27}, p. 542: 6, 614, 1739^{mg} pc.

(At 20.1ss). Durante a época referida, Corinto é o único lugar em que sabemos que Paulo esteve junto de Timóteo e Silas. É digno de crédito designar Corinto como lugar da redação.[345]

5.4.5 Época da redação

5.4.5.1 Em caso de rejeição da autenticidade da carta

a) Hilgenfeld e, acompanhando-o, Hase, Bahnsen e Pfleiderer datam 2Tessalonicenses para a época de governo de Trajano (98-117), porque pensam ter encontrado no gnosticismo o Anticristo mencionado nessa carta.[346]

b) Para Lohse, 2Tessalonicenses foi redigida no final do século I em grupos "que liam e interpretavam as cartas paulinas".[347]

c) Como a carta pressuporia que "já não existem autógrafos paulinos", ela não poderia ser aproximada demais da morte de Paulo. Ao mesmo tempo, porém, devido à ausência de vestígios de uma grave perseguição a cristãos, ela tampouco poderia ser posicionada perto demais do Apocalipse. Disso, Vielhauer tira a suposição de que 2Tessalonicenses deve ser datada entre 85 e 90.[348]

Posicionamento: A postulação de que "já não existem autógrafos paulinos" de maneira alguma faz justiça ao texto de 2Tessalonicenses e por isso não pode servir de fundamento para a datação.

d) De acordo com Marxsen, a carta pode ter sido escrita "logo após o ano 70".[349] Holtzmann a situa "em época não muito anterior ou em torno de 70",[350] Kern, entre 68 e 70.[351]

---

[345] D. GUTHRIE, op. cit., p. 603. Cf. L. ALBRECHT, op. cit., p. 549; H. APPEL, op. cit., p. 19; D. A. CARSON, D. J. MOO & L. MORRIS, op. cit., p. 347; F. GODET, op. cit., v. 1, p. 100; H. E. F. GUERIKE, op. cit., p. 95; G. HÖRSTER, op. cit., p. 142; W. G. KÜMMEL, op. cit., p. 232; M. MEINERTZ, op. cit., p. 85; H. C. THIESSEN, op. cit., p. 198; B. WEISS. *Einleitung*, p. 172; T. ZAHN, *Einleitung*, v. 1, p. 166.

[346] Cf. H. J. HOLTZMANN, op. cit., p. 216.

[347] E. LOHSE, *Entstehung*, p. 54.

[348] P. VIELHAUER, op. cit., p. 102. De forma análoga H.-M. SCHENKE & K. M. FISCHER, op. cit., v. 1, p. 193, citam o tempo de governo de Domiciano (81-96).

[349] W. MARXSEN, op. cit., p. 44.

[350] H. J. HOLTZMANN, op. cit., p. 216.

[351] F. H. KERN, op. cit., p. 207 (apud W. TRILLING, op. cit., p. 15).

5.4.5.2 Em caso de aceitação da autenticidade da carta

a) Durante a terceira viagem missionária

Michaelis data tanto 2Tessalonicenses como 1Tessalonicenses para a terceira viagem missionária de Paulo durante a permanência em Éfeso[352] (sobre isso, cf. item 5.3.6.2.); contudo, não concordamos com essa datação.

b) Durante a segunda viagem missionária

2Tessalonicenses foi escrita e enviada pouco tempo depois da primeira carta à igreja em Tessalônica.[353] Por isso, a datamos para o ano de 50/51.[354]

5.4.6 A sequência das duas cartas aos Tessalonicenses

Diversas vezes (principalmente desde Hugo Grotius, 1640[355]) eruditos postularam que 2Tessalonicenses teria sido redigida cronologicamente antes de 1Tessalonicenses.

Uma posição solitária é defendida por Appel, dizendo que 1Tessalonicenses foi escrita primeiro e depois retida, até que 2Tessalonicenses fosse escrita e enviada.[356]

Citaremos aqui algumas razões apresentadas em favor da inversão:

a) A ordem tradicional das cartas de Paulo não se orienta segundo a cronologia, mas segundo o comprimento das cartas: conforme a ordem do NT, a carta mais curta sucederia a mais longa.

Réplica: Guthrie enfraquece esse argumento em relação a 2Tessalonicenses, fazendo menção do cânon "mutilado" de Marcião, onde justamente não era decisivo o argumento do comprimento da carta, e Marcião, apesar disso, havia posicionado as cartas na ordem tradicional.[357]

---

[352] W. Michaelis, op. cit., p. 232.

[353] A esse respeito, cf. tb. item 5.4.4.2.c).

[354] Cf. D. A. Carson, D. J. Moo & L. Morris, op. cit., p. 347; P. Feine, op. cit., p. 111; E. F. Harrison, op. cit., p. 268; G. Hörster, op. cit., p. 142; W. G. Kümmel, op. cit., p. 232; M. Meinertz, op. cit., p. 85; H. Stadelmann, Die Entstehungsverhältnisse der paulinischen Briefe — Chronologische Einordnung und Anlass, BuG, n. 4, 1988, p. 355; H. C. Thiessen, op. cit., p. 198. Como já no caso de 1Tessalonicenses, também aqui introduções mais antigas datam, em consonância com sua cronologia de Paulo, um pouco mais tarde (T. Zahn, *Einleitung*, v. 1, p. 166: agosto-setembro de 53; F. Godet, op. cit., v. 1, p. 100: final de 53; F. Barth, op. cit., p. 27: início de 54).

[355] Referência a Grotius em P. Feine, op. cit., p. 111; T. Zahn, *Einleitung*, v. 1, p. 172.

[356] H. Appel, op. cit., p. 18.

[357] D. Guthrie, op. cit., p. 600. Cf. P. Feine, op. cit., p. 111; T. Zahn, *Einleitung*, v. 1, p. 173.

b) Nada em 1Tessalonicenses daria ensejo para o equívoco tratado em 2Tessalonicenses, referente à parúsia.

Réplica: 2Tessalonicenses 2.5 e 3.10 parecem mostrar que as instruções orais do apóstolo foram mal compreendidas e tinham de ser urgentemente explicitadas.[358]

c) A escatologia de 2Tessalonicenses seria "menos madura" e "mais judaica" que a de 1Tessalonicenses.[359]

Réplica: Como já mostramos acima, 1Tessalonicenses e 2Tessalonicenses de modo algum se contradizem em termos escatológicos, mas se complementam de maneira muito valiosa. Se 2Tessalonicenses apresentasse uma escatologia "menos refletida" que 1Tessalonicenses, o mesmo teria de ser afirmado acerca dos discursos escatológicos de Jesus (Mt 24/ Mc 13/ Lc 21), o que é absolutamente insustentável.

d) Em 1Tessalonicenses já teriam passado as tentações (ou tribulações); em 2Tessalonicenses elas ainda estariam por vir.[360] 1Tessalonicenses introduziria "muito material novo como, p. ex., o capítulo 5 com suas numerosas instruções ocultas".[361] Enquanto 2Tessalonicenses ainda teria sido escrita em um tempo de aflição da igreja, 1Tessalonicenses encorajaria a igreja em uma época mais serena para que progrida em seu crescimento.

Réplica: 1Tessalonicenses 3.2ss não fala de aflições terminadas, mas presentes.[362] Logo, não existe contradição com 2Tessalonicenses 1.3ss, sem levar em conta que tempos específicos de tribulação — à semelhança do movimento de ondas — podem ser ora mais intensos, ora mais fracos.

Ao lado disso, também se podia esperar que na primeira carta (1Ts) Paulo ainda aludisse mais detidamente ao tempo da fundação e à primeira evolução (positiva) da igreja que na carta subsequente (2Ts).[363]

e) Em 2Tessalonicenses se falaria de dificuldades internas como de adversidades recém-surgidas, enquanto, afinal, em 1Tessalonicenses tudo já seria bem conhecido (cf., p. ex., 1Ts 4.10-12 com 2Ts 3.6ss).[364]

---

[358] Cf. D. Guthrie, op. cit., p. 600.

[359] Cf. J. C. West, The Order of 1 and 2 Thessalonians, JTS, n. 15, 1913 (apud W. Trilling, op. cit., p. 34s e 170); R. Gregson, op. cit., p. 77.

[360] Cf. J. Weiss, *Das Urchristentum*, Göttingen, 1917, p. 218s, nota 1 (apud W. Trilling, op. cit., p. 33s e 170).

[361] R. Gregson, op. cit., p. 77.

[362] Cf. D. A. Carson, D. J. Moo & L. Morris, op. cit., p. 350; P. Feine, op. cit., p. 111; D. Guthrie, op. cit., p. 600; W. G. Kümmel, op. cit., p. 227.

[363] Cf. E. F. Harrison, op. cit., p. 268.

[364] Cf. J. Weiss, *Das Urchristentum*, p. 218s, nota 1 (apud W. Trilling, op. cit., p. 33s, 170).

Réplica: Justamente aqui se mostra como era necessária a linguagem ainda mais explícita de 2Tessalonicenses, quando pessoas de conduta desordeira não queriam levar a sério 1Tessalonicenses 4.10-12 e as instruções já enviadas oralmente.[365]

f) 1Tessalonicenses 5.1s se referiria à instrução apostólica em 2Tessalonicenses 2.[366] 1Tessalonicenses 4.9,13 se relacionariam com um contato feito anteriormente, i.e., com 2Tessalonicenses.[367]

Réplica: 1Tessalonicenses 5.1s refere-se à instrução oral por Paulo[368] (cf. 2Ts 2.5; 3.10). 1Tessalonicenses 4.9,13 diz respeito ao relato oral de Timóteo (e Silas).[369]

g) O destaque específico dado à assinatura de próprio punho e ao sinal de autenticidade da carta (2Ts 3.17) somente seria compreensível em uma primeira carta a uma igreja, não na segunda.[370]

Réplica: Contra isso cabe argumentar que precisamente em 2Tessalonicenses, onde Paulo adverte contra um escrito pseudopaulino (2Ts 2.2), é apropriado um destaque especial à assinatura apostólica autêntica.[371]

h) Postula-se que, ao visitar Tessalônica (cf. 1Ts 3.1ss), Timóteo já teria levado consigo uma carta, a saber, 2Tessalonicenses, e então teria trazido boas notícias, depois do que fora escrita 1Tessalonicenses.

Réplica: Essa asserção permanece uma suposição injustificável. Se isso fosse concebível, Paulo certamente faria alguma referência a isso, como em 1Coríntios 5.9 e 2Coríntios 2.3s. Além do mais, Timóteo é citado como corremetente, não como entregador.[372]

Com Guthrie e outros, chegamos à conclusão de que nenhuma das razões arroladas é suficientemente consistente para empreender uma transposição cronológica.

Guthrie, no entanto, fornece também pontos positivos que depõem *em favor da sequência tradicional*, dos quais reproduzimos e apoiamos dois:[373]

---

[365] Cf. P. Feine, op. cit., p. 111; W. G. Kümmel, op. cit., p. 227.
[366] Cf. J. Weiss, *Das Urchristentum*, p. 218s, nota 1 (apud W. Trilling, op. cit., p. 33s, 170).
[367] Cf. T. W. Manson (apud W. Trilling, op. cit., p. 33s; D. Guthrie, op. cit., p. 599, nota 4).
[368] Cf. D. Guthrie, op. cit., p. 601; W. G. Kümmel, op. cit., p. 228.
[369] Cf. D. Guthrie, op. cit., p. 601.
[370] Cf. J. Weiss, *Das Urchristentum*, p. 218s, nota 1 (apud W. Trilling, op. cit., p. 33s, 170).
[371] Cf. D. A. Carson, D. J. Moo & L. Morris, op. cit., p. 351; P. Feine, op. cit., p. 111; D. Guthrie, op. cit., p. 601; E. F. Harrison, op. cit., p. 268; T. Zahn, *Einleitung*, v. 1, p. 172s.
[372] Cf. D. Guthrie, op. cit., p. 601; W. G. Kümmel, op. cit., p. 227.
[373] D. Guthrie, op. cit., p. 601s.

a) Os problemas tratados em 1Tessalonicenses parecem ter-se aprofundado.

b) 2Tessalonicenses 2.15 possivelmente alude a uma carta anterior.

Em *síntese,* defendemos a ordem tradicional como sequência cronológica das duas cartas aos Tessalonicenses: 2Tessalonicenses sucede a 1Tessalonicenses.

5.4.7 Características e peculiaridades

Tema principal de 2Tessalonicenses é a *parúsia do Senhor Jesus Cristo.* Por essa razão, encontramos nessa carta respostas a algumas indagações fundamentais em relação à volta de Jesus.

a) Obtemos algumas informações sobre *a maneira como Jesus retornará:*

1) Será manifesto com os anjos em fogo flamejante (2Ts 1.7s).

2) Realizará retribuição e juízo nos que não conhecem a Deus e obedecem ao evangelho (2Ts 1.8). Da mesma maneira, ele retribuirá aos perseguidores da igreja com tribulação (2Ts 1.6).

3) Ao Anticristo, ele eliminará "com o hálito de sua boca" (2Ts 2.8).

4) Aos que foram afligidos por causa da fé ele dará paz (2Ts 1.7).

5) Será glorificado em meio a seus santos (2Ts 1.10).

b) Paulo igualmente comunica algo acerca de *quando* Jesus há de retornar e quais serão os *sinais prévios* de sua vinda. A *apostasia* (2Ts 2.3) precederá o retorno de Jesus. Contudo, também o adversário (igualmente chamado "ser humano da anomia" ou "filho da perdição") há de se manifestar antes (2Ts 2.3s,8ss).

5.5 A primeira carta aos Coríntios

5.5.1 Conteúdo e subdivisão

Expressão-chave: ordem eclesial

Versículo-chave:

> Ninguém pode colocar outro alicerce além do que já está posto, que é Jesus Cristo (1Co 3.11).

5.5.1.1 Subdivisão

1.	**Introdução**	1Co 1.1-9
	Autor, destinatários, saudação (prescrito e epítetos)	1Co 1.1-3
	Oração de gratidão pela graça propiciada aos coríntios (proêmio)	1Co 1.4-9
2.	**Contra discórdias na igreja**	1Co 1.10—4.21
	Exortação de superar a formação de grupos no seio da igreja	1Co 1.10-17

	Pregação da cruz em contraste total com a sabedoria do mundo	1Co 1.18-25
	A igreja de Corinto como prova de que a oposição entre pregação da cruz e sabedoria humana é verdadeira	1Co 1.26-31
	Outra prova: o caráter da pregação do apóstolo ao fundar a igreja	1Co 2.1-5
	Somente o Espírito Santo concede noção da sabedoria divina	1Co 2.6-16
	Partidarismo é sinal de carnalidade	1Co 3.1-10
	O fundamento da fé é Jesus Cristo; o que cada crente edificou sobre ele será manifesto diante do trono do juiz premiador	1Co 3.11-23
	Os apóstolos são exemplos no serviço e sofrimento por Cristo	1Co 4.1-21
3.	**Contra mazelas na igreja**	1Co 5.1—6.20
	Disciplina eclesial em caso de grave libidinagem na igreja	1Co 5.1-13
	Contra o processo perante tribunais gentílicos	1Co 6.1-11
	Advertência contra prostituição; glorificação de Deus com o corpo	1Co 6.12-20
4.	**Respostas a perguntas da igreja**	1Co 7.1—10.33
	Sobre o matrimônio, as questões do divórcio e do celibato	1Co 7.1-40
	A questão de comer carne sacrificada a ídolos	1Co 8.1-13
	A renúncia exemplar do apóstolo a direitos que lhe cabem	1Co 9.1-18
	O apóstolo como servo autêntico e como competidor	1Co 9.19-27
	O fracasso de Israel na peregrinação pelo deserto como advertência aos cristãos	1Co 10.1-13
	Advertência contra participação em ceias de sacrifícios gentílicos; contraposição: a ceia do Senhor	1Co 10.14-22
	Exortação em prol do bom uso da liberdade para comer ou renunciar de carne sacrificada a ídolos	1Co 10.23-33
5.	**Resposta a diversos problemas**	1Co 11.1—14.40
	A posição diversa de homem e mulher como ordem estabelecida por Deus se mostra em dois sinais exteriores: mulher cobre a cabeça ao orar e homem não cobre a cabeça ao profetizar; mulher usa cabelo longo (homem cabelo curto)	1Co 11.1-16
	Exortação sobre a atitude correta na ceia do Senhor	1Co 11.17-34
	A diversidade dos dons espirituais deve favorecer a unidade do corpo e de seus membros	1Co 12.1-31
	O cântico dos cânticos do amor	1Co 13.1-13
	Acerca da importância de falar em línguas em comparação com a profecia	1Co 14.1-25
	Não desordem, mas disciplina e ordem nas reuniões eclesiais	1Co 14.26-40

6. Sobre a ressurreição dos mortos	1Co 15.1-58
A esperança da ressurreição e as testemunhas da ressurreição corporal de Jesus Cristo	1Co 15.1-11
A esperança da ressurreição contra a negação da ressurreição	1Co 15.12-34
A esperança da ressurreição e a forma da ressurreição corporal	1Co 15.35-50
Menção do arrebatamento (cf. 1Ts 4.13-18)	1Co 15.51-53
Triunfo sobre a morte	1Co 15.54-58
7. Final da carta	1Co 16.1-24
Instrução para a coleta em prol da igreja em Jerusalém	1Co 16.1-4
Planos de viagem do apóstolo	1Co 16.5-9
Comunicação acerca de colaboradores	1Co 16.10-18
Saudações e voto de bênçãos	1Co 16.19-24

5.5.2 Breve visão preliminar sobre o contato de Paulo com a igreja[374]

a) A *fundação da igreja em Corinto* por Paulo na segunda viagem missionária (cf. At 18.1-17): Sua permanência dura um ano e meio (At 18.11), de 50 a 52 (na época do procônsul Gálio; At 18.12,14). Seus colaboradores são Timóteo e Silas (Silvano) (At 18.5). Os anfitriões de Paulo são Áquila e Priscila (At 18.2s), que pouco antes tiveram de sair de Roma sob o imperador Cláudio com todos os demais judeus.

b) Corinto, a cidade *da imoralidade e o primeiro escrito do apóstolo* à igreja ameaçada por dentro (1Co 5.9): Paulo encontra-se na terceira migração missionária, mais precisamente em Éfeso, onde reside há três anos. Em Corinto, Apolo entrementes deu continuidade ao trabalho iniciado por Paulo (At 18.27s; 19.1). Paulo recebe informações acerca do risco da igreja em Corinto na área moral e envia um *escrito de exortação* (1Co 5.9), que infelizmente não nos foi preservado.

c) *Indagações de Corinto a Paulo:* A igreja em Corinto faz perguntas por escrito (1Co 7.1). Além disso, pessoas da casa de Cloe informam oralmente sobre acontecimentos na igreja (1Co 1.11). Enviados de Corinto visitam a Paulo em Éfeso (Estéfanas, Fortunato e Acaico: 1Co 16.17).

d) Paulo responde às perguntas e, em parte, aos informes tristes acerca da situação da igreja na presente *1Coríntios* (= segundo escrito) na primavera de 54 (cf. 1Co 16.8), a partir de Éfeso. Os entregadores de 1Coríntios são muito provavelmente Estéfanas, Fortunato e Acaico, citados em 1Coríntios 16.17. Timóteo (1Co 16.10; cf. 4.17) já parece estar a caminho (talvez na Macedônia). Apolo está com

---

[374] Cf. item 5.1.4.5 referente à cronologia de Paulo.

Paulo em Éfeso (1Co 16.12; aparentemente retornou de sua atuação em Corinto [At 19.1]).

e) *A "visita intermediária" do apóstolo:* Infelizmente, porém, a primeira carta não produziu o desejado arrependimento e a purificação da igreja. É muito provável que tampouco Timóteo tenha conseguido algum sucesso. Paulo se decide a realizar uma breve "visita intermediária" em Corinto, onde, no entanto, é gravemente ofendido, retornando triste para Éfeso (2Co 2.1; 7.12; 12.14; 13.1s).[375]

1) Paulo escreve a chamada "carta das lágrimas". Não nos foi preservada, mas é mencionada diversas vezes (2Co 2.3s,9 [principalmente no v. 4]; 7.8,12).[376] Muito provavelmente ela foi entregue por Tito (2Co 7.6s,13ss). Essa carta provoca arrependimento sincero na igreja de Corinto (2Co 7.7s).

g) Paulo sai de Éfeso sob grandes dificuldades (rebelião de Demétrio; At 19.23-40; ano 55). Não viaja diretamente para Corinto, mas por via terrestre para Trôade e passa pela Macedônia (At 20.1ss). Com grande saudade, o apóstolo aguarda em Trôade, e logo depois em Macedônia, que Tito retorne de Corinto, para saber qual foi a reação à "carta das lágrimas" (cf. 2Co 2.13; 7.5-7). Na Macedônia (talvez em Filipos), Tito se encontra com Paulo (2Co 7.5s). O relato de Tito é extremamente animador (2Co 7.13ss).

h) Paulo escreve *2Coríntios* da Macedônia, por volta de 56, a fim de expressar sua alegria e como "escrito de justificação" (cf. 2Co 10-13). Escreve também com a intenção de informar acerca da glória eterna que sucede a todas as aflições (2Co 4.16-18), e anunciar sua terceira chegada (2Co 12.14; 13.1), que, segundo Atos 20.2, aconteceu pouco tempo depois. É muito provável que Tito seja o entregador de 2Coríntios, uma vez que é designado simultaneamente como encarregado principal da equipe da coleta (2Co 8.6ss,16,23; 12.18).

---

[375] Essa "visita intermediária" não é mencionada em Atos, porém deve provavelmente ser inserida entre At 19.20 e 22. O fato de que a visita referida nessas passagens não pode ser identificada com a estadia durante a segunda viagem missionária, quando a igreja em Corinto foi fundada, resulta de que em 2Co 12.14 e 13.1 Paulo anuncia sua "terceira" visita. Em consonância, deve ter acontecido uma visita entre a permanência para a fundação e a chegada anunciada em 2Coríntios. Com argúcias exegéticas N. HYLDAHL, Die Frage nach der literarischen Einheit des Zweiten Korintherbriefes, ZNW, n. 3-4, 1973, p. 297ss, 303, tenta refutar a ocorrência dessa "visita intermediária".

[376] A prova de que Paulo enviou essa carta intermediária à igreja em Corinto foi produzida em época mais recente, pela primeira vez, por F. BLEEK, Erörterungen in Beziehung auf die Briefe Pauli an die Korinther, ThStKr, n. 3, 1830, p. 614-32 (apud N. HYLDAHL, op. cit., p. 290; T. ZAHN, *Einleitung*, v. 1, p. 222). N. HYLDAHL, op. cit., p. 299, identifica a "carta das lágrimas" com 1Coríntios.

5.5.3 Informes gerais sobre a cidade de Corinto[377]

Corinto figurava entre as mais importantes cidades da Grécia. Em 146 a.C. a cidade foi destruída pelo cônsul romano L. Múmio, depois que se rebelou por certo tempo contra Roma, tendo ocorrido uma revolução social sob o ditador Critolau (a cidade era membro da federação da Acaia). Os habitantes de Corinto foram conduzidos à escravidão.

Em 46 a.C. a cidade foi reconstruída sob Júlio César. Em 29 a.C. Augusto a tornou capital da província romana da Acaia, que passou a ser separada da Macedônia e administrada por um procônsul.

A cidade situava-se em um lugar econômica e estrategicamente muito importante na extremidade ocidental do istmo entre o continente grego e a península do Peloponeso. Tanto o comércio da Grécia no Peloponeso como o comércio que cruzava o istmo de um porto para o outro estavam sob o controle dessa cidade. Justamente esse último aspecto era importante porque muitos bens de transporte eram levados por meio de uma espécie de "trem" (chamado *diolkos*) sobre a faixa de terra do istmo, em vez de por navios na perigosa circunavegação do Peloponeso. A 2,5 quilômetros a oeste de Corinto situava-se o porto Lechaion, no golfo de Corinto. O porto de Cencreia distava 14 quilômetros a leste da cidade de Corinto, no golfo Sarônico.

Em função dessa localização favorável, Corinto tornou-se uma próspera cidade comercial. A cidade também tinha importância cultural e religiosa, com diversos templos. Era cenário dos jogos ístmicos. Sobre uma colina, chamada de Acrocorinto, havia um templo da deusa Afrodite. Com o culto em honra a essa deusa grega do amor associava-se a prostituição em larga escala, de modo que a imoralidade da cidade de Corinto se tornasse proverbial.

Em conexão com a ativa vida comercial, havia também contrastes sociais extremos entre os numerosos escravos e os ricos mercadores.

5.5.4 Sobre a fundação da igreja por Paulo[378]

Na segunda viagem missionária, Paulo veio de Macedônia (Filipos, Tessalônica e Bereia) a Atenas.

---

[377] Cf. O. CULLMANN, op. cit., p. 74s; P. FEINE, op. cit., p. 124s; D. GUTHRIE, op. cit., p. 432; J. H. HARROP, Corinth, in: IBD, v. 1, p. 313s; W. MICHAELIS, op. cit., p. 167; R. RIESNER, Korinth, in: GBL, v. 2, p. 816; A. WIKENHAUSER & J. SCHMID, op. cit., p. 421s; D. P. COLE, Corinth and Ephesus — Why Did Paul Spend Half His Journeys In These Cities?, in: H. SHANKS & D. P. COLE (Org.), *Archaeology and the Bible — The Best of BAR*, 2. ed. (Washington: Biblical Archaeology Society, 1992), v. 2, p. 282ss.

[378] Cf. W. MICHAELIS, op. cit., p. 167ss.

Enquanto em outras localidades se formaram igrejas cheias de vitalidade, isso não lhe sucedeu em Atenas (At 17.34; também mais tarde não é mencionada nenhuma igreja em Atenas) [...] Em vista da grande tarefa que o aguardava em Corinto, o insucesso em Atenas deve ter pesado gravemente sobre Paulo (1Co 2.1ss). Ademais, ele, que sempre tivera consigo companheiros, estava agora sozinho [...] Solitário alcançou Corinto, onde, porém, em breve se encontrou com Áquila e Priscila (At 18.2s), que haveriam de se tornar muito importantes para a continuidade de seu trabalho missionário, até mesmo fora de Corinto [...]. Na sinagoga de Corinto, Paulo registrou um sucesso inicial entre judeus e prosélitos (At 18.4). Então se juntaram a ele também Silas e Timóteo (At 18.5). Depois de um choque com os judeus, Paulo realizou a separação com uma palavra semelhante a Atos 13.46 [...], voltando-se desde então aos gentios (At 18.6).[379]

Desde aquela hora ele pregava na casa de um prosélito de nome Tício Justo, diretamente ao lado da sinagoga. Lá, numerosos habitantes de Corinto — entre eles até mesmo o presidente da sinagoga, Crispo — abraçaram a fé em Jesus Cristo. Paulo batizou-o, além de um certo Gaio e Estéfanas e sua casa (1Co 1.14,16).

É presumível que a igreja tivesse predominantemente caráter gentílico-cristão (cf. 1Co 12.2), oriunda em boa parte de segmentos inferiores da sociedade (1Co 1.26ss). Também pessoas com passado de má fama não faltavam na igreja (1Co 6.11).

Nos dezoito meses da atuação de Paulo, a igreja provavelmente atingiu um contingente considerável (cf. At 18.8ss).

5.5.5 Objetivo e destinatários

5.5.5.1 Destinatários

A carta cita como destinatários a "igreja de Deus que está em Corinto" (1Co 1.2). Porém, além dela a carta também se dirige "a todos os que, em toda parte, invocam o nome de nosso Senhor Jesus Cristo" (1Co 1.2).

5.5.5.2 Objetivo[380]

Nesta carta, Paulo trata de diversas perguntas e informes que o haviam alcançado desde Corinto. Às vezes parece que na sequência, partindo de algum termo-chave de

---

[379] Cf. W. Michaelis, op. cit., p. 167ss.
[380] Sobre isso, cf. o exposto sucintamente no item 5.5.2 . Cf. tb. L. Albrecht, op. cit., p. 431ss; W. Michaelis, op. cit., p. 170ss.

sua resposta, ele também assume outros temas que não estão diretamente relacionados com as perguntas e os relatos (p. ex., 1Co 9).

Pelo informe das pessoas da família de Cloe, Paulo soube que havia discórdias entre os membros da igreja em Corinto (1Co 1.11). Em razão disso, Paulo se pronuncia exaustivamente, recorrendo a diversos aspectos das atitudes recíprocas no seio da igreja. Os membros da igreja não devem visar à sabedoria própria (1Co 1.18—2.16). Não devem se distanciar uns dos outros, tampouco se apegar a um apóstolo ou mestre (1Co 1.12ss). Contudo, surgindo divergências de opinião, os membros da igreja não devem comparecer diante de um juiz não crente (1Co 6.1ss). Imorais que se chamam cristãos devem ser consequentemente excluídos da igreja (1Co 5).

Paulo responde ainda a perguntas que lhe foram trazidas por escrito. Tratam principalmente de matrimônio, celibato e divórcio (cap. 7).

Nos mesmos escritos também devem ter constado perguntas acerca do consumo de carne sacrificada a ídolos. Essa interrogação candente passa a ser analisada na sequência (1Co 8.1ss; 10.14ss).

Paulo também fornece instruções sobre o comportamento de homens e mulheres na igreja (1Co 11.1ss), bem como acerca de como lidar com diferentes dons do Espírito Santo (1Co 12-14).

Aparentemente Paulo também ouviu diversas afirmações questionáveis acerca da ressurreição (cf. 1Co 15.12). Por isso, explica as correlações entre a ressurreição de Cristo, a ressurreição dos crentes no retorno de Jesus, e a ressurreição geral para o juízo final (cap. 15).

5.5.6 Autoria, autenticidade e integridade

5.5.6.1 Autoria

No prescrito *Paulo* se define pelo nome como autor da carta, "chamado para ser apóstolo de Cristo pela vontade de Deus" (1Co 1.1). Podemos depreender pela segunda vez sua autoria na questão do combate ao partidarismo dos coríntios, uma vez que faz a pergunta retórica se, afinal, foi Paulo crucificado por eles ou se foram batizados em nome de Paulo. Na sequência, ele imediatamente passa a falar na primeira pessoa acerca de sua atividade como batista (1Co 1.13ss). Em 1Coríntios 3.4ss ele discorre sobre si e Apolo de uma maneira que claramente o identifica com o nome de Paulo. Em 1Coríntios 16.21 ele acrescenta uma saudação com assinatura pessoal: "Eu, Paulo, escrevi esta saudação de próprio punho".

Além disso, Paulo cita *Sóstenes* como corremetente (1Co 1.1).[381] Esse nome ocorre apenas mais uma vez no NT: é citado em Atos 18.17 como presidente da sinagoga em Corinto, açoitado pelos judeus diante do tribunal do procônsul Gálio, depois que não reagiu à queixa dos judeus contra Paulo. Não é possível dizer com segurança se os nomes desses dois textos se referem à mesma pessoa.

5.5.6.2 Tradição da igreja antiga

a) Já *Clemente de Roma* (c. 95) traz uma clara referência a 1Coríntios:

> Acolhei a carta do ditoso apóstolo Paulo. Que vos escreveu ele primeiro no começo do evangelho? Em verdade ele vos escreveu espiritualmente a respeito de si e de Cefas, e também de Apolo, porque naquele tempo havíeis formado partidos.[382]

Ainda encontramos nele outras alusões a trechos de 1Coríntios.[383]

b) Também em *Inácio* ocorrem alusões a versículos de 1Coríntios.[384]

c) 1Coríntios integrava o cânon mutilado do herege *Marcião*.[385]

d) *Policarpo* cita quase literalmente 1Coríntios 6.2a com uma referência de que Paulo teria ensinado isso.[386] Em outra ocasião, torna a aludir a 1Coríntios 6.9.[387]

e) Uma possível alusão constata-se em *Justino*.[388]

f) *Atenágoras* (c. 177) demonstra conhecimento de 1Coríntios.[389]

g) A carta é mencionada no *Cânon muratoriano* como carta de Paulo.

h) *Ireneu* cita com frequência textos de 1Coríntios, indicando Paulo como autor.[390] Em outras ocasiões, ele simplesmente aponta para a carta aos Coríntios, sem distinguir entre 1Coríntios e 2Coríntios, embora fique evidente da afirmação

---

[381] Como as outras pessoas citadas nos prescritos paulinos, Sóstenes não era coautor, mas corremetente (discordando de J. MURPHY-O'CONNOR, Co-authorship in the Corinthian Correspondence, *Revue Biblique*, n. 4, 1993, p. 562-79).

[382] CLEMENTE, 47.1-3.

[383] CLEMENTE, 37.5/1Co 12.15ss; 49.5/1Co 13.4ss.

[384] INÁCIO, *Epístola aos efésios*, 16.1; *Epístola aos filadelfos*, 3.3/1Co 6.9s; *Epístola aos efésios*, 18.1/1Co 1.18-20; *Epístola aos romanos*, 5.1/1Co 4.4.

[385] Cf. EPIFÂNIO, *Panarion*, livro XXLII, 9.

[386] POLICARPO, *Aos Filipenses*, 11.2.

[387] POLICARPO, *Aos Filipenses*, 5.3.

[388] JUSTINO, *Diálogo com Trifão*, 35.132/1Co 11.19.

[389] ATENÁGORAS, *Sobre a ressurreição dos mortos*, 3.2; 18.5/1Co 15.53.

[390] Como, p. ex., IRENEU, *Contra heresias*, livro I, 8.2/1Co 15.8; livro III, 2.1/1Co 2.6; livro IV, 14.3/1Co 10.4; livro IV, 15.2/1Co 7.12.

ou da citação que ele se refere a 1Coríntios.[391] Igualmente, encontramos alusões livres a passagens de 1Coríntios.[392]

i) Os escritos de *Tertuliano* denotam conhecimento de 1Coríntios.[393] Ele cita em parte de maneira literal.[394]

j) Na *Carta a Diogneto* (datação incerta; talvez c. 200) consta uma citação de 1Coríntios 8.1b.[395]

k) *Clemente de Alexandria* cita a "primeira carta aos Coríntios"[396] e em outra oportunidade fala simplesmente da "carta aos Coríntios"[397] ou cita sem maiores detalhes de 1Coríntios.[398]

5.5.6.3 Autenticidade

A autenticidade não é mais questionada hoje nem mesmo pelas introduções críticas ao NT.[399]

5.5.6.4 Integridade

Diversas tentativas foram feitas para reconstruir, a partir da própria 1Coríntios, a "carta perdida" citada em 1Coríntios 5.9. Algumas dessas hipóteses de reconstrução (ou subdivisão de 1Co) serão referidas aqui:

1) Weiss atribuiu a essa carta antiga as partes de 1Coríntios 10.1-22; 6.12-20; 9.24-27; 11.2-34.[400] Acompanharam-no Schenke e Fischer, atribuindo adicionalmente o capítulo 15 — e possivelmente o capítulo 13 — a essa "carta prévia".[401]

---

[391] IRENEU, *Contra heresias*, III, 11.9/1Co 11.4s; 13.1/1Co 15.11 etc.

[392] IRENEU, *Contra heresias*, III, 11.4/1Co 11.28 etc.

[393] TERTULIANO, *A ressurreição da carne*, 42/1Co 15.51 (apud M. MEINERTZ, op. cit., p. 100); A prescrição dos hereges, 33/1Co 15.12.

[394] TERTULIANO, *A castidade*, 20.2/1Co 9.6.

[395] *Carta a Diogneto*, 12.5.

[396] CLEMENTE DE ALEXANDRIA, *O pedagogo*, 1.6/1Co 14.20.

[397] CLEMENTE DE ALEXANDRIA, *Stromateis*, livro V, 12/1Co 2.6s.

[398] CLEMENTE DE ALEXANDRIA, *Stromateis*, livro I, 1.117/1Co 11.27s; 11.127/1Co 3.19s; 11.128/1Co 4.19s etc.

[399] Aqui não reagiremos mais à crítica dos "holandeses radicais" e de Steck no séc. XIX (para tanto, cf. o exposto sobre Gálatas).

[400] J. WEISS, Der erste Korintherbrief, in: *Meyer*, 9. ed. (Göttingen: Vandenhoeck & Ruprecht, 1910), v. 5 (apud H.-M. SCHENKE & K. M. FISCHER, op. cit., v. 1, p. 99, 105).

[401] H.-M. SCHENKE & K. M. FISCHER, op. cit., v. 1, p. 94. Sobre o cap. 13 eles supõem que também poderia ser um "hino cristão" não paulino (mais tarde, atribuído a Paulo pelas igrejas), "que somente

2) Dinkler constata essa carta perdida em 1Coríntios 6.12-20; 9.24- 27; 10.1-22; 11.2-34; 12—14.[402]

3) Schmithals desmembrou as duas cartas aos Coríntios inicialmente em 6 partes,[403] porém com o correr do tempo aumentou o número para 9[404] e depois para 13 partes.[405]

4) Schenk divide 1Coríntios em quatro cartas diferentes, sendo que teriam pertencido à chamada pré-carta os blocos 1Coríntios 1.1-9; 6.1-11; 11.2-34; 15; 16.13-24; 2Coríntios 6.14—7.1.[406]

Réplica final com uma citação de Kümmel:

> É consideravelmente mais fácil do que com tais hipóteses de composição explicar "a transição ocasionalmente abrupta de um tema ao outro" em 1Coríntios "a partir da característica singular dessa carta, que trata sucessivamente de perguntas e notícias, utilizando-se para tanto várias vezes do método literário do excurso (1Co 2.6-16; 6.1-11; 9.1-27; 10.1-13; 13.1-13)."[407]

Uma afirmação de princípio acerca das hipóteses de subdivisão consta em Conzelmann & Lindemann:

> ... a premissa decisiva para uma hipótese dessas de subdivisão nem sequer chega a ser uma nova estruturação tão lógica quanto possível, mas decisiva seria unicamente a comprovação de que nas diferentes partes da carta devem ser imaginadas situações exteriores diversas e de que não seria possível explicar a carta como unidade.[408]

Podemos concordar com isso no tocante à delimitação contra as hipóteses de subdivisão. Apesar disso, entronizam a razão de cada pesquisador como instância

---

teria chegado a seu lugar atual no processo da redação pelo revisor" (op. cit., p. 106). Para tanto remetem a E. L. Tito, Did Paul Write 1 Corinthians 13?, JBR, n. 27, 1959, p. 299-302.

[402] E. Dinkler, Korintherbriefe, in: RGG³, v. 4, p. 18.

[403] W. Schmithals, Die Gnosis in Korinth — eine Untersuchung zu den Korintherbreifen, in: FRLANT NF (Göttingen: Vandenhoeck & Ruprecht, 1956), v. 48.

[404] W. Schmithals, Die Korintherbriefe als Briefsammlung, in: ZNW, n. 64, 1973, p. 263-88.

[405] W. Schmithals, *Die Briefe des Paulus in ihrer ursprünglichen Form*, p. 7, 19ss.

[406] W. Schenk, Der 1. Korintherbrief als Briefsammlung, in: ZNW, n. 60, 1969, p. 219-43 (apud H.-M. Schenke & K. M. Fischer, op. cit., v. 1, p. 99, 106).

[407] W. G. Kümmel, op. cit., p. 240s. Cf. A. Wikenhauser & J. Schmid, op. cit., p. 429. Quanto a cada um dos argumentos da subdivisão e sua refutação, cf. G. Hörster, op. cit., p. 104; W. G. Kümmel, op. cit., p. 239s; A. Wikenhauser & J. Schmid, op. cit., p. 430ss.

[408] H. Conzelmann & A. Lindemann, op. cit., p. 203.

suprema que decide quando essa comprovação estaria fornecida. Vemos justamente nas hipóteses apresentadas que essa razão julga de maneiras muito diversas. Impõe-se o questionamento se o uso arbitrário da razão pode constituir autoridade máxima. Mais uma vez salientamos que nos posicionamos a favor das declarações do próprio NT como palavra e autoridade de Deus, motivo pelo qual afirmamos a unidade dos escritos do NT.

Preservamos a integridade de 1Coríntios, em concordância com o testemunho interno da carta, com os manuscritos e a tradição da igreja antiga.

5.5.7 Lugar da redação

O lugar de redação pode ser nitidamente determinado com base em 1Coríntios 16.8ss ("Permanecerei em Éfeso até Pentecostes porque se abriu para mim uma porta ampla e promissora"). Paulo envia saudações à igreja em Corinto das igrejas da província da Ásia (1Co 16.19). Em Atos 19.10 vimos que muitas pessoas da província da Ásia vinham para Éfeso. Também as saudações de Áquila e Priscila (1Co 16.21) apontam para Éfeso como lugar de redação, visto que em sua segunda viagem missionária Paulo os havia deixado lá (At 18.19ss).

Paulo menciona em 1Coríntios 4.19,21, 11.34b e 16.3ss que tem a intenção de visitar Corinto. Pretende viajar pela Macedônia e, na sequência, permanecer um tempo em Corinto (1Co 16,5ss), a fim de eventualmente prosseguir para Jerusalém com a oferta de amor (1Co 16.4). O mesmo plano de viagem encontra-se também em Atos 19.21 nos pensamentos de Paulo, e depois concretizado em Atos 20.1ss. Esse roteiro pela Macedônia até a Grécia partiu de Éfeso.

Com grande convergência, a cidade de *Éfeso* é identificada, na maioria das introduções ao NT, como lugar de redação.[409]

5.5.8 Época da redação

Assim como acerca do lugar, também vigora grande unanimidade acerca da época, a saber, de que Paulo redigiu 1Coríntios durante sua longa permanência em Éfeso, na terceira viagem missionária. Defendemos a opinião de que 1Coríntios foi escrita na *primavera de 54*.[410]

---

[409] Conforme Nestle-Aland[27], p. 472, alguns manuscritos também indicam expressamente Éfeso como lugar de redação: B^1 P 945 pc. Outros indicam erroneamente Filipos: D^2 075, 104, 1175, 1739, 1881 𝔐.

[410] Pequenas diferenças (54-57) resultam das divergências na cronologia de Paulo.

5.5.9 Estrutura

Como já referimos, Paulo reage em 1Coríntios a diversas perguntas e informes por parte da igreja em Corinto: 1Coríntios 1.11; 7.1; 15.12.

5.5.10 Características e peculiaridades[411]

As diferentes aflições e problemas da igreja em Corinto são descritas de modo tão transparente, e as múltiplas exortações do apóstolo Paulo são expostas de forma tão bem compreensível que podemos abrir mão de uma listagem específica das peculiaridades, ainda mais que já foram todas referidas acima.[412]

5.6 A segunda carta aos Coríntios

5.6.1 Conteúdo e subdivisão

Versículo-chave:

> Bendito seja o Deus e Pai de nosso Senhor Jesus Cristo, Pai das misericórdias e Deus de toda consolação (2Co 1.3).

5.6.1.1 Subdivisão

1.	**Introdução**	2Co 1.1-11
	Autor, destinatários, saudação (prescrito e epítetos)	2Co 1.1,2
	Ação de graças (proêmio)	2Co 1.3-11
2.	**A relação entre o apóstolo e a igreja**	2Co 1.12–7.16
	Defesa contra acusações injustificadas	2Co 1.12–2.4
	O membro da igreja arrependido deve ser readmitido	2Co 2.5-11
	Serviço de proclamação de Paulo em Trôade e Macedônia (grande inquietação interior por não encontrar a Tito)	2Co 2.12-17
	Os coríntios como carta de recomendação do apóstolo	2Co 3.1-3
	A glória do serviço apostólico em comparação com o serviço da velha aliança	2Co 3.4-18
	A sinceridade do apóstolo no cumprimento de seu serviço apostólico	2Co 4.1-6

---

[411] Acerca de características específicas, cf. a compilação para conhecimentos bíblicos em E. AEBI, *Kurze Einführung in die Bibel*, 8. ed. (Winterthur; Marienheide: Bibellesebund, 1985), p. 189ss; cf. tb. D. A. CARSON, D. J. MOO & L. MORRIS, op. cit., p. 284s.

[412] Cf. esp. item 5.5.5.2, acerca do objetivo de 1Coríntios.

	O poder de Deus mantém Paulo de pé em seu sofrimento	2Co 4.7-18
	Saudade do apóstolo pela habitação celestial	2Co 5.1-10
	Zelo do apóstolo na proclamação do evangelho	2Co 5.11-14
	A mensagem da reconciliação	2Co 5.15-21
	Aprovação do apóstolo no sofrimento	2Co 6.1-10
	Advertência contra a comunhão com descrentes	2Co 6.11—7.1
	A relação de confiança restabelecida entre apóstolo e igreja (bom relato de Tito)	2Co 7.2-16
3.	**A dádiva de amor para a primeira igreja em Jerusalém**	2Co 8.1—9.15
	Solicitação de oferta em favor da igreja em Jerusalém	2Co 8.1-15
	Recomendação de Tito e outros irmãos como entregadores dos donativos	2Co 8.16-24
	Prontidão dos coríntios em ofertar em benefício dos santos	2Co 9.1-5
	A bênção de doar com alegria	2Co 9.6-15
4.	**A defesa do apóstolo Paulo diante de seus adversários**	2Co 10.1—12.18
	Repulsa a difamações e discussão com adversários	2Co 10.1-18
	Sinceridade do apóstolo, insinceridade dos falsos apóstolos	2Co 11.1-15
	Aprovação do apóstolo em graves suplícios por amor a Jesus, em fraquezas e perseguições	2Co 11.16-33
	Glória do apóstolo devida a revelações celestiais e severo sofrimento físico	2Co 12.1-10
	Final da defesa pessoal e eliminação dos últimos mal-entendidos	2Co 12.11-18
5.	**Anúncio da terceira visita e final da carta**	2Co 12.19—13.13
	A iminente visita do apóstolo à igreja	2Co 12.19—13.10
	Exortações finais, saudações, voto de bênção	2Co 13.11-13

5.6.2 Autoria, autenticidade e integridade

5.6.2.1 Autoria

No prescrito, *Paulo* se apresenta por nome como "apóstolo de Cristo Jesus pela vontade de Deus" (2Co 1.1) e novamente em 2Coríntios 10.1 como autor da carta. Notas pessoais, referente à sua pessoa, ocorrem em 2Coríntios 1.23s; 2.12s; 6.1-10; 7.5-16; 11.22—13.1.

O corremetente é Timóteo (2Co 1.1). Ele torna a ser mencionado pelo nome na terceira pessoa em 2Coríntios 1.19.

Tito, como entregador da "carta das lágrimas" e dirigente da equipe da oferta, bem como entregador de 2Coríntios exerce uma função relevante (2Co 2.12ss; 7.5ss; 8.16ss; 12.17s).

5.6.2.2 Tradição da igreja antiga

a) Já em *Policarpo* encontramos um paralelo com 2Coríntios.[413]

b) O cânon mutilado do gnóstico *Marcião* contém 2Coríntios.[414]

c) *Atenágoras* (c. 177) conhecia não apenas 1Coríntios, mas igualmente 2Coríntios.[415]

d) O *Cânon muratoriano* contém 2Coríntios como carta do apóstolo Paulo.

e) *Ireneu* cita expressamente a "segunda carta aos Coríntios" como escrita pelo "apóstolo",[416] ou diz que o escrito é originário de Paulo.[417]

f) É provável que o autor da carta *a Diogneto* (c. 200) conhecia 2Coríntios.[418]

g) *Clemente de Alexandria* cita 2Coríntios como escrito pelo "apóstolo"[419] ou por Paulo.[420]

5.6.2.3 Autenticidade

Em virtude do testemunho interior e exterior, defendemos a autenticidade de 2Coríntios. Hoje já não se contesta que o conteúdo é paulino.[421]

5.6.2.4 Integridade

Embora a maioria dos teólogos considere 2Coríntios "autêntica", já se questionou, com hipóteses de subdivisão, sua forma atual.

a) Diversos pesquisadores tentam considerar 2Coríntios 6.14—7.1 a chamada carta prévia mencionada em 1Coríntios 5.9.[422] Emmerling classificou pela primeira vez em 1823 esses versículos como interpolação paulina posterior.[423]

---

[413] POLICARPO, *Aos Filipenses*, 2.2/2Co 4.14.

[414] Cf. EPIFÂNIO, *Panarion*, livro XXLII, 9.

[415] ATENÁGORAS, *Sobre a ressurreição dos mortos*, 18.5/2Co 5.10.

[416] IRENEU, *Contra heresias*, livro IV, 28.3/2Co 2.15s; 29.1/2Co 4.4 etc.

[417] IRENEU, *Contra heresias*, livro V, 5.1/2Co 12.4 etc.

[418] *Carta a Diogneto*, 5/2Co 6.8-10.

[419] CLEMENTE DE ALEXANDRIA, *Stromateis*, livro I, 1.117/2Co 6.4,10s; livro V, 12/2Co 12.2,4; *O pedagogo*, livro I, 5.39/2Co 11.2 etc.

[420] CLEMENTE DE ALEXANDRIA, *Stromateis*, livro III, 14/2Co 11.3 etc.

[421] Quanto à crítica dos "holandeses radicais" e de Steck às cartas paulinas principais no séc. XIX remetemos ao exposto referente a Gálatas.

[422] W. G. KÜMMEL, op. cit., p. 239, cita, entre outros, Craig, Héring e T. W. Manson.

[423] Referido por P. BACHMANN, *Der zweite Brief des Paulus an die Korinther*, in: T. ZAHN (Org.), *Kommentar zum Neuen Testament*, 3. ed. (Leipzig: Deichert, 1918), v. 8, p. 8s.

Réplica: Em 1Coríntios 5.9 Paulo menciona que na carta anterior teria escrito que os coríntios "não devem associar-se com *pessoas imorais*" (ele se refere a imorais no seio da igreja; cf. v. 11). O tópico "imorais", porém, não consta em lugar algum de 2Coríntios 6.14—7.1. Por isso, não existe qualquer base para supor que esse bloco pertenceria originariamente à "pré-carta".[424]

Também não é incomum o salto nos assuntos de 2Coríntios 6.13 para 6.14 em uma carta talvez escrita até mesmo em várias etapas, de sorte que os v. 14ss não precisam ser vistos como inclusão posterior.[425]

b) Alguns teólogos postulam que 2Coríntios 6.14—7.1 teria sido trabalhado para dentro de 2Coríntios como trecho revisado do contexto de Qumran.[426] Marxsen vê nisso uma "parênese apocalíptica (provavelmente não paulina)".[427] Não paulinos os versículos seriam por causa dos *hapax legomena* (vocábulos de ocorrência única) e por causa do postulado uso teológico não paulino de algumas palavras.

Réplica: A ocorrência cumulativa de *hapax legomena* não tem de apontar para outro autor. É o que evidenciam passagens que não são contestadas nem mesmo pelos críticos. Além disso, não encontramos nesse trecho nenhuma ideia que não possa ter sido escrita por Paulo.[428]

c) Também 2Coríntios 2.14—6.13 e 7.2-4 são textos considerados por diversas vezes em separado.[429] "Enquanto no primeiro bloco até 2Coríntios 2.13 aparentemente já se realiza um *retrospecto* sobre a situação de crise", as citadas partes "somente podem ser compreendidas diante do pano de fundo do conflito ainda vigente".[430] Além do mais, 2Coríntios 7.5 se conectaria com 2Coríntios 2.13.

Réplica: Não concordamos com a segregação desses blocos, pelas seguintes razões:

1) É verdade que as palavras de 2Coríntios 7.5 retomam o tema de 2Coríntios 2.13, porém no caso de uma ligação direta causariam uma impressão estranhamente

---

[424] Cf. W. G. KÜMMEL, op. cit., p. 240.

[425] Cf. D. GUTHRIE, op. cit., p. 438.

[426] H. CONZELMANN & A. LINDEMANN, op. cit., p. 210; E. LOHSE, *Entstehung*, p. 44; P. VIELHAUER, op. cit., p. 153; A. WIKENHAUSER & J. SCHMID, op. cit., p. 440.

[427] W. MARXSEN, op. cit., p. 74. Cf. H.-M. SCHENKE & K. M. FISCHER, op. cit., v. 1, p. 110s. O primeiro a declarar que o trecho não é de Paulo foi K. SCHRADER, *Der Apostel Paulus* (Leipzig: Kollmann, 1835), v. 4, p. 330 (apud A. WIKENHAUSER & J. SCHMID, op. cit., p. 441, nota 4).

[428] Cf. P. BACHMANN, op. cit., p. 291ss; D. A. CARSON, D. J. MOO & L. MORRIS, op. cit., p. 274s.

[429] E. LOHSE, *Entstehung*, p. 44s; W. MARXSEN, op. cit., p. 73s; H.-M. SCHENKE & K. M. FISCHER, op. cit., v. 1, p. 111; P. VIELHAUER, op. cit., p. 150s.

[430] H. CONZELMANN & A. LINDEMANN, op. cit., p. 208. Cf. H. KÖSTER, op. cit., p. 486.

repetitiva. "Em contraposição, soam como se Paulo estivesse retomando um tema, ciente de ter divagado."⁴³¹

2) O conteúdo de 2Coríntios 7.5 combina com a "alegria em toda a nossa tribulação" mencionada em 2Coríntios 7.4. Além disso, encontramos diferentes palavras em 2Coríntios 7.5-7 que explicitam o nexo claro com 2Coríntios 7.4 (παράκλησις — paraklēsis, "consolo"; χαρά — chara, "alegria"; χαίρω — chairō, "alegrar-se"; θλίψις — thlipsis, "tribulação"; θλίβω — thlibō, "atribular").⁴³²

d) No ano de 1776, Semler separou pela primeira vez 2Coríntios 10—13 como a chamada "carta de quatro capítulos".⁴³³ Até hoje se repete isso sempre de novo.⁴³⁴ Como tais, "os quatro capítulos são totalmente coesos, contudo de forma alguma se inserem na situação após a reconciliação, como está nitidamente pressuposta em 2Coríntios 7.5-16".⁴³⁵

Réplica: Quanto à segregação de 2Coríntios 10—13 é preciso observar de modo geral que também em 2Coríntios 1—9 a igreja em Corinto não é descrita como estando em ordem na totalidade das áreas.⁴³⁶

E identificar 2Coríntios 10—13 com a "carta das lágrimas" não faz justiça a uma série de fatos:

1) A pessoa que ofendeu a Paulo, conforme mencionada em 2Coríntios 2.5 e 7.12, é membro da igreja em Corinto. Por isso, está subordinada à autoridade e disciplina da igreja; em 2Coríntios 10—13, porém, a igreja em Corinto é ameaçada por pessoas de fora (2Co 10.10,12; 11.4,13,20ss).⁴³⁷

---

[431] D. A. CARSON, D. J. MOO & L. MORRIS, op. cit., p. 273.
[432] Cf. D. A. CARSON, D. J. MOO & L. MORRIS, op. cit., p. 273.
[433] J. S. SEMLER, *Paraphrasis alterius epistulae ad Corinthos* (1776); apud P. FEINE, op. cit., p. 136; T. ZAHN, *Einleitung*, v. 1, p. 225.
[434] Exposto em H. CONZELMANN & A. LINDEMANN, op. cit., p. 208s; A. HAUSRATH, *Der Vierkapitelbrief des Paulus an die Korinther* (Heidelberg: [s.n.], 1870); apud W. MARXSEN, op. cit., p. 73. H. KÖSTER, op. cit., p. 486; E. LOHSE, *Entstehung*, p. 44; W. MARXSEN, op. cit., p. 73ss; H.-M. SCHENKE & K. M. FISCHER, op. cit., v. 1, p. 109s; P. VIELHAUER, op. cit., p. 150; A. WIKENHAUSER & J. SCHMID, op. cit., p. 442ss.
[435] H. CONZELMANN & A. LINDEMANN, op. cit., p. 208.
[436] Cf. W. G. KÜMMEL, op. cit., p. 252.
[437] Cf. H. APPEL, op. cit., p. 35s; D. A. CARSON, D. J. MOO & L. MORRIS, op. cit., p. 268; M. DIBELIUS, op. cit., p. 104; P. FEINE, op. cit., p. 136; D. GUTHRIE, op. cit., p. 450; G. HÖRSTER, op. cit., p. 110; A. JÜLICHER, op. cit., p. 83s; W. MICHAELIS, op. cit., p. 181; T. ZAHN, *Einleitung*, v. 1, p. 224.

2) Além do mais, 2Coríntios 12.14 e 13.1 anunciam uma iminente visita em Corinto. A "carta das lágrimas", no entanto, foi escrita justamente em lugar de uma visita (cf. 2Co 1.23; 2.1).[438]

3) Também 2Coríntios 12.18 mostra que Tito esteve no mínimo uma vez em Corinto por causa da coleta. Essa passagem, portanto, pressupõe ou 2Coríntios 8.6 ou 2Coríntios 8.16ss.[439]

4) Se 2Coríntios 10—13 fosse parte da "carta das lágrimas", seria muito estranho que o redator "tenha afastado agora da carta intermediária" o essencial a que se alude em 2Coríntios 2 e 7, "utilizando-o apenas de maneira fragmentária...".[440]

e) Dinkler igualmente tenta reconstruir a "carta das lágrimas" a partir de 2Coríntios, mas inclui nela blocos volumosos: 2Coríntios 2.14—7.4; 9; 10—13.[441] Enquanto Dinkler contabiliza todas essas peças recortadas em favor da "carta das lágrimas", outros constatam nelas cartas bem diferentes.[442]

f) Alguns não consideram 2Coríntios 10—13 a "carta das lágrimas", mas uma carta independente redigida pouco tempo depois de 1—9.[443]

g) A circunstância de que os capítulos 8 e 9 tratam ambos da coleta leva sempre ao postulado de uma carta própria formada ou pelo capítulo 8, ou pelo capítulo 9.[444] Evidentemente os dois capítulos seriam "duplicações concorrentes entre si",[445] o que já havia sido asseverado por Semler.[446]

Réplica: Alguns detalhes do capítulo 9 assinalam que esse capítulo não pode ter existido sozinho:

1) O γάρ – gar, "porque" em 2Coríntios 9.1 remete ao antecedente. A frase não introduz um novo conteúdo, mas retoma o tema recém-discutido.[447]

---

[438] Cf. D. A. CARSON, D. J. MOO & L. MORRIS, op. cit., p. 269.

[439] Cf. H. APPEL, op. cit., p. 35s; D. A. CARSON, D. J. MOO & L. MORRIS, op. cit., p. 269; D. GUTHRIE, op. cit., p. 449s; G. HÖRSTER, op. cit., p. 110; A. JÜLICHER, op. cit., p. 84.

[440] M. DIBELIUS, op. cit., p. 102. Cf. G. HÖRSTER, op. cit., p. 110.

[441] E. DINKLER, *Korintherbriefe*, p. 18.

[442] P. ex., H. KÖSTER, op. cit., p. 486, presume cinco cartas.

[443] Como, p. ex., F. F. BRUCE, *1 and 2 Corinthians* (London: Oliphants, 1971), p. 166ss (apud D. A. CARSON, D. J. MOO & L. MORRIS, op. cit., p. 270).

[444] Cf. H. CONZELMANN & A. LINDEMANN, op. cit., p. 208; H. KÖSTER, op. cit., p. 486; E. LOHSE, *Entstehung*, p. 45; W. MARXSEN, op. cit., p. 73; P. VIELHAUER, op. cit., p. 153.

[445] H.-M. SCHENKE & K. M. FISCHER, op. cit., v. 1, p. 110.

[446] J. S. SEMLER, *Paraphrasis alterius epistulae ad Corinthos*, p. 238s (apud A. WIKENHAUSER & J. SCHMID, op. cit., p. 441).

[447] Cf. D. A. CARSON, D. J. MOO & L. MORRIS, op. cit., p. 276s; G. HÖRSTER, op. cit., p. 110; W. G. KÜMMEL, op. cit., p. 253.

2) A menção dos "irmãos" em 2Coríntios 9.3,5 aponta de volta para 2Coríntios 8.18ss.[448]

3) A "necessidade de ajuda para Jerusalém nem sequer é mais comentada, mas somente se incentiva uma ajuda *abundante*".[449]

Em suma, pode-se dizer que nenhuma das citadas hipóteses de subdivisão é satisfatória. É verdade que não conseguimos em absoluto explicar todas as transições e nexos de reflexão de Paulo. Também o tempo possivelmente mais longo, em que a carta possa ter sido formulada,[450] não consegue explicar tudo. Paulo tinha a visão de conjunto e conseguia manter o foco em suas reflexões anteriores. Podemos apenas processar as informações que obtemos por meio do próprio apóstolo. Apesar disso, 2Coríntios, justamente quando "a compreendemos como verdadeira carta, com base no caráter único de uma situação histórica enrolada [...] torna-se compreensível como fenômeno histórico".[451]

5.6.3 Objetivo e destinatários[452]

Algum tempo depois de escrever 1Coríntios, Paulo interrompeu a estadia em Éfeso para realizar uma visita intermediária a Corinto, onde foi gravemente injuriado (2Co 2.5). Depois de retornar, escreveu a chamada "carta das lágrimas" à igreja em Corinto. Depois Paulo saiu de Éfeso e encontrou na Macedônia a Tito, que entregara a "carta das lágrimas".[453] Tito pôde lhe relatar que pelo menos a maioria da igreja em Corinto havia reconhecido sua injustiça.

Em 2Coríntios, pois, Paulo agradece à igreja em Corinto por sua obediência e pela acolhida de Tito (2Co 7.9ss). Paulo também justifica a mudança de seus planos de viagem e argumenta por que escreveu a "carta das lágrimas" (2Co 1.23—2.4; 7.8ss).

> Ao mesmo tempo aproveita a oportunidade para verbalizar e dirimir uma série de outras suspeições [...] (já em 2Co 1.12ss, depois em 2.14ss; 3.1ss até 2Co 7.4, e principalmente em 10—13) [...] Sempre, porém, tinha a preocupação de posicionar a causa acima da pessoa, inclusive acima de sua própria pessoa. Por isso também essa mais pessoal das cartas contém, ao lado dos blocos em que Paulo

---

[448] Cf. W. G. Kümmel, op. cit., p. 253.
[449] W. G. Kümmel, op. cit., p. 253.
[450] Cf. D. A. Carson, D. J. Moo & L. Morris, op. cit., p. 271s; W. G. Kümmel, op. cit., p. 254.
[451] W. G. Kümmel, op. cit., p. 254.
[452] W. Michaelis, op. cit., p. 179s.
[453] Sobre isso, cf. item 5.5.2.

fala de seu ministério e nos quais já não se pode ignorar ao lado do aspecto pessoal o elemento objetivo, declarações teológicas de grande peso (2Co 4.1ss,16ss; 5.1ss,16s,18ss etc.).[454]

Os adversários de Paulo, contra os quais ele defende sobretudo em 2Coríntios 10—13, possivelmente eram falsos mestres judaístas que se arvoraram de apóstolos, mas na realidade eram servos de Satanás (cf. 2Co 11.4,13,22). "Diante do fato de que por parte desses grupos lhe foi contestada a legitimidade do apostolado, ele demonstra com extrema nitidez por que ele é apóstolo"[455] e desmascara implacavelmente a fraude deles (2Co 11.13ss).

A carta também serviu para preparar sua planejada visita subsequente (2Co 12.14; 13.1). Deseja advertir e exortar novamente (2Co 12.19ss), "para que, quando eu for, não precise ser rigoroso" (2Co 13.10).

Da mesma forma deseja fundamentar mais uma vez para a igreja a intenção da coleta, em favor da qual já pleiteara em 1Coríntios 16.1s, e solidificar seu zelo (2Co 8.1ss).

Entretanto, conforme 2Coríntios 1.1 a carta não se dirige exclusivamente à igreja em Corinto. Paulo se volta "à igreja de Deus que está em Corinto com todos os santos em toda a Acaia". Isso revela que o evangelho lançava amplos círculos (p. ex., a partir de Éfeso; At 19.10).

5.6.4 Lugar da redação

Paulo se encontra na *Macedônia* (At 20.1; 2Co 2.12s; 7.5ss) e escreve depois do encontro com Tito. A maioria das introduções ao NT concorda com essa localização.[456]

5.6.5 Época da redação

Guthrie chama atenção para o fato de que a expressão ἀπὸ πέρυσι — apo perysi — "desde o ano passado" em 2Coríntios 8.10 e 9.2 fornece um dado cronológico a ser observado entre 1Coríntios e 2Coríntios.[457] De acordo com Guthrie, é

---

[454] W. MICHAELIS, op. cit., p. 179.
[455] W. MICHAELIS, op. cit., p. 180.
[456] De acordo com Nestle-Aland²⁷, p. 492, algus manuscritos citam concretamente Filipos na Macedônia: B¹ K P 81, 104, 1739(ᶜ), 1881 𝔐.
[457] D. GUTHRIE, op. cit., p. 458s; cf. W. BAUER, K. ALAND & B. ALAND, *Griechisch-deutsches Wörterbuch zu den Schriften des Neuen Testamentes und der frühchristlichen Literatur*, 6. ed. (Berlin; New York: de Gruyter, 1988), p. 1317.

bem possível que em função desse dado se precisa contar, entre uma e outra carta, no mínimo com a virada do ano (21 de setembro: ano novo na Macedônia). Se Paulo escreveu 1Coríntios antes de Pentecostes (1Co 16.8), deve-se presumir como prazo mais curto possível para 2Coríntios o outono do mesmo ano.

Uma vez que entre 1Coríntios e 2Coríntios ainda se situam a "visita intermediária" e a "carta das lágrimas" e que, além disso, cabe levar em conta a grande atividade missionária do apóstolo (eventualmente até mesmo a viagem missionária para a Ilíria; cf. Rm 15.19), datamos 2Coríntios para o ano *56 d.C.*

5.6.6 Características e peculiaridades[458]

Possivelmente 2Coríntios seja a mais pessoal das cartas preservadas de Paulo.[459] "Em grande número de confissões íntimas sobre si próprio ele se expressa acerca de sua autoconsciência missionária (p. ex., 2Co 2.14ss; 3.1ss,4ss; 4.1ss,7ss; 5.11ss; 6.1ss; 10.1ss), sobre seus sofrimentos como apóstolo (2Co 4.8ss; 6.4ss; 11.23ss), sobre suas visões e revelações (2Co 12.1ss)."[460]

5.7 A carta aos Romanos

5.7.1 Conteúdo e subdivisão

5.7.1.1 *Reflexão introdutória*

A carta aos Romanos sempre exerceu um papel decisivo na história da igreja e da teologia.

Para Lutero, a carta aos Romanos tinha um valor especial, como expressou também em seu prefácio a essa carta:

> Essa epístola é, sem dúvida, o escrito mais importante do Novo Testamento e o mais puro evangelho, digno e merecedor de que o cristão não só o conheça de cor, palavra por palavra, mas também com ele se ocupe diariamente, na qualidade de pão diário para a alma; pois ele jamais poderá ser lido ou contemplado em demasia. E quanto mais se lida com ele, tanto mais agradável e gostoso fica.[461]

E o reformador de Genebra, João Calvino, escreveu:

---

[458] Para outros detalhes, cf. E. AEBI, op. cit., p. 195s.
[459] Cf. F. BARTH, op. cit., p. 51; E. F. HARRISON, op. cit., p. 293.
[460] W. MICHAELIS, op. cit., p. 179.
[461] Martinho LUTERO, *Vorrede zum Römerbrief* (apud *Pelo evangelho de Cristo*, tradução de W. O. Schlupp [Porto Alegre: Concórdia; São Leopoldo: Sinodal, 1984], p. 180.

Poderíamos enaltecer detalhadamente a utilidade da carta aos Romanos para o conhecimento cristão. Contudo, abriremos mão disso. Porque nosso discurso não alcançaria nem de longe a sublimidade dessa carta e por isso teria o efeito de obscurecê-la. Muito melhor a própria carta se recomenda no primeiro olhar sobre seu conteúdo. Porque esse conteúdo [...] mostra ao lado de numerosas outras excelências primordialmente a maravilhosa propriedade de que, quem a compreendeu, recebe precisamente com ela a chave para todas as câmaras secretas do tesouro da Sagrada Escritura.[462]

5.7.1.2 Subdivisão

1. **Introdução da carta** — Rm 1.1-17
   Autor, destinatários e saudação (prescrito e epítetos) — Rm 1.1-7
   Ações de graças e desejo do apóstolo, de visitar a igreja em Roma (proêmio) — Rm 1.8-15
   Poder e natureza do evangelho (tema da carta aos Romanos) — Rm 1.16-17
2. **A culpa e perdição dos gentios e judeus sem a justiça de Deus** — Rm 1.18—3.20
   A ira de Deus se desencadeou sobre a natureza ímpia das nações — Rm 1.18-32
   (Conhecimento geral de Deus a partir da criação — Rm 1.19,20)
   O juízo justo de Deus sobre todas as pessoas — Rm 2.1-13
   A lei de Deus e a consciência nos gentios ignorantes — Rm 2.14-16
   Também os judeus são pecadores — Rm 2.17-19
   A infidelidade de Israel e a fidelidade de Deus — Rm 3.1-8
   Tanto judeus como gentios são pecadores perdidos — Rm 3.9-20(+23)
3. **Os crentes estão de posse do evangelho e da justiça de Deus** — Rm 3.21—8.39
   A justiça mediante a fé — Rm 3.21-31
   Abraão como portador da promessa e da justiça mediante a fé — Rm 4.1-25
   Efeitos da justiça mediante a fé: paz com Deus e certeza da salvação futura — Rm 5.1-11
   Adão e Cristo: pecado e graça — Rm 5.12-21
   O crente morreu para o pecado; tem nova vida em Cristo — Rm 6.1-14
   O crente como "escravo" da justiça — Rm 6.15-23
   A lei é impotente para libertar o ser humano do poder do pecado — Rm 7.1-25
   Nenhuma condenação para os que estão "em Cristo" — Rm 8.1-4a
   A luta entre carne e espírito — Rm 8.4b-11
   O significado da posse do Espírito para a filiação divina e a glória vindoura — Rm 8.12-27

---

[462] K. MÜLLER (Org.), *Johannes Calvins Auslegung der Heiligen Schrift in deutscher Übersetzung*, v. 12, p. 3.

	O amor de Deus em Cristo Jesus	Rm 8.28-39
4.	**O futuro do povo de Israel**	**Rm 9.1—11.36**
	Eleição e prerrogativas de Israel	Rm 9.1-5
	O verdadeiro Israel: os filhos da promessa	Rm 9.6-13
	A soberana eleição de Deus por graça	Rm 9.14-29
	A obcecação de Israel em relação à justiça	Rm 9.30—10.3
	Justiça mediante a fé unicamente por Jesus Cristo	Rm 10.4-21
	O remanescente crente de Israel	Rm 11.1-10
	Israel e a vocação dos gentios	Rm 11.11-16
	Advertência aos gentios quanto à soberba	Rm 11.17-24
	A conversão final de Israel	Rm 11.25-32
	Louvor dos maravilhosos caminhos de Deus	Rm 11.33-36
5.	**Seção exortativa**	**Rm 12.1—15.13**
	A nova vida em Cristo e os dons da graça no serviço da igreja	Rm 12.1-8
	Regras de vivência cristã	Rm 12.9-21
	Comportamento diante da autoridade	Rm 13.1-7
	Amor fraternal	Rm 13.8-10
	O dia do Senhor está próximo	Rm 13.11-14
	Responsabilidade mútua dos fortes e fracos na fé	Rm 14.1—15.13
6.	**Comunicações pessoais, recomendações, saudações e final da carta**	**Rm 15.14—16.23**
	A incumbência missionária do apóstolo Paulo	Rm 15.14-21
	O plano do apóstolo: viajar a Roma e à Espanha	Rm 15.22-33
	Recomendação de Febe, saudações pessais	Rm 16.1-16
	Advertência contra falsos mestres	Rm 16.17-20
	Saudações dos colaboradores	Rm 16.21-24
	Doxologia[463]	Rm 16.25-27

5.7.2 Informações gerais sobre Roma[464]

A cidade foi fundada por volta de 750 a.C. no rio Tibre, como coalizão de diversos assentamentos. Até 510 a.C. a cidade era governada por reis, depois passou a ser uma república. Aos poucos o poder da cidade se expandiu por toda a Itália e em seguida muito além dela, em torno do mar Mediterrâneo. Sempre diferentes pessoas e partidos

---

[463] *Doxologia* = louvor a Deus.

[464] Cf. H. KINDER & W. Hilgemann, *dtv-Atlas zur Weltgeschichte*, 18. ed. (München: dtv, 1982), v. 1, p. 73ss; E. F. HARRISON, op. cit., p. 299.

disputaram o poder nesse império. No ano 45 a.C., depois de várias vitórias militares, Júlio César tornou-se ditador desse império mundial. Seu assassinato em 44 a.C. deu um rápido fim a essa ditadura. A república foi restaurada. Em 27 a.C. foi concedido pelo senado romano a Otaviano o titulo honorífico de Augusto. Em algumas etapas lhe foram transferidas as competências mais importantes no império e concedidos outros títulos. Desde então, Roma passou a ser a capital de um conglomerado imperial.

Pela expansão do poder cresceu também a magnitude da cidade. No tempo de Paulo, Roma era uma cidade com mais de um milhão de habitantes, povoada, entre outros, por incontáveis escravos. Em termos idiomáticos e religiosos, a cidade era marcada fundamentalmente pelos gregos.

5.7.3 Sobre a igreja cristã em Roma[465]

"Paulo escreve aqui a uma igreja, da qual não é fundador (Rm 1.13) [...] Porque pretende tornar Roma a base de partida para a missão do Ocidente e já pensa na evangelização da Espanha (Rm 15.23-33)."[466]

Entretanto, iniciemos pelos primórdios da igreja. A colônia judaica em Roma era muito grande. Pompeu havia trazido inúmeros escravos judeus a Roma no ano de 61 a.C. Muitos deles ou seus descendentes foram alforriados mais tarde. Assim surgiu também em Roma, como em outras localidades, uma genuína colônia de judeus. Os judeus da dispersão cultivavam em geral um contato intenso com a terra natal e sempre viajavam a Jerusalém, como peregrinos para as festas. Por isso, é fácil explicar como judeus de Roma podiam estabelecer contato com cristãos em Jerusalém e como foi possível o evangelho ter se radicado muito cedo na colônia judaica de Roma (cf. At 2.10). Na própria Romanos não encontramos "em lugar algum alusão a cristãos, graças aos quais a igreja recebeu o evangelho [...] Por isso é plausível supor que o cristianismo não veio a Roma por intermédio de uma conhecida personalidade missionária...".[467]

Em Atos 18.2 ouvimos falar pela primeira vez dos cristãos de Roma. Priscila e Áquila, como cristãos judeus, foram atingidos no ano 49 pelo edito do imperador Cláudio, que expulsou os judeus de Roma.

---

[465] Cf. O. CULLMANN, op. cit., p. 81ss; P. FEINE, op. cit., p. 139s; D. GUTHRIE, op. cit., p. 403ss; W. MICHAELIS, op. cit., p. 155ss.

[466] O. CULLMANN, op. cit., p. 81.

[467] P. FEINE, op. cit., p. 140. Rejeitamos a opinião de que Pedro teria fundado a igreja em Roma (a esse respeito, cf. item 2.2.8.1).

Esse edito de proscrição visava a dar fim a tumultos que provavelmente haviam surgido entre os judeus pela proclamação do evangelho. É o que permite deduzir a já citada declaração do escritor romano Suetônio.[468] A nota de Suetônio "deve ser entendida no sentido de que entre os judeus romanos, que podem ser estimados para a época de Tibério em no mínimo 30 a 40 mil pessoas, vigorou uma extraordinária efervescência em função da proclamação cristã naquele tempo".[469] O "Cresto" referido na citação deve ser Cristo (no grego nem sempre se podia distinguir a pronúncia de "e" e "i").

5.7.4 Autoria, autenticidade e integridade

5.7.4.1 Autoria

Em Romanos, *Paulo* indica seu nome somente no prescrito (Rm 1.1). Designa-se ali "servo [ou escravo] de Cristo Jesus, chamado para ser apóstolo, separado para o evangelho de Deus".

É evidente, porém, que ele não escreveu a carta de próprio punho, mas a ditou a Tércio, pessoa no mais desconhecida para nós (cf. Rm 16.22).

5.7.4.2 Tradição da igreja antiga

a) Já em *Clemente de Roma* (c. 95) registramos uma semelhança com Romanos.[470]

b) O herege *Marcião* acolheu Romanos em seu cânon abreviado,[471] porém com cortes.

c) *Policarpo* também faz ressoar, no escrito aos Filipenses, dois versículos de Romanos.[472]

d) *Justino* (m. c. 165) apresenta uma possível consonância com Romanos.[473]

e) Na carta *das igrejas de Viena e Lião* às igrejas na Ásia e da Frígia (c. 177) cita-se Romanos 8.8.[474]

f) *Atenágoras* (c. 177) apoia-se uma vez em Romanos.[475]

---

[468] SUETÔNIO, *Vita Claudii*, 25.4 (cf. item 5.1.4.1).
[469] P. FEINE, op. cit., p. 139.
[470] *Clemente*, 35.6/Rm 1.32.
[471] Cf. EPIFÂNIO, *Panarion*, livro XXLII, 9.
[472] POLICARPO, *Aos Filipenses*, 6.2/Rm 14.10,12.
[473] JUSTINO, *Diálogo com Trifão*, 46/Rm 4.10.
[474] Euseb. HE, livro V, 1.6.
[475] ATENÁGORAS, *Petição em favor dos cristãos*, 13.4/Rm 12,1; cf. tb. *Escrito de proteção dos cristãos*, 34.2/Rm 1.27.

g) Romanos é citada no *Cânon muratoriano* como carta do apóstolo Paulo.

h) *Ireneu* menciona a carta, escrita aos romanos, nomeando como autor, em citações de Romanos, com frequência a Paulo[476] ou ao "apóstolo".[477]

i) *Clemente de Alexandria* cita Romanos com muita frequência,[478] às vezes com a anotação de que foi escrita por Paulo.[479]

j) Também *Tertuliano* conhece Romanos.[480]

5.7.4.3 Autenticidade

Atualmente a autenticidade de Romanos não é questionada por nenhuma parte.[481]

5.7.4.4 Integridade e incolumidade: a questão da originalidade de Romanos 16

Como já fez em outras cartas paulinas, Schmithals traz à baila também aqui uma hipótese de subdivisão para toda Romanos.[482] Contudo, não trataremos mais especificamente dessa posição hipercrítica.

Também na pesquisa crítica se debate fundamentalmente apenas a pergunta se o capítulo 16 pertence originariamente a Romanos ou representa um adendo posterior.

Marcião deixou os capítulos 15 e 16 fora de seu cânon.[483] Hoje geralmente apenas está em discussão na crítica a exclusão do capítulo 16, mais precisamente com os seguintes argumentos:

---

[476] IRENEU, *Contra heresias*, livro III, 16.3I Rm 1.1ss; 9.5; *Contra heresias*, livro IV, 16.1/Rm 8.36 etc.

[477] IRENEU, *Contra heresias*, livro IV, 21.2/Rm 9.10ss; 29.1/Rm 1.28 etc.

[478] P. ex., CLEMENTE DE ALEXANDRIA, *Cohortatio ad Gentes*, 8.24/Rm 1.21ss.

[479] CLEMENTE DE ALEXANDRIA, *O pedagogo*, 1.8/Rm 11.22; *Stromateis*, livro III, 11/Rm 6.2,6.

[480] TERTULIANO, Contra Práxeas, 28.6/Rm 1.8; 28.13/Rm 8.11.

[481] Já tratamos suficientemente acima, ao comentar Gálatas, da crítica pelos "holandeses radicais" e, na Suíça, por Steck, no séc. XIX. Hoje ela é rejeitada também pela teologia histórico-crítica.

[482] W. SCHMITHALS, *Der Römerbrief als historisches Problem*; idem, *Die Briefe des Paulus in ihrer ursprünglichen Form*, p. 125ss. Excepcionalmente, ao contrário das demais cartas do NT analisadas até aqui, Schmithals não alterou a hipótese da subdivisão no período entre a publicação das duas obras.

[483] Cf. ORÍGENES, *Comentários à carta aos Romanos*, 43: "Esse capítulo foi completamente excluído da carta por Marcião, pelo qual os escritos evangélicos e apostólicos foram modificados, e não somente isso, mas ele também cortou, até o final, tudo a partir da passagem em que consta que tudo que não vem da fé é pecado. Em outros exemplares, i.e., naqueles que não foram mutilados por Marcião, encontramos (registrado) esse capítulo de diversos modos" (*Caput hoc Marcion, a quo Scripturae evangelicae atque apostolicae interpolatae sunt, de hac Epistola penitus abstulit; et non solum hoc, sed et ab eo loco ubi scriptum est, omne autem quod non est ex fide, peccatum est, usque ad finem cuncta dissecuit. In aliis vero exemplaribus, id est in his quae non sunt a Marcione temerata, hoc*

1) As numerosas pessoas conhecidas por Paulo e saudadas por ele em Romanos 16.3-16 tornariam improvável que esses versículos tenham sido escritos à igreja em Roma, desconhecida de Paulo.[484] Por isso, supõe-se com frequência que esses versículos tenham sido originariamente dirigidos à igreja em Éfeso.[485]

Posicionamento: "É muito viável que Paulo, justamente por não conhecer a igreja em seu todo, nomeie e saúde tanto mais zelosamente aqueles membros que havia conhecido [...] no passado; deveriam ser os elos vivos de mediação entre ele e a igreja."[486] Com exceção de Romanos, encontramos nas cartas dirigidas a uma igreja somente em Colossenses 4.15,17 saudações a pessoas individuais. No entanto, ao lado de Romanos, Colossenses é a única carta de Paulo preservada para nós dirigida a uma igreja ainda não visitada por ele até então.[487]

Ademais, trata-se apenas de "um pequeno número de cristãos, que haviam se mudado para a capital no decurso de vários anos, o que de forma alguma é inconcebível", ainda mais que dispomos também de outras atestações da intensa atividade de viagens privadas e comerciais na Antiguidade.[488]

Além disso, constatamos várias vezes em Romanos que Paulo estava informado acerca da situação da igreja em Roma (cf. Rm 7.1). Ou seja, Paulo deveria ter amigos lá que lhe davam notícias da igreja.[489]

---

ipsum caput diverse positum invenimus). TERTULIANO, *Contra Marcião*, livro V, 14, menciona que em Marcião Rm 14.10 consta *in clausula* — "no final" (cf. F. GODET, op. cit., v. 1, p. 242). Marcião foi seguido no séc. XIX por Baur, depois também por Schwegler e Zeller (apud H. APPEL, op. cit., p. 39). O fato de que Ireneu, Tertuliano e Cipriano não citam esses dois capítulos, embora no mais se refiram e citem Romanos com frequência, é entendido por vários como indício de que não teriam conhecido esses dois capítulos (cf. A. WIKENHAUSER & J. SCHMID, op. cit., p. 459). Contudo F. GODET, op. cit., v. 1, p. 244, contra-argumenta que Ireneu tampouco cita dois capítulos de 1Coríntios e de 2Coríntios e chega a silenciar sobre oito capítulos.

[484] Já defendido por J. S. SEMLER, *Paraphrasis epistulae ad Romanos* (Halle: [s.n.], 1769), p. 293ss (apud P. FEINE, op. cit., p. 147; B. WEISS, *Einleitung*, p. 246).

[485] Pela primeira vez defendido por David SCHULZ, in: ThStKr (1829), p. 609-12 (apud P. FEINE, op. cit., p. 147). Cf. P. FEINE, op. cit., p. 149; H. J. HOLTZMANN, op. cit., p. 245; W. MARXSEN, op. cit., p. 100; W. MICHAELIS, op. cit., p. 160ss. Outros opinam que desde o começo Romanos teria existido em duas versões, uma sem o cap. 16 e outra com o cap. 16. A segunda teria sido enviada a Éfeso. Cf. P. VIELHAUER, op. cit., p. 190.

[486] F. BARTH, op. cit., p. 60. Cf. H. CONZELMANN & A. LINDEMANN, op. cit., p. 216; M. DIBELIUS, op. cit., p. 108; G. HÖRSTER, op. cit., p. 95; E. LOHSE, *Entstehung*, p. 48s.

[487] Cf. D. GUTHRIE, op. cit., p. 413s; W. G. KÜMMEL, op. cit., p. 280; T. ZAHN, *Einleitung*, v. 1, p. 273, 294.

[488] W. G. KÜMMEL, op. cit., p. 279. Cf. F. GODET, op. cit., v. 1, p. 246.

[489] Cf. T. ZAHN, *Einleitung*, v. 1, p. 273.

Se Romanos 16 fosse mero fragmento de uma carta perdida para Éfeso, a hipótese se tornaria ainda mais hipotética, porque seria necessário fornecer uma explicação apropriada para a estranha preservação das saudações e a perda da carta.[490]

2) Romanos 16.17-20 seria dirigido a uma igreja que "se encontra em uma relação amplamente conhecida de obediência" a Paulo, à qual Paulo dava ordens e à qual já não fala com a cautela constatada ainda em Romanos 1.11-13; 12.3ss; 15.14ss.[491]

Posicionamento: A leve mudança de tom não é incomum para as cartas de Paulo. Romanos 16.17ss de forma alguma contradiz o conteúdo anterior. Por exemplo, Romanos 16.19 corresponde a Romanos 1.8, e Romanos 16.17 combina com o conteúdo de Romanos 14,[492] e "uma exortação diante de um risco para a igreja, que ainda não se tornou realidade, não seria mais compreensível em relação a Éfeso que em relação a Roma".[493]

3) Romanos 15.33 teria o caráter de um final de carta. Em Romanos 16.20 teríamos, portanto, um segundo final da epístola.[494]

Posicionamento: Barth explica com certa razão a existência de várias frases em Romanos que parecem constituir um final de carta, pelo argumento de que originariamente Paulo "encerrou" a carta em Romanos 15.33, mas em seguida acrescentou vários adendos, cuja conclusão definitiva foi formada pela doxologia.[495] Também em 1Tessalonicenses 3.11ss, 2Tessalonicenses 2.16s, Filipenses 4.9 e até mesmo em Romanos 11.6 constam ressonâncias de um final de carta ou formulações análogas a um final de carta, depois das quais, não obstante, ocorre uma continuação do escrito. Parece óbvio que nem sempre Paulo ditou suas cartas de uma fornada.

5.7.4.5 Qual o lugar original da doxologia de Romanos 16.25-27?

a) *Dados dos manuscritos*[496]

1) *Omissão de Romanos 16.25-27*: F G (ambos do séc. IX); 629 (séc. XIV). Jerônimo conhecia alguns manuscritos em que faltavam esses versículos.

---

[490] D. Guthrie, op. cit., p. 416. Cf. O. Roller, op. cit., p. 198s.
[491] P. Feine, op. cit., p. 148. Cf. H. J. Holtzmann, op. cit., p. 245; W. Michaelis, op. cit., p. 161s; B. Weiss, *Einleitung*, p. 246.
[492] Cf. A. Neander, op. cit., p. 344.
[493] W. G. Kümmel. op. cit., p. 279.
[494] P. Feine, op. cit., p. 149.
[495] F. Barth, op. cit., p. 61.
[496] Cf. Nestle-Aland[27], p. 440.

2) *Apenas depois de Romanos 14.23:* ψ (séc. IX) 𝔐; a tradução síria de Tomé de Heracleia do ano de 616 (sy^h); provavelmente 0209 (séc. VII). Orígenes tinha conhecimento de alguns manuscritos latinos que posicionavam o texto depois de Romanos 14.23. Crisóstomo traz, entre suas homilias sobre Romanos, uma homilia sobre a doxologia, trazendo-a no final do capítulo 14.[497]

3) *Apenas depois de Romanos 15.33:* P^{46} (c. 200).

4) *Depois de Romanos 14.23 e 15.33, porém mediante omissão de Romanos 16.1-24:* 1506 (séc. XIV).

5) *Após Romanos 14.23 e 16.23:* A (séc. V); P (séc. IX); 33 (séc. IX); 104 (séc. XI); 2805 (séc. XII;XIII); *pc*.

6) *Apenas depois de Romanos 16.23*: P^{61} (c. 700); ℵ (séc. IV); B (séc. IV); C (séc. V); D (séc. VI); 81 (séc. XI); 365 (séc. XII); 630 (séc. XIV); 1739 (séc. X); 2464 (séc. IX) e alguns outros minúsculos gregos. Em seguida, igualmente diversas traduções: *a* (séc. IV); b (séc. V). A tradução latina de Jerônimo (*Vulgata:* vg), a conhecida tradução síria (*Peshita:* sy^p) e os manuscritos coptas igualmente atestam o texto nessa posição. Orígenes conhecia alguns manuscritos latinos que traziam o texto somente depois de Romanos 16.23. Ambrosiastro (c. 370) também apresentava o texto em seu comentário depois de Romanos 16.23.

7) Diversos manuscritos apresentam *o texto deslocado do versículo 20b para o final do versículo 23* (cf. v. 24) *ou para o final do versículo 27*. Isso aparece em quase todas as variantes (1-6) a respeito dos versículos de 25 a 27.

b) A questão da origem paulina de Romanos 16.25-27

Para teólogos histórico-críticos, esses versículos extrapolam completamente o vocabulário de Paulo e suas concepções.[498] Kümmel, *p. ex.*, escreve que depõe contra Paulo como autor desse trecho "a característica incomum do estilo no todo e nas expressões" αἰώνιος θεός — aiōnios theos, "eterno Deus"; μόνος σοφὸς θεός — monos sophos theos, "o único Deus sábio", mas principalmente a ideia de que o evangelho "seria *mistério guardado no silêncio desde tempos eternos* e que esse seria *agora manifesto por escritos proféticos.* Esses pensamentos poderiam ser muito bem explicados em caso de uma origem a partir de Marcião".[499]

---

[497] Crisóstomo, *Homilias à carta aos Romanos*, homilia 27. A última homilia refere-se a Rm 16.17.

[498] Cf. W. Marxsen, op. cit., p. 100; P. Vielhauer, op. cit., p. 188.

[499] W. G. Kümmel, op. cit., p. 277, que no entanto posteriormente ainda deixa em aberto a questão da origem precisa da doxologia, exceto que ele rejeita a autoria paulina. Cf. E. Lohse, *Entstehung*, p. 48.

A eventual origem marcionita da doxologia é explicada assim: uma vez que Marcião deixou fora de Romanos os capítulos 15 e 16, teria se tornado necessário um novo final de carta após Romanos 14.23. Os versículos originariamente marcionitas e posicionados depois de Romanos 14.23 seriam posteriormente acolhidos pela igreja oficial e posicionados em outros manuscritos igualmente no respectivo (ou seja, depois de Rm 15.33 ou 16.23).[500]

Posicionamento: As expressões referidas por Kümmel, pretensamente incomuns, possuem paralelos ou similaridades, p. ex., em Romanos 11.33; 1Coríntios 1.25; 2.1,7s,13; Efésios 1.9s; 3.9s; Colossenses 1.26; 2.2s. Guthrie observa com razão que nada na doxologia se contrapõe à teologia de Paulo.[501]

Conforme Barth, o linguajar suntuoso da doxologia levou muito cedo a que ela fosse separada, para o uso em leituras na congregação, "do capítulo de saudações, que era menos apropriado para tal, e agregada como final sonoro ao capítulo 14, tão precioso para a prática, enquanto se finalizava a carta com o versículo 24, não original, o voto de bênçãos conhecido de outras cartas; copistas posteriores se valeram, em sua perplexidade, da dupla colocação ou da omissão da doxologia".[502]

Roller caracteriza Romanos 16.25-27 como apêndice, anotado provavelmente pelo escrevente de Paulo, Tércio (cf. Rm 16.22).[503]

De forma diversa, Zahn defende a posição original depois de Romanos 14.23: a doxologia "parecia interromper de maneira negativa o nexo original entre Romanos 14.1-23 e 15.1-13 — e, por analogia" com Judas 24s; Filipenses 4.20; 1Pedro 4.10s; 2Pedro 3.18; Hebreus 13.20s — "cabe muito mais no final da carta, para onde por isso foi deslocada".[504]

Analisemos a pergunta: de onde Kümmel sabe que "o arquétipo", a que remonta nossa tradição textual, abarcava somente Romanos 1.1—16.23? Ainda que os problemas textuais no final de Romanos pertençam aos mais difíceis do NT, temos de rejeitar radicalmente a hipótese de Kümmel em virtude das evidências dos manuscritos. A verdade de que uma incerteza em relação ao posicionamento da doxologia deve ser

---

[500] Cf. W. G. Kümmel. op. cit., p. 276.

[501] Cf. D. Guthrie, op. cit., p.419.

[502] F. Barth, op. cit., p. 61. Cf. F. Godet, op. cit., v. 1, p. 245. Ele aponta para Eutálio (séc. V), que na verdade acolheu Rm 15 "no grupo das perícopes destinadas à leitura pública", mas deixou fora Rm 16.

[503] Cf. O. Roller, op. cit., p. 45, 193, 489ss, 594.

[504] T. Zahn, *Einleitung*, v. 1, p. 271.

atribuída à carta aos Romanos mutilada de Marcião ainda não permite nem de longe e sob nenhuma circunstância as conclusões finais de Kümmel, de que as ideias da doxologia podem ser explicadas caso sejam originadas de Marcião.

Com base nesse fato, i.e., com base na boa atestação da doxologia em todos os manuscritos citados (exceto em F G [ambos do séc. IX]; 629 [séc. XIV e alguns manuscritos não mais preservados a nós, porém conhecidos de Jerônimo) e na boa atestação do posicionamento em seguida a Romanos 16.23, não é possível falar de um arquétipo sem Romanos 16.25-27, nem de uma doxologia não paulina.

Em síntese, fixamos o seguinte: Apesar de grandes dificuldades com variantes textuais (diferentes posicionamentos da doxologia) no final de Romanos e apesar da hipótese de Éfeso, apresentada e postulada desde David Schulz em 1829, referente a Romanos 16, mantemos, após profundo exame dos fatos, a integridade [505] e coesão de Romanos. Diante de todas as variantes do texto, damos a preferência à doxologia, extremamente bem documentada depois de Romanos 16.23, como sendo final autêntico de Paulo (Rm 16.25-27).

5.7.5 Objetivo da carta aos Romanos[506]

Como mencionado, Paulo escreve aqui a uma igreja que ele nunca havia visitado e que ele gostaria de transformar em estação de passagem para uma atividade missionária na Espanha. "Por meio da carta ele prepara essa nova etapa de sua atuação, expondo à igreja seu evangelho da justiça de Deus."[507]

5.7.6 Lugar da redação

A situação que se explicita em Romanos é esta:

Paulo está prestes a iniciar uma viagem, não sem riscos, a Jerusalém, para onde pretende levar consigo a oferta recolhida na Macedônia e Acaia (Rm 15.25s,30s).

Recomenda à igreja romana a diácona Febe, que está "no serviço da igreja de Cencreia", cidade portuária a leste de Corinto (Rm 16.1).

Gaio, anfitrião de Paulo, provavelmente deve ser identificado com o Gaio batizado por Paulo na igreja em Corinto (1Co 1.14).

---

[505] Integridade = caráter imaculado, irrepreensível.

[506] Cf. D. GUTHRIE, op. cit., p. 408ss; E. LOHSE, *Entstehung*, p. 47; W. MICHAELIS, op. cit., p. 158ss; J. WOOD, The Purpose of Romans, EQ, n. 4, 1968, p. 211-20.

[507] E. LOHSE, *Entstehung*, p. 47.

Possivelmente também Erasto, o "administrador da cidade" (Rm 16.23), seja um membro da igreja em Corinto (de um Erasto é dito em 2Tm 4.20 que permaneceu em Corinto).[508]

Com a maioria das introduções ao NT, concluímos desses dados em Romanos que Paulo escreveu a carta na terceira viagem missionária durante sua estadia de três meses *em Corinto* (At 20.2s).[509]

5.7.7 Época da redação

Nas diferentes introduções ao NT, existe uma faixa de datação entre os anos 55 e 58.

Em concordância com nossa cronologia de Paulo, datamos Romanos para o *ano 57*, durante a permanência de três meses em Corinto, na ocasião da terceira jornada missionária.

5.7.8 Características e peculiaridades[510]

a) A *introdução da carta, de comprimento incomum* (Rm 1.1-15), pode se atribuída à circunstância de que Paulo jamais esteve em Roma e escreve a uma igreja que não fundou pessoalmente. É surpreendente quantos crentes Paulo conhece por nome, devendo provavelmente incluí-los em suas orações.

b) O final da carta, Romanos 16, contém uma *lista tão ampla de saudações,* não encontrável em nenhuma outra carta nessa dimensão.

c) Romanos é bem acentuadamente *uma carta doutrinária,* diferindo fortemente, para citar apenas um exemplo, das cartas aos Coríntios.

d) Romanos contém *referências extensas ao AT.* Mais que a metade das passagens com γέγραπται — **gegraptai,** "está escrito" que constam em Paulo encontra-se em Romanos.

e) O "espírito pacífico" de Romanos forma um contraste com o caráter "polêmico" de Gálatas, com o qual está mais próxima no conteúdo. No entanto, quando se considera a luta dura que Paulo teve de travar antes do concílio dos apóstolos no que tange à questão da circuncisão dos cristãos gentios, compreende-se sua peleja em Gálatas, registrada em Romanos como fato esclarecido.

---

[508] É improvável que o Erasto mencionado em At 19.22 seja o mesmo, porque conforme Rm 16.23 Erasto parece excercer um cargo fixo na cidade.

[509] De acordo com Nestle-Aland[27], p. 440, encontramos Corinto como local de redação na subscrição dos seguintes manuscritos: B¹ D¹ 1181 pc.

[510] Cf. E. AEBI, op. cit., p. 183s; E. F. HARRISON, op. cit., p. 305ss.

f) O vocabulário de Romanos é muito rico em conceitos teológicos como pecado, transgressão, ira, morte, lei, justiça, justificar, imputar, fé e crer, esperança, circuncisão, incircuncisão, Israel, os judeus e as nações diversas.

g) A *perdição do ser humano* é descrita em Romanos 1.20ss com toda a clareza.

h) Em contraposição, Paulo explica a justificação *mediante a fé* em Romanos a partir de diversos lados com tanta nitidez, até mesmo as consequências da *justificação e santificação*, que não causa surpresa que com a Reforma e depois dela praticamente cada movimento de avivamento possui seu ponto de partida na carta aos Romanos.

5.8 As cartas da prisão: questões gerais

5.8.1 Informações fundamentais[511]

Quatro cartas do apóstolo Paulo (Efésios, Colossenses, Filemom e Filipenses) são chamadas cartas da prisão, porque, quando as escreveu, o apóstolo estava *detido* em algemas ou correntes (Ef 3.1; 4.1; 6.20; Cl 4.18; Fm 1,9; Fp 1.7,13s). O apóstolo não passou a primeira etapa de sua detenção em uma penitenciária, mas sob custódia em uma moradia (cf. *At 28.16,30s*).

Três dessas cartas são tão estreitamente interligadas que, no que tange ao lugar e à época da redação, formam um conjunto. De Efésios 6.21 e Colossenses 4.7 pode-se depreender claramente que Tíquico é o entregador de ambas as cartas. A grande semelhança entre elas aponta para a mesma época de redação. De Colossenses 4.9 sabemos que certo Onésimo é coentregador de Colossenses. Por isso, parece evidente que Filemom tenha sido trazida à mesma região como Efésios e Colossenses. Considerando que se deve presumir que Arquipo em Filemom 2 e em Colossenses 4.17 é a mesma pessoa, o destinatário de Filemom pode ser localizado na mesma região, ou melhor, na própria Colossos. Ou seja, as três cartas de Paulo citadas foram enviadas na mesma época do mesmo local. Acerca do lugar da redação já se debateu muito. As três principais teses defendidas são *Éfeso, Cesareia e Roma*.

Uma vez que o lugar da redação diz respeito de igual forma a todas as quatro cartas da prisão, elucidaremos sucintamente, de maneira preliminar, os pontos mais importantes em favor das três teses referidas.

---

[511] Cf. E. F. Harrison, op. cit., p. 314ss.

5.8.2 Lugar da redação

5.8.2.1 Éfeso

Em anos recentes, a teoria de Éfeso encontrou cada vez mais adeptos.[512] Embora segundo os dados de Atos nada aponte para uma detenção do apóstolo em Éfeso, alguns estudiosos[513] sugeriram Éfeso como possível lugar de prisão e ao mesmo tempo de redação de uma ou várias cartas da prisão.

Guthrie sintetizou as justificativas.[514] Analisaremos aqui os argumentos arrolados por ele e outros em defesa da hipótese de Éfeso:

a) Em 2Coríntios 11.23 Paulo relata que ele "esteve mais vezes preso" que os outros servos de Cristo.[515] Paulo escreve isso, apesar de termos ouvido até então, do relato de Atos, a respeito de *uma* detenção somente, a saber, aquela em Filipos (At 16).

b) Paulo escreve em 1Coríntios 15.32: "Se foi por meras razões humanas que lutei com feras em Éfeso, que ganhei com isso?". Essa frase foi entendida por alguns de modo literal, como indicativo de um episódio em que o apóstolo foi lançado à arena em Éfeso.[516]

Posicionamento:7

1) Essa passagem não constitui prova de uma detenção em Éfeso, porque antes Paulo afirma, no versículo 31: "Todos os dias enfrento a morte", de modo que provavelmente também o versículo 32 deva ter conotação metafórica[517] (cf. At 20.29; 2Tm 4.17b).

---

[512] Cf. L. Albrecht, op. cit., p. 509ss (para Efésios, Colossenses e Filemom); H. Conzelmann & A. Lindemann, op. cit., p. 222, 224 (para Filemom e Filipenses); P. Feine, op. cit., p. 151ss (para Filipenses); H. Köster, op. cit., p. 569 (para Filemom); E. Lohse, *Entstehung*, p. 52 (para Filemom e partes de Filipenses); R. P. Martin, *New Testament Foundations*, v. 2, p. 222 (para Colossenses); W. Marxsen, op. cit., p. 66s (para Filemom e partes de Filipenses); W. Michaelis, op. cit., p. 199, 204ss, 215ss, 263ss; W. C. van Unnik, *Einführung*, p. 100; P. Vielhauer, op. cit., p. 173 (para Filemom e partes de Filipenses). Alguns desses autores declaram inautênticas as respectivas cartas de prisão não referidas aqui, de modo que se torna irrelevante a pergunta pelo lugar de redação.

[513] Pela primeira vez por A. Deissmann no ano de 1897 (apud W. G. Kümmel, op. cit., p. 289).

[514] Cf. D. Guthrie, op. cit., p. 489s.

[515] Cf. L. Albrecht, op. cit., p. 510.

[516] Cf. L. Albrecht, op. cit., p. 510.

[517] Cf. C. H. Dodd, *New Testament Studies* (1953), p. 100ss (apud D. Guthrie, op. cit., p. 490); W. G. Kümmel, op. cit., p. 290; E. Percy, *Die Probleme der Kolosser — und Epheserbriefe* (Lund: Gleerup, 1946), p. 473.

2) Além disso, antes da perseguição aos cristãos sob o imperador Nero, cidadãos romanos eram condenados apenas raramente, e em caso de delitos muito graves, a lutar com animais ferozes.

c) Em 2Coríntios 1.8 o apóstolo cita uma grave aflição que o atingiu na Ásia, a ponto de fazê-lo desanimar da vida.

d) Antes da época de Romanos (ou no mais tardar antes da redação de Rm 16) deve ter ocorrido algo em Éfeso que levou Paulo a escrever em Romanos 16.3: "Saúdem Priscila e Áquila, meus colaboradores em Cristo Jesus. Arriscaram a vida por mim. Sou grato a eles; não apenas eu, mas todas as igrejas dos gentios". Isso pode ter acontecido muito provavelmente em Éfeso, visto que se mudaram com Paulo de Corinto para Éfeso (no final da segunda viagem missionária do apóstolo, cf. At 18.18s).

e) Clemente de Roma tem conhecimento de sete aprisionamentos do apóstolo,[518] contudo sem referência específica a Éfeso.

f) Existem vestígios de uma tradição de que Paulo teria realizado uma luta contra um leão (possivelmente em Éfeso). Esses vestígios são encontrados no comentário de Hipólito ao livro de Daniel[519] e nos *Atos de Paulo*[520] (da segunda metade do séc. II).

g) Em Éfeso exibe-se um prédio conhecido como prisão de Paulo[521] (embora a tradição local seja originária somente do séc. XVII[522]).

h) O *Prólogo antimarcionita* a Colossenses postula uma redação em Éfeso.[523]

Posicionamento: O mesmo prólogo, porém, diz que Filemom teria sido escrita em Roma.[524]

i) Alguns pensam ser mais provável que o escravo fugitivo Onésimo tenha saído de Colossos para Éfeso que para Roma.[525]

---

[518] Metafórico = figurado, ilustrativo.

[519] *Clemente*, 5.6.

[520] HIPÓLITO, *Comentário a Daniel*, livro III, 29: "Se cremos que o leão atiçado sobre Paulo, condenado como gladiador, se deitou a seus pés e o lambeu, por que não creríamos (também) no que aconteceu com Daniel?" (conforme W. SCHNEEMELCHER [Org.], *Neutestamentliche Apokryphen in deutscher Übersetzung*, 5. ed. [Mohr: Tübingen, 1989], v. 2, p. 195).

[521] O texto ricamente ornado e repleto de fantasias (o leão supostamente teria sido batizado por Paulo no passado) está registrado em W. SCHNEEMELCHER, op. cit., v. 2, p. 228ss.

[522] Cf. W. MICHAELIS, op. cit., p. 208.

[523] Cf. H. BINDEN, *Der Brief an die Philipper* (Sursee: CSL-Verlagsteam; Basel: Brunnen, 1990), v. 1, p. 70, nota 80; W. G. KÜMMEL, op. cit., p. 291.

[524] "Portanto, o apóstolo lhes escreveu quando já estava algemado, a partir de Éfeso" (*Ergo apostolus iam ligatus scribit eis ab Ephoso*); conforme W. G. KÜMMEL, op. cit., p. 305.

[525] Apud D. GUTHRIE, op. cit., p. 577.

Posicionamento: Com acerto no mínimo idêntico se poderia afirmar que Onésimo não se teria refugiado em Éfeso, situada bem próxima, para não ser reconhecido.[526]

j) De acordo com Michaelis, enviar Onésimo de volta com o pedido de que Filemom o coloque de novo à disposição de Paulo é algo que somente faz sentido se a distância entre o lugar da prisão e Colossos não é muito grande, ainda mais que Paulo na realidade espera ser liberto em breve.[527]

Sem tratar de todos os argumentos de forma detalhada, podemos fixar, em síntese, que para nós nenhum deles é suficientemente relevante ou claro para defender uma detenção do apóstolo em Éfeso. Ainda que Atos não informe sobre tudo, não se deve omitir que justamente acerca do tempo da segunda e da terceira viagem missionária (a partir do "relato em nós", At 16.10ss) existem informes bastante detalhados.

Ademais, existem nas cartas da prisão alguns indícios que deixam fora de cogitação a redação em Éfeso:

a) Colossenses 4.10 e Filemom 24 citam Marcos como colaborador de Paulo. No entanto, já na segunda viagem missionária Marcos não foi mais levado por Paulo, não sendo mais mencionado desde então em Atos como acompanhante de Paulo.[528]

b) Lucas igualmente consta em Colossenses 4.14 e Filemom 24 ao lado de Paulo. Porém, durante a atuação de Paulo em Éfeso, Lucas não esteve presente, o que temos de depreender da falta do "nós" em Atos (o relato em "nós" recomeça somente depois da terceira estadia de Paulo em Corinto; At 20.5).[529]

c) Parece "questionável que, se o apóstolo tivesse sido preso em Éfeso por causa de sua proclamação ou por causa de imputações por parte dos judeus, teria sido capaz de continuar sua atuação missionária nos termos [...] que parecem ser pressupostos em Colossenses 4.3".[530] Em contraposição, é facilmente concebível uma atividade dessas nas condições de Atos 28.30s.

5.8.2.2 Cesareia

Como foi referido, cita-se, em lugar de Éfeso, também Cesareia como lugar da redação das cartas da prisão,[531] precisamente com os seguintes argumentos:

---

[526] Cf. L. ALBRECHT, op. cit., p. 509s; W. C. VAN UNNIK, *Einführung*, p. 100.
[527] Cf. D. GUTHRIE, op. cit., p. 578; J. A. T. ROBINSON, op. cit., p. 73.
[528] W. MICHAELIS, op. cit., p. 264.
[529] Cf. D. A. CARSON, D. J. MOO & L. MORRIS, op. cit., p. 334; W. G. KÜMMEL, op. cit., p. 305; J. A. T. ROBINSON, op. cit., p. 73.
[530] Cf. D. A. CARSON, D. J. MOO & L. MORRIS, op. cit., p. 337; W. G. KÜMMEL, op. cit., p. 305; E. Percy, op. cit., p. 471ss; J. A. T. ROBINSON, op. cit., p. 73.
[531] E. PERCY, op. cit., p. 473.

a) O escravo Onésimo podia fugir a pé para Cesareia, o que não teria sido possível até Roma.[532]

Posicionamento: Como escravo fugitivo, Onésimo podia mais facilmente fazer contato com Paulo em sua moradia alugada em Roma que nas dependências do governador romano na fortaleza de Cesareia.[533] É verdade que, durante os dois anos de prisão em Cesareia, amigos sem dúvida tiveram acesso a Paulo (At 24.23), e é muito provável que Paulo teve ali a mesma liberdade para escrever que em Roma.

Além disso, era possível que, em vista do intenso tráfego entre a Ásia Menor e Roma, Onésimo também chegasse a Roma sem ser descoberto.[534]

b) O pedido de preparação de um alojamento (Fm 22) pode muito bem ser explicado em Cesareia antes do apelo ao imperador.[535] Na hipótese de Filemom ser escrita em Roma, esse versículo pressupõe a desistência dos planos de alcançar a Espanha.[536]

Posicionamento: É bem provável que depois de quatro anos de prisão (em Roma e Cesareia) Paulo tenha recomposto seus planos de viagem e desejasse contatar novamente tanto as igrejas já visitadas por ele como também aquelas que ele ainda não visitara nunca. Portanto, a ida para Colossos não se explica unicamente no caso de uma redação das cartas da prisão em Cesareia.[537]

Até mesmo precisamos indagar adiante se no relato sobre a prisão em Cesareia (At 23.23—27.1) realmente se encontra alguma pista acerca da perspectiva de uma eventual libertação. É verdade que Paulo se defende em todos os pontos (cf., p. ex., At 25.8), mas não percebemos nenhum indício concreto da esperança por uma iminente libertação.[538] A esperança de soltura em Cesareia somente caberia em Atos 24.26s. Contudo, sob nenhuma circunstância Paulo cedeu à possibilidade de subornar a Félix com dinheiro para obter a liberdade. Como cidadão romano, Paulo queria alcançar

---

[532] H. E. G. Paulus sugeriu, pela primeira vez, Cesareia em 1799 (apud R. P. MARTIN, *New Testament Foundations*, v. 2, p. 202). Cf., além dos listados a seguir, também C. R. GREGORY, op. cit., p. 704. 709; J. VAN BRUGGEN, *Die geschichtliche Einordnung der Pastoralbriefe* [Wuppertal: Brockhaus, 1981], p. 60s (exceto para Efésios, que VAN BRUGGEN considera escrita em Roma).

[533] Cf. W. G. KÜMMEL, op. cit., p. 306; H. STADELMANN, *Der geschichtliche Hintergrund des Epheser — und Kolosserbriefes*, BuG, n. 3, 1990, p. 268.

[534] Cf. F. GODET, op. cit., v. 1, p. 262; D. GUTHRIE, op. cit., p. 577; E. F. HARRISON, op. cit., p. 315; H. J. HOLTZMANN, op. cit., p. 246.

[535] Cf. F. GODET, op. cit., v. 1, p. 261.

[536] Cf. H. STADELMANN, *Der geschichtliche Hintergrund des Epheser — und Kolosserbriefes*, p. 268s.

[537] Cf. P. FEINE, op. cit., p. 161; W. G. KÜMMEL, op. cit., p. 306.

[538] Cf. E. PERCY, op. cit., p. 473s.

um julgamento de validade legal. Sob Festo torna-se inviável qualquer esperança de soltura, visto que os judeus conseguiram que qualquer trâmite subsequente tivesse lugar em Jerusalém. Contudo, o plano era que no transporte de Cesareia para Jerusalém Paulo fosse assaltado e morto, algo de que Festo, como novo magistrado romano e desconhecedor das condições geográficas locais, não suspeitava. Paulo estava muito cônscio de que, por isso, uma libertação da prisão era impossível em Cesareia.

c) Na última viagem da Grécia para Jerusalém, Aristarco (Cl 4.10; Fm 24) e Tíquico (Ef 6.21; Cl 4.7) integravam a comitiva de Paulo (At 20.4). Por isso, era possível que também tivessem permanecido junto de Paulo em Cesareia. Na viagem para Roma passa a ser mencionado apenas Aristarco (At 27.2).[539] Lucas podia estar com Paulo tanto em Cesareia como em Roma (cf. os relatos em "nós"), o que provavelmente se pode afirmar também de Marcos.

d) Em Filemom 9 Paulo escreve que ele "agora também é prisioneiro", o que se explica mais facilmente no caso de um período ainda não muito longo de detenção em Cesareia do que depois de um tempo superior a dois anos de prisão, como seria o caso de uma redação em Roma.[540]

e) Epafras é chamado de "companheiro de prisão" em Filemom 23. Conforme Stadelmann, era mais possível, em vista da prisão mais rigorosa de Paulo em Cesareia, que Epafras também fosse detido.[541]

f) Reicke e Stadelmann constatam, na linguagem de Efésios, indícios da situação daquela época em Cesareia, onde predominavam conflitos particularmente intensos entre judeus e gentios (cf. Ef 2.14,16c [arrancada a cerca da inimizade entre gentios e judeus]; Ef 2.20s [templo conjunto] etc.).[542]

Outros fatos, porém, igualmente depõem com clareza *contra* Cesareia:

a) Em Cesareia, Paulo dificilmente dispunha da oportunidade para o serviço da proclamação, como depreendemos de Atos 28.30s. Quando se consideram Efésios 6.19s e Colossenses 4.3s, dificilmente se imaginaria a situação do apóstolo em Cesareia.[543]

---

[539] Cf. D. A. CARSON, D. J. MOO & L. MORRIS, op. cit., p. 335. cf. tb. D. GUTHRIE, op. cit., p. 578; A. JÜLICHER, op. cit., p. 111; T. ZAHN, *Einleitung*, v. 1, p. 316.

[540] Cf. H. STADELMANN, *Der geschichtliche Hintergrund des Epheser – und Kolosserbriefes*, p. 268.

[541] H. STADELMANN, Der geschichtliche Hintergrund des Epheser – und Kolosserbriefes, p. 268; idem, *Die Entstehungsverhältnisse der paulinischen Briefe*, p. 360.

[542] H. STADELMANN, Der geschichtliche Hintergrund des Epheser – und Kolosserbriefes, p. 268.

[543] B. REICKE, Caesarea, Rome and the Captivity Epistles, in: W. W. GASQUE & R. P. MARTIN (Org.), *Apostolic History and the Gospel – Biblical and Historical Essays Presented to F. F. Bruce* (1970), p. 277-86; B. REICKE, The Historical Setting of Colossians, *Review and Expositor*, n. 70, 1973, p. 429-38 (apud J. A. T. ROBINSON, op. cit., p. 70, 75); H. STADELMANN, Der geschichtliche Hintergrund des Epheser – und Kolosserbriefes, p. 269.

b) O grande número de colaboradores, conforme são citados em Colossenses 4.7ss e Filemom 24, é consideravelmente mais fácil de explicar em Roma que na pequena cidade de Cesareia.[544]

c) Em Colossenses 4.10s Paulo cita os judeus que se tornaram "um consolo" para ele. Se essa prisão tivesse sido em Cesareia, é surpreendente Paulo não citar Filipe, o evangelista, que residia em Cesareia e ao qual Paulo ainda visitara pouco antes de ser preso (At 21.8).[545]

Conclusão: Se Cesareia não entra em cogitação como lugar de redação para Colossenses, consequentemente tampouco o será para Efésios e Filemom.

Restaria, então, no máximo explicar a questão referente a Filipenses.

5.8.2.3 Roma

Depois de vermos que há diversos fatores que depõem contra Éfeso e Cesareia como lugares de redação das cartas da prisão, gravemos que uma redação em Roma combina bem com os dados nas cartas e em Atos:[546]

a) A suposição de que as cartas foram escritas em Roma se alicerça sobre uma detenção conhecida.

b) Por meio de Atos, está comprovado que Lucas veio com Paulo para Roma (Cl 4.14; e Fm 24 pressupõem a presença de Lucas; cf. o relato em "nós", At 27.1—28.16).

c) A cooperação de Marcos (cf. Cl 4.10; Fm 24) pode ser muito bem explicada em Roma.

d) Aristarco (cf. Cl 4.10; Fm 24) seguiu com Paulo para Roma (At 27.2).

e) O fato de que nas cartas da prisão nem sempre são citadas as mesmas pessoas como presentes em Roma pode ser elucidado bem a partir da intensa atividade de viagens de cada um dos colaboradores e amigos.

---

[544] Cf. D. A. Carson, D. J. Moo & L. Morris, op. cit., p. 335; E. F. Harrison, op. cit., p. 315. Entretanto, é verdade que P. Feine, op. cit., p. 161, reconhece em Cl 4.3,18 uma indicação para Cesareia, porque Paulo em Roma teria podido mover-se com mais liberdade do que esses versículos dão a entender e porque de acordo com Cl 4.3, na realidade, Paulo ainda orava para que a porta se abrisse. Estar acorrentado com o soldado romano *não* era mais fácil para a movimentação em Roma que havia sido em Cesareia, mas era diferente no que diz respeito à possibilidade de atuação.

[545] Cf. W. G. Kümmel, op. cit., p. 306; T. Zahn, *Einleitung,* v. 1, p. 315.

[546] Cf. D. A. Carson, D. J. Moo & L. Morris, op. cit., p. 335; E. F. Harrison, op. cit., p. 315; H. C. Thiessen, op. cit., p. 228; T. Zahn, *Einleitung,* v. 1, p. 315.

f) A redação em Roma também é sustentada pelas subscrições a nós legadas pelos manuscritos.[547]

Visto que o lugar de redação de Filipenses requer análise especial, retomaremos à questão ao tratar de Filipenses. Por ora, pode bastar a observação de que também para Filipenses defendemos a redação em Roma.

5.8.3 Época da redação das cartas da prisão

A diversidade de datação nas diferentes introduções ao NT depende da localização das cartas. Se considerarmos Roma como local em que foram escritas as quatro cartas citadas, podemos nos fixar em uma datação no início da década de 60.

É absolutamente legítimo pensar que o processo do apóstolo perante o imperador Nero foi realizado somente depois de decorridos os dois anos de prisão.

Filemom 22 permite supor que agora o processo está prestes a acontecer, e Paulo está confiante acerca do desfecho. Por isso, datamos *Efésios, Colossenses e Filemom em torno do final dos dois anos de detenção, no ano 62*.

Em Filipenses (cf. a seguir) a situação parece ter evoluído (cf., p. ex., Fp 1.13,21-23; 4.22). Paulo parece estar em meio ao julgamento. Não tem mais permissão para pregar (Fp 1.12-26), contudo tem grande esperança de ser solto em breve (Fp 1.25; 2.24).

Por isso, datamos a *carta aos Filipenses* para o ano *63*.

5.9 A carta aos Efésios[548]

5.9.1 Conteúdo e subdivisão

1.	Autor, destinatários e saudação (prescrito e epítetos)	Ef 1.1s
2.	O mistério do plano divino de salvação	Ef 1.3–3.21
	Exaltação de Deus por seu plano de salvação (proêmio)[549]	Ef 1.3-14
	Gratidão e intercessão pelos leitores (*primeira intercessão do apóstolo*)	Ef 1.15-23
	A salvação da morte espiritual e dos pecados pela graça de Deus em Cristo	Ef 2.1-10

---

[547] Cf. tb. D. GUTHRIE, op. cit., p. 579.

[548] Para Efésios, trazem Roma como lugar de redação, conforme Nestle-Aland[27], p. 514, os seguintes manuscritos: B¹ P 0278, 1739, 1881 𝔐. Para Colossenses são, conforme Nestle-Aland[27], p. 531, os seguintes manuscritos: A B¹ P 075, 0278, 1739, 1881 𝔐. Para Filemom são eles, segundo Nestle-Aland[27], p. 562: L P 048^vid, 326, 1241, 1739, 1881 𝔐.

[549] Cf. a introdução e exegese sequencial de Efésios em E. MAUERHOFER, Der Brief na die Epheser, *Fundamentum*, n. 4, 1989ss.

Gentios e judeus são um só pela fé na obra redentora de Jesus:	Ef 2.11-22
— *um só* novo ser humano em *um só* corpo	
— *um só* acesso ao Pai em *um só* Espírito	
— *uma só* família de Deus	
— *um só* templo no Senhor	
O serviço do apóstolo em prol dos gentios, ou: a revelação dos mistérios de Cristo, a saber, a igreja do NT	Ef 3.1-13
O amor de Cristo supera todo entendimento *(segunda intercessão do apóstolo pela igreja)*	Ef 3.14-21
3. **Seção de exortação (paráclese)**	Ef 4.1–6.20
Exortação à unidade: *as sete dimensões da unidade* dos crentes	Ef 4.1-16
O velho e o novo ser humano	Ef 4.17-24
Característica da nova conduta	Ef 4.25-32
Andar no amor e andar na luz	Ef 5.1-20
A norma cristã para o lar	Ef 5.21–6.9
Exortações finais: *a armadura espiritual*	Ef 6.10-17
Convocação para interceder pelo apóstolo	Ef 6.18-20
4. **Encerramento da carta**	Ef 6.21-24
Envio de *Tíquico* (entregador da carta)	Ef 6.21,22
Voto de bênção	Ef 6.23,24

5.9.2 Teria sido a carta dirigida à igreja em Éfeso?

5.9.2.1 Dados dos manuscritos[550]

Em Efésios 1.1 faltam parcialmente nos manuscritos as palavras ἐν Ἐφέσῳ — en Ephesō, "em Éfeso".

São os seguintes os manuscritos que *omitem essas palavras:* P46 ℵ *B* 6. 1730.

Os seguintes manuscritos *trazem as palavras* em Efésios 1.1: ℵ 2 A B2 D F G ψ 0278. 33. 1881 𝔐 latt sy co, bem como Crisóstomo em seu comentário.[551]

De acordo com Marcião, a carta é endereçada à igreja em Laodiceia.

No título e na subscrição de quase todos os manuscritos, está documentada a destinação a Éfeso.

---

[550] Também chamada de "eulogia" por alguns exegetas, porque aqui (como em 2Co 1.3; 1Pe 1.3) se exalta a Deus em lugar das costumeiras ações de graças.

[551] Cf. Nestle-Aland[27], p. 503, 514.

5.9.2.2 Conclusões finais e diversas hipóteses acerca dos destinatários[552]

Na *terceira viagem missionária*, Paulo havia atuado durante três anos (At 20.31) em Éfeso (At 19). Quando fez uma parada em Mileto no trajeto para Jerusalém, chamou os anciãos de Éfeso para lhes transmitir mais uma vez importantes admoestações (At 20.17ss), com a referência de que esse seria o último encontro (At 20.38).

Na carta aos Efésios, contudo, não constatamos nem uma menção a esses três anos passados nem ao discurso de despedida em Mileto. Tampouco encontramos uma saudação de um dos colaboradores de Paulo, parte dos quais era conhecida da igreja em Éfeso. Essa ausência das notas pessoais e a falta de atenção à situação da igreja em Éfeso, aliadas à situação dos manuscritos, acima exposta, levaram à pergunta se, afinal, a carta foi dirigida exclusiva ou realmente à igreja em Éfeso.[553]

Diversas hipóteses foram levantadas para explicar os fatos:[554]

a) A hipótese de Laodiceia[555]

Em Colossenses 4.16 Paulo escreve que a igreja em Colossos também deveria ler a carta que ele redigiu à igreja em Laodiceia. Disso, Marcião já deduziu que Efésios deveria ser identificada com essa carta a Laodiceia.

Posicionamento:

1) Nessa hipótese somente é difícil de explicar por que o nome original da igreja destinatária deveria ter sido cortado.[556]

2) Além disso, não nos foi transmitido nenhum manuscrito que informe que foi escrita à igreja em Laodiceia.

3) Ainda que os dados dos manuscritos em Efésios 1.1 não sejam inequívocos, o título e a subscrição, no entanto, não deixam dúvidas acerca dos destinatários.

---

[552] Crisóstomo, *Commentarius in Epistolam ad Ephesios*, 1.1.
[553] Cf. F. Rienecker, *Der Brief des Paulus an die Epheser*, in: WStB (Wuppertal: Brockhaus, 1971), p. 21ss.
[554] Rejeitando completamente os destinatários de Éfeso, escreve, p. ex., O. Roller, op. cit., p. 520: "É impossível que a designação do lugar seja correta por causa de Ef 1.15; 3.1s; 4.21...".
[555] Uma discussão de outras explicações elaboradas isoladamente consta em D. Guthrie, op. cit., p. 532ss.
[556] Foi defendida principalmente por A. von Harnack, in: SBA (1910), p. 701ss (apud D. Guthrie, op. cit., p. 530, nota 1), e, entre outros, também por O. Roller, op. cit., p. 523s. L. Albrecht, op. cit., p. 510s, advoga em favor dela de forma modificada, considerando a carta referida em Cl 4.16 a atual Efésios, que no entanto teria sido escrita como carta circular.

4) Se a carta tivesse sido redigida simultaneamente com Colossenses e dirigida a Laodiceia, seria difícil de explicar por que Paulo escreve em Colossenses 4.15 que os colossenses deveriam enviar saudações aos irmãos em Laodiceia.[557]

b) A hipótese da encíclica ou "teoria das lacunas"[558]

De conformidade com essa hipótese, a carta não foi dirigida a determinada igreja, mas escrita como carta circular. Como mencionamos, poderia assim ser explicada a ausência das notas pessoais em Efésios.[559] Essa hipótese foi defendida por Beza e Grotius e mais bem fundamentada por Jakob Ussher em 1654.[560]

Pontos fracos da hipótese da encíclica:

1) Uma debilidade da hipótese da encíclica consiste em que não possuímos um único manuscrito sequer com outro nome de igreja[561] (Marcião é o único a trazer um prescrito diferente).

2) Em Efésios 6.21, como em Colossenses 4.7, Tíquico é nomeado entregador da carta. Acontece que a formulação em Efésios 6.21 dificilmente permite concluir que essa carta foi dirigida simultaneamente a diversas igrejas, uma vez que nesse caso Efésios e Colossenses teriam chegado ao mesmo tempo em Colossos.[562]

3) Quando se presume a hipótese da encíclica na forma de não ter sido deixada no texto nenhuma lacuna para inserir os respectivos destinatários,[563] resulta uma construção de frase muito incomum para Paulo.[564]

4) Uma carta circular com uma lacuna no texto para inserir o respectivo lugar dos destinatários seria mais plausível se o "em" não tivesse sido omitido também.

5) A carta aos Gálatas também foi dirigida a um grupo de igrejas, sem que isso ocorresse em forma de uma carta circular.

---

[557] Cf. H. APPEL, op. cit., p. 64; P. FEINE, op. cit., p. 164; E. LOHSE, *Entstehung*, p. 58.

[558] Cf. F. GODET, op. cit., v. 1, p. 284.

[559] O termo "encíclica" designa uma carta circular. Cf., entre outros, H. APPEL, op. cit., p. 63; P. FEINE, op. cit., p. 163ss; C. R. GREGORY, *Einleitung in das Neue Testament* (Leipzig: Hinrich, 1909), p. 709; E. PERCY, op. cit., p. 454ss, T. ZAHN, *Einleitung*, v. 1, p. 312ss.

[560] P. FEINE, op. cit., p. 163; H. E. F. GUERIKE, op. cit., p. 101ss; F. RIENECKER, op. cit., p. 24.

[561] Cf. J. USSHER, *Annalium Veteris Testamenti pars posterior* (1654), p. 686s (apud W. MICHAELIS, op. cit., p. 194).

[562] Cf. D. A. BLACK, The Peculiarities of Ephesians and the Ephesian Address, in: *Grace Theological Journal*, n. 1, 1981, p. 61; D. A. CARSON, D. J. MOO & L. MORRIS, op. cit., p. 310s; H. CONZELMANN & A. LINDEMANN, op. cit., p. 231; E. PERCY, op. cit., p. 463.

[563] Cf. O. Roller, op. cit., p. 521.

[564] Cf. F. BARTH, op. cit., p. 71s; D. A. BLACK, op. cit., p. 61.

c) A igreja em Éfeso como destinatária
Considerações relevantes:
1) Os dados dos manuscritos não são inequívocos, como já vimos. No entanto, manuscritos nada insignificantes trazem ἐν Ἐφέσῳ — en Ephesō, "em Éfeso", embora os testemunhos textuais mais importantes deixem de fora essa indicação. Não há como afirmar com toda segurança se na subscrição da carta constava ou não essa indicação (cf. o nexo textual no v. 1). Verdade é que tampouco sabemos por que ἐν Ἐφέσῳ — en Ephesō, "em Éfeso" ficou fora em tantos manuscritos.[565]

2) A inscrição (e subscrição) πρὸς Ἐφεσίους — pros Ephesious, "aos Efésios" — já é muito antiga e bastante conhecida: Ireneu já sabiaque foi Paulo quem escreveu a carta aos Efésios.[566]

3) Tertuliano,[567] Orígenes,[568] Basílio Magno[569] (m. 379), Jerônimo e Epifânio igualmente têm conhecimento de que essa carta foi escrita aos Efésios. Seus pronunciamentos denotam, porém, que não conheciam ἐν Ἐφέσῳ — en Ephesō, "em Éfeso" no versículo 1, o que não obstante não alterava nada para eles na questão dos destinatários.

Tertuliano, p. ex., critica Marcião por ter intitulado de maneira herética a carta com "a Laodiceia", enquanto temos no prescrito "a Éfeso" (*quam nos ad Ephesios praescriptam habemus*).[570]

4) Também em outras cartas enviadas por Paulo a igrejas conhecidas por ele não ocorrem, ou ocorrem apenas esparsamente, saudações por nome (p. ex., Gálatas, 1Coríntios e 2Coríntios).[571]

5) Alford mostra que, entre o discurso de despedida de Paulo aos anciãos de Éfeso e a carta aos Efésios, existem certas semelhanças linguísticas que no mínimo tornam possível um endereçamento à igreja em Éfeso.[572]

---

[565] Cf. O. ROLLER, op. cit., p. 523; cf. tb. a tabela 2 no final da obra de Roller.

[566] Uma possível explicação poderia ser que, por meio da omissão, a carta deveria se revestir de relevância mais geral para a igreja (cf. H. ALFORD. op. cit., v. 3, p. 17; D. A. BLACK, op. cit., p. 67).

[567] Cf. mais adiante referente à tradição da igreja antiga. Quando G. HÖRSTER, op. cit., p. 124 escreve: "Título e abertura da carta não foram transmitidos de forma inequívoca" e na sequência assevera que a indicação dos destinatários surge somente no séc. IV, isso de forma alguma corresponde aos fatos, pelo menos para a inscrição. Em seguida, causa grande estranheza que, ao apresentar sugestões de solução para a questão dos destinatários, nem sequer menciona a igreja em Éfeso como possível endereçada.

[568] Cf. TERTULIANO, *Contra Marcião*, livro V, 17.1.

[569] Apud E. F. HARRISON, op. cit., p. 331; E. PERCY, op. cit., p. 449.

[570] Basílio, *Contra Eunomium*, 2.19.

[571] Cf. E. PERCY, op. cit., p. 449.

[572] Cf. H. ALFORD, op. cit., v. 3, p. 13; D. A. BLACK, op. cit., p. 62ss.

6) Uma *dificuldade* nos é proposta com o endereçamento à igreja em Éfeso: em Colossenses, Filemom e Filipenses sempre consta Timóteo como coautor; em Efésios, porém, ele não é citado. Isso seria mais facilmente explicado no caso de uma carta circular.

Conclusão: Parece apropriado manter que o lugar de destinação da referida carta é em primeiro lugar Éfeso, embora não se possa excluir inteiramente uma redação como carta circular.

5.9.3 Alguns dados sobre a cidade de Éfeso[573]

A cidade, localizada na costa ocidental da parte asiática da atual Turquia, era uma antiga colônia grega. Situava-se na foz do rio Caístro e contava entre as mais importantes cidades portuárias e comerciais da Ásia Menor.

Depois do século III a.C. Éfeso pertencia ao reino de Pérgamo, que foi entregue aos romanos em 133 a.C. por Átalo III. Eles fizeram de Éfeso a capital da província da Ásia.

A cidade também era famosa por causa do santuário da deusa grega Ártemis, listado entre as sete maravilhas mundiais. O culto da fertilidade ligado à deusa Ártemis pode remontar a uma divindade da Anatólia.

5.9.4 A igreja em Éfeso

Como na maioria das cidades romanas, existia também em Éfeso uma colônia judaica com uma sinagoga (At 18.19; 19.8).

Em sua segunda viagem missionária, Paulo passou por Éfeso no retorno de Corinto para Jerusalém. Lá deixou seus companheiros Áquila e Priscila, mas permaneceu pessoalmente apenas por pouco tempo após um diálogo positivo com os judeus do lugar, prometendo retornar em breve (At 18.19ss). Pouco tempo depois da saída de Paulo, chegou Apolo (natural de Alexandria) a Éfeso e anunciou Jesus na sinagoga (At 18.24ss). No entanto, pelo fato de conhecer somente o batismo de João, foi instruído mais detidamente acerca do evangelho na casa de Áquila e Priscila. Pouco depois, ele prosseguiu para Corinto, ainda antes de Paulo retornar para Éfeso na *terceira viagem missionária*.

Desta feita, Paulo permaneceu mais tempo em Éfeso (At 19.1ss). Inicialmente pregou durante três meses na sinagoga. Entretanto, quando ali (como também em outras localidades) surgiu oposição, ele se mudou para a escola de Tirano, onde pregou durante um total de dois anos. Dessa atuação de proclamação, bem como dos

---

[573] H. ALFORD, op. cit., v. 3, p. 12.

milagres realizados por Deus, constitui-se uma igreja considerável. Em breve, ela foi percebida como negativa para os negócios do comércio de suvenires em torno do culto a Ártemis.

Ao sair de Éfeso, Paulo deixou uma igreja consolidada com anciãos. A esses anciãos, convidou-os mais tarde a virem a Mileto para um diálogo de despedida (At 20.17ss).

5.9.5 Autoria e autenticidade

5.9.5.1 Autoria[574]

Como faz em todas as suas cartas, Paulo se apresenta por nome no prescrito (Ef 1.1: "Paulo, apóstolo de Cristo Jesus pela vontade de Deus"[575]). Em Efésios 3.1 lemos: "Eu, Paulo, sou prisioneiro de Cristo Jesus".[576]

5.9.5.2 Tradição da igreja antiga

a) Possivelmente *Clemente de Roma* já traz uma analogia com Efésios.[577]

b) Em *Inácio* igualmente encontramos uma alusão a passagens de Efésios.[578] Em sua *Epístola aos efésios*, Inácio menciona Paulo, que em Cristo Jesus se lembra deles em cada carta.[579]

c) Em *2 Clemente* (c. 140)[580] a imagem de Jesus como marido e da igreja como esposa baseia-se em Efésios.[581]

d) *Policarpo* faz alusão a um texto de Efésios.[582] Em outro momento, fala dos "escritos sagrados" (*sacris literis*) e cita Efésios.[583]

e) Efésios é mencionada no *Cânon muratoriano* como carta paulina.

---

[574] Cf. D. P. COLE, op. cit., p. 287ss; E. M. B. GREEN & C. J. HEMER, Ephesus, in: IBD, v. 1, p. 461s; E. SCHÄFER, Ephesus (Stadt), in: RGG³, v. 2, p. 520s; M. F. UNGER, op. cit., p. 248ss.

[575] Cf. D. GUTHRIE, op. cit., p. 496s.

[576] Até aqui o prescrito é idêntico com os de 2Coríntios, Colossenses e 2Timóteo.

[577] Ὁ ἐγὼ Παῦλος — *egō Paulos*, "eu, Paulo" aparece também em Gl 5.2; 1Ts 2.18; 2Co 10.1; Cl 1.23, no meio do texto.

[578] *Clemente*, 46.6/Ef 4.4ss.

[579] INÁCIO, *Epístola a Policarpo de Esmirna*, 5.1/Ef 5.25,29.

[580] "... Παύλου ... ὃς ἐν πάσῃ ἐπιστολῇ μνημονεύει ὑμῶν ἐν Χριστῷ Ἰησοῦ" (INÁCIO, *Epístola aos efésios*, 12.2).

[581] A origem exata de *2 Clemente* não é conhecida. Trata-se mais de uma pregação que de uma carta.

[582] *Clemente*, 14.2/Ef 5.23ss.

[583] POLICARPO, *Aos Filipenses*, 1.3/Ef 2.5,8.

f) *Ireneu* cita Efésios,⁵⁸⁴ às vezes com a referência do autor "Paulo"⁵⁸⁵ ou "o apóstolo".⁵⁸⁶ Cita também "a carta aos Efésios"⁵⁸⁷ ou traz um indício dela ("o apóstolo Paulo mostrou claramente na [carta] aos Efésios"⁵⁸⁸).

g) *Clemente de Alexandria* cita Efésios⁵⁸⁹ como escrita pelo "apóstolo".⁵⁹⁰ Em outra passagem, ele escreve expressamente, citando, da mesma carta, que ela foi escrita aos Efésios.⁵⁹¹

h) *Tertuliano* conhece Efésios e trata dela, entre outras cartas paulinas, em sua controvérsia com Marcião.⁵⁹²

i) *Orígenes* cita Efésios como originária de Paulo.⁵⁹³

j) *Cipriano* (m. 258) cita Efésios como redigida pelo apóstolo Paulo, indicando que a carta foi escrita aos Efésios.⁵⁹⁴

5.9.5.3 Autenticidade da carta aos Efésios

Erasmo já observou a peculiaridade estilística de Efésios.⁵⁹⁵ A autenticidade, no entanto, foi contestada pela primeira vez somente em 1792.⁵⁹⁶

a) *Análise das objeções contra a autenticidade*

1) Deporia contra Paulo como autor de Efésios a divergência em *linguagem e estilo* em relação às cartas paulinas principais.⁵⁹⁷

---

⁵⁸⁴ POLICARPO, *Aos Filipenses*, 12.1/Ef 4.26.

⁵⁸⁵ IRENEU, *Contra heresias*, livro I, 8.4/Ef 5.32; livro IV, 5.1/Ef 2.7; 19.2/Ef 1.21; livro V, 18.2/Ef 4.6.

⁵⁸⁶ IRENEU, *Contra heresias*, livro I, 8.5/Ef 5.13; livro II, 2.6/Ef 4.6.

⁵⁸⁷ IRENEU, *Contra heresias*, livro IV, 20.2/Ef 4.6.

⁵⁸⁸ IRENEU, *Contra heresias*, livro V, 2.3/Ef 5.30.

⁵⁸⁹ IRENEU, *Contra heresias*, livro V, 24.4/Ef 2.2.

⁵⁹⁰ CLEMENTE DE ALEXANDRIA, *Cohortatio ad Gentes*, 1.3/Ef 2.2; 2.8/Ef 2.3ss etc.

⁵⁹¹ CLEMENTE DE ALEXANDRIA, *Cohortatio ad Gentes*, 2.7/Ef 2.12; 9.24/Ef 4.17ss; 5.14; *Stromateis*, livro III, 14/Ef 4.24 etc.

⁵⁹² CLEMENTE DE ALEXANDRIA, *O pedagogo*, livro I, 5.39/Ef 4.13ss; *Stromateis*, livro IV, 8/Ef p. 21ss.

⁵⁹³ TERTULIANO, *Contra Marcião*, livro V, 17.

⁵⁹⁴ ORÍGENES, *Contra Celso*, livro V, 65/Ef 3.8.

⁵⁹⁵ CIPRIANO, *Testimonii*, 2.27/Ef 2.17s. Cf. tb. 3.11/Ef 4.22s.

⁵⁹⁶ ERASMO, *Annotationes in Novum Testamentum* (Basel: [s.n.], 1519); apud E. PERCY, op. cit., p. 1.

⁵⁹⁷ E. EVANSON, op. cit., p. 261s. L. USTERI, *Entwicklung des paulinischen Lehrbegriffs* (Zürich: [s.n.], 1824), p. 2, foi o primeiro na bibliografia alemã a contestar a autenticidade da carta (apud E. PERCY, op. cit., p. 1).

α) Essa divergência se explicitaria no uso incomum de diversas palavras:[598]

— ὁ διάβολος — ho diabolos, "o difamador, o Diabo" (Ef 4.27; 6.11) ao invés de ὁ σατανᾶς — ho satanas, "o Satanás", como, p. ex., em 1Coríntios 5.5.

— Somente em Efésios o céu seria designado como τὰ ἐπουράνια — ta epourania (Ef 1.3,20; 2.6; 3.10; 6.12).

— Em Paulo se fala "quase integralmente do pecado no singular como poder cósmico (Rm 5.12), mas em Efésios se fala dos pecados no plural (Ef 2.1) e se acolhe a maneira cristã comum de falar do perdão dos pecados (Ef 1.7)".[599]

Posicionamento:

— Na realidade ὁ διάβολος — ho diabolos, "o difamador, o Diabo" também consta ainda nas cartas pastorais, que no entanto usam igualmente o termo ὁ σατανᾶς — ho satanas, "o Satanás" (1Tm 1.20; 5.15). Dez vezes consta em todo o *corpus paulinum* o termo ὁ σατανᾶς — ho satanas. Oito vezes encontramos o conceito ὁ διάβολος — ho diabolos, das quais cinco vezes acerca do Diabo (Ef 4.27; 6.11; 1Tm 3.6s; 2Tm 2.26) e três vezes para o ser humano como difamador (1Tm 3.11; 2Tm 3.3; Tt 2.3). Além do mais, resta notar que Paulo emprega ainda outras expressões para designar Satanás e seu poder (p. ex., Ef 2.2; 6.12) ao lado da ocorrência única "deus desta era" em 2Coríntios 4.4.

— τὰ ἐπουράνια — ta epourania é um adjetivo substantivado no plural, sendo que o adjetivo ἐπουράνιος — epouranios, "celestial" ocorre em 1Coríntios 15 (cinco vezes) e também em 2Timóteo 4.18. O fato de que em Efésios 1.3 foi usada a expressão ἐν τοῖς ἐπουρανίοις — en tois epouraniois, "nos celestiais" e não ἐν τοῖς οὐρανοῖς — en tois ouranois, "nos céus", é explicado por Percy com a observação de que "aqui o céu não entra em cogitação apenas como lugar, mas em primeira linha como uma esfera vital com tudo que está incluído nela, e que depois de ter sido introduzida pelo apóstolo, a expressão rara foi mantida durante a carta toda".[600]

— Na questão do plural do conceito de pecado, Lohse omite que em Paulo consta, além das passagens em Efésios, em 11 outras ocorrências, ἁμαρτία — hamartia, "pecados" no plural (Rm 4.7; 7.5; 11.27 [citação do AT]; 1Co 15.3,17; Gl 1.4; Cl 1.14; 1Ts 2.16; 1Tm 5.22,24; 2Tm 3.6).

β) "Longas construções de frases (Ef 1.3-14; 1.15-23; 2.1-10) trazem um acúmulo de conexões por genitivo, locuções com particípio e frases relativas, que permitem notar claramente o caráter litúrgico-hínico do estilo."[601]

---

[598] Cf. H. Köster, op. cit., p. 705; W. G. Kümmel, op. cit., p. 315s; E. Lohse, *Entstehung*, p. 59.

[599] E. Lohse, *Entstehung*, p. 59.

[600] E. Lohse, *Entstehung*, p. 59.

[601] E. Percy, op. cit., p. 182s. T. Zahn, *Einleitung*, v. 1, p. 356, 366s, comprova que um termo, uma vez usado, torna a ser usado de forma cumulativa por Paulo no mesmo escrito.

Em princípio se pode afirmar apenas o seguinte acerca da argumentação da linguagem e do estilo: quando se julga "linguagem e estilo" do apóstolo Paulo somente de acordo com as chamadas "cartas paulinas principais", não se faz justiça nem ao vocabulário nem ao "estilo" do apóstolo. No período do ano 49 (Gálatas) até 67 (2Timóteo) Paulo escreveu um grande número de cartas, das quais 13 foram preservadas no cânon do NT. Tão diversas como são as motivações, a temática e a finalidade de cada uma das 13 cartas, tão multiformes são o vocabulário e a maneira de expressão. O veredito restritivo da crítica não faz justiça aos fatos existentes, mas permanece totalmente no plano subjetivo.[602]

Cadbury formula de modo certeiro a incredibilidade da argumentação com variações estilísticas:

> O que é mais provável: que um imitador de Paulo no primeiro século tenha redigido um escrito em consonância de 90% ou 95% com o estilo de Paulo, ou que Paulo tenha escrito uma carta que se desviou em 5% ou 10% de seu estilo costumeiro?[603]

Portanto, podemos com razão dar peso também a concordâncias linguísticas, como, p. ex., Guthrie faz exaustivamente na questão da autenticidade de Efésios.[604]

2) Entre Efésios e Colossenses haveria uma estreita relação de parentesco, o que apontaria para uma dependência literária de Efésios em relação a Colossenses.[605] A carta aos Efésios, mais longa — surgida na "tradição da escola paulina" — recorreria a Colossenses, mais breve. Ao invés da controvérsia de Colossenses "com falsos mestres", Efésios poderia "desenvolver seus pensamentos em apresentação configurada em forma meditativa".[606]

Posicionamento: Nessa visão dos fatos se levanta a pergunta fundamental de um escrito pseudônimo explicitamente postulado por Lohse. Contudo, rejeitamos completamente o postulado de uma pseudepigrafia pós-apostólica.[607]

---

[602] E. LOHSE, *Entstehung*, p. 59. Cf. H. KÖSTER, op. cit., p. 705; H.-M. SCHENKE & K. M. FISCHER, op. cit., v. 1, p. 183; P. VIELHAUER, op. cit., p. 205s.

[603] Uma exaustiva análise do estilo em Efésios e uma discussão detalhada com os argumentos críticos consta em E. PERCY, op. cit., p. 185ss. Para questões específicas da crítica estilística, cf., no exposto sobre Colossenses, item 5.10.4.3.a).

[604] H. J. CADBURY, NTS, n. 5, 1959, p. 101 (apud E. F. HARRISON, op. cit., p. 334).

[605] Cf. D. GUTHRIE, op. cit., p. 498s.

[606] Cf. H. CONZELMANN; A. LINDEMANN, op. cit., p. 234; H. KÖSTER, op. cit., p. 705; W. G. KÜMMEL, op. cit., p. 316s; E. LOHSE, *Entstehung*, p. 59; H.-M. SCHENKE & K. M. FISCHER, op. cit., v. 1, p. 185.

[607] E. LOHSE, *Entstehung*. p. 59. M. DIBELIUS, op. cit., p. 113, ao tratar da relação entre Efésios e Colossenses, fala de "dependência idiomática com estruturação completamente diferente das ideias".

O parentesco extremamente significativo das duas cartas se pode explicar mais facilmente como da mesma época de redação dos dois escritos, como atesta Efésios 6.21s em comparação com Colossenses 4.7s.[608] As duas cartas foram entregues por Tíquico, que deveria levar informações verbais adicionais às duas igrejas.

A "continuidade com a teologia paulina", constatada por Lohse, pode ser mais facilmente explicada com base na autoria paulina.[609]

3) Também em afirmações dogmáticas Efésios se diferenciaria das cartas paulinas principais.

α) A igreja mostraria já uma constituição em que os dons da graça seriam atribuídas ao ministério.[610] O autor já estaria olhando retrospectivamente para a época dos "santos apóstolos" (Ef 3.5).[611]

Posicionamento: A passagem dos "detentores de cargos" em Efésios 4.11 possui há muito um nítido paralelo em 1Coríntios 12.28, cuja autenticidade hoje, afinal, raramente é impugnada.

β) No "lugar da expectativa escatológica voltada para o futuro" teria "entrado um pensamento de cunho espacial, no qual se distinguiria entre em cima e em baixo, coisas celestiais e terrenas".[612]

γ) A ressurreição dos crentes já teria acontecido no batismo (Ef 2.5).[613]

Posicionamento: Essa asserção repousa sobre um erro exegético: o fato de que pela fé em Jesus "fomos vivificados com Cristo", depois de estarmos "mortos nas transgressões" (Ef 2.1,5), aponta com Efésios 1.13 e Romanos 6.5s,11 para o início da nova vida (= renascimento). Assim, precisamente, o Espírito Santo vale como ἀρραβών – **arrabōn**, "sinal de pagamento, primeira prestação" (Ef 1.14) para a redenção prometida (Ef 4.30), i.e., para a ressurreição corporal (cf. 2Co 1.21s; Rm 8.10s etc.).

δ) A cristologia denotaria um fundo gnóstico.[614]

4) A carta se diferenciaria "de todas as cartas de Paulo de que temos conhecimento pelo fato de nem sequer apresentar uma situação epistolar".[615]

---

[608] Cf. sobre isso o Apêndice aqui no v. 2, acerca da questão da pseudepigrafia.

[609] Cf. H. APPEL, op. cit., p. 65s.

[610] Cf. W. MICHAELIS, op. cit., p. 198.

[611] Cf. E. LOHSE, *Entstehung*, p. 60.

[612] Cf. H. KÖSTER, op. cit., p. 705; W. G. KÜMMEL, op. cit., p. 317; W. MARXSEN, op. cit., p. 170; H.-M. SCHENKE & K. M. FISCHER, op. cit., v. 1, p. 184.

[613] E. LOHSE, *Entstehung*, p. 60.

[614] E. LOHSE, *Entstehung*, p. 60.

[615] H.-M. SCHENKE & K. M. FISCHER, op. cit., v. 1, p. 183s. Cf. um posicionamento correspondente acerca disso na introdução a Colossenses, no item 5.10.4.3.a).

Posicionamento: Ainda que se possam encontrar somente poucas notas pessoais em Efésios (p. ex., Ef 6.18ss), não é possível afirmar dessa carta que ela não apresente nenhuma situação epistolar.

b) Argumentos em favor da autenticidade[616]

1) O testemunho interior, i.e., as afirmações da própria carta, depõem claramente em favor da autoria paulina.

2) É inconteste a documentação muito boa da tradição da igreja antiga em favor da autenticidade.

3) Um autor pseudônimo dificilmente teria escrito uma carta com apenas poucos detalhes pessoais que fizessem ligação entre a vida e os relacionamentos de Paulo com os destinatários.[617]

4) De Efésios 2.11s se pode deduzir que o autor era judeu de nascença. Cada vez mais, porém, havia cristãos gentios entre os colaboradores e membros das igrejas cristãs, de sorte que em caso de redação pseudônima seria escandalosa essa leve indicação da origem judaica do autor.[618] No caso da redação paulina, isso fica esclarecido.

Mantemos, portanto, a autenticidade e, por consequência, a redação de Efésios por meio do apóstolo Paulo.

5.9.6 Objetivo da carta aos Efésios[619]

A própria carta não indica nenhum objetivo direto.

5.9.7 Lugar e época da redação

a) Em caso de aceitação da autenticidade da carta[620]
Lugar da redação: Roma.
Época da redação: cerca de 62 d.C.

Por causa da ausência das notas pessoais, Teodoro e Teodoreto (m. c. 460) haviam imaginado que Paulo escreveu a carta ainda antes de sua primeira estadia em Éfeso.[621]

---

[616] M. Dibelius, op. cit., p. 112. Cf. H.-M. Schenke & K. M. Fischer, op. cit., v. 1, 181s.

[617] Sobre isso, cf. tb. A. van Roon, *The Authenticity of Ephesians* (Supplements to Novum Testamentum 39) (Leiden: Brill, 1974); apud D. A. Carson, D. J. Moo & L. Moris, op. cit., p. 305.

[618] Cf. H. Stadelmann, Der geschichtliche Hintergrund des Epheser — und Kolosserbriefes, p. 271.

[619] Cf. E. F. Harrison, op. cit., p. 333.

[620] Cf. D. Guthrie, op. cit., p. 535s.

[621] Cf. anteriormente, no tocante à redação em Roma.

Essa suposição, no entanto, perde seu peso quando vemos que Paulo, em Romanos e Colossenses, enviou grande número de saudações a igrejas que ele ainda não havia visitado.

b) Em caso de rejeição da autenticidade da carta

1) Quanto à *época da redação*: Uma vez que Inácio já conhecia a carta, também os críticos raramente datam a carta para depois do ano 100.[622]

2) Quanto ao *lugar da redação*: Schenke e Fischer, em vista do postulado da pseudonímia, supõem uma cidade em que "ainda havia grupos para os quais a autoridade do apóstolo Paulo era óbvia e inconteste" e presumem uma cidade na Ásia Menor.[623]

5.9.8 Características e peculiaridades[624]

a) Um tema importante em Efésios é a igreja. O Cristo exaltado é o cabeça da igreja, que é Corpo dele (Ef 1.22s).[625] A relação de marido e mulher no matrimônio é comparada com a relação entre Cristo e a igreja (Ef 5.25ss). Cristo entregou-se pela igreja, purificou-a e está unido a ela.

Os crentes são edificados "sobre o fundamento dos apóstolos e dos profetas, tendo Jesus Cristo a pedra angular, no qual todo o edifício é ajustado e cresce para tornar-se um santuário santo no Senhor" (Ef 2.20s). Para a construção do Corpo de Cristo, Deus distribuiu aos membros diferentes tarefas (Ef 4.11ss). Por meio da igreja, deve ser exposta aos poderes no céu a sabedoria de Deus (Ef 3.10). Deus, que pode concretizar sua vontade eterna com poder e consegue agir muito além das orações e do entendimento dos crentes, deve ser enaltecido na igreja (Ef 3.21).

b) De máxima importância é a descrição da *equiparação de judeu e gentio* no corpo de Cristo (cf. Ef 2.11-22; 3.6).

c) As *sete dimensões da unidade da fé* e dos crentes em Efésios 4.3-6 sintetizam o propósito da unidade na igreja e da equiparação entre cristãos gentios e cristãos judeus.

d) *Grande atenção é dada à providência e vontade de Deus, à sua vocação e eleição* (Ef 1.4ss,11,18; 3.9,11).

---

[622] Apud H. J. HOLTZMANN, op. cit., p. 255.
[623] Cf. H. KÖSTER, op. cit., p. 705s; W. G. KÜMMEL, op. cit., p. 322; H.-M. SCHENKE & K. M. FISCHER, op. cit., v. 1, p. 187; P. VIELHAUER, op. cit., p. 215.
[624] H.-M. SCHENKE & K. M. FISCHER, op. cit., v. 1, p. 187.
[625] Cf. E. F. HARRISON, op. cit., p. 339s; M. C. TENNEY, op. cit., p. 346.

e) O desdobramento das verdades doutrinárias, i.e., do plano de salvação de Deus, é interrompido por *duas orações (indiretas)*:[626] Efésios 1.15-23 (oração por conhecimento) e Efésios 3.14-21 (por amor).

f) Um corte nítido separa o bloco doutrinário (Ef 1.1—3.21) do paraclético (Ef 4.1ss). Efésios 1—3 trata principalmente do indicativo da salvação, e os capítulos 4ss, do imperativo decorrente da salvação.

g) Um longo trecho é dedicado ao matrimônio cristão, à vida em família e aos relacionamentos entre senhores cristãos e seus empregados (Ef 5.21—6.9).

h) O conflito entre os crentes e os poderes espirituais hostis é alvo de atenção muito especial (Ef 2.2; 3.10; 6.10-17).

5.10 A carta aos Colossenses

5.10.1 Conteúdo e subdivisão

Versículo-chave:

> Em Cristo habita corporalmente toda a plenitude da divindade (Cl 2.9).

5.10.1.1 Subdivisão

1.	Introdução da carta	Cl 1.1-14
	Autor, destinatários e saudação (prescrito e epítetos)	Cl 1.1,2
	Gratidão pela atuação da palavra de Deus nos cristãos colossenses (proêmio)	Cl 1.3-8
	Intercessão por conhecimento da atuação de Deus e por crescimento da igreja	Cl 1.9-11
	Estímulo a agradecer pela redenção	Cl 1.10-14
2.	**A glória de Cristo e da igreja**	Cl 1.15-23
	Cristo é a imagem de Deus e o criador de todas as coisas	Cl 1.15-17
	Ele é a cabeça do corpo	Cl 1.18-19
	Ele obteve, através do seu sangue, nossa reconciliação com Deus Pai	Cl 1.20-23
3.	**Relação do apóstolo com a igreja em Colossos e situação da igreja**	Cl 1.24—2.23
	Sofrimento e serviço do apóstolo Paulo	Cl 1.24-29
	Paulo luta pela consistência interior correta das igrejas de Colossos e Laodiceia, as quais nunca visitou pessoalmente	Cl 2.1-7

---

[626] Quanto à pergunta a que se refere, no v. 23, "a plenitude", cf. E. MAUERHOFER, Der Brief an die Epheser — 13. Teil, *Fundamentum*, n. 4, 1992, p. 27ss.

	Advertência contra falsos mestres	Cl 2.8-23
4.	Seção de exortação (paráclese)	Cl 3.1—4.6
	Consequências da nova vida em Cristo: o velho homem foi substituído pelo novo homem	Cl 3.1-17
	A tabela de normas para o lar cristão	Cl 3.18—4.1
	Exortação à oração e à conduta sábia	Cl 4.2-6
5.	Encerramento da carta	Cl 4.7-18
	Envio de Tíquico e Onésimo e saudações	Cl 4.7-15
	Troca das cartas com a igreja de Laodiceia	Cl 4.16
	Exortação final e saudação de próprio punho	Cl 4.17,18

5.10.2 Alguns dados sobre a cidade de Colossos[627]

A cidadezinha de Colossos situava-se na província romana da Ásia, no sudoeste da Frígia, mais precisamente no curso superior do rio Licos, um afluente do Meandro. A via principal para leste passava por esse vale. Originariamente convergiam em Colossos as estradas de Pérgamo via Sardes e de Éfeso rumo ao Oriente. Ao mesmo tempo, era um lugar bom para ser defendido, tendo abundante abastecimento de água. Pelos fatos de que a estrada de Pérgamo por Sardes havia sido deslocada para oeste e de que nas cercanias de Colossos florescia a cidade mais nova de Laodiceia, Colossos já perdera consideravelmente em influência na época romana.

5.10.3 A igreja em Colossos[628]

Antes de escrever a carta, Paulo nunca não havia visto a igreja em Colossos (Cl 2.1). Provavelmente a igreja fora fundada por Epafras (Cl 1.7s; 4.12), que talvez se tenha convertido durante a atuação de Paulo durante três anos em Éfeso (cf. At 19.10).[629] Pelo menos uma parte da igreja se reunia na casa de Filemom, pessoa abastada (cf. Fm 1.2).[630] A igreja deve ter sido formada predominantemente por cristãos gentios (cf. Cl 1.21,27; 2.13).

---

[627] R. Gebauer, *Das Gebet bei Paulus — Forschungsgeschichtliche und exegetische Studien* (Giessen; Basel: Brunnen, 1989), p. 191, enfatiza que formalmente os textos não devem ser considerados orações.

[628] Cf. W. Barclay, *Briefe an die Philipper — Kolosser — Thessalonicher*, 7. ed. (Wuppertal: Aussaat, 1985), p. 107ss; P. Feine, op. cit., p. 157; E. M. B. Green & C. J. Hemer, Colossae, in: IBD, v. 1, p. 304; A. Wikenhauser & J. Schmid, op. cit., p. 464.

[629] Cf. P. Feine, op. cit., p. 157s; D. Guthrie, op. cit., p. 564s.

[630] Divergindo da maioria das demais introduções ao NT, W. Michaelis, op. cit., p. 212, conclui de Cl 4.10 que provavelmente Barnabé e Marcos foram os fundadores da igreja.

5.10.4 Autoria e autenticidade da carta aos Colossenses

5.10.4.1 O Autor da carta aos Colossenses

Paulo se refere três vezes a si mesmo pelo nome (Cl 1.1,23; 4.18).[631] Como corremetente é mencionado Timóteo em Colossenses 1.1. Depois que Paulo se apresenta por nome em Colossenses 1.23, ele continua na primeira pessoa do singular.

5.10.4.2 Tradição da igreja antiga

a) Uma possível alusão a Colossenses pode ser encontrada já em *Inácio* (m. c. 117).[632]

b) Colossenses também já fazia parte do cânon do gnóstico *Marcião*.[633]

c) *Justino* (m. c. 165) traz uma alusão a Colossenses 1.15 com a formulação πρωτότοκος πάσης κτίσεως — prōtotokos pasēs ktiseōs, "primogênito de toda a criação".[634]

d) As mesmas palavras πρωτότοκος πάσης κτίσεως — prōtotokos pasēs ktiseōs, "primogênito de toda a criação" encontram-se também em *Teófilo de Antioquia* (c. 175).[635]

e) Entre as cartas paulinas, o *Cânon muratoriano* também cita Colossenses.

f) *Ireneu* refere-se à "carta aos Colossenses",[636] e em outra passagem sem anotação específica,[637] ou traz em outros textos semelhanças com Colossenses.[638]

g) *Clemente de Alexandria* cita Colossenses,[639] às vezes expressamente como escrita pelo "apóstolo"[640] ou por Paulo.[641]

---

[631] Contudo, não presumimos, como H. KÖSTER, op. cit., p. 569, que Filemom foi o fundador da igreja de Colossos, porque em Fm 1 ele é chamado "colaborador" e em sua casa havia a igreja ou uma igreja doméstica.

[632] O início de Cl 1.1 ("Paulo, apóstolo de Cristo Jesus pela vontade de Deus") é idêntico ao começo de 2Coríntios, Efésios e 2Timóteo.

[633] INÁCIO, *Epístola aos efésios*, 10.2/Cl 1.23.

[634] Cf. EPIFÂNIO, *Panarion*, livro XXLII, 9.

[635] JUSTINO, *Diálogo com Trifão*, 85; v. 84; 138.

[636] TEÓFILO DE ANTIOQUIA, *Ad Autolycum*, 2.22.

[637] IRENEU, *Contra heresias*, livro III, 14.1/Cl 4.14 etc.

[638] IRENEU, *Contra heresias*, livro V, 2.2 etc.

[639] IRENEU, *Contra heresias*, livro III, 22.4/Cl 1.18; livro IV, 16.1/Cl 2.11 etc.

[640] CLEMENTE DE ALEXANDRIA, *O pedagogo*, livro III, 12.114/Cl 4.2,5s; *Stromateis*, livro I, 11/Cl 2.4,8 etc.

[641] CLEMENTE DE ALEXANDRIA, *Stromateis*, livro I, 11/Cl 2.4ss; livro V, 12/Cl 2.2s; *O pedagogo*, livro II, 4/Cl 3.6s, livro III, 108/Cl 3.5s etc.

h) *Tertuliano* relaciona Cl⁶⁴² como escrita pelo "apóstolo".⁶⁴³

i) *Orígenes* cita Colossenses como sendo de Paulo.⁶⁴⁴

j) Adicionamos um testemunho consideravelmente posterior: *Cosmas Indicopleustes* (c. 550) também cita expressamente Colossenses como escrita por Paulo.⁶⁴⁵

5.10.4.3 Autenticidade

a) Análise das objeções contra a autenticidade

Desde 1838 se lançam dúvidas acerca da origem paulina de Colossenses e, por consequência, de sua autenticidade.⁶⁴⁶ Hoje se apresentam principalmente duas áreas para a rejeição da autoria paulina, a saber, o *estilo e a teologia*:⁶⁴⁷

1) A carta aos Colossenses se diferenciaria consideravelmente das cartas paulinas principais na linguagem e no estilo.⁶⁴⁸

α) Em Colossenses constariam 34 *hapax legomena*; além disso, mais de 20 palavras não ocorreriam em outros textos de Paulo.⁶⁴⁹

Posicionamento: Enquanto em Colossenses constam 86 palavras que não aparecem nas cartas geralmente reconhecidas de Paulo, esse número é apenas um pouco menor, com 76 palavras, em Filipenses, que possui quase a mesma extensão. Também a ausência de importantes conceitos se constata em outras cartas de Paulo do mesmo modo como em Colossenses.⁶⁵⁰

---

[642] CLEMENTE DE ALEXANDRIA, *Stromateis*, livro VI, 8/Cl 2.8.

[643] TERTULIANO, A prescrição dos hereges, 7/Cl 2.8 (apud M. MEINERTZ, op. cit., p. 126).

[644] TERTULIANO, *A ressurreição dos mortos*, 23/Cl 2.13,20; A prescrição dos hereges, 7.7/Cl 2.8.

[645] ORÍGENES, *Contra Celso*, livro V, 8/Cl 2.18s.

[646] COSMAS INDICOPLEUSTES, *Topographia Christiana*, livro V, 252/Cl 3.1s. V. 254.

[647] O primeiro a postular a inautenticidade de Colossenses foi E. T. MAYERHOFF, *Der Brief an die Colosser — mit vornehmlicher Berücksichtigung der drei Pastoraibriefe kritisch geprüft*, Berlin (1838); apud H.-M. SCHENKE & K. M. FISCHER, op. cit., v. 1, p. 165s; A. WIKENHAUSER & J. SCHMID, op. cit., p. 468.

[648] Não analisaremos em detalhe a afirmação de W. SCHMITHALS, *Die Briefe des Paulus*, p. 174, de que se poderiam encontrar algumas partes de Colossenses como inserções posteriormente incluídas por um redator. Esse postulado não é partilhado pela maioria dos demais críticos e corresponde ao pensamento desejoso que já percebemos em Schmithals no tocante a outras cartas.

[649] Cf. H. CONZELMANN & A. LINDEMANN, op. cit., p. 228; M. KILEY, *Colossians as Pseudepigraphie* (Sheffield: JSOT Press, 1986), p. 51ss; H. KÖSTER, op. cit., p. 701; E. LOHSE, *Entstehung*, p. 56; W. MARXSEN, op. cit., p. 160; H.-M. SCHENKE & K. M. FISCHER, op. cit., v. 1, p. 166; P. VIELHAUER, op. cit., p. 196s.

[650] Cf. E. LOHSE, *Entstehung*, p. 56. Uma compilação detalhada dessas palavras encontra-se em E. PERCY, op. cit., p. 17.

β) Com frequência seriam "combinadas expressões que pertencem à mesma raiz",[651] como ἐν πάσῃ δυνάμει δυναμούμενοι — en pasē dynamei dynamoumenoi, "fortalecidos com todo o poder" (Cl 1.11); αὔξει τὴν αὔξησιν τοῦ θεοῦ — auxei tēn auxēsin tou theou, "cresce o crescimento de Deus" (Cl 2.19).[652]

Posicionamento: A mesma característica de estilo consta, p. ex., também em 1Coríntios 7.20; 10.16; 11.2; 15.1; Gálatas 1.11 etc.[653]

γ) Sinônimos seriam colocados lado a lado em Colossenses, como προσευχόμενοι καὶ αἰτούμενοι — proseuchomenoi kai aitoumenoi, "orando e suplicando" (Cl 1.9); τεθεμελιωμένοι καὶ ἑδραῖοι — tethemeliōmenoi kai hedraioi, "alicerçados e firmes" (Cl 1.23).[654]

Posicionamento: Percy relaciona uma série desses sinônimos nas cartas geralmente reconhecidas como autênticas (cf., p. ex., Rm 1.18,25,29 etc.).[655]

δ) Genitivos dependentes se acumulam em Colossenses, como ἐν τῷ λόγῳ τῆς ἀληθείας τοῦ εὐαγγελίου — en tō logō tēs alētheias tou euangeliou, "na palavra da verdade do evangelho" (Cl 1.5); εἰς τὴν μερίδα τοῦ κλήρου τῶν ἁγίων — eis tēn merida tou klērou tōn hagiōn, "para participação na herança dos santos" (Cl 1.12); τὸ πλοῦτος τῆς δόξης τοῦ μυστερίου — to ploutos tēs doxēs tou mysteriou, "a riqueza da glória do mistério" (Cl 1.27).[656]

Posicionamento: Também para essa peculiaridade estilística Percy apresenta uma série de passagens de comprovação nas cartas paulinas aceitas geralmente como autênticas (p. ex., Rm 2.5; 4.11s etc.).

ε) Em Colossenses faltaria a ligação, usual em Paulo, μέν... δέ — men... de.[657]

Posicionamento: Essa ligação falta não apenas em Colossenses, mas igualmente em 1Tessalonicenses e 2Tessalonicenses, em 1Timóteo e Tito. Isso demonstra que a ausência dessa ligação não pode ser parâmetro da autenticidade.

ζ) A epístola aos Colossenses teria um estilo litúrgico-hínico com frases longas, cujos membros se imbricam um no outro.

Posicionamento: Na segunda parte da carta a construção das frases se assemelha às cartas não controvertidas de Paulo. A circunstância de que essas formas

---

[651] Cf. F. Percy, op. cit., p. 17s.
[652] E. Lohse, *Entstehung*, p. 56.
[653] Uma compilação exaustiva se encontra em E. Percy, op. cit., p. 32.
[654] Cf. E. Percy, op. cit., p. 32s.
[655] Cf. E. Lohse, *Entstehung*, p. 56. Para uma compilação detalhada dos sinônimos em Colossenses, cf. E. Percy, op. cit., p. 20.
[656] E. Percy, op. cit., p. 20s.
[657] Cf. E. Lohse, *Entstehung*, p. 56. Também desses genitivos conexos encontra-se uma compilação em E. Percy, op. cit., p. 26s.

longas de frases ocorrem somente nos dois primeiros capítulos sugere que isso "se deva à peculiaridade do assunto ali tratado".[658] Encontramos "principalmente em algumas daquelas orações e ações de graças que ocorrem em diversas passagens das cartas paulinas, equivalências desse estilo peculiar, característica das cartas aos Colossenses e Efésios", como, p. ex., em 2Coríntios 1.3s,10s; 1Coríntios 1.4-9; Gálatas 1.1-5; Romanos 1.3-5 etc.[659]

Ademais, não resta dúvida de que a prisão do apóstolo também influiu no estilo da carta. Indiscutivelmente existem algumas diferenças; mas elas de forma alguma são suficientes para demonstrar que Paulo não poderia ter escrito essa carta.

η) Marxsen afiança, seguindo a Schweizer, que faltaria completamente em Colossenses a interpelação "irmãos" (como também em Efésios e nas cartas pastorais). Seria estranho que Paulo tenha se distanciado dessa interpelação justamente nas cartas controvertidas.[660]

Posicionamento: Esse argumento está muito aquém do nível geral da crítica supracitada. Um breve olhar para a concordância basta para constatar que a interpelação "irmãos" consta, sem dúvida, tanto em Colossenses como em Efésios (Ef 6.23; Cl 1.2) e que nas duas cartas a Timóteo Paulo fala diversas vezes dos irmãos, embora ali evidentemente se dirija a Timóteo.

Em síntese, podemos fixar, p. ex., com Kümmel, que linguagem e estilo em Colossenses não dão motivo para rejeitar a autoria de Paulo.[661]

2) No entanto, apresentam-se também *ressalvas dogmáticas* à autenticidade de Colossenses.[662]

α) A cristologia de Colossenses ultrapassaria a das cartas principais, e até mesmo apresentaria fortes traços gnósticos.[663]

Posicionamento: Como exemplo de que também de acordo com as cartas principais Cristo possui relevância na criação, basta lembrar aqui 1Coríntios 8.6.

Após exaustiva pesquisa sobre a cristologia de Colossenses, Percy escreve:

> Podemos, pois, constatar como resultado [...] que os pensamentos cristológicos da carta aos Colossenses de forma alguma são inconciliáveis com os das demais

---

[658] Cf. P. VIELHAUER, op. cit., p. 196.
[659] E. PERCY, op. cit., p. 36s.
[660] E. PERCY, op. cit., p. 37s.
[661] W. MARXSEN, op. cit., p. 160. Ele remete a E. SCHWEIZER, ZNW (1956), p. 187. Cf. P. VIELHAUER, op. cit., p. 196.
[662] Cf. W. G. KÜMMEL, op. cit., p. 299s.
[663] Cf. H. CONZELMANN & A. LINDEMANN, op. cit., p. 228; E. LOHSE, *Entstehung*, p. 56s; H.-M. SCHENKE & K. M. FISCHER, op. cit., v. 1, p. 166s; P. VIELHAUER, op. cit., p. 197ss.

cartas paulinas, pelo contrário, que eles expressam de forma perfeita as intenções inerentes à fé do apóstolo em Cristo.[664]

De forma acertada, Fritz Barth caracteriza a razão da crítica à cristologia formulada em Colossenses:

> Na realidade a cristologia da carta aos Colossenses gera dificuldades especiais para nosso modo de pensar, porque nossas concepções do Universo se encontram sob a influência das ciências atuais, causando dificuldades para transportarmos adequadamente as referências de Paulo sobre a relevância cósmica de Cristo para a linguagem atual.[665]

β) A carta aos Colossenses não falaria da igreja local como nas cartas principais, mas da igreja como corpo universal de Cristo, subordinado ao Cabeça, Cristo.[666]

Posicionamento: No fundo, as passagens em Efésios e Colossenses evidenciam o mesmo pensamento de Romanos 12.5; 1Coríntios 10.17: "Os crentes foram incorporados em Cristo como segundo Adão, nele formando, assim, por causa de sua equipagem diversa, a eles concedida pelo Espírito, um organismo de diferentes membros".[667] A diferença, nessa circunstância, é "tão-somente a de que nos dois casos mudam os pontos de vista: uma vez trata-se em primeira linha da relação recíproca entre os diversos membros desse corpo único, outra vez, da relação entre Cristo e aquele corpo, apresentado pela igreja como sendo incorporada nele. Nessa visão o próprio Cristo se torna o membro mais nobre, o cabeça do corpo".[668]

γ) O apóstolo seria servo do evangelho, assim como da igreja (Cl 1.23ss), com cuja palavra a igreja seria compromissada.[669]

Posicionamento: O compromisso com a doutrina dos apóstolos representa uma das colunas fundamentais sobre as quais se alicerça a igreja primitiva (cf. At 2.42 etc.).

δ) A escatologia passaria para segundo plano em Colossenses e seria determinada pelo pensamento espacial.[670]

---

[664] Cf. E. LOHSE, *Entstehung*, p. 56; H.-M. SCHENKE & K. M. FISCHER, op. cit., v. 1, p. 166; P. VIELHAUER, op. cit., p. 197s.

[665] E. PERCY, op. cit., p. 78.

[666] F. BARTH, op. cit., p. 70.

[667] Cf. H. CONZELMANN & A. LINDEMANN, op. cit., p. 228; H. KÖSTER, op. cit., p. 701; E. LOHSE, *Entstehung*, p. 56; P. VIELHAUER, op. cit., p. 198s.

[668] E. PERCY, op. cit., p. 127. Cf. tb. W. G. KÜMMEL, op. cit., p. 302.

[669] E. PERCY, op. cit., p. 127.

[670] E. LOHSE, *Entstehung*, p. 56s; W. MARXSEN, op. cit., p. 160.

Posicionamento: A escatologia de Colossenses não é tão detalhada como, p. ex., em 1Coríntios 15; 1Tessalonicenses 4; 2Tessalonicenses 2 etc.; mas Colossenses 3.1ss pelo menos fornece uma referência clara de que o Senhor se tornará visível quando voltar e de que então acontecerá a glorificação dos santos (Cl 3.4). Paulo não disse tudo em cada uma de suas cartas, razão pela qual também solicita que se faça o intercâmbio de cartas (Cl 4.16).

ε) A ressurreição para a nova vida já teria acontecido no batismo.[671]

Para o *posicionamento,* remetemos ao respectivo pensamento no exposto sobre Efésios, item 5.9.5.3. a).[672]

3) O autor não faria referência, em Colossenses, a trâmites financeiros relacionados com a missão. As sete cartas não controvertidas de Paulo possuiriam todas essas referências, enquanto faltariam nas seis cartas controvertidas.[673]

Posicionamento: Paulo não tinha obrigação nenhuma de fazer esse tipo de observação em cada uma das cartas. Ademais, a passagem referida por Kiley para Filemom (Fm 18s) não tem absolutamente nada que ver com uma oferta missionária, de modo que se quebrou em pelo menos um ponto o princípio estabelecido por Kiley, sendo consequentemente anulado como parâmetro também entre as premissas intelectuais de Kiley.

b) Argumentos em favor da autenticidade

1) A relação estreita entre Colossenses e Filemom possui peso extraordinário:[674]

α) Ambas as cartas trazem ao lado de Paulo o nome de Timóteo na saudação da carta (Cl 1.1; Fm 1).

β) Em ambas as cartas são enviadas saudações por Aristarco, Marcos, Epafras, Lucas e Demas, que se encontravam junto de Paulo na época da elaboração das duas cartas (Cl 4.10-14; Fm 23s).

γ) Em Filemom 2 Arquipo é chamado de "companheiro de lutas". Em Colossenses 4.17 ele é instruído a exercer bem seu ministério (seu serviço).

δ) Onésimo, por causa do qual foi escrita Filemom, é mencionado em Colossenses 4.9 como acompanhante de viagem de Tíquico, com a observação de que é "um de vós".

---

[671] Cf. H. Conzelmann & A. Lindemann, op. cit., p. 225s; E. Lohse, *Entstehung*, p. 57.

[672] Cf. H. Conzelmann & A. Lindemann, op. cit., p. 228s; H. Köster, op. cit., p. 701; E. Lohse, *Entstehung*, p. 57; P. Vielhauer, op. cit., p. 199.

[673] Demais dados também em E. Percy, op. cit., p. 107ss.

[674] M. Kiley, op. cit., p. 46ss.

À luz desses dados é absolutamente inconcebível que essas duas cartas tenham sido enviadas em épocas diferentes e, uma vez que via de regra Filemom é considerada carta autêntica de Paulo, é evidente que Colossenses representa um escrito genuíno do apóstolo Paulo.[675]

2) A atestação pela igreja antiga depõe nitidamente em favor da autoria de Paulo.

3) Um falsificador certamente não teria dirigido a carta à igreja na insignificante cidadezinha de Colossos.[676]

5.10.5 Os hereges em Colossos e o motivo da carta

5.10.5.1 Os hereges e a réplica do apóstolo

Assim como em várias outras igrejas, existe em Colossos o perigo de heresias. Por causa da carta, sabemos algo acerca da configuração específica dessas falsas doutrinas. A saber: doutrinas filosóficas (Cl 2.8), o convite de venerar anjos (Cl 2.18), prescrições especiais acerca de "comida e bebida" e sobre a observância de determinados dias festivos (Cl 2.16,20ss).

Paulo apresenta aos colossenses, como contraposição, *Jesus como cabeça de todos os poderes* (Cl 2.10), *que destituiu esses poderes de sua autoridade* (Cl 2.15).

Acerca da identificação doutrinária dessas heresias muito se escreveu e especulou. Há elementos gnósticos, mesclados com influência judaica (possivelmente análogos às doutrinas contestadas em 1Tm 4.1ss).

5.10.5.2 Motivo e objetivo[677]

Talvez por escrever a Filemom em Colossos, Paulo tenha sido movido a se dirigir também a toda a igreja de lá. Motivos poderiam ser a visita de Epafras a Paulo em Roma e seu relato acerca da igreja em Colossos (Cl 1.3ss).

5.10.6 Lugar e época da redação

a) Em caso de admissão da autenticidade da carta[678]

Lugar de redação: Roma.

Época de redação: em torno de 62 d.C.

---

[675] Cf., entre outros, W. G. KÜMMEL, op. cit., p. 303; J. A. T. ROBINSON, op. cit., p. 70.

[676] D. GUTHRIE, op. cit., p. 576s.

[677] Cf. H. APPEL, op. cit., p. 61.

[678] Cf. W. MICHAELIS, op. cit., p. 212s.

b) Em caso de rejeição da autenticidade da carta

1) Acerca da *época de redação:* Uma vez que a mairia dos críticos considera Efésios dependente de Colossenses, a carta aos Colossenses é datada em parte para o ano ano 70[679] ou 80.[680]

2) Acerca do lugar de redação: Lohse supõe que o lugar de redação de Colossenses seja Éfeso, em função da postulada conexão "com a tradição da escola paulina" e por causa da suposta pretensa "relação estreita com o cristianismo da Ásia Menor".[681]

5.10.7 Características e peculiaridades

A característica mais importante de Colossenses é a maneira pela qual o apóstolo credenciado pelo Senhor enfrenta a heresia. Não polemiza sem clareza de conceitos, mas contrapõe *Jesus Cristo* a cada estágio citado da falsa doutrina:

— Jesus é o Cabeça do Corpo (Cl 1.18);
— Nele reside a plenitude total de Deus (Cl 1.19; 2.9);
— Jesus é o Redentor (Cl 1.14);
— Jesus é o pré-existente (Cl 1.15s);
— Jesus é o único Reconciliador (Cl 1.19-23);
— Jesus Cristo é o mistério de Deus (Cl 2.2,3);
— Jesus eliminou a carta de débito; desarmou as potestades e principados e os expôs publicamente em sua marcha triunfal (Cl 2.14s)
— Jesus foi ressuscitado e está sentado à direita de Deus (Cl 3.1,2);
— Cristo deseja ser tudo em todos (Cl 3.11).

5.11 A carta a Filemom

5.11.1 Conteúdo e subdivisão

Autor, destinatários e saudação epistolar (prescrito e epítetos)	Fm 1-3
Gratidão pelo amor e pela fé de Filemom (proêmio)	Fm 4-7
Intervenção em prol de Onésimo	Fm 8-21
Comunicações pessoais, saudações e voto de bênção (final da carta)	Fm 22-25

5.11.2 Destinatários[682]

Em 4-24 Paulo interpela unicamente a Filemom. Entretanto, pelo fato de que a carta também se dirige "à irmã Áfia, a Arquipo, nosso companheiro de lutas, e à

---

[679] Cf. anteriormente, sobre a questão da redação em Roma.
[680] H.-M. SCHENKE & K. M. FISCHER, op. cit., v. 1, p. 168.
[681] E. LOHSE, *Entstehung*, p. 57.
[682] Cf. W. MICHAELIS. op. cit., p. 261s.

igreja [...] em sua casa" (v. 2), os votos de bênção em 3 e 25 são escritos na segunda pessoa no plural.

Michaelis escreve acerca desses outros endereçados:

> Áfia talvez seja sua esposa[683] ("irmã" = cristã; cf. Rm 16.1; 1Co 9.5), Arquipo talvez seu filho. A igreja doméstica (também em Rm 16.5; 1Co 16.19; Cl 4.15) era formada ou pela família, ou seja, os membros e escravos (At 11.14; 16.31), ou Filemom colocava sua casa à disposição de uma parcela da igreja, p. ex., dos cristãos de seu bairro, para reuniões. Na segunda hipótese a menção da igreja doméstica possuiria predominantemente o valor de uma saudação (todas as outras igrejas domésticas aparecem em saudações). No primeiro caso, que não se exclui pelo fato de que Onésimo até então não era cristão [...] poder-se-ia presumir um interesse particular no conteúdo da carta.[684]

Podemos depreender de Colossenses que Filemom deve ter vivido em Colossos. Onésimo, o escravo fugitivo de Filemom, é mencionado em Colossenses 4.9 como "um de vocês". E o Arquipo de Filemom 2 deve ser identificado com o de igual nome em Colossenses 4.17.

Pelo que se evidencia, Paulo conhecia Filemom pessoalmente. De Filemom 19 se pode concluir que ele chegou à fé em Jesus Cristo por meio de Paulo, provavelmente durante a atuação de Paulo por três anos em Éfeso.[685]

5.11.3 Motivo e objetivo[686]

Onésimo, escravo de Filemom, havia fugido de seu proprietário, provavelmente depois de tê-lo lesado de um ou outro modo (em 18s Paulo oferece a Filemom pagamento pelo dano ou pela dívida).[687] Durante a fuga, Onésimo encontrou a

---

[683] É o que presumem, p. ex., F. BARTH, op. cit., p. 78, e T. ZAHN, Einleitung, v. 1, p. 322, e com eles estes autores.

[684] W. MICHAELIS, op. cit., p. 261s.

[685] H. CONZELMANN & A. LINDEMANN, op. cit., p. 224, concluem do v. 5 que Paulo não conhecia pessoalmente a Filemom. Contudo, o v. 5 ("Ouço falar da sua fé no Senhor Jesus e no seu amor...") não exclui que os dois tenham se encontrado no passado, referindo-se a notícias mais recentes, que Paulo talvez tenha recebido de Onésimo ou de Epafras (cf. Cl 4.12).

[686] Cf. W. MICHAELIS, op. cit., p. 262s.

[687] "Na Antiguidade às vezes (no mínimo entre os gregos) um escravo fugia de seu proprietário e reivindicava asilo junto de um altar, que também podia ser um altar doméstico. Nesse caso o dono da casa tinha a obrigação de convencer o escravo a retornar, e quando o escravo se recusava, cumpria ao dono da casa pagar por ele, remetendo o dinheiro ao proprietário.

Paulo,[688] que estava preso (1,10,13). Principalmente em Filemom 9 "a designação de 'prisioneiro de Cristo Jesus' não é metáfora de seu relacionamento com Cristo, mas tem de se referir a um cativeiro real, iniciado apenas recentemente".[689] Nesse encontro com Paulo, Onésimo se converteu (cf. v. 10).

Michaelis escreve ainda acerca do retorno de Onésimo e da carta a Filemom, que o acompanhava:

> Onésimo, a quem Filemom havia conhecido apenas como 'inútil', embora o nome Onésimo signifique 'útil', se mostrou muito 'útil' ao apóstolo preso (além do trocadilho *achrestos — euchrestos* [...] talvez a terminação *chrestos*, na pronúncia da época *christos*, também deva evocar a 'Cristo'). Paulo de bom grado ainda o teria mantido consigo para que lhe servisse pessoalmente durante a prisão. Contudo, como explica, não pretendia fazê-lo sem consentimento prévio de Filemom, razão pela qual primeiramente o enviava de volta (Fm 12ss). Ou seja, Paulo não veria com desagrado se Filemom lhe colocasse Onésimo novamente à disposição [...]
>
> O próprio Onésimo deve entregar a carta ao retornar para Colossos. A finalidade principal dela é assegurar ao que retorna uma boa acolhida junto de seu amo.[690] De forma bastante comovente Paulo se empenha em favor do fujão, explicando insistentemente a Filemom que seria seu dever de cristão tratar Onésimo como irmão no Senhor.[691]

5.11.4 Autoria e autenticidade

5.11.4.1 Autor

Paulo se apresenta pelo nome (Fm 1.1; agora não se chama de apóstolo, mas "prisioneiro de Cristo Jesus") e escreve toda a carta na primeira pessoa do singular.

Quando a situação é entendida dessa maneira, Onésimo defraudou a Filemom somente no sentido de ter-se recusado a voltar; privou Filemom dos serviços que lhe deveria ter prestado" (D. A. CARSON, D. J. MOO & L. MORRIS, op. cit., p. 388).

[688] Se Filemom já conhecia a Paulo e provavelmente abraçou a fé em Jesus Cristo por meio dele, é preciso presumir que Onésimo tenha ouvido acerca do apóstolo Paulo na casa de Filemom antes de fugir. Não se pode determinar com segurança até que ponto o encontro de Onésimo com Paulo em Roma foi intencional. Talvez Onésimo tenha ouvido somente em Roma, por meio de outros cristãos, que Paulo se encontrava ali. Cf. E. F. HARRISON, op. cit., p. 328.

[689] W. MICHAELIS, op. cit., p. 262.

[690] "Naquela época a fuga de um escravo representava um delito grave. Havia patrulhas de caça a escravos, que perseguiam os fugitivos" (W. MARXSEN, op. cit., p. 66). Como o escravo era propriedade do senhor, era permitido que o proprietário, depois da detenção, determinasse a gravidade da punição; isso podia chegar à crucificação (cf. G. HÖRSTER, op. cit., p. 154s) [N. dos A.].

[691] W. MICHAELIS, op. cit., p. 263.

No v. 9 escreve ele: "Paulo, um homem idoso". E no v. 19 ele observa: "Eu, Paulo, escrevi de próprio punho..."

Timóteo é citado como corremetente (Fm 1.1).

5.11.4.2 Tradição da igreja antiga

a) A carta a Filemom já é acolhida pelo gnóstico *Marcião* (c. 140) em seu cânon abreviado.[692]

b) O *Cânon muratoriano* relaciona Filemom entre as cartas de Paulo.

c) *Tertuliano* conhece Filemom, contando-a entre as cartas autênticas de Paulo e os escritos canônicos.[693]

d) *Orígenes* cita Filemom como escrita por Paulo.[694]

e) *Crisóstomo, Jerônimo* e *Teodoro de Mopsuéstia* defendem a canonicidade de Filemom contra objeções surgidas no século IV.[695]

f) *Cosmas Indicopleustes* (c. 550) faz referência a Filemom.[696]

5.11.4.3 Autenticidade

Baur havia declarado Filemom inautêntica por causa de seu parentesco próximo com Colossenses.[697] Isso, porém, não é mais apoiado hoje nem mesmo pela pesquisa histórico-crítica, mesmo quando Colossenses é declarada inautêntica.[698]

Os seguintes pontos evidenciam a autenticidade de Filemom:

a) O testemunho interno da carta não deixa dúvidas acerca da autoria de Paulo.

b) Ainda que por causa da brevidade e da ausência de grandes declarações dogmáticas Filemom não seja mencionada nem citada com muita frequência pela igreja

---

[692] Cf. TERTULIANO, *Contra Marcião*, livro V, 21.1: "Unicamente essa carta foi ajudada por sua brevidade para que escapasse das mãos falsificadoras de Marcião. Apesar disso me admiro que ele tenha aceito que uma carta fosse escrita a uma pessoa isolada, enquanto, afinal, rejeitou as duas cartas a Timóteo e a carta a Tito redigidas acerca do estado espiritual". Cf. tb. EPIFÂNIO, *Panarion*, livro XXLII, 9.

[693] Cf. TERTULIANO, *Contra Marcião*, livro V, 21.1.

[694] ORÍGENES, *Comentários sobre são Mateus*, 66.

[695] Apud D. A. CARSON, D. J. MOO & L. MORRIS, op. cit., p. 389; A. WIKENHAUSER & J. SCHMID, op. cit., p. 476.

[696] COSMAS INDICOPLEUSTES, *Topographia Christiana*, livro V, 255.

[697] Apud F. BARTH, op. cit., p. 78; P. FEINE, op. cit., p. 169. Além de BAUR, também C. WEIZSÄCKER, op. cit., p. 545, rejeita a autenticidade de Filemom.

[698] Até mesmo W. SCHMITHALS, *Die Briefe des Paulus*, p. 171s, admite a autenticidade de Filemom sem hipóteses de inautenticidade e subdivisão.

antiga, a carta certamente foi listada inequivocamente entre escritos canônicos como um escrito da mão de Paulo.

c) A posição que Paulo assume nessa carta diante do escravismo corresponde ao que ele também afirma sobre a questão em outras cartas (v. 1Co 7.20s; Ef 6.5ss; Cl 3.22-4.1; 1Tm 6.1s).[699]

5.11.5 Lugar e época da redação[700]

Lugar de redação: Roma.
Época de redação: cerca de 62, na mesma época que Efésios e Colossenses.

5.11.6 Características e peculiaridades

a) Paulo "se envolve *com calorosa empatia no bem-estar*" *dos membros mais humildes da igreja de Jesus.*[701]

b) Toca-se aqui na *"grande questão do escravismo*. Ao enviar de volta Onésimo a seu amo, Paulo deixa valer juridicamente a instituição vigente, sem se posicionar aqui a esse respeito em termos de princípios. Contudo, a própria maneira com que escreve faz com que Filemom na realidade não tenha outra escolha senão conceder a liberdade a seu escravo. Os sentimentos de fraternidade, amor e igualdade cristã que perpassam essas frases, no longo prazo são incompatíveis com a manutenção do escravismo".[702]

c) Paulo é um *"mestre" na exortação*. Não relaciona simplesmente com autoridade apostólica exigências para Filemom, mas "o conquista genuinamente" (4-7), o que com certeza não é uma concessão fingida nem truque psicológico, mas brota de um coração profundo e de um amor imenso.

Filemom 8-21 constitui uma obra-prima do aconselhamento cristão. A exortação é enfática, inequívoca, não admite uma retirada. No entanto, ela é expressa com amor constrangedor, convincente e suplicante. Filemom 20s coroa a exortação com maestria. Estamos convictos de que essa irredutibilidade amorosa levou à alegre obediência por parte de Filemom.

d) *Paulo tem esperança de libertação (v. 22)*. No final do cativeiro de dois anos, Paulo espera o julgamento (cf. Filipenses) e está confiante em que as orações dos

---

[699] Cf. F. Barth, op. cit., p. 78.
[700] Sobre a questão da redação em Roma, cf. item 5.8.2.3.
[701] E. Aebi, op. cit., p. 240.
[702] E. Aebi, op. cit., p. 241.

crentes em Colossos e da igreja doméstica de Filemom (também em Filipos e outras localidades) serão atendidas, para que seja solto em breve.

e) *Uma carta de próprio punho.* Algumas cartas de Paulo parecem ter sido anotadas mediante um ditado, com anexação de uma assinatura de próprio punho pelo apóstolo: Cf. Romanos 16.22; 1Coríntios 16.21; Colossenses 4.18; 2Tessalonicenses 3.17.

Como Gálatas, Filemom foi redigida de próprio punho pelo apóstolo (19). Isso visa a salientar o grande amor do apóstolo a Filemom, bem como à intervenção em favor de Onésimo.

5.12 A carta aos Filipenses

5.12.1 Conteúdo e subdivisão

Palavras-chave:
χαρά — chara, "alegria" (Fp 1.4,25; 2.2,29; 4.1);
χαίρω — chairō, "alegrar-se" (Fp 1.18; 2.17s,28; 3.1; 4.4,10).

Versículo-chave:

> Alegrem-se sempre no Senhor. Novamente direi: Alegrem-se! (Fp 4.4).

5.12.1.1 Subdivisão

1.	Introdução da carta	Fp 1.1-11
	Autor, destinatários e saudação (prescrito e epítetos)	Fp 1.1,2
	Gratidão e intercessão pela igreja (proêmio)	Fp 1.3-11
2.	**Notícias pessoais**	Fp 1.12-26
	Expansão do evangelho apesar da detenção do apóstolo	Fp 1.12-18
	Tolerância alegre do cativeiro: "O viver é Cristo"	Fp 1.19-21
	Expectativas auspiciosas de soltura no processo e retorno aos filipenses	Fp 1.22-26
3.	**Exortação para uma conduta perfeita**	Fp 1.27—2.18
	Convite para o combate da fé	Fp 1.27-30
	Humildade segundo o exemplo de Jesus	Fp 2.1-11
	Entrega e obediência totais	Fp 2.12-18
4.	**Notícias dos colaboradores**	Fp 2.19-30

	Recomendação de Timóteo	Fp 2.19-24
	Retorno de Epafrodito	Fp 2.25-30
	Paulo espera vir pessoalmente em breve	(Fp 2.24)
5.	**Advertências e admoestações**	Fp 3.1—4.9
	Contra a autojustificação judaica; nossa justiça está unicamente *em Cristo* (ilustrada no exemplo de Paulo: 3.4ss)	Fp 3.1-9
	Desejo máximo do apóstolo	Fp 3.10,11
	Da perfeição à consumação	Fp 3.12-16
	Juízo sobre os inimigos da cruz	Fp 3.17-19
	A cidadania celestial dos crentes e expectativa pelo Senhor, que retornará	Fp 3.20,21
	Exortação à unidade (Evódia e Síntique)	Fp 4.1-3
	Convocação à alegria genuína no Senhor com todas as consequências	Fp 4.4-9
6.	**Gratidão pelo donativo dos filipenses**	Fp 4.10-20
7.	**Final da carta: saudações e voto de bênção**	Fp 4.21-23
	(Saudações da "casa do imperador")	(Fp 4.22)

5.12.2 A cidade de Filipos[703]

Filipos foi nomeada segundo Filipe da Macedônia, pai de Alexandre Magno e que havia fundado a cidade. A cidade alcançou importância devido às minas próximas de ouro e prata e por causa da localização na importante rota comercial Via Egnatia. Desde 168 a.C. a cidade esteve sob domínio romano e desde 42 a.C. era uma colônia militar romana (cf. At 16.12). Detinha o nome oficial *Colonia Augusta Julia Philippensis*. Os moradores da cidade — em parte veteranos romanos — desfrutavam os privilégios do direito romano (*ius italicum*).[704]

Em Filipos existia também uma colônia judaica menor que, no entanto, não tinha sinagoga (cf. At 16.13).

---

[703] Cf. W. Barclay, *Briefe an die Philipper — Kolosser — Thessalonicher*, p. 11ss; W. G. Kümmel, op. cit., p. 282; R. P. Martin, Philippi, in: IBD, v. 3, p. 1215; R.-M. Morlet, L'épitre de Paul aux Philippiens, in: CEB (Vaux-sur-Seine: Edifac, 1985), v. 3, p. 13ss.

[704] Esse *status* acarretava evidentes vantagens: a cidade tinha o direito de se autogovernar, sob a direção de dois *duumviri*; tinha seu senado, suas reuniões de cidadãos, seus funcionários (pretores, lictores); era isenta de taxas, de determinados tributos..." (R.-M. Morlet, op. cit., p. 14).

5.12.3 A igreja cristã em Filipos

Paulo veio a Filipos acompanhado de Silas, Timóteo e Lucas em sua segunda viagem missionária (At 16.1ss). Uma mulher de nome Lídia foi a primeira a aceitar a fé em Jesus Cristo. Depois da expulsão do espírito adivinhador de uma serva, Paulo e Silas foram espancados com varas por incumbência dos "magistrados" e em seguida lançados na cadeia (cf. tb. 1Ts 2.2), contudo na mesma noite foram libertados por um terremoto. Em consequência, converteu-se o supervisor do presídio com sua família. Atendendo à solicitação cortês-suplicante das autoridades, Paulo e seus companheiros tiveram de deixar a cidade após breve visita a Lídia.[705] As autoridades temiam um processo judicial porque haviam ilegalmente mandado açoitar Paulo e Silas, que eram cidadãos romanos.

Na *terceira viagem missionária*, Paulo passou mais duas vezes por Filipos (At 20.2,6). Continuava mantendo um intenso contato com a igreja e foi apoiado por ela mais que por outras congregações, como, p. ex., duas vezes durante a estadia de Paulo em Tessalônica (cf. Fp 4.10ss). A igreja dos filipenses enviou um emissário também para Roma, Epafrodito, com um donativo para Paulo, que se encontrava preso (Fp 4.18).

5.12.4 Autoria, autenticidade e integridade

5.12.4.1 Autoria

Paulo se apresenta por nome em Filipenses 1.1. Aponta em Filipenses 3.5s para sua origem: "... circundado no oitavo dia de vida, pertencente ao povo de Israel, à tribo de Benjamim, verdadeiro hebreu; quanto à Lei, fariseu; quanto ao zelo, perseguidor da igreja; quanto à justiça que há na Lei, irrepreensível".

Em Filipenses 2.12 ele mostra que conhecia pessoalmente a igreja em Filipos ("na minha presença"), e em Filipenses 2.20 ele expressa seu estreito relacionamento com Timóteo.

No tempo em que escreve a carta, Paulo está na prisão (Fp 1.13ss).

Conforme Filipenses 1.1, Timóteo é o corremetente. Contudo, em Filipenses 2.19ss Paulo fala dele na terceira pessoa. Isso explicita que Timóteo não é coautor.

---

[705] Visto que o relato em "nós" de Atos dos Apóstolos termina em Filipos (At 16.17) e recomeça mais tarde de novo em Filipos (At 20.5ss), alguns presumem que Lucas tenha permanecido em Filipos (p. ex. F. BARTH, op. cit., p. 80; cf. tb. E. F. HARRISON, op. cit., p. 340).

5.12.4.2 Tradição da igreja antiga

a) A primeira alusão possível, muito livre, a Filipenses nos foi transmitida em *Clemente de Roma*.[706]

b) Outra possível harmonia com Filipenses se encontra já em *Inácio*.[707]

c) O cânon mutilado do gnóstico *Marcião* também incluía Filipenses.[708]

d) *Policarpo* menciona em sua carta aos Filipenses que Paulo lhes havia escrito: "... e quando ele (Paulo) esteve ausente, escreveu-vos cartas; quando as contemplais, podereis edificar-vos para a fé que vos foi concedida...".[709]

Pode ser que Policarpo concluiu de Filipenses 3.1 que Paulo escreveu aos filipenses mais de uma vez.

e) A carta *das igrejas de Viena e Lião* às igrejas da Ásia e da Frígia (c. 177) trazia em seu bojo também uma passagem de Filipenses.[710]

f) A carta aos Filipenses é mencionada no *Cânon muratoriano* entre as cartas paulinas.

g) *Ireneu* cita Filipenses como originária de Paulo.[711]

h) A *Carta a Diogneto* (datação incerta; talvez c. 200) parece fazer uma alusão a Filipenses.[712]

i) *Clemente de Alexandria* cita Filipenses[713] como redigida pelo apóstolo",[714] ou por Paulo.[715]

j) *Tertuliano* cita Filipenses como escrita por Paulo.[716]

k) *Cipriano* (m. 258) cita Filipenses 2.6ss como texto escrito por Paulo.[717]

---

[706] *Clemente*, 21.1/Fp 1.27.

[707] INÁCIO, *Epístola aos esmirniotas*, 11.3/Fp 3.15.

[708] Cf. EPIFÂNIO, *Panarion*, livro XXXII, 9.

[709] ... ὃς καὶ ἀπὼν ὑμῖν ἔγραψεν ἐπιστολάς· εἰς ἃς ἐὰν ἐγκύπτητε, δυνηθήσεσθε οἰκοδομεῖσθαι εἰς τὴν δοθεῖσαν ὑμῖν πίστιν... — hos kai apōn hymin egrapsen epistolas: eis has ean enkyptēte, dynēthēsesthe oikodomeisthai eis tēn dotheisan hymin pistin... (POLICARPO, *Aos Filipenses*, 3.2).

[710] Cf. Euseb. HE, livro V, 2.2/Fp 2.6.

[711] IRENEU, *Contra heresias*, livro IV, 5.3/Fp 2.15; 18.4/Fp 4.18.

[712] *Carta a Diogneto*, 5/Fp 3.20.

[713] CLEMENTE DE ALEXANDRIA, *Stromateis*, livro I, 11.127/Fp 1.9; 24/Fp 2.10s etc.

[714] CLEMENTE DE ALEXANDRIA, *Cohortatio ad Gentes*, 9.25/Fp 4.5; *O pedagogo*, livro II, 1/Fp 3.19.

[715] CLEMENTE DE ALEXANDRIA, *O pedagogo*, livro I, 6/Fp 3.12ss; livro II, 12.114/Fp 2.15.

[716] TERTULIANO, A ressurreição dos mortos, 23.8/Fp 3.11s.

[717] CIPRIANO, *Testimonii*, 2.13; 3.39.

5.12.4.3 Autenticidade

No conteúdo, praticamente não se apresenta mais a carta aos Filipenses como não paulina, conforme fizeram Baur[718] e seus alunos no século XIX.[719]

Tanto o testemunho interno como a tradição da igreja antiga depõem claramente em favor da autoria paulina e da autenticidade de Filipenses.

5.12.4.4 Integridade

No ano de 1685, S. LeMoyne foi o primeiro a questionar a integridade de Filipenses e considerar Filipenses 3.2—4.20 como carta especial.[720]

a) Objeções contra a integridade

Em grandes trechos há unanimidade entre os defensores das hipóteses de subdivisão acerca da delimitação de cada uma das cartas postuladas:

A: Filipenses 4.10-20 (carta de gratidão); B: Filipenses 1.1—3.1 e 4.21-23; C: 3.2-4.1 (carta de luta).[721]

Somente Filipenses 4.2-9 é distribuída de maneiras diferentes.

Argumenta-se da seguinte maneira por parte dos defensores das hipóteses de subdivisão:

1) Em Filipenses 3.2ss faltaria, ao contrário do restante da carta, qualquer expressão de alegria.[722]

2) Cada uma das partes de Filipenses espelharia "humores bem diversos", evidenciaria "quebras de estilo" e "outros aspectos notórios", como acima de tudo em Filipenses 3.2.[723]

b) Argumentos a favor da integridade

Cremos que o Espírito Santo vigiou não apenas sobre o conteúdo, mas também sobre a forma e extensão da carta, razão pela qual rejeitamos todas as transposições de versículos ou capítulos. Cremos igualmente que as cartas, p. ex., as cartas de

---

[718] Acerca da crítica de Baum e de um breve posicionamento, cf. F. BARTH, op. cit., p. 83s; F. GODET, op. cit., v. 1, p. 314ss; T. ZAHN, *Einleitung*, v. 1, p. 396ss.

[719] Cf. W. G. KÜMMEL, op. cit., p. 291.

[720] Apud A. WIKENHAUSER & J. SCHMID, op. cit., p. 501.

[721] H. KÖSTER, op. cit., p. 486s; E. LOHSE, *Entstehung*, p. 51; W. MARXSEN, op. cit., p. 59; H.-M. SCHENKE & K. M. FISCHER, op. cit., v. 1, p. 125; P. VIELHAUER, op. cit., p. 162. Com pequenas divergências outros fazem a divisão de Filipenses, como W. SCHMITHALS, *Die Briefe des Paulus*, p. 100ss; S. DOCKX, Lieu et date de l'épitre aux Philippiens, *Revue Biblique*, n. 2, 1973. p. 232.

[722] E. LOHSE, *Entstehung*, p. 50s.

[723] Cf. H. KÖSTER, op. cit., p. 566; P. VIELHAUER, op. cit., p. 159.

Paulo, de fato foram escritas por Paulo na forma como se apresentam, sem atividade redatorial posterior em forma de adendos ou eliminações.

Também consideramos *insustentáveis* as asserções de que em *Filipenses 2.6-11* se poderia encontrar um *hino* pré-paulino, sem que possamos, no espaço desta obra, realizar um estudo preciso da questão. Romanos 8.31ss e 1Coríntios 13 demonstram que, sob a direção do Espírito Santo, Paulo sem dúvida era capaz de elaborar também textos poéticos.

Em favor da integridade de Filipenses e, por consequência, contra as hipóteses de fracionamento, depõem os seguintes fatos e considerações:

1) A carta não tem de ser comparada com um tratado sistemático. Em decorrência, temas podem ser rapidamente deixados de lado e mais tarde retomados,[724] de modo que também se podem achar transições para outros temas. Conzelmann e Lindemann comentam acertadamente: "De qualquer modo é concebível que em Filipenses 3.1a Paulo encerra a parte basicamente não polêmica da carta e em Filipenses 3.1b prepara a polêmica que começará em Filipenses 3.2".[725]

Também é digna de nota a manifestação de Appel a esse respeito:

> Se depois de Filipenses 3.1b Paulo apenas repete o que já escreveu anteriormente, ele podia dispensar uma complexa motivação introdutória. No entanto, era preciso por natureza que o veredicto sobre os falsos mestres apresentasse um formato bem diferente daquele que ele havia exposto anteriormente acerca da igreja, de modo geral *intacta*.[726]

2) Encontramos diversas correlações de conteúdo e estilo que se prolongam por toda a Filipenses e que depõem nitidamente a favor da coesão. Dentre as múltiplas correlações, citemos aqui apenas algumas poucas.[727]

α) Paulo usa suas algemas em prol de Cristo (Fp 1.13). Cristo deve ser glorificado em seu corpo pela vida ou pela morte (Fp 1.20). Paulo fala de Cristo como seu ganho na vida e na morte (Fp 1.21). Sabe que depois de morrer estará com Cristo (Fp 1.23). Adiante ele fala de que será sacrificado (Fp 2.17). Filipenses 3.10 trata da comunhão nos sofrimentos de Jesus. Paulo deseja ser igualado à morte de Jesus. Ele sabe que Jesus "transformará os nossos corpos humilhados, tornando-os semelhantes ao seu corpo glorioso" (Fp 3.21).

---

[724] Cf. D. A. Carson, D. J. Moo & L. Morris, op. cit., p. 326; G. Delling, Philipperbrief, in: RGG³, v. 5, p. 335; W. G. Kümmel, op. cit., p. 293; R.-M. Morlet, op. cit., p. 21.

[725] H. Conzelmann & A. Lindemann, op. cit., p. 220.

[726] H. Appel, op. cit., p. 57.

[727] Para outros exemplos, cf. R.-M. Morlet, op. cit., p. 22s.

β) Em Filipenses 1.21 e 3.7 Paulo fala de seu "lucro" (de resto, κέρδος — kerdos ocorre somente mais uma vez, em Tt 1.11).

γ) O verbo ἡγέομαι — hēgeomai, "considerar, pensar, acreditar", no mais usado apenas raramente por Paulo (2Co 9.5; 1Ts 5.13; 2Ts 3.15; 1Tm 1.12; 6.1), aparece em Filipenses 2.3,6,25 e 3.7s seis vezes ao total.

3) Todos os manuscritos a nós transmitidos trazem Filipenses na forma atual. Se a hipótese for sustentável apenas quando se precisa contar com inserções e cortes redatoriais, que nem sequer foram registrados nos mais antigos manuscritos e nas atestações dos pais da igreja, a hipótese fundada sobre crítica literária sempre está sujeita ao questionamento a partir do grande peso da pesquisa textual (crítica textual). Jamais a forma dada (aqui de Filipenses) deve ser posta no banco dos réus com base em supostas ponderações dogmáticas ou histórico-críticas (p. ex., Paulo com certeza teria escrito mais de uma vez), quando nenhuma testemunha textual lança dúvidas sobre a forma existente do texto.

Em suma: Por consequência, mantemos a autoria paulina, a autenticidade e a integridade de Filipenses.

5.12.5 Motivo e objetivo da carta[728]

Paulo agradece em Filipenses à igreja pelo donativo que recebeu por meio do enviado Epafrodito (Fp 4.10,18). Esse Epafrodito adoeceu gravemente durante sua permanência em Roma ao lado de Paulo; agora, porém, convalesceu e é por Paulo enviado de volta a Filipos com a carta (Fp 2.26ss). Paulo aproveita a ocasião para recomendar Epafrodito.

5.12.6 Lugar da redação[729]

5.12.6.1 Éfeso

a) O movimentado contato entre Paulo e a igreja em Filipos seria possível unicamente se a distância entre eles não tivesse sido grande demais.[730]

---

[728] Cf. W. DE BOOR, Die Briefe des Paulus an die Philipper und an die Kolosser, in: WStB (Wuppertal: Brockhaus, 1969), p. 22 [Comentário às Cartas aos Efésios, Filipenses e Colossenses, Curitiba: Editora Esperança, 2006, p. 162].

[729] Sobre a discussão de fundo acerca do lugar e da época da redação das cartas da prisão e dos argumentos, p. ex., em torno da planejada viagem de Paulo à Espanha, a possibilidade da atuação, o número de colaboradores de Paulo, a questão da existência de um cativeiro em Éfeso etc., cf. os itens 5.8.2 e 5.8.3. Uma posição diferente é defendida por S. DOCKX, op. cit., p. 238ss, pelo postulado de uma redação de Filipenses (pelo menos da parte principal da carta) em Corinto.

[730] Cf. H. BINDEN, Der Brief an die Philipper, p. 18; P. FEINE, op. cit., p. 154; G. HÖRSTER, op. cit., p. 130; E. LOHSE, Entstehung, p. 51; W. C. VAN UNNIK, Einführung, p. 102.

Posicionamento: Em geral se presume que depois da comunicação à igreja em Filipos, de que Epafrodito adoeceu, teria sido enviada uma mensagem de Filipos a Paulo, de que o fato causaria grande apreensão.[731] Essas mensagens recíprocas demandariam certo tempo. Acontece, porém, que nesse ponto é preciso imaginar a questão de outra maneira, como de Boor escreve com razão:

> Tão logo um mensageiro qualquer, talvez um irmão em trânsito, saísse de Roma para Filipos com a notícia: "Epafrodito chegou bem com a oferta de amor, mas infelizmente está agora gravemente enfermo", em mais ou menos tempo Epafrodito tomaria conhecimento da ida desse mensageiro e da notícia que levava, e logo ficaria preocupado [...] Para tanto não é necessário nem mesmo que essa notícia tivesse chegado a Filipos na época da redação da carta, porque em todo o trecho sobre Epafrodito Paulo se coloca na posição dos filipenses na ocasião em que receberiam a carta.[732]

Muitas vezes também se afirma que o envio de Timóteo a Filipos, planejado por Paulo para depois de conhecido o desfecho do processo (Fp 2.19-23), e o retorno de Timóteo a Paulo levaria tempo demais no caso de uma prisão de Paulo em Roma, para que Paulo pudesse escrever que "brevemente" viria em pessoa.

Entretanto, o "brevemente" não tem de ser relacionado com a hora em que a carta foi escrita, mas se refere a um momento "em breve" depois do envio de Timóteo.

> De qualquer modo fica claro, a partir do contexto, que, a partir da hora da decisão do processo até o momento da possibilidade de viagem para o próprio Paulo, ainda deve ser calculado um considerável espaço de tempo, visto que do contrário não enviaria Timóteo antes disso. No mais, nem sequer está certo que Paulo pensa encontrar Timóteo em Roma; poderia igualmente encontrá-lo em uma estação de sua viagem a Filipos. Essa possibilidade ainda permanece em aberto para o caso de que o *em breve* tiver o sentido: "em breve depois do envio de Timóteo".[733]

---

[731] Cf. D. A. Carson, D. J. Moo & L. Morris, op. cit., p. 319.

[732] W. de Boor, Die Briefe des Paulus an die Philipper und an die Kolosser, p. 25 [português: op. cit., p. 164]. Cf. tb. W. G. Kümmel, op. cit., p. 286.

[733] W. de Boor, Die Briefe des Paulus and die Philipper und and die Kolosser, p. 25 [português: op. cit., p. 164].

b) O fato de que a igreja em Filipos não teria tido oportunidade para apoiá-lo (Fp 4.10) seria mais fácil de explicar em uma época inicial e, portanto, durante uma detenção em Éfeso do que no final de um cativeiro de vários anos de Paulo.[734]

Posicionamento: Em Filipenses 4.10 não se fixa nenhum período durante o qual a igreja em Filipos não teve oportunidade de auxiliar a Paulo.[735] Na hipótese de uma escrita em Roma, a passagem não significaria que a igreja não enviou ajuda a Paulo durante dez anos.

c) Linguagem, estilo e conteúdo combinariam melhor com Romanos e com as duas cartas aos Coríntios que com Efésios e Colossenses, o que apontaria para uma redação mais antiga e, portanto, para uma redação em Éfeso.[736]

d) A carta aos Filipenses discutiria com os judaístas que foram atuais no tempo do concílio dos apóstolos e das viagens missionárias de Paulo.[737]

Posicionamento: Sabemos muito pouco acerca dos movimentos judaístas em época tardia. A pergunta pela relação dos cristãos com a lei havia sido respondida no concílio dos apóstolos entre estes e os demais dirigentes das primeiras igrejas cristãs, mas isso não significa de forma alguma que em igrejas isoladas não pudessem surgir sempre de novo opiniões erradas, principalmente quando os crentes ficavam inseguros por causa de falsos mestres (cf. Fp 3.2ss). Algumas questões na verdade continuam atuais até hoje.[738]

e) O processo descrito por Paulo em Filipenses 1.7,12s e 2.17 se basearia "sobre um escândalo [...] que lhe acarretou a proclamação do evangelho", enquanto em Atos 21.28s é levantada a acusação de que Paulo "ensinaria a apostasia da lei judaica e do templo, tendo-o profanado pela introdução de Trófimo, vindo de Éfeso".[739] Os dois processos, portanto, não poderiam ser identificados.

f) Paulo compararia sua prisão com a detenção em Filipos, sendo que seu cativeiro somente agora chegou ao conhecimento dos filipenses (Fp 1.30: "e agora ouvem").[740]

---

[734] Cf. D. A. Carson, D. J. Moo & L. Morris, op. cit., p. 320. H. Binder, *Der Brief an die Philipper*, p. 13, e W. Michaelis, op. cit., p. 207, chegam a asseverar que entre a fundação da igreja em Filipos e a redação de Filipenses Paulo não esteve mais em Filipos, porém as passagens aduzidas por eles — Fp 1.5,26s,30; 2.12,22; 4.15s — não sustentam essa afirmação.

[735] Cf. D. Guthrie, op. cit., p. 551.

[736] Cf., P. Feine, op. cit., p. 152s; G. Hörster, op. cit., p. 130.

[737] Cf., P. Feine, op. cit., p. 151s; G. Hörster, op. cit., p. 130.

[738] Cf. W. de Boor, *Die Briefe des Paulus an die Philipper und an die Kolosser*, p. 26 [português: op. cit., p. 165]; D. A. Carson, D. J. Moo & L. Morris, op. cit., p. 321.

[739] P. Feine, op. cit., p. 153.

[740] P. Feine, op. cit., p. 154.

g) Paulo enviou Timóteo de Éfeso para a Macedônia (At 19.22); é desse intuito que fala Filipenses 2.19-24. Depois da permanência em Éfeso, o próprio Paulo teria viajado para a Macedônia (At 20.1), o que coincide com o desejo expresso em Filipenses 2.24, de dirigir-se pessoalmente à Macedônia.[741]

Posicionamento: Os defensores de uma escrita em Éfeso quase causam a impressão de que Paulo teria enviado Timóteo apenas *uma vez* para a Macedônia. Acontece que sabemos que Timóteo acompanhou o apóstolo em toda a segunda viagem missionária (a partir de Listra), quando provavelmente foi fundada a igreja em Filipos. Na hora em que, depois da viagem precipitada de Paulo de Bereia para Atenas, Silas e Timóteo chegaram a Paulo, Timóteo foi imediatamente enviado de volta à Macedônia (Tessalônica; 1Ts 3.1ss). Mais tarde, na *terceira viagem missionária*, mais para o final de sua permanência em Éfeso, Paulo enviou Timóteo e Erasto à Macedônia (At 19.22; c. 55 d.C.). Depois da insurreição de Demétrio, o próprio Paulo viajou para a Macedônia (At 20.1).[742] No texto sob análise (Fp 2.19ss), Timóteo será enviado para Filipos tão logo Paulo souber algo acerca do desfecho de seu processo. Logo, trata-se de uma situação completamente nova e diferente. O envio de Timóteo não é vinculado em Atos 19.22 com o desfecho de um processo.

Contra Éfeso como lugar de redação de Filipenses, depõem os seguintes indícios:

a) Filipenses 1.13s deve pressupor um período mais longo de prisão de Paulo, o que dificilmente combinaria com Éfeso.[743]

b) Em Filipenses não registramos nenhuma indicação da oferta em benefício dos membros pobres da igreja em Jerusalém, na qual as igrejas na Macedônia estiveram engajadas com particular intensidade (cf. 2Co 8.1ss; 9.1ss). No caso da redação em Éfeso, a coleta para Jerusalém ficaria cronologicamente tão próxima do recebimento do donativo para Paulo feito pelos filipenses que seria provável sua menção em Filipenses no contexto da campanha para suas necessidades pessoais.[744]

---

[741] Cf., entre outros, H. BINDER, *Der Brief an die Philipper*, p. 13; D. A. CARSON, D. J. MOO & L. MORRIS, op. cit., p. 320s.

[742] A esse respeito, cf., v. 1, itens 4.9.2 e 4.9.3, sobre as viagens missionárias de Paulo.

[743] Cf. J. A. T. ROBINSON, op. cit., p. 67.

[744] Cf. E. F. HARRISON, op. cit., p. 320; J. A. T. ROBINSON, op. cit., p. 67. Ainda que isso seja um *argumentum e silentio*, não possuindo poder comprobatório, atribuímos a ele função de apoio.

5.12.6.2 Cesareia[745]

O primeiro a sugerir Cesareia como lugar de redação de Filipenses foi H. E. G. Paulus em 1799.[746]

Defende-se geralmente Cesareia como lugar de redação com a justificativa de que os dados de Filipenses poderiam ser inseridos sem problemas em uma prisão naquela cidade. Aqui não há como entrar em detalhes, remetendo para a discussão acima em torno de Cesareia (item 5.8.2.2), mas defendendo muito conscientemente o terceiro lugar, Roma.

5.12.6.3 Roma[747]

a) Em favor de Roma depõem diversas referências de Filipenses:

1) Paulo menciona em Filipenses 1.13 o pretório, no qual se tornou conhecido que ele usa as algemas por amor de Cristo.[748] É verdade que em todo o Império Romano os palácios dos procuradores são chamados de pretórios (cf., p. ex., Mt 27.27; Mc 15.16; At 23.35).[749] Em Roma o termo se refere aos integrantes da guarda pretoriana.[750] Fica plausível que pretório deve significar os membros da guarda pretoriana, ou seja, pessoas, e não um prédio, porque Paulo escreve: ἐν ὅλῳ τῷ πραιτωρίῳ καὶ τοῖς λοιποῖς πᾶσιν — en holō tō praitōriō kai tois loipois pasin, "em todo o pretório e todos os demais".

2) Em Filipenses 4.22 ele transmite saudações "dos da casa do imperador".[751] A expressão "da casa do imperador" se referia — como nos mostram inscrições[752] — "não apenas aos integrantes da família imperial ou da corte, mas também os escravos,

---

[745] Cf. E. LOHMEYER, *Die Briefe an die Philipper, an die Kolosser und an Filemon*, in: Meyer, 11. ed. (Göttingen: Vandenhoeck & Ruprecht, 1956), v. 11, p. 3s; J. A. T. ROBINSON, op. cit., p. 68ss; H. STADELMANN, *Die Entstehungsverhältnisse der paulinischen Briefe*, p. 361s. W. G. KÜMMEL, op. cit., p. 291, não consegue tomar uma decisão entre Cesareia e Éfeso.

[746] Cf. H. E. G. PAULUS, *De tempore scriptae prioris ad Timotheum atque ad Philippenses epistolae Paulinae* (1799), apud W. MICHAELIS, op. cit., p. 205.

[747] A redação de Filipenses em Roma foi questionada pela primeira vez por Georg Ludwig OEDER, *Observatio Exegetico-Critica de Tempore et Loco scriptarum Epistolarum B. Pauli Apost. ad Philippenses et Corinthios*, in: *Auserlesene Theologische Bibhothec* (1731), tomo 58, p. 985-99 (apud W. MICHAELIS, op. cit., p. 204).

[748] Cf. F. BARTH, op. cit., p. 79.

[749] D. A. CARSON, D. J. MOO & L. MORRIS, op. cit., p. 321, citam também inscrições em Éfeso que falam do pretório.

[750] Cf. J. A. T. ROBINSON, op. cit., p. 68.

[751] Cf. F. BARTH, op. cit., p. 79.

[752] E. LOHSE, *Entstehung*, p. 51, cita inscrições tumulares em Éfeso.

os alforriados, os soldados e magistrados a serviço do imperador [...] e tais pessoas havia em todas as cidades grandes do Império".[753] Contudo, somente em Roma faz realmente sentido que Paulo destacasse "dentre a totalidade dos cristãos do lugar em que se encontrava, os quais saúdam os filipenses, aqueles que pertenciam aos serviçais da corte imperial" ou até mesmo aos magistrados da corte.[754]

3) Paulo encontrava-se em um lugar no qual atuava um número maior de pregadores, os quais não pertenciam diretamente à equipe de colaboradores de Paulo e não lhe eram todos simpáticos (cf. Fp 1.14ss). Essa circunstância combina melhor com Roma.[755]

4) Em Filipenses 1 constatamos que Paulo também prevê um desfecho do processo que poderia levá-lo à morte pelo martírio. Em última instância, porém, essa sentença de morte sobre um cidadão romano somente pode ser promulgada em Roma. Em Éfeso, como em Cesareia, restaria a Paulo a apelação ao imperador em Roma, como de fato fez em Cesareia[756] (At 25.9ss).

5) Em favor de Roma depõem, ao lado do testemunho interno, também as subscrições nos manuscritos, a nós transmitidas, como testemunhos externos.[757]

b) Contra Roma é aduzido por Michaelis especificamente que a prisão atenuada de Atos 28.30s não poderia ser idêntica "à prática presidiária pressuposta na carta [...] nem a proclamação desimpedida" de Paulo com a situação sugerida em Filipenses 1.14ss.[758] No entanto, essa situação modificada constitui justamente uma prova de que Paulo se encontra no processo, portanto, que não reside mais na moradia alugada, quando teve de se defender sem apoio humano e somente foi salvo das "boca do leão" graças à visível intervenção do Senhor (como Paulo escreve em retrospecto acerca de seu primeiro processo em Roma [2Tm 4.16s]).

Em suma, mantemos que a carta foi escrita em Roma.[759]

5.12.7 Época da redação

A datação da carta aos Filipenses está muito estreitamente ligada ao lugar de redação.

---

[753] O. CULLMANN, op. cit., p. 87.
[754] T. ZAHN, *Einleitung*, v. 1, p. 384.
[755] Cf. T. ZAHN, *Einleitung*, v. 1, p. 384.
[756] Cf. E. F. HARRISON, op. cit., p. 320.
[757] Conforme Nestle-Aland[27], p. 522, trata-se dos seguintes: B¹ 6, 075, 1739, 1881 𝔐.
[758] W. MICHAELIS, op. cit., p. 206.
[759] Cf. tb. O. CULLMANN, op. cit., p. 86ss; D. GUTHRIE, op. cit., p. 555; R.-M. MORLET, op. cit., p. 46.

Sendo Roma o lugar da redação, o que sem dúvida é correto, estamos plenamente de acordo com Harrison,[760] Godet,[761] de Boor[762] e outros, em que Filipenses foi escrita perto do final da primeira detenção em Roma como última das quatro cartas da prisão, pouco antes de sua libertação. Agora Paulo já não está apenas preso (Fp 1.7,13,17), como em Efésios, Colossenses e Filemom, mas precisa se defender diante do tribunal (cf. Fp 1.7,16). Considera possível uma iminente condenação e execução (Fp 1.20; 2.17), contudo espera muito mais uma absolvição com subsequente soltura (Fp 1.25; 2.24).

Em decorrência, datamos Filipenses para o ano 62/63.

5.12.8 Características e peculiaridades[763]

a) A carta aos Filipenses é cordial e pessoal. Muito mais que em outros textos, Paulo escreve na primeira pessoa do singular.

b) É notoriamente forte a ênfase cristocêntrica. O eu pessoal do apóstolo se subordina sem discussão a essa ênfase.

c) Afirmações doutrinárias de cunho dogmático se limitam ao mínimo, e quando o apóstolo escreve doutrinariamente, isso serve para exortar os crentes a uma aplicação prática do ensinamento (Fp 2.5-16; 3.9-11,17-21).

d) É bem possível que em algumas declarações Paulo faça alusão à história peculiar e à posição da cidade de Filipos como autarquia, ao apontar para o privilégio especial da cidadania celestial com as consequências daí resultantes (além do termo πολίτευμα — politeuma, "direito de cidadania" [Fp 3.20], cf. a palavra πολιτεύομαι — politeuomai, "ser cidadão, comportar-se, conduzir a vida [como cidadão]" em Fp 1.27).

e) A interessante menção dos supervisores (bispos) e diáconos na saudação da carta talvez se deva ao fato de que cuidaram da arrecadação e do envio dos donativos para Paulo.

f) Em Filipenses, Paulo dá especial valor ao pensamento concorde e à consonância do pensamento com a vontade e natureza de Deus (cf. as nove passagens em que se cita o verbo φρονέω — phroneō, "pensar, julgar, opinar, ter em mente").

g) Um exemplo — que pode ocorrer com frequência — de trabalho comum, discórdia e começo da trajetória rumo a uma nova unidade espiritual encontra-se

---

[760] E. F. Harrison, op. cit., p. 322.
[761] F. Godet, op. cit., v. 1, p. 313.
[762] W. de Boor, *Die Briefe des Paulus an die Philipper und an die Kolosser*, p. 27 [português: op. cit., p. 166].
[763] Cf. E. Aebi, op. cit., p. 211s; E. F. Harrison, op. cit., p. 342s.

em Filipenses 4.1-3. Evódia e Síntique se haviam demonstrado, na fase de construção inicial, fiéis colaboradoras, mas posteriormente se desuniram. Paulo sabe que meramente exortar é bom, mas muitas vezes não torna a unir as partes. Pede a um "companheiro autêntico" que intervenha em auxílio delas.

h) A alegria do apóstolo no Senhor não apenas o capacitou a superar suas dificuldades e aflições, mas também foi aprovada no trato com seus irmãos e irmãs, porque sua atitude de vida e alegria no Senhor encorajava e motivava genuinamente.

5.13 As cartas pastorais[764]

O termo "cartas pastorais" foi usado pela primeira vez no século XVIII para 1Timóteo e 2Timóteo, bem como para Tito.[765] As três cartas trazem instruções de como se deve lidar na igreja com questões práticas, principalmente na liderança (ministério pastoral). Na realidade, são dirigidas a pessoas individuais (Timóteo e Tito), porém não possuem um caráter privado como Filemom.[766]

5.13.1 Conteúdo e subdivisão da primeira carta a Timóteo

Palavra-chave: serviço de pastor
Versículo-chave:

> Atente bem para a sua própria vida e para a doutrina, perseverando nesses deveres (1Tm 4.16).

5.13.1.1 Subdivisão

1.	Introdução da carta: autor, destinatários, saudação (prescrito e epítetos)	1Tm 1.1,2
2.	Exortação a Timóteo de vigiar sobre a proclamação do evangelho	1Tm 1.3-20
	Exortação para manter longe doutrinas errôneas	1Tm 1.3-11
	Louvor a Deus pela graça concedida a Paulo	1Tm 1.12-17
	Grave admoestação a Timóteo	1Tm 1.18-20

---

[764] Na maioria das introduções ao NT, as cartas pastorais são tratadas como uma unidade. Acompanhamos esse costume, na medida em que faça sentido para uma visão panorâmica.

[765] B. N. Berdot, *Exercitatio theologica-exegetica in epistolam St. Pauli ad Titum*, Halle (1703), p. 3s; P. Anton, *Exegetische Abhandlungen der Pastoralbriefe Pauli an Timotheum und Titum* (Halle: [s.n.], 1753 [apud A. Wikenhauser & J. Schmid, op. cit., p. 509]).

[766] Cf. P. Feine, op. cit., p. 170.

3.	Questões da vida eclesial	1Tm 2.1—3.16
	Intercessão fundamental da igreja	1Tm 2.1-7
	Atitude e conduta de homens e mulheres crentes	1Tm 2.8-15
	Diretrizes para o ministério episcopal	1Tm 3.1-7
	Diretrizes para os diáconos	1Tm 3.8-13
	Objetivo da carta: atitude na igreja de Deus e o mistério da bem-aventurança	1Tm 3.14-16
4.	Advertência contra falsos mestres; instruções e admoestações a Timóteo	1Tm 4.1—6.2
	Advertência diante de tentação hipócrita	1Tm 4.1-5
	O discipulado, exemplo e serviço de Timóteo	1Tm 4.6-16
	Como Timóteo deve se portar diante de irmãos e irmãs (velhos e jovens)	1Tm 5.1-2
	Instruções referentes às viúvas	1Tm 5.3-16
	Instruções referentes aos presbíteros	1Tm 5.17-21
	Conselhos pessoais a Timóteo	1Tm 5.22-25
	Instruções referentes aos escravos	1Tm 6.1-2
5.	Contra o egoísmo devoto	1Tm 6.3-21
	Não brigas nem amor ao dinheiro, mas luta de fé	1Tm 6.3-16
	Instrução em relação aos ricos	1Tm 6.17-19
	Final da carta	1Tm 6.20-21

5.13.2 Conteúdo e subdivisão da carta a Tito

Palavra-chave: responsabilidade
Versículo-chave:

> Em tudo seja você mesmo um exemplo para eles, fazendo boas obras. Em seu ensino mostre integridade e seriedade; use linguagem sadia, contra a qual nada se possa dizer (Tt 2.7b-8a).

5.13.2.1 Subdivisão

1.	Introdução da carta: autor, destinatários, saudação (prescrito e epítetos)	Tt 1.1-4
2.	Pressupostos do ministério de presbítero e exortações	Tt 1.5-16
	A incumbência já existente para Tito	Tt 1.5
	As tarefas dos presbíteros na igreja	Tt 1.6-9
	Exortação para corrigir falsos mestres	Tt 1.10-16
3.	Exortações aos membros da igreja	Tt 2.1—3.11

Instruções aos diversos segmentos na igreja	Tt 2.1-10
A benfazeja graça de Deus	Tt 2.11-14
Incumbência a Tito de passar adiante as exortações	Tt 2.15
O comportamento como cristão no mundo	Tt 3.1s
O banho de renascimento	Tt 3.3-7
Advertência contra questões polêmicas	Tt 3.8-11
4. Final da carta: comunicações pessoais e saudações	Tt 3.12-15

5.13.3 Conteúdo e subdivisão da segunda carta a Timóteo

Palavra-chave: fidelidade
Versículo-chave:

> Nenhum atleta é coroado como vencedor, se não competir de acordo com as regras (2Tm 2.5).

5.13.3.1 Subdivisão

1. Introdução da carta: autor, destinatários, saudação (prescrito e epítetos)	2Tm 1.1-2
2. Exortação à fidelidade	2Tm 1.3–2.13
Recordação do apóstolo	2Tm 1.3-5
Estímulo para despertar o dom do evangelista	2Tm 1.6-10
Estímulo para seguir o exemplo de Paulo no sofrimento	2Tm 1.11-14
Comunicações sobre crentes da província da Ásia	2Tm 1.15-18
Sofra como bom lutador de Cristo Jesus	2Tm 2.1-13
3. Exortação à luta contra falsos mestres	2Tm 2.14–4.8
Advertência diante de palavrórios inúteis e exortação a Timóteo para não ceder às tentações de seu ministério	2Tm 2.14-26
A perdição dos tempos escatológicos	2Tm 3.1-9
A fé que se comprova na perseguição	2Tm 3.10-13
"Toda a Escritura é inspirada por Deus"	2Tm 3.14-17
Testamento do apóstolo: fidelidade até o fim	2Tm 4.1-8
4. Encerramento da carta: comunicações pessoais e saudações	2Tm 4.9-22

5.13.4 Autoria, autenticidade e integridade das cartas pastorais

5.13.4.1 Autoria (testemunho interno) da primeira carta a Timóteo

Paulo se apresenta em 1Timóteo 1.1: "Paulo, apóstolo de Cristo Jesus, por ordem de Deus...". Ele menciona que no passado foi blasfemador e perseguidor (1Tm

1.13). Paulo fala com autoridade da "sã doutrina, segundo o evangelho da glória do Deus bendito" (RA) que lhe foi confiado. Foi instalado como "pregador e apóstolo", como "mestre da verdadeira fé aos gentios" (1Tm 2.7). Chama Timóteo de "verdadeiro filho na fé" (2Tm 1.2; v. 1.18).

5.13.4.2 Autoria (testemunho interno) da carta a Tito

Paulo se chama no prescrito de "Paulo, servo de Deus e apóstolo de Jesus Cristo..." (Tt 1.1). Ele sabe que Deus "trouxe à luz a sua palavra" pela pregação que lhe foi confiada (Tt 1.3). Chama Tito de seu "verdadeiro filho" de acordo com sua fé comum (Tt 1.4).

5.13.4.3 Autoria (testemunho interno) da segunda carta a Timóteo

Paulo se apresenta em 2Timóteo 1.1 pelo nome como autor.[767] Uma vez que menciona que serviu a Deus "com a consciência limpa, como o serviram os meus antepassados", esse fato remete à sua descendência judaica. Paulo tem consciência de ter sido instituído como "pregador, apóstolo e mestre" (2Tm 1.11). Está no cativeiro (2Tm 1.8; 2.9; ainda 1.16s, o que, no entanto, também se poderia referir a uma prisão no passado), e até mesmo está ciente de sua iminente morte (2Tm 4.6). O texto de 2Timóteo 1.5 sugere que conhecia a família de Timóteo. Certa vez Timóteo obteve de Paulo, mediante imposição de mãos, um carisma de Deus (2Tm 1.6). Perante muitos ouvintes ("testemunhas"), Timóteo havia escutado a proclamação de Paulo (2Tm 2.2), mas Timóteo também acompanhou Paulo em tempos de perseguição (2Tm 3.10s).

5.13.4.4 Tradição da igreja antiga sobre a primeira carta a Timóteo

a) Uma nítida alusão a 1Timóteo encontra-se em Policarpo.[768]

b) Teófilo de Antioquia (c. 175) cita 1Timóteo como θεῖος λόγος — theios logos, "divina palavra".[769]

c) Atenágoras (c. 177) apoia-se em duas passagens na formulação de 1Timóteo.[770]

d) 1Timóteo é listada no Cânon muratoriano entre as cartas paulinas.

---

[767] O início de 2Tm 1.1 ("Paulo, apóstolo de Cristo Jesus pela vontade de Deus") é idêntico ao começo de 2Coríntios, Efésios e Colossenses.

[768] POLICARPO, *Aos Filipenses*, 4.1/1Tm 6.7,10.

[769] TEÓFILO DE ANTIOQUIA, *Ad Autolycum*, 3.14/1Tm 2.2.

[770] ATENÁGORAS, *Petição em favor dos cristãos*, 13/1Tm 2.8; 16/1Tm 6.16.

e) Ireneu cita quase textualmente 1Timóteo, observando que a carta foi escrita pelo "apóstolo".[771] Em outro texto, Ireneu traz o nome Paulo.[772] Apoia-se também em 1Timóteo.[773]

e) Clemente de Alexandria cita 1Timóteo,[774] às vezes como escrita pelo "apóstolo"[775] ou por Paulo.[776]

f) Tertuliano cita 1Timóteo como escrita por Paulo.[777]

5.13.4.5 Tradição da igreja antiga sobre a carta a Tito

a) Possivelmente Inácio alude uma vez de forma muito livre a Tito.[778]

b) Justino (m. c. 165) traz uma semelhança com Tito.[779]

c) Teófilo de Antioquia (c. 175) igualmente traz uma semelhança com Tito.[780]

d) O Cânon muratoriano continha também Tito como carta paulina.

e) Ireneu cita Tito como redigida por Paulo.[781]

f) Clemente de Alexandria cita Tito[782] como composta pelo "(divino) apóstolo (do Senhor)"[783] ou por Paulo.[784] A carta de Tito igualmente é citada com a observação: "... como diz o escrito apostólico".[785]

g) Tertuliano conhece Tito como escrita por Paulo.[786]

---

[771] IRENEU, *Contra heresias*, prefácio/1Tm 1.4.

[772] IRENEU, *Contra heresias*, livro II, 14.7/1Tm 6.20.

[773] IRENEU, *Contra heresias*, livro IV, 16.3/1Tm 1.9.

[774] CLEMENTE DE ALEXANDRIA, *Stromateis*, livro I, 8/1Tm 6.3ss.

[775] CLEMENTE DE ALEXANDRIA, *O pedagogo*, 11.2/1Tm 5.23; *Stromateis*, livro I, 1.117 /1Tm 5.21; *Stromateis* , livro I, 27/1Tm 1.5ss etc.

[776] CLEMENTE DE ALEXANDRIA, *Cohortatio ad Gentes*, 9.25/1Tm 4.8; *O pedagogo*, 11.12/1Tm 2.9s; *Stromateis*, livro III, 5/1Tm 4.1,3.

[777] TERTULIANO, A ressurreição dos mortos, 23.11/1Tm 6.14s; A prescrição dos hereges, 25.2/1Tm 6.20. Cf. tb. o indício *Contra Marcião*, livro V, 21.1 (texto em alemão, item 5.11.4.2).

[778] INÁCIO, *Epístola aos magnésios*, 8.1/Tt 1.14; 3.9.

[779] JUSTINO, *Diálogo com Trifão*, 47 (ἡ γὰρ χρηστότης καὶ ἡ φιλανθρωπία τοῦ Θεοῦ — hē gar chrēstotēs kai hē philanthrōpia tou Theou, "a bondade e o amor de Deus aos seres humanos")/Tt 3.4.

[780] TEÓFILO DE ANTIOQUIA, *Ad Autolycum*, 3.14/Tt 3.1.

[781] IRENEU, *Contra heresias*, livro I, 16.3/Tt 3.10; livro III, 3.4/Tt 3.10.

[782] CLEMENTE DE ALEXANDRIA, *Stromateis*, livro I, 8/Tt 1.10.

[783] CLEMENTE DE ALEXANDRIA, *Stromateis*, livro IV, 9/Tt 1.16; *Cohortatio ad Gentes*, 1.3/Tt 2.11-13.

[784] CLEMENTE DE ALEXANDRIA, *Stromateis*, livro I, 14/Tt 1.12s.

[785] CLEMENTE DE ALEXANDRIA, *Cohortatio ad Gentes*, 1.2/Tt 3.3.

[786] TERTULIANO, A prescrição dos hereges, 6.1/Tt 3.10s; cf. tb. *Contra Marcião*, livro V, 21.1.

5.13.4.6 Tradição da igreja antiga sobre a segunda carta a Timóteo
a) Uma possível alusão muito livre a 2Timóteo encontra-se em Inácio.[787]
b) Eventualmente também Policarpo aluda a 2Timóteo.[788]
c) O Cânon muratoriano menciona duas cartas paulinas a Timóteo, razão pela qual também conhece 2Timóteo.
d) Ireneu menciona as "cartas a Timóteo" (Παῦλος ἐν ταῖς πρὸς Τιμόθεον ἐπιστολαῖς — Paulos en tais pros Timotheon epistolais) e se reporta nesse contexto a Lino, citado em 2Timóteo 4.21.[789] Ainda Ireneu cita 2Timóteo 4.10s como escrita por Paulo.[790]
e) Clemente de Alexandria cita 2Timóteo[791] como escrita pelo "apóstolo"[792] ou por Paulo.[793]
f) Tertuliano cita 2Timóteo como da autoria de Paulo.[794]
g) Eusébio considera 2Timóteo um escrito paulino e menciona que foi redigida em Roma.[795]

5.13.4.7 Autenticidade das cartas pastorais

a) Análise das objeções contra a autenticidade
Em 1804 J. E. C. Schmidt levantou dúvidas sobre a autenticidade de 1Timóteo.[796] Na sequência, Schleiermacher contestou a autenticidade dessa carta,[797] e Eichhorn estendeu essa rejeição da autenticidade a todas as cartas pastorais.[798]

---

[787] INÁCIO, *Epístola a Policarpo de Esmirna*, 6.2 (᾽αρέσκετε ᾽ω στρατεύεσθε — *areskete hō strateuesthe*, "agradem aquele pelo qual marcham para a luta")/2Tm 2.4.

[788] POLICARPO, *Aos Filipenses*, 9.2/2Tm 4.10.

[789] IRENEU, *Contra heresias*, livro III, 3.3.

[790] IRENEU, *Contra heresias*, livro III, 14.1.

[791] CLEMENTE DE ALEXANDRIA, *Stromateis*, livro IV, 9/2Tm 2.13 etc.

[792] CLEMENTE DE ALEXANDRIA, *Cohortatio ad Gentes*, 9.25/2Tm 3.15; *Stromateis*, livro I, 10/2Tm 2.14ss.

[793] CLEMENTE DE ALEXANDRIA, *Stromateis* I, 1.116/2Tm 2.1s; livro V, 1/2Tm 2.23.

[794] TERTULIANO, *A ressurreição dos mortos*, 23.10/2Tm 1.18; cf. tb. *Contra Marcião*, livro V, 21.1.

[795] Euseb. HE, livro III, 2.

[796] J. E. C. SCHMIDT, *Historisch-kritische Einleitung ins Neue Testament* (Giessen: [s.n.], 1809; provavelmente houve em 1804 uma edição provisória); apud J. VAN BRUGGEN, op. cit., p. 9.

[797] F. SCHLEIERMACHER, *Ueber den sogenannten ersten Brief des Paulos an den Timotheus — Ein kritisches Sendschreiben an J. C. Gass* (Berlin: [s.n.], 1807); apud J. VAN BRUGGEN, op. cit., p. 9.

[798] J. G. EICHHORN, *Einleitung in das Neue Testament* (Leipzig: [s.n.], 1812), p. 312-410, observando que teria chegado a essa conclusão já antes de Schleiermacher (apud J. VAN BRUGGEN, op. cit., p. 10).

Desde então a pesquisa introdutória histórico-crítica rejeita predominantemente a autoria de Paulo com os seguintes argumentos:

1) Os dados externos que constatamos nas cartas pastorais acerca da situação de Paulo e de seus colaboradores não coincidem com os dados que conhecemos de Atos e das outras cartas.[799]

Posicionamento: Como evidenciaremos abaixo no item da datação, as cartas pastorais não precisam ser inseridas na cronologia de Atos, mas se originam do tempo de atuação depois da primeira detenção em Roma e a partir de uma segunda prisão de Paulo em Roma. Logo, não é admissível escolher entre inautenticidade e enquadramento no tempo de Atos.

Um falsificador certamente teria tentado enquadrar explicitamente as referências pessoais e as afirmações acerca da situação de Paulo nos dados de Atos.[800]

2) Linguagem e estilo das cartas pastorais se desviariam consideravelmente das outras cartas de Paulo.[801] Roller faz valer o comprimento médio das palavras, que nas cartas pastorais seria muito maior que nas demais cartas paulinas.[802]

Posicionamento: As diferenças linguísticas e estilísticas das cartas pastorais em relação às outras cartas paulinas de fato são dignas de nota. Isso se pode explicar em parte pelo fato de que "novos assuntos, conforme muitas vezes são verbalizados aqui, necessariamente também trazem consigo novas buscas no vocabulário".[803]

A argumentação de Roller com o comprimento médio é examinada minuciosamente e refutada por Michaelis, ao calcular o comprimento médio de blocos tematicamente semelhantes em outras cartas e obter como resultado uma total relatividade da afirmação de Roller.[804]

Como já fizemos várias vezes, citaremos também aqui uma afirmação de princípio, que desautoriza o argumento da inautenticidade baseado no estilo e na linguagem:

---

[799] Cf. H. Conzelmann & A. Lindemann, op. cit., p. 238s; M. Dibelius, op. cit., p. 149; H. J. Holtzmann, op. cit., p. 282ss; A. Jülicher, op. cit., p. 163ss; H. Köster, op. cit., p. 737; W. G. Kümmel, op. cit., p. 330ss; E. Lohse, *Entstehung*, p. 61; W. Marxsen, op. cit., p. 179-83; P. Vielhauer, op. cit., p. 223; A. Wikenhauser & J. Schmid, op. cit., p. 517ss.

[800] Cf. A. Meister, Die Echtheit der Pastoralbriefe, BuG, n. 1-2, 1972, p. 59s.

[801] Cf. H. Conzelmann & A. Lindemann, op. cit., p. 240; M. Dibelius, op. cit., p. 149s; H. J. Holtzmann, op. cit., p. 285s; A. Jülicher, op. cit., p. 155ss; H. Köster, op. cit., p. 736s; W. G. Kümmel, op. cit., p. 327ss; E. Lohse, *Entstehung*, p. 62; P. Vielhauer, op. cit., p. 223; A. Wikenhauser & J. Schmid, op. cit., p. 521ss.

[802] O. Roller, op. cit., p. 242, nota 3.

[803] F. Barth, op. cit., p. 101.

[804] Cf. W. Michaelis, op. cit., p. 240s.

Pode-se perceber a tolice dessa linha de argumentação quando se pondera que não é o autor, mas o falsificador que precisa temer uma alteração estilística. Pois o sucesso do falsificador depende do grau em que é capaz de usar o modo de expressão daquele a quem imita, mas para a pessoa dotada, para a pessoa livre e para a inspirada o modo de expressão representa meramente um meio de transmissão do tema e do assunto.[805]

Ao lado das diferenças estilísticas entre as cartas pastorais e as demais cartas paulinas, também se poderiam constatar múltiplos pontos em comum.[806] Além disso, também é interessante notar que as três cartas pastorais se diferenciam consideravelmente uma da outra no vocabulário, ou seja, que não se contrapõem como uma unidade às cartas restantes de Paulo.[807]

3) O autor estaria debatendo com falsos mestres que defendem especulações gnósticas que se conectariam — como muitas vezes no gnosticismo tardio — com materiais do AT.[808]

Posicionamento:[809] Essa asserção continua ignorando que o gnosticismo se desenvolveu essencialmente mais cedo que ainda se supunha no século XIX. Ademais, a identificação dos falsos mestres é muito complicada e controvertida. São descritos assim nas cartas pastorais: pretendiam ser "mestres da lei" (1Tm 1.7); apresentavam mitos e mandamentos judaicos às pessoas (Tt 1.14) e causavam discórdias no tocante à lei (Tt 3.9); vêm de um contexto judaico (Tt 1.10).

4) O autor salientaria a sã doutrina com ênfase, sem travar um debate objetivo com os falsos mestres — ao contrário do que faria Paulo.[810]

---

[805] T. J. STANLEY, Dürfen wir an der Paulinischen Verfasserschaft der Pastoralbriefe festhalten?, BuG, n. 3, 1966, p. 216. Acrescentemos a declaração confirmadora de um teólogo histórico-crítico: "Representa um anacronismo primitivo declarar que trinta, cinquenta ou noventa anos depois da morte de Paulo alguém tenha se dado ao trabalho de catar alguns nomes e dados de Atos dos Apóstolos e das cartas de Paulo, para alegrar os contemporâneos com cartas falsificadas de Paulo a pessoas individuais, sem se importar, exceto com tais antiguidades, com uma imitação convincente do modo de expressão paulino e da terminologia" (B. REICKE, Chronologie der Pastoralbriefe, ThLZ, n. 2, 1976, p. 83).

[806] Cf. T. J. STANLEY, op. cit., p. 216ss.

[807] Cf. D. A. CARSON, D. J. MOO & L. MORRIS, op. cit., p. 361.

[808] Cf. W. G. KÜMMEL, op. cit., p. 333ss; E. LOHSE, *Entstehung*, p. 63; A. WIKENHAUSER & J, SCHMID, op. cit., p. 527s. F. C. BAUR, *Die sogenannten Pastoralbriefe des Paulus* (Stuttgart; Tübingen: [s.n.], 1835), foi o principal iniciador dessa argumentação (apud H. APPEL, op. cit., p. 68; J. VAN BRUGGEN, op. cit., p. 11).

[809] Cf. F. BARTH, op. cit., p. 95; D. A. CARSON, D. J. MOO & L. MORRIS, op. cit., p. 363s; T. J. STANLEY, op. cit., p. 211.

[810] Cf. E. LOHSE, *Entstehung*, p. 63; P. VIELHAUER, op. cit., p. 228.

Posicionamento: Anteriormente Paulo já solicita que se obedeça à correta doutrina e se rejeitem mestres que defendem posições contrárias ao ensinamento dele (cf. Rm 16.17; Gl 1.6ss). É bem compreensível que, perto do final de sua atuação, Paulo acentue mais a doutrina repassada ao longo dos anos que no início de sua atividade missionária.[811] Fritz Barth descreve de forma marcante a situação:

> Em referência ao estilo, cabe ponderar que Paulo escreve como homem mais idoso que experimentou de múltiplas formas o caráter pernicioso de um cristianismo eticamente infrutífero e que não tem vontade para comprovar sempre o que vivenciou em plenitude, mas atribui maior poder ao testemunho da experiência: "É assim!"; e ainda, que ele não escreve a igrejas inteiras, nas quais, como no caso dos romanos e colossenses, tinha de se apresentar primeiramente por meio da carta, mas a pessoas individualmente, a saber, a alunos íntimos que sabiam completar muitas instruções ou alusões sucintas a partir dos diálogos orais com o apóstolo.[812]

5) As afirmações teológicas divergiriam do pensamento paulino.

α) Entre outros, isso se revelaria em seu enfoque cristológico diferente daquele existente em Paulo.[813]

β) A vida cristã seria descrita "de maneira racional moralizante".[814]

γ) A escatologia das cartas pastorais se diferenciaria da de Paulo, porque agora a hora da volta de Jesus seria completamente indefinida.[815]

Posicionamento: Aqui formulações modificadas são perfiladas pelos críticos em enfoques teológicos novos e não paulinos. No presente espaço não é possível realizar um estudo exegético e interpretativo nem uma refutação sobre cada uma das afirmações. Contudo, em suma, registramos que as afirmações das cartas pastorais se situam no âmbito da teologia de Paulo e do NT em geral.

6) A ordem eclesiástica nas cartas pastorais seria mais desenvolvida que nas cartas geralmente reconhecidas.[816]

---

[811] Cf. G. HÖRSTER, op. cit., p. 153.
[812] F. BARTH, op. cit., p. 101s.
[813] Cf. W. G. KÜMMEL, op. cit., p. 337.
[814] W. G. KÜMMEL, op. cit., p. 338. Cf. A. WIKENHAUSER & J. SCHMID, op. cit., p. 526.
[815] A. WIKENHAUSER & J. SCHMID, op. cit., p. 526.
[816] Cf. H. J. HOLTZMANN, op. cit., p. 290s; W. G. KÜMMEL, op. cit., p. 335ss; E. LOHSE, *Entstehung*, p. 64; P. VIELHAUER, op. cit., p. 229; A. WIKENHAUSER & J. SCHMID, op. cit., p. 528ss.

Posicionamento:[817] Já na igreja primitiva foram instituídas pessoas particularmente para servir na assistência a membros desvalidos da igreja (At 6.1ss). Da congregação judaica já se adotou muito cedo o cargo do ancião para as igrejas cristãs (cf. At 11.30; 15.2,4,6,22s em Jerusalém; At 14.23 em Derbe, Listra, Icônio e Antioquia, presbíteros instalados por Paulo e Barnabé; At 20.17 em Éfeso; ainda Tg 5.14; 1Pe 5.1 etc.). Ainda que Paulo empregue o termo πρεσβύτερος — presbyteros, "ancião" unicamente nas cartas pastorais, ele não deixa de falar em cartas mais antigas de homens que "presidem" a igreja (Rm 12.8; 1Ts 5.12), uma expressão que também deve ser aplicada aos anciãos (cf. 1Tm 5.17). Os presbíteros de Éfeso (At 20.17) são ἐπίσκοποι — episkopoi, "presidentes"[818] (At 20.28; Tt 1.5,7) e ao mesmo tempo pastores da igreja (At 20.28). Importante é a constatação de que o termo ἐπίσκοπος — episkopos, "presidente", estreitamente ligado aos conceitos de presbítero e pastor, já ocorre em Atos 20.28 e em Filipenses 1.1. Por isso, não se pode falar, diante do aparecimento do mesmo conceito nas cartas pastorais, de uma solidificação posterior do conceito ministerial no sentido de uma "tendência rumo à igreja clerical". Tampouco o ἐπίσκοπος — episkopos, "presidente" é colocado acima dos πρεσβύτερος — presbyteros, "anciãos", como passou a acontecer já no século II. Da mesma forma, não encontramos nas cartas pastorais a ideia de que um único ἐπίσκοπος — episkopos, "presidente" deva ser responsável.

Quando os críticos asseguram que a condição de que um recém-batizado não deveria ser presidente (1Tm 3.6) levaria "para além do que seria imaginável e exequível nas primeiras gerações",[819] nós, pelo contrário, constatamos precisamente nessa passagem um indício da autenticidade das cartas. Paulo podia estabelecer essa condição para o cargo de ancião sem problemas para uma igreja que já existia havia alguns anos, como acontecia em Éfeso. Em Tito, porém, Paulo se refere à situação na ilha de Creta, onde Tito deveria instalar presbíteros em igrejas jovens. É interessante que ele não diz, na lista de condições para o ministério do ancião (Tt 1.5-9), que um ancião não deve ser recém-batizado. Isso constitui um nítido indício de que as cartas pastorais não pressupõem nenhuma evolução longa do ministério eclesiástico, mas correspondem à situação das igrejas da década de 60.[820]

---

[817] Cf. F. Barth, op. cit., p. 96ss; F. Godet, op. cit., v. 1, p. 351ss; E. F. Harrison, op. cit., p. 356ss; A. Meister, op. cit., p. 60s; T. J. Stanley, op. cit., p. 213ss.

[818] Lutero traduz para "bispos".

[819] Posição de H. J. Holtzmann, op. cit., p. 291.

[820] Cf. T. J. Stanley, op. cit., p. 214.

Tarefas diaconais (1Tm 3.8-13) eram assumidas, dependendo da situação, por homens (cf. At 6.1ss; Fp 1.1) ou mulheres (cf. Rm 16.1: Febe).

7) As cartas pastorais faltam no cânon de Marcião e também no antigo manuscrito P^{46} da época em torno do ano 200.[821]

Posicionamento: A ausência das cartas pastorais no cânon abreviado do gnóstico Marcião provavelmente se deva a razões teológicas. É quase certo que Marcião conhecia essas cartas e provavelmente aceitava a autoria paulina delas, porém não as acolheu em seu cânon, mutilado também em outros pontos.[822]

Pelo fato de que as cartas pastorais já eram amplamente usadas antes da escrita do P^{46}, a ausência das cartas pastorais nesse papiro pode ser atribuída antes ao acaso ou, mais provavelmente, à falta de espaço, e não que dessa forma se poderia justificar uma rejeição da autoria paulina.[823] No entanto, Tito consta em outro manuscrito da época em torno de 200, a saber, no P^{82}. Nesse ponto cabe levar em conta que por causa do caráter fragmentário dos manuscritos descobertos em papiro, o índice dos escritos do NT é bastante precário nos manuscritos mais antigos.

b) Argumentos em favor da autenticidade

1) O testemunho interno, i.e., as afirmações próprias das cartas acerca da autoria depõem inequivocamente em favor de uma redação paulina.

2) As numerosas notas pessoais acerca dos destinatários das cartas, mas igualmente acerca de outras pessoas, não formam nenhum nexo "com a suposta tendência das cartas pastorais, de firmar no início do século II a igreja diante dos gnósticos pelo

---

[821] Cf. H. CONZELMANN & A. LINDEMANN, op. cit., p. 240; A. JÜLICHER, op. cit., p. 155; H. KÖSTER, op. cit., p. 736.

[822] Cf. TERTULIANO, *Contra Marcião*, 5.21, de onde se deve concluir que Marcião já conhecia as cartas pastorais, porém não as acolheu em seu cânon ("... visto que rejeitou as duas cartas a Timóteo e uma a Tito escritas acerca do segmento espiritual" [... *quod ad Timotheum duas et unam ad Titum de ecclesiastico statu compositas recusaverit*]). Cf. JERÔNIMO, no prefácio a seu comentário a Tito, no qual se pronuncia sobre Marcião e outros gnósticos: "Quero falar de Marcião e Basílides, que omitiram das outras cartas o que conflita com sua doutrina de fé, e que até mesmo acreditaram que podiam deitar fora integralmente algumas cartas, a saber as duas Timóteo, a aos Hebreus e a Tito [...] Entretanto Taciano, patriarca dos encratitas, que também rejeitou algumas cartas de Paulo, acreditou que precisava asseverar de modo bem especial a redação da carta a Tito pelo apóstolo, visto que não dava valor à opinião de Marcião e dos que concordavam com ele" (conforme F. GODET, op. cit., v. 1, p. 345).

[823] Cf. T. J. STANLEY, op. cit., p. 206; cf. tb. D. GUTHRIE, op. cit., p. 609ss; E. F. HARRISON, op. cit., p. 353; G. HÖRSTER, op. cit., p. 151; W. G. KÜMMEL, op. cit., p. 326.

apego à tradição apostólica"[824] e por consequência podem ser explicadas unicamente como afirmações genuínas de Paulo.

3) A autenticidade das cartas pastorais é plenamente confirmada pela tradição da igreja antiga.

4) Um autor desconhecido do século II dificilmente teria dificultado para si a tarefa de escrever pseudonimamente as cartas pastorais por meio de tantos traços inventados "que qualquer cristão mais idoso da Ásia Menor ou de Creta, que viveu nos meados do século I poderia desmascarar como inverdade".[825]

5) É improvável que um autor pseudônimo teria tido sucesso em construir obras que na forma asseverada pelos críticos se destacam dos escritos e das ordens eclesiásticas do início do século II, que já se diferenciam dos escritos do NT por meio de um formalismo explícito.[826]

5.13.4.8 Integridade

De diversas maneiras se postulou que apenas partes das cartas pastorais poderiam ser oriundas do próprio Paulo.[827] Outros (p. ex., Feine), supõem uma revisão posterior de cartas originariamente paulinas.[828]

Ambas as soluções mostram que as cartas denotam claros vestígios da autoria paulina. Teólogos como Feine, porém, não aderem plenamente aos defensores da autenticidade, porque igualmente dão grande peso aos argumentos em defesa da inautenticidade. Uma vez que demonstramos acima a insustentabilidade dos argumentos de inautenticidade, podemos com boas razões acatar a integridade das cartas pastorais e rejeitar uma revisão posterior.

Síntese: Mantemos a autoria de Paulo, a autenticidade e integridade de todas as três cartas pastorais.

5.13.5 Que sabemos sobre os destinatários das cartas?

5.13.5.1 Quem é Timóteo?

Timóteo era filho de uma mulher judia, Eunice (2Tm 1.5) e de pai grego de Listra (At 16.1ss). Era discípulo de Jesus com boa fama nas igrejas de Listra e Icônio.

---

[824] F. BARTH, op. cit., p. 102. Cf. tb. D. A. CARSON, D. J. MOO & L. MORRIS, op. cit., p. 363.
[825] F. BARTH, op. cit., p. 103.
[826] Cf. F. BARTH, op. cit., p. 103; A. MEISTER, op. cit., p. 61s.
[827] P. ex., H. APPEL, op. cit., p. 82ss.
[828] P. FEINE, op. cit., p. 180.

Provavelmente fora instruído na fé por sua mãe Eunice e pela avó Loide (cf. 2Tm 1.5; 3.15), contudo experimentou uma entrega pessoal a Jesus pelo contato com Paulo (cf. 1Timóteo 1.2, onde Paulo o chama de "verdadeiro filho na fé"). Deve ter sido de natureza mais reservada. Em todos os casos, Paulo teve de pedir certa vez à igreja em Corinto que o acolhesse com benevolência e não o desprezasse (1Co 16.10s). Timóteo era um colaborador amoroso de Paulo (cf. 2Tm 1.4), que tinha uma posição de fidelidade na fé. Contudo, carecia também de encorajamento, talvez também por causa de certa timidez (cf. 2Tm 1.7s).

Paulo o levou de Listra como acompanhante ao lado de Silvano para a continuação da segunda viagem missionária. Na sequência, permaneceu com Silvano em Bereia, uma das estações do itinerário na Macedônia. Timóteo seguiu a Paulo para Atenas, mas de lá foi enviado de volta para fortalecer e exortar a igreja em Tessalônica (1Ts 3.1ss). Tornou a chegar a Corinto com Silvano para junto de Paulo (At 18.5; 2Co 1.19; 1Ts 1.1; 2Ts 1.1).

No começo da *terceira viagem missionária*, Paulo enviou Timóteo de Éfeso para Corinto (1Co 4.17), antes de Paulo enviar uma carta (a 1Coríntios canônica) por uma rota obviamente mais curta para Corinto (cf. 1Co 16.10, onde ainda está por acontecer a chegada de Timóteo a Corinto). Nessa visita, porém, Timóteo provavelmente não conseguiu alcançar muito de seu objetivo.[829] Quando Paulo notou que seu tempo em Éfeso aos poucos chegava ao fim, enviou Timóteo e Erasto à sua frente para a Macedônia (At 19.22), seguindo-os pessoalmente algum tempo depois. Na Macedônia e em seguida na Grécia, Timóteo podia ser encontrado novamente ao lado de Paulo (cf. 2Co 1.1 [2Co é originária daquele tempo na Macedônia, como já vimos]; Rm 16.21 [essa carta é daquele período em Corinto, como já vimos]). Na viagem de retorno — novamente passando pela Macedônia — Timóteo e outros viajaram na frente de Paulo até Trôade (At 20.4s), onde o perdemos de vista por um tempo mais longo.

Mais tarde, Timóteo se encontrou com Paulo em Roma durante a prisão dele (Fp 1.1; 2.19; Cl 1.1; Fm 1.1). Depois desse primeiro cativeiro e da soltura de Paulo, Timóteo deve ter recebido dele uma carta em Éfeso, provavelmente da Macedônia (cf. 1Tm 1.3). Durante a segunda prisão em Roma, Paulo escreveu novamente uma carta a Timóteo, pedindo que este viesse rapidamente até ele, trazendo consigo Marcos (2Tm 4.9ss).

Provavelmente pouco tempo depois do martírio de Paulo, Timóteo foi transitoriamente aprisionado (cf. Hb 13.23).

---

[829] Cf. item 5.5.2.d).

Eusébio relata que, segundo uma tradição, Timóteo teria se tornado o primeiro bispo de Éfeso.[830] De acordo com um testemunho do século IX, Timóteo teria sofrido o martírio sob o imperador romano Domiciano.[831]

5.13.5.2 Quem é Tito?

Tito não é citado por Lucas em nenhum texto de Atos dos Apóstolos. Tito era grego, ou seja, um cristão gentio (Gl 2.3). Encontramo-lo pela primeira vez como companheiro de Paulo e Barnabé na viagem de Antioquia da Síria para Jerusalém (segunda ida de Paulo a Jerusalém; Gl 2.1). Depois o perdemos de vista, até que durante a *terceira viagem missionária* volta a estar a serviço de Paulo. É provável que tenha levado a chamada "carta das lágrimas", escrita por Paulo, de Éfeso para Corinto (cf. 2Co 7.6ss).[832] Tito foi bem recebido em Corinto com a carta (2Co 7.7ss,13ss). Na sequência, seguiu para a Macedônia ao encontro de Paulo, que entrementes havia saído de Éfeso, trazendo-lhe a notícia da boa aceitação em Corinto. De lá foi enviado de volta para Corinto, como dirigente de uma "equipe de arrecadação" e com grande probabilidade ter entregado 2Coríntios (2Co 8.6ss,16,23; 12.18).

Depois do primeiro cativeiro de Paulo em Roma e durante a nova atuação dele, deixou a Tito em Creta com a incumbência de instituir ali presbíteros nas igrejas (Tt 1.5). Em seguida, Paulo o chamou para Nicópolis (Tt 3.12). Parece que depois, durante o segundo cativeiro de Paulo em Roma, Tito permaneceu certo tempo em Roma, mas na sequência dirigiu-se à Dalmácia (2Tm 4.10).

Eusébio informa acerca de uma tradição posterior, que afirma que Tito se tornou bispo de Creta,[833] algo que no entanto deve ter sido extraído dos dados de Tito.

5.13.6 Motivo e objetivo

5.13.6.1 Da primeira carta a Timóteo[834]

Em 1Timóteo 1.3 Paulo escreve que havia exortado Timóteo a permanecer em Éfeso, enquanto ele próprio se havia mudado para a Macedônia. Como nessa carta não consta nenhuma referência de que entrementes Timóteo havia saído de

---

[830] Euseb. HE, livro III, 4.5.
[831] GEORGE HAMARTOLOS, *Chronicon breve*, livro III, 131.
[832] Sobre isso, cf. item 5.5.2.e).
[833] Euseb. HE, livro III, 4.5.
[834] Cf. W. MICHAELIS, op. cit., p. 234ss.

Éfeso, podemos presumir que Timóteo ainda continuava lá no tempo em que Paulo escreveu a carta.

O próprio Paulo tem esperanças de visitar Timóteo em breve (1Tm 3.14; 4.13). Provavelmente a viagem do apóstolo para a Macedônia (1Tm 1.3) não partiu de Timóteo em Éfeso. Do contrário seria questionável se após uma instrução oral para a liderança da igreja em Éfeso, como Paulo com certeza teria propiciado nesse caso, faria sentido uma repetição escrita na forma de carta.

Timóteo devia permanecer em Éfeso para "ordenar a certas pessoas que não mais ensinem doutrinas falsas" (1Tm 1.3). Objetivo da carta era, pois, continuar a exortar Timóteo para que vigiasse sobre a proclamação na igreja, tendo cuidado de si próprio e rejeitando opiniões errôneas. Outra finalidade era "passar-lhe instruções sobre a ordem da vida eclesial, na medida em que diziam respeito à igreja como um todo e a cada um dos detentores de cargos e demais grupos".[835]

5.13.6.2 Da carta a Tito[836]

De acordo com Tito 1.5, Paulo deixou Tito em Creta para que lá "pusesse em ordem o que ainda faltava", a saber, instituir anciãos em todas as cidades. A carta, portanto, pressupõe uma atuação conjunta de Paulo e Tito em Creta. Na carta encontramos, por isso, pelo menos em parte, uma repetição daquilo que Paulo havia deixado oralmente como instrução para Tito antes de partir de Creta (cf. Tt 3.1: "Lembre a todos que...").

5.13.6.3 Da segunda carta a Timóteo[837]

Timóteo ainda permanece em Éfeso (cf. 2Tm 1.18; 4.19: provavelmente Onesíforo reside em Éfeso e deve ser saudado por Timóteo). A carta parece ser dirigida mais diretamente à pessoa de Timóteo que 1Timóteo. Em 2Timóteo aparecem ligações com 1Timóteo, principalmente no que tange a exortações pessoais. As declarações acerca da direção da igreja, porém, já não são retomadas.

No entanto, o intuito de Paulo com essa carta também é dar a Timóteo uma incumbência bem concreta: Chama-o para perto de si em Roma (2Tm 4.9,11,13,21). Ao mesmo tempo, Paulo fala de seu iminente martírio (2Tm 4.6-8).

---

[835] W. MICHAELIS, op. cit., p. 235.
[836] Cf. W. MICHAELIS, op. cit., p. 236s.
[837] Cf. W. MICHAELIS, op. cit., p. 237s.

5.13.7 Lugar e época da redação

5.13.7.1 Após o primeiro cativeiro de Paulo em Roma

a) Referências extrabíblicas das prisões de Paulo em Roma

1) Clemente de Roma (c. 95) traz algumas explicações sobre o martírio de Pedro e Paulo, mencionando que Paulo "havia chegado até o extremo Ocidente" e dado testemunho perante os soberanos.[838] Essa atuação no Ocidente, provavelmente na Espanha, não pode ser inserida antes da primeira detenção de Paulo em Roma e precisa ser relacionada com uma época posterior.

2) Eusébio relata uma tradição de que Paulo foi decapitado em Roma e que Pedro foi crucificado, ambos os fatos ocorridos no período do imperador romano Nero (54-68).[839] Em outro texto, Eusébio acompanha uma tradição que informa sobre uma soltura depois da primeira prisão de Paulo em Roma e um posterior segundo cativeiro em Roma.[840]

3) O *Cânon muratoriano* trata a presença de Paulo na Espanha como fato, que entretanto não é mencionado em Atos, assim como o padecimento de Pedro.

4) A partida do apóstolo Paulo para a Espanha é descrita também no livro apócrifo *Atos de Pedro*,[841] embora os detalhes não possam reclamar credibilidade para si.

5) Jerônimo, Crisóstomo,[842] Teodoro de Mopsuéstia e Teodoreto confirmam a tradição de um segundo cativeiro.[843]

6) O manuscrito 1739c e o texto majoritário *M* apresentam em sua subscrição a 2Timóteo a referência a um segundo processo perante o imperador Nero.[844]

Igualmente existem outras afirmações acerca da morte de Paulo, que por um lado não confirmam expressamente o segundo cativeiro, mas por outro mostram que também afirmações menos precisas não o contradizem:

1) Dionísio de Corinto (c. 170) informa que Paulo e Pedro morreram na mesma época uma morte de martírio na Itália.[845]

---

[838] *1 Clemente*, 5. Cf. a citação extensa no item 5.1.4.5, acerca da cronologia de Paulo.

[839] Euseb. HE, livro II, 25.5; 1.3.

[840] Euseb. HE, livro II, 22.2.

[841] Texto em W. Schneemelcher, op. cit., v. 2, p. 258ss.

[842] Cf. Crisóstomo, *Homilien zum Hebräerbrief*, prefácio; *Homilien zum 1Cointherbrief*, 10.3; *Commentarius in Epistulam Secundam ad Timotheum*, 10.3.

[843] Todos mencionados por M. Meinertz, op. cit., p. 147.

[844] Cf. Nestle-Aland[27], p. 556.

[845] Apud Euseb. HE, livro II, 25.8.

2) Tertuliano informa que Paulo foi coroado em Roma com a mesma morte que João — provavelmente referindo-se ao Batista.[846]

Godet *extrai a conclusão correta* das afirmações acima, fornecidas pela igreja antiga acerca da viagem de Paulo à Espanha:

> Não creio que jamais se teria imaginado Paulo em viagem de Roma à Espanha, se o fato de sua soltura não fosse patente, se, pelo contrário, o apóstolo, como qualquer pessoa em Roma teria sabido, tivesse sido conduzido da prisão diretamente ao cadafalso.[847]

b) Lugar e época da redação das cartas pastorais

Talvez devamos imaginar a atuação de Paulo depois da primeira detenção em Roma da seguinte maneira: conforme planejou originariamente, Paulo foi de Roma para a Espanha e de lá retornou ao Oriente, primeiro para Creta. Em Creta ele deixou Tito. Pessoalmente seguiu pela Acaia para a Macedônia (cf. Fp 2.24), de onde enviou 1Timóteo para Éfeso e Tito para Creta. Planejava passar o inverno em Nicópolis, para onde chamou a Tito (Tt 3.12). Ele próprio desejava viajar da Macedônia a Éfeso para encontrar Timóteo (cf. 1Tm 3.14; 4.13) e até Colossos (Fm 22), mas, no caminho, deve ter sido *aprisionado* em Trôade, no que perdeu a capa e também livros (cf. 2Tm 4.13). De Trôade, Paulo foi levado como prisioneiro de volta para Roma.

Michaelis descreve corretamente a situação de Paulo ao escrever 2Timóteo:

> Paulo está "em Roma, onde conforme 2Timóteo 1.17 Onesíforo já o visitou, mas o qual, segundo 2Timóteo 4.19, deve ter retornado novamente para Éfeso. Verdade é que somente em 2Timóteo 1.17 se menciona o nome geográfico de Roma. No entanto, uma vez que Paulo se achava preso quando Onesíforo o visitou, estando detido conforme 2Timóteo 1.16, e de acordo com 2Timóteo 1.8 e 2.9 (cf. também 2Tm 4.6ss,16s) ainda continuava preso, ele também deve ter continuado em Roma (os dados geográficos em 2Tm 4.10 não depõem em contrário).[848]

Em 2Timóteo 4.16s aparece uma menção muito clara da primeira detenção e da libertação ("Na minha primeira defesa..."; "... libertado da boca do leão"). Se depois dessa "primeira defesa" Paulo ainda estivesse no cativeiro e, sobretudo, em uma situação tão sem esperança como na época de 2Timóteo, não se poderia compreender a formulação "libertado da boca do leão". Também a indicação do objetivo em 2Timóteo 4.17 o confirma. Sobre isso, Zahn escreve:

---

[846] TERTULIANO, A prescrição dos hereges, 36.3. Cf. *Contra Marcião*, livro IV, 5.1; *Scorpiace*, 15.2s.
[847] F. GODET, op. cit., v. 1, p. 326.
[848] W. MICHAELIS, op. cit., p. 237.

Ao socorrer e fortalecer a Paulo naquele trâmite judicial, que acabou em sua libertação de extremo perigo de morte, o Senhor, segundo a visão do apóstolo, concretizou o objetivo de que através dele fosse consumada a pregação, e todas as nações a ouvissem. Esse alvo, portanto, de forma alguma foi alcançado na época daquela apologia, nem por Paulo nem por outros missionários [...] Porém, para que isso acontecesse por intermédio de Paulo e, como diz o enfático δι' 'εμου — di' emou, "por mim", justamente por meio dele, e não de outros, o Senhor o assistiu naquela ocasião diante do tribunal e o fortaleceu para uma defesa bem-sucedida. Para que esse objetivo de fato fosse alcançado, ele foi arrancado da boca do leão.[849]

Paulo menciona em 2Timóteo que na primeira prisão em Roma ainda não havia sido alcançado o objetivo de que por intermédio dele "todos os gentios" ouvissem a mensagem de Jesus Cristo. Isso pode ser entendido como mais uma referência da atuação até a Espanha, porque Paulo, afinal, presume evidentemente, ao escrever 2Timóteo durante o segundo cativeiro em Roma, que entrementes o alvo foi alcançado.[850]

Além disso, encontramos afirmações que denotam uma situação que claramente avançou para além da de Filipenses.[851] Enquanto Paulo escreve em Filipenses 1.27 acerca da luta presente e em Filipenses 3.12ss de que corre atrás do alvo estabelecido, mas ainda não o agarrou, lemos em 2Timóteo 4.6s: "Eu já estou sendo derramado como uma oferta de bebidas. Está próximo o tempo de minha partida. Combati o bom combate, terminei a corrida, guardei a fé".

Em síntese, fixamos mais uma vez o seguinte:

1Timóteo e Tito: cerca de 65/66 (da Macedônia[852]).

2Timóteo: cerca de 66/67 (do segundo cativeiro em Roma;[853] pouco antes do martírio).

5.13.7.2 Em caso de rejeição da autenticidade

Todos os autores de introduções que se apegam à hipótese da inautenticidade das cartas pastorais têm dificuldades para indicar um lugar apropriado e a época de redação.

---

[849] T. ZAHN, *Einleitung*, v. 1, p. 406s.
[850] Cf. T. ZAHN, *Einleitung*, v. 1, p. 407s.
[851] Cf. T. ZAHN, *Einleitung*, v. 1, p. 407.
[852] Diversos manuscritos confirmam em sua subscrição a Tito a redação de Tito na Macedônia ou Nicópolis (cf. Nestle-Aland[27], p. 560). O testemunho das subscrições a 1Timóteo é menos preciso, uma vez que em parte se aponta Laodiceia como lugar de redação (cf. Nestle-Aland[27], p. 550).
[853] Roma como local da redação é indicada para 2Timóteo, segundo Nestle-Aland[27], p. 556, também por alguns manuscritos: A P 6, 1739, 1881 𝔐.

5.13.7.3 Tentativas de enquadramento na época de Atos dos Apóstolos
Foram empreendidas diversas tentativas para enquadrar as cartas pastorais no período abrangido por Atos. Analisaremos aqui três dessas tentativas, apresentadas nos últimos anos.

a) O enfoque de Van Bruggen
1) Apresentação de sua posição
Van Bruggen — seguindo a Mosheim, Schrader e Wieseler[854] — pretende comprovar que as cartas pastorais devem ser enquadradas no esquema cronológico de Atos, a nós conhecido, como teriam feito numerosos teólogos mais antigos. Van Bruggen, portanto, é defensor da "datação precoce" das cartas pastorais.
Ele escreve:

> Quem no século XX considera curiosidade uma datação no período da terceira viagem missionária ficará surpreso quando se ocupar da bibliografia por volta de 1800. Até mesmo se pode retroceder muito mais na história para essa datação.[855]

Van Bruggen defende a convicção de que a datação tardia, i.e., o enquadramento cronológico das cartas pastorais depois de Atos 28, não impressionou os adversários da autenticidade das cartas pastorais.[856]

Ao lermos van Bruggen, temos a impressão de que na teologia antes do Iluminismo — por parte de intérpretes crentes na Bíblia — se datou de forma unânime em época precoce. Verdade é que o autor chama a atenção para o fato de que Eusébio, Teodoro de Mopsuéstia, Teodoreto e Crisóstomo haviam "datado tardiamente" 2Timóteo, por "contar com um tempo de viagem depois de Atos 28".[857] Já van Bruggen continua dizendo que a datação de 2Timóteo depois de Atos 28 ainda não significa que os referidos pais "também inserem 1Timóteo e Tito nesse período".[858] De acordo com van Bruggen, Teodoro de Mopsuéstia e Teodoreto parecem enquadrar 1Timóteo e Tito na época da *terceira viagem missionária*. "Também Jerônimo sinaliza que ele situa a carta a Tito entre 1Coríntios e 2Coríntios."[859]

---

[854] J. van Bruggen, op. cit., p. 19.
[855] J. van Bruggen, op. cit., p. 17.
[856] Cf. J. van Bruggen, op. cit., p. 16.
[857] J. van Bruggen, op. cit., p. 17. Sobre isso, cf. anteriormente.
[858] J. van Bruggen, op. cit., p. 17.
[859] J. van Bruggen, op. cit., p. 18.

Van Bruggen não exclui completamente uma soltura (absolvição) e nova atividade missionária, relativamente curta, do apóstolo Paulo depois de Atos 28, contudo é muito reticente.[860] Não obstante, também van Bruggen deixa aberta a possibilidade de que, depois de sua eventual libertação, Paulo ainda viajou para a Espanha: "Essa tradição é antiga e não parece ser tendenciosa".[861]

Todavia, van Bruggen nega com toda a clareza um retorno ao Oriente ("no que em todos os casos se deve descartar um retorno à Ásia"[862]).

Van Bruggen data 2Timóteo, como última carta de Paulo, para o ano 63, no entanto posiciona 1Timóteo e Tito no período da terceira viagem missionária, em 54/55.

A tese significativa de van Bruggen:

Não seria equivocado falar, no contexto das idas do apóstolo a Corinto, de uma "visita intermediária"; do contrário, seria preciso falar de uma "viagem circular a partir de Éfeso", interruptora da terceira viagem missionária.[863]

O enquadramento histórico dessa viagem é feito por van Bruggen entre Atos 19.20 e o v. 21.

De acordo com van Bruggen, *o período de três anos em* Éfeso se divide em duas etapas:

Primeira etapa: Atos 19.1-20

No meio, uma viagem circular missionária

Segunda etapa: Atos 19.21ss

Tanto 1Timóteo como Tito teriam sido escritas durante essa "viagem circular".[864] Nesse tempo (ou seja, antes de At 19.21ss), Timóteo ainda estaria em Éfeso e teria deixado Tito em Creta para ali organizar a igreja.

2) Posicionamento diante do enfoque de van Bruggen

Ainda que o estudo cuidadoso de van Bruggen não possa ser descartado e justamente sua tese da "viagem circular", que interrompe a estadia em Éfeso (localizada entre At 19.20 e 19.21), produza argumentos convincentes, são as seguintes as indagações que nos impediram de dar preferência à datação de van Bruggen:

α) Por que Lucas não informa nada acerca dessa viagem circular tão importante que chegou a levar Paulo para além das fronteiras da Grécia e que teria durado quase

---

[860] Cf. J. van Bruggen, op. cit., p. 46s.
[861] Cf. J. van Bruggen, op. cit., p. 47.
[862] J. van Bruggen, op. cit., p. 46.
[863] Cf. J. van Bruggen, op. cit., p. 25, 37.
[864] Cf. J. van Bruggen, op. cit., p. 31ss.

um ano? Igualmente falta qualquer alusão a ela. Sem os indícios da hipótese, dificilmente nos sentiríamos inclinados a separar tanto Atos 19.20 de Atos 19.21.

Alford discute exaustivamente a hipótese da "viagem circular" (sem obviamente conhecer a van Bruggen). Entretanto, conhece a teoria de Wieseler, Davidson, Mosheim e Schrader (retomada por van Bruggen), rejeitando-a claramente:

> A grande e fatal objeção a essa hipótese se dirige contra a inserção de uma permanência tão longa em Atos 19.21-23, que conforme o próprio Schrader teria durado dois anos (da Páscoa de 54 até a Páscoa de 56), não apenas sem qualquer referência de Lucas, mas com certeza em desacordo com qualquer visão sensata de seu texto.[865]

β) Parece curioso que nessa longa viagem circular missionária, Paulo, conforme o próprio van Bruggen, não tenha estado pessoalmente em Creta. Uma comparação de Tito 1.5 com a interpretação de van Bruggen[866] não satisfaz.

γ) Depois de ler van Bruggen, dificilmente se admitiria o fato de que, p. ex., já no ano de 1748 um intérprete fiel à Bíblia, a saber, Christoph Starke, data todas as cartas pastorais "tardiamente":[867] 1Timóteo em 65; Tito em 65; 2Timóteo em 67.

δ) Como lugar da redação de Filipenses, Filemom e Colossenses é indicado por van Bruggen Cesareia,[868] visando a "circunavegar" as referências de breve soltura da prisão em Roma (Fp 2.24; Fm 22). Isso parece ser bastante arbitrário. O lugar de redação de Colossenses igualmente é estabelecido duas vezes claramente por van Bruggen em Cesareia. No entanto, segundo van Bruggen, as duas cartas, Efésios e 2Timóteo, foram escritas em Roma.

Qual é, porém, a situação da entrega por Tíquico em Efésios 6.21s e Colossenses 4.7s, bem como do grande parentesco entre Efésios e Colossenses? Ambas as questões somente se elucidam mediante uma redação cronologicamente próxima de Efésios e Colossenses (no mesmo local de redação; cf. a seção correspondente).

---

[865] H. ALFORD, op. cit., v. 3, p. 89s; cf. tb. H. E. F. GUERIKE, op. cit., p. 130, que debate com Mosheim.

[866] Cf. J. VAN BRUGGEN, op. cit., p. 39: "É bem possível que Tito fosse um missionário enviado por Paulo (de Éfeso) para a ilha de Creta [...] Ao iniciar o giro pelas áreas missionárias, Paulo esperou por Timóteo, fazendo-o em conjunto 'com os irmãos' (1Co 16.11). Vários colaboradores, portanto, estiveram com o apóstolo naquele tempo. Mas a Tito ele deixou em Creta [...] Manteve-o ali com a intenção de que tivesse suficiente tempo para concluir a obra e instituir presbíteros".

[867] C. STARKE, *Kurzgefasster Auszug der gründlichsten und nutzbarsten Auslegungen über alle Bücher Neues Testaments*, 3. ed. (1748), p. 748, 573, 641. Cf. tb. H. E. F. GUERIKE, op. cit. (1828), p. 117ss; A. NEANDER, op. cit. (1832), p. 389ss.

[868] Cf. J. VAN BRUGGEN, op. cit., p. 60s.

ε) De acordo com van Bruggen, Paulo esteve pela última vez em Trôade na *terceira viagem missionária*.[869] Por que, no entanto, Paulo solicita apenas quatro a seis anos mais tarde a Timóteo que traga sua capa e seus pergaminhos urgentemente para Roma (2Tm 4.13)?[870] Afinal, é justamente 2Timóteo 4.13 que traz à tona a suposição de que a detenção foi inesperada.

ζ) Conforme Alford, em todas as três cartas pastorais Paulo adverte contra as mesmas heresias (comp., p. ex., 1Tm 1.3ss com 2Tm 1s e Tt 1.10-16). Além disso, o estilo, a dicção, os motivos e a condição da igreja são tão semelhantes nas três cartas pastorais que não seria concebível distanciá-las cronologicamente.[871]

Síntese: Os argumentos referidos não são tão fáceis de eliminar, para aderirmos sem dificuldades à hipótese de van Bruggen. Com Harrison,[872] Michaelis[873] e outros, continuamos sustentando a datação das cartas pastorais após o primeiro cativeiro de Paulo em Roma.

b) Os enfoques de Reicke, Robinson e Stadelmann
1) Exposição dessa posição[874]

Reicke também data todas as cartas pastorais para antes do cativeiro em Roma.

Não considera 1Timóteo uma carta real, mas "um discurso de admoestação proferido em Éfeso", que se dirigia a uma audiência mais ampla que Timóteo.[875] Conforme Robinson, Paulo escreveu 1Timóteo pouco antes do final da atuação de três anos em Éfeso, presumivelmente a partir de Trôade.[876]

Reicke situa a redação de Tito na viagem de retorno da *terceira migração missionária* em Mileto. É possível que Tito tenha sido enviado de Corinto para

---

[869] Cf. J. van Bruggen, op. cit., p. 55, 57.

[870] Cf. H. E. F. Guerike, op. cit., p. 119; T. Zahn, *Einleitung*, v. 1, p. 411.

[871] Cf. H. Alford, op. cit., v. 3, p. 87. Obviamente estamos cientes de que com esses argumentos de estilo — conforme várias vezes já observado — é possível "comprovar" muitas coisas. Não devemos acatar o argumento do estilo como prova, mas no máximo como indício adicional.

[872] E. F. Harrison, op. cit., p. 364. D. Guthrie, op. cit., p. 624, 651s, também parece preferir essa datação.

[873] W. Michaelis, op. cit., p. 259s.

[874] Cf. B. Reicke, *Chronologie der Pastoraibriefe*, p. 84ss; J. A. T. Robinson, op. cit., p. 81ss. Foram seguidos em grande medida por H. Stadelmann, *Die Entstehungsverhältnisse der paulinischen Briefe*, p. 357ss.

[875] B. Reicke, *Chronologie der Pastoralbriefe*, p. 84s.

[876] J. A. T. Robinson, op. cit., p. 91. Igual opinião defende H. Stadelmann, *Die Entstehungsverhältnisse der paulinischen Briefe*, p. 357.

Creta,⁸⁷⁷ onde deveria permanecer até que Artemas ou Tíquico o substituíssem (cf. Tt 3.12).⁸⁷⁸ Pelo fato de já ter planejado a viagem por Roma até a Espanha, Paulo teria convocado Tito para Nicópolis, local na costa ocidental da Grécia em que planejava invernar (Tt 3.12). Reicke considera que esse enquadramento de Tito se confirma mediante paralelos entre o discurso de despedida de Paulo em Mileto e a carta a Tito.

Segundo Reicke, 2Timóteo se origina da prisão em Cesareia. Durante esse período, Timóteo teria deixado Paulo, a fim de atuar em outro lugar.⁸⁷⁹

Assim como já fez com 1Timóteo, Reicke considera também 2Timóteo um "escrito de formulação retórica", cujo conteúdo o emissário "deveria comunicar a cada uma das igrejas visitadas no caminho".⁸⁸⁰

2) Posicionamento diante desse enfoque

Uma datação de 1Timóteo pouco depois da partida de Paulo no final da atuação de três anos em Éfeso se torna inviável quando levamos em conta que Paulo não deixou Timóteo em Éfeso, mas o enviou à sua frente para a Macedônia em companhia de Erasto (At 19.22).⁸⁸¹

Além disso, conforme Atos 20.1s, Paulo não se despediu simplesmente de Éfeso para muito em breve tornar a visitar Timóteo em Éfeso (cf. 1Tm 3.14; 4.13).

Reicke presume para 2Timóteo 4.10 que Tito teria ido de Creta para a Dalmácia, i.e., Nicópolis, enquanto Paulo permanecia em Cesareia.⁸⁸² Nesse texto, porém, provavelmente Paulo se preocupava muito mais com a circunstância de que entrementes estava só, porque diversos colaboradores se despediram dele, ou seja, que anteriormente estiveram junto dele.

---

⁸⁷⁷ Reicke considera indício marcante disso o fato de que em Corinto Tito não é citado como corremetente na redação de Romanos.

⁸⁷⁸ Stadelmann considera viável que Artemas tenha levado Tito de Mileto a Creta (*Die Entstehungsverhältnisse der paulinischen Briefe*, p. 358). Isso, porém, não faz sentido, uma vez que na realidade pela chegada de Artemas e pela despedida de Tito, assim desencadeada, ficariam supérfluas as instruções a Tito para a situação em Creta.

⁸⁷⁹ Também Filemom, Colossenses e Efésios são datadas por Reicke nesse período (cf. parágrafo anterior). Ao ser escrito Colossenses, Timóteo ainda teria estado presente em Cesareia, porém não mais na redação e no envio de Tíquico. Por isso, Paulo ainda teria informado Timóteo em 2Tm 4.10ss sobre a atividade atual dos colaboradores, entre outras, de que Tíquico havia sido enviado a Éfeso. Segundo Stadelmann, Timóteo deixou Paulo, rumando para a Mísia (Trôade; cf. 2Tm 4.13). Eventualmente Marcos teria levado essa carta por via terrestre para a Mísia (cf. Cl 4.10; depois 2Tm 4.11).

⁸⁸⁰ B. Reicke, *Chronologie der Pastoralbriefe*, p. 90.

⁸⁸¹ Cf. C. Starke, op. cit., p. 478.

⁸⁸² B. Reicke, *Chronologie der Pastoralbriefe*, p. 87.

A datação de 2Timóteo para o período do cativeiro de Cesareia se alicerça sobre a suposição de que Filemom, Colossenses e Efésios também foram escritas ali, que já refutamos acima.

Interessante é a explicação de Reicke para 2Timóteo 1.16s, de que Onesíforo teria procurado intensamente Paulo em Roma e depois ouvido da prisão em Cesareia, encontrando-o ali:

> ... o empenho começou quando inicialmente não encontrou a Paulo em Roma, como evidentemente esperava. Depois o empenho na busca e a visita na prisão são apresentados como grandiosa realização de Onesíforo, ao ser dito que serão particularmente recompensados pelo Senhor no dia final (2Tm 1.18). Na hipótese de se tratar de Roma, nem sequer seria necessário procurar, porque qualquer pessoa teria sido capaz de informar a Onesíforo o caminho até a penitenciária, e uma visita ao apóstolo detido teria sido um serviço natural de amor [...] Onesíforo havia aguardado o apóstolo em Roma, detido sem seu conhecimento, e teve de procurá-lo, o que fez com diligência, encontrando-o então em Cesareia. É assim que sua obra de misericórdia se apresenta como digno de efusivos elogios.[883]

Esse cenário interessante, porém, não corresponde aos fatos do texto. Onesíforo não se envergonhou das algemas de Paulo enquanto o procurava em Roma. Pode-se muito bem depreender que já sabia da detenção de Paulo antes de iniciar a busca. Também seria difícil explicar por que Paulo não menciona que Onesíforo não o encontrou em Roma, mas em Cesareia. Por fim, cabe anotar que Paulo não escreve nada de que as "grandiosas realizações" seriam recompensadas por Deus. Essa interpretação de 2Timóteo 1.18 condiz com a teologia católica, mas não possui fundamento nem no texto nem de forma geral nas cartas paulinas. Pelo contrário, 2Timóteo 1.18 deve ser entendido como voto de bênção, de que Deus propicie a Onesíforo sua graça e misericórdia.

A coisa mais questionável em Reicke é sua avaliação das duas cartas a Timóteo, principalmente de 2Timóteo, como escritos públicos.

c) O enfoque de Warnecke

1) Apresentação da posição de Warnecke[884]

Embora esse enfoque em parte se apoie sobre a hipótese, não acolhida por nós, de que na viagem a Roma Paulo não teria naufragado em Malta, mas na ilha

---

[883] B. REICKE, *Chronologie der Pastoralbriefe*, p. 90.

[884] Cf. H. WARNECKE, War Paulo wirklich auf Malta?, in: H. WARNECKE & T. SCHIRRMACHER, *War Paulo wirklich auf Malta?* (Neuhausen-Stuttgart: Hänssler, 1992), p. 109ss.

ocidental de Cefalênia, apresentaremos sucintamente esse enquadramento das cartas pastorais.

Warnecke data 1Timóteo na *terceira viagem missionária*, mais precisamente durante o retorno de Mileto a Jerusalém. Nessa estadia na Ásia Menor, Paulo teria solicitado a Timóteo que permanecesse em Éfeso.

Para a datação de Tito, Warnecke passa a fazer valer sua hipótese de que Paulo teria naufragado na orla de Cefalênia. No itinerário vindo de Cesareia, Paulo teria deixado Tito em Creta. Depois que o navio com os soldados e com Paulo teria soçobrado na praia de Cefalênia, ele teria escrito a Tito em Creta "que viesse a Nicópolis, caso ele (Paulo) passasse ali o inverno (Tt 3.12)".[885] Invernar em Nicópolis teria se tornado plausível porque nessa cidade, com guarnição próxima da ilha de Cefalênia, teria havido espaço suficiente para os 200 soldados.

Segundo Warnecke, Paulo redigiu 2Timóteo durante o cativeiro em Roma.

2) Posicionamento acerca de Warnecke[886]

Warnecke data 1Timóteo para a viagem de Mileto a Jerusalém, dando atenção específica à observação de Paulo de que esperava chegar a Timóteo em breve (1Tm 3.14; v. 4.13). Nisso Warnecke transforma essa esperança em farsa, asseverando que Paulo nem sequer estava convicto de sua iminente viagem a Éfeso, motivo pelo qual teria escrito a carta.[887] Dessa forma, porém, não faz justiça ao sentido dessas declarações de Paulo. No mínimo, 1Timóteo 4.13 denota uma expectativa segura de Paulo, de alcançar Timóteo, enquanto, conforme Atos 20.38, Paulo excluía uma volta.

Também para Tito, Warnecke presume que Paulo se teria enganado redondamente em uma afirmação. Paulo teria convocado Tito para Nicópolis, onde pretendia passar o inverno (Tt 3.12), mas depois na realidade não invernou em Nicópolis.[888] Ou seja, o fato de que Paulo teria chamado a Tito em vão para Nicópolis torna muito improvável essa hipótese. No entanto, ela se torna impossível por uma leitura precisa de Tito 3.12 dizer por que Paulo decidiu invernar em Nicópolis. Se, no entanto, Paulo estava a caminho de Roma como prisioneiro, não podia deliberar sobre seu ponto de paragem, podendo no máximo dar conselhos aos oficiais e marinheiros responsáveis. Em toda a carta a Tito, Paulo não menciona absolutamente nada acerca de uma prisão, como costumava fazer nas demais cartas escritas no cativeiro.

---

[885] H. WARNECKE, op. cit., p. 124.

[886] Não há necessidade de nos posicionarmos novamente sobre a questão se Paulo teria soçobrado em Malta ou Cefalênia.

[887] Cf. H. WARNECKE, op. cit., p. 118.

[888] Cf. H. WARNECKE, op. cit., p. 116.

Para poder datar 2Timóteo para a (primeira) prisão em Roma, Warnecke processa abertamente uma modificação no texto de 2Timóteo 4.20. Em lugar de "Mileto" ele lê "Melite". Paulo, portanto, teria deixado Trófimo na ilha de Melite, i.e., conforme Warnecke, em Cefalênia. Essa afirmação repousa novamente sobre a hipótese, não aceita por nós, de naufrágio em Cefalênia. Além disso, não podemos concordar absolutamente com uma alteração textual tão arbitrária e não comprovada em lugar algum.

5.13.8 Características e peculiaridades

5.13.8.1 Da primeira carta a Timóteo

a) Na primeira carta a Timóteo, Paulo fornece orientações específicas para a oração da igreja, em favor de que e de que maneira se deve orar (1Tm 2.1s,8).

b) Paulo concretiza a atuação santificadora, transformadora e habilitadora do Espírito Santo (cf., p. ex., Gl 5.22s; Rm 12.6ss) para os colaboradores na igreja em diferentes tarefas (presidentes: 1Tm 3.1ss; diáconos: 1Tm 3.8ss).

c) Os mestres e anciãos na igreja devem receber pagamento por seu serviço (1Tm 5.17s). Uma queixa contra anciãos não deve ser aceita sem duas ou três testemunhas (1Tm 5.19). Ninguém na igreja deve ser privilegiado (1Tm 5.21). Timóteo não deve impor a ninguém precipitadamente as mãos nem tomar parte de pecados alheios (1Tm 5.22).

d) Uma breve "regra de conduta" para o relacionamento entre as diversas faixas etárias encontra-se 1Timóteo 5.1s.

e) Em 1Timóteo 5.3ss Paulo fornece instruções para o cuidado dos idosos e a assistência aos necessitados. Nelas não apenas enfatiza as *necessidades* materiais, mas também fornece critérios para a distribuição da ajuda e impulsos para a "autoajuda".

f) Paulo adverte diante de falsos mestres dos "últimos tempos", que se apegam a "espíritos enganadores e doutrinas de demônios" e "proíbem o casamento e o consumo de alimentos que Deus criou" (1Tm 4.1-3).[889]

5.13.8.2 Da carta a Tito

a) Paulo exorta cada uma das diversas faixas etárias, mas também especificamente os escravos, a se conduzirem de conformidade com a "sã doutrina", o que ele também concretiza para cada um dos grupos (Tt 2.1ss).

---

[889] Esses versículos foram citados por Zuínglio, reformador de Zurique, em seu primeiro escrito reformatório, de 1522, "Da escolha e liberdade dos manjares", em sua argumentação contra os mandamentos do jejum.

b) A consequência santificadora da graça é formulada de maneira marcante em Tito 2.11ss.

5.13.8.3 Da segunda carta a Timóteo

a) 2Timóteo 2.2 apresenta um princípio básico da multiplicação espiritual.

b) Nessa carta encontramos um dos textos centrais acerca da inspiração plena da Sagrada Escritura (2Tm 3.16s). Nessa passagem, Paulo não estabelece uma doutrina abstrata da inspiração, porém aponta o objetivo e a necessária aplicação da Escritura na doutrina e na vida.

c) 2Timóteo 4.6-8 constitui praticamente um testamento do apóstolo Paulo.

6. A CARTA AOS HEBREUS

6.1 Conteúdo e subdivisão

6.1.1 Palavra introdutória à carta aos Hebreus

Na igreja antiga a carta aos Hebreus era muitas vezes considerada uma carta paulina, sendo posicionada nos manuscritos em meio a outras cartas paulinas. Em contraposição, Tiago, 1Pedro e 2Pedro, as três cartas de João e a carta de Judas são chamadas "cartas católicas". Por hoje questionarmos a autoria paulina, Hebreus se destaca como carta isolada entre o *corpus paulinum* e as cartas católicas.

Em seu extenso comentário a Hebreus, Franz Delitzsch escreveu:

> A carta tem analogia com o Melquisedeque da história sagrada, do qual trata o centro da carta. Com solenidade sacerdotal-real ela segue em procissão. Assim como o Melquisedeque da história sagrada não tem nem início nem fim, assim também ela é ἀγενεαλόγητος — agenealogētos: não sabemos de onde vem nem para onde vai.[890]

6.1.2 Subdivisão

1. A sublimidade do Filho de Deus acima dos anjos e de Moisés   Hb 1.1—4.13
   Deus fala apor meio de seu Filho   Hb 1.1-3
   A sublimidade do Filho acima dos anjos   Hb 1.4-14
   Exortação a atentar com especial seriedade   Hb 2.1-4
   O rebaixamento do Filho   Hb 2.5-18

---

[890] F. Delitzsch, *Der Hebräerbrief*, reed. (Giessen; Basel: Brunnen [1857] 1989), p. xii.

	A sublimidade de Jesus acima de Moisés	Hb 3.1-6
	Advertência contra a incredulidade e a apostasia	Hb 3.7-19
	Exortação a não perder a promessa do repouso de Deus	Hb 4.1-13
2.	**Jesus como verdadeiro sumo sacerdote**	**Hb 4.14—7.28**
	O ministério sumo-sacerdotal de Jesus	Hb 4.14-16
	A sublimidade de Jesus acima dos sumo sacerdotes do AT	Hb 5.1-10
	Imaturidade espiritual dos leitores	Hb 5.11-14
	Exortação ao crescimento e à perseverança e advertência contra a apostasia	Hb 6.1-20
	Jesus é sumo sacerdote segundo a ordem de Melquisedeque	Hb 7.1-28
3.	**A superioridade do sumo sacerdócio de Cristo**	**Hb 8.1—10.18**
	Como sumo sacerdote celestial, Jesus é mediador de uma nova aliança	Hb 8.1-13
	O santuário terreno com seu ministério e instituições em contraposição ao santuário celestial	Hb 9.1-10
	A oferenda única e perfeita de Jesus e suas repercussões	Hb 9.11—10.18
4.	**Exortação à perseverança na fé**	**Hb 10.19—13.17**
	Exortação à constância na fé e fidelidade — advertência contra recaída	Hb 10.19-39
	Da fé e de seus exemplos no AT (as testemunhas da fé)	Hb 11.1-40
	A educação pelo Senhor é decorrência natural de ser filho	Hb 12.1-11
	Santificação com vistas ao alvo — advertência contra o menosprezo da graça de Deus	Hb 12.12-29
	Exortação ao amor fraternal — advertência contra pornografia e avareza	Hb 13.1-6
	Exortação à fidelidade no discipulado de Jesus	Hb 13.7-17
5.	**Final da carta: exortações finais, votos de bênção e saudações**	**Hb 13.18-25**

6.2 Autoria, autenticidade e integridade

6.2.1 Tradição da igreja antiga

a) Já em Clemente de Roma encontramos visíveis similaridades com Hebreus.[891]

b) Justino parece fazer alusão a Hebreus.[892]

c) Ireneu citou Hebreus em um escrito que não nos foi mais preservado.[893]

---

[891] Esp. *1 Clement*, 36/Hb 1.3ss. Cf. tb. (menos explícito) *1 Clemente* 17.1/Hb 11.37.

[892] JUSTINO, *Apologia I*, 63/Hb 3.1 (Cristo é chamado de apóstolo).

[893] Apud Euseb. HE, livro V, 26.

d) Tertuliano atribui Hebreus a Barnabé:

> Além disso, porém, pretendo apresentar, da copiosa quantidade, o testemunho de outro companheiro dos apóstolos, idôneo para confirmar de perto com razão a disciplina dos mestres. Pois existe (ou: cai na vista) também um título (uma obra) de Barnabé aos hebreus, um homem de autoridade tão suficiente que Paulo o colocou ao lado de si em relação com a abstinência: Ou, porventura, não temos somente eu e Barnabé o direito de não trabalhar?[894] Em todos os casos se aceita de forma mais geral nas igrejas a carta de Barnabé que aquele pastor apócrifo,[895] o adúltero. [896]

e) Gaio, presbítero de Roma não acrescentou Hebreus às cartas de Paulo.[897] Também Hipólito não contou Hebreus entre as cartas paulinas.[898] De acordo com a declaração de Eusébio, até sua época a igreja romana não arrolava Hebreus entre as cartas paulinas.[899]

f) Conforme Clemente de Alexandria, Hebreus foi escrita por Paulo primeiramente em língua hebraica e na sequência traduzida ao grego por Lucas.[900] Clemente remete, no que tange à autoria paulina, a um "presbítero bendito" (talvez se refira a Panteno).[901] Ao lado disso, Clemente também cita Hebreus, indicando Paulo como autor.[902]

g) Orígenes considerava paulino o conteúdo, não porém o estilo e a maneira de composição:

> Eu, porém, desejo declarar abertamente que os pensamentos se originam do apóstolo, a forma de expressão e composição de alguém que tinha na memória o apostólico e parafraseou o que fora dito pelo mestre. Se, pois, uma igreja con-

---

[894] Citação de 1Co 9.6 [N. dos A.].

[895] Trata-se de *O pastor*, de Hermas, um escrito pós-apostólico surgido em c. 140, que algumas vezes foi considerado canônico na igreja antiga.

[896] *Volo tamen ex redundanti alicuius etiam comitis apostolorum testimonium superducere, idoneum confirmandi de proximo iure disciplinam magistrorum. Extat enim et Barnabae titulus ad Hebraeos, a Deo satis auctorati viri, ut quem Paulus iuxta se constituerit in abstinentiae tenore: aut ego solus et Barnabas non habemus operandi potestatem? Et utique receptior apud ecclesias epistola Barnabae illo apocrypho Pastore moechorum* (TERTULIANO, *A castidade*, 20.2s). Pouco depois dessas frases Tertuliano apresenta uma citação de Hb 6.4ss.

[897] GAIO, *Diálogo*; apud Euseb. HE, livro VI, 20.3.

[898] Apud FÓTIO, códices 121 e 232.

[899] Euseb. HE, livro VI. 20.3.

[900] CLEMENTE DE ALEXANDRIA, *Adumbrationes ad 1. Pe. 5.13*. Cf. Euseb. HE, livro VI, 14.2.

[901] Euseb. HE, livro VI, 14.4.

[902] Cf., p. ex., CLEMENTE DE ALEXANDRIA, *Stromateis*, livro VI, 8/Hb 5.12.

siderar paulina essa carta, deve obter aplausos por isso. Porque não é por acaso que os homens antigos a transmitiram como paulina. Quem, no entanto, escreveu a carta, na verdade Deus o sabe. A história que chegou a nós por meio de alguns, porém, diz que Clemente, que se tornou presidente dos romanos, escreveu a carta, no entanto, por meio de outros, que Lucas, o qual escreveu o evangelho e Atos dos Apóstolos (teria redigido a carta).[903]

Em outra ocasião, porém, Orígenes fala de 14 cartas de Paulo, ou seja, inclui também Hebreus entre elas.[904]

h) Jerônimo não traz afirmações inequívocas acerca da autoria. Lemos, p. ex., da autoria dele:

> O seguinte deve ser dito aos nossos, a saber, que a carta escrita aos Hebreus não apenas foi apenas escrita às igrejas do Oriente, mas, quando retrocedemos, é entendida dentre todos os escritos da igreja de idioma grego praticamente como (carta) de Paulo — ainda que muitos defendam que ela é ou (uma carta) de Barnabé ou de Clemente — e que tampouco importa de quem ela seja, uma vez que se originou de um homem da igreja e está sendo ensinada diariamente pela leitura das igrejas.[905]

---

[903] ἐγὼ δὲ ἀποφαινόμενος εἴποιμ' ἂν ὅτι τὰ μὲν νοήματα τοῦ ἀποστόλου ἐστίν, ἡ δὲ φράσιν καὶ ἡ σύνθεσις ἀπομνημονεύσαντός τινος τὰ εἰρημένα ὑπὸ τοῦ διδασκάλου. εἴ τις οὖν ἐκκλησία ἔχει ταύτην τὴν ἐπιστολὴν ὡς Παύλου, αὕτη εὐδοκιμείτω καὶ ἐπὶ τούτῳ· οὐ γὰρ εἰκῇ οἱ ἀρχαῖοι ἄνδρες ὡς Παύλου αὐτὴν παραδεδώκασιν. τίς δὲ ὁ γράψας τὴν ἐπιστολήν, τὸ μὲν ἀληθὲς θεὸς οἶδεν. ἡ δὲ εἰς ἡμᾶς φθάσασα ἱστορία ὑπὸ τονῶν μὲν λεγόντων ὅτι Κλήμης, ὁ γενόμενος ἐπίσκοπος Ῥωμαίων ἔγραψεν τὴν ἐπιστολήν, ὑπὸ τινῶν δὲ ὅτι Λουκᾶς, ὁ γράψας τὸ εὐαγγέλιον καὶ τὰς Πράξεις — egō de apophainomenos eipoim' an hoti ta men noēmata tou apostolou estin, hē de phrasin kai hē synthesis apomnēmoneusantos tinos ta eirēmena hypo tou didaskalou. ei tis oun ekklēsia echei tautēn tēn epistolēn hōs Paulou, hautē eudokimeitō kai epi toutō: ou gar eikē hoi archaioi andres hōs Paulou autēn paradedōkasin. tis de ho grapsas tēn epistolēn, to men alēthes theos oiden. hē de eis hēmas phthasasa historia hypo tonōn men legontōn hoti Klēmēs, ho genomenos episkopos Rōmaiōn egrapsen tēn epistolēn, hypo tinōn de hoti Loukas, ho grapsas to euangelion kai tas Praxeis (Orígenes, *Comentários ao evangelho de são João*; apud Euseb. HE, livro VI, 25.131).

[904] Orígenes, *Homilias sobre Josué*, homilia 7.1. Cf. tb. *De Oratione*, 27.5; *Homilias sobre o Levítico*, homilias 2.3 e 2.5.

[905] Illud nostris dicendum est, hanc epistulam, quae scribitur ad Hebraeos, non solum ab ecclesiis orientis sed ab omnibus retro ecclesiae Graeci sermonis scriptoribus quasi Pauli apostoli suscipi, licet plerique eam vel Barnabae vel Clementis arbitrentur, et nihil interesse, cuius sit, cum ecclesiastici viri sit et cotidie ecclesiarum lectione celebretur (Jerônimo, *Cartas*, 129). Cf. tb. idem, *De viris illustribus*, 5 (texto latino em F. Delitzsch, op. cit., p. xx).

i) Após inicialmente supor uma redação de Hebreus por Paulo, Agostinho parece ter mudado de opinião.[906]

j) No Ocidente, pais da igreja e sínodos tardios também consideraram Hebreus uma das cartas paulinas, p. ex., Hilário de Poitiers,[907] Lúcifer de Calaris,[908] Mário Vitorino,[909] Ambrósio,[910] Paciano, Prisciliano, bem como os sínodos de Hipona (393), Cartago (397 e 419) e Roma (494).[911]

k) Os pais da igreja *orientais* consideravam Hebreus uma carta paulina, como os bispos alexandrinos Dionísio,[912] Pedro, Alexandre, Atanásio,[913] Cirilo, depois também Dídimo[914] e ainda o sínodo de Antioquia de 264 (contra Paulo de Samosata), bem como Eusébio,[915] Teófilo de Antioquia, Cirilo de Jerusalém,[916] Tiago de Nísibe, Efrêmio, Epifânio, Basílio, Gregório de Nazianzo, Gregório de Nissa, Crisóstomo, Teodoro de Mopsuéstia, Tito de Bostra.[917]

l) Filástrio (c. 390; bispo de Bréscia, no norte da Itália) menciona que alguns atribuíram Hebreus a Barnabé, a Clemente de Roma ou a Lucas; ele próprio parece considerar a carta como paulina.[918]

---

[906] Cf. M. MEINERTZ, op. cit., p. 144. F. DELITZSCH, op. cit., p. xxii, descreve a questão de outro modo. Algumas passagens em Agostinho sobre Hebreus são: *Da doutrina cristã*, 2.8; *A cidade de Deus*, livro XVI, 22.32; *De peccatorum meritis et remissione*, livro I 27.50.

[907] HILÁRIO DE POITIERS, *De Trinitate*, 4.11.

[908] LÚCIFER DE CALARIS, *De Non Conveniendo Cum Haereticis*, 8.

[909] MÁRIO VITORINO, *Adversus Arium*, 1.59; 2.3/Hb 1.3.

[910] AMBRÓSIO, *Os mistérios*, 8.45. Cf. tb. *Sobre a penitência*, livro II, 3.15/Hb 11.1.

[911] Apud M. MEINERTZ, op. cit., p. 144; cf. F. DELITZSCH, op. cit., p. xxiis.

[912] Em uma carta a Fábio, Dionísio de Alexandria alude a Hb 10.34 e atribui o conteúdo a Paulo (apud Euseb. HE, livro VI, 41.6).

[913] Cf. Atanásio em sua *Carta pascal XXXIX*, do ano 367 (texto em W. SCHNEEMELCHER, op. cit., v. 1, p. 40).

[914] DÍDIMO, *Contra Manichaeos*, 8/Hb 13.4. O mesmo pode ser inferido de Sobre a Trindade, livro I, 31.95/Hb 1.7s.

[915] Cf. Euseb. HE, livro III, 3.5. Ele conta 14 cartas de Paulo. Cf. tb. o comentário a Sl 2.7 (apud B. WEISS, Der Brief an die Hebräer, in: Meyer, 6. ed. (Göttingen: Vandenhoeck & Ruprecht, 1897), v. 13, p. 4).

[916] Cf. CIRILO DE JERUSALÉM, *Catechesis*, 4.36, que lista 14 cartas de Paulo no cânon do NT.

[917] M. MEINERTZ, op. cit., p. 143, remete a B. HEIGL, *Verfasser und Adresse des Briefes an die Hebräer* (Freiburg: [s.n.], 1905), p. 25ss.

[918] FILÁSTRIO, *Diversarum Hereseon Liber*, 89.

m) Conforme Cosmas Indicopleustes de Alexandria (c. 550), Lucas ou Clemente teriam realizado a tradução de Hebreus ao grego, escrita por Paulo em hebraico.[919]

6.2.2 Autoria

Michaelis enumera alguns pensamentos fundamentais sobre a questão da autoria de Hebreus:

> O que se pode depreender da própria carta não ultrapassa uma característica genérica de seu autor. Por meio de Hebreus 2.3 está certo que ele não pode ter sido discípulo direto de Jesus, além disso, por meio da linguagem, do estilo e do nível intelectual elevado da carta, que estava familiarizado com a cultura de sua época, e ainda sua grande familiaridade com o AT e os métodos de interpretação do judaísmo helenista. Em consequência disso, deveríamos tratá-lo como cristão judeu. Em contraposição, uma contemplação tão atemporal do AT que vem ao nosso encontro nessa carta não deveria ser esperada sem mais nem menos de um cristão judeu. Ainda que, portanto, o autor provavelmente tenha vindo do judaísmo, com certeza ele cresceu para além das fronteiras do cristianismo judaico e foi capaz de oferecer algo independente em termos de percepção cristã, e também no entendimento do AT (não por acaso, ideias fundamentais como Hebreus 11.1 foram sempre sentidas como norteadoras). Por conseguinte, não se pode afirmar nada seguro acerca da origem do autor de determinada região da igreja dos primórdios. O fato de ter possuído a autoridade de um mestre revela-se principalmente em Hebreus 5.12; menos imperioso é deduzir da concomitância de Hebreus 13.17,18 que ele próprio também tenha sido presidente.[920]

6.2.2.1 Paulo

Como se depreende das tradições da igreja antiga e da ordem de Hebreus nos manuscritos, nas igrejas orientais Hebreus era considerada uma carta de Paulo. No Ocidente a autoria paulina foi aceita de modo geral apenas a partir do século IV. Enquanto no século XVI diversas vezes se levantaram dúvidas quanto à autoria paulina (Erasmo, Caetano, Lutero, Calvino[921]), a igreja oficial católica romana fixou, em 8 de abril de 1546, no Concílio de Trento, que Paulo é o autor de Hebreus. Isso foi complementado pela comissão bíblica papal com uma decisão de 24 de junho de 1914,

---

[919] COSMAS INDICOPLEUSTES, *Topographia Christiana*, livro V, 255.
[920] W. MICHAELIS, op. cit., p. 272.
[921] Apud W. MICHAELIS, op. cit., p. 271.

no sentido de que não seria necessário asseverar que Paulo tenha conferido à carta também o atual formato linguístico.[922]

Do lado protestante, impôs-se cada vez mais intensamente a rejeição da redação por Paulo desde Johann David Michaelis, em 1788.[923]

a) Argumentos contra a autoria de Paulo

Contra a autoria paulina são aduzidos hoje diversos argumentos:

1) Em Hebreus 2.3 o autor se definiria como aluno de discípulos de Jesus, de modo que Paulo estaria excluído.[924]

2) O autor de Hebreus citaria o AT sempre de acordo com a LXX, enquanto Paulo muitas vezes citaria também de memória.[925]

3) Vocabulário e estilo seriam "absolutamente independentes" em comparação com as cartas paulinas.[926]

4) Afirmações decisivas de Hebreus "não podem ser entendidas como integrantes da teologia de Paulo" (como, p. ex., Jesus como sumo sacerdote celestial, a redenção, como ser santificado e aperfeiçoado, toda a avaliação da antiga aliança e de suas instituições).[927]

Posicionamento sobre 3 e 4: Esses dois pontos não podem fornecer prova segura contra a autoria paulina, como vimos ao tratar dos postulados da inautenticidade de diversas cartas de Paulo.

5) Lutero pensava que nos capítulos 6 e 10 Hebreus estava ensinando que depois do batismo não mais seria possível o arrependimento em caso de novo pecado, o que contraria as afirmações nas cartas de Paulo.[928]

---

[922] Cf. A. WIKENHAUSER & J. SCHMID, op. cit., p. 554.

[923] Apud W. MICHAELIS, op. cit., p. 271.

[924] Cf. F. BARTH, op. cit., p. 1 12s; P. FEINE, op. cit., p. 189; G. HÖRSTER, op. cit., p. 161; E. LOHSE, *Entstehung*, p. 126; W. MICHAELIS, op. cit., p. 271; *Johannes Calvins Auslegung der Heiligen Schrift in deutscher Übersetzung* (Neukirchen: [s.n.], s.d.), v. 14, p. 3; Martinho Lutero em seu prefácio a Hebreus.

[925] Cf. L. ALBRECHT, op. cit., p. 581; F. BARTH, op. cit., p. 113; E. LOHSE, *Entstehung*, p. 126.

[926] W. MICHAELIS, op. cit., p. 271. Cf. L. ALBRECHT, op. cit., p. 581; F. BARTH, op. cit., p. 113; *Johannes Calvins Auslegung der Heiligen Schrift*, v. 14, p. 3; P. FEINE, op. cit., p. 183; G. HÖRSTER, op. cit., p. 161; E. LOHSE, *Entstehung*, p. 125; A. WIKENHAUSER & J. SCHMID, op. cit., p. 556s.

[927] W. MICHAELIS, op. cit., p. 271. Cf. F. BARTH, op. cit., p. 113s; P. FEINE, op. cit., p. 184; A. WIKENHAUSER & J. SCHMID. op. cit., p. 557ss.

[928] W. MICHAELIS, op. cit., p. 271, fala que Hebreus rejeita um "segundo arrependimento".

Posicionamento: Nessas passagens, o autor de Hebreus de forma alguma ensina que depois do batismo não seria mais possível o arrependimento em caso de novo pecado. Dirige-se contra o pecar intencional no sentido da apostasia depois da conversão e do renascimento (cf. Hb 10.26).[929] Esse argumento, portanto, não pode ser usado contra a autoria paulina, porque interpreta equivocadamente o texto (cf. tb. 1Co 10.1ss).

b) Argumentos em favor da autoria de Paulo

1) Meinertz, teólogo católico, considera que em Hebreus se registraram predominantemente pensamentos de Paulo e constata uma "identidade em certos pensamentos teológicos básicos".[930]

2) Meinertz escreve, ainda, que se em Hebreus Timóteo "é citado em estreita ligação ao lado do remetente (Hb 13.23), logo as palavras somente podem ter sido escritas segundo o entendimento do apóstolo Paulo".[931]

3) A igreja antiga do Oriente se expressou claramente em favor de uma autoria de Paulo.[932] Já o manuscrito mais antigo contendo Hebreus, P^{46} (c. 200), parece contar Hebreus entre as cartas de Paulo e o insere entre Romanos e 1Coríntios.[933]

6.2.2.2 Barnabé[934]

Tertuliano defendia que Hebreus foi escrita por Barnabé, como já vimos. Outro testemunho em favor de Barnabé é o *Tractatus de Libris* do século IV.[935]

a) Argumento contra a autoria de Barnabé

Barnabé teria sido da primeira geração cristã,[936] ao passo que o autor de Hebreus se considera da segunda geração (cf. Hb 2.3).[937]

---

[929] Cf. J. CALVINO, *As institutas ou tratado da religião cristã*, livro III, 3.8 (diversas edições); E. Mauerhofer, Kann ein Kind Gottes das Heil wieder verlieren?, *Fundamentum*, n. 1, 1988, p. 42ss.

[930] M. MEINERTZ, op. cit., p. 141.

[931] M. MEINERTZ, op. cit., p. 142.

[932] Cf. J. C. K. VON HOFMANN, *Die Heilige Schrift neuen Testaments*, rev. por W. Volck (Nordlingen: Beck, 1881), tomo 9, p. 147s.

[933] Cf. B. M. METZGER, *Der Text des Neuen Testaments — Eine Einführung in die neutestamentliche Textkritik* (Stuttgart; Berlin; Köln; Mainz: Kohlhammer, 1966), p. 37s.

[934] Em D. GUTHRIE, op. cit., p. 674.

[935] Interessante é que em At 14.4,14 Barnabé era contado entre os apóstolos; cf. E. MAUERHOFER, Der Brief na die Epheser — 2. Teil, *Fundamentum*, n. 1, 1990, p. 20ss (excurso sobre "apóstolos").

[936] Cf. P. FEINE, op. cit., p. 190; H. J. HOLTZMANN, op. cit., p. 301.

[937] Cf. J. A. T. ROBINSON, op. cit., p. 230.

Posicionamento: Com base em todas as informações no NT acerca de Barnabé, ele de fato pertence à "segunda geração" (cf. a primeira menção em At 4.36). Não se pode descartar que Robinson conte Barnabé entre aqueles que, conforme Atos 4.4, "tinham ouvido a mensagem".[938]

b) Argumentos em favor da autoria de Barnabé

1) A base mais forte de uma possível autoria de Hebreus por Barnabé é o fato de que este era um levita muito bem familiarizado com o culto no templo. Entretanto, esse fato não deve ser sobrevalorizado.[939]

2) Combinariam muito bem a indicação de Atos 4.36, de que Barnabé significa υἱὸς παρακλήσεως — hyios paraklēseōs, "filho da consolação, ou da exortação", e a referência do autor de Hebreus, de que o que foi escrito é λόγος τῆς παρακλή σεως — logos tēs paraklēseōs, "uma palavra de consolo, ou de exortação" (Hb 13.22).

3) Sendo Barnabé o autor, explica-se, "como a *Carta de Barnabé*, esse escrito originariamente anônimo da primeira metade do século II, recebeu seu nome entre os pais apostólicos, a saber, por decorrência de uma confusão com a verdadeira *Carta de Barnabé*, a atual carta aos Hebreus. Ambos tratam da relação entre o cristianismo e a antiga aliança, contudo a *Carta de Barnabé* de maneira radicalmente antijudaísta [...] conseguiu firmar pé no Ocidente apenas por volta do ano 400, porque até então se conhecia a carta aos Hebreus como carta de Barnabé; em Alexandria, onde se considerava paulina a carta aos Hebreus, Clemente de Alexandria chegou a citar a *Carta de Barnabé* como escrito apostólico em sentido mais amplo".[940]

Síntese: Seguramente Barnabé teria sido capaz de escrever uma carta dessas, mas na própria carta e no restante do NT nos faltam quaisquer pontos de apoio. Se neste lugar lermos novamente a citação de Tertuliano, sem dúvida será impressionante a naturalidade da afirmação de que Barnabé seria o autor. Infelizmente não encontramos indício nenhum na igreja oriental.

c) Que sabemos sobre Barnabé?

José, pelos apóstolos chamado de Barnabé, era um levita e se originava do Chipre (At 4.36s). Pelo que parece, havia se mudado para Jerusalém, possuindo ali uma propriedade. Considerava-se membro da igreja cristã e partilhava sua comunhão de bens, ao vender um campo e colocar o dinheiro à disposição dos apóstolos.

---

[938] Cf. D. GUTHRIE, op. cit., p. 674.

[939] F. BARTH, op. cit., p. 115. Aliás, D. GUTHRIE, op. cit., p. 676, com razão considera impossível que a *Carta de Barnabé* e Hebreus sejam do mesmo autor.

[940] A esse respeito, cf. item 4.9.2.

Quando Saulo veio pela primeira vez a Jerusalém, os discípulos ainda tinham medo dele, mas Barnabé o acolheu e o introduziu no grupo dos apóstolos (At 9.26ss).

Por meio da perseguição em Jerusalém que eclodiu por causa de Estêvão, muitos cristãos foram dispersos. Alguns desses cristãos foram para a Antioquia da Síria e pregaram ali não apenas aos judeus, mas igualmente aos gentios, pelo que numerosos judeus e gentios se converteram (At 11.19ss). Quando a igreja em Jerusalém soube disso, Barnabé foi enviado até lá. Ele se alegrou com a nova igreja, atuando ali como pregador. Lucas o descreve assim: "Ele era um homem bom, cheio do Espírito Santo e de fé" (At 11.24).

De Antioquia, Barnabé foi para Tarso, a fim de trazer Saulo com ele para Antioquia (At 11.25,26a). Juntos atuaram durante um ano inteiro em Antioquia, mas depois foram enviados com um donativo a Jerusalém (At 11.26ss; Gl 2.1). De Jerusalém retornaram, levando consigo João Marcos (At 12.25). Na sequência, o Espírito Santo deu à igreja em Antioquia a incumbência de separar Barnabé e Saulo para o serviço missionário, ao que os dois partiram com João Marcos para a primeira excursão missionária (de Paulo; At 13.1ss).[941]

Depois de retornarem dessa viagem, formou-se em Antioquia uma discussão entre eles e enviados da igreja de Jerusalém em torno da questão da circuncisão de cristãos gentios (At 15.1ss; Gl 2.11ss). Por causa dessa questão, Paulo e Barnabé foram enviados juntos com outros membros da igreja para Jerusalém, onde se congregou então o chamado concílio dos apóstolos. Com os emissários da igreja de Jerusalém e a resolução escrita no bolso, os dois retornaram para Antioquia e tornaram a ensinar ali por determinado tempo (At 15.22,35).

Ainda em Antioquia, Barnabé se separou de Paulo por causa da questão em torno de João Marcos: se ele deveria ser levado segunda vez para uma viagem missionária (At 15.36ss). Barnabé seguiu, então, sozinho com Joao Marcos para o Chipre. A partir daí, Lucas não o menciona mais em Atos; também dos demais escritos do NT não se obtêm mais nenhuma informação sobre sua vida.

De 1Coríntios 9.6 se depreende que Barnabé, pelo menos em algumas épocas, realizou sua atividade de missão e ensino em tempo integral, sendo sustentado por dádivas da igreja.

---

[941] CLEMENTE DE ALEXANDRIA, *Adumbrationes ad 1. Pe. 5.13*; *Stromateis*, livro II, 116.3 (apud E. HENNECKE & W. SCHNEEMELCHER [Org.], *Neutestamentliche Apokryphen in deutscher Übersetzung*, 4. ed. [Tübingen: Mohr, 1971], v. 2, p. 35).

Clemente de Alexandria contava Barnabé entre os 70 discípulos de Jesus.[942] Eusébio tem conhecimento de uma tradição idêntica.[943]

6.2.2.3 Apolo

Lutero presumia que Apolo fosse o autor de Hebreus, embora não se pronunciasse desde o início claramente nesse sentido;[944] foi seguido mais tarde, p. ex., por Zahn[945] e Hörster.[946]

a) Argumento contra a autoria de Apolo

A referência da igreja antiga, existente parcialmente em favor de Barnabé, falta completamente para Apolo.

b) Argumentos em favor da autoria de Apolo[947]

1) Apolo tinha estreita amizade com Paulo e aprendeu muitas coisas dele, mas não deixa de ser também uma personalidade independente.

2) Apolo era um cristão judeu de Alexandria "com formação na teológia judaica e ao mesmo tempo na retórica grega" (cf. At 18.24ss).[948]

α) Dentre todos os escritos do NT, Hebreus apresenta o grego mais puro.

β) Seu grande conhecimento do AT, que se expressa nas numerosas citações da LXX.

γ) Sua grande verbosidade, que se reflete no marcante "jeito de palestra" de Hebreus.

---

[942] Euseb. HE, livro I, 12.1. Outras tradições da igreja antiga sobre Barnabé se encontram em E. HENNECKE & W. SCHNEEMELCHER, op. cit., v. 2, p. 36.

[943] Cf. as diversas passagens e textos de Lutero em E. RIGGENBACH, Der Brief an die Hebräer, in: T. ZAHN (Org.), Kommentar (Leipzig: Deicheirt, 1913), v. 14, p. xli, nota 41.

[944] Cf. T. ZAHN, Einleitung, v. 2, p. 154s.

[945] G. HÖRSTER, op. cit., p. 161s. H. J. HOLTZMANN, op. cit., p. 301, arrola outros nomes que até por volta do final do séc. XIX consideravam Apolo o autor.

[946] Cf. D. GUTHRIE, op. cit., p. 679s.

[947] P. FEINE, op. cit., p. 189. Cf. T. ZAHN, Einleitung, v. 2, p. 154.

[948] Outras citações do início da Idade Média que indicam Lucas como autor encontram-se em F. DELITZSCH, op. cit., p. 701s. O próprio DELITZSCH considera a carta de Lucas, que teria "em nome de Paulo trabalhado de forma independente" as ideias expostas por Paulo "a ponto de que, embora tivessem sido configuradas de outro modo na mão dele, não deixaria de concordar com o todo, apropriando-se dele [...] Um espírito genial na verdade recebe seus impulsos de fora, mas o que lhe é transmitido move como força propulsora seus dons peculiares e seu modo de pensar. Por consequência, Lucas escreveu por impulso em nome de Paulo e produziu um resultado espiritual, em um só espírito com o mestre, contudo com cunho peculiar" (op. cit., p. 704).

3) Os contatos com Timóteo são absolutamente concebíveis em Apolo (cf. Hb 13.23).

4) Era grande sua influência em diversas igrejas (cf. At 18.24-28; 1Co 1.12; 3.5-6; 16.12).

Conclusão: Seguramente há muito que depõe em favor de uma autoria de Hebreus por Apolo; contudo, neste caso vale em muito maior medida o que teve de ser dito acerca de Barnabé.

c) Que sabemos sobre Apolo?

Era um judeu nascido em Alexandria, eloquente e versado nas Escrituras (At 18.24). Veio para Éfeso ainda antes da estadia de três anos de Paulo em Éfeso e ensinava ardentemente sobre Jesus (At 18.25). No entanto, por conhecer apenas o batismo de João, Áquila e Priscila o levaram à sua casa e lhe ensinaram o evangelho de modo mais preciso.

Com uma carta de recomendação da igreja de Éfeso, Apolo se dirigiu a Corinto ainda antes da chegada de Paulo, trabalhando ali na igreja e ensinando publicamente que Jesus é o Messias. Paulo considerava que essa era a continuação de seu trabalho iniciado na segunda viagem missionária, ao escrever aos coríntios: "Eu plantei, Apolo regou, mas Deus é quem fez crescer" (1Co 3.6).

Ainda durante a atuação de três anos de Paulo em Éfeso, Apolo havia retornado para Éfeso (1Co 16.12). Não se deixou mover imediatamente por Paulo para retornar a Corinto.

O nome Apolo ocorre apenas mais uma vez no NT (Tt 3.13); pelo que se constata, esteve com Tito em Creta durante a atuação de Paulo após o primeiro cativeiro em Roma.

6.2.2.4 Outras propostas consideradas

a) Lucas

Na igreja antiga, Lucas também já foi considerado por alguns autor de Hebreus (cf. a citação de Orígenes).[949]

Lucas, porém, dificilmente entra em cogitação como autor, porque ele próprio era cristão gentio, enquanto o conteúdo de Hebreus leva a inferir, muito antes, uma autoria judaico-cristã.[950]

---

[949] Cf. F. BARTH, op. cit., p. 112; B. WEISS, Der Brief an die Hebräer, p. 16.
[950] W. MICHAELIS, op. cit., p. 271. Cf. P. FEINE, op. cit., p. 189.

Michaelis alega contra Lucas como autor que o estilo e o acervo intelectual não seriam dele.[951] Em relação ao fato de que, porém, justamente o estilo foi aduzido em favor de Lucas como autor, Weiss escreve:

> O motivo principal para essa hipótese sempre foi o suposto parentesco linguístico da carta aos Hebreus com os escritos de Lucas que na realidade, se de fato existe, simplesmente se baseia em que ambos escrevem, entre os autores do NT, o grego relativamente mais puro e melhor.[952]

b) Clemente de Roma

Erasmo defendia essa solução, Caetano a ponderou.[953]

Clemente de Roma está na mesma relação de dependência de Hebreus como das cartas paulinas, o que inviabiliza uma escrita por parte dele.[954] Como em Lucas, também é preciso alegar contra a autoria por Clemente de Roma que ele era um cristão gentio. Além disso, Clemente já pertencia à "terceira geração" e não recebe *nenhuma* menção no NT.[955]

A circunstância de que já na igreja antiga se manifestaram vozes de que Clemente de Roma teria escrito Hebreus pode ser atribuída certamente às semelhanças de conteúdo entre Clemente e Hebreus.[956]

c) Priscila e Áquila

Harnack fez essa proposta, i.e., que sobretudo Priscila tenha escrito a carta.[957] No entanto, praticamente ninguém acompanhou essa hipótese.[958]

Contudo, uma redação por várias pessoas ou por uma mulher é impossibilitada pelo particípio no masculino singular em Hebreus 11.32.[959]

---

[951] B. Weiss, Der Brief an die Hebräer, p. 15.

[952] Apud W. Michaelis, op. cit., p. 271.

[953] W. Michaelis, op. cit., p. 271. Cf. P. Feine, op. cit., p. 189; B. Weiss, Der Brief an die Hebräer, p. 16.

[954] Cf. B. Weiss, Der Brief an die Hebraer, p. 16.

[955] Cf. F. Barth, op. cit., p. 111s.

[956] A. de Harnack, Probabilia über die Adresse und den Verfasser des Hebräerbriefes, ZNW, n. 1, 1900, p. 16-41 (apud D. A. Carson, D. J. Moo & L. Morris, op. cit., p. 397).

[957] P. ex., R. Hoppin, *Priscilla: Author of the Epistle to the Hebrews* (New York: Exposition, 1969); apud D. A. Carson, D. J. Moo & L. Morris, op. cit., p. 397, nota 18.

[958] Cf. D. A. Carson, D. J. Moo & L. Morris, op. cit., p. 397; W. Michaelis, op. cit., p. 272.

[959] Orígenes, *Comentários ao evangelho de são João*; apud Euseb. HE, livro VI, 25.14.

Conclusão: De todos os potenciais autores sugeridos da carta aos Hebreus, entram preferencialmente em cogitação, a nosso ver, Barnabé ou Apolo.

Em suma, cabe gravar que não se consegue mais determinar o nome do autor da carta aos Hebreus. Mantemos registrada a opinião de Orígenes: "Quem, no entanto, escreveu a carta, na verdade Deus o sabe".[960]

6.3 Autenticidade e integridade

Concordamos apenas condicionalmente com a constatação de Cullmann quando afirma que a questão da autenticidade seria desnecessária, porque o autor seria desconhecido.[961] Ao lado da pergunta pela autenticidade em relação ao autor (cf. nas cartas de Paulo a pergunta pela autoria paulina ou "deuteropaulina"), também existe a pergunta pela autenticidade no que tange ao reconhecimento de Hebreus pela igreja antiga em sua configuração segundo o conteúdo e a extensão. Ela depõe com toda a clareza em favor da canonicidade de Hebreus, ainda que não se possa clarear completamente a pergunta pelo autor.

6.4 Objetivos e destinatários

6.4.1 Acerca do título da carta[962]

O título πρὸς Ἑβραίους — pros Hebraious, "aos Hebreus" já foi atestado por Clemente de Alexandria[963] e Tertuliano e consta no manuscrito mais antigo (P^{46}). "Pelo que se vê, o título remonta à época da coletânea de cartas do cristianismo primitivo e expressa a opinião de que Hebreus seja escrita a cristãos judeus".[964] Grande número de manuscritos trazem na subscrição igualmente as palavras πρὸς Ἑβραίους — pros Hebraious, "aos Hebreus", muitas vezes com adendos.[965]

O título de Hebreus πρὸς Ἑβραίους — pros Hebraious, "aos Hebreus" tem formato idêntico aos títulos das cartas paulinas, cada uma das quais nomeia os destinatários. Os responsáveis por esse título obviamente viram em Hebreus uma carta. Verdade é que a carta não começa com um prescrito, como ocorre nas cartas

---

[960] Cf. O. CULLMANN, op. cit., p. 107.
[961] Cf. tb. W. MICHAELIS, op. cit., p. 266s.
[962] Cf., p. ex., CLEMENTE DE ALEXANDRIA, *Adumbrationes ad 1. Pe. 5.13*; *Stromateis*, livro VI, 8.
[963] W. G. KÜMMEL, op. cit., p. 346.
[964] Cf. Nestle-Aland[27], p. 587.
[965] Cf. F. BARTH, op. cit., p. 115s; D. GUTHRIE, op. cit., p. 683s; E. RIGGENBACH, op. cit., p. xxis.

paulinas e católicas. O texto começa diretamente a discorrer sobre o tema. Não obstante, trechos da carta e o final de Hebreus causam a impressão de uma carta, mais exatamente de um final de carta.

6.4.2 Os destinatários

É controvertida a questão da procedência dos destinatários de Hebreus. No próprio texto da carta, não ocorre a palavra "hebreus".

De modo geral, pode-se dizer o seguinte sobre os destinatários: [77]

a) A igreja destinatária possui determinada história. O autor menciona "primeiros dias" (Hb 10.32) e perseguições que foram suportadas (Hb 10.32-34; eventualmente Hb 12.4). De Hebreus 5.12 se deve concluir que os destinatários já conheciam o evangelho havia algum tempo. Os detalhes mencionados explicitam que o autor está bem familiarizado com as circunstâncias da igreja (Hb 10.33s). Tem conhecimento de seu serviço aos santos (Hb 6.10) e sabe acerca de sua conversão (Hb 2.3); está igualmente cônscio de sua atual constelação interna (Hb 5.11ss; 6.9s). Sua relação com os dirigentes da igreja carece de correção (Hb 13.17). Presume-se que alguns mestres dos destinatários já tenham morrido, de modo que o autor podia solicitar que os leitores contemplassem o "fim" deles (Hb 13.7, RA).

b) Existem contatos diretos entre a igreja e o autor. Conhece-os pessoalmente e espera reencontrá-los em breve (Hb 13.19,23). Incentiva para a intercessão e informa sobre a soltura de Timóteo (Hb 13.23), algo que evidentemente interessava à igreja.

6.4.2.1 Cristãos gentios ou uma mescla de leitores cristãos judeus e gentios?

Diversos teólogos advogam por um grupo de destinatários mesclado de cristãos judeus e gentios. Reproduziremos alguns de seus pensamentos:

a) Cristãos gentios teriam "tido naquele tempo uma considerável familiaridade com o AT, de sorte que leitores cristãos gentios, ainda mais eruditos (o que se pode depreender do caráter literário da carta) podiam seguramente estar interessados nas questões tratadas pelo autor".[966] Esse interesse de cristãos gentios pelo AT se evidenciaria também nas cartas de Paulo.

Posicionamento: No entanto, não existe "nenhuma carta de Paulo em que a interpretação tipológica do AT domine toda a exposição e que tenha por fundamento a compreensão para essa maneira exegética".[967]

---

[966] W. Michaelis, op. cit., p. 269.
[967] M. Meinertz, op. cit., p. 138.

b) A argumentação com base no conteúdo confundiria uma intenção "do autor com uma carência dos leitores".[968]

c) A declaração em Hebreus 2.3s sinalizaria para destinatários fora de Israel.[969]

d) Não combinaria com a igreja em Jerusalém a afirmação de Hebreus 5.12, que criticaria "o estado não desenvolvido do entendimento".[970]

e) Hebreus 6.10 não poderia ser relacionado com a igreja em Jerusalém, uma vez que era necessário promover arrecadação em outras igrejas em favor dos pobres em Jerusalém, não, porém, que a igreja em Jerusalém tenha socorrido outras.[971]

f) Hebreus 10.32 falaria de uma só grande luta; mas a igreja em Jerusalém teve de suportar não apenas *uma* perseguição.[972]

g) Hebreus 12.16 seria praticamente incompreensível a cristãos judeus.[973]

h) Os destinatários conheciam a Timóteo, que teria sido novamente "posto em liberdade" e que em breve também haveria de visitá-los (Hb 13.23). Acontece que em nenhum local se poderia comprovar que Timóteo tenha trabalhado em igrejas formadas exclusivamente por cristãos judeus, mas, como estreito colaborador de Paulo, ele teria trabalhado principalmente entre gentios.[974]

i) Se os destinatários precisam ser localizados fora de Israel, impõe-se a pergunta: onde "teria havido igrejas judaico-cristãs autônomas ou também igrejas parciais exclusivamente judaico-cristãs"?.[975]

Posicionamento final: Não consideramos esses argumentos convincentes, motivo pelo qual nos voltamos para um grupo destinatário judaico-cristão.

6.4.2.2 *Destinatários judaico-cristãos*

Em favor da suposição de que os destinatários eram cristãos judeus, podem ser lançados na balança diversos fatores:

a) Em suas exposições, o autor baseia-se predominantemente no AT.[976]

---

[968] F. Barth, op. cit., p. 118.

[969] Cf. E. Lohse, *Entstehung*, p. 124; W. Michaelis, op. cit., p. 269.

[970] F. Barth, op. cit., p. 118. Cf. P. Feine, op. cit., p. 186.

[971] Cf. F. Barth, op. cit., p. 118; P. Feine, op. cit., p. 186; E. Lohse, *Entstehung*, p. 124; W. Michaelis, op. cit., p. 269.

[972] Cf. E. Lohse, *Entstehung*, p. 124; W. Michaelis, op. cit., p. 269.

[973] Cf. W. Michaelis, op. cit., p. 269.

[974] Cf. F. Barth, op. cit., p. 119s.

[975] W. Michaelis, op. cit., p. 269. Cf. F. Barth, op. cit., p. 118.

[976] Cf. D. Guthrie, op. cit., p. 684.

b) O autor parte do pressuposto de que os leitores estejam muito bem familiarizados com o culto levita.[977]

c) Toda a argumentação da carta é profundamente significativa para cristãos judeus, ao serem enfatizadas a necessidade do padecimento do Messias (cf., p. ex., Hb 2.9-18), as razões da substituição do sacerdócio levita (cf. Hb 4.14—5.10; 7.1—8.5), a descrição do santuário espiritual em lugar do terreno (Hb 8.1-5) e o cumprimento da promessa de uma nova aliança em Cristo (Hb 8.6-13).[978] A carta pressupõe uma inclinação favorável ao culto no templo, na forma como se evidenciava apenas na Palestina.[979]

d) O título "aos Hebreus" na verdade não fazia parte do texto original, contudo seguramente representa "a tradição mais antiga acerca da finalidade da carta".[980]

e) Quando o autor fala dos pais em Hebreus 1.1, aos quais Deus falara por intermédio dos profetas, isso revela que os antepassados do autor, assim como dos leitores, haviam pertencido ao povo judeu.[981]

f) Hebreus 9.15 em conexão com Hebreus 9.14 obriga a contar os leitores "entre os chamados, que tiveram de ser redimidos das transgressões cometidas sob a antiga aliança, ou seja, entre os participantes da antiga aliança".[982]

g) Weiss interpreta o "sair do arraial" (Hb 13.13) como "separação da federação nacional e cultual de Israel".[983]

h) Quando consta em Hebreus 12.4 que os leitores "ainda não [resistiram] até ao sangue" (RA), isso pode ser afirmado muito bem da segunda geração da igreja na Palestina, uma vez que praticamente não vivenciou a perseguição de Atos 8, que sem dúvida custou a vida apenas dos cristãos mais eminentes, "enquanto a morte do zebedaida Tiago e de Tiago, o Justo (Hb 13.7) não eram sintomas de uma perseguição sangrenta generalizada".[984]

Podemos considerar os destinatários a igreja judaico-cristã de Jerusalém, que no ano 66 se mudou para Pela por causa da guerra judaica, ou também como a totalidade do cristianismo judaico-cristão na Palestina no início da guerra judaica. O cristianismo

---

[977] Cf. D. GUTHRIE, op. cit., p. 684. Cf. E. RIGGENBACH, op. cit., p. xxiv.
[978] Cf. D. GUTHRIE, op. cit., p. 684s.
[979] Cf. B. WEISS, Der Brief an die Hebräer, p. 28. Cf. E. RIGGENBACH, op. cit., p. xxivs.
[980] B. WEISS, Der Brief an die Hebräer, p. 28.
[981] Cf. B. WEISS, Der Brief an die Hebräer, p. 21.
[982] B. WEISS, Der Brief an die Hebräer, p. 21. Cf. E. RIGGENBACH, op. cit., p. xxiv.
[983] B. WEISS, Der Brief an die Hebräer, p. 21, 28. Cf. E. RIGGENBACH, op. cit., p. xxiv.
[984] B. WEISS, Der Brief an die Hebräer, p. 29.

judaico foi duramente afetado pelo conflito cada vez mais agudo entre as forças de ocupação romanas da Palestina e os judeus. Além disso, Tiago, dirigente da igreja em Jerusalém, havia sido morto pelos judeus no ano de 62.[985]

Muitos autores de introduções ao NT defendem que os destinatários devem ser os cristãos judeus da igreja de Jerusalém.[986]

6.4.3 Objetivo

A própria carta se caracteriza como "palavra de exortação" (Hb 13.22). Como motivo da carta é preciso presumir que os destinatários corriam o risco de apostatar, de alguma maneira.[987] É contra isso (Hb 3.12; 6.6) e contra o menosprezo da salvação (Hb 2.3) e do Filho de Deus como Mediador da salvação (Hb 6.6; 10.29; 12.25) que o autor pretende alertar. Ele convida a preservar a confissão da fé (Hb 4.14; 10.23), a ousadia (Hb 3.6; 10.35) e a esperança (Hb 3.6; 6.18; 10.23).[988]

Citaremos aqui B. Weiss, que traz uma visão panorâmica da situação da época da redação e do objetivo correlato da carta:

> A hora em que a carta foi escrita era para a igreja primitiva o momento de uma crise extremamente decisiva. Desde os primórdios ela preservara fielmente a lei dos pais [...] Era somente seu fiel cumprimento que lhe assegurava uma posição em meio aos compatriotas, através do qual ainda podiam esperar conquistá-los em favor da fé no Messias. Haviam considerado o culto do AT muito compatível com a esperança pelo retorno de seu Messias Jesus. O desenvolvimento de um cristianismo gentio livre da lei na diáspora tão-somente havia favorecido o surgimento e o predomínio de uma tendência fervorosa no cumprimento da lei (At 21.20), que acreditava ter de proteger aquele; porém sua fé no Messias que havia chegado para cumprir a

---

[985] Cf. Euseb. HE, livro II, 23; Josefo, *Antiguidades judaicas*, livro XX, cap. 8. Cf. tb.L. Albrecht, op. cit., p. 582s; F. F. Bruce, *Zeitgeschichte*, seção 2, p. 180s. B. Reicke, *Neutestamentliche Zeitgeschichte*, p. 212, descreve o processo: a súbita morte do procurador romano Pórcio Festo "em 62 d.C. fez com que em Jerusalém houvesse uma ascensão do *partido patriótico de Anás*. Anano II, filho do poderoso Anás e pessoalmente um sumo sacerdote ardentemente patriótico e saduceu, aproveitou o interregno de cerca de quatro meses antes da chegada de um novo procurador para tirar do caminho supostos líderes populares não patrióticos. Nessa ocasião foi acusado e apedrejado [...] Tiago, *irmão do Senhor*".

[986] Cf., entre outros, L. Albrecht, op. cit., p. 582s; E. F. Harrison, op. cit., p. 370ss.

[987] H. Appel, op. cit., p. 91ss, vê como motivo da apostasia na primeira parte de Hebreus (Hb 1.1–10.31) uma tendência favorável ao judaísmo; na segunda parte (Hb 10.32–12.17) o medo de sofrer.

[988] Cf. H. Appel, op. cit., p. 91.

lei e os profetas não foi capaz de influenciá-lo. Apenas que a esperança que eles sempre haviam associado com essa fé parecia não se cumprir. Em vez de chegar a consumar-se a conversão total de Israel, iniciada com tanto êxito, trazendo assim consigo o esperado tempo messiânico (At 3.19s), aumentava o abismo que separava a parcela não crente do povo da crente; e ainda que não eclodisse a catástrofe sangrenta, aumentavam sem dúvida mais do que diminuíam para os crentes as infâmias, opressões e hostilidades de toda espécie [...] A aproximação da grande guerra revolucionária intensificava tanto a amargura do povo contra os renegados em seu meio como incentivava todos os sentimentos patrióticos, trazendo à consciência todo o valor dos santuários em torno dos quais haveria de ser travada a luta ferrenha. O outrora tão bem motivado [sic] apego à lei e ao culto ancestral, o liame da comunhão nacional, tão fielmente cultivado para conquistar o povo, tornara-se praticamente motivo de desastre. Foi então que um homem que no passado vivera longo tempo na comunidade e que, não obstante, em virtude de sua origem helenista como de seu distanciamento maior dela[989] conservara para si um olhar mais livre, reconheceu o imenso perigo da situação e compreendeu o único meio para debelá-lo. Valia agora que a primeira igreja judaico-cristã se desligasse resolutamente da comunhão nacional de culto com o povo judaico [...] Ao convocá-la a esse passo decisivo (Hb 13.13), a carta aos Hebreus o prepara por meio de uma exposição detalhada dos motivos que justificavam essa ruptura definitiva do cristianismo judaico com seu passado e que selavam o compromisso com ela.[990]

Para finalizar, podemos declarar acerca das afirmações de Hebreus: a nova aliança é maior que a antiga. Jesus é o auge absoluto. Servir a ele é muito mais glorioso que o serviço no templo (do AT). O sumo sacerdócio de Jesus (segundo a ordem de Melquisedeque) é muito mais sublime que o terreno, de Arão.[991] O autor adverte contra a apostasia. Declarar a fé e incentivar a santificação constituem objetivos adicionais.

6.5 Lugar da redação

Existe na carta somente um único indício referente ao lugar: "Quero que saibam que o nosso irmão Timóteo foi posto em liberdade. Se ele chegar logo, irei vê-los com ele. Saúdem a todos os seus líderes e todos os santos. Os da Itália lhes enviam saudações" (Hb 13.23,24).

---

[989] Principalmente pela atuação do Espírito Santo [N. dos A.].

[990] B. WEISS, Der Brief an die Hebräer, p. 32s.

[991] Cf. E. MAUERHOFER, Jesus, der ewige Hohepriester und der Vollzug der Versöhnung — Eine dogmatische Studie, *Fundamentum*, n. 1, 1984, p. 88ss.

Logo, a carta foi escrita na Itália, talvez em Roma. Mais detalhes não são revelados.[992] Muitos manuscritos confirmam na subscrição de Hebreus que já na igreja antiga se defendia a opinião de que a carta fora escrita na Itália (Roma).[993]

6.6 Época da redação

Por nos faltarem informações mais precisas, não é fácil definir com alguma exatidão a data do surgimento da carta.

Não entra em cogitação uma data depois do ano 95, porque Clemente de Roma usa a carta aos Hebreus em sua primeira carta, fixada nessa data.

Há opiniões divergentes sobre a pergunta se o templo em Jerusalém ainda está de pé ou não.

Kümmel e outros[994] fixam a data da redação entre 80 e 90 d.C., com a justificativa de que precisam ser desconsideradas as perguntas se Jerusalém ainda estaria de pé (cf. Hb 13.13ss) e se o culto no templo ainda funcionaria (cf. Hb 9.9s; 13.10s).

Outra opinião defende Guthrie,[995] que advoga a tese de que a carta com a descrição do serviço no templo teria um peso maior se o templo (e com ele também Jerusalém) ainda estivesse de pé e ainda fosse possível retornar ao ritual judaico. Ele deduz isso do desdobramento argumentativo do tema e não das formas verbais no presente na descrição do culto, uma vez que também Clemente de Roma, ainda no ano 95, recorria ao tempo presente para descrições análogas, embora já não acontecesse naquele tempo o culto de sacrifícios.

Além disso, Guthrie pensa que a descrição da situação apontaria mais claramente para o tempo anterior à queda de Jerusalém.

Igualmente é difícil de imaginar que, no caso de uma data depois do ano 70, não constaria nada acerca da queda de Jerusalém ou da destruição do templo.[996] Robinson escreve, a nosso ver com razão:

---

[992] Algumas introduções entendem Hb 13.24 de tal forma que a carta teria sido enviada para a Itália e que daqui estariam sendo reencaminhadas saudações de "italianos exilados".

[993] Cf. Nestle-Aland²⁷, p. 587.

[994] W. G. Kümmel, op. cit., p. 355. Cf. ainda H. Conzehnann; A. Lindemann, op. cit., p. 301; O. Cullmann, op. cit., p. 109; P. Feine, op. cit., p. 190; E. Lohse, *Entstehung*, p. 127; W. Michaelis, op. cit., p. 273; P. Vielhauer, op. cit., p. 251.

[995] D. Guthrie, op. cit., p. 701s. Cf. tb. D. A. Carson, D. J. Moo & L. Morris, op. cit., p. 400; M. Meinertz, op. cit., p. 140, 145; H. C. Thiessen, op. cit., p. 303s.

[996] Cf. F. Barth, op. cit., p. 122; C. R. Gregory, op. cit., p. 741; D. Guthrie, op. cit., p. 701s; E. F. Harrison, op. cit., p. 380.

Um argumentum e silentio obviamente não é capaz de comprovar nada. Nesse caso, porém, ele pode gerar, como acredito, uma probabilidade muito grande. O ônus da prova tem de ficar com aqueles que datariam a epístola para depois do ano 70.[997]

Considerando que não ouvimos nada em Atos nem no *corpus paulinum* acerca de uma prisão de Timóteo, poderíamos considerar uma data entre 68 e 70, também em vista da acima referida agudização da situação da igreja judaico-cristã na guerra judaica.

Em 2Timóteo 4.21 pede-se a Timóteo que na medida do possível venha de Éfeso a Roma ainda "antes do inverno". Não sabemos se Timóteo ainda encontrou Paulo com vida. Contudo, seria imaginável que, ao procurar por Paulo, Timóteo tenha sido detido, mas em seguida solto (Hb 13.23; eventualmente liberto após a morte de Nero).

Após aquilatar todos os indícios disponíveis, datamos Hebreus preferencialmente para o ano 68 d.C.

6.7 Estrutura

Hebreus se decompõe em duas partes principais, sendo que cada uma delas tem uma estrutura bem harmônica:

1.	**Parte doutrinária**	Hb 1.1—10.18
	O discurso e a revelação de Jesus é superior a todo falar anterior dos profetas	Hb 1.1-3
	Jesus é superior aos anjos	Hb 1.4—2.18
	Jesus é superior a Moisés	Hb 3.1-19
	Jesus é superior a Josué	Hb 4.1-13
	O sumo sacerdócio de Jesus é superior ao de Arão	Hb 4.14—7.28
	O ministério sacerdotal e auto-oferenda de Jesus é superior ao serviço de sacrifícios do AT	Hb 8.1—10.18
2.	**Parte da paráclese (exortação à fidelidade na fé)**	Hb 10.19—13.25
	Exortações gerais em prol da constância	Hb 10.19-39
	Referência às testemunhas de Deus no AT	Hb 11.1-40
	Exemplo de Cristo e o amor paternal e educador de Deus	Hb 12.1-17
	Glória da nova aliança	Hb 12.18-29
	Exortações finais e saudações	Hb 13.1-25

---

[997] J. A. T. ROBINSON, op. cit., p. 215.

Além disso, encontramos em Hebreus cinco blocos de exortações que perpassam o desenvolvimento das reflexões da carta: Hebreus 2.1-4; 3.7—4.13; 5.11—6.20; 10.19-39; 12.1—13.25.

6.8 Características e peculiaridades[998]

a) Hebreus revela uma elevada qualidade literária, uma construção cuidadosa e exposição "elegante".

b) Hebreus está impregnada de passagens de fundamentação do AT. Alguns textos (p. ex., Sl 110.1,4) ocorrem várias vezes. Ao contrário de outras citações do AT no NT, onde a citação do AT tem a finalidade de corroborar ou confirmar um pensamento, aqui o texto do AT muitas vezes é usado como recurso expositivo (p. ex., Hb 10.5ss).

c) O culto de sacrifícios do AT é usado como bastidor para descrever a posição proeminente de Jesus e de sua obra redentora. Interessante é a constatação de que o autor enfoca mais claramente o tabernáculo que o templo em Jerusalém, no que cabe observar que para o israelita existe uma ligação sem suturas entre o culto ordenado por Deus no tabernáculo e sua continuidade no "primeiro" (960-587 a.C.) e no "segundo" (516 a.C. 70 d.C.) templo.

d) O AT é a sombra da nova aliança. Já no AT é prometida a celebração de uma aliança melhor (Jr 31.31-34/ Hb 8; Sl 40.7-9/ Hb 10).

e) A cristologia de Hebreus é rica e diferenciada. Para Jesus, utilizam-se mais de 20 nomes e títulos. A divindade e a humanidade do Filho são tão estreitamente entrelaçadas como acontece praticamente apenas no evangelho de João. Fala-se mais do serviço de Jesus como sumo sacerdote.

f) A escatologia é atualidade (Hb 1.2; 6.5) e futuro (Hb 9.27s; 10.37; 12.22s; 13.14).

g) As referências pessoais e práticas em Hebreus chegam ao ápice em:

1) "Aproximar-se" em adoração na confiança de ter acesso com base no perdão de pecados e por causa do poderoso Redentor (Hb 10.22; 4.14-16);

2) "Avançar para a maturidade" (Hb 6.1), em obediência ao Deus vivo, e *"ir para fora do acampamento"* com o Cristo rejeitado, para suportar sua humilhação (Hb 13.13);

3) "Esforçar-se pela santificação" (Hb 12.14) como consequência do exemplo das testemunhas da fé em Hebreus 11 e em vista do alvo glorioso que supera qualquer "sacrifício" por amor a Jesus (cf. Hb 10.34b).

---

[998] Cf. E. F. HARRISON, op. cit., p. 369s. Cf. tb. E. AEBI, op. cit., p. 263s.

7. AS CARTAS CATÓLICAS

7.1 Informações gerais sobre as cartas católicas[999]

Já nos manuscritos antigos, sete cartas do NT não trazem no título,[1000] como a recém-analisada carta aos Hebreus e as 13 cartas paulinas, o nome do destinatário, mas o do autor. Em suma, são chamadas de cartas católicas, denominação que se refere às três cartas de João, as duas cartas de Pedro, a carta de Tiago e a carta de Judas.

Católico no sentido de geral, abrangente, não significa no contexto dessas cartas "reconhecido de forma geral na igreja", mas essa definição genérica corresponde à indicação dos destinatários em 2Pedro e Judas. A primeira carta de Pedro delimita geograficamente a definição dos destinatários, embora a formule de maneira ampla. Tiago escreve sua carta "às doze tribos dispersas". A segunda carta de João dirige-se a uma "senhora eleita" (alguns exegetas entendem-na como a igreja); a terceira carta de João é destinada a um certo Gaio; em 1João falta um prescrito.

O termo "cartas católicas" já se encontra muito cedo na igreja antiga, p. ex., em Dionísio de Alexandria[1001] (m. c. 265), Orígenes[1002] e Eusébio.[1003] Apolônio, antimontanista de Roma, acusa no final do século II um montanista de nome Temisão, de que teria imitado "o apóstolo" e confeccionado uma "carta católica".[1004]

A igreja grega[1005] inseriu as cartas católicas entre Atos e as cartas paulinas, a igreja latina as posicionou depois das cartas de Paulo.

---

[999] Cf. O. CULLMANN, op. cit., p. 112s; P. FEINE, op. cit., p. 191s; W. G. KÜMMEL, op. cit., p. 341s; E. LOHSE, Entstehung, p. 122; W. MICHAELIS, op. cit., p. 147s.

[1000] Trata-se da inscriptio, e não do prescrito integrante da carta.

[1001] Cf. Euseb. HE, livro VII, 25.7.

[1002] Orígenes, porém, excedendo o volume das cartas católicas, incluiu também sob esse denominador a Carta de Barnabé, não pertencente ao cânon do NT (apud P. FEINE, op. cit., p. 191; W. G. KÜMMEL, op. cit., p. 342).

[1003] Euseb. HE, livro II, 23.24s. Eusébio cita o número sete.

[1004] Cf. Euseb. HE, livro V, 18.5.

[1005] Cf., p. ex., Atanásio em sua Carta pascal XXXIX, do ano 367: "Os quatro evangelhos segundo Mateus, Marcos, Lucas e João, e ainda depois deles Atos dos Apóstolos e as sete chamadas cartas católicas dos apóstolos, a saber, uma de Tiago, duas de Pedro, mais três de João e depois delas uma de Judas. A isso se agregam 14 cartas do apóstolo Paulo..." (conforme W. SCHNEEMELCHER, op. cit., v. 1, p. 40).

7.2 A carta de Tiago

7.2.1 Conteúdo e subdivisão

7.2.1.1 Palavra introdutória[1006]

Muitas vezes se vê um contraste entre Tiago e as cartas de Paulo. Pode-se explicitá-lo nas seguintes passagens de Tiago e Romanos:

> Não foi Abraão, nosso antepassado, justificado por obras, quando ofereceu seu filho Isaque sobre o altar? [...] Vejam que uma pessoa é justificada por obras, e não apenas pela fé (Tg 2.21,24).

> Sustentamos que o ser humano é justificado pela fé, independente da obediência à lei [...] Se de fato Abraão foi justificado pelas obras, ele tem do que se gloriar, mas não diante de Deus (Rm 3.28; 4.2).

Tornaram-se célebres as afirmações de Lutero acerca dessas passagens em seu prefácio à carta de Tiago no ano de 1522 e sua desvalorização do conteúdo de Tiago como "epístola de palha".[1007]

A carta de Tiago se posiciona contra a ideia de que a fé meramente intelectual bastaria para a salvação. De forma análoga, expressou-se também o próprio Jesus: "Nem todo aquele que me diz: "Senhor, Senhor!", entrará no Reino dos céus, mas apenas aquele que faz a vontade de meu Pai que está nos céus" (Mt 7.21).

De maneira diversa, Paulo expressa o mesmo princípio: "Em Cristo Jesus nem circuncisão nem incircuncisão têm efeito algum, mas sim a fé que atua pelo amor" (Gl 5.6).

Albrecht explica que as cartas paulinas devem ser vistas como complemento à carta de Tiago, escrita antes delas:

> Ao aderir na carta aos Romanos às exposições de Tiago, Paulo descortina para seus leitores a compreensão plena da "justiça de Deus", e não apenas diante da fé verbal morta a que Tiago se limitou, mas com vistas à lei e às obras da lei. Portanto, Paulo se refere a Tiago, não para combatê-lo, mas para completar [...] suas considerações e introduzir os crentes em toda a plenitude da verdade. Logo, não se pode falar de uma contradição entre Tiago e Paulo.[1008]

[1006] Cf. L. ALBRECHT, op. cit., p. 616.

[1007] Interessante é, no entanto, que nas edições posteriores do prefácio a Tiago Lutero nunca mais a designa de "epístola de palha", embora certas afirmações da carta continuem lhe causando dificuldades.

[1008] L. ALBRECHT, op. cit., p. 616.

E Tenney arremata a questão quando interpreta e sintetiza as declarações de Tiago e Paulo sobre Abraão: "Abraão teve de exercitar a fé para entrar em contato com Deus, e essa fé se explicitou através de sua obediência, quando realizou o que Deus demandou dele".[1009]

7.2.1.2 Subdivisão

1. Introdução da carta: autor, destinatários e saudação
    (prescrito e epítetos)   Tg 1.1
2. Exortação à aprovação na conduta cristã   Tg 1.2—5.20
    Constância em tormentos   Tg 1.2-18
    Sobre ouvir e praticar a palavra de Deus   Tg 1.19-27
    Advertência contra acepção de pessoas   Tg 2.1-13
    "A fé sem obras é morta"   Tg 2.14-26
    Advertência contra pecados da língua   Tg 3.1-12
    Sobre a verdadeira sabedoria   Tg 3.13-18
    Advertência contra adultério espiritual   Tg 4.1-12
    Advertência contra confiança em bens terrenos   Tg 4.13—5.6
    ("Se o Senhor quiser, viveremos..."   Tg 4.15)
    Exortação a perseverar com vistas ao retorno do Senhor   Tg 5.7-11
    Não jurar   Tg 5.12
    Da oração da fé pelos enfermos   Tg 5.13-18
    Exortações finais   Tg 5.19,20

7.2.3 Atestação da igreja antiga

a) Uma semelhança com Tiago encontra-se em *O pastor*, de Hermas (c. 140).[1010]

b) Hipólito (m. c. 238) traz uma citação literal de Tiago 2.13, sem no entanto indicar a passagem.[1011]

c) Orígenes arrola Tiago entre as cartas canônicas.[1012]

d) Eusébio cita Tiago entre as cartas ainda não aceitas universalmente, mas que não deixam de ser lidas publicamente e são consideradas canônicas em grande número de igrejas.[1013]

[1009] M. C. TENNEY, op. cit., p. 289.

[1010] HERMAS, *O pastor*, 45.4; 48.2/Tg 4.7.

[1011] Texto em H. ALFORD, op. cit., v. 4, p. 110.

[1012] ORÍGENES, *Homilias sobre Josué*, homilia 7.1. Cf. ainda *Homilias sobre Gênesis*, homilia 13.2; *Homilias sobre Levítico*, homilia 2.4; ORÍGENES, *Comentários ao evangelho de são João*, 19.6.

[1013] Euseb. HE, livro II, 23.24s; livro III, 25.3. Eusébio diferencia, em ibidem, 25.1-4, entre os escritos de aceitação geral (ὁμολογουμένα — homologoumena), os escritos ainda não aceitos de forma universal (ἀντιλογουμένα — antilogoumena) e os inautênticos ou apócrifos (νόθα — notha).

Depois de descrever o martírio do irmão do Senhor, Tiago informa: "É isso que diz respeito a Tiago, do qual se diz que dele seria a primeira das chamadas cartas católicas".[1014]

e) Hilário de Poitiers (m. 367) faz uso de Tiago.[1015]

f) Atanásio (m. 373) conta Tiago entre os livros canônicos do NT.[1016]

g) Cirilo de Jerusalém (m. 386) arrola Tiago entre as cartas católicas que pertencem ao cânon do NT.[1017]

h) Dídimo comenta Tiago e fala do "apóstolo da circuncisão", i.e., apóstolo dos judeus (como em Pedro), como autor.[1018]

i) Crisóstomo conhece e utiliza Tiago.[1019]

j) A Peshitá, a tradução síria geral (pouco depois de 400), contém Tiago.[1020]

k) Jerônimo escreveu sobre Tiago:

> Tiago, chamado irmão do Senhor, com o cognome Justo [...] escreveu somente uma carta, que se encontra entre as sete cartas católicas. Foi publicada e acrescentada por alguém sob o nome dele, ainda que tenha alcançado (sua) autoridade (somente) aos poucos com o avanço do tempo.[1021]

l) O Sínodo de Cartago de 419 relacionou Tiago definitivamente entre os escritos canônicos.[1022]

m) Teodoreto faz uso de Tiago.[1023]

[1014] Euseb. HE, livro II, 23.24.

[1015] Apud F. BARTH, op. cit., p. 134.

[1016] Cf. sua *Carta pascal XXXIX* (texto em SCHNEEMELCHER, op. cit., v. 1, p. 40).

[1017] CIRILO DE JERUSALÉM, *Catechesis*, 4.36.

[1018] DÍDIMO, *In Epistolas Catholicas Enerratio*, sobre Tg 1.1. Cf. *De Spiritu Sancto*, 41/Tg 1.15; 54/Tg 2.26.

[1019] Apud F. BARTH, op. cit., p. 134.

[1020] Cf. B. M. METZGER, *Der Text des Neuen Testaments*, p. 70.

[1021] *Jacobus, qui appellatur frater Domini, cognomento Justus [...] unam tantum scripsit epistolam, quae de septem catholicis est, quae et ipsa ab alio quodam sub nomine ejus edita asseritur, licet paullatim tempore procedente obtinuerit auctoritatem* (JERÔNIMO, *Catalogus Scriptorum*; apud H. ALFORD, op. cit., v. 4, p. 110).

[1022] Apud F. BARTH, op. cit., p. 134.

[1023] Apud F. BARTH, op. cit., p. 134.

7.2.4 Autoria

Existem no NT quatro ou cinco homens com o nome Tiago, dos quais, no entanto, somente dois chegaram a ter importância maior e precisam ser levados em maior consideração logo a seguir para uma autoria. Os demais são:

a) Tiago, filho de Alfeu, discípulo de Jesus. Nas listas de apóstolos, consta sempre perto do final (Mt 10.3; Mc 3.18; Lc 6.15; At 1.13).

b) Tiago, o pequeno, é filho de uma Maria (cf. Mc 15.40; sem o atributo "o pequeno": Mt 27.56; Mc 16.1; Lc 24.10). Possivelmente deva ser identificado com o filho de Alfeu.[1024]

c) O pai de um discípulo de nome Judas chamava-se Tiago (Lc 6.16; At 1.13).

7.2.4.1 Autor desconhecido

A ciência crítica introdutória recente rejeita a visão tradicional de que o irmão mais velho do Senhor seria o autor de Tiago. Supõe-se geralmente nessa discussão que o autor teria escolhido conscientemente Tiago, irmão do Senhor, "como patrono",[1025] o que na verdade significa que os críticos presumem que aqui uma pessoa desconhecida teria escrito sob nome falso (a esse respeito, cf. o Apêndice sobre a questão da pseudepigrafia, item 9).

7.2.4.2 Tiago, irmão do Senhor, como autor

a) Objeções contra a autoria de Tiago, irmão do Senhor[1026]

1) A carta não caberia historicamente na época de Tiago, irmão do Senhor.[1027]

2) O grego, de relativo bom nível, igualmente deporia contra o irmão do Senhor.[1028]

[1024] Cf. P. H. DAVIDS, James, in: IBD, v. 2, p. 732.

[1025] Posição de M. DIBELIUS, op. cit., p. 148. Cf. H. CONZEHNANN; A. LINDEMANN, op. cit., p. 305; W. G. KÜMMEL, op. cit., p. 363; E. LOHSE, *Entstehung*, p. 131; W. MARXSEN, op. cit., p. 198. Uma exceção forma aqui H. APPEL, op. cit., p.117s, que rejeita uma autoria pseudônima, presumindo que "um cristãos simples de nome Tiago" teria escrito essa carta.

[1026] Para uma discussão dessas objeções, cf. D. GUTHRIE, op. cit., p. 736ss.

[1027] Analisaremos abaixo os argumentos sobre a datação; nisso estamos cientes de que a questão da datação está vinculada à questão da autoria.

[1028] Cf. H. APPEL, op. cit., p. 115; H. CONZELMANN & A. LINDEMANN, op. cit., p. 305s; M. DIBELIUS, op. cit., p.148; H. KÖSTER, op. cit., p. 591; W. G. KÜMMEL, op. cit., p. 364; E. LOHSE, *Entstehung*, p. 130; P. VIELHAUER, op. cit., p. 579; A. WIKENHAUSER & J. SCHMID, op. cit., p. 576s.

Posicionamento: Não devemos nos arrogar o conhecimento de quanto domínio da língua grega um judeu na Palestina daquele tempo podia adquirir, uma vez que havia crescido na Galileia bilíngue e mais tarde, como dirigente na igreja cristã em Jerusalém, teve contatos particularmente intensos com pessoas de fala grega.[1029]

3) O uso da LXX não poderia ser esperado de um judeu de Jerusalém como o irmão do Senhor.[1030]

4) A carta não conheceria o problema das leis rituais, conforme era sabido de Tiago, irmão do Senhor (cf. Gl 2.12; At 21.18ss); a carta não apresentaria um "ritualismo cultual".[1031]

Posicionamento: Para Tiago, eram determinantes as palavras de Jesus, não princípios de legalismo judaísta. Feine escreve com razão:

> A tradição histórica sobre Tiago não nos obriga a considerá-lo um ritualista judaico. Pessoalmente também reconheceu de forma solene Paulo como apóstolo de Cristo e não demandou devoção legalista dos cristãos gentios. Acontece que a presente carta revela um homem que acolheu no coração a ética do Sermão do Monte. Afinal, a lei da liberdade não é nada mais que a prática da vontade de Deus que excede a justiça dos escribas e fariseus. Para um judeu nato pode-se combinar muito bem com isso o apego à lei cerimonial dos antepassados. [1032]

5) A carta não mostraria quaisquer indícios de que o autor tenha conhecido pessoalmente a Jesus.[1033]

Posicionamento: Esse argumento pode ser exatamente invertido, quando com bons motivos afirmamos que um falsificador provavelmente teria destacado com ênfase seu parentesco com Jesus.[1034] Tampouco possui força comprobatória como *argumentum e silentio*.[1035] Ademais, o argumento pressupõe que "parentesco de

---

[1029] Cf. F. BARTH, op. cit., p. 148; D. A. CARSON, D. J. MOO & L. MORRIS, op. cit., p. 411s; D. GUTHRIE, op. cit., p. 733ss; E. F. HARRISON, op. cit., p. 389; J. A. T. ROBINSON, op. cit., p. 141ss; T. ZAHN, *Einleitung*, v. 1, p. 79s.

[1030] Cf. H. APPEL, op. cit., p. 115; H. CONZELMANN & A. LINDEMANN, op. cit., p. 305s.

[1031] W. MARXSEN, op. cit., p. 196. Cf. M. DIBELIUS, op. cit., p. 148; W. G. KÜMMEL, op. cit., p. 364; H.-M. SCHENKE & K. M. FISCHER, op. cit., v. 2, p. 239; P. VIELHAUER, op. cit., p. 579.

[1032] P. FEINE, op. cit., p. 200. Cf. F. BARTH, op. cit., p. 141; D. A. CARSON, D. J. MOO & L. MORRIS, op. cit., p. 412; J. A. T. ROBINSON, op. cit., p. 140s.

[1033] Cf. H. CONZELMANN & A. LINDEMANN, op. cit., p. 305s; W. G. KÜMMEL, op. cit., p. 364.

[1034] Cf. C. R. GREGORY, op. cit., p. 725; D. GUTHRIE, op. cit., p. 736s.

[1035] Cf. E. F. HARRISON, op. cit., p. 389.

sangue com Cristo era muito valorizado na igreja antiga. Porém, isso é questionável, especificamente no caso de Tiago, que não extraía vantagem espiritual de seu relacionamento anterior com Cristo (cf. Jo 7.1-5). Por esse aspecto, é digno de nota que o autor de Atos nunca chama Tiago de 'irmão do Senhor'. De fato, a relevância da ligação física com Cristo surgiu apenas mais tarde na história da igreja. Por esse aspecto, a discrição da carta privilegia uma datação para tempos iniciais".[1036]

6) A carta de Tiago teria sido "reconhecida apenas lentamente e mediante resistências como obra do irmão do Senhor e, por conseguinte, como apostólica e canônica", o que denotaria que não houve tradição antiga acerca da origem de Tiago do irmão do Senhor.[1037]

Posicionamento: Essa aceitação apenas reticente da canonicidade de Tiago pode ser atribuída a diversos fatores:[1038]

α) A possível incerteza quanto à identidade do autor.

β) O fato de que a carta se dirige unicamente a cristãos judeus.

γ) A ausência de uma doutrina cristã central.

δ) A aparente contradição com a justiça exclusivamente por fé, defendida por Paulo.

No entanto, Alford salienta, com razão, que, apesar dessas ressalvas, a atestação de Tiago (principalmente por parte dos cristãos gentios) adquire um peso tanto maior.

b) Argumentos em favor da autoria de Tiago, irmão do Senhor

1) A singela descrição pessoal (Tg 1.1: "Servo de Deus e do Senhor Jesus Cristo") depõe em favor da autoridade natural do autor. "Com os predicados mais simples ele sabe que disse o suficiente acerca de sua pessoa. Qualquer outro Tiago teria precisado mais para se autocaracterizar."[1039] O líder da igreja de Jerusalém é o único Tiago a quem, ao ser mencionado, não se acrescentava um atributo e que não precisava ser identificado pelo contexto (cf. At 12.17; 15.13ss; e também 1Co 15.7).[1040]

[1036] D. A. CARSON, D. J. MOO & L. MORRIS, op. cit., p. 411. Remetem a G. KITTEL, Der geschichtliche Ort des Jakobusbriefes, ZNW, n. 41, 1942, p. 73-5.

[1037] W. G. KÜMMEL, op. cit., p. 364. Cf. A. WIKENHAUSER & J. SCHMID, op. cit., p. 576.

[1038] Cf. H. ALFORD, op. cit., v. 4, p. 111; C. R. GREGORY, op. cit., p. 725; E. F. HARRISON, op. cit., p. 388s; J. A. T. ROBINSON, op. cit., p. 141; B. WEISS, *Einleitung*, p. 404s; T. ZAHN, *Einleitung*, v. 1, p. 85s.

[1039] P. FEINE, op. cit., p. 199. Cf. D. GUTHRIE, op. cit., p. 726s.

[1040] Cf. T. ZAHN, *Einleitung*, v. 1, p. 73.

2) Tiago, o irmão do Senhor, "podia como cabeça renomado da igreja-mãe, fazer uso do direito de escrever às doze tribo na dispersão".[1041]

3) Com base em Judas 1, pode-se depreender que Judas se reporta à autoridade de Tiago (que não vivia mais na época da escrita de Judas); isso torna concebível indiretamente também uma possível confirmação da autoria de Tiago por meio de Tiago, irmão do Senhor, talvez no sentido: "Judas, um servo de Jesus Cristo e irmão" do autor de Tiago.

4) Com Guthrie,[1042] defendemos a redação por um cristão judeu que não somente estava bem familiarizado com o AT (cf. citações diretas em Tg 1.11; 2.8,11,23; 4.6 e incontáveis alusões), mas que por trás da língua grega denota vestígios de idiomatismos hebraicos. Também a interpelação de Tiago 1.1 "às doze tribos dispersas" e muitos outros detalhes denunciam a origem judaica do autor. Domina muito bem a linguagem judaica de fórmulas referentes à lei e aos juramentos (Tg 2.9-11; 4.11s; 5.12). Intitula Deus de "Senhor dos Exércitos" (Tg 5.4) e menciona o caráter único de Deus, ou que ele é um só (Tg 2.19; cf. Dt 6.4).

5) Semelhanças marcantes entre Tiago, irmão do Senhor, como o conhecemos de Atos, e Tiago[1043] pelo menos não depõem contra a redação de Tiago pelo irmão do Senhor, mesmo que não comprovem que o irmão do Senhor escreveu a carta:

α) χαίρειν — chairein, "sejam saudados" como saudação é usado tanto na interpelação da carta, em Tiago 1.1, como também em Atos 15.23 (no mais, apenas ainda em At 23.26).

β) A expressão: "o bom nome que sobre vocês foi invocado" (Tg 2.7) faz recordar Atos 15.17 (citado por Tiago).

γ) "Ouçam [...] irmãos!" consta em Tiago 2.5 e Atos 15.13.

Além disso, ocorrem paralelos no uso de termos raros como:

δ) ἐπισκέπτομαι — episkeptomai, "visitar" (Tg 1.27; At 15.14);

ε) τηρεῖν (δια-) ἑαυτόν — tērein (dia-) heauton — "precaver-se de algo (conservar-se)" (Tg 1.27; At 15.29);

c) Que sabemos sobre Tiago, o irmão do Senhor?[1044]

Como José, Simão e Judas, era filho legítimo de José e Maria[1045] (Mt 13.55; Mc 6.3). Depois da morte evidentemente precoce do pai, esses irmãos parecem ter

---

[1041] P. FEINE, op. cit., p. 199.

[1042] Cf. D. GUTHRIE, op. cit., p. 727s.

[1043] Cf. D. GUTHRIE, op. cit., p. 728s.

[1044] Cf. T. ZAHN, *Einleitung*, v. 1, p. 74.

[1045] Do lado católico romano obviamente se contesta que eram filhos de sangue de Maria, porque se ensina a virgindade eterna da Maria (cf., p. ex., M. MEINERTZ, op. cit., p. 248; com outra

ficado junto da mãe Maria (Mt 12.46; Mc 3.31; Lc 8.19). Quando Jesus se mudou de Nazaré para Cafarnaum, foram com ele também os irmãos e a mãe (Jo 2.12; cf. Mt 4.13). Os irmãos ficaram distantes da proclamação de Jesus, não crendo nele e jamais integrando o grupo dos discípulos (Jo 7.5). Contudo, já pouco depois da ressurreição de Jesus, eles devem tê-lo reconhecido como Messias. Depois da ascensão aos céus, encontramo-los junto com os discípulos em oração (At 1.14). Provavelmente era o irmão de Jesus a quem aparece o Ressuscitado (1Co 15.7).

Tiago, o irmão do Senhor, passou a ser uma das mais importantes pessoas na igreja de Jerusalém (cf. At 12.17; 15.13; 21.18; Gl 1.19; 2.9,12). Era considerado durante certo tempo representante daqueles que defendiam a separação entre os cristãos judeus e os cristãos gentios (cf. Gl 2.12s). Pelo que parece, mudou de opinião pela orientação do Espírito Santo. Porque foi aquele que no concílio dos apóstolos propôs as resoluções quanto aos pontos compromissivos para cristãos gentios (At 15.13ss), ou seja, não lhes impondo, p. ex., a circuncisão.

Por volta do ano 62 acabou sendo morto pelos judeus.[1046]

7.2.4.3 Objeções contra a autoria do apóstolo Tiago

a) A maioria das introduções data Tiago após 44; assim, o apóstolo Tiago obrigatoriamente está fora de cogitação, porque foi executado já no ano de 44 (cf. At 12.2).

Posicionamento: Esse argumento obviamente convence apenas sob certas condições, visto que por diversas razões é plausível datá-la muito cedo (cf. a seguir).

b) Nenhum dos pais da igreja que confirmam a canonicidade da carta de Tiago mencionam o apóstolo Tiago como possível autor; entretanto, encontramos o apóstolo Tiago apontado como autor na inscrição de bem poucos manuscritos.

c) Embora o zebedaida Tiago tenha feito parte dos mais íntimos companheiros de Jesus, falta depois da ascensão de Jesus qualquer vestígio de que tenha assumido uma posição de liderança na igreja.[1047]

7.2.5 Destinatários[1048]

Embora em Tiago 1.1 a caracterização dos destinatários seja muito genérica, Tiago não deixa de ser uma carta verdadeira. Várias passagens se referem a situações concretas dos destinatários, como Tiago 2.6; 3.1; 4.1ss.

---

argumentação, contudo com o mesmo resultado, que eles não teriam sido irmãos físicos de Jesus, P. Schegg, *Jakobus der Bruder des Herrn und sein Brief* [München: Stahl, 1883], tomo 1, p. 64ss).

[1046] A esse respeito, cf. item 6.6.2.2.

[1047] Cf. T. Zahn, *Einleitung*, v. 1, p. 72.

[1048] Cf. D. Guthrie, op. cit., p. 747ss; E. F. Harrison, op. cit., p. 384ss; W. Michaelis, op. cit., p. 277s.

A carta se dirige às "doze tribos dispersas" (em grego διασπορά — diaspora). Michaelis escreve a respeito:

> Não se trata de judeus fora da Palestina, uma vez que a carta se dirige a cristãos. Ou o foco são cristãos judeus (fora da Palestina) ou cristãos em geral (mediante sentido figurado do termo diáspora). Deve ser correto o primeiro.[1049]

Os destinatários judaico-cristãos podem ser inferidos principalmente da locução "doze tribos", que dificilmente pode ser transferida espiritualmente a todos os crentes do NT, como, p. ex., o termo "Israel" (cf. Gl 6.16) ou "circuncisão" como designação do povo de Deus (cf. Fp 3.3).

7.2.6 Lugar da redação

Para a maioria das introduções críticas, o lugar da redação é tão ignorado quanto o autor.[1050] Kümmel localiza a carta em "um lugar qualquer do cristianismo judaico oriental", eventualmente na Síria.[1051]

Como temos a opinião de que a carta foi escrita pelo irmão do Senhor, resulta daí a inferência de que, como dirigente da igreja em Jerusalém, escreveu a carta também em Jerusalém.

7.2.7 Época da redação

7.2.7.1 Datação histórico-crítica

No trecho de Tiago 2.14-26 pode-se perceber "que não existe mais a alternativa entre cristãos judeus e cristãos gentios, que para a igreja primitiva estava em primeiro plano". O trecho permitiria "constatar que o autor polemiza bem flagrantemente contra Paulo, ou mais corretamente: contra um 'paulinismo' que sofreu uma evolução".[1052]

Posicionamento: Como já repercutiu na "palavra introdutória", não encontramos contradição entre Paulo e Tiago. Tampouco Paulo se voltou contra uma vida de acordo com parâmetros dos mandamentos de Deus (cf. 1Co 7.19; 2Co 5.10). A controvérsia entabulada aqui por Tiago revela que ele justamente não se opunha a

---

[1049] W. Michaelis, op. cit., p. 277.

[1050] Cf. H. Conzelmann & A. Lindemann, op. cit., p. 306.

[1051] W. G. Kümmel, op. cit., p. 365.

[1052] H. Conzelmann & A. Lindemann, op. cit., p. 305. Cf. H. Appel, op. cit., p. 116s; H. Köster, op. cit., p. 592s; W. G. Kümmel, op. cit., p. 364; E. Lohse, Entstehung, p. 131; W. Marxsen, op. cit., p. 196; P. Vielhauer, op. cit., p. 579.

uma doutrina paulina de justificação e da lei, mas à opinião de "que a fé poderia salvar uma pessoa mesmo que não tenha uma conduta condizente: a visão equivocada do evangelho que sempre retorna, em naturezas eticamente relapsas".[1053]

A época em torno do final do século I é citada pelos críticos como possível data da redação de Tiago.[1054]

7.2.7.2 Época da redação no caso da autoria de Tiago, irmão do Senhor

Mussner e, com ele, Hörster datam Tiago por volta do ano 60, porque a consideram uma reação a um entendimento equivocado da mensagem de Paulo.[1055]

Vemos, porém, em Tiago muito mais um escrito redigido ainda antes dos acontecimentos em torno do concílio dos apóstolos do ano 49. A nosso ver, Albrecht escreve com razão:

> Quando, afinal, Tiago escreveu aos crentes vindos de Israel? Parece que foi em uma época quando ainda não havia igrejas cristãs gentias. Porque nada na carta de Tiago aponta na direção de que a disputa em torno de lei e circuncisão, que ocasionou a reunião em Jerusalém no ano 49 (At. 15), já tenha iniciado naquele tempo. Por isso, a carta de Tiago já poderia ter surgido em torno do ano 45.[1056]

Conclusão: Datamos Tiago antes do concílio dos apóstolos, *por volta de 40-45*.[1057] Com grande probabilidade, a carta constitui o primeiro escrito do NT.

7.2.8 Características e peculiaridades[1058]

a) A carta tem uma conotação de autoridade. Quase cada segundo versículo está no imperativo, porém o leitor não se situa sob a impressão de um espírito autocrático. Várias vezes o escrito chama os endereçados de "irmãos".

[1053] F. BARTH, op. cit., p. 144.

[1054] Cf. H. CONZELMANN & A. LINDEMANN, op. cit., p. 306; W. G. KÜMMEL, op. cit., p. 365; E. LOHSE, *Entstehung*, p. 131; W. MARXSEN, op. cit., p. 198.

[1055] Cf. F. MUSSNER, Der Jakobusbrief, HThK, 5. ed. (Freiburg; Basel; Wien: Herder, 1987), v. 13, p. 19ss (apud G. HÖRSTER, op. cit., p. 169). Cf. tb. P. FEINE, op. cit., p. 200. T. ZAHN, *Einleitung*, v. 1, p. 98s, posiciona-se energicamente contra essa datação.

[1056] L. ALBRECHT, op. cit., p. 615.

[1057] Cf. D. A. CARSON, D. J. MOO & L. MORRIS, op. cit., p. 414; W. MICHAELIS, op. cit., p. 279s. Ainda para antes do concílio dos apóstolos data também H. C. THIESSEN, op. cit., p. 278; algo análogo em E. F. HARRISON, op. cit., p. 392; J. C. K. VON HOFMANN, op. cit., p. 238; P. SCHEGG, *Jakobus der Bruder des Herrn und sein Brief* (München: Stahl, 1883), tomo 2, p. 10s; M. C. TENNEY, op. cit., p. 286; T. ZAHN, *Einleitung*, v. 1, p. 65.

[1058] Cf. E. F. HARRISON, op. cit., p. 383s. Cf. tb. E. AEBI, op. cit., p. 270.

b) Em Tiago consta um mínimo de ensinamento cristão. Falta, p. ex., a doutrina da redenção pela morte e ressurreição de Jesus de Cristo.

c) Em contrapartida, o escrito fornece muitas orientações práticas. Do início ao fim, o autor enfatiza as consequências da fé autêntica. O crente é praticante, não mero conhecedor da palavra. Em função das exortações contra a injustiça social, Tiago com frequência foi chamado de "Amós" do NT.

d) Em Tiago aparecem muitas referências valiosas obtidas da natureza. Já foi declarado que em Tiago são aplicadas mais ilustrações da natureza que em todas as cartas paulinas em conjunto.

e) A doutrina de Tiago apresenta analogias muito marcantes com o ensinamento do Senhor Jesus, sobretudo em comparação com o Sermão do Monte (comp. Tg 4.10 com Mt 23.12; Tg 4.11s com Mt 7.1; Tg 5.12 com Mt 5.34-37).

Hayes escreve: "Tiago diz menos sobre o Mestre que qualquer outro escrito do NT, mas sua linguagem é mais semelhante à do Mestre que qualquer outra do NT".[1059]

f) Tiago faz parte da literatura sapiencial, por evidenciar grande parentesco com a literatura de sabedoria do AT, igualmente com a literatura apócrifa correspondente (principalmente o Sirácida). No entanto, Tiago se distingue da referida literatura sapiencial por seu interesse na escatologia e da literatura apócrifa por ser inspirada pelo Espírito Santo.

g) O grego de Tiago denota elevada qualidade e pode ser posicionado ao lado de Hebreus e 1Pedro. Em Tiago encontra-se um alto percentual de palavras que não ocorrem em outros textos do NT.

7.3 A primeira carta de Pedro

7.3.1 Conteúdo e subdivisão

1.	Introdução da carta: autor, destinatários e saudação (prescrito e epítetos)	1Pe 1.1-2
2.	A esperança viva do cristão (proêmio)	1Pe 1.3-12
	A glória da esperança da salvação	1Pe 1.3-5
	A provação da fé	1Pe 1.6-9
	O testemunho dos profetas	1Pe 1.10-12
3.	Exortação à conduta santa condizente com a vocação	1Pe 1.13—2.10
	Chamado a uma conduta santa para os que são redimidos pelo sangue de Jesus	1Pe 1.13-25

[1059] D. A. HAYES; apud E. F. HARRISON, op. cit., p. 38.

	A pedra angular e as pedras vivas	1Pe 2.1-8
	O sacerdócio real e o povo de propriedade da nova aliança	1Pe 2.9-10
4.	**O comportamento dos servos de Deus**	1Pe 2.11—3.22
	Comportamento no mundo	1Pe 2.11-17
	Cristo como exemplo dos escravos	1Pe 2.18-23
	A solução da questão da culpa	1Pe 2.24,25
	Comportamento no matrimônio	1Pe 3.1-7
	Amor fraternal recíproco e disposição para sofrer	1Pe 3.8-17
	O padecimento de Jesus pelos injustos; entre cruz e ressurreição entra pelo Espírito no mundo dos mortos	1Pe 3.18-22
5.	**A igreja de Jesus Cristo**	1Pe 4.1—5.9
	Senso para o sofrimento, clara delimitação contra prazeres mundanos, serviço mútuo de edificação na igreja	1Pe 4.1-11
	Incentivo para a perseverança alegre com vistas à perseguição e aflição	1Pe 4.12-19
	Exortação aos anciãos	1Pe 5.1-4
	Exortação aos mais jovens e a todos os membros da igreja	1Pe 5.5-9
6.	**Final da carta: voto de bênção e saudações**	1Pe 5.10-14

7.3.2 Autoria, atestação da igreja antiga e autenticidade

7.3.2.1 Autoria (testemunho interno)

Pedro a si mesmo se denomina no prescrito "apóstolo de Jesus Cristo" (1Pe 1.1). Em 1Pedro 5.1 ele se chama "presbítero e testemunha dos sofrimentos de Cristo". Escreve a carta "com a ajuda de Silvano" (1Pe 5.12) e chama Marcos de seu "filho" (1Pe 5.13).

7.3.2.2 Atestação da igreja antiga

a) Papias (c. 130/140) conhecia 1Pedro.[1060]

b) Em *O Pastor*, de Hermas, encontramos um possível paralelo com 1Pedro.[1061]

c) Policarpo se refere nitidamente a passagens de 1Pedro.[1062]

[1060] Cf. Euseb. HE, livro III, 39.17.

[1061] HERMAS, O pastor, 19.3/1Pe 5.7.

[1062] POLICARPO, Aos Filipenses, 1.3; 2.1/1Pe 1.8; 13.21; 2.2/1Pe 3.9; 5.3/1Pe 2.11 etc.

d) A carta das igrejas de Viena e Lião às igrejas da Ásia e da Frígia (c. 177) contém uma clara alusão a 1Pedro 5.6.[1063]

e) Ireneu cita 1Pedro,[1064] também com a indicação expressa de que a carta foi escrita por Pedro.[1065]

f) Clemente de Alexandria traz em parte citações literais de 1Pedro,[1066] às vezes dizendo que Pedro é o autor.[1067]

g) Tertuliano conhece 1Pedro,[1068] citando-a como escrita por Pedro.[1069]

h) Orígenes sabe que em seu tempo 1Pedro fazia parte dos escritos do NT de aceitação geral.[1070]

i) Cipriano (m. 258) cita 1Pedro como redigida pelo apóstolo Pedro.[1071]

j) Para Eusébio, a primeira carta de 1Pedro faz parte das cartas do NT aceitas universalmente.[1072]

k) Lúcifer de Calais (m. c. 370) cita 1Pedro como escrita pelo apóstolo Pedro.[1073]

l) Cirilo de Jerusalém conta as sete cartas católicas no cânon do NT, entre elas as de Pedro.[1074]

m) Dídimo comenta 1Pedro e fala do "apóstolo da circuncisão", i.e., apóstolo dos judeus como autor.[1075]

[1063] Cf. Euseb. HE, livro V, 2.5.

[1064] IRENEU, Contra heresias, livro IV, 20.2/1Pe 2.22.

[1065] IRENEU, Contra heresias, livro IV, 16.5/1Pe 2.16.

[1066] CLEMENTE DE ALEXANDRIA, Cohortatio ad Gentes, 4.18/1Pe 2.9s; O pedagogo, livro I, 11.105/1Pe 2.12; 11.107/1Pe 3.1ss.

[1067] CLEMENTE DE ALEXANDRIA, O pedagogo, livro I, 6/1Pe 2.1ss; livro III, 11.109/1Pe 2.18; 12/1Pe 1.17ss; 4.3.

[1068] TERTULIANO, Scorpiace, 24.3/1Pe 2.13.

[1069] TERTULIANO, Scorpiace, 12.2/1Pe 2.20ss.

[1070] ORÍGENES, Comentários ao evangelho de são João, apud Euseb. HE, livro VI, 25.7. Cf. tb. Homilias sobre Josué, homilia 7.1; Homilias sobre Gênesis, homilia 13.2; Homilias sobre Levítico, homilia 2.4.

[1071] CIPRIANO, Testimonii, 2.27/1Pe 3.18; 4.6. Cf. tb. 3.11/1Pe 2.1s; 3.36/1Pe 3.3 etc.

[1072] Cf. Euseb. HE, livro III, 3.1; 25.2.

[1073] LÚCIFER DE CALARIS, De Non Parcendo in Deum Delinquentibus, 23/1Pe 5.8s.

[1074] CIRILO DE JERUSALÉM, Catechesis, 4.36.

[1075] DÍDIMO, In Epistolas Catholicas Enerratio sobre 1Pe 1.1. Cf. tb. De Spiritu Sancto 40/1Pe 1.11s; Sobre a Trindade, livro I, 32.99/1Pe 4.13; livro II, 5.147/1Pe 1.24s etc.

n) Epifânio traz uma alusão a 1Pedro 4.1 (a formulação πάσχω σαρκί – paschō sarki, "sofrer na carne" não ocorre em outros textos do NT) e 1Pedro 3.18 com a observação de que isso é dito pela "Escritura divina".[1076]

7.3.2.3 Autenticidade

a) Análise das objeções à autenticidade

Cludius foi o primeiro a contestar em 1808 a autoria petrina.[1077] Seus argumentos foram acolhidos em grande medida na ciência introdutória histórico-crítica e completados por novos pontos.

Ao lado dos argumentos aqui listados, são lançadas na balança contra a autenticidade também questões de datação que, no entanto, analisaremos mais abaixo.

1) Exceto em 1Pedro 5.1 não haveria nenhum indício do discipulado pessoal do autor; faltaria qualquer referência à atuação de Jesus e às palavras de Jesus.[1078]

Posicionamento: Argumentações similares já ocorriam, p. ex., em comentários sobre a autenticidade de Tiago. Por isso, nossa resposta também será análoga. Para tanto, citamos Cullmann:

> A ausência de qualquer alusão a recordações pessoais muito antes nos fornece, em vez de nos levar a duvidar da autenticidade petrina da presente carta, uma espécie de prova negativa disto: porque os escritos apócrifos costumam remeter-se, no intuito de obter importância e reconhecimento maiores, a um apóstolo e ainda multiplicam as supostas recordações pessoais. A sobriedade dessa carta [...] depõe em favor de sua autenticidade.[1079]

2) A carta mostraria um grego koiné fluente.[1080]

Posicionamento: Pedro era natural de Betsaida (cf. Jo 1.44), uma cidade na proximidade do lago de Genesaré. Tanto seu irmão André como Filipe, que igualmente

---

[1076] Epifânio, Anacephalaeosis, 1119.

[1077] H. H. Cludius, Uransichten des Christentums (Altona: [s.n.], 1808); apud B. Weiss, Einleitung, p. 434.

[1078] Cf. H. Appel, op. cit., p. 106; H. Conzelmann & A. Lindemann, op. cit., p. 310; M. Dibelius, op. cit., p. 123; W. G. Kümmel, op. cit., p. 374; E. Lohse, *Entstehung*, p. 133; H.-M. Schenke & K. M. Fischer, op. cit., v. 1, p. 199; P. Vielhauer, op. cit., p. 586.

[1079] O. Cullmann, op. cit., p. 121s.

[1080] Cf. H. Appel, op. cit., p. 106; W. G. Kümmel, op. cit., p. 373; E. Lohse, *Entstehung*, p. 133; W. Marxsen, op. cit., p. 202; H.-M. Schenke & K. M. Fischer, op. cit., v. 1, p. 199; P. Vielhauer, op. cit., p. 586; A. Wikenhauser & J. Schmid, op. cit., p. 599s.

era oriundo de lá (Jo 12.21), tinham nomes gregos. A cidade era bilíngue, de sorte que cada qual aprendia a falar grego desde jovem. A desqualificação em Atos 4.13 fala apenas de que Pedro não fez nenhum estudo formal. Contudo, nem sua profissão anterior nem a expressão das pessoas hostis do Sinédrio constituem prova contra uma possível habilidade linguística de Pedro.[1081]

3) O uso da LXX mostraria que o autor é originário da região de fala grega.[1082]

Posicionamento: Na Galileia podia ser absolutamente possível que também a LXX fosse usada com frequência. Além do mais, não é incomum que um autor utilize uma tradução já existente e amplamente difundida da Bíblia e não traduza pessoalmente cada citação do AT.

4) A carta seria "caracterizada pela acolhida de material tradicional diverso: paráclese, expressões pré-formuladas, confissões e hinos" e, portanto, "não se situaria no começo da tradição cristã incipiente", mas sim a pressuporia.[1083]

Posicionamento: Esse argumento é somente conclusivo quando já se parte da inautenticidade da carta. A suposta acolhida de material da tradição é asseverada sem pontos reais de apoio no próprio texto. Esse argumento, portanto, não pode servir de alicerce para uma declaração de inautenticidade.

5) Em várias passagens "se poderiam detectar nítidas vinculações com a teologia de Paulo", as quais "não apontariam para dependência literária", "mas, pelo contrário, devem ser explicadas pela influência continuada da tradição da escola paulina".[1084]

Posicionamento: Também nesse ponto damos voz a uma citação de Cullmann:

> Comete-se injustiça ao contrapor a teologia de Pedro à de Paulo; de fato os dois apóstolos estão muito mais próximos um do outro do que geralmente é dito. Naquele episódio comumente chamado de "incidente" de Antioquia e sobre o qual informa Gálatas 2.11-21, Paulo resiste a Pedro "face a face" por causa de sua covardia, mas não por causa da doutrina. Pedro não procedeu em

---

[1081] Cf. F. BARTH, op. cit., p. 131; D. A. CARSON, D. J. MOO & L. MORRIS, op. cit., p. 422; O. CULLMANN, op. cit., p. 120s; D. GUTHRIE, op. cit., p. 763s; R. P. MARTIN, op. cit., v. 2, p. 332.

[1082] Cf. H. APPEL, op. cit., p. 106; H. CONZELMANN & A. LINDEMANN, op. cit., p. 310; W. G. KÜMMEL, op. cit., p. 373; W. MARXSEN, op. cit., p. 202; H.-M. SCHENKE & K. M. FISCHER, op. cit., v. 1, p. 199; P. VIELHAUER, op. cit., p. 586.

[1083] E. LOHSE, *Entstehung*, p. 133.

[1084] E. LOHSE, *Entstehung*, p. 133. Cf. H. APPEL, op. cit., p. 106; H. CONZELMANN & A. LINDEMANN, op. cit., p. 311; H. KÖSTER, op. cit., p. 731; W. G. KÜMMEL, op. cit., p. 373; W. MARXSEN, op. cit., p. 201; H.-M. SCHENKE & K. M. FISCHER, op. cit., v. 1, p. 199; P. VIELHAUER, op. cit., p. 586; A. WIKENHAUSER & J. SCHMID, op. cit., p. 598s.

consonância com sua convicção teológica (que na questão da comunhão de mesa com os "antigos gentios" é a mesma que a de Paulo), e Paulo unicamente o acusa dessa inconsequência.[1085]

Pedro fazia parte dos Doze, e esses eram reconhecidos por Paulo como testemunhas do evangelho (cf. 1Co 15.7ss). Paulo tinha consciência de que eles já eram apóstolos antes dele (Gl 1.17).

Além disso, Pedro tinha conhecimento das cartas de Paulo (cf. 2Pe 3.15s) e demonstra uma grande valorização delas, assim como diante do apóstolo dos gentios.

Wand[1086] destaca que Pedro certamente possui algumas coisas em comum com Paulo, mas que não traz certas declarações doutrinárias centrais de Paulo (justiça, lei, carne). Adicionalmente ele expressa uma grande e "apta" autonomia na apresentação. Importantes ênfases são sem dúvida o sofrimento e a morte vicários de Jesus (1Pe 1.18s; 2.24s; 3.18), sua descida ao mundo dos mortos entre a cruz e a ressurreição (1Pe 3.19s) e a intensa acentuação da ressurreição e exaltação de Jesus (1Pe 3.21b,22), conhecidas por nós nas pregações de Pedro em Atos.

6) Os destinatários viveriam, pelo menos em parte, na região evangelizada por Paulo (cf. 1Pe 1.1), o que seria difícil de explicar no caso de uma redação da carta por Pedro.[1087]

Posicionamento: Esse argumento parte da suposição de que Pedro não teria tido o direito de visitar também igrejas fundadas por Paulo, o que não é confirmado pelo NT (cf., p. ex., 1Co 1.12; 9.5).

7) Seria inverossímil a suposição de que a carta foi ditada por Pedro a Silvano (cf. 1Pe 5.12). Pelo contrário, a nota de 1Pedro 5.12 na carta teria sido escrita por um autor anônimo, "para tornar compreensível determinada proximidade com a teologia paulina".[1088]

Posicionamento: De 1Pedro não se pode depreender até que ponto Silvano trabalhou autonomamente como "secretário" (cf. 1Pe 5.12). De qualquer modo, representaria a mesma proporção maior ou menor de que, conforme 1Pedro 1.1, a carta seja do apóstolo Pedro. A alegação de que Silvano teria feito pessoalmente mais

---

[1085] O. CULLMANN, op. cit., p. 122.

[1086] Cf. J. W. C. WAND, *The General Epistles of St. Peter and St. Jude*, in: WC (1934), p. 17ss (apud D. GUTHRIE, op. cit., p. 774, nota 6).

[1087] Cf. H. CONZELMANN & A. LINDEMANN, op. cit., p. 311; W. MARXSEN, op. cit., p. 201s; A. WIKENHAUSER & J. SCHMID, op. cit., p. 601.

[1088] E. LOHSE, *Entstehung*, p. 133s.

que, p. ex., Tércio em Romanos 16.22 (i.e., mais que registrar o ditado) não pode ser consubstanciada com base nas informações de que dispomos.[1089]

b) Argumentos em favor da autenticidade

Independentemente de sabermos até que ponto Silvano teve participação na elaboração da carta, apresentaremos agora os argumentos em favor da autenticidade da carta:

1) O testemunho interno fala claramente a favor da redação por Pedro.

2) Pedro menciona em 2Pedro 3.1 que está escrevendo a segunda carta aos destinatários de 1Pedro.

3) Em virtude do grande peso da atestação patrística, que não evidencia a menor dúvida, é surpreendente que, afinal, tenha havido pessoas capazes de duvidar de um testemunho tão bem documentado.

4) Um autor pseudônimo dificilmente teria indicado Pedro como autor e em seguida citado, no final da carta, dois nomes que no mais eram conhecidos do entorno de Paulo.[1090] Schenke e Fischer tentam, em consonância com a escola de Tübingen, explicar a "orientação paulina" da carta sob o nome de Pedro com o argumento de que a "finalidade de toda a carta seria que um autor fale em nome de Pedro como Paulo, dando assim posteriormente a Paulo um atestado de fé correta".[1091] Essa argumentação, porém, pressupõe uma separação extrema demais entre cristãos judeus e gentios, bem como entre igrejas petrinas e paulinas, a qual o autor teria tentado superar. Seguramente havia correntes judaico-cristãs que não reconheciam Paulo como apóstolo (cf. 1Co 9.1ss), porém com o passar dos anos essas correntes conseguiram influenciar apenas poucas igrejas.

5) O conceito de "servo de Deus" em relação a Jesus consta nos discursos de Pedro reproduzidos por Lucas em Atos (At 3.13,26).[1092] No AT o "servo de Deus" é relacionado com os padecimentos que precisa assumir de maneira vicária. Acontece que na primeira carta é notória a frequência com que Pedro trata dos sofrimentos de Cristo ou pelo menos os menciona (1Pe 1.11; 3.18; 5.1). Diversas vezes também relaciona os sofrimentos da igreja com os padecimentos de Cristo (1Pe 2.21,23;

[1089] Contra L. ALBRECHT, op. cit., p. 625; W. MICHAELIS, op. cit., p. 287 e outros.

[1090] Cf. H. APPEL, op. cit., p. 107.

[1091] H.-M. SCHENKE & K. M. FISCHER, op. cit., v. 1, p. 202.

[1092] Com referência a Jesus, esse conceito ocorre no NT apenas ainda em Mt 12.18 (citação do AT); At 4.27,30 (oração da igreja).

4.1,13). Essa ênfase no sofrimento de Cristo permite detectar o mesmo Pedro por trás desses textos, ainda que isso não constitua uma prova segura.[1093]

c) Que sabemos sobre o apóstolo Pedro?

Como já foi mencionado, Simão Pedro vinha de Betsaida e era um filho do pescador Jonas (Mt 16.17; conforme outra grafia, filho de João: cf. Jo 1.42). Por intermédio de seu irmão André, Pedro foi levado a Jesus (Jo 1.40ss). De Jesus, Simão recebeu o cognome Cefas ou, em grego, Pedro (Jo 1.42). Somente depois desse primeiro encontro (muito provavelmente no Jordão, onde João Batista havia batizado Jesus), aconteceu no lago de Genesaré perto de Cafarnaum a convocação para compor o grupo de discípulos, ou apóstolos (Mt 4.18ss; 10.2). Pedro era casado; por ocasião de uma visita, Jesus curou sua sogra (Mt 8.14).

Com João e Tiago, os filhos de Zebedeu, ele fazia parte do grupo mais próximo de Jesus. Em consonância, constam nos evangelhos muitos relatos em que se menciona Pedro, os quais, no entanto, não podemos analisar mais de perto neste espaço.

Pedro era temperamental e cônscio de si, até mesmo tentando preservar Jesus do aprisionamento, se necessário inclusive pela violência (cf. Jo 18.10). Contudo, foi aquele que desmoronou de sua autoconfiança por ter negado a Jesus (cf. Mt 26.69ss). Na sequência, depois da ressurreição, Jesus o chamou à parte em um encontro no lago de Genesaré, ajudou-o pelo aconselhamento e deu-lhe a incumbência de pastorear as ovelhas (Jo 21.15ss).

Após a ascensão de Jesus, repleto do Espírito Santo, Pedro pregou em Pentecostes diante de uma grande multidão de peregrinos judeus na festa em Jerusalém (At 2.14ss). Na ocasião, converteram-se três mil pessoas. Experimentou como Deus realizou milagres por meio dele e de João (At 3); teve de se justificar de sua atividade de pregação perante o Sinédrio (At 4.1ss), sendo em seguida preso pelo rei Herodes Agripa, assassino de Tiago, e liberto milagrosamente após a oração da igreja (At 12.1ss). Por meio de uma visão, Pedro foi preparado para sua primeira atuação entre os gentios (At 10s). Após a mencionada prisão e libertação, por volta do ano 44, Pedro se retirou de Jerusalém para longe do alcance de Herodes Agripa I (cf. At 12.17).[1094] Reencontramo-lo em Jerusalém por ocasião da segunda visita de Paulo a Jerusalém em 47/48 (Gl 2.1-9);

[1093] Cf. O. CULLMANN, op. cit., p. 122s. Para outras comparações idiomáticas entre Atos e 1Pedro, que no mínino não depõem contra uma redação por Pedro, cf. R. P. MARTIN, op. cit., v. 2, p. 330s.

[1094] Quanto à questão do lugar para onde Pedro se mudou, cf. item 2.2.8.1.

em 48 ele veio para Antioquia da Síria (Gl 2.11) e em 49 foi um dos principais envolvidos no concílio dos apóstolos em Jerusalém (At 15.2ss). Depois o perdemos de vista por certo tempo. No início da década de 60 ele está em Roma, onde, conforme declarações de diversos pais da igreja, morreu no ano 67 pelo martírio.[1095]

7.3.3 Integridade

Em introduções histórico-críticas na realidade não se postulam fontes escritas nitidamente delimitadas, mas se alega que muitas partes de 1Pedro seriam compiladas da tradição oral ou de material tradicional soltamente reunido.[1096]

Nada, porém, dá motivos para considerar o conteúdo de 1Pedro como produto de quaisquer tradições eclesiais. Pedro redigiu essa carta em sua autoridade de apóstolo, como testemunha ocular da atuação de Jesus e como competente conhecedor de décadas da situação da igreja universal.

7.3.4 Objetivo e destinatários

7.3.4.1 Objetivo[1097]

Na presente carta, Pedro visa a consolar e exortar os leitores em face das hostilidades por parte do entorno gentílico (cf. 1Pe 1.6; 2.12,15; 3.14ss; 4.4,12ss; 5.9).

7.3.4.2 Destinatários[1098]

Algumas afirmações na carta levam a inferir um grupo de destinatários cristãos gentios (p. ex., 1Pe 1.14,18; 2.9s,12; 4.3s), contudo não excluem que os leitores sejam mesclados de cristãos gentios e judeus. Uma mescla de leitores deve ser suposta pelo fato de que também na Ásia Menor havia, na maioria das localidades, colônias judaicas maiores ou menores que em parte foram alcançadas pelo evangelho pela atuação missionária nos primeiros decênios da expansão do cristianismo.

Não é possível determinar com segurança plena se os nomes geográficos na definição dos destinatários em 1Pedro 1.1 são nomes de regiões ou de províncias. Pelo que se detecta, os destinatários residiam na atual Turquia.

[1095] A esse respeito, cf. itens 2.2.3.2 e 2.2.7.2.
[1096] Cf. H. KÖSTER, op. cit., p. 732s; E. LOHSE, Entstehung, p. 133; W. MARXSEN, op. cit., p. 200s.
[1097] Cf. E. LOHSE, Entstehung, p. 132.
[1098] Cf. D. A. CARSON, D. J. MOO & L. MORRIS, op. cit., p. 424s; D. E. HIEBERT, Designation of the Readers in 1 Peter 1.1-2, BS, n. 545, 1980, p. 64-75; G. HÖRSTER, op. cit., p. 173; W. MICHAELIS, op. cit., p. 283s.

7.3.5 Lugar da redação

7.3.5.1 Em caso de rejeição da autenticidade

Apesar de rejeitar a autenticidade, alguns críticos admitem, com base em 1Pedro 5.13, Roma como lugar da redação.[1099] Vielhauer, porém, apoiado nos primeiros indícios de 1Pedro da igreja antiga, situados na Ásia Menor, acredita que a carta teria sido escrita na Ásia Menor.[1100]

7.3.5.2 Em caso de admissão da autenticidade

Já em Eusébio, que nessa questão presumivelmente se refere a Clemente de Alexandria, encontra-se a explicação de que "Babilônia" significa a cidade de Roma.[1101]

Sem dúvida, ainda existia naquele tempo a cidade da Babilônia na Mesopotâmia, mas ela perdera sua importância. Em meados do século I, até mesmo a colônia judaica de lá havia deixado a cidade.[1102]

Um acampamento militar romano no Egito igualmente tinha o nome de Babilônia, porém, em vista de sua inexistente importância, raras vezes é levado em consideração como lugar de redação.

Finalizando: Defendemos a opinião de que "Babilônia" é codinome de Roma (cf. a seguir) e eventualmente escolhida por razões de segurança. Por isso, conforme 1Pedro 5.13, a carta foi escrita em Roma.[1103]

7.3.6 Época da redação

7.3.6.1 Em caso de rejeição da autenticidade

Além de outros pontos, a autenticidade também é rejeitada com argumentos de datação:

1) A situação das igrejas pressuporia que a época de Paulo fica no passado.[1104]

2) A denominação de Roma como "Babilônia" (1Pe 5.13) teria surgido somente após a guerra judaica (66-70).[1105]

[1099] Cf. H. KÖSTER, op. cit., p. 731; W. G. KÜMMEL, op. cit., p. 374s; E. LOHSE, Entstehung, p. 134.

[1100] P. VIELHAUER, op. cit., p. 587s.

[1101] Euseb. HE, livro II, 15.2.

[1102] Somente poucas introduções localizam a redação da carta na Babilônia, como, p. ex., H. ALFORD, op. cit., v. 4, p. 127ss; C. R. GREGORY, op. cit., p. 699; H. C. THIESSEN, op. cit., p. 285.

[1103] Cf. D. GUTHRIE, op. cit., p. 793ss; T. ZAHN, Einleitung, v. 2, p. 17ss.

[1104] Cf. E. LOHSE, Entstehung, p. 133.

[1105] Cf. H. Conzehnann & A. LINDEMANN, op. cit., p. 310; P. VIELHAUER, op. cit., p. 587; A. WIKENHAUSER & J. SCHMID, op. cit., p. 602.

Posicionamento: A nosso ver, Thiede preserva com razão "que a ausência de comprovações judaicas da igualação de Babilônia com Roma nada expressa acerca do possível uso dessa igualação pelo Pedro histórico. Não é cabível asseverar que a primeira prova cristã de determinado uso linguístico não poderia se situar mais cedo que o primeiro uso correspondente na literatura judaica".[1106] Na sequência, Thiede traz provas antigas das literatura gentílica justamente em favor da equiparação de Babilônia com Roma, pelo que se retira toda a força comprobatória do argumento de datação tardia.[1107]

3) A perseguição descrita em 1Pedro ameaçaria a igreja inteira, não apenas algumas congregações em determinadas regiões (cf. 1Pe 5.9); isso caberia somente na época do imperador romano Domiciano (81-96).[1108] Outros até mesmo consideram possível que o motivo da carta seja a situação que se deu durante o governo de Plínio na Bitínia (112) no mandato do imperador romano Trajano (98-117).[1109]

Posicionamento: Nas primeiras décadas, os cristãos estiveram cercados de população gentílica em todo o Império Romano e enfrentavam perseguições esporádicas (cf., p. ex., os diferentes ataques às migrações missionárias de Paulo). 1Pedro 5.9 revela que essas perseguições não apenas ocorriam na região dos destinatários da carta, contudo de forma alguma pressupõem uma perseguição sistemática aos cristãos promovida pelo Estado.[1110]

4) A "instrução aos presbíteros de não pastorearem a igreja por ganância (1Pe 5.2)", apontaria para uma época posterior.[1111]

5) O fato de Pedro ser chamado "testemunha dos sofrimentos de Cristo" apontaria provavelmente para a morte de Pedro por martírio, o que pressuporia uma redação mais tardia.[1112]

[1106] C. P. Thiede, Babylon, der andere Ort: Anmerkungen zu 1Petr 5.13 und Apg 12.17, in: C. P. Thiede (Org.), Das Petrusbild in der neueren Forschung (Wuppertal: Brockhaus, 1987), p. 221s.

[1107] C. P. Thiede, Babylon, der andere Ort, p. 222ss.

[1108] Cf. H. Conzelmann & A. Lindemann, op. cit., p. 310; W. G. Kümmel, op. cit., p. 369, 374s; P. Vielhauer, op. cit., p. 586.

[1109] Cf. H. Köster, op. cit., p. 732; W. Marxsen, op. cit., p. 202.

[1110] Cf. D. A. Carson, D. J. Moo & L. Morris, op. cit., p. 423; D. Guthrie, op. cit., p. 764ss; R. P. Martin, op. cit., v. 2, p. 334; F. Neugebauer, Zur Deutung und Bedeutung des 1. Petrusbriefes, in: C. P. Thiede, Das Petrusbild in der neueren Forschung, p. 109ss.

[1111] W. Marxsen, op. cit., p. 202.

[1112] Cf. W. Marxsen, op. cit., p. 202.

Conclusão: Os argumentos críticos não fazem justiça ao texto de 1Pedro. Uma exegese conscienciosa mostra que a carta de forma alguma contradiz que tenha sido redigida no final da vida de Pedro. As datações críticas resultam de premissas intelectuais que contradizem o contexto do NT. Dependendo do enquadramento da situação de perseguição, a datação crítica oscila entre cerca de 80 e 120.

7.3.6.2 Em caso de admissão da autenticidade

Praticamente não existe motivo convincente para a presença de Pedro em Roma antes do ano da soltura de Paulo de sua primeira detenção naquela cidade (63). De qualquer modo, não encontramos nem em Atos 28 nem nas quatro cartas da prisão de Paulo um único indício dessa presença. No entanto, 1Pedro ainda não aponta para a perseguição sob Nero. Em decorrência, datamos para o ano 63/64.

7.3.7 Características e peculiaridades[1113]

a) Acerca da declaração em 1Pedro 1.10-12 sobre o profetismo do AT, Kaiser anota alguns pensamentos fundamentais importantes:

> Podemos estar certos de que o espaço de ignorância dos profetas acerca das próprias profecias se situava exatamente no mesmo ponto em que existe a nossa ignorância acerca da hora da vinda de Cristo [...] Ainda que os profetas fossem pouco eloquentes nessa área, tinham certeza em outras cinco áreas. Sabiam com certeza que anunciavam (o seguinte): 1) o Messias; 2) os sofrimentos do Messias; 3) a vinda do Messias com maravilhoso esplendor, como soberano governante; 4) a sequência desses dois episódios — sofrimento primeiro de depois a glória; 5) uma mensagem que tinha relevância não apenas para os santos do AT.[1114]

b) Pedro sabe que a proclamação apostólica, e com ela também sua carta, é palavra do Senhor (1Pe 1.25).

c) Por meio da fé, os leitores detêm uma posição privilegiada como "geração eleita, sacerdócio real, nação santa, povo exclusivo de Deus" (1Pe 2.9).

d) Apesar de circunstâncias agravadas, respeitar o governo faz parte da ética cristã (1Pe 2.13ss).

e) Uma cuidadosa explicação e análise de 1Pedro 3.18s mostra que, entre morte na cruz e ressurreição corporal (Páscoa), Jesus entrou "pelo Espírito" no mundo dos

---

[1113] Cf. tb. E. AEBI, op. cit., p. 245s; D. A. CARSON, D. J. MOO & L. MORRIS, op. cit., p. 426ss.
[1114] W. C. KAISER, *Back Toward the Future — Hints for Interpreting Biblical Prophecy* (Grand Rapids: Baker, 1989), p. 23s.

mortos, para entregar a um grupo bem específico, a saber, aos que pereceram no dilúvio (1Pe 3.20), uma mensagem de arauto. Não obtemos sinalização acerca do cunho dessa proclamação. Na perspectiva de João 5.22,30, Atos 10.42 e Filipenses 2.10s poderíamos supor que ele foi ao Hades para ali proclamar suas prerrogativas senhoriais como Juiz justo e verdadeiro (Ap 16.7; 20.11-15).

7.4 A segunda carta de Pedro

7.4.1 Conteúdo e subdivisão

1.	Introito da carta: autor, destinatários e saudação (prescrito e epítetos)	2Pe 1.1,2
2.	**Crescimento e preparação dos eleitos**	2Pe 1.3-21
	A grande vocação e o desdobramento das virtudes cristãs	2Pe 1.3-11
	Palavra exortadora de despedida do apóstolo	2Pe 1.12-15
	A credibilidade e inspiração da palavra profética	2Pe 1.16-21
3.	**Perigos e falsos mestres**	2Pe 2.1-22
	Sua apresentação e atuação	2Pe 2.1-3
	Juízos de advertência de Deus	2Pe 2.4-6
	O Senhor é capaz de resgatar da tentação (exemplo de Ló)	2Pe 2.7-9
	A imoralidade e impertinência dos sedutores	2Pe 2.10-14
	"Liberdade" como camuflagem da maldade	2Pe 2.15-19
	Perigosa apostasia	2Pe 2.20-22
4.	**A volta de Cristo**	2Pe 3.1-14
	Negação do juízo e volta do Senhor	2Pe 3.1-6
	Justificação da demora	2Pe 3.7-10
	Convocação à prontidão	2Pe 3.11-14
5.	**Exortações finais**	2Pe 3.15-18
	Referência às cartas de Paulo	2Pe 3.15-16
	Advertência contra apostasia e estímulo ao crescimento na graça e no conhecimento	2Pe 3.17s

7.4.2 Autoria, atestação da igreja antiga e autenticidade

7.4.2.1 Autoria (testemunho interno)

Em 2Pedro 1.1 Pedro se denomina "Simão Pedro, servo e apóstolo de Jesus Cristo". Viu pessoalmente a glória de Jesus e ouviu a voz do céu no momento da transfiguração de Jesus (2Pe 1.16ss; cf. Mt 17.5).

Pedro escreve nitidamente que com esse escrito está redigindo a segunda carta (2Pe 3.1). Chama Paulo de "amado irmão" e conhece as cartas dele (2Pe 3.15s). Sabe de sua iminente morte, "como o nosso Senhor Jesus Cristo já me revelou" (2Pe 1.14).

7.4.2.2 Atestação da igreja antiga[1115]

a) De acordo com afirmação de Eusébio, Clemente de Alexandria comentou as cartas católicas,[1116] do que, porém, nos foram preservados apenas de fragmentos.

b) Também Hipólito (m. c. 238) traz uma clara alusão a 2Pedro.[1117]

c) Orígenes tem conhecimento de 2Pedro, mas escreve que essa carta não seria reconhecida de maneira geral.[1118] Em outro contexto, porém, ele a menciona sem ressalvas entre as cartas canônicas.[1119]

d) Provavelmente Firmiliano (meados do séc. II) de Cesareia pressupõe 2Pedro.[1120]

e) As Pseudoclementinas, escrito judaico-cristão cuja datação não pode ser definida com clareza, contêm referências inequívocas a 2Pedro.[1121]

e) Eusébio cita 2Pedro entre as não reconhecidas de maneira geral, mas que não obstante seriam consideradas canônicas pela maioria na igreja.[1122]

f) A segunda carta de Pedro foi acolhida também nas traduções coptas do NT, que provavelmente começaram a ser realizadas já a partir do século III.[1123]

g) 2Pedro também é citada no Catálogo do dódice claromontano. Ainda que o manuscrito seja oriundo apenas do século VI, o texto do catálogo certamente é do século III ou do século IV.[1124]

h) Sem hesitação, Atanásio relaciona 2Pedro no cânon do NT.[1125]

[1115] Para a listagem de outras alusões incertas a 2Pe na igreja antiga, cf. C. BIGG, *A Critical and Exegetical Commentary on the Epistles of St. Peter and St. Jude* (Edinburgh: Clark, 1902), p. 199ss; E. M. B. GREEN, Der 2. Petrusbrief neu betrachtet, in: C. P. THIEDE, *Das Petrusbild*, p. 1ss.

[1116] Euseb. HE, livro VI, 14.1. Essa declaração é confirmada por FÓTIO, Códice 109 (apud E. M. B. GREEN, Der 2. Petrusbrief neu betrachtet, p. 4).

[1117] HIPÓLITO, Comentário a Daniel, livro III, 22.4/2Pe 2.19.

[1118] ORÍGENES, *Comentários ao evangelho de são João*; apud Euseb. HE, livro VI, 25.7.

[1119] ORÍGENES, Homilias sobre Josué, homilia 7.1.

[1120] Na Epistula, 75, escreve ele, entre outros, sobre advertências de Pedro diante de hereges; isso não combina com 1Pe (apud F. BARTH, op. cit., p. 156).

[1121] Apud E. M. B. GREEN, Der 2. Petrusbrief neu betrachtet, p. 4.

[1122] Euseb. HE, livro III, 3.1,4; 25.3.

[1123] Cf. E. M. B. GREEN, Der 2. Petrusbrief neu betrachtet, p. 3.

[1124] Cf. W. SCHNEEMELCHER, op. cit., v. 1, p. 30; E. M. B. GREEN, Der 2. Petrusbrief neu betrachtet, p. 3. Além dos escritos do NT o catálogo também arrola a *Carta de Barnabé*, *O pastor*, de Hermas, os *Atos de Paulo* e o *Apocalipse de Pedro*. Esses escritos pós-apostólicos e apócrifos, porém, foram acrescentados ao catálogo por uma mão posterior.

[1125] Cf. sua *Carta pascal XXXIX*, do ano 367 (texto em W. SCHNEEMELCHER, op. cit., v. 1, p. 40).

i) Cirilo de Jerusalém inclui as sete cartas católicas no cânon do NT, entre elas também aquelas (plural!) de Pedro, pelo que, portanto, também inclui 2Pedro.[1126]

j) Os concílios de Hipona, Laodiceia e Cartago no século IV consideravam 2Pedro canônica.[1127] Green escreve a esse respeito:

> Cai na vista que 2Pedro foi reconhecida justamente pelos concílios que rejeitaram as cartas de Barnabé e de Clemente de Roma; ambas desfrutaram por muito tempo de um lugar de honra, ao lado da Escritura, nos lecionários da igreja. Os pais desses concílios parecem ter agido com cautela exemplar e demonstrado uma excelente perspicácia. Dedicaram extremo esforço em excluir escritos falsificados e pós-apostólicos e, depois de exaustivo exame de sua intenção, consideraram 2Pedro inequivocamente como autêntica.[1128]

k) Jerônimo cita 2Pedro como carta não reconhecida de maneira geral.[1129] Levantou a hipótese de que Pedro teria usado dois secretários diferentes.[1130] Contudo, acolhe sem escrúpulos a carta na Vulgata.

l) Ambrósio, Hilário, Gregório de Nazianzo e Agostinho fazem uso de 2Pedro.[1131]

m) Dídimo comenta 2Pedro como as demais cartas católicas,[1132] considerando-a escrita por Pedro.[1133]

7.4.2.3 Autenticidade

a) Análise das objeções contra a autenticidade

Como em 1Pedro, sobrepõem-se também aqui questões de autenticidade e datação. Por isso, trataremos de argumentos adicionais na questão da datação. Aqui discutiremos principalmente questões puramente atinentes à autenticidade.

[1126] CIRILO DE JERUSALÉM, Catechesis, 4.36.

[1127] Apud E. M. B. GREEN, Der 2. Petrusbrief neu betrachtet, p. 3.

[1128] E. M. B. GREEN, Der 2. Petrusbrief neu betrachtet, p. 3.

[1129] "Ele escreveu duas cartas, que são chamadas (cartas) católicas, e das quais acerca da segunda a maioria nega que seja dele, por causa da diferença do estilo em comparação com a primeira (carta)" (scripsit duas epistolas, quae catholicae nominantur, quarum secunda a plerisque eius esse negatur propter styli cum priore dissonantiam [JERÔNIMO, De viris illustribus, livro I; apud M. MEINERTZ, op. cit., p. 274).

[1130] JERÔNIMO, Cartas, 120.11.

[1131] Apud F. BARTH, op. cit., p. 157.

[1132] DÍDIMO, In Epistolas Catholicas Enerratio.

[1133] DÍDIMO, *Sobre a Trindade*, livro I, 15.21s/2Pe 1.4; 28.87/2 Pe 1.19; livro II, 6.151/2Pe 2.4s.

1) 2Pedro 2 seria literariamente dependente da carta de Judas, escrita tardiamente[1134] (a esse respeito, cf. item b, a seguir).

2) A atestação de 2Pedro na igreja antiga seria muito desfavorável à admissão da autenticidade.[1135]

Posicionamento: De fato, 2Pedro apresenta a atestação mais frágil dentre todos os escritos do NT, porém com Green podemos constatar que 2Pedro tem a favor de sua inclusão no cânon um apoio muito melhor que o mais bem atestado dos livros rejeitados.[1136] Blum expõe possíveis razões da atestação tardia da carta (exceto a menção muito antiga em Judas; cf. a seguir):

> Se a carta foi enviada a uma região que não se localizava ao longo das principais rotas de viagem ou que sofria sob perseguições repentinas, exemplares podiam ser impedidos de circular normalmente.[1137]

3) Linguagem e universo conceitual se diferenciariam consideravelmente da primeira carta e seriam intensamente helenizadas.[1138]

Posicionamento:

α) Entre 1Pedro e 2Pedro existem, de fato, consideráveis diferenças estilísticas. Ao mesmo tempo, porém, podem ser constatadas igualmente semelhanças e ligações de conteúdo e estilo. Denotam uma vez mais que hipóteses de inautenticidade com base na crítica de estilo são muito problemáticas. Além disso, não se deve desconsiderar que 2Pedro talvez tenha sido escrita sob circunstâncias muito dificultadas na véspera da morte do apóstolo Pedro como mártir.

A seguir, arrolaremos algumas dessas semelhanças e conexões entre 1Pedro e 2Pedro:[1139]

— A maneira como se reflete a relevância da palavra profética (2Pe 1.19ss) evoca 1Pedro 1.10ss.

[1134] Cf. F. Barth, op. cit., p. 157ss; H. Conzelmann & A. Lindemann, op. cit., p. 312s; P. Feine, op. cit., p. 210s; H. Köster, op. cit., p. 734; W. G. Kümmel, op. cit., p. 379s; W. Michaelis, op. cit., p. 289.

[1135] Cf. H. Appel, op. cit., p. 128; F. Barth, op. cit., p. 156s; W. G. Kümmel, op. cit., p. 382; A. Wikenhauser & J. Schmid, op. cit., p. 610.

[1136] Cf. E. M. B. Green, Der 2. Petrusbrief neu betrachtet, p. 1.

[1137] E. A. Blum, 2 Peter, in: EBC, v. 12, p. 258.

[1138] Cf. F. Barth, op. cit., p. 161; P. Feine, op. cit., p. 211; W. G. Kümmel, op. cit., p. 380s; E. Lohse, Entstehung, p. 136; W. Michaelis, op. cit., p. 289s; P. Vielhauer, op. cit., p. 597.

[1139] Cf. E. M. B. Green, Der 2. Petrusbrief neu betrachtet, p. 8ss; P. H. R. van Houwelingen, De tweede trompet — de authenticiteit van de tweede brief van Petrus (Kampen: Kok, 1988), p. 53ss; B. Weiss, Einleitung, p. 444.

— Em 2Pedro 3.2,16 a palavra escrita do AT é equiparada à proclamação oral e escrita dos apóstolos. Algo análogo ocorre também em 1Pedro 1.22ss.

— 2Pedro 2.1 expõe a história de Israel como exemplar para a história da igreja, o que pode ser comparado com 1Pedro 2.9s e 3.6.

— 2Pedro 2.5 e 3.6 entendem, entre outras, o dilúvio como tipo do juízo vindouro (o que, no mais, ainda acontece em Mt 24.37s e Lc 17.26s, mas não no restante do NT; em Hb 11.7 Noé é apresentado como exemplo de fé), e 1Pedro 3.20s igualmente se refere ao dilúvio, ainda que em outra correlação.

— Em ambas as cartas, Pedro convoca os leitores a um "santo procedimento" (1Pe 1.15; 2Pe 3.11, RA; a combinação desses dois termos não ocorre em nenhuma outra passagem do NT), cujo ápice é em ambas as cartas o amor fraternal (1Pe 1.22; 2Pe 1.7).

— Tanto em 2Pedro como em 1Pedro acontece um número notoriamente grande de repetições de palavras.[1140]

— No emprego do artigo, as duas cartas se assemelham muito mais intensamente que outros escritos no NT.[1141]

— Em ambas as cartas, consta no prescrito literalmente e mesma saudação (em 2Pedro ela ainda é ampliada), algo que não se constata em nenhum outro texto do NT.

β) Acontece que em favor da inautenticidade se lança na balança não apenas o estilo de 2Pedro, mas a carta também é acoimada de um acervo de ideias helenistas. A esse respeito, observaremos o seguinte:

— O termo ἀρετή — aretē, "virtude" não precisa ser tomado por empréstimo do helenismo, mas se origina do linguajar da LXX, onde é atestado com certa frequência (p. ex., Is 42.8,12; 43.21; 63.7 para תְּהִלָּה — tehillah; em Zc 6.13; Hc 3.3 para הוֹד — hōd. Paulo emprega o termo ἀρετή — aretē em Filipenses 4.8). Pedro utiliza a palavra não apenas na segunda carta (2Pe 1.3,5), mas igualmente em 1Pedro 2.9.

Também Bauernfeind constata no uso do termo em 2Pedro 1.5 "um eco do linguajar observado na LXX...;"[1142] ἀρετή — aretē "é a atitude que o justo tem de comprovar na vida e na morte". Em 2Pedro 1.5 "uma analogia formal digna de nota" aponta "para o mundo profano, para a área da 'virtude'; entretanto, como deve estar assegurado que nesse texto, πίστις — pistis se diferencia do paralelo profano ('fidelidade'), uma diferença dessas no mínimo também é provável para ἀρετή — aretē".[1143]

[1140] Uma lista de muitas dessas repetições de termos consta em C. Bigg, op. cit., p. 225ss.

[1141] Cf. J. B. Mayor, *The Epistle of Jude and the Second Epistle of Peter* (1907), p. 104 (apud E. M. B. Green, Der 2. Petrusbrief neu betrachtet, p. 9 e 44).

[1142] O. Bauernfeind, ἀρετή, in: ThWNT, v. 1, p. 460.

[1143] O. Bauernfeind, ἀρετή, in: ThWNT, v. 1, p. 460.

Consideramos muito arriscado que o termo φύσις — physis, "natureza" em 2Pedro 1.4 deva ser interpretado com base em influência helenista, em vista do fato de que essa expressão ocorre em Paulo 11 vezes (Rm 1.26; 2.14,27; 11.21; 11.24 [três vezes]; 1Co 11.14; Gl 2.15; 4.8; Ef 2.3) e em Tiago 3.7.

Em suma: Os dois termos ἀρετή — aretē, "virtude", e φύσις — physis, "natureza", em 2Pedro ainda não comprovam em absoluto a asserção de que a linguagem e o universo conceitual de 2Pedro sejam sumamente helenizados. Green escreve, a nosso ver com razão:

> Ele reveste a doutrina cristã tradicional de um grego contemporâneo, sem se fixar de alguma forma em associações com que essas palavras vinham marcadas em determinados contextos. Emprega os termos, conferindo-lhes um novo significado. Especialmente relevante é o questionamento [...] de suposições estoicas e platônicas [em 2Pedro 1.3s]. De maneira retoricamente brilhante, ele admite a princípio que somos partícipes da natureza divina, para em seguida — inesperadamente — citar como causa não a φύσις ou o νόμος,[1144] como asseveravam as escolas rivais, mas a χάρις,[1145] a preciosa promessa do evangelho que nos foi concedida por Deus.[1146]

Na sequência, Green mostra outra vez por meio de um exemplo que as passagens controversas em 2Pedro não correspondem ao pensamento helenista, como alegam os críticos:

> Ademais o aoristo de ἀποφυγόντες — apophygontes[1147] (2Pe 1.4) nos faz lembrar que não nos movemos no reino do platonismo, e sim do cristianismo. Somos tornados participantes da natureza divina não escapando do mundo natural do tempo e do universo sensorial, mas depois de termos escapado do mundo no sentido da humanidade que se rebela contra Deus.[1148]

4) Seria muito suspeita a ênfase dada em 2Pedro às recordações pessoais de Jesus Cristo.[1149]

[1144] νόμος — nomos, "lei" [N. dos A.].

[1145] χάρις — charis, "graça" [N. dos A.].

[1146] E. M. B. Green, Der 2. Petrusbrief neu betrachtet, p. 25.

[1147] ἀποφυγόντες — apophygontes, "tendo escapado" (particípio aoristo de ἀποφεύγω — apopheugō, "escapar") [N. dos A.].

[1148] E. M. B. Green, Der 2. Petrusbrief neu betrachtet, p. 25.

[1149] Cf. O. Cullmann, op. cit., p. 130; M. Dibelius, op. cit., p. 135; W. G. Kümmel, op. cit., p. 382; P. Vielhauer, op. cit., p. 595.

Posicionamento: Dibelius, Kümmel e Vielhauer haviam declarado inautêntica 1Pedro com a afirmação contrária, de que faltariam indícios de conhecimento pessoal com Jesus. Isso demonstra uma vez mais que as hipóteses de inautenticidade brotam em grande medida da crítica arbitrária de cada teólogo e não representam o resultado de argumentos objetivos, mas andam de mãos dadas com uma rejeição fundamental de certos conteúdos bíblicos. Interessante é que essa crítica arbitrária se enrijece principalmente também contra escritos bíblicos que contêm asserções bíblicas centrais como aqui em 2Pedro, p. ex., sobre a inspiração da Sagrada Escritura (cf. analogamente a rejeição de 2Timóteo, como carta pastoral).

Uma comparação com literatura apócrifa pode mostrar a qualquer leitor que as observações pessoais aqui em 2Pedro não ostentam a marca de "detalhes" artificiais e fictícios da vida do apóstolo; Mateus 17.1 e textos paralelos atestam nitidamente a presença do apóstolo Pedro no monte da transfiguração (2Pe 1.16ss).

5) Igualmente deporia contra a autenticidade que 2Pedro 3.1 faria alusão à primeira carta, pretendendo ser continuação dela.[1150]

Posicionamento: Por que na segunda carta Pedro não poderia referir-se à primeira? Nenhuma pessoa sensata pode proibir a um autor uma referência dessas (cf., p. ex., At 1.1 com menção do evangelho de Lucas). Ninguém teria a ideia de contestar, por esse motivo, a autenticidade de um livro qualquer da literatura universal.

b) Debate dos argumentos histórico-críticos em favor de uma dependência de 2Pedro da carta de Judas

A ciência introdutória histórico-crítica postula que 2Pedro depende de Judas, usando isso como objeção de peso contra a autenticidade de 2Pedro. Não podemos mencionar cada um dos pontos de convergência no conteúdo das duas cartas,[1151] porém nos debruçaremos aqui sobre os argumentos críticos concretos em favor de que 2Pedro depende de Judas:

1) Em 2Pedro 2.4ss "a sequência dos três exemplos do AT (Israel no deserto, os anjos caídos, Sodoma e Gomorra)" de Judas 5ss é "ordenada historicamente e modificada (anjos caídos, dilúvio, Sodoma e Gomorra)", porque o autor de 2Pedro teria usado "o exemplo do dilúvio contra os que negam a parúsia".[1152] A sequência em 2Pedro 2.4ss, portanto, deveria ser explicada no sentido de que o autor tentou

---

[1150] Cf. O. CULLMANN, op. cit., p. 130; M. DIBELIUS, op. cit., p. 135; P. VIELHAUER, op. cit., p. 595.

[1151] A esse respeito, cf. a tabela no exposto sobre Judas.

[1152] W. G. KÜMMEL, op. cit., p. 380. Cf. P. FEINE, op. cit., p. 210; E. LOHSE, *Entstehung*, p. 135s.

debelar as falhas em Judas e corrigir a reprodução imprecisa da sequência das narrativas bíblicas.[1153]

Posicionamento: Existe a mesma possibilidade de que a sequência dos três exemplos de punição do AT tenha sido alterada em Judas 5ss diante de 2Pedro 2.4ss, porque Judas usa a apostasia de Israel como exemplo contra os falsos mestres que abusam da graça que é propiciada ao povo de Deus.

2) O que é dito em 2Pedro 2.4 "sobre o pecado dos anjos caídos" soaria "indefinido e incompreensível quando tomado isoladamente", porém "se tornaria compreensível quando comparado com Judas 6".[1154]

Posicionamento: O pecado dos anjos, de fato, não é especificado em 2Pedro 2.4, mas isso não torna a afirmação incompreensível. De forma alguma Pedro precisaria ter recorrido a Judas 6, fazendo uma síntese. Existe a mesma possibilidade de que Judas tenha considerado necessário aprofundar a breve afirmação de Pedro com informações adicionais.

3) O autor de 2Pedro não teria acolhido as citações apócrifas existentes em Judas (cf. a seguir) ou teria obscurecido aspectos essenciais pela omissão, porque a reunião dos rabinos em Jâmnia entrementes teria excluído esses escritos do AT.[1155]

Posicionamento: Por meio de um estudo convincente, Maier demonstra que o cânon judaico do AT não foi definido apenas por volta do ano 90 por uma reunião de rabinos, mas já em tempos pré-cristãos.[1156] De forma alguma se podem comprovar historicamente o ano de 90 e uma reunião hipotética de rabinos em Jâmnia como motivos para uma inibição de utilizar citações apócrifas. Além do mais, cabe ainda indagar em relação a Judas, de que maneira Judas trabalhou a citação apócrifa, se é que o fez.

4) O autor de 2Pedro pretenderia descrever como futuras as heresias que Judas caracteriza como atuais, mas apesar disso recorreria também ao tempo presente e até mesmo ao pretérito.[1157] A "advertência contra heresias concebida inicialmente como

---

[1153] Cf. H. CONZELMANN & A. LINDEMANN, op. cit., p. 313; E. LOHSE, Entstehung, p. 135; P. VIELHAUER, op. cit., p. 596; A. WIKENHAUSER & J. SCHMID, op. cit., p. 608.

[1154] A. WIKENHAUSER & J. SCHMID, op. cit., p. 608.

[1155] Cf. H. CONZELMANN & A. LINDEMANN, op. cit., p. 313; O. CULLMANN, op. cit., p. 129; P. FEINE, op. cit., p. 210; W. G. KÜMMEL, op. cit., p. 380; E. LOHSE, Entstehung, p. 136; W. MICHAELIS, op. cit., p. 289; P. VIELHAUER, op. cit., p. 596; A. WIKENHAUSER & J. SCHMID, op. cit., p. 608.

[1156] Cf. G. MAIER, Der Abschluss des jüdischen Kanons und das Lehrhaus von Jabne, in: G. MAIER (Org.), Der Kanon der Bibel (Giessen; Basel: Brunnen; Wuppertal: Brockhaus, s.d.), p. 1-24.

[1157] Cf. W. G. KÜMMEL, op. cit., p. 380. F. BARTH, op. cit., p. 158; P. FEINE, op. cit., p. 210s; E. LOHSE, Entstehung, p. 136; P. VIELHAUER, op. cit., p. 596; A. WIKENHAUSER & J. SCHMID, op. cit., p. 609.

profecia" em 2Pedro 2.1-3 referir-se-ia "na realidade ao tempo presente", como comprovaria 2Pedro 2.12-15.[1158]

Posicionamento: As formulações futuras em 2Pedro e as afirmações no presente em Judas no que tange aos falsos mestres podem muito bem ser um indício legítimo da prioridade de 2Pedro. O que Pedro previu, Judas acaba de presenciar. No entanto, sabemos que Pedro não usa consistentemente o tempo futuro, mas mescla presente e futuro, o que aponta para o fato de que já antes do martírio do apóstolo eram visíveis os inícios desse trágico movimento de sedução. Em Judas está tudo em pleno andamento.[1159]

5) A declaração genérica em 2Pedro 2.11 tornar-se-ia "compreensível somente quando se tem diante dos olhos o caso concreto citado em Judas 9".[1160]

Posicionamento: De fato, 2Pedro 2.11, tomado isoladamente, não é fácil de interpretar e compreender.[1161] Isso, porém, de forma alguma implica que Pedro precisa ter deparado com Judas. Em sua carta, Judas pode ter mencionado um exemplo específico para explicar a declaração previamente anotada de Pedro.[1162]

6) A ilustração em Judas 12s seria "mas autêntica e palpável" que seu paralelo em 2Pedro 2.17.[1163]

7) Ainda que em 2Pedro 3.3ss "os libertinistas sejam descritos como negadores da parúsia", também aqui 2Pedro traria "os fatos mais emaranhados, e Judas, os mais simples"; Judas ainda não saberia "nada de que os falsos mestres, contra os quais se dirige" teriam duvidado da parúsia.[1164]

Posicionamento: A ideia de que a volta de Jesus tenha sido negada por falsos mestres apenas tardiamente de fato condiz com o padrão de pensamento histórico--crítico, porém não com as afirmações do NT verificadas também em outras cartas.

Réplica conclusiva com uma citação de Zahn:

[1158] H. CONZELMANN & A. LINDEMANN, op. cit., p. 312. Cf. A. WIKENHAUSER & J. SCHMID, op. cit., p. 610.

[1159] Cf. G. WOHLENBERG, Der erste und zweite Pedrobrief und der Judasbrief, in: T. ZAHN (Org.), Kommentar, 2. ed. (Deichen: Leipzig, 1915), v. 15, p. xliis.

[1160] W. G. KÜMMEL, op. cit., p. 380. Cf. F. BARTH, op. cit., p. 158; P. FEINE, op. cit., p. 210; A. WIKENHAUSER & J. SCHMID, op. cit., p. 608.

[1161] Cf., p. ex., E. M. B. GREEN, 2 Peter and Jude — An Introduction and Commentary, TNTC ([S.l.]: InterVarsity Press, 1977), p. 105ss.

[1162] Cf. D. GUTHRIE, op. cit., p. 919.

[1163] W. G. KÜMMEL, op. cit., p. 380. Cf. F. BARTH, op. cit., p. 158; P. FEINE, op. cit., p. 210.

[1164] W. G. KÜMMEL, op. cit., p. 380. Cf. P. FEINE, op. cit., p. 211; A. WIKENHAUSER & J. SCHMID, op. cit., p. 607.

Como prova da prioridade de Judas não pode [...] valer a escrita mais clara e geralmente melhor de Judas em comparação com a escrita sombria e desajeitada de 2Pedro; pois por que Judas não poderia, assim como seu irmão Tiago, ter superado vários dos primeiros apóstolos no manejo do idioma grego e no dom natural da oratória!¹¹⁶⁵

c) *Redação de 2Pedro antes da carta de Judas*¹¹⁶⁶ *e autenticidade de 2Pedro*

1) Judas 4 e principalmente Judas 17 podem sem dificuldade ser vistos como referências a 2Pedro. Nenhuma carta apostólica preenche de tal maneira como 2Pedro as condições da mensagem de juízo sobre o tipo descrito de falsos mestres.

Zahn deduz de Judas 17 que Judas conhece 2Pedro e reconhece e enfatiza a referida carta como escrito apostólico, tendo usado suas declarações como base de grande parcela de sua carta.¹¹⁶⁷ Quando preservamos que 2Pedro foi redigida antes de Judas, então Judas constitui a primeira e melhor prova da existência e autenticidade de 2Pedro.

Acrescentemos mais algumas frases de Zahn:

> Uma vez que dispomos de um escrito sob o nome de Pedro, que apresenta exatamente aquilo a que Judas se refere a partir do escrito apostólico citado por ele, e visto que também independentemente dessas duas referências expressas de Judas existe um paralelismo tão amplo de matérias, pensamentos e expressões entre Judas e 2Pedro que uma ligação literária entre esses dois escritos não pode ser negada, então ficaria líquido e certo de acordo com o método usual da crítica que Judas conheceu 2Pedro como um escrito de um apóstolo, que o valorizou e usou como base em partes de sua missiva.¹¹⁶⁸

2) Pedro se apresenta com seu nome duplo "Simeão Pedro" (2Pe 1.1; em vários manuscritos consta "Simão Pedro").

---

¹¹⁶⁵ T. ZAHN, *Einleitung*, v. 2, p. 92.

¹¹⁶⁶ A redação de 2Pedro antes de Judas infelizmente é suposta somente por poucas introduções, como no séc. XVIII: C. STARKE, op. cit., p. 1487; no séc. XIX, entre outros, G. FRONMÜLLER, Die Briefe Petri und der Brief Judä, in: Lange NT (Bielefeld: [s.n.], 1859), v. 14, p. 69s; J. C. K. VON HOFMANN, op. cit., p. 223; DIETLEIN, Der zweite Brief Petri (Berlin: [s.n.], 1851); cf. tb. HENGSTENBERG, THIERSCH e STIER (os últimos quatro mencionados por H. ALFORD, op. cit., v. 4, p. 1481); no séc. XX, entre outros, L. ALBRECHT, op. cit., p. 657; M. C. TENNEY, op. cit., p. 404; H. C. THIESSEN, op. cit., p. 290s; G. WOHLENBERG, op. cit., p. xliss; T. ZAHN, *Einleitung*, v. 2, p. 92.

¹¹⁶⁷ Cf. T. ZAHN, *Einleitung*, v. 2, p. 92; cf. tb. G. WOHLENBERG, op. cit., p. xlis.

¹¹⁶⁸ T. ZAHN, *Einleitung*, v. 2, p. 92.

Um autor pseudônimo dificilmente teria escolhido outra introdução que 1Pedro 1.1 e muito menos a forma Simeão, utilizada unicamente também em Atos 15.14. Sobre essa designação, Green escreve:

> Essa forma do nome é ou um autêntico hebraísmo usado pelo próprio Pedro, ou um excelente arcaísmo que não tem paralelo nos escritos do século II, até mesmo em todo o conjunto da literatura pseudopetrina.[1169]

3) Existe um nexo interior entre 2Pedro 1.14 e João 21.18s. Assim somente é capaz de escrever uma testemunha auricular.[1170]

4) Da mesma forma, o trecho de 2Pedro 1.16ss somente pode ser entendido como escrito por uma testemunha ocular da transfiguração de Jesus (Mt 17.1ss).[1171]

Em suma: Defendemos a autenticidade de 2Pedro e, por consequência, a autoria pelo apóstolo Pedro.[1172] Da mesma maneira, preservamos que 2Pedro é anterior a Judas.

7.4.3 Objetivo e destinatários

7.4.3.1 Objetivo[1173]

Pedro escreve em 2Pedro 1.13 que considera importante "despertar a memória" dos leitores. Nessa intenção ele escreveu sua segunda carta, para que depois de sua iminente morte (2Pe 1.14) fossem capazes de a qualquer momento recordar essas coisas (2Pe 1.15).[1174]

7.4.3.2 Destinatários

Conforme 2Pedro 1.12-15 e 3.1, os destinatários de 2Pedro são idênticos aos destinatários de 1Pedro. De acordo com 2Pedro 1.1 a carta circular se dirige a "todos" os crentes, tanto a cristãos gentios como a cristãos judeus.

[1169] E. M. B. Green, Der 2. Petrusbrief neu betrachtet, p. 11. Cf. D. Guthrie, op. cit., p. 812ε, 820s; F. F. Harrison, op. cit., p. 423.

[1170] Cf. D. Guthrie, op. cit., p. 821; E. F. Harrison, op. cit., p. 423s.

[1171] Cf. D. Guthrie, op. cit., p. 822ss.

[1172] Cf., entre outros, E. A. Blum, op. cit., p. 257ss; W. de Boor, Der zweite Brief des Petrus und der Biref des Judas, in: WSt (Wuppertal: Brockhaus, 1976), p. 189; E. M. B. Green, Der 2. Petrusbrief neu betrachtet, p. 41; E. F. Harrison, op. cit., p. 416ss; M. Holland, Der zweite Petrus-Brief, in: H. Krimmer & M. Holland, Erster und zweiter Petrusbrief, in: Edition C (Neuhausen-Stuttgart: Hänssler, 1992), v. 20, p. 177ss; P. H. R. van Houwelingen, op. cit., p. 88s.

[1173] Cf. M. C. Tenney, op. cit., p. 400.

[1174] Esse último aspecto também pode ser relacionado com a redação do evangelho de Marcos em combinação com a proclamação de Pedro.

7.4.4 Lugar da redação

Em caso de rejeição da autenticidade, as introduções ao NT trazem à baila diversas localidades. Schenke e Fischer[1175] pensam no Egito por causa da atestação da carta por Orígenes naquela região e do manuscrito P[72]. Feine localiza a carta na Ásia Menor "por causa da ligação com a heresia em Judas".[1176]

Como já vimos na pergunta pelo lugar de redação do evangelho de Marcos,[1177] Pedro esteve no final de sua vida em Roma. Por isso, presumimos que Pedro escreveu sua segunda carta também em Roma.[1178]

7.4.5 Época da redação

7.4.5.1 Em caso de rejeição da autenticidade

Em defesa de uma datação tardia são apresentados pela ciência introdutória crítica os seguintes argumentos:

a) A maneira como Paulo é mencionado em 2Pedro 3.15s seria peculiar. Já existiria uma coletânea de cartas paulinas, e essas cartas até mesmo já seriam equiparadas ao AT e consideradas Escritura Sagrada.[1179]

Posicionamento: A expressão em 2Pedro 3.16 ἐν πάσαις ἐπιστολαῖς — en pasais epistolais, "em todas as cartas" não significa que o *corpus paulinum* do cânon do NT já existisse como coletânea concluída, mas se refere a todas as cartas de Paulo que Pedro conhecia.[1180] Se 2Pedro for autêntica, já existiam na época de sua redação todas as cartas de Paulo de que temos conhecimento (talvez com exceção de 2Tm).

Passagens como 1Tessalonicenses 2.13, 2Tessalonicenses 3.14, 1Coríntios 2.16, 7.17 e 14.37ss evidenciam que o próprio Paulo escreveu na consciência apostólica, i.e., na consciência da incumbência e da direção divinas. Conforme 1Pedro 1.21, Pedro sabe que a proclamação apostólica é movida e dirigida pelo

---

[1175] Cf. H.-M. Schenke & K. M. Fischer, op. cit., v. 2, p. 321.

[1176] P. Feine, op. cit., p. 212.

[1177] Sobre isso, cf. item 2.2.7.2.

[1178] Cf. E. F. Harrison, op. cit., p. 426; M. C. Tenney, op. cit., p. 400.

[1179] Cf. F. Barth, op. cit., p. l59s; H. Conzelmann & A. Lindemann, op. cit., p. 312; O. Cullmann, op. cit., p. 130; M. Dibelius, op. cit., p. 135; P. Feine, op. cit., p. 212; H. Köster, op. cit., p. 734; W. G. Kümmel, op. cit., p. 381; E. Lohse, *Entstehung*, p. 136; W. Marxsen, op. cit., p. 206; P. Vielhauer, op. cit., p. 595.

[1180] Cf. D. Guthrie, op. cit., p. 824s.

Espírito Santo. Portanto, a afirmação de 2Pedro 3.16 está na mesma linha dos demais escritos apostólicos.[1181]

b) As doutrinas combatidas em 2Pedro seriam originárias de um tempo posterior (cf., p. ex., em 2Pe 3.4 a negação da volta de Jesus).[1182] Também a réplica do autor não caberia na época dos apóstolos.[1183]

Posicionamento: Quando lembramos declarações do apóstolo Paulo (cf., p. ex., At 20.29ss; 1Ts 1-2; 5.1ss), não existe motivo para supormos que 2Pedro combateria ensinamentos que iriam aparecer somente no século II.

Contra a acusação de que o autor de 2Pedro perderia a tensão da esperança escatológica dos primeiros cristãos, Green escreve acertadamente:

> A escatologia da segunda carta de Pedro, bem analisada, parece ter as características de um ensinamento antigo, segundo a qual estamos vivendo nos últimos dias, que iniciaram com a encarnação, o padecimento e a ressurreição de Jesus e que serão consumados com a parúsia. A tensão entre escatologia realizada e a não realizada constitui o específico do termo ἐλπίς no NT. É exatamente essa tensão entre o "agora" e o "então", entre o "ter" e o "não ter" que se faz tão viva e atual na segunda carta de Pedro.[1184]

Finalizando: Por causa desses argumentos, 2Pedro muitas vezes é classificada na teologia histórico-crítica como o escrito mais recente do NT e datada para a primeira metade ou até mesmo segunda metade do século II.[1185]

7.4.5.2 Em caso de aceitação da autenticidade

Por força de 2Pedro 1.12-15, presumimos que Pedro escreveu a carta pouco antes de seu martírio, sob Nero, em Roma, por volta de 66/67.

7.4.6 Características e peculiaridades[1186]

a) Em 2Pedro 1.5-7 é exposta uma interessante concatenação das naturezas espirituais que devem se concretizar na vida dos crentes.

[1181] Cf. D. A. CARSON, D. J. MOO & L. MORRIS, op. cit., p. 435s; D. GUTHRIE, op. cit., p. 824ss.

[1182] Cf. O. CULLMANN, op. cit., p. 131; P. FEINE, op. cit., p. 211s; W. G. KÜMMEL, op. cit., p. 381; E. LOHSE, Entstehung, p. 136.

[1183] Cf. F. BARTH, op. cit., p. 160.

[1184] E. M. B. GREEN, Der 2. Petrusbrief neu betrachtet, p. 17.

[1185] Cf. F. BARTH, op. cit., p. 163; H. CONZELMANN & A. LINDEMANN, op. cit., p. 313; O. CULLMANN, op. cit., p. 131; M. DIBELIUS, op. cit., p. 136; W. G. KÜMMEL, op. cit., p. 383; E. LOHSE, Entstehung, p. 136; W. MARXSEN, op. cit., p. 208; W. MICHAELIS, op. cit., p. 290; P. VIELHAUER, op. cit., p. 599, e outros.

[1186] Cf. E. AEBI, op. cit., p. 250s; D. A. CARSON, D. J. MOO & L. MORRIS, op. cit., p. 442s.

b) Pedro está consciente de sua iminente morte, que lhe foi predita por Jesus Cristo (2Pe 1.14s).

c) Pedro faz uma declaração importante sobre a inspiração da Sagrada Escritura, de que homens falaram "impelidos pelo Espírito Santo de Deus" (2Pe 1.21).

d) Em 2Pedro 2.4 temos informação acerca do pecado de uma parte dos anjos, que tem por consequência sua expulsão para o inferno (aqui "tártaro"), até que sejam entregues ao julgamento.

e) A circunstância de que Jesus ainda não retornou não significa que Deus postergaria o cumprimento de sua promessa, mas que ele tem paciência e deseja que todos cheguem ao arrependimento (2Pe 3.9).

7.5 A carta de Judas

7.5.1 Conteúdo e subdivisão

1.	Introdução: autor, destinatários, saudação (prescrito e epítetos)	Jd 1,2
2.	Advertência contra heresias	Jd 3-23
	Convocação à luta em defesa da fé transmitida de uma vez por todas	Jd 3,4
	Três exemplos do AT	Jd 5-7
	Descrição dos falsos mestres	Jd 8-13
	Enoque e o retorno do Senhor	Jd 14-16
	As palavras prenunciadas pelos apóstolos	Jd 17-19
	Exortação séria	Jd 20-23
3.	Exaltação de Deus e final da carta	Jd 24-25
	Promessa	Jd 24
	Doxologia	Jd 25

7.5.2 Autoria, atestação da igreja antiga e autenticidade

7.5.2.1 Autor (testemunho interno)

Judas se apresenta no versículo 1 pelo nome e também como "servo de Jesus Cristo e irmão de Tiago". Fala dos apóstolos de Jesus na segunda pessoa (v. 17s), não se contando evidentemente como integrante desse grupo.

7.5.2.2 Atestação da igreja antiga[1187]

a) O Cânon muratoriano cita Judas como uma das cartas de aceitação geral na igreja.

[1187] Quanto a outros testemunhos e semelhanças da igreja antiga, mas em parte inseguros, cf. C. BIGG, op. cit., p. 305ss.

b) Clemente de Alexandria comentou Judas[1188] e a citou em seus escritos.[1189]

c) Tertuliano tem conhecimento de Judas.[1190]

d) Orígenes lista Judas entre as cartas canônicas[1191] e considera Judas, irmão do Senhor, o autor dessa carta.[1192]

e) Para Eusébio, Judas encontra-se entre as cartas que em sua época não eram aceitas de maneira geral, mas que não obstante eram lidas em público e consideradas canônicas em grande número de igrejas.[1193]

f) Atanásio reconhecia Judas como escrito canônico.[1194]

g) Cirilo de Jerusalém inclui as sete cartas católicas no cânon do NT, entre elas a carta de Judas.[1195]

h) Gregório de Nazianzo (m. c. 390) conhecia Judas.[1196]

i) Ambrósio (m. 397) conhecia e usava Judas.[1197]

j) Dídimo comentou Judas com as seis outras cartas católicas.[1198]

k) Epifânio reconhecia Judas como pertencente ao cânon do NT.[1199]

l) Jerônimo sabe que, em função das referências a Enoque, a carta não era reconhecida por todos, mas parece considerá-la pessoalmente como pertencente ao cânon.[1200] Igualmente acolheu Judas na *Vulgata*.

m) Agostinho fala expressamente da "carta canônica" de Judas.[1201]

[1188] CLEMENTE DE ALEXANDRIA, Adumbrationes in epistolam Judae.

[1189] CLEMENTE DE ALEXANDRIA, O pedagogo, livro III, 8.103/Jd 5s; Stromateis, livro III, 2/Jd 8ss; livro VI, 8/Jd 22s.

[1190] TERTULIANO, A moda feminina, livro I, 3.3 (texto, cf. a seguir).

[1191] ORÍGENES, Homilias sobre Josué, homilia 7.1. Cf. tb. Homilias sobre Gênesis, homilia 13.2.

[1192] ORÍGENES, Comentários sobre são Mateus, 10.17.

[1193] Euseb. HE, livro II, 23.25; livro III, 25.3.

[1194] Cf. sua *Carta pascal XXXIX*, do ano 367 (texto alemão em W. SCHNEEMELCHER, op. cit., v. 1, p. 40).

[1195] CIRILO DE JERUSALÉM, Catechesis, 4.36.

[1196] GREGÓRIO DE NAZIANZO, De vera scriptura, 39 (apud M. MEINERTZ, op. cit., p. 262).

[1197] AMBRÓSIO, *Comentário ao evangelho de Lucas*, 6.43/Jd 9.

[1198] DÍDIMO, In Epistolas Catholicas Enerratio; cf. tb. Sobre a Trindade, livro I, 27.85/Jd 4; livro II, 6.151/Jd 6.

[1199] Apud F. BARTH, op. cit., p. 149.

[1200] Cf. JERÔNIMO, De viris illustribus, 4 (texto em C. BIGG, op. cit., p. 305).

[1201] AGOSTINHO, A cidade de Deus, livro XV, 23.

7.5.2.3 Autoria e autenticidade

A primeira pergunta a ser respondida é a identificação de Judas. Judas era um nome frequente, e qualquer pessoa poderia ter sido a autora se não nos tivesse sido transmitida a especificação "irmão de Tiago".

Não podem restar dúvidas de que o autor cita Tiago pelo fato de que Tiago de Jerusalém era uma personalidade conhecida de todos. Se Judas se apresenta como irmão do presbítero sumamente respeitado de Jerusalém, ele era ao mesmo tempo irmão de sangue de Jesus (Mt 13.55; Mc 6.3). Exatamente como Tiago, ele no começo era incrédulo (Jo 7.5), mas provavelmente pouco depois da ressurreição de Jesus tornou-se crente (cf. At 1.14). De 1Coríntios 9.5 se pode concluir que era casado e servia às igrejas como pregador itinerante ou missionário.

Por que, no entanto, Judas — sendo irmão de sangue do Senhor Jesus — não menciona essa relação especial de parentesco?

Tiago (autor de Tiago e, assim como Judas, irmão de sangue do Senhor) tampouco faz referência em momento algum à relação familiar com Jesus. Isso pode ser explicado como santa reverência diante de Jesus. De qualquer modo, "a ninguém conhecemos segundo a carne" (2Co 5.16, RA). Jesus é seu Senhor e têm o privilégio de ser seus escravos.

A circunstância de que em tempos passados surgiram dúvidas acerca da autenticidade de Judas e de que não encontramos grande número de referências nos pais da igreja pode ser atribuída a que Judas é uma carta muito breve, que possui uma característica especial, que possivelmente cita escritos apócrifos e não é de autoria de um apóstolo.[1202]

A autoria acima explicitada, no entanto, não permaneceu sem contestações por parte de teólogos histórico-críticos.

7.5.2.4 Análise das objeções contra a autenticidade

As mais importantes vozes contrárias aduzem as seguintes objeções à redação por Judas, irmão do Senhor:

a) Em Judas 3.17,20 estaria se pronunciando um representante do pré-catolicismo, para o qual fé significaria a crença correta "que seria ensinada pela igreja como guardiã da ortodoxia".[1203] É por isso que a redação de Judas teria ocorrido somente no século II d.C. Em decorrência, Judas, o irmão do Senhor, não poderia ser o autor.

[1202] Cf. H. ALFORD. op. cit., v. 4, p. 192.
[1203] E. LOHSE, *Entstehung*, p. 135. Cf. W. MARXSEN, op. cit., p. 203s; P. VIELHAUER, op. cit., p. 593.

Posicionamento: Uma advertência contra os hereges arrogantes não representa nenhuma oposição à redação no século I (cf. 2Pedro). Se Pedro e Paulo sofreram o martírio no ano 67, o autor pode muito bem olhar em retrospectiva sobre o tempo dos apóstolos, até mesmo quando o apóstolo João ainda estava vivo.

Não existe motivo para nos apegarmos a uma redação tardia da carta. Pelo contrário, também em Paulo existem ocorrências da exortação para preservar a fé anunciada e transmitida (p. ex., Cl 2.7). Somente quem de antemão data tardiamente qualquer passagem análoga poderá asseverar que essas exortações seriam impossíveis em tempos anteriores. Paulo, porém, considerava tarefa sua precisamente promover "para a obediência por fé, entre todos os gentios" (Rm 1.5).

b) Outros opinam que a expressão "irmão" de Tiago teria sido acrescentada mais tarde. O autor seria um Judas desconhecido, que foi filho de um Tiago desconhecido.[1204]

Posicionamento: Não existe um indício sequer nos textos antigos que justifique uma suposição dessas. A carta dificilmente teria encontrado essa disseminação ampla e tamanha acolhida, se Tiago não significasse o conhecido líder da igreja em Jerusalém.

Seria inconcebível e absurdo escolher o nome Judas como pseudônimo. Se a opção fosse um pseudônimo, então seria escolhido um nome mais conhecido que Judas.[1205]

c) Outra opinião, hoje pouco defendida, acredita que o autor é Judas, o apóstolo do grupo dos Doze (cf. Lc 6.16; At 1.13).[1206] Em Lucas 6.16 consta καὶ Ἰούδαν Ἰακώβου — kai Ioudan Iakōbou, "e Judas de Tiago". Algumas edições da Bíblia, sobretudo mais antigas, traduzem para "Judas, irmão de Tiago".

Posicionamento: No entanto, a tradução "Judas, filho de Tiago" em Lucas 6.16 é muito mais plausível e exata que a tradução "irmão de Tiago" (comp. Mt 10.2 com Mt 4.21, aqui em relação aos filhos de Zebedeu).

Além disso, Judas 17s aponta para o fato de que Judas não se considera um dos apóstolos.

d) Hugo Grotius levantou a hipótese de que o autor Judas seria idêntico com um bispo em Jerusalém que tinha esse nome.[1207] O título "irmão do Tiago" confirmaria a dignidade episcopal de Jerusalém.

[1204] P. ex., E. F. SCOTT, The Literature of the New Testament (1932), p. 225 (apud D. GUTHRIE, op. cit., p. 903).

[1205] Cf. D. A. CARSON, D. J. MOO & L. MORRIS, op. cit., p. 459s.

[1206] P. ex., Keil ainda defendia essa opinião (apud C. BIGG, op. cit., p. 319).

[1207] Cf. H. GROTIUS, Prolegomena in epistula Judae (apud H. APPEL, op. cit., p. 121).

Posicionamento: Não existe motivo para buscar como autor da presente carta outra pessoa senão o irmão de sangue do Senhor. Embora o parentesco com Jesus não fosse visto, no tempo de sua vida, como sinal de autoridade especial, não restam dúvidas de que os irmãos de sangue do Senhor eram tratados com grande respeito. O que eles escreviam era acolhido atenta e conscienciosamente na igreja.

7.5.3 A questão da "dependência literária" da carta de Judas de 2Pedro

Já referimos acima[1208] que grande parte do conteúdo de Judas se encontra em 2Pedro (cf. também a lista a seguir).

No mais, vimos que dificilmente se sustenta a dependência postulada com veemência por muitos críticos, de 2Pedro em relação a Judas, ao passo que o oposto certamente é imaginável.[1209]

A tabela subsequente visa a mostrar uma comparação de passagens entre Judas e 2Pedro.

Judas	2Pedro	Grau de parentesco[1210]
v. 4	2.1	2
v. 5	1.12	3
v. 6	2.4	2
v. 7	2.6-9	2
v. 8	2.10	1
v. 9	2.11	3
v. 10	2.12	1
v. 11	2.15	2
v. 12	2.13	2
v. 13	2.17	2
v. 14 e 15		nenhum paralelo
v. 16	2.18	3
v. 17	2Tm 3 / 2Pe	3
v. 18	3.3	2
v. 19		nenhum paralelo
v. 20 e 21	3.11,12a	3

[1208] Cf. item 7.4.2.3.b).

[1209] Cf. D. Guthrie, op. cit., p. 916-22.

[1210] Grau de parentesco 1: concordância parcialmente literal; 2: concordância parcial no conteúdo; 3: paralelos parciais no tema.

Apreciação da tabela:

a) Não existe nenhum versículo sequer em Judas que no conteúdo, na extensão e na forma de expressão coincida exatamente com o texto paralelo em 2Pedro.

b) Existe em Judas um total de nove versículos que apresentam um grau mais próximo de parentesco no conteúdo (números 1 e 2).

c) As unidades textuais mais próximas são Judas 6-10 e 2Pedro 2.4-12.

d) A estrutura das duas cartas revela que Judas não copiou simplesmente, mas compôs um escrito nitidamente autônomo.[1211]

e) 2Pedro 2.1 fala do surgimento futuro desses falsos mestres; o texto paralelo em Judas 4 fala do cumprimento dessa declaração profética.

f) Judas menciona com toda a honestidade que suas afirmações se baseiam em indicações proféticas do apóstolo (v. 17s).

Síntese:

Judas conhece os anúncios sobre falsos mestres e as cartas dos apóstolos (2Tm 3/2Pe), estabelecendo relação com eles, a fim de alertar os crentes contra as terríveis seduções. Grande parcela de sua carta se refere a 2Pedro 2. O que Pedro havia prenunciado infelizmente aconteceu.

Isso confere peso às declarações de Judas e ao mesmo tempo representa uma confirmação iniludível de 2Pedro. Os paralelos de conteúdo não devem ser superestimados, como se Judas tivesse sido um copista sem fantasia que em dependência escrava confeccionou na escrivaninha uma carta segundo os moldes de 2Pedro 2. Pelo contrário, suas elaborações denotam que ele se ocupou de 2Pedro por causa da aflição e que agora, sob direção divina, confirma coisas antigas e aponta para coisas novas, escrevendo assim uma carta de aconselhamento e exortação que possui o selo da autoridade divina e da autonomia.

7.5.4 Algumas características dos falsos mestres

Judas 4: Renegam o único Mestre e Senhor Jesus Cristo da mesma maneira como os hereges que intranquilizavam os colossenses. Possuem uma compreensão completamente equivocada da doutrina da graça por intermédio de Cristo e vivem flagrantemente em liberdade falsa. Nesse ponto, são iguais aos libertinistas ou nicolaítas.

Judas 8: Desprezam qualquer autoridade e blasfemam contra majestades celestiais.

Judas 4,7,8a,17,18 aponta para descaminhos sexuais dos falsos mestres; além disso, são arrogantes e teimam em ter razão. Ainda podemos depreender de Judas 4 que eles se infiltraram na igreja.

[1211] Comp., p. ex., Jd 7 com 2Pe 2.6-9.

Judas 19: Têm mentalidade terrena; sua doutrina é completamente oposta à cristã e leva a cisões.

Judas 11: A referência a Balaão aponta para um paralelo com os falsos mestres em Pérgamo (Ap 2.14). O perfil desses hereges se encontra mediante diversos indícios nas missivas sob o termo "nicolaítas".

Os nicolaítas se encontram em Éfeso e Pérgamo (Ap 2.6,14s). Seu ensinamento é associado com a "doutrina de Balaão", que ensinava comer de oferendas a ídolos e praticar a prostituição.

Kümmel chama os falsos mestres de "libertinistas-gnósticos".[1212] A redenção era considerada questão do entendimento intelectual que não teria relação alguma com a conduta exterior do ser humano.

7.5.5 Teria Judas utilizado literatura apócrifa?

Na ciência introdutória do NT, afirma-se amplamente que Judas 9 se originaria do escrito apócrifo *Assumptio Mosis* [Ascensão de Moisés] e Judas 14 do *Livro de Enoque*, igualmente apócrifo. A *Assumptio Mosis*[1213] e os "discursos metafóricos de Enoque"[1214] (livro etíope e eslavo de Enoque) fazem parte do apocalipsismo judaico tardio.

7.5.5.1 Posicionamento sobre a relação entre Judas 9 e Assumptio Mosis

Em Orígenes encontramos a referência a *Assumptio Mosis*:

> Em primeiro lugar no livro do Gênesis é descrita a cobra, como seduziu a Eva; acerca do que (é relatado) na *Ascensão de Moisés*, um pequeno escrito que o apóstolo Judas menciona em sua carta, de que o arcanjo Miguel, quando discutia com o Diabo acerca do corpo de Moisés, diz...[1215]

Clemente de Alexandria igualmente menciona *Assumptio Mosis* no contexto de Judas 9: "Aqui ele confirma a ascensão de Moisés".[1216]

[1212] W. G. KÜMMEL, op. cit., p. 375.

[1213] Cf. sobre *Assumptio Mosis*, cf. E. LOHSE, Umwelt des Neuen Testaments, in: G. FRIEDRICH, *Grundrisse zum Neuen Testament, NTD-Ergänzungsreihe* (Göttingen: Vandenhoeck & Ruprecht, 1971), v. 1, p. 48.

[1214] Acerca do *Livro de Enoque*, cf. F. F. BRUCE, *Zeitgeschichte*, tomo 1, p. 136ss; E. LOHSE, Umwelt des Neuen Testaments, p. 46ss.

[1215] ORÍGENES, *De Principiis*, livro III, 2.1.

[1216] *Hic confirmat assumptionem Moysis* (CLEMENTE DE ALEXANDRIA, *Adumbrationes in epistolam Judae*).

Dídimo sabe que a declaração de Judas 9 também consta em *Assumptio Mosis*.[1217]

No entanto, não dispomos mais, nos dias de hoje, do teor da respectiva passagem de *Assumptio Mosis*. Em função disso, não temos como conferir as afirmações dos três pais da igreja citados. Também restaria ainda a possibilidade — exceto o postulado de uma citação de *Assumptio Mosis* — de que Judas foi capaz de recorrer, ao lado do escrito apócrifo, a tradição oral judaica (como exemplo análogo, cf. a declaração de Estêvão, de que Moisés tinha 40 anos de idade quando visitou seus irmãos e trucidou o egípcio [At 7.23], acerca do que não dispomos de nenhuma comprovação no AT [cf. Êx 2.11ss]).

Ainda que Judas tenha recorrido à *Assumptio Mosis*, isso de maneira alguma significa que ele o reconheceu como escrito inspirado ou que o tenha incluído no cânon do AT.

Se Judas de fato fez uma citação de *Assumptio Mosis* — o que já não pode ser consubstanciado — então essa passagem isolada citada por ele corresponde à verdade; nem tudo nos escritos apócrifos é invenção ou especulação.

7.5.5.2 Posicionamento sobre a relação entre Judas 14s e o Livro de Enoque

Tertuliano escreve acerca de Judas 14s e do *Livro de Enoque*:

> Contudo, visto que exatamente nesse (trecho do) escrito de Enoque também pregou sobre o Senhor, de nossa parte não podemos rejeitar absolutamente nada no que toca a nós. Lemos que toda a Escritura, propícia à edificação, foi inspirada da parte de Deus (e) mais tarde foi rejeitada pelos judeus — e já viste por que razão — como também por quase todos os demais que fazem Cristo ressoar (i.e., que falam de Cristo). E isso seguramente não é admirável, se não aceitaram outras (passagens das) escrituras que falaram dele, ao qual afinal não quiseram aceitar até mesmo quando havia falado (corporalmente) diante deles. Advém daí que Enoque possui um testemunho no apóstolo Judas.[1218]

Ao tratar de Judas 14s, Agostinho igualmente remete ao livro de Enoque:

> Ainda que nesses apócrifos, porém, haja alguma verdade, a autoridade não é canônica por causa de muitas coisas erradas. Não podemos negar que aquele

---

[1217] Dídimo, *In Epistolas Catholicas Enerratio*.

[1218] *Sed cum Enoch eadem scriptura etiam de domino praedicarit, a nobis quidem nihil omnino reiciendum est, quod pertineat ad nos. Et legimus omnem scripturam aedificationi habilem divinitus inspirari, (et) a Iudaeis postea — iam videri(s) propterea — reiectam, sicut et cetera fere quae Christum sonant. Nec utique mirum hoc, si scripturas aliquas non receperunt de eo locutas, quem et ipsum coram loquentem non erant recepturi. Eo accedit, quod Enoch apud Iudam apostolum testimonium possidet* (Tertuliano, *A moda feminina*, livro I, 3.3).

Enoque, o sétimo desde Adão, certamente escreveu algumas coisas divinas, porque Judas o diz em sua carta canônica. Contudo, não é em vão que não se encontram nesse cânon dos escritos...[1219]

Posicionemos aqui o texto grego de Judas 14s[1220] e a passagem correlata do *Livro de Enoque*, para que seja possível uma comparação:

Ἰδοὺ ἦλθεν κύριος ἐν ἁγίαις μυριάσιν αὐτοῦ ποιῆσαι κρίσιν κατὰ πάντων καὶ ἐλέγξαι πᾶσαν ψυχὴν περὶ πάντων τῶν ἔργων ἃ σεβείας αὐτῶν ὧν ἠσέβησαν καὶ περὶ πάντων τῶν σκληρῶν ὧν ἐ λάλησαν κατ' αὐτοῦ ἁμαρτωλοὶ ἀσεβεῖς — Idou ēlthen kyrios en hagiais myriasin autou poiēsai krisin kata pantōn kai elenxai pasan psychen peri pantōn tōn ergōn asebeias autōn hōn ēsebēsan kai peri pantōn tōn sklērōn hōn elalēsan kat' autou hamartōloi asebeis (Jd 14s).

E agora o texto correlato da tradução grega do *Livro de Enoque*:

ὅτι ἔρχεται σὺν ταῖς μυριάσιν αὐτοῦ καὶ τοῖς ἁγίοις αὐτοῦ ποιῆσαι κρίσιν κατὰ πάντων, καὶ ἀπολέσει πάντας τοὺς ἀσεβεῖς καὶ ἐλέγξει πᾶσαν σάρκα περὶ πάντων ἔργων τῆς ἀσεβείας αὐ τῶν ὧν ἠσέβησαν καὶ σκληρῶν ὧν ἐλάλησαν λόγων καὶ περὶ πά ντων ὧν κατελάλησαν κατ' αὐτοῦ ἁμαρτωλοὶ ἀσεβεῖς — hoti erchetai syn tais myriasin autou kai tois hagiois autou poiēsai krisin kata pantōn, kai apolesei pantas tous asebeis kai elenxei pasan sarka peri pantōn ergōn tēs asebeias autōn hōn ēsebēsan kai sklērōn hōn elalēsan logōn kai peri pantōn hōn katelalēsan kat'autou hamartōloi asebeis.[1221]

As diversas variantes textuais de Judas 14s deixam em aberto a possibilidade de "que o texto grego do *Livro de Enoque*, muito disseminado nos século II e III, tenha exercido influência sobre a transmissão do texto de Judas".[1222]

Zahn prossegue:

Ademais não sabemos quando surgiu a tradução grega de Enoque, da qual brotaram a etíope e a latina. Se for da caneta de um cristão, e se for mais recente que Judas, é bem possível que nesse ponto o tradutor esteve sob a influência da citação

---

[1219] *In his autem apocryphis etsi invenitur aliqua veritas, tamen propter multa falsa nulla est canonica auctoritas. Scripsisse quidem nonnulla divine illum Enoch, septimum ab Adam, negare non possumus, cum hoc in epistula canonica ludas apostolus dicat. Sed non frustra non sunt in eo canone scripturam* (Agostinho, *A cidade de Deus*, 15.23; cf. tb. 18.38).

[1220] Na versão textual de Nestle-Aland[27], sendo que existem diversas diferenças nos manuscritos importantes.

[1221] Conforme T. Zahn, *Einleitung*, v. 2, p. 106.

[1222] T. Zahn, *Einleitung*, v. 2, p. 107.

em Judas, assim como os copistas da LXX tantas vezes estiveram sob a influência das citações do NT. Entretanto, se a versão grega se deve a um judeu, sendo mais antiga que Judas, então é pouco provável que Judas tenha utilizado essa versão grega.[1223]

A última afirmação é corroborada por Zahn com dois exemplos linguísticos dignos de crédito que evidenciam no *Livro de Enoque* um grego melhor que em Judas.

Neste ponto tornamos a afirmar que a datação do *Livro de Enoque*, e principalmente de sua tradução grega, constantemente foi alvo de incertezas e controvérsias.[1224]

Até mesmo seria possível que o tradutor do *Livro de Enoque* tenha sido um cristão e inseriu na passagem paralela a Judas 14s, referente ao texto grego do *Livro de Enoque*, uma definição mais precisa oriunda do conhecimento de Judas, e que Judas 14 não se origine do *Livro de Enoque*. Infelizmente não nos foi preservado o original hebraico ou aramaico, de sorte que não temos como verificar o que foi inserido apenas na tradução e revisão gregas do *Livro de Enoque*.

Como afirmamos acima sobre *Assumptio Mosis*, uma citação ocasional e isolada do *Livro de Enoque* não implica necessariamente a concordância com o livro todo, apenas com a passagem citada.[1225] Isso se assemelha ao uso de literatura contemporânea pelo apóstolo Paulo em Atos 17.28 e Tito 1.12.[1226]

Guthrie ressalta que o fato de Judas apresentar semelhanças e fazer citações de duas obras apócrifas havia causado algumas ressalvas quanto ao reconhecimento de Judas como escrito canônico.[1227]

Finalizando: Cumpre fixar que a situação referente a citações de escritos apócrifos não é tão segura como muitas vezes se afirma. De uma maneira ou de outra, porém, podemos nos apegar com bons motivos à inspiração divina de Judas e à sua redação pelo irmão do Senhor, Judas.

[1223] T. ZAHN, *Einleitung*, v. 2, p. 107.

[1224] E. LOHSE, *Umwelt des Neuen Testaments*, p. 47, p. ex., data a "reação conclusiva" por volta do nascimento de Cristo. G. VOLKMAR, Beiträge zur Erklärung des Buches Henoch nach dem äthiopischen Text, in: *Zeitschrift der Deutschen morgenländischen Gesellschaft* (1860), p. 87-134, chega a datar o *Livro de Enoque* no séc. II, considerando-se porém que Volkmar também data em época similarmente tardia grande número de escritos do NT.

[1225] Nesse aspecto estamos concordes com Agostinho e contra Tertuliano, bem como contra W. M DUNNETT, The Hermeneutics of Jude and 2 Peter: The Use of Ancient Jewish Tradition, JETS, n. 3, 1988, p. 289.

[1226] Em At 17.28 Paulo cita Aratus, *Phaenomena*, 5; em Tt 1.12 ele traz uma citação de EPIMÊNIDES, *De oraculis* (cf. Nestle-Aland[27], p. 375, 557).

[1227] Cf. JERÔNIMO, *De viris illustribus*, 4 (apud D. GUTHRIE, op. cit., p. 915).

7.5.6 Objetivo e destinatários

Os destinatários são interpelados como os "que foram chamados, amados por Deus Pai e guardados por Jesus Cristo" (v. 1). Em todos os casos, trata-se de cristãos perseverantes que não se deixaram desencaminhar. Com base em Judas 4, podemos imaginar uma determinada igreja ou um grupo de igrejas.

Em virtude das numerosas referências ao AT, não é difícil pressupor entre os leitores um grande conhecimento do AT (talvez a carta seja, à semelhança de Tiago, dirigida a cristãos judeus). Com base na relação com 2Pedro, pode-se supor que a carta foi primeiramente enviada à Ásia Menor e de lá provavelmente se disseminou adiante como carta circular.

7.5.7 Lugar e época da redação

Acerca do *lugar de* redação, não existe *nenhuma indicação em* Judas. Possivelmente a carta foi escrita na Palestina, visto que era lá a área predominante da atuação de Judas.

Quanto à época da redação, devem-se considerar os seguintes pontos:

a) Mantemos que Judas foi escrita depois de 2Pedro, ou seja, depois do ano 67.

b) Ainda existe uma viva recordação da proclamação dos apóstolos credenciada por Deus.

c) Limite máximo seria uma data pouco antes da morte de Judas, irmão do Senhor. Logo, é irrealista uma época posterior a Domiciano (81-96).[1228]

d) Embora traga diversos exemplos de juízo como advertência diante de uma vida fora do relacionamento com Deus, Judas não menciona com nenhuma sílaba a destruição de Jerusalém. Essa destruição, no entanto, teria servido como ilustração marcante para os leitores no que toca à advertência diante do juízo de Deus. Por isso, é bem possível que Judas escreveu a carta ainda antes do ano 70 e, portanto, antes da destruição de Jerusalém.[1229]

Em razão disso datamos a carta de Judas entre 67 e 70.

7.6 A primeira carta de João

7.6.1 Conteúdo e subdivisão

1. Introito da carta: o testemunho apostólico da palavra da vida   1Jo 1.1-4

[1228] P. ex., W. Marxsen, op. cit., p. 204, data para c. 100; E. Lohse, *Entstehung*, p. 135, para o início do séc. II.

[1229] Cf. E. F. Harrison, op. cit., p. 436.

2.	A comunhão com Deus e seus efeitos	1Jo 1.5—2.27
	Andar na luz	1Jo 1.5-10
	Expiação por meio do Advogado	1Jo 2.1-6
	Andar no amor fraterno	1Jo 2.7-11
	Uma palavra a filhos, pais e homens jovens	1Jo 2.12-14
	"Não amem o mundo"	1Jo 2.15-17
	Advertência contra a doutrina anticristã; permanecer na unção	1Jo 2.18-27
3.	A filiação divina e suas características	1Jo 2.28—4.6
	O futuro glorioso dos filhos de Deus	1Jo 2.28—3.3
	Diferenciação entre o que pratica o pecado e o que pratica a justiça	1Jo 3.4-12
	Amor fraterno genuíno	1Jo 3.13-24
	"Examinem os espíritos"	1Jo 4.1-6
4.	Amor e fé como marcas dos filhos de Deus	1Jo 4.7—5.12
	A manifestação do amor de Deus a nós e nosso amor a ele e aos irmãos	1Jo 4.7-21
	Da fé, sua certeza e sua vitória	1Jo 5.1-12
5.	Confiança na oração e na preservação diante do pecado	1Jo 5.13-20
	Alegria de orar	1Jo 5.14,15
	Amor aos pecadores	1Jo 5.16,17
	Certeza da salvação	1Jo 5.18-20
6.	Encerramento da carta	1Jo 5.21

7.6.2 Autoria, autenticidade e integridade

7.6.2.1 Tradição da igreja antiga

a) Papias (c. 130/140) conhece 1João.[1230]

b) Policarpo se apoia muito em 1João.[1231]

c) O Cânon muratoriano traz o conteúdo de 1João, citando-a como um escrito do discípulo João.

d) Ireneu cita 1João, assim como o evangelho de João, como escritos por João, discípulo de Jesus.[1232]

[1230] Cf. Euseb. HE, livro III, 39.17.

[1231] POLICARPO, *Aos Filipenses*, 7.1/1Jo 4.2s; 3.8.

[1232] IRENEU, Contra heresias, livro III, 16.5/1Jo 2.18ss; 16.8/1Jo 4.1ss; 5.1.

e) Também na *Carta* a Diogneto encontramos uma possível alusão a 1João.[1233]

f) Clemente de Alexandria cita 1João com a observação de que foi escrita por João.[1234]

g) Tertuliano cita 1João como da autoria de João.[1235]

h) Orígenes menciona 1João, listando-a entre os escritos do NT que na época desfrutavam aceitação geral.[1236]

i) Cipriano cita 1João como escrito do apóstolo João.[1237]

j) Também Dionísio de Alexandria conhece e menciona 1João, a qual considera, assim como ao evangelho de João, um escrito do apóstolo João.[1238]

k) Eusébio cita 1João entre os escritos do NT de aceitação geral.[1239]

l) Atanásio arrola 1João no cânon do NT.[1240]

m) Cirilo de Jerusalém inclui as sete cartas católicas no cânon do NT, entre elas as de João.[1241]

n) Dídimo comenta 1João, deixando claro que a carta foi escrita pelo discípulo, "amigo do Senhor" e apóstolo João.[1242]

Em outra passagem, Dídimo diz que o autor é "João, aquele grande teólogo".[1243]

7.6.2.2 Autenticidade

a) Objeções contra a redação pelo apóstolo, discípulo de Jesus e zebedaida João
O primeiro a duvidar da autenticidade de 1João foi Lange no ano 1797.[1244]

[1233] *Carta a Diogneto*, 10.3/1Jo 4.19.

[1234] CLEMENTE DE ALEXANDRIA, *O pedagogo*, livro III, 11.110/1Jo 4.7; *Stromateis*, livro II, 15/1Jo 5.16s; livro III, 4.188/1Jo 1.6s etc.

[1235] TERTULIANO, *A ressurreição dos mortos*, 23.6/1Jo 3.2; *Scorpiace*, 12.4/1Jo 4.18.

[1236] ORÍGENES, *Comentários ao evangelho de são João*, apud Euseb. HE, livro VI, 25.10. Cf. tb. ORÍGENES, *Homilias sobre Josué*, homilia 7.1; *Comentários sobre são Mateus*, 65; *Sobre a oração*, 22.

[1237] CIPRIANO, *Testimonii*, 2.27/1Jo 2.23. Cf. tb. 3.1/1Jo 3.17; 3.3 /1Jo 4.16 etc.

[1238] Cf. Euseb. HE, livro VII, 25.7; 25.18ss.

[1239] Euseb. HE, livro III, 24.17.

[1240] Cf. sua *Carta pascal XXXIX*, do ano 367 (texto alemão em W. SCHNEEMELCHER, op. cit., v. 1, p. 40).

[1241] CIRILO DE JERUSALÉM, *Catechesis*, 4.36.

[1242] DÍDIMO, *In Epistolas Catholicas Enerratio* sobre 1Jo 1.1; *Sobre a Trindade*, livro I, 15.21/1Jo 1.1ss. Cf. tb. *De Spiritu Sancto*, 17/1Jo 1.7; 40/1Jo 4.13.

[1243] DÍDIMO, *Sobre a Trindade*, livro I, 27.85/1Jo 5.20.

[1244] S. G. LANGE, *Die Schriften des Johannes* (1797); apud H. APPEL. op. cit., p. 193.

Para sustentar a hipótese da inautenticidade, alega-se hoje sobretudo que 1João se diferencia do evangelho de João em diversos pontos, o que tornaria improvável que os autores de ambos os escritos sejam idênticos. Algumas dessas diferenças postuladas serão expostas aqui:

1) Em 1João, ao contrário do evangelho de João, teria "papel decisivo a polêmica atual contra heresia e falsos mestres".[1245]

2) Em João 1.1,14 o termo λόγος — logos, "palavra" seria usado de modo absoluto (sem ligação por genitivo), ao passo que em 1João 1.1 se falaria do λόγος τῆς ζωῆς — logos tēs zōēs, "palavra da vida" e em 1João 2.14, do λόγος τοῦ θεοῦ — logos tou theou, "palavra de Deus".[1246]

3) Enquanto no evangelho de João a luz do mundo seria Jesus, em 1João 1.5 Deus é designado como luz do mundo.[1247]

4) ἀρχή — archē designaria "em João 1.1, o início absoluto mediante a criação, porém em 1João 1.1 o começo da igreja mediante Jesus".[1248]

5) No evangelho, "Paracleto" seria o Espírito Santo, mas em 1João 2.1 é o próprio Jesus.[1249]

Posicionamento final com uma citação de Wikenhauser e Schmid, que evidencia a insustentabilidade da suposição de dois autores:

> Ainda que não se possa citar um motivo absolutamente convincente para cada uma dessas diferenças entre a carta e o evangelho, é preciso anotar com ênfase que a igualdade existente no todo dos dois escritos, em termos de vocabulário, estilo e teologia, e na formulação peculiar dos pensamentos teológicos é muito mais difícil de explicar quando se atribuem os dois escritos a autores diferentes do que quando se explicam as diferenças mediante aceitação de um mesmo autor.[1250]

As diferenças em certas formulações não geram quaisquer contradições teológicas entre 1João e o evangelho de João.

[1245] H. CONZELMANN & A. LINDEMANN, op. cit., p. 295s.

[1246] Cf. E. LOHSE, *Entstehung*, p. 119.

[1247] Cf. H. CONZELMANN & A. LINDEMANN, op. cit., p. 295.

[1248] H. CONZELMANN & A. LINDEMANN, op. cit., p. 295. Cf. P. VIELHAUER, op. cit., p. 468, o qual no entanto admite que o uso no sentido de início originário também ocorre em 1João.

[1249] Cf. H. CONZELMANN & A. LINDEMANN, op. cit., p. 295; E. LOHSE, *Entstehung*, p. 119.

[1250] A. WIKENHAUSER & J. SCHMID, op. cit., p. 623.

Pelo contrário, pode-se afirmar que 1João converge em grande medida com o evangelho de João no vocabulário e na condução do pensamento.[1251] P. ex., ἀγαπάω — agapaō, "amar"; ἀγάπη — agapē, "amor"; ἀληθεία — alētheia, "verdade"; ἀληθινός — alēthinos, "verdadeiro"; γινώσκω — ginōskō, "saber, conhecer"; ἐντολή — entolē, "mandamento"; ζωή — zōē, "vida"; μένω — menō, "permanecer"; πιστεύω — pisteuō, "crer"; τηρέω — tēreō, "manter" ocorrem com notória frequência no evangelho de João, assim como em 1João.

b) Argumentos em favor da redação pelo apóstolo, discípulo de Jesus e zebedaida João

Também aquele entre os eruditos críticos que admite o mesmo autor para 1João e o evangelho de João não se decide necessariamente a favor da redação pelo apóstolo João. Kümmel, p. ex., remete às afirmações acerca da autoria do evangelho de João, onde se decidira contrariamente à autoria apostólica.[1252]

Divergindo de Kümmel, apegamo-nos decididamente à redação do evangelho de João pelo zebedaida João. Em consonância, o parentesco de 1João com o evangelho de João também constitui para nós um dos indícios claros da autoria apostólica de 1João.

No entanto, há ainda outros argumentos em favor dessa posição:[1253]

1) Appel caracteriza corretamente a reivindicação de 1João, que depõe em favor da autenticidade:

> Em 1João 1.1ss o autor se inclui entre os discípulos pessoais de Jesus. Se tivesse levantado falsamente essa reivindicação, ele também teria mencionado o nome da respectiva autoridade apostólica. O fato de que ele nunca se apresenta com a alegação de ter sido *o primeiro* a pregar o evangelho aos leitores, e de que apesar disso reivindica em todos os lugares para si uma *posição de* autoridade, corresponde à situação relacional em que se encontrava o apóstolo João de acordo com os dados tradicionais acerca das igrejas da Ásia Menor.[1254]

[1251] Isso é admitido até mesmo por E. Lohse, *Entstehung*, p. 118. Cf. tb. as longas listas de palavras e ideias comuns em D. A. Carson, D. J. Moo & L. Morris, op. cit., p. 447; E. F. Harrison, op. cit., p. 443. Após exaustiva discussão com os diferentes pontos de vista também F. Düsterdieck, *Die drei johanneischen Briefe* (Göttingen; Leipzig: [s.n], 1852), v. 1, p. lvii-lxxv, chega à conclusão de que o autor de 1João é idêntico ao do evangelho de João.

[1252] Cf. W. G. Kümmel, op. cit., p. 392, 210.

[1253] Cf. D. A. Carson, D. J. Moo & L. Morris, op. cit., p. 446ss; D. Guthrie, op. cit., p. 858ss; E. F. Harrison, op. cit., p. 445s; W. Michaelis, op. cit., p. 293s.

[1254] H. Appel, op. cit., p. 196. Cf. tb. T. Zahn, *Einleitung*, v. 2, p. 576, 583.

Embora o autor não se apresente nem em 1João nem no evangelho de João, "não se pode tratar de pseudonímia".[1255] Da mesma maneira como em João 1.14, fala aos leitores em 1João 1.1—3.5 uma testemunha ocular e um apóstolo.

2) A tradição da igreja antiga nos remete nítida e unanimemente ao apóstolo João como autor.

7.6.2.3 Integridade

Objeções contra a integridade foram apresentadas principalmente por Bultmann.[1256]

Diante da coesão de 1João, porém, não se conseguem consolidar tentativas de separação de fontes nem mesmo na ciência introdutória histórico-crítica.

7.6.3 Objetivo

João anuncia aos leitores "o que vimos e ouvimos para que vocês também tenham comunhão conosco" (1Jo 1.3). Essa comunhão inclui a comunhão com o Pai e o Filho Jesus Cristo. João deseja fomentar entre os leitores a vida na luz de Deus (1Jo 1.5ss), para que não perseverem no pecado (1Jo 2.1).

Contrapõe-se ao docetismo gnóstico que ensina que Jesus Cristo teria adotado apenas um corpo fictício (cf. 1Jo 2.23; 4.2s). Jesus não somente recebeu o batismo de João, mas também experimentou de fato a morte corporal na cruz (1Jo 5.5s).

Os gnósticos, porém, não apenas defendiam erros doutrinários, mas também pensavam que a conduta da vida não teria relação com a vida espiritual (cf. 1Jo 1.6; 2.3ss,9,15-17; 3.4,6,8; 4.8,20), o que acarretou grandes descaminhos morais.

7.6.4 Destinatários[1257]

A ausência de um prescrito e de um final epistolar específico fez com que hoje em grande medida se negue a 1João o caráter de carta. Ela é considerada um tratado geral ou uma carta circular.

Entretanto, João interpela regularmente os leitores como "amados" (1Jo 2.7; 3.2,21; 4.1,7,11), "filhinhos" (παιδία — paidia: 1Jo 2.14,18; τεκνία — teknia: 1Jo 2.1,12,28; 3.7,18; 4.4; 5.21); na sequência, escreve uma vez expressamente aos homens e pais jovens (1Jo 2.13).

[1255] P. FEINE, op. cit., p. 216.
[1256] Cf. R. BULTMANN, Johannesbriefe, in: RGG³, v. 3, p. 837.
[1257] Cf. F. BARTH, op. cit., p. 318; P. FEINE, op. cit., p. 214.

Também a advertência diante de uma heresia gnóstico-libertina leva a pensar em um grupo de leitores específico e geograficamente delimitado.

Por isso, podemos presumir que o apóstolo João dirigiu essa carta primeiramente a igrejas na Ásia Menor.

7.6.5 Lugar da redação

A ciência introdutória crítica é muito insegura na localização de 1João porque rejeita a redação pelo apóstolo João. Em analogia ao que faz com o evangelho de João, Kümmel supõe a Síria como local de redação.[1258]

Mantemos que Éfeso é a residência do apóstolo idoso e, por isso, lugar de redação da carta.[1259]

7.6.6 Época da redação

Quando se rejeita a autoria apostólica, a época da redação é definida para o início do século II.[1260]

Nós datamos o evangelho de João para em torno do ano 95 d.C. e defendemos a opinião de que 1João foi escrita depois (não antes) do evangelho de João.[1261] Datamos para o período de 95-100 d.C.

7.6.7 O *comma johanneum*[1262]

Na tradução latina 1João 5.7s foi ampliado, de modo que resultou o seguinte texto: "... sobre a terra, o Espírito e a água e o sangue, e esses três são um em Jesus Cristo. E são três os que dão testemunho no céu, o Pai, O Verbo (o Filho) e o Espírito, e esses três são um".[1263]

Lohse explica assim essa ampliação do texto:

[1258] Cf. W. G. Kümmel, op. cit., p. 393.

[1259] A esse respeito, cf. no v. 1 o comentário ao evangelho de João, nos itens 3.3.2 e 3.7.

[1260] Cf. E. Lohse, *Entstehung*, p. 119. W. G. Kümmel, op. cit., p. 393, que indica os anos de 90-110.

[1261] Cf. D. A. Carson, D. J. Moo & L. Morris, op. cit., p. 451; F. Düsterdieck, *Die drei johanneischen Briefe*, v. 1, p. lxxvss; D. Guthrie, op. cit., p. 877ss; E. F. Harrison, op. cit., p. 448s.

[1262] Cf. A. Wikenhauser & J. Schmid, op. cit., p. 625s.

[1263] ... *in terra, spiritus et aqua et sanguis, et hi tres unum sunt in Christo Jesu. Et tres sunt, qui testimonium dicunt in caelo, pater, verbum (filius) et spiritus, et hi tres unum sunt* (conforme Nestle-Aland[27], p. 623). Contudo, o texto não é homogêneo em todos os manuscritos latinos.

Nessa ampliação do texto, que foi entendida na igreja ocidental como atestação da doutrina da Trindade, trata-se de uma antiga variante do texto latino, surgida pela explicação alegórica das três testemunhas no sentido da Trindade.[1264]

Hoje o texto de modo geral é considerado corretamente uma inserção posterior e não autêntica.

7.6.8 Características e peculiaridades[1265]

a) O contraste entre luz e trevas destaca-se com muita clareza nesta carta (1Jo 1.5ss; 2.8ss).

b) João mostra a correlação entre a vida na luz de Deus e a comunhão do ser humano com Deus (1Jo 1.6s). Esta não é possível sem aquela.

c) Não há possibilidade para o amor a Deus sem que esteja correlacionado com ele também o amor ao irmão (1Jo 2.9; 3.14s; 4.7ss). Esse amor tem de se externar em ações concretas (1Jo 3.17s).

d) Jesus, o primeiro παράκλητος — paraklētos — "advogado" (o Espírito Santo prometido que veio em Pentecostes é o "outro" Advogado [Jo 14.16]) não é somente o Defensor dos renascidos junto ao Pai, mas também é a propiciação "pelos pecados de todo o mundo" (1Jo 2.1s).

e) Relacionar-se com Deus Pai só é possível para aquele que confessa o Filho Jesus Cristo (1Jo 2.22s; 4.15; 5.1). Os espíritos devem ser sabatinados em sua confissão a Jesus Cristo e sua vinda "em carne" (como verdadeiro ser humano; 1Jo 4.1ss).

f) Não é descrito o conteúdo do "pecado para a morte" (1Jo 5.16). O caso deve ser tão grave que os coirmãos reconhecem sem dificuldades a diferença entre "pecado para morte" e "pecado não para morte" (RA). Nesses versículos não está em jogo aquilatar espertamente em que categoria se enquadra determinado pecado. No NT existe somente um pecado imperdoável, mencionado pelo próprio Jesus: a blasfêmia contra o Espírito Santo (Mt 12.31).

A partir do fato de que se trata de irmãos que vemos pecar, fica evidente que a expressão se refere a cristãos.

Morte não se refere à morte física, mas à eterna.

[1264] E. LOHSE, *Entstehung*, p. 120.
[1265] Cf. E. AEBI, op. cit., p. 255s; E. F. HARRISON, op. cit., p. 441s.

7.7 A segunda e a terceira carta de João

7.7.1 Conteúdo e subdivisão

7.7.1.1 Subdivisão da segunda carta de João

Introito da carta: autor, destinatários, saudação (prescrito)	2Jo 1-3
Exortação para andar no amor e rejeição dos falsos mestres	
amar significa obedecer	2Jo 4-6
advertência contra sedutores	2Jo 7-11
Encerramento da carta: observações finais e saudações	2Jo 12,13

7.7.1.2 Subdivisão da terceira carta de João

Introito da carta (prescrito)	3Jo 1s
A aprovação de Gaio	3Jo 2-8
O ambicioso Diótrefes	3Jo 9-11
Encerramento da carta: observações finais e saudações	3Jo 13-15

7.7.2 Tradição da igreja antiga, autoria e autenticidade

7.7.2.1 Tradição da igreja antiga

a) O Cânon muratoriano conhece no mínimo duas cartas de João.

b) Ireneu cita 2João, assim como o evangelho de João e 1João, como escrita por João, discípulo do Senhor.[1266]

c) Quando Clemente de Alexandria cita a "carta maior" de João, isso significa que Clemente também conhecia cartas menores de João.[1267]

d) Orígenes conhece 2João e 3João, mas menciona que a redação pelo apóstolo João é controvertida.[1268] Em outro texto, no entanto, cita sem ressalvas as cartas de João no plural.[1269]

f) Na sinagoga de Cartago (256), o bispo Aurélio de Chulabis introduziu uma citação de 2João 10s com as palavras de que esses versículos foram escritos "pelo apóstolo João em sua carta".[1270]

[1266] IRENEU, Contra heresias, livro I, 16.3/2Jo 11; livro III, 16.8/2Jo 7s.

[1267] CLEMENTE DE ALEXANDRIA, Stromateis, livro II, 15.

[1268] ORÍGENES, *Comentários ao evangelho de são João* (apud Euseb. HE, livro VI, 25.10).

[1269] ORÍGENES, *Homilias sobre Josué*, homilia 7.1.

[1270] Mencionado em um escrito de Cipriano (cf. F. DÜSTERDIECK, *Die drei johanneischen Brief,* v. 2, p. 466; M. MEINERTZ, op. cit., p. 284).

g) O fato de Dionísio de Alexandria (m. c. 265) apoiar sua rejeição da autoria joanina do Apocalipse, entre outros motivos, também sobre a diferença entre o Apocalipse e 2João e 3João, ciente de que essas duas cartas são atribuídas a João, mostra que ele supõe uma autoria joanina das duas cartas.[1271]

h) Em Eusébio, encontramos 2João e 3João entre as cartas não aceitas universalmente, com uma referência à incerteza se são oriundas do autor do evangelho ou de outra pessoa de nome idêntico.[1272] Em outra passagem, Eusébio menciona que em suas cartas João não se apresenta nem por nome nem como apóstolo ou evangelista, e sim como presbítero.[1273]

i) Atanásio reconheceu 2João e 3João como canônicas.[1274]

j) Lúcifer de Calais (m. c. 370) cita 2João como escrita pelo apóstolo João.[1275]

k) Cirilo de Jerusalém arrola as sete cartas católicas no cânon do NT, entre as quais também estão as de João, ou seja, igualmente 2João e 3João.[1276]

l) Dídimo comenta 2João, deixando transparecer que a carta foi escrita pelo mesmo autor de 1João e do evangelho de João.[1277] Na sequência, comenta igualmente 3João.[1278]

m) Jerônimo na realidade sabe que alguns atribuem 2João e 3João a um (desconhecido) "presbítero" João, porém pessoalmente atém-se à redação pelo apóstolo João.[1279]

n) No terceiro concílio de Cartago (397), as duas cartas foram aprovadas.[1280]

[1271] Cf. Euseb. HE, livro VII, 25.11.
[1272] Euseb. HE, livro III, 24; 17; 25.3.
[1273] EUSÉBIO, *Demonstratio Evangelica*, livro III, 5.87s (cf. 2Jo 1; 3Jo 1).
[1274] Cf. sua *Carta pascal XXXIX*, do ano 367 (texto alemão em W. SCHNEEMELCHER, op. cit., v. 1, p. 40).
[1275] LÚCIFER DE CALAIS, *De Non Conveniendo Cum Haereticis*, 13/2Jo 4-11; *De Non Conveniendo Cum Haereticis*, 14/2Jo 9.
[1276] CIRILO DE JERUSALÉM, *Catechesis*, 4.36.
[1277] DÍDIMO, *In Epistolas Catholicas Enerratio*, sobre 2Jo 6.
[1278] DÍDIMO, *In Epistolas Catholicas Enerratio*.
[1279] JERÔNIMO, *De viris illustribus*, 9 (texto em H. APPEL, op. cit., p. 198).
[1280] Apud H. C. THIESSEN, op. cit., p. 314.

7.7.2.2 Autoria e autenticidade[1281]

a) Rejeição da redação pelo apóstolo, discípulo de Jesus e zebedaida João na teologia histórico-crítica

A autoria apostólica já nem é analisada seriamente pela ciência introdutória crítica. Apenas se levanta ocasionalmente a pergunta se o autor poderia ser idêntico ao autor de 1João ou do evangelho de João — ao que são dadas respostas muito diferenciadas. Nelas não se pondera para nenhum dos escritos uma redação pelo zebedaida. Somente Marxsen ainda apresenta um único argumento concreto contra o apóstolo João como autor. Conforme Marxsen, seria incompreensível que Diótrefes tenha conseguido se impor contra uma autoridade como a do apóstolo João "com tão evidente sucesso em sua igreja". João "dificilmente teria [...] deixado de salientar sua 'autoridade apostólica' ".[1282]

Posicionamento: Marxsen é muito inconsequente em sua argumentação, quando expõe logo em seguida que o "presbítero" deve ter sido uma pessoa mais idosa conhecida dos leitores, que teria possuído "uma área de atuação mais ampla por meio dos missionários que enviava".[1283] Marxsen, portanto, tem de concordar, apesar de sua argumentação, que o autor desfrutava de grande notoriedade e autoridade, as quais podemos com a mesma razão ligar ao apóstolo João, e não a um personagem "indefinido".

A determinação com que o autor pensou em se contrapor a Diótrefes por ocasião de uma iminente visita de forma alguma aponta para uma pessoa indefesa, como assevera Marxsen.[1284]

b) Argumentos em favor da redação pelo apóstolo, discípulo de Jesus e zebedaida João

1) Estilo e ideias dessas duas cartas apontam nitidamente para o mesmo autor de João e 1João.[1285]

2) O fato de que, apesar do pequeno porte e do caráter privado, as cartas de fato foram preservadas, encontrando aceitação canônica nas igrejas, somente se explica mediante a circunstância de terem sido atribuídas a um autor altamente conceituado como era o apóstolo João.[1286]

[1281] A esse respeito cf. no v. 1, no evangelho de João, os itens 3.3.2 e 3.3.5, esp. acerca da questão da interpretação das afirmações de Papias.

[1282] W. MARXSEN, op. cit., p. 226.

[1283] W. MARXSEN, op. cit., p. 226s.

[1284] Cf. A. WIKENHAUSER & J. SCHMID, op. cit., p. 630.

[1285] Cf. L. ALBRECHT, op. cit., p. 654; F. BARTH, op. cit., p. 319.

[1286] Cf. H. APPEL, op. cit., p. 199; F. BARTH, op. cit., p. 319s; G. HÖRSTER, op. cit., p. 186; W. MICHAELIS, op. cit., p. 300s; T. ZAHN, *Einleitung*, v. 2, p. 591.

7.7.3 Objetivo[1287]

As cartas parecem cartas ocasionais do cotidiano do apóstolo em seu contato com membros de diversas igrejas. João expressa sua alegria com aqueles que vivem na verdade (2Jo 4; 3Jo 4), entretanto precisa defrontar-se também com falsos mestres (2Jo 7ss) e pessoas egoístas como Diótrefes (3Jo 9ss).

7.7.4 Destinatários[1288]

Lemos que 2João está endereçada a uma ἐκλεκτὴ κυρία — eklektē kyria, "senhora eleita" e seus filhos (v. 1 e 5). κυρία — kyria, "senhora" pode ser interpelação cortês de uma mulher[1289] ou também nome próprio.[1290] Muitos estudiosos das ciências introdutórias defendem a opinião de que o autor teria se dirigido a uma igreja[1291] ou até mesmo à igreja como um todo[1292] pelo título κυρία — kyria, "senhora".[1293] Conforme nossa concepção, as palavras devem ser entendidas como tratamento cortês de uma mulher respeitada, embora as demais interpretações não devam ser inteiramente descartadas. Verdade é que em nenhuma passagem do NT a ἐκκλησία — ekklēsia, "igreja" é designada com o título κυρία — kyria; antes se poderia falar da figura da igreja de Jesus como serva.

A terceira carta de João se dirige a certo Gaio. Dificilmente deverá ser identificado com o Gaio em Corinto (1Co 1.14; Rm 16.23), tampouco com o Gaio da Macedônia (At 19.29) ou o Gaio de Derbe (At 20.4).

7.7.5 Lugar e época da redação

A semelhança das duas cartas, principalmente no final, permite presumir que foram escritas aproximadamente na mesma época. Datamos para um tempo pouco depois de 1João, por volta de 97-100.[1294]

[1287] Cf. D. GUTHRIE, op. cit., p. 889s, 892ss; W. MICHAELIS, op. cit., p. 295ss.

[1288] Cf. F. BARTH, op. cit., p. 318s.

[1289] A favor disso se decidem, p. ex., C. STARKE, op. cit., p. 1364; H. KRIMMER, Johannesbriefe, in: Edition C (Neuhausen-Stuttgart: Hänssler, 1989), v. 21, p. 159.

[1290] Essas primeiras duas possibilidades de interpretação são apoiadas por F. BARTH, op. cit., p. 318.

[1291] É o que presumem, p. ex., L. ALBRECHT, op. cit., p. 654; H. CONZELMANN & A. LINDEMANN, op. cit., p. 297; O. CULLMANN, op. cit., p. 133; M. DIBELIUS, op. cit., p. 138; O. HÖRSTER, op. cit., p. 185; W. MARXSEN, op. cit., p. 224; W. MICHAELIS, op. cit., p. 295; P. VIELHAUER, op. cit., p. 476.

[1292] Opinião de H. KÖSTER, op. cit., p. 635.

[1293] A discussão mais exaustiva da questão dos destinatários de 2João encontra-se em D. GUTHRIE, op. cit., p. 886ss.

[1294] Cf. F. BARTH, op. cit., p. 320; E. F. HARRISON, op. cit., p. 453.

Como no evangelho de João e em 1João, o lugar de redação é, com a máxima probabilidade, Éfeso.

7.7.6 Características e peculiaridades[1295]

a) Ambas as cartas eram dimensionadas com um comprimento tal que coubessem em uma folha comum de papiro (cerca de 25 x 20 cm).[1296] É a partir daí que se explicam as observações em 2João 12 e 3João 13.

b) A necessária ligação entre verdade e amor torna-se muito explícita em 2João (2-6).

c) As palavras graves em relação a Diótrefes (3Jo 9s) evidenciam com que intensidade o apóstolo João, ainda que muito velho, participava da realidade das igrejas, não sendo meramente um idoso amável que, como Eli em 1Samuel 2.12ss, evitava tomar medidas drásticas. João ostenta tanto em questões doutrinárias como em assuntos eclesiais uma "disciplina" santa gerada pelo Espírito.

8. O APOCALIPSE DE JOÃO

8.1 Palavras introdutórias sobre o Apocalipse de João[1297]

No Apocalipse de João deparamo-nos com um livro único no âmbito do NT. O livro é de compreensão muito difícil para leitores do período posterior ao NT. Por isso, foi sempre negligenciado no curso da história da teologia. Foi somente o pietismo, liderado por Johann Albrecht Bengel,[1298] que conferiu um peso maior ao estudo de Apocalipse.

8.2 Conteúdo e subdivisão

1. Introdução	Ap 1.1-20
Tema do livro	Ap 1.1-3
Autor, dedicatória e saudação	Ap 1.4-8

[1295] Cf. E. AEBI, op. cit., p. 258.

[1296] Cf. I. H. MARSHALL, Epistles of John, in: IBD, v. 2, p. 798.

[1297] Cf. W. BARCLAY, Offenbarung des Johannes, 7. ed. (Wuppertal: Aussaat, 1982), v. 1, p. 8; cf. tb. a exaustiva obra G. MAIER, Die Johannesoffenbarung und die Kirche, in: WUNT (Tübingen: Mohr, 1981), v. 25.

[1298] Cf. J. A. BENGEL, Gnomon — Auslegung des Neuen Testaments in fortlaufenden Anmerkungen, 8. ed. (Stuttgart: Steinkopf [1742] 1970), v. 2, p. 747-894.

	Incumbência de João para escrever o Apocalipse, e aparição do Senhor exaltado	Ap 1.9-20
2.	As 7 missivas	Ap 2.1—3.22
	1) Carta a Éfeso	Ap 2.1-7
	2) Carta a Esmirna	Ap 2.8-11
	3) Carta a Pérgamo	Ap 2.12-17
	4) Carta a Tiatira	Ap 2.18-29
	5) Carta a Sardes	Ap 3.1-6
	6) Carta a Filadélfia	Ap 3.7-13
	7) Carta a Laodiceia	Ap 3.14-22
3.	Os sete selos	Ap 4.1—8.1
	O trono de Deus	Ap 4.1-11
	O livro com os sete selos	Ap 5.1-5
	Somente o Cordeiro é digno de abrir os selos	Ap 5.6-14
	A abertura dos primeiros seis selos	Ap 6.1-17
	Os 144 mil selados de Israel	Ap 7.1-8
	A multidão incontável dentre as nações perante o trono de Deus	Ap 7.9-17
	O sétimo selo e a grande calmaria no céu	Ap 8.1
4.	As sete trombetas	Ap 8.2—11.19
	Sete anjos recebem sete trombetas	Ap 8.2-6
	As quatro primeiras trombetas	Ap 8.7-13
	A quinta trombeta	Ap 9.1-12
	A sexta trombeta	Ap 9.13-21
	Os sete trovões ocultos e o livrinho recebido por João	Ap 10.1-11
	As duas testemunhas em Jerusalém	Ap 11.1-14
	A sétima trombeta	Ap 11.15-19
5.	Satanás, Anticristo e Falso Profeta	Ap 12.1—13.18
	A mulher que dá à luz um menino	Ap 12.1-6
	Luta entre Miguel e Satanás: Satanás é expulso definitivamente do céu	Ap 12.7-18
	A aparição do anticristo	Ap 13.1-10
	O falso profeta	Ap 13.11-17
	A marca da "besta": 666	Ap 13.18
6.	O Cordeiro com os seus na Sião celestial e anúncio do juízo sobre a terra	Ap 14.1-20
	Os 144 mil junto do Cordeiro na Sião celestial	Ap 14.1-5
	Três anjos anunciam o juízo para a terra madura para o julgamento	Ap 14.6-13

A terra é "colhida" e "pisada no lagar"	Ap 14.14-20
7. **As sete taças dos juízos da ira**	Ap 15.1—16.21
Os redimidos no mar de vidro	Ap 15.1-4
Os sete anjos com as sete pragas	Ap 15.5-8
Efusão das sete taças da ira	Ap 16.1-21
8. **A queda da Babilônia**	Ap 17.1—19.5
A prostituta Babilônia	Ap 17.1-18
A ruína da Babilônia	Ap 18.1-24
Adoração no céu após a queda da Babilônia	Ap 19.1-5
9. **Bodas do Cordeiro e retorno visível do Senhor**	Ap 19.6-21
Celebração das bodas no céu com o Cordeiro e sua Noiva	Ap 19.6-10
Volta do Senhor com os santos e os anjos	Ap 19.11-16
Juízo sobre os exércitos das nações e vitória do Cordeiro	Ap 19.17-21
10. **Reino dos mil anos (Milênio)**	Ap 20.1-10
Satanás é amarrado por mil anos	Ap 20.1-3
Tronos de julgamento e fim da primeira ressurreição	Ap 20.4-6
Último levante de Satanás no fim do milênio e juízo definitivo sobre ele	Ap 20.7-10
11. **O juízo final e o novo céu e a nova terra**	Ap 20.11—22.5
A segunda ressurreição e o grande dia do juízo final	Ap 20.11-15
A nova Jerusalém	Ap 21.1—22.5
12. **Exortações finais**	Ap 22.6-21
Convocação à prontidão permanente em vista do Senhor que retorna	Ap 22.6-16
Exortações finais e asserção da graça	Ap 22.17-21
Três vezes o Senhor assevera: "Venho em breve!"	(Ap 22.7,12,20)

8.3 Pertence o Apocalipse de João à literatura apocalíptica?

8.3.1 Características da literatura apocalíptica

Lohse, Vielhauer e Strecker arrolam várias características de escritos apocalípticos:[1299]

a) Pseudonímia: os apocalípticos escreviam sob o nome de uma personalidade conhecida de tempos passados.

[1299] Cf. E. LOHSE, Umwelt des Neuen Testaments, p. 37ss; P. VIELHAUER & G. STRECKER, Apokalypsen und Verwandtes — Einleitung, in: W. SCHNEEMELCHER, op. cit., v. 2, p. 494ss.

b) Relato de visões: os apocalípticos recebiam sua mensagem, em geral, por meio de visões, enquanto os profetas ouviam principalmente vozes (audições). Com frequência aparecem anjos que explicam a visão.

c) Os apocalípticos descreviam a história desde o passado até o presente em forma de profecia, seguida por uma profecia sobre o fim. Nessa narrativa, a atualidade do autor real sempre era a época do fim.

d) De acordo com o apocalipsismo, o rumo da história não muda para melhor, mas o fim chega com grandes catástrofes. "A salvação, porém, começará com o novo mundo que Deus inaugura e será concedida aos fiéis com uma glória interminável."[1300]

e) Os apocalípticos haviam mesclado as mais diversas formas em seus escritos; p. ex., encontram-se entre as visões também sempre de novo orações e exortações.

Há, no entanto, diversos questionamentos a tais características nitidamente delineadas da literatura apocalíptica. Sobre isso, Stadelmann escreve:

> As semelhanças e as diferenças de cada escrito precisam ser mais bem dissociadas; tampouco se deve simplesmente pressupor que todos os escritos que apresentam uma ou outra "marca apocalíptica" formam um conjunto. Cada escrito precisa novamente ser valorizado individualmente.[1301]

8.3.2 Surgimento do pensamento apocalíptico

Na pesquisa crítica, o surgimento do apocalipsismo frequentemente é datado em torno de 165 a.C., quando Israel sofria severamente sob a opressão do ímpio rei sírio Antíoco IV e sob o assédio do helenismo. Concepções dualistas persas, de que o bom Deus se contraporia ao mal e que guerreariam um contra o outro, teriam sido combinadas com a confissão ao Deus de Israel. O mais antigos desses escritos apocalípticos seria o livro de Daniel no AT, que segundo essa concepção teria sido escrito somente em torno de 165 a.C. precisamente sob essa opressão.[1302]

[1300] F. LOHSE, Umwelt des Neuen Testaments, p. 37.

[1301] H. STADELMANN, Biblische Apokalyptik und Heilsgeschichtliches Denken, in: idem (Org.), *Epochen der Heilsgeschichte — Beiträge zur Förderung Heilsgeschichtlicher Theologie* (Wuppertal: Brockhaus, 1984), p. 88. Posição análoga é expressa, p. ex., também por L. GOPPELT, um pesquisador histórico-crítico: a literatura apocalíptica "não representa uma unidade nem como gênero, muito menos segundo seu lugar vivencial e sua orientação teológica. Constitui tarefa primordial da pesquisa empreender uma diferenciação nesse sentido" (R. ROLOFF [Org.], *Theologie des Neuen Testaments*, 3. ed. [Göttingen: Vandenhoeck & Ruprecht, 1985], p. 80).

[1302] Cf., p. ex., P. FEINE, op. cit., p. 221; W. FOERSTER, *Neutestamentliche Zeitgeschichte*, 2. ed. (Hamburg: Furche, 1955), v. 1, p. 53ss; W. GRUNDMANN, Das palästinensische Judentum im

Entretanto, várias descobertas atestam elementos apocalípticos muito anteriores em Qumran e no entorno de Israel.[1303] Tampouco se sustenta a datação do livro de Daniel somente para o século II a.C., por diversas razões.[1304] Logo, o fenômeno do apocalipsismo se manteve em Israel durante séculos de maneira extraordinária. Por isso, Stadelmann considera um pano de fundo principalmente o AT, ao escrever:

> Em função disso, o apocalipsismo deve ser visto como um fenômeno essencialmente bíblico-israelita. Para esse amadurecimento houve um impulso não desprezível da tradição sapiencial israelita. A meu ver, porém, o pano de fundo mais explícito do apocalipsismo é formando pelo profetismo do antigo Israel...[1305]

8.3.3 Relação entre apocalipsismo intrabíblico e profetismo[1306]

De acordo com a compreensão da Bíblia, o apocalipsismo intrabíblico deve ser entendido como profetismo. Na LXX, a tradução grega pré-cristã do AT, Daniel é enquadrado nos profetas. Jesus diz que Daniel foi um profeta (Mt 24.15). João define seu livro de revelação como "palavras da profecia" (Ap 1.3; 22.7,10,18s).

No transcurso da história da revelação, certamente podem ser constatadas "mudanças na forma e no conteúdo do profetismo bíblico, p. ex., que o apocalipsismo enfatiza a predição do futuro (sem com isso esquecer a exortação para a atualidade), enquanto o profetismo falava primordialmente para o presente (muitas vezes, porém, justamente a partir no anúncio do futuro)."[1307]

8.3.4 Relação entre apocalipsismos intrabíblico e extrabíblico

Uma vez que o apocalipsismo extrabíblico originariamente se baseia em textos do AT, podem seguramente ser constatados vários paralelos com afirmações do NT.

Zeitraum zwischen der Erhebung der Makkabäer und dem Ende des Jüdischen Krieges, in: J. LEIPOLDT & W. GRUNDMANN (Org.), *Umwelt des Urchristentums*, 7. ed. (Berlin: Evangelische Verlagsanstalt, 1985), v. 1, p. 225; W. G. KÜMMEL, op. cit., p. 399ss; E. LOHSE, Umwelt des Neuen Testaments, p. 43, 46; W. MICHAELIS, op. cit., p. 305; H. H. ROWLEY, *Apokalyptik — Ihre Form und Bedeutung zur biblischen Zeit*, 3. ed. (Einsiedeln: Benziger, 1965), p. 20ss.

[1303] Cf. H. STADELMANN, *Biblische Apokalyptik und Heilsgeschichtliches Denken*, p. 89s.

[1304] Sobre isso cf., p. ex., G. L. ARCHER, *Einleitung in das Alte Testament* (Bad Liebenzell: Liebenzeller Mission, 1989), v. 2, p. 280ss; G. MAIER, Der Prophet Daniel, in: WStB, 2. ed. (Brockhaus: [s.n.], 1986).

[1305] H. STADELMANN, *Biblische Apokalyptik und Heilsgeschichtliches Denken*, p. 90.

[1306] H. STADELMANN, *Biblische Apokalyptik und Heilsgeschichtliches Denken*, p. 90ss.

[1307] H. STADELMANN, *Biblische Apokalyptik und Heilsgeschichtliches Denken*, p. 91.

Stadelmann, porém, chama atenção para pontos importantes, que estabelecem diferenciação entre o apocalipsismo intrabíblico e extrabíblico:[1308]

a) O apocalipsismo intrabíblico não é pseudônimo. Não se apela para nomes famosos de tempos idos. Nos discursos escatológicos, Jesus fala em seu próprio nome (cf. Mt 24; Mc 13; Lc 21). Paulo não expõe seus pensamentos sobre o fim dos tempos sob nome alheio (p. ex., 1Ts 4.13ss; 2Ts 2.1ss). E João igualmente se apresenta a si mesmo como autor (cf. a seguir). Há motivos convincentes para a circunstância de que o livro de Daniel no AT não foi redigido de maneira pseudônima.[1309]

b) O apocalipsismo bíblico está "ancorado na história real e não dissimula — como faz o apocalipsismo extracanônico — seu lugar vivencial histórico".[1310]

Além disso, cabe acrescentar mais um ponto:

c) Uma diferença essencial entre o livro de Daniel e Apocalipse, por um lado, e o apocalipsismo judaico, por outro, é também a inspiração divina daqueles.

8.4 Autoria, atestação da igreja antiga, autenticidade e integridade

8.4.1 Autoria (testemunho interno)

Em Apocalipse 1.4 João se apresenta por nome como autor das sete missivas às igrejas da Ásia Menor, em Apocalipse 1.1,9ss e 22.8, como receptor das revelações. Designa-se como servo de Deus (Ap 1.1), e em seguida também como "irmão e companheiro de vocês no sofrimento, no Reino e na perseverança em Jesus" (Ap 1.9).

8.4.2 Atestação da igreja antiga

a) Uma vez Justino faz referência a Apocalipse 20 e ao reino dos mil anos, mencionando que o Apocalipse foi escrito por "João, um dos apóstolos de Cristo".[1311]

b) Melito de Sardes (c. 170) já escreveu um livro sobre o Apocalipse de João.[1312]

c) Conforme declaração de Eusébio, Teófilo de Antioquia (c. 175) apontou, na obra *Contra as heresias de Hermégones*, diversas vezes para o Apocalipse de João.[1313]

[1308] H. STADELMANN, *Biblische Apokalyptik und Heilsgeschichtliches Denken*, p. 91ss.

[1309] Cf., p. ex., a bibliografia sobre Daniel arrolada anteriormente.

[1310] H. STADELMANN, *Biblische Apokalyptik und Heilsgeschichtliches Denken*, p. 92.

[1311] JUSTINO, *Diálogo com Trifão*, 81.

[1312] Apud Euseb. HE, livro IV, 26.2; JERÔNIMO, *De viris illustribus*, 24.

[1313] Euseb. HE, livro IV, 24.

d) Na carta das igrejas de Viena e Lião às igrejas da Ásia e da Frígia (c. 177), encontramos diversas alusões ao Apocalipse ou breves citações dele.[1314]

e) O Apocalipse pertence ao *Cânon muratoriano* como escrito de João.

f) Ireneu utilizou várias vezes o "Apocalipse de João",[1315] ocasionalmente sem indicar a fonte.[1316] Algumas vezes ele enfatiza a indicação do autor, escrevendo: "João no Apocalipse",[1317] ou até mesmo: "João, o discípulo do Senhor, no Apocalipse".[1318]

g) Tertuliano aponta para o "Apocalipse de João" com comentários acerca de diversas passagens do Apocalipse.[1319] Considera o Apocalipse como escrito do apóstolo João.[1320]

h) Pouco depois do ano 200, o presbítero romano Gaio classificou o evangelho de João e o Apocalipse como obra do gnóstico Cerinto.[1321] Também os álogoi rejeitavam João e o Apocalipse.[1322]

i) Clemente de Alexandria cita Apóstolo Paulo Apocalipse[1323] ou faz alusões a ele.[1324]

j) Hipólito cita várias vezes o Apocalipse (parcialmente de forma livre) como escrito por João.[1325]

k) De acordo com *Orígenes*, o Apocalipse foi escrito pelo mesmo João "que estava reclinado ao peito de Jesus", que também redigiu o evangelho de João (e, conforme Orígenes, no mínimo 1João, quando não também 2João e 3João).[1326]

[1314] Cf. Euseb. HE, livro V, 1.10/Ap 14.4; 1.58/Ap 22.11; 2.3/Ap 3.14.

[1315] IRENEU, *Contra heresias*, livro I, 26.3/Ap 2.6.

[1316] IRENEU, *Contra heresias*, livro III, 11.8.

[1317] IRENEU, *Contra heresias*, livro IV, 14.2/Ap 1.15; 17.6/Ap 5.8; 18.6/Ap 11.19; 21.3; 21.3/Ap 6.2; livro V, 34.2/Ap 20.6.

[1318] IRENEU, *Contra heresias*, livro IV, 20.11/Ap 1.12ss; 30.4/Ap 16.2ss; livro V, 26.1/Ap 17.12ss.

[1319] TERTULIANO, A ressurreição dos mortos, 25. Cf. tb. A prescrição dos hereges, 33; *Scorpiace*, 12,6; *Contra* Marcião, livro IV, 5.2.

[1320] Cf. TERTULIANO, *Contra Marcião*, livro III, 14.3.

[1321] Euseb. HE, livro III, 28.2. A esse respeito, cf. item 3.3.3, no que tange ao evangelho de João.

[1322] Cf. EPIFÂNIO, *Panarion*, livro LI, 3; *Anacephalaeosis*, 1112.

[1323] CLEMENTE DE ALEXANDRIA, O pedagogo, livro II, 10.87/Ap 6.9,11.

[1324] CLEMENTE DE ALEXANDRIA, O pedagogo, livro I, 6.43/Ap 21.6; 22.13.

[1325] HIPÓLITO, *Comentário a Daniel*, livro III, 19.10/Ap 19.13s; livro IV, 22.4/Ap 6.9ss etc.

[1326] ORÍGENES, *Comentários ao evangelho de são João* (apud Euseb. HE, livro VI, 25.9). Cf. tb. *De Principiis*, livro I, 2.10.

l) Cipriano cita o Apocalipse.[1327]

m) Por razões dogmáticas, Dionísio de Alexandria (m. c. 265) não queria atribuir o Apocalipse ao apóstolo João.[1328]

n) *Vitorino de Pettau* (m. c. 304) escreveu o primeiro comentário ao Apocalipse que nos foi preservado.[1329]

o) Como já referimos no evangelho de João, *Eusébio* diferencia entre o apóstolo João e o presbítero, sendo que o Apocalipse teria sido escrito pelo presbítero.[1330] Para tanto, apoia-se principalmente sobre as afirmações de Dionísio de Alexandria.

p) *Atanásio* lista o Apocalipse de João no cânon do NT.[1331]

q) *Dídimo* (m. 398) cita o Apocalipse e parece considerá-lo escrito, tal como o evangelho e as cartas de João, pelo discípulo de Jesus e apóstolo João.[1332]

8.4.3 Autenticidade

Vários críticos admitem que o Apocalipse foi escrito por determinado João,[1333] só que sob hipótese alguma esse João pode ter sido o apóstolo. Postula-se um personagem conhecido e respeitado na época, porém no mais desconhecido de nós hoje, e que em breve já teria sido identificado na igreja antiga com o apóstolo. A seguir nos debruçaremos sobre as justificativas por que o Apocalipse não deveria ser escrito pelo apóstolo.

8.4.3.1 Objeções contra a redação pelo discípulo de Jesus, apóstolo e zebedaida João

a) Uma vez que na ciência introdutória histórico-crítica o evangelho de João e as cartas de João predominantemente não são atribuídas ao apóstolo, já não se discute sobre autoria apostólica tampouco nas comparações desses escritos com o Apocalipse, mas somente sobre parentescos teológicos e linguísticos que possam

---

[1327] CIPRIANO, *Testimonii*, 3.36/Ap 17.1ss; 3.59/Ap 9.13ss; 14.9ss.

[1328] Cf. Euseb. HE, livro VII, 24s.

[1329] Impresso como recensão de Jerônimo em CSEL, v. 49.

[1330] Euseb. HE, livro III, 39.5s.

[1331] Cf. sua *Carta pascal XXXIX*, do ano 367 (texto alemão em W. SCHNEEMELCHER, op. cit., v. 1, p. 40).

[1332] DÍDIMO, *Sobre a Trindade*, livro I, 15.17/Ap 1.8.

[1333] Cf., p. ex., W. G. KÜMMEL, op. cit., p. 415; W. MARXSEN, op. cit., p. 232; P. VIELHAUER, op. cit., p. 501.

apontar para a ligação com uma "escola" teológica comum. O resultado desses debates geralmente é a afirmação de que no mínimo a configuração final do Apocalipse em termos de linguagem e composição não poderia ser atribuída ao autor do evangelho e das cartas de João.[1334]

Posicionamento: Não deve causar surpresa ou preocupação que, tanto no vocabulário como nos pensamentos, o Apocalipse com seu conteúdo escatológico possua consideráveis diferenças — não contradições — em relação aos demais escritos joaninos.[1335] De fato, porém, existem igualmente numerosos aspectos em comum. Eles não são negados nem mesmo pela crítica. No entanto, os pontos em comum são mais fáceis de explicar quando se supõe o mesmo autor que quando se presume a participação em uma hipotética "escola teológica". O conteúdo escatológico ou apocalíptico pode ser mais facilmente atribuído à revelação direta de Deus a João — o que, portanto, permite elucidar as novidades no conteúdo — do que quando se precisa comprovar em relação a um membro da postulada escola joanina que ele possui inclinação para especulações apocalípticas e dependência delas.

b) O autor de Apocalipse seria apresentado como profeta e não como apóstolo, não reivindicando ter pessoalmente pertencido ao grupo dos Doze.[1336]

Posicionamento: Em lugar algum do Apocalipse encontra-se uma afirmação de que o autor não faz parte do grupo dos apóstolos. As três passagens com ἀπόστολος — **apostolos** (Ap 2.2; 18.20; 21.14) não fornecem nenhuma sinalização nesse sentido. Visto que certamente João era muito bem conhecido das igrejas destinatárias, não precisava enfatizar sua apostolicidade.[1337]

c) O fato de que no Apocalipse não se pode detectar nenhum conhecimento do Jesus histórico deporia contra a redação pelo zebedaida João.[1338]

[1334] Cf. J. Frey, Erwägungen zum Verhältnis der Johannesapokalypse zu den übrigen Schriften des Corpus Johanneum, in: M. Hengel, *Die johanneische Frage — Ein Lösungsversuch* (Tübingen: Mohr, 1993), p. 421ss. Cf. H. Conzelmann & A. Lindemann, op. cit., p. 319; H. Köster, op. cit., p. 684s; W. G. Kümmel, op. cit., p. 417; E. Lohse, *Entstehung*, p. 143.

[1335] M. C. Tenney. op. cit., p. 420, escreve acertadamente: "Deveríamos [...] ponderar que o autor tenta transportar para a linguagem humana cenas que não podem ser expressas em conceitos normais, e por consequência sua gramática e seu vocabulário se evidenciaram como insuficientes".

[1336] Cf. O. Cullmann, op. cit., p. 139; M. Hengel. op. cit., p. 311; W. G. Kümmel, op. cit., p. 417; E. Lohse, *Entstehung*, p. 143; W. Marxsen, op. cit., p. 232; P. Vielhauer, op. cit., p. 502.

[1337] Cf. D. A. Carson, D. J. Moo & L. Morris, op. cit., p. 469; P. Feine, op. cit., p. 227; E. F. Harrison, op. cit., p. 470; T. Zahn, *Einleitung*, v. 2, p. 624ss.

[1338] Cf. H. Conzelmann & A. Lindemann, op. cit., p. 319; W. G. Kümmel, op. cit., p. 417; E. Lohse, *Entstehung*, p. 143.

Posicionamento: Nessa obra profética ou apocalíptica não estão em jogo as experiências pessoais de fé e vida de João e, por consequência, tampouco sua familiaridade com o Jesus Cristo terreno. Por isso, não é surpreendente que não se possa ler nada a esse respeito.[1339]

8.4.3.2 Redação pelo discípulo de Jesus, apóstolo e zebedaida João[1340]

Como mencionado, o próprio Apocalipse indica João como autor. A autoridade com que se apresenta — por um lado, ao declarar ditosa a pessoa que fará a leitura (pública; Ap 1.3), por outro, nas sete solicitações de atentar para a mensagem (Ap 2.7,11,17,29; 3.6,13,22) e, em terceiro lugar, também na ameaça de juízo contra aqueles que acrescentam algo ao livro ou tiram algo dele (Ap 22.18s) — permite deduzir uma pessoa reconhecida da igreja antiga. No caso do evangelho de João, já demonstramos[1341] que não conhecemos no NT e na história da igreja um segundo João que pudesse ter-se apresentado com essa autoridade e tivesse sido reconhecido pela igreja em tão grande medida. A igreja antiga, com poucas exceções, também acabou atribuindo o Apocalipse ao apóstolo João.

8.4.4 Integridade

Na pesquisa histórico-crítica, foram empreendidas, no decurso do tempo, diferentes tentativas para comprovar fontes no Apocalipse. Nenhuma dessas tentativas alcançou aceitação maior no seio da teologia crítica. Pelo fato de que no texto não se podem encontrar indícios concretos de fontes, mas não se deseja atribuir todas as ideias ao próprio autor, postula-se a existência de diferentes tradições, das quais o autor seria dependente e que foram trabalhadas por ele no Apocalipse.[1342]

Em contraposição aos defensores das hipóteses de fontes e tradições, mantemos que João escreveu seu livro em virtude de revelação divina. Não podemos concordar com a decisão cosmológica prévia, segundo a qual seria impossível esse evento de revelação divina e, por consequência, as metáforas e mensagens do Apocalipse, em última análise, serem explicadas com base na especulação humana. Porque segundo o pensamento histórico-crítico, essa especulação humana seria a verdadeira origem das fontes e tradições.

[1339] Cf. D. A. CARSON, D. J. MOO & L. MORRIS, op. cit., p. 469s; P. FEINE, op. cit., p. 227.

[1340] Cf. D. GUTHRIE, op. cit., p. 932ss; E. F. HARRISON, op. cit., p. 467ss.

[1341] Cf. item 3.3.2.e).

[1342] Cf., p. ex., E. LOHSE, Entstehung, p. 142.

8.5 Objetivo e destinatários

O Apocalipse foi dirigido em primeiro lugar às sete igrejas da Ásia Menor, cada uma das quais recebeu uma mensagem específica (cf. Ap 2s).

8.6 Lugar da redação

Em Apocalipse 1.9 João informa que na época em que recebeu a revelação estava na ilha de Patmos. Considerando que com as visões também se vinculava uma ordem de Deus para escrever (Ap 1.11,19; cf. também o início de cada missiva), deve-se presumir que João também anotou o Apocalipse na ilha de *Patmos*.[1343]

8.7 Época da redação

Antepomos à discussão em torno de diversas datações uma citação de Ireneu: "Porque ele (o Apocalipse) não foi visto muito tempo atrás, mas quase nos nossos dias, pelo final do governo de Domiciano". [1344]

8.7.1 Entre Nero (54-68) e Vespasiano (69-79)?

Defensores de uma data mais antiga (i.e., uma data antes do ano 70) não conseguem deixar de modificar o sentido da referida citação e, além disso, de imputar a Ireneu um equívoco histórico.[1345]

Gentry deduz de Apocalipse 1.7 o suposto tema do Apocalipse. Teria relação com o juízo vindouro sobre a geração dos judeus que haviam crucificado a Jesus. Pelo fato de que esse juízo teve de atingir expressamente a essa geração, o Apocalipse deveria ser interpretado no sentido da destruição de Jerusalém.[1346]

Posicionamento: Em termos exegéticos é absolutamente impossível que Gentry refira a vinda de Jesus "com as nuvens" (Ap 1.7) à destruição de Jerusalém. Tampouco podemos acompanhar a declaração de Gentry, que considera os eventos do

---

[1343] Foi o que também entendeu o autor do prólogo monárquico; a esse respeito, cf. item 3.3.2.n), sobre o evangelho de João.

[1344] Οὐδὲ γὰρ πρὸ πολλοῦ χρόνου ἑωράθη, ἀλλὰ σχεδὸν ἐπὶ τῆς ἡμετέρας γενεᾶς, πρὸς τῷ τέλει τῆς Δομετιανοῦ ἀρχῆς — Oude gar pro pollou chronou heōrathē, alla schedon epi tēs hēmeteras geneas, pros tō telei tēs Dometianou archēs (Ireneu, Contra heresias, livro V, 30.3).

[1345] Cf. K. L. Gentry, *Before Jerusalem Fell — Dating the Book of Revelation* (Tyler: Institute for Christian Economics, 1989), p. 48ss.

[1346] K. L. Gentry, op. cit., p. 123-31.

Apocalipse cumpridos com a época da guerra judaica (66-70).[1347] A rigor, portanto, nem sequer estão em jogo, para Gentry, argumentos de datação, mas um enfoque hermenêutico muito diferente — para nós insustentável,[1348] cuja análise detalhada não cabe no presente espaço.[1349]

Datações para tempos anteriores baseiam-se também em uma exegese de Apocalipse 17.9s, que relaciona os reis ali citados com imperadores romanos. Dependendo da datação, os imperadores são enumerados de maneira diversa. Hörster e alguns outros antes dele começam com Augusto e contam Vespasiano (69-79) como sexto imperador, em cuja época João teria escrito.[1350] Acontece que em sua contagem Hörster omite os três imperadores Galba, Oto e Vitélio, que exerceram o mandato somente por tempo muito breve. Quem não deixa fora esses três, chega na contagem até Galba como sexto imperador.[1351] Gentry começa sua contagem com César, de sorte que o sexto imperador é Nero.[1352]

Rejeitamos essa interpretação do Apocalipse nos termos da "história contemporânea" (restrita àquele tempo), porque há muito foi refutada pela história.[1353]

8.7.2 Sob Domiciano (81-96)

Apegamo-nos à citação de Ireneu, de que João escreveu o Apocalipse na época do imperador romano Domiciano. O banimento de João para a ilha de Patmos pode

---

[1347] Cf. K. L. Gentry, op. cit., p. 133ss.

[1348] K. L. Gentry, op. cit., p. xiss, fala de "preterismo", i.e., um método interpretativo que busca o cumprimento das profecias no passado. G. Hörster, op. cit., p. 198, fala de modo semelhante sobre a "interpretação histórica contemporânea", sendo que nesse enfoque não se tem em vista a história já pregressa, mas também a história que sucederá em breve. Foi Friedrich Lücke (1791-1855) que conferiu grande popularidade a essa interpretação contemporânea (*Versuch einer vollständigen Einleitung in die Offenbarung des Johannes*, 2. ed. [Bonn: (s.n.), 1852]; apud O. Maier, *Die Johannesoffenbarung und die Kirche*, p. 484ss, 639).

[1349] Breves descrições de alguns enfoques hermenêuticos sobre o Apocalipse encontra-se em M. C. Tenney, op. cit., p. 421ss; H. C. Thiessen, op. cit., p. 324ss.

[1350] Cf. G. Hörster, op. cit., p. 197. F. Düsterdieck, Kritisch exegetisches Handbuch über die Offenbarung Johannis, in: Meyer, 2. ed. (Göttingen: Vandenhoeck & Ruprecht, 1865), v. 16, p. 53ss, data para o começo do ano de 70.

[1351] É assim que calculam D. A. Carson, D. J. Moo & L. Morris, op. cit., p. 476, datando para 68-69; posição similar tem J. A. T. Robinson, op. cit., p. 259.

[1352] Cf. K. L. Gentry, op. cit., p. 146ss.

[1353] Cf. tb. H. C. Thiessen, op. cit., p. 322.

ser explicado muito bem pelas perseguições aos cristãos sob Domiciano.[1354] Também as características das sete igrejas na Ásia Menor, p. ex., a perda do primeiro amor em Éfeso (Ap 2.4) ou a mornidão em Laodiceia (Ap 3.15), cabem tão bem na década de 90 como na época pouco depois da atuação de Paulo.

No seio do Apocalipse encontra-se uma referência específica que confirma a preferência à datação mais tardia. Na missiva, Laodiceia aparece como igreja abastada (Ap 3.17). A cidade de Laodiceia, porém, fora destruída no ano 62 por um terremoto. Certamente foi reconstruída em breve, porém até atingir novamente a opulência seguramente eram necessários mais que meros oito anos, de modo que a carta dificilmente poderia ter sido enviada à igreja já no ano 69 ou 70.[1355]

Datamos o Apocalipse para o ano 94/95.[1356]

8.8 Características e peculiaridades[1357]

a) Como evidencia o esquema (cf. item 8.9.), a estrutura do Apocalipse é absolutamente única. O número 7 desempenha um papel definido.

b) No Apocalipse nos é possibilitado um olhar para dentro do mundo celestial como não ocorre em nenhum outro livro bíblico. A adoração e a glória de Deus no mundo celestial constituem os pontos culminantes da expectativa futura da Bíblia (cf. Ap 21s).

c) A incredulidade das nações é narrada mediante figuras dramáticas (p. ex., Ap 13 e 17). As figuras apoiam-se em profetismo do AT, até mesmo quando dificilmente se possam encontrar citações formais.[1358]

d) No Apocalipse são acolhidas indicações sobre o fim dos tempos oriundas principalmente do livro de Daniel, mas também de Isaías, Jeremias, Joel, Zacarias e outros, bem como dos discursos escatológicos de Jesus (Mt 24; Mc 13; Lc 21) e de trechos escatológicos das cartas apostólicas (1Tessalonicenses; 2Tessalonicenses; 2Pedro etc.). De maneira singular a agudização do domínio universal satânico é contraposta à glória do Senhor que retorna.

e) O Apocalipse confirma, por um lado, a reunião e o aperfeiçoamento da igreja do NT dentre todas as nações e, por outro, mostra — em paralelo às 70 semanas de

---

[1354] Cf. T. Zahn, *Einleitung*, v. 2, p. 619, nota 4.

[1355] Cf. E. F. Harrison, op. cit., p. 473s.

[1356] Cf., entre outros, L. Albrecht, op. cit., p. 662; H. C. Thiessen, op. cit., p. 323; T. Zahn, *Einleitung*, v. 2, p. 627.

[1357] Cf. E. F. Harrison, op. cit., p. 460ss.

[1358] Cf. M. C. Tenney, op. cit., p. 421.

anos em Daniel 9 e às declarações em Romanos 9—11 — o plano especial de Deus para Israel no fim dos tempos.

f) O Milênio entre o juízo sobre os povos e o juízo final não se alicerça sobre um "erro de inspiração" em Apocalipse 20, mas possui apoio no todo da Bíblia e iniciará de acordo com o desígnio de Deus e a inerrância da Escritura em determinado tempo, ainda que o reino dos mil anos sempre tenha sido questionado por muitos exegetas bíblicos de renome ao longo de muitos séculos até o dia de hoje.[1359] A última palavra, porém, Deus reserva para si.

8.9 Visão panorâmica sobre a evolução dos eventos escatológicos com base no número 7

a) As sete missivas (Ap 2.1—3.22)

A mensagem encorajadora, fortalecedora da fé e desafiadora para o arrependimento dirigido pelo Senhor exaltado às sete igrejas na Ásia Menor e simultaneamente à igreja de Jesus de todos os tempos.

- 1) Éfeso: a igreja sem amor (Ap 2.1-7)
- 2) Esmirna: a igreja perseguida (Ap 2.8-11)
- 3) Pérgamo: a igreja erroneamente tolerante (Ap 2.12-17)
- 4) Tiatira: a igreja seduzida (Ap 2.18-29)
- 5) Sardes: a igreja adormecida (Ap 3.1-6)
- 6) Filadélfia: a igreja com a porta aberta (Ap 3.7-13)
- 7) Laodiceia: a igreja morna (Ap 3.14-22)

b) Só o Cordeiro é digno de abrir os sete selos (Ap 4.1—6.17)

- Primeiro selo: cavalo branco (Ap 6.1s)
- Segundo selo: cavalo da cor de fogo (Ap 6.3s)
- Terceiro selo: cavalo negro (Ap 6.5s)
- Quarto selo: cavalo pálido (Ap 6.7s)
- Quinto selo: mártires (Ap 6.9-11)

[1359] Chamaremos a atenção aqui apenas para dois *defensores* do Milênio: C. A. AUBERLEN, *Der Prophet Daniel und die Offenbarung Johannis*, 3. ed., (Wuppertal: Verlag und Schriftenmission der Evangelischen Gesellschaft für Deutschland, [1874] 1986); H. STADELMANN, Das Zeugnis der Johannisoffenbarung vom Tausendjährigen Königreich Christi auf Erden, in: O. MAIER (Org.), *Zukunftserwartung in biblischer Sicht — Beiträge zur Eschatologie* (Wuppertal: Brockhaus; Giessen; Basel: Brunnen, 1984), p. 144ss.

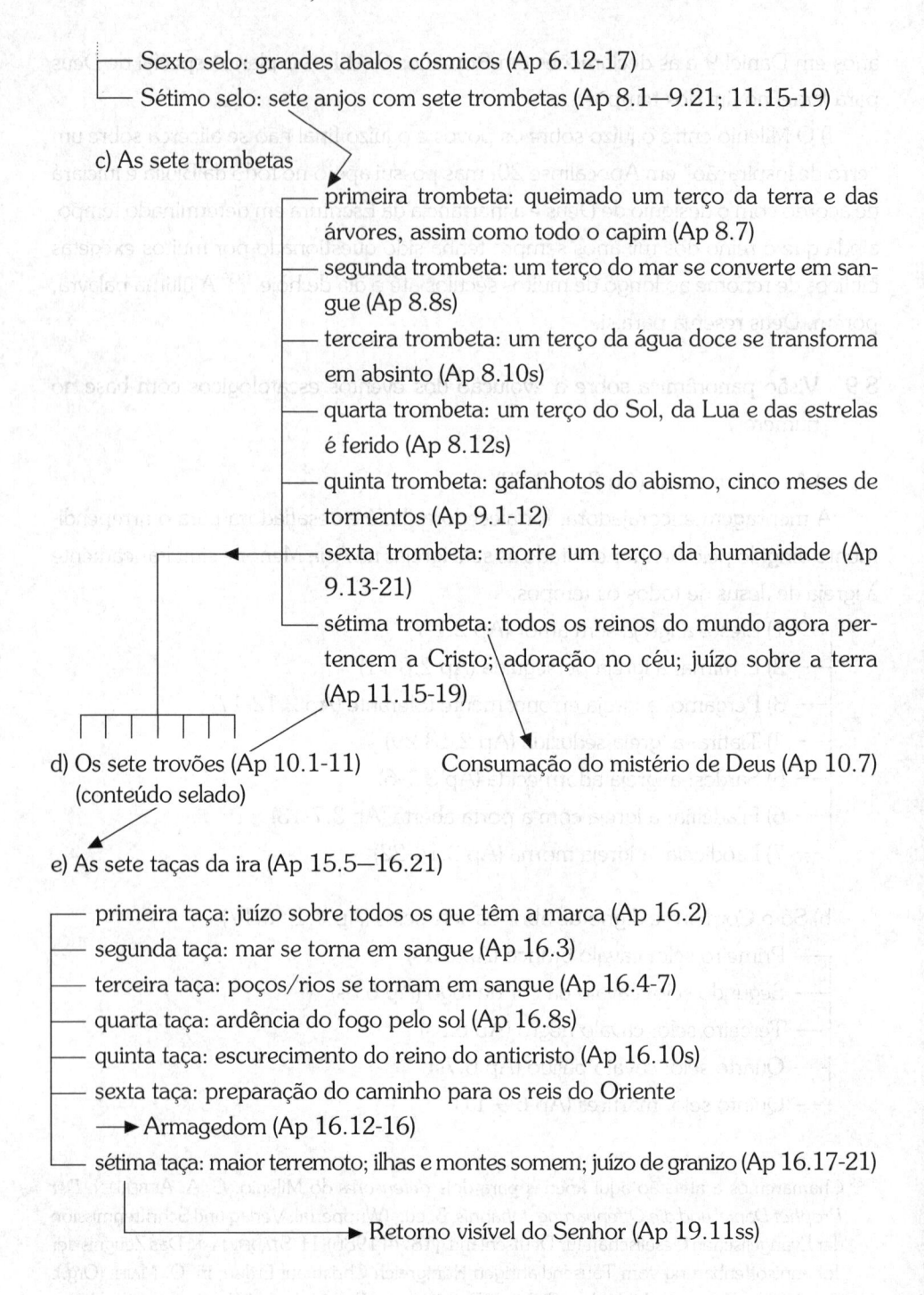

- Sexto selo: grandes abalos cósmicos (Ap 6.12-17)
- Sétimo selo: sete anjos com sete trombetas (Ap 8.1—9.21; 11.15-19)

c) As sete trombetas
- primeira trombeta: queimado um terço da terra e das árvores, assim como todo o capim (Ap 8.7)
- segunda trombeta: um terço do mar se converte em sangue (Ap 8.8s)
- terceira trombeta: um terço da água doce se transforma em absinto (Ap 8.10s)
- quarta trombeta: um terço do Sol, da Lua e das estrelas é ferido (Ap 8.12s)
- quinta trombeta: gafanhotos do abismo, cinco meses de tormentos (Ap 9.1-12)
- sexta trombeta: morre um terço da humanidade (Ap 9.13-21)
- sétima trombeta: todos os reinos do mundo agora pertencem a Cristo; adoração no céu; juízo sobre a terra (Ap 11.15-19)

d) Os sete trovões (Ap 10.1-11) (conteúdo selado)

Consumação do mistério de Deus (Ap 10.7)

e) As sete taças da ira (Ap 15.5—16.21)
- primeira taça: juízo sobre todos os que têm a marca (Ap 16.2)
- segunda taça: mar se torna em sangue (Ap 16.3)
- terceira taça: poços/rios se tornam em sangue (Ap 16.4-7)
- quarta taça: ardência do fogo pelo sol (Ap 16.8s)
- quinta taça: escurecimento do reino do anticristo (Ap 16.10s)
- sexta taça: preparação do caminho para os reis do Oriente
  → Armagedom (Ap 16.12-16)
- sétima taça: maior terremoto; ilhas e montes somem; juízo de granizo (Ap 16.17-21)

→ Retorno visível do Senhor (Ap 19.11ss)

9. APÊNDICE: A QUESTÃO DA PSEUDEPIGRAFIA NA LITERATURA EPISTOLAR DO NT[1360]

9.1 Apresentação do problema

Na discussão sobre a autenticidade de cartas canônicas que possuem indicações claras de qual é o autor, a pergunta pela prática da pseudepigrafia (i.e., publicação de documentos sob nome fictício ou adotado) necessariamente se torna objeto de investigação. Isso sucede ainda mais quando justamente na apreciação das cartas de Paulo numerosos eruditos críticos continuam defendendo a pseudepigrafia de Colossenses, Efésios, 2Tessalonicenses e das cartas pastorais. Ocasionalmente ouve-se nesses representantes a argumentação de que na Antiguidade a pseudonímia teria sido um fenômeno muito difundido, e na sequência se presume, sem exame mais cuidadoso, que a igreja cristã teria naturalmente adotado essa prática. Contudo, será que essa concepção resiste a uma meticulosa verificação dos fatos?

9.2 Análise do problema

Um estudo útil na questão da pseudepigrafia encontra-se em Guthrie.[1361] No desenvolvimento subsequente da exposição, nos ateremos parcialmente ao ensaio de Guthrie, complementando os dados com ponderações próprias, bem como com outras referências.

9.3 A concepção peculiar de Kurt Aland[1362]

Uma concepção estranha na questão da pseudepigrafia no NT é defendida por Aland no ensaio citado na nota de rodapé. Reproduziremos sucintamente sua tese com base na síntese de Guthrie:[1363]

Aland defende que muitas obras dos primórdios, que originariamente eram anônimas (i.e., sem indicação de um autor), teriam se tornado mais tarde pseudepigrafias,

---

[1360] Este capítulo já foi publicado em *Fundamentum*, n. 3, 1987, p. 33-42, e foi revisado para a inserção na presente obra.

[1361] Cf. D. Guthrie, op. cit., p. 1011ss.

[1362] Cf. K. Aland, Das Problem der Anonymität und Pseudonymität in der christlichen Literatur der ersten beiden Jh., ANTF, n. 2, 1967, p. 24ss (apud D. Guthrie, op. cit., p. 1025; E. J. Schnabel, Der biblische Kanon und das Phänomen der Pseudonymität, in: JETh [1989], v. 3, p. 76). D. Guthrie, op. cit., p. 1023ss, também analisa outras tentativas de explicação histórico-críticas. Uma valiosa discussão com algumas teorias histórico-críticas acerca da pseudepigrafia consta também em E. J. Schnabel, op. cit., p. 64ss.

[1363] Cf. D. Guthrie, op. cit., p. 1025s.

ou seja, peças literárias com nome falso do autor. Aland parte da suposição, não comprovada, de que um autor do NT, o qual, ao escrever tinha consciência da condução pelo Espírito Santo, teria preferido o anonimato para a publicação. Mais tarde, porém, um pseudônimo teria sido acrescentado a esses escritos anônimos. Aland também defende a opinião de que isso tenha sido o curso normal na época cristã inicial.

Para Guthrie, contudo, uma asserção dessas é completamente arbitrária e de forma alguma corresponde aos costumes da confecção de textos daquela época. A tese de Aland, p. ex., jamais pode ser aplicada ao surgimento das cartas de Paulo, porque nesse caso o próprio Aland é inconsequente na avaliação: reconhece a autenticidade de algumas cartas de Paulo, que afinal são designadas com o nome do autor, Paulo, e apesar disso representam obras do Espírito Santo.

Nas cartas de Paulo que, segundo opinião de Aland, são "inautênticas" não é possível comprovar um estágio anterior de anonimato. Nesse ponto, de nada adianta a explicação dada por Aland acerca do surgimento do *Didaquê*, pseudônimo e apócrifo. Se a tese de Aland fosse consistente, seria justificada a pergunta: por que, então, o *Didaquê* não foi acolhido no cânon das Escrituras?

Conclusão: As considerações de Aland são totalmente subjetivas e não oferecem auxílio para responder à pergunta-tema proposta a nós.

9.4 A pseudepigrafia extrabíblica

Na Antiguidade, i.e., no contexto greco-romano, judaico e cristão ocorre um sem-número de escritos pseudônimos. A pseudepigrafia era amplamente difundida.[1364] Torm constata dois motivos nos exemplos iniciais desse tipo literário no mundo grego:[1365]

a) por um lado, a pulsão de imitação hábil, ainda que ilusória;

b) por outro, o desejo de satisfazer a curiosidade em relação à vida de pessoas famosas.

Justamente esse último motivo foi com frequência a mola propulsora de produções literárias que se apoiavam menos em afirmações pessoais de tais pessoas e muito mais na opinião geral do que poderiam ter dito. Enquanto no mundo grego

---

[1364] E. J. SCHNABEL, op. cit., p. 65s, 95s, porém, evidencia que hoje muitas vezes se superestima a disseminação de literatura pseudepigráfica no mundo contemporâneo do NT.

[1365] F. TORM, *Die Psychologie der Pseudonymität im Hinblick auf die Literatur des Urchristentums* (1932); apud D. GUTHRIE, op. cit., p. 1012.

B. Introdução aos escritos do NT   581

secular[1366] esses motivos fomentavam a literatura epistolar pseudônima, é preciso constatar de forma interessante que tanto no judaísmo como também na literatura do entorno cristão a forma da carta pseudônima perde de longe para outras variedades de escritos pseudepigráficos (p. ex., literatura apocalíptica).

9.5 Exemplos judaicos

No judaísmo são conhecidos principalmente dois escritos apócrifos redigidos na forma fictícia de carta, a saber, a *Carta de Jeremias* e a *Carta de Aristeias*.

9.5.1 A *Carta de Jeremias*

Kautzsch escreve acerca dessa obra:

> Essa carta teria sido escrita por Jeremias, a fim de advertir os judeus que estavam prestes a seguir como prisioneiros para a Babilônia não apostatarem em favor dos ídolos dos gentios [...] Praticamente não existem dúvidas de que essa carta foi originariamente escrita em grego [...] É impossível definir a época da redação. Na *Vulgata* a carta é considerada o capítulo 6 do livro de Baruque.[1367]

9.5.2 A *Carta de Aristeias*[1368]

Na *Carta de Aristeias* relata-se de forma lendária a história do surgimento da *Septuaginta* (LXX). Essa carta pode ser datada para o final do século II a.C.

9.6 Pseudepigrafias cristãs não canônicas em forma epistolar fictícia

Guthrie expõe que os dados da literatura do entorno cristão explicitam que a forma de uma carta pseudônima é pouco apropriada para fins apologéticos ou didáticos.[1369] Conhecemos os seguintes exemplos de cartas:

[1366] Secular = mundano (o contrário de espiritual ou religioso).

[1367] E. Kautzsch (Org.), *Die Apokryphen und Pseudepigraphen des Alten Testaments* (Tübingen: Mohr, 1900), v. 1, p. 226. D. Guthrie, op. cit., p. 1013, menciona que a *Carta de Jeremias* em geral é datada cerca de 400-500 anos depois da época de Jeremias, ou seja, uma data por volta do final do séc. I a.C. ou do início da era cristã.

[1368] A esse respeito, cf. nos prolegômenos do v. 1 o excurso no item 5.6. Cf. tb. E. Kautzsch, op. cit., v. 2, p. 1, 4, 8s.

[1369] Um olhar para o índice de W. Schneemelcher, op. cit. v. 1 e 2, deixa claro que para a pseudepigrafia era preferido principalmente o tipo literário dos evangelhos, dos Atos dos Apóstolos e do Apocalipse.

a) a "lenda de Abgar" (correspondência fictícia entre Cristo e o rei Abgar de Edessa);[1370]

b) uma carta de Lentulo;[1371]

c/d) as cartas de Paulo a Laodiceia[1372] e aos Coríntios (= terceira carta aos Coríntios);[1373]

e) a "correspondência" entre Paulo e Sêneca;[1374]

f) uma carta dos apóstolos;[1375]

g) a pseudocarta a Tito;[1376]

h) a *Carta de Tiago*;[1377]

i) a *Carta de Pedro a Filipe*.[1378]

Quase todas essas cartas possuem um caráter tão fortemente lendário e fictício que não podem contribuir para elucidar pseudepígrafos canônicos, exceto o fato de que nenhuma das referidas cartas foi escrita em formato autêntico de carta.

Apenas a *Carta aos laodicenses* e a *Carta aos coríntios* são bem diferentes nesse aspecto, por representarem imitações das cartas de Paulo no NT. A *Carta aos laodicenses* é uma compilação dos mais diversos textos da Escritura de palavras autênticas de Paulo, principalmente de Filipenses. A chamada terceira carta aos Coríntios é, como foi dito, parte dos *Atos de Paulo* e uma resposta a uma suposta carta dos

---

[1370] Quanto à "lenda de Abgar", cf. W. SCHNEEMELCHER, op. cit., v. 1, p. 389ss (surgida não antes do séc. III).

[1371] Cf. H. von SODEN & W. ELTESTER, Lentulusbrief, in: RGG³, v. 4, p. 317 (surgido provavelmente apenas no séc. XIII).

[1372] Sobre a *Carta aos laodicenses*, cf. W. SCHNEEMELCHER, op. cit., v. 2, p. 41ss.

[1373] A chamada "terceira carta aos Coríntios" é parte dos apócrifos *Atos de Paulo*; quanto ao conteúdo, cf. W. SCHNEEMELCHER, op. cit., v. 2, p. 231ss.

[1374] Acerca da "correspondência entre Paulo e Sêneca", cf. W. SCHNEEMELCHER, op. cit., v. 2, p. 44ss (do séc. III).

[1375] Sobre a chamada *Epistula apostolorum*, cf. W. SCHNEEMELCHER, op. cit., v. 1, p. 205ss (surgimento talvez em meados do séc. II).

[1376] Dados mais precisos em W. SCHNEEMELCHER, op. cit., v. 2, p. 50ss, que indica como eventual contexto de surgimento a Espanha do séc. V.

[1377] Sobre a *Carta de Tiago* apócrifa, cf. W. SCHNEEMELCHER, op. cit., v. 1, p. 234ss; W. C. VAN UNNIK, *Evangelien aus dem Nilsand* (Frankfurt a. Main: Scheffler, 1960), p. 93ss (escrito gnóstico que não foi jamais citado na igreja antiga, mas foi preservado na biblioteca de Nag Hammadi).

[1378] Cf. sobre ela W. SCHNEEMELCHER, op. cit., v. 1, p. 275ss (conhecida somente pelos achados em Nag Hammadi; nunca mencionada pelos pais da igreja, apenas uma parte dela possui formato epistolar fictício; forte característica gnóstica).

coríntios a Paulo. Como peça literária separada, essa terceira carta aos Coríntios — destacada dos *Atos de Paulo* — obteve aceitação por curto tempo na igreja oriental de fala síria, porém foi novamente rejeitada antes da confecção da *Peshitá*.[1379] Por intermédio do bispo Rábula de Edessa, foi reconhecida a inautenticidade desse escrito pseudônimo. Interessante é o fato de que o autor anônimo dos *Atos de Paulo*, um presbítero da província da Ásia, não apenas foi condenado pela confecção desse escrito, mas também destituído do cargo.[1380]

9.7 Exemplos discutidos do NT

Em sua Seção 4,[1381] Guthrie trata do questionamento dos exemplos discutidos do NT e diz que já o simples fato da inexistência de literatura epistolar pseudônima contemporânea no âmbito cristão deveria prevenir o pesquisador de fazer de conta que a escrita pseudônima tenha sido uma prática corrente e reconhecida na época do surgimento dos escritos do cânon do NT.[1382] Se, pois, a pseudonímia de uma carta canônica pudesse ser comprovada legitimamente, esse fato ficaria sem paralelo, i.e., sem qualquer corroboração contemporânea. Simplesmente não é correto, p. ex., tentar fundamentar o caráter pseudônimo de 2Pedro com a alegação de que a pseudonímia tenha sido uma prática cristã generalizada. Dificilmente se pode imaginar que em tempo tão curto um escrito pseudônimo tenha chegado ao reconhecimento canônico e sido capaz de se afirmar, quando — como explicitado acima — se diferenciava cuidadosamente entre escritos autênticos e inautênticos.

Justamente diante da sentença em relação ao referido presbítero da província da Ásia que escreveu pseudonimamente os atos de Paulo (e a terceira carta aos Coríntios) mostra que a igreja antiga não apenas não tolerava a pseudonímia, mas a condenava em todas as formas. Com base nas afirmações de Tertuliano, pode-se constatar que o citado presbítero — como já aludido acima — "renunciou ao cargo depois de ter sido arguido e ter confessado".[1383]

Em consonância, também existe no texto do *Cânon muratoriano* uma linguagem inequívoca em relação à autenticidade da autoria de cartas paulinas:

[1379] A *Peshitá* é a tradução autorizada do NT para o idioma sírio e data do início do séc. V.

[1380] Cf. D. GUTHRIE, op. cit., p. 1016.

[1381] Cf. D. GUTHRIE, op. cit., p. 1017ss.

[1382] Cf. D. GUTHRIE, op. cit., p. 527 (no contexto do comentário a Efésios).

[1383] ... *convictum atque confessum id se amore Pauli fecisse loco decessisse* (TERTULIANO, *O batismo*, 17.5).

Circula também (uma carta) aos Laodicenses, outra aos Alexandrinos, falsificadas no nome de Paulo para a seita de Marcião, e outros escritos mais que não podem ser aceitos na católica igreja; porque não é possível para misturar fel com mel.[1384]

De época aproximadamente idêntica (c. 190) é a observação de Serapião de Antioquia, citado por Eusébio. Em um escrito à igreja de Rosso na Cilícia, onde descobrira o *Evangelho de Pedro*, ele escreve:

> Porque nós, irmãos, aceitamos tanto a Pedro como aos demais apóstolos como a Cristo; porém como pessoas experientes condenamos peças literárias que trazem falsamente o nome deles. Porque sabemos que não recebemos tais (escritos). [1385]

9.8 Imitação e sua descoberta

É esse o título de um item de Guthrie.[1386] Verbaliza nele a questão de quais passos um imitador (autor pseudônimo) daria e teria de dar para não ser desmascarado. Será que um imitador não se assemelharia da melhor forma possível, p. ex., com Paulo, abrindo mão de peculiaridades, de maneira que se pudesse afirmar em relação às cartas de Paulo que justamente as cartas com peculiaridades ou singularidades devem ser autenticamente paulinas? Um autor pseudônimo provavelmente evitaria, se possível, todas as inequações com o "modelo paulino". Interessante é nessa perspectiva que, por causa de sua grande proximidade com o modelo paulino, a *Carta aos laodicenses* desfrutava maior popularidade que a terceira carta aos Coríntios, e apesar disso ambas foram rejeitadas com razão.

9.9 A pergunta pela verdade

A concepção atual, como defendida pela moderna teologia com seu pensamento histórico-formal-evolucionista, como se a igreja dos primeiros séculos tivesse acolhido muito prontamente cartas pseudônimas no cânon, qualificando-as como escritos apostólicos ou pós-apostólicos de plena validade, forma um contraste radical com o que vimos na prática dos pais da igreja. Com base nos fatos de que dispomos, é simplesmente inconcebível e impossível que cartas pseudônimas tenham conseguido se firmar no cânon do NT.

[1384] Conforme W. SCHNEEMELCHER, op. cit., v. 1, p. 29.

[1385] Euseb. HE, livro VI, 12.3.

[1386] D. GUTHRIE, op. cit., p. 1022s.

Possui relevância nada desprezível na decisão sobre reconhecimento de literatura epistolar pseudepigráfica (e de qualquer outra forma de literatura pseudônima) o questionamento moral: qual é a situação, em face dos justificadamente rigorosos critérios de veracidade dos pais, do fato de um autor pseudônimo escrever na *Carta aos laodicenses* algo que pode ser correto para Paulo, porém não para o autor pseudônimo da carta, p. ex.: "E agora minhas algemas estão manifestas"?[1387]

Ainda que Kümmel tente habilmente desviar-se desse questionamento, quando desqualifica, entre outros, o ensaio de Guthrie[1388] — sem poder refutá-lo nos pormenores — permanece plenamente de pé a questão da consciência em relação à verdade pretendida pelo autor pseudônimo.[1389]

A questão da verdade e da consciência como critério canônico, formulada nitidamente, p. ex., pelo bispo Serapião de Antioquia, não se deixa determinar segundo práticas extrabíblicas! É insustentável inferir da pseudepigrafia apócrifa um pretensa pseudepigrafia intracanônica, como faz Kümmel.[1390]

9.10 Teses finais

a) No âmbito cristão, a literatura epistolar pseudônima constitui uma raridade.

b) No "processo de reconhecimento" do cânon do NT foram aplicados critérios extremamente rigorosos, de modo que um escrito pseudônimo não tinha chances de ser reconhecido como canônico.

c) A pergunta pela credibilidade — como evidenciaram os exemplos mencionados — estava muito estreitamente conectada à pergunta pela autenticidade. Toda carta não autêntica, pseudônima de Paulo, era rejeitada de maneira categórica.

d) Toda a maneira da avaliação de escritos pseudônimos, como se configurou na ciência introdutória histórico-crítica, não encontra ponto de apoio nem confirmação na apreciação da pseudepigrafia pela igreja antiga. Conforme vimos, parâmetros de apreciação da Antiguidade não-cristã não podem ser transferidos para a literatura cristã.

Ademais cumpre levar em conta que os pais examinaram com grande precisão a questão da autenticidade dos livros canônicos. A apreciação acima referida da "terceira carta aos Coríntios", bem como da "carta aos Laodicenses" explicita que

---

[1387] *Carta aos laodicenses*, 6 (conforme W. Schneemelcher, op. cit., v. 2, p. 44).

[1388] W. G. Kümmel, op. cit., p. 320.

[1389] E. J. Schnabel, op. cit., p. 91ss, investiga exaustivamente a pergunta pela verdade e fraude no contexto do cânon do NT e exclui a pseudepigrafia. Cf. tb. T. J. Stanley, op. cit., p. 209.

[1390] Cf. W. G. Kümmel, op. cit., p. 320.

é impossível que sequer *uma* carta "paulina" dessas tenha conseguido obter o reconhecimento da igreja antiga.

e) De acordo com 2Tessalonicenses 2.1-3, o escritor de uma carta que escreve sob o pseudônimo de Paulo é um sedutor e enganador. Se por qualquer circunstância uma carta dessas obteve reconhecimento por breve tempo, os destinatários foram pessoas ludibriadas ou desviadas (cf. o mesmo texto).

C. Bibliografia sobre o cânon do NT

A bibliografia aqui arrolada corresponde à nossa convicção nos pensamentos fundamentais, porém não necessariamente em cada item específico. A lista visa a ser um auxílio para o leitor ao estudar a questão do cânon. Muitos livros sobre a inspiração da Escritura Sagrada e acerca da hermenêutica também contêm um capítulo acerca do cânon. No entanto, não repetiremos aqui os títulos que já relacionamos nos Prolegômenos, sob os itens 1.1 e 3.4.

- Bruce, F. F. *The Canon of Scripture*. Glasgow: Chapter House, 1988.
- Dunbar, D. G. The Biblical Canon. In: Carson, D. A.; Woodbridge, J. D. (Org.). *Hermeneutics, Authority and Canon*. Grand Rapids: Zondervan, 1986, p. 295-360.
- Gaffin, R. B. The New Testament as Canon. In: Conn, H. M. (Org.), *Inerrancy and Hermeneutic, A Tradition, A Challenge, A Debate*. Grand Rapids: Baker, 1988, p. 165-83.
- Lagrange, M.-J. *Introduction à l'Etude du Nouveau Testament* (Paris: [s.n.], 1933.
- Lene, E. Angriffe auf den Kanon der Bibel. *Fundamentum*, n. 4, 1990, p. 33-44.
- Lightfoot, N. R. *Die Bibel — Entstehung und Überlieferung*. 3. ed. Wuppertal: Verlag und Schniftenmission der Evang. Gesellschaft für Deutschland, 1977, p. 68ss.
- Maier, G. (Org.). *Der Kanon der Bibel*. Op. cit.
- Metzger, B. M. *The Canon of the New Testament — Its Origin, Development, and Significance*. Oxford: Clarendon, 1992.
- Michaelis, W. Op. cit., p. 320ss.
- Paret, O. *Die Überlieferung der Bibel*. 4. ed. Stuttgart: Württembergische Bibelanstalt, 1966, p. 66ss.
- Plummer, A. Der Kanon des Neuen Testaments. BuG, n. 4, 1980, p. 386-90.
- Ridderbos, H. The Canon of the New Testament. In: Henry, C. F. H. (Org.). *Revelation and the Bible — Contemporary Evangelical Thought*. Grand Rapids: Baker, 1976, p. 187-201.

- STUHLHOFER, F. *Der Gebrauch der Bibel von Jesus bis Euseb — Eine statistische Untersuchung zur Kanonsgeschichte*. Wuppertal: Brockhaus, 1988.
- WESTCOTT, F. *A General Survey of the History of the Canon of the New Testament*. 6. ed. reimpr. Grand Rapids: Baker, 1980.
- WICHELHAUS, J. *Die Lehre der heiligen Schrift*. 3. ed. Stuttgart: Steinkopf, 1892, p. 213ss e 278ss.
- ZAHN, T. *Geschichte des Neutestamentlichen Kanons*. Erlangen; Leipzig: Deichert, 1888-1892. 4 tomos.
- _____. *Grundriss der Geschichte des Neutestamentlichen Kanons*. 3. ed. Wuppertal: Brockhaus, 1985.

BIBLIOGRAFIA

(Citações feitas no texto a partir de obras em idioma estrangeiro foram traduzidas pelos autores. Nos respectivos locais do texto não foi indicado que se trata de uma tradução. Pode-se depreender que a citação foi traduzida por nós a partir do fato de que o título do respectivo livro está em idioma estrangeiro.)

ACHELIS, H.; FLEMMING, J. *Die ältesten Quellen des orientalischen Kirchenrechts.* Leipzig, 1904. tomo 2.

ADRIANO DE ANTIOQUIA. *Einleitung in die göttlichen Schriften.* Berlin: F. Goessling, 1887.

AEBI, E. *Kurze Einführung in die Bibel.* 8. ed. Winterthur;Marienheide: Bibellesebund, 1985.

AGOSTINHO. De adulterinis coniugiis. In: CSEL, v. 41.

_____. De Civitate Dei. In: CSEL, v. 40.

_____. De Consensu Evangelistarum. In: CSEL, v. 43.

_____. De doctrina christiana. In: CSEL, v. 80.

_____. De peccatorum meritis et remissione. In: CSEL, v. 60.

AHARONI, Y.; AVI-YONAH, M. (Org.). *The Macmillan Bible Atlas.* Ed. rev. New York: Macmillan; London: Collier Macmillan, 1977 [*Atlas bíblico.* Rio de Janeiro: Edições CPAD, 1999].

ALAND, B. et al. *The Greek New Testament.* 4. ed. Stuttgart: Deutsche Bibelgesellschaft; United Bible Societies, 1993.

ALAND, K. et al. *Novum Testamentum Graece Nestle-Aland.* 27. ed. Stuttgart: Deutsche Bibelgesellschaft, 1993.

_____. Bemerkungen zum Schluss des Markusevangeliums. In: ELLIS, E. E.; WILCOX, M. Op. cit., p. 157-80.

_____. Das Problem der Anonymität und Pseudonymität in der christlichen Literatur der ersten beiden Jh.. In: idem. *Studien zur Überlieferung des NT und seines Textes.* ANTF, n. 2, 1967, p. 24ss.

_____. Der wiedergefundene Markusschluss? — Eine methodologische Bemerkung zur textkritischen Arbeit. In: ZThK. 1970, p. 3-13.

_____ (Org.). *Luther Deutsch.* 2. ed. Stuttgart: Klotz; Göttingen: Vandenhoeck & Ruprecht, 1963, v. 2.

_____ (Org.). *Synopsis Quattuor Evangeliorum.* 13. ed. Stuttgart: Deutsche Bibelgesellschaft. 1985.

_____; B. ALAND. *Der Text des Neuen Testaments.* 2. ed. Stuttgart: Deutsche Bibelgesellschaft, 1989.

ALBRECHT, L. *Das Neue Testament in die Sprache der Gegenwart übersetzt und kurz erläutert.* 12. ed. Giessen; Basel: Brunnen, 1980.

ALBRIGHT, W. F.; MANN, C. S. Matthew. In: *Anchor Bible.* Garden City: Doubleday, 1981.

ALFORD, H. *Alford's Greek Testament.* Grand Rapids: Baker, 1980.

ALTANER, B.; STUIBER, A. *Patrologie.* 9. ed. Freiburg; Basel; Wien: Herder, 1978.

AMBRÓSIO. De Fide. In: CSEL, v. 78.

_____. De Paenitentia. In: CSEL, v. 73.

_____. De Spiritu Sancto. In: CSEL, v. 79.

_____. Expositio Evangelii Secundum Lucan. In: CSEL, v. 32.

_____. De Mysteriis. In: CSEL, v. 73.

ANTON, P. *Exegetische Abhandlungen der Pastoralbriefe Pauli an Timotheum und Titum.* Halle: [s.n.], 1753.

ANTÔNIO A MATRE DEI. *Praeludia isagogica ad sacrorum bibliorum intelligentiam.* 1669.

APPEL, H. *Einleitung in das Neue Testament.* Leipzig; Erlangen: Deichert, 1922.

ARCHER, G. L. *Einleitung in das Alte Testament.* Bad Liebenzell: Liebenzeller Mission, 1987, v. 1.

_____. *Encyclopedia of Bible Difficulties.* Grand Rapids: Zondervan 1982 [Enciclopédia de dificuldades bíblicas, São Paulo, Editora Vida, 1997].

_____; CHIRICHIGNO, G. C. *Old Testament-Quotations in the New Testament: A Complete Survey.* Chicago: Moody Press, 1983.

ATENÁGORAS. De resurrectione. In: SCHOEDEL, W. R. (Org. e trad.). *Athenagoras — Legatio and De Resurrectione.* Oxford: Clarandon, 1972.

_____. Schutzschrift für die Christen. In: SCHOEDEL, W. R. (Org. e trad.). *Athenagoras — Legatio and De Resurrectione.* Oxford: Clarandon, 1972.

AUBERLEN, C. A. *Der Prophet Daniel und die Offenbarung Johannis.* 3. ed. reimpr. Wuppertal: Verlag und Schriftenmission der Evangelischen Gesellschaft für Deutschland, 1986.

BACHMANN, P. Der zweite Brief des Paulus an die Korinther. In: ZAHN, T. (Org.). *Kommentar.* Leipzig: Deichert, 1918, v. 8.

BACON, B. W. *Studies in Matthew.* London: Constable, 1930.

_____. *The Gospel of Mark — its Composition and Date.* New Haven, 1925.

BAKKER, J. T. Naber. In: CE, v. 5.

BAIZ, H. φοβέω — Die Wortgruppe im Neuen Testament. In: ThWNT, v. 9.

BARCLAY, W. *Briefe an die Philipper — Kolosser — Thessalonicher.* 7. ed. Wuppertal: Aussaat, 1985.

_____. *Offenbarung des Johannes*. 7. ed. Wuppertal: Aussaat, 1982, v. 1.

BARR, J. *Bibelexegese und moderne Semantik — Theologische und linguistische Methode in der Bibelwissenschaft*. Münich: Kaiser, 1965.

BARRETT, C. K.; THORNTON, C.-J. (Org.). *Texte zur Umwelt des Neuen Testaments*. 2. ed. Tübingen: Mohr, 1991.

BARTH, F. *Einleitung in das Neue Testament*. Gutersloh: Bertelsmann, 1908.

BARTLET, J. V. *St. Mark*. London: Thomas Nelson, s.d.

BASÍLIO. *Contra Eunomium*. In: Migne.SG, v. 29.

BAUER, B. *Kritik der Evangelien und Geschichte ihres Ursprungs*. Berlin: [s.n.], 1851-1852. 4 tomos.

_____. *Kritik der paulinischen Briefe*, 1850-1852. 2 tomos.

BAUER, W. *Das Johannesevangelium*. In: HNT. 3. ed. Tübingen: Mohr, 1933, v. 6.

_____; ALAND, K.; ALAND, B. *Griechisch-deutsches Wörterbuch zu den Schriften des Neuen Testamentes und der frühchristlichen Literatur*. 6. ed. Berlin; New York: de Gruyter, 1988.

BAUM, A. D. Die älteste Teilantwort auf die synoptische Frage (Lc 1,1-4). *Jahrbuch für Evangelikale Theologie*, n. 8, 1994, p. 9ss.

_____. *Lukas als Historiker der letzten Jesusreise*. Wuppertal; Zürich: Brockhaus, 1993.

BAUR, F. C. *Das Christenthum und die christliche Kirche der drei ersten Jahrhunderte*. Tübingen: [s.n.], 1853.

_____. *Das Markusevangelium nach seinem Ursprung und Charakter*. Tübingen: [s.n.], 1851.

_____. *Die sogenannten Pastoralbriefe des Paulus*. Stuttgart; Tübingen: [s.n.], 1835.

_____. *Kritische Untersuchungen über die kanonischen Evangelien, ihr Verhältnis zu einander, ihren Charakter und ihren Ursprung*. Tübingen: [s.n.], 1847.

_____. *Paulus — Der Apostel Jesu Christi — Sein Leben und Wirken, seine Briefe und seine Lehre*. Leipzig: [s.n.], 1867.

BECKER, U. Evangelium. In: ThBLNT, p. 295ss.

_____. Jesus und die Ehebrecherin. In: BZNW. Berlin: Töpelmann, 1963, v. 28.

BENGEL, J. A. *Gnomon — Auslegung des Neuen Testaments in fortlaufenden Anmerkungen*. 8. ed. Stuttgart: Steinkopf, 1970.

BERDOT, B. N. *Exercitatio theologica-exegetica in epistolam St. Pauli ad Titum*. Halle: [s.n.], 1703.

BERTHOLDT, L. *Historischkritische Einleitung in sämtliche kanonische und apokryphe Schriften des alten und neuen Testaments*. Erlangen: [s.n.], 1812-1819, tomos 1-6,

BETZ, O.; RIESNER, R. *Jesus, Qumran und der Vatikan — Klarstellungen*, Giessen; Basel: Brunnen; Freiburg; Basel; Wien: Herder, 1993.

BIBELATLAS MIT ORTSLEXIKON VON A-Z. Wuppertal; Zürich: Brockhaus, 1989.

BÍBLIA. Grego. *Septuaginta*. Stuttgart: Deutsche Bibelgesellschaft. 1979. Org. por A. Rahlfs.

BIGG, C. A Critical and Exegetical Commentary on the Epistles of St. Peter and St. Jude. In: ICC. Edinburgh: Clark, 1902.

BINDER, H. *Der Brief an die Philipper*. Sursee: CSL-Verlagsteam; Basel: Brunnen, 1990, v.1.

_____. Paulus und die Thessalonicherbriefe. In: COLLINS, R. F. Op. cit., p. 87-93.

BIVIN, D.; BLIZZARD, R. *Understanding the difficult words of Jesus — New insights from a Hebraic perspective*. Dayton: Center for Judaic-Christian Studies, 1984.

BLACK, D. A. The Peculiarities of Ephesians and the Ephesian Address. *Grace Theological Journal*, n. 1, 1981, p. 59-73.

BLACK, M. *An Aramaic Approach to the Gospels and Acts*, 1946.

BLASS, F.; DEBRUNNER, A.; REHKOPF, F. *Grammatik des neutestamentlichen Griechisch*. 15. ed. Göttingen: Vandenhoeck & Ruprecht, 1979.

BLEEK, F. *Beiträge zur Evangeliumskritik*, 1846.

_____. *Einleitung in das Neue Testament*. Berlin: [s.n.], 1862.

_____. Erörterungen in Beziehung auf die Briefe Pauli an die Korinther. ThStKr, n. 3, 1830, p. 614-32.

_____. *Synoptische Erklärung der drei ersten Evangelien*, 1862.

BLUM, E. A. 2 Peter. In: EBC, v. 12, p. 255-89.

BOCKMÜHL, K. *Atheismus in der Christenheit — Anfechtung und Überwindung*. 2. ed. Wuppertal: Aussaat, 1970.

BOICE, J. M. *Die Unfehlbarkeit der Bibel, S+G*. Riehen: Immanuel, 1987.

DE BOOR, W. Der zweite Brief des Petrus und der Brief des Judas. In: WStB. Wuppertal: Brockhaus, 1976.

_____. Die Briefe des Paulus an die Philipper und an die Kolosser. In: WStB. Wuppertal: Brockhaus, 1969 [*Cartas aos Efésios, Filipenses e Colossenses*, Curitiba, Editora Esperança, 2006].

BORNKAMM, G. Bibel — Das Neue Testament — Eine Einführung in seine Schriften im Rahmen der Geschichte des Urchristentums. In: SCHULTZ, H. J. (Org.). *Themen der Theologie*. Stuttgart; Berlin: Kreuz-Verlag, 1971, v. 9.

_____. Die Sturmstillung im Mathäusevangelium. *Wort und Dienst*, Jahrbuch der Theologischen Schule Bethel — Neue Folge, n. 1, 1948, p. 49-54.

BORSE, U. Der Standort des Galaterbriefes. In: BBB. Köln; Bonn: Hanstein, 1972, v. 41.

BRANDON, S. G. F. *The Fall of Jerusalem and the Christian Church*. 2. ed. 1957.

BRINDLE, W. The Census and Quirinius: Luke 2.2. JETS, n. 1, 1984, p. 43-52.

BROADBENT, E. H. *Kirche Jesu in Knechtsgestalt — Ein Gang durch ihre zweitausendjährige Geschichte*. 4. ed. Dillenburg: Christliche Verlagsgesellschaft, 1991.

BROER, I. "Der ganze Zorn ist schon über sie gekommen": Bemerkungen zur Interpolationshypothese und zur Interpretation von 1 Thess 2.14-16. In: COLLINS, R. F. Op. cit., p. 137-59.

BROMILEY, G. W. (Org.). *The International Standard Bible Encyclopedia*. Ed. rev. Grand Rapids: Eerdmans, 1979-1988. 4 v.

BRUCE, F. F. *1 and 2 Corinthians*. London: Oliphants, 1971.

_____. *Apostolischer Glaube — Die Verteidigung des Evangeliums im 1. Jahrhundert*. Wuppertal; Zürich: Brockhaus, 1989.

_____. *Die Glaubwürdigkeit der Schriften des Neuen Testaments*. 2. ed. Bad Liebenzell: Liebenzeller Mission, 1984.

_____. Epistle to the Galatians. In: IBD, p. 535-7, v. 1.

_____. Galatian Problems II: North or South Galatians. BJRL, n. 52, 1970.

_____. Genealogy of Jesus Christ. In: IBD, v. 1, p. 548s.

_____. *The Canon of Scripture*. Glasgow: Chapter House, 1988.

_____ (Org.). *The New International Commentary on the New Testament*. Grand Rapids: Eerdmans.

_____. *Zeitgeschichte des Neuen Testaments*. Wuppertal: Brockhaus, 1986.

VAN BRUGGEN, J. *Die geschichtliche Einordnung der Pastoralbriefe*. Wuppertal: Brockhaus, 1981.

BÜCHSEL, F. Die Hauptfragen der Synoptikerkritik — Eine Auseinandersetzung mit R. Bultmann, M. Dibelius und ihren Vorgängern. In: BFChTh. Gutersloh: Bertelsmann, 1939, v. 40.

BULTMANN, R. Der religionsgeschichtliche Hintergrund des Prologs zum Johannes-Evangelium. ZNW, n. 24, 1925, p. 100-46.

_____. *Die Geschichte der synoptischen Tradition*. 2. ed. Göttingen: Vandenhoeck & Ruprecht, 1931.

_____. Johannesbriefe. In: RGG³, v. 3, p. 836-9.

_____. Zur Frage nach den Quellen der Apostelgeschichte. In: A. J. B. HIGGINS. Op. cit., p. 68-80.

BURGE, G. M. A Specific Problem in the New Testament Text and Canon: The Women Caught in Adultery (John 7.53—8.11). JETS, n. 2, 1984, p. 141-8.

BURGON, J. W. Pericope de Adultera. In: FULLER, D. O. Op. cit., p. 131-58.

_____. *The Last Twelve Verses of the Gospel According to S. Mark*. Grand Rapids: Associated Publishers, s.d.

BURKHARDT, H. et al. *Das grosse Bibellexikon*. Wuppertal: Brockhaus; Giessen: Brunnen, 1987-1989.

BURNEY, C. F. *The Aramaic Origin of the Fourth Gospel*, 1922.

_____. *The Poetry of our Lord*, 1925.

BUTLER, B. C. *The Originality of St. Matthew — A Critique of the Two-Document Hypothesis*. Cambridge: University Press, 1951.

CADBURY, H. J. *The Book of Acts in History*. New York: Harper, 1955.

_____. The Style and Literary Method of Luke. In: *The Diction of Luke and Acts*. [S.l.]: Harvard Theological Studies, 1919-1920, tomo 1, v. 6.

CALVINO, J. *As institutas ou tratado da religião cristã*, livro III, 3.8 (diversas edições).

CARRINGTON, P. *The Primitive Christian Calendar — A Study in the making of the Marcan Gospel*. Cambridge: University Press, 1952, v. 1.

CARSON, D. A.; MOO, D. J.; MORRIS, L. *An Introduction to the New Testament*. Grand Rapids: Zondervan, 1992.

_____; WOODBRIDGE, J. D. (Org.). *Hermeneutics, Authority and Canon*. Grand Rapids: Zondervan, 1986.

CIPRIANO. Testimonii. In: CSEL, v. 3.

CIRILO DE ALEXANDRIA. Adversus Nestorii Blasphemias. In: MIGNE.SG, v. 76.

CIRILO DE JERUSALÉM. Catechesis. In: Migne.SG, v. 33.

CLEMEN, C. *Paulus — Sein Leben und Wirken*. Giessen: Ricker (Töpelmann), 1904. 2 tomos.

CLEMENTE DE ALEXANDRIA. Adumbrationes ad 1. Petr. 5.13. In: Migne.SG, v. 9.

_____. Adumbrationes in epistolam Judae. In: Migne.SG, v. 9.

_____. Cohortatio ad Gentes. In: Migne.SG, v. 8.

_____. Paidagogos. In: Migne.SG, v. 8.

_____. Stromateis. In: Migne.SG, v. 8s.

CLUDIUS, H. H. *Uransichten des Christentums*. Altona: [s.n.], 1808

COCHLOVIUS, J. Verstehst du was du liest? — In-wege und Wege im Bibelverständnis. *Fundamentum*, n. 1, 1982, p. 48-63.

COENEN, L.; BEYREUTHER, E.; BIETENHARD, H. (Org.). *Theologisches Begriffslexikon zum Neuen Testament*. 9. ed. Wuppertal: Brockhaus, 1993.

COLE, D. P. Corinth and Ephesus — Why Did Paul Spend Half His Journeys In These Cities?. In: SHANKS H.; COLE, D. P. Op. cit., p. 282-92.

COLLINS, R. F. (Org.). The Thessalonian Correspondence. In: BETL. Leuven: University Press; Peeters, 1990, v. 87.

_____. Tradition, Redaction, and Exhortation in 1 Th 4.13–5.11. In: LAMBRECHT, J. Op. cit., p. 325-43.

COLPE, C. Mandäer. In: RGG³, v. 4, p. 709-12.

_____. ὁ υἱὸς τοῦ ἀνθρώπου. In: ThWNT, v. 8, p. 403-81.

CONN, H. M. (Org.). *Inerrancy and Hermeneutic, A Tradition, A Challenge, A Debate*. Grand Rapids: Baker, 1988.

CONZELMANN, H. *Die Mitte der Zeit*, 1954.

_____; LINDEMANN, A. *Arbeitsbuch zum Neuen Testament*. 4. ed. Tübingen: Mohr, 1979.

COOLS, J. Die synoptischen Evangelien. In: COOLS, J. (Org.). *Die biblische Welt*. Olten; Freiburg: Walter, 1965, v. 2.

_____ (Org.). *Die biblische Welt*. Olten; Freiburg: Walter, 1965, v. 2.

COSMAS INDICOPLEUSTES. Topographia Christiana. In: Migne.SG, v. 88.

CREDNER, K. A. *Das Neue Testament nach seinem Zweck, Ursprung und Inhalt für denkende Leser der Bibel*, 1841-1843. 2 v.

_____. *Einleitung ins Neue Testament*. Halle: [s.n.], 1836.

CRISÓSTOMO. Adumbrationes ad 1Pe 5.13. In: Migne.SG, v. 9.

_____. Commentarius in Acta Apostolorum. In: Migne.SG, v. 60.

_____. Commentarius in Sanctum Matthaeum Evangelistam. In: Migne.SG, v. 57.

_____. Commentarius in Epistolam ad Ephesios. In: Migne.SG, v. 62.

_____. Commentarius in Epistulam Secundam ad Timotheum. In: Migne.SG, v. 62.

_____. Homilien zum Hebräerbrief. In: Migne.SG, v. 63.

_____. Homilien zum 1. Korintherbrief. In: Migne.SG, v. 61.

_____. Homilien zum Römerbrief. In: Migne.SG, v. 60.

_____. In Secundam Ad Corinthios Epistolam Commentarius. In: Migne.SG, v. 61.

_____. Quis dives salvetur In: Migne.SG, v. 9.

_____ Stromateis. In: Migne.SG, v. 8-9.

CRISWELL, W. A. *Ist die Bibel altmodisch und überholt?* Wetzlar: HSW, 1973.

CULLMANN, O. *Die Christologie des Neuen Testaments*. 3. ed. Tübingen: Mohr, 1963.

_____. *Einführung in das Neue Testament*. München; Hamburg: Siebenstern, 1968.

_____. *Petrus: Jünger – Apostel – Märtyrer – Das historische und das theologische Petrusproblem*. 2. ed. Zürich; Stuttgart: Zwingli Verlag, 1960.

DALMAN, G. *Arbeit und Sitte in Palästina*. Reimpr. Hildesheim; Zürich; New York: Olms, 1987. 7 v.

_____. *Orte und Wege Jesu*. 3. ed. Gutersloh: Bertelsmann, 1924.

DAS NEUE TESTAMENT DEUTSCH — *Neues Göttinger Bibelwerk*. Göttingen: Vandenhoeck & Ruprecht.

DAVIDS, P. H. James. In: IBD, v. 2, p. 732.

DEISSMANN, A. *Bibelstudien*, Marburg: Elwert, 1895.

_____. *Licht vom Osten — Das Neue Testament und die neuentdeckten Texte der hellenistisch-römischen Welt*. 4. ed. Tübingen: [s.n.], 1923. Reimpr. Milano: Cisalpino-La Goliardica, 1976.

_____. *Die sprachliche Erforschung der griechischen Bibel*. Giessen: [s.n.], 1898.

_____. *Paulus — Eine kultur- und religionsgeschichtliche Skizze*. Tübingen: Mohr, 1911.

DER DIALOG DES ADAMANTIUS. Περι της εις Θεον Ορθης Πιστεως. In: GCS, v. 4.

DE WETTE, W. M. L. *Lehrbuch der historisch-kritischen Einleitung in die kanonischen Bücher des Neue Testaments*. 6. ed. Berlin: [s.n.], 1860.

DELITZSCH, F. *Der Hebräerbrief*. Reimpr. Giessen; Basel: Brunnen, 1989.

DELLING, G. Philipperbrief. In: RGG³, v. 5, p. 33.

DIBELIUS, M. *Aufsätze zur Apostelgeschichte*. Göttingen: Vandenhoeck & Ruprecht, 1951.

_____. *Die Formgeschichte des Evangeliums*. 3. ed. Tübingen: Mohr, 1959.

_____. *Geschichte der urchristlichen Literatur*. Münich: Kaiser, 3. ed. 1990.

DÍDIMO. Contra Manichaeos. In: Migne.SG, v. 39.

_____. De Trinitate. In: Migne.SG, v. 39.

_____. De Spirito Sancto. In: Migne.SG, v. 39.

_____. De Trinitate. In: Migne.SG, v. 39.

_____. In Epistolas Catholicas Enerratio. In: Migne.SG, v. 39.

DIE APOSTOLISCHEN VÄTER. In: HNT. Tübingen: Mohr, 1920, supl.

DINKLER, E. Korintherbriefe. In: RGG³, v. 4, p. 17-23.

_____. Petrustradition. In: RGG³, v. 5, p. 261ss.

_____ (Org.). *Zeit und Geschichte — Dankesgabe an Rudolf Bultmann zum 80. Geburtstag*. Tübingen: Mohr, 1964.

DOCKX, S. Chronologie zum Leben des heiligen Petrus. In: THIEDE, C. P. *Das Petrusbild*, p. 85-108.

_____. Lieu et date de l'épître aux Philippiens. *Revue Biblique*, n. 2, 1973, p. 230-46.

DODD, C. H. *New Testament Studies*, 1953.

_____. *The Apostolic Preaching and its Developments*. 2. ed., 1944.

_____. *The Bible and the Greeks*, 1935.

_____. *The Interpretation of the Fourth Gospel*. Cambridge: University Press, 1953.

DOUGLAS, J. D. Judaea. In: IBD, v. 2, p. 821s.

DOWLEY, T. *Brunnen-Bibelatlas*. Giessen: Brunnen, 1991.

DUNBAR, D. G. The Biblical Canon. In: CARSON, D. A.; WOODBRIDGE, J. D. (Org.). Op. cit., p. 295-360.

DUNN, J. D. G. Le secret messianique chez Marc. HOKHMA, n. 18, 1981, p. 34-49.

DUNNETT, W. M. The Hermeneutics of Jude and 2 Peter: The Use of Ancient Jewish Traditions. JETS, n. 3, 1988, p. 287-92.

DÜRR, G. J. M. Goeze — ein Kämpfer für die Wahrheit der Heiligen Schrift. BuG, n. 2, 1971, p. 97-105; n. 3, 1971, p. 211-22; n. 4, 1971, p. 301-11.

DÜSTERDIECK, F. *Die drei johanneischen Briefe*, Göttingen; Leipzig, 1852-1856.

_____. Kritisch exegetisches Handbuch über die Offenbarung Johannis. In: Meyer. 2. ed. Göttingen: Vandenhocck & Ruprecht, 1865, v. 16.

EBRARD, J. H. A. *Wissenschaftliche Kritik der evangelischen Geschichte*. 3. ed. Frankfurt: Heyder & Zimmer, 1868.

ECKART, K.-G. Der zweite echte Brief des Apostels Paulus an die Thessalonicher. In: ZThK, 1961, v. 58, p. 30-44.

EDERSHEIM, A. *The Life and Times of Jesus the Messiah*. 8. ed. New York; London; Bombay: Longmans-Green, 1900. 2 v.

EDMUNDSON, G. *The Church in Rome in the First Century*. London: Longmans, 1913.

EICHHORN, J. G. *Historisch-kritische Einleitung in das Neue Testament*, 1804-1827. 5 v.

_____. Über die drei ersten Evangelisten. In: *Eichhorns Allg. Bibliothek der biblischen Literatur*, 1794.

ELLIS, E. E. New Directions in Form Criticism. In: STRECKER, G. (Org.). *Jesus Christus in Historie und Theologie*, p. 299-315.

_____. WILCOX, M. (Org.). *Neotestamentica et Semitica — Studies in Honour of Matthew Black*. Edinburgh: Clark, 1969.

ELTESTER, W. (Org.). Judentum-Urchristentum-Kirche — Festschrift für Joachim Jeremias. In: BZNW. Berlin: Töpelmann, 1960, v. 26.

EPIFÂNIO. Anacephalaeosis. In: Migne.SG, v. 42.

_____. Panarion. In: GCS, v. 25 e 31.

ERASMO. *Annotationes in Novum Testamentum*. Basel: [s.n.], 1519.

EUQUÉRIO DE LIÃO. Formulae spiritalis intelligentiae. In: CSEL, v. 31.

_____. Instructiones ad Salonium. In: CSEL, v. 31.

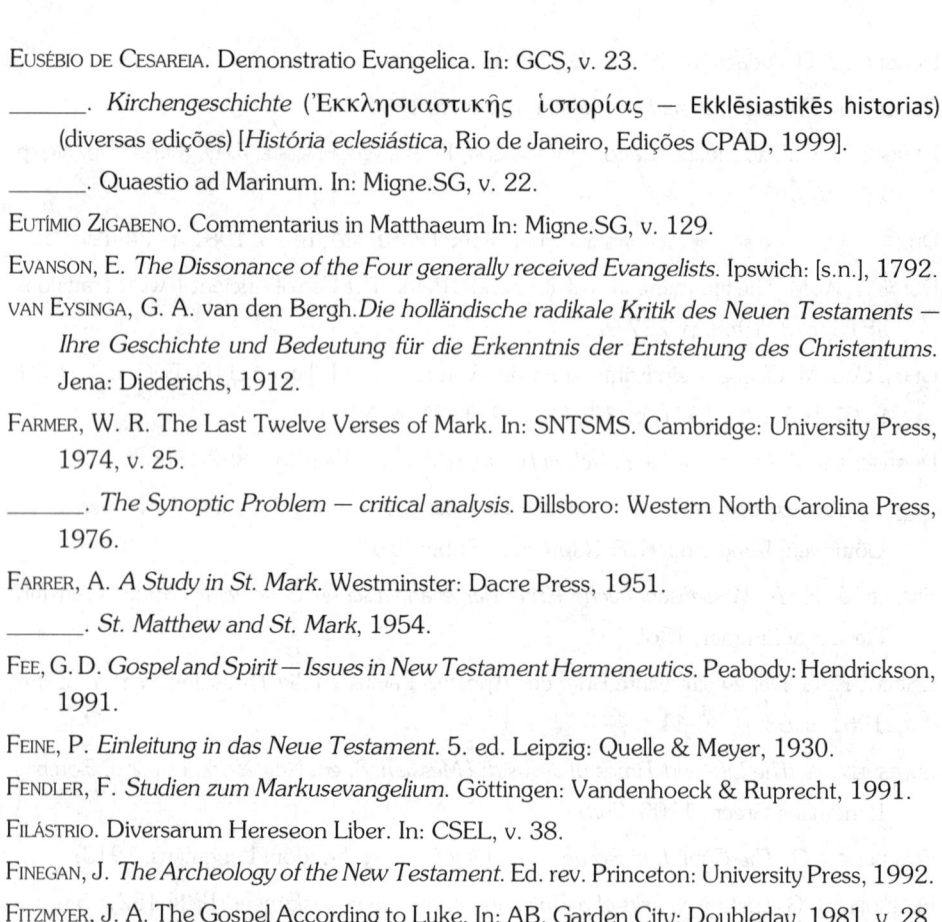

EUSÉBIO DE CESAREIA. Demonstratio Evangelica. In: GCS, v. 23.

_____. Kirchengeschichte ('Εκκλησιαστικῆς ἱστορίας — Ekklēsiastikēs historias) (diversas edições) [História eclesiástica, Rio de Janeiro, Edições CPAD, 1999].

_____. Quaestio ad Marinum. In: Migne.SG, v. 22.

EUTÍMIO ZIGABENO. Commentarius in Matthaeum In: Migne.SG, v. 129.

EVANSON, E. The Dissonance of the Four generally received Evangelists. Ipswich: [s.n.], 1792.

VAN EYSINGA, G. A. van den Bergh.Die holländische radikale Kritik des Neuen Testaments — Ihre Geschichte und Bedeutung für die Erkenntnis der Entstehung des Christentums. Jena: Diederichs, 1912.

FARMER, W. R. The Last Twelve Verses of Mark. In: SNTSMS. Cambridge: University Press, 1974, v. 25.

_____. The Synoptic Problem — critical analysis. Dillsboro: Western North Carolina Press, 1976.

FARRER, A. A Study in St. Mark. Westminster: Dacre Press, 1951.

_____. St. Matthew and St. Mark, 1954.

FEE, G. D. Gospel and Spirit — Issues in New Testament Hermeneutics. Peabody: Hendrickson, 1991.

FEINE, P. Einleitung in das Neue Testament. 5. ed. Leipzig: Quelle & Meyer, 1930.

FENDLER, F. Studien zum Markusevangelium. Göttingen: Vandenhoeck & Ruprecht, 1991.

FILÁSTRIO. Diversarum Hereseon Liber. In: CSEL, v. 38.

FINEGAN, J. The Archeology of the New Testament. Ed. rev. Princeton: University Press, 1992.

FITZMYER, J. A. The Gospel According to Luke. In: AB. Garden City: Doubleday, 1981, v. 28.

FOERSTER, W. Neutestamentliche Zeitgeschichte. 2. ed. Bielefeld: Luther Verlag, 1986.

_____. Neutestamentliche Zeitgeschichte. 2. ed. Hamburg: Furche, 1955, v. 1.

FRANCE, R. T. Jewish Historiography, Midrash and the Gospels. In: Gospel Perspectives III, p. 99ss.

FREY, J. Erwägungen zum Verhältnis der Johannesapokalypse zu den übrigen Schriften des Corpus Johanneum. In: HENGEL, M. Op. cit., p. 326-429.

FRIEDRICH, G. 1 Thessalonicher 5.1-11, der apologetische Einschub eines Späteren. In: ZThK, 1973, v. 70, p. 288-315.

_____. εὐαγγέλιον. In: ThWNT, v. 2, p. 718ss.

FRONMÜLLER, G. Die Briefe Petri und der Brief Judä. In: Lange NT. Bielefeld: [s.n.], 1859, v.14.

FRONTINO. De aquis.

FUCHS, E. Glaube und Erfahrung. Tübingen: Mohr, 1965.

FULLER, D. O. (Org.). Counterfeit or Genuine? Mark 16? John 8? 2. ed. Grand Rapids: Grand Rapids International Publications, 1978.

GAEBELEIN, F. E. (Org.). *The Expositor's Bible Commentary*. Grand Rapids: Zondervan 1976-1992.

GAFFIN, R. B. The New Testament as Canon. In: CONN, H. M. Op. cit., p.165-83.

GALLING, K. (Org.). *Die Religion in Geschichte und Gegenwart*. 3. ed. Tübingen: Mohr, 1986.

GASQUE, W. W.; MARTIN, R. P. (Org.). *Apostolic History and the Gospel — Biblical and Historical Essays Presented to F. F. Bruce*, 1970.

GAUSSEN, L. *La pleine Inspiration des Saintes Ecritures ou Thäopneustie*. Saint-Lägier: PERLE, 1985.

GEBAUER, R. *Das Gebet bei Paulus — Forschungsgeschichtliche und exegetische Studien*. Giessen; Basel: Brunnen, 1989.

GEBHARDT, O.; HARNACK, A. (Org.). *Texte und Untersuchungen zur Geschichte der altchristlichen Literatur*. Leipzig: Hinrich, s.d.

GELDENHUYS, N. Commentary on the Gospel of Luke. In: NICNT, 1977.

GENTHE, H. J. *Kleine Geschichte der neutestamentlichen Wissenschaft*. Göttingen: Vandenhoeck & Ruprecht, 1977.

GENTRY, K. L. *Before Jerusalem Fell — Dating the Book of Revelation*. Tyler: Institute for Christian Economics, 1989.

GEORGE HAMARTOLOS. Chronicon breve. In: Migne.SG, v. 110.

GERHARDSSON, B. *Die Anfänge der Evangelientradition*. Wuppertal: Brockhaus, 1977.

_____. Memory and Manuscript — Oral Tradition and Written Transmission in Rabbinic Judaism and Early Christianity. In: ASNU. 2. ed. Lund-Kopenhagen: Gleerup, 1964.

GIESELER, J. C. L. *Historisch-kritischer Versuch über die Entstehung und die frühesten Schicksale der schriftlichen Evangelien*, 1818.

GIGON, O. *Erwägungen eines Altphilologen zum Neuen Testament*. Basel: Verlag Freie Evangelisch-Theologische Akademie Basel, 1972.

GLOËL, J. *Die jüngste Kritik des Galaterbriefes auf ihre Berechtigung geprüft*. Erlangen; Leipzig: Deichert, 1890.

GODET, F. *Einleitung in das Neue Testament*. Rev. alemã por E. Reineck. Hannover: Carl Meyer, 1894-1905.

_____. *Kommentar zu dem Evangelium des Johannes*. 4. ed. Reimpr. Giessen; Basel: Brunnen, 1987.

GOODSPEED, E. J. *Introduction to the New Testament*, 1937.

GOPPELT, L. *Theologie des Neuen Testaments*. 3. ed. Göttingen: Vandenhoeck & Ruprecht, 1985, 3. ed. [*Teologia do Novo Testamento*, São Leopoldo, Editora Sinodal; Petrópolis, Editora Vozes, 1976 e 1982, 2 v.].

GOULDER, M. D. *Midrash and lection in Matthew*. London: SPCK, 1974.

_____. *The Evangelists' Calendar*, 1978.

GRANT, R. M. *A Historical Introduction to the New Testament.* London: Collins, 1963.

GREEN, E. M. B. *2 Peter and Jude — An Introduction and Commentary.* In: TNTC. [S.l.]: InterVarsity Press, 1977.

_____. Aretas. In: NBD, p. 80s.

_____. Cilicia. In: IBD, v. 1, p. 288.

_____. Colossae. In: IBD, v. 1, p. 304.

_____. Der 2. Petrusbrief neu betrachtet. In: THIEDE, C. P. *Das Petrusbild,* p. 1-50.

_____. Ephesus. In: IBD, v. 1, p. 461s.

_____. Festus. In: IBD, v. 1, p. 505s.

_____; HEMER, C. J. Ephesus. In: IBD, v. 1, p. 109, 461-2.

GREENLEE, J. H. The Language of the New Testament. In: GAEBELEIN, F. E. (Org.). *The Expositor's Bible Commentary.* Grand Rapids: Zondervan 1979, v. 1.

GREEVEN, H. Text und Textkritik der Bibel: II. Neues Testament. In: RGG³, v. 6, p. 716ss.

GREGORY, C. R. *Einleitung in das Neue Testament.* Leipzig: Hinrich, 1909.

GREGSON, R. A Solution to the Problems of the Thessalonian Epistles. EQ, n. 2, 1966, p. 76-80.

GRIESBACH, J. J. *Commentatio, qua Marci evangelium totum e Matthaei e Lucae commentariis decerptum esse monstratur.* Jena: [s.n.], 1789-1790.

_____. *Synopsis evangeliorum Matthei Marci et Lucae,* 1774.

GROSHEIDE, F. W.; VAN ITTERZON, G. P. (Org.). *Christelijke Enzyclopedie.* Kampen: Kok, 1956-1961. 6 v.

GRUNDMANN, W. Das palästinensische Judentum im Zeitraum zwischen der Erhebung der Makkabäer und dem Ende des Jüdischen Krieges. In: LEIPOLDT, J.; GRUNDMANN, W. (Org.). Op. cit. 7. ed. 1985, v. 1, p. 143-291.

GUERIKE, H. E. F. *Beiträge zur historisch kritischen Einleitung ins Neue Testament.* Halle: Gebauer, 1828.

GUILDING, A. *The Fourth Gospel and Jewish Worship.* Oxford: Clarendon Press, 1960.

GUNDRY, R. H. *Matthew: A Commentary on his literary and theological art.* Grand Rapids: Eerdmans, 1982.

_____. *The Use of Old Testament in St. Matthew — With Special Reference to the Messianic Hope* (Supplements to Novum Testamentum, n. 18). Leiden: Brill, 1967.

GUNKEL, H. *Genesis.* 6. ed. Göttingen: Vandenhoeck & Ruprecht, 1966.

GUTHRIE, D. *New Testament Introduction.* 4. ed. rev. Leicester: Apollos; Downers Grove: InterVarsity, 1990.

_____. *New Testament Theology.* Leicester; Downers Grove: InterVarsity, 1981.

HAACKER, K. *Neutestamentliche Wissenschaft — Eine Einführung in die Fragestellungen und Methoden*. 2. ed. Wuppertal: Brockhaus, 1985.

_____; HEMPELMANN, H. *Hebraica Veritas: Die hebräische Grundlage der biblischen Theologie als exegetische und systematische Aufgabe*. Wuppertal; Zürich: Brockhaus, 1989.

HADAS, M.; SMITH, M. *Heroes and Gods: Spiritual Biographies in Antiquity*. New York: Harper & Row, 1965.

HADORN, W. Die Abfassung der Thessalonicherbriefe auf der dritten Missionsreise und der Kanon des Marcion. In: ZNW, 1919, v. 19, p. 67-72.

_____. Die Abfassung der Thessalonicherbriefe in der Zeit der dritten Missionsreise des Paulus. In: BFChTh, 1919, v. 24.

HAENCHEN, E. Die Apostelgeschichte. In: Meyer. 13. ed. Göttingen: Vandenhoeck & Ruprecht, 1961, seção 3.

HÄNLEIN, A. *Handbuch der Einleitung in die Schriften des Neuen Testaments*. 1794-1800.

VON HARNACK, A. *Beiträge zur Einleitung in das Neue Testament*. Leipzig: Hinrich, s.d.

_____. *Die Chronologie der altchristlichen Literatur bis Eusebius*. Leipzig: Hinrich, 1897, v. 1.

_____. Neue Untersuchungen zur Apostelgeschichte und zur Abfassungszeit der synoptischen Evangelien. In: idem, *Beiträge zur Einleitung in das Neue Testament*, 1911, fasc. 4.

_____. Probabilia über die Adresse und den Verfasser des Hebräerbriefes. In: ZNW, 1900, v. 1, p. 16-41.

HARRISON, E. F. *Introduction to the New Testament*. Ed. rev. Grand Rapids: Eerdmans, 1971.

_____. *Introduction to the Old Testament*. Grand Rapids: Eerdmans, 1969.

HARROP, J. H. Corinth. In: IBD, v. 1, p. 313s.

HARTMANN, G. *Der Aufbau des Markusevangeliums — mit einem Anhang: Untersuchungen zur Echtheit des Markusschlusses*. Münster: Aschendorff, 1936.

HATCH, E.; REDPATH, H. A. *A Concordance to the Septuagint and the other Greek Versions of the Old Testament*. Graz: Akademische Druck- und Verlagsanstalt, 1954. Com apócrifos.

HAUSRATH, A. *Der Vierkapitelbrief des Paulus an die Korinther*, Heidelberg, 1870.

HEIDEGGER, J. H. *Enchiridion biblicum*, 1681.

HEIGL, B. *Verfasser und Adresse des Briefes an die Hebräer*. Freiburg: [s.n.], 1905.

HEINZE, H. Die Zweiquellentheorie und das Apostolat. *Factum*, n. 8, 1982, p. 17-23.

HELZLE, E. *Der Schluss des Markusevangeliums (Mc 16.9-20) und das Freer-Logion (Mc 16.14 W), ihre Tendenzen und ihr gegenseitiges Verhältnis — Eine Wortexegetische Untersuchung*. Tübingen: [s.n.], s.d. Dissertação não publicada.

HENGEL, M. *Die Evangelienüberschriften*. Heidelberg: Winter, 1984.

_____. *Die johanneische Frage — Ein Lösungsversuch*, Tübingen: Mohr, 1993.

HENNECKE, E.; SCHNEEMELCHER, W. (Org.). *Neutestamentliche Apokryphen in deutscher Übersetzung.* 4. ed. Tübingen: Mohr, 1968-1971. 2 v.

HENNIG, K. (Org.). *Jerusalemer Bibellexikon.* Neuhausen-Stuttgart: Hänssler, 1990.

HENRY, C. F. H. (Org.). *Revelation and the Bible — Contemporary Evangelical Thought.* Grand Rapids: Baker, 1976.

HERDER, J. G. *Regel der Zusammenstimmung unserer Evangelien,* 1797.

HIEBERT, D. E. Designation of the Readers in 1 Peter 1.1-2. BS, n. 545, 1980, p. 64-75.

HIGGINS, A. J. B. (Org.). *New Testament Essays.* Manchester: University Press, 1959.

HILÁRIO DE POITIERS. De Trinitate. In: Migne.SL, v. 10.

HILGENFELD, A. *Historisch-kritische Einleitung in das Neue Testament.* Leipzig: [s.n.], 1875.

HIPÓLITO. Kommentar zu Daniel. In: *Sources Chrétiennes.* Paris: CERF, 1947.

_____. Philosophumena. In: GCS, v. 26.

HIRSCH, E. *Studien zum vierten Evangelium.* Tübingen: Mohr, 1936.

HOBART, W. K. *The Medical Language of St. Luke.* Dublin: [s.n.], 1882.

HODGES, Z. C. The Women Taken in Adultery (John 7.53—8.11): Exposition. BS, n. 545, 1980, p. 41-53.

_____. The Women Taken in Adultery (John 7.53—8.11): The Text. BS, n. 544, 1979, p. 318-32.

HOFFMANN, E. G.; SIEBENTHAL, H. v. *Griechische Grammatik zum Neuen Testament.* 2. ed. Riehen: Immanuel, 1990.

HOFMANN, J. C. K. de Die Heilige Schrift neuen Testaments. Ed. rev. por W. Volck. Nördlingen: Beck, 1881, tomo 9.

HOHLWEIN, H. Moderne Richtung in Holland. In: RGG³, v. 4, p. 1067.

HOLLAND, G. "A Letter Supposedly from Us" — A Contribution to the Discussion about the Authorship of 2 Thessalonians. In: COLLINS, R. F. Op. cit., p. 394-402.

HOLLAND, M. Der zweite Petrus-Brief. In: KRIMMER, H.; HOLLAND, M. Op. cit.

HOLTZMANN, H. J. *Die synoptischen Evangelien — ihr Ursprung und ihr geschichtlicher Charakter.* Leipzig: [s.n.]: 1863.

_____. *Lehrbuch der Historisch-Kritischen Einleitung in das Neue Testament.* 3. ed. Freiburg: Mohr, 1892.

HÖRSTER, G. *Einleitung und Bibelkunde zum Neuen Testament* (Handbibliothek zur Wuppertaler Studienbibel). Wuppertal; Zürich: Brockhaus, 1993 [*Introdução e síntese do Novo Testamento*, Curitiba, Editora Esperança, 1996].

VAN HOUWELINGEN, P. H. R. *De tweede trompet — de authenticiteit van de tweede brief van Petrus.* Kampen: Kok, 1988.

HUCK, A.; LIETZMANN, H. *Synopse der drei ersten Evangelien*. 11. ed. Tübingen: Mohr, 1970.

HUG, J. *La Finale de L'Evangile de Marc*. Paris: Gabalda, 1978.

HUGO DE SÃO VÍTOR. *(Praenotationes elucidatoriae) de scriptura sacra et eius scriptoribus*.

HUNT, B. P. W. S. *Primitive Gospel Sources*, 1951.

HYLDAHL, N. Die Frage nach der literarischen Einheit des Zweiten Korintherbriefes. In: ZNW, 1973, v. 3-4, p. 289-306.

INSTITUT FÜR NEUTESTAMENTLICHE TEXTFORSCHUNG E PELO RECHENZENTRUM DER UNIVERSITÄT MÜNSTER. *Concordance to the Novum Testamentum Graece/Konkordanz zum Novum Testamentum Graece*. 3. ed. Berlin; New York: de Gruyter, 1987.

IRENEU. Adversus haereses. In: Migne.SG, v. 7.

JAANUS, H. J. Loman. In: CE, v. 4.

JEREMIAS, J. Sabbatjahr und neutestamentliche Chronologie. In: ZNW 1928, v. 27, p. 98-103.

_____. Untersuchungen zum Quellenproblem der Apg. ZNW, n. 36, 1937, p. 205-21.

_____. Zur Hypothese einer schriftlichen Logienquelle. ZNW, n. 29, 1930, p. 147ss.

JERÔNIMO. Commentarius in Matheum. In: CChr.SL, v. 77.

_____. Dialogus Adversus Pelagionos. In: CChr.SL, v. 80.

_____. Epistulae. In: CSEL, tomo 2, v. 55 e 56, seções 2-3.

JOSEFO, F. *História dos hebreus:* obra completa. 8. ed. Rio de Janeiro: CPAD, 2004.

JUDGE, E. A. Achaia. In: IBD, v. 1, p. 10s.

_____. Asia. In: IBD, v. 1, p. 135.

_____. Macedonia. In: IBD, v. 2, p. 927s.

_____. Phrygia. In: IBD, p. 1227.

JÜLICHER, A. *Einleitung in das Neue Testament*. 6. ed. Tübingen: Mohr, 1913.

JUSTINO. Apologia. In: Migne.SG, v. 6.

_____. Dialogus cum Tryphone Judaeo. In: Migne.SG, v. 6.

KAISER, W. C. *Back Toward the Future — Hints for Interpreting Biblical Prophecy*. Grand Rapids: Baker, 1989.

KAUTZSCH, E. (Org.). *Die Apokryphen und Pseudepigraphen des Alten Testaments*. Tübingen: Mohr, 1900. 2 v.

KEE, H. C. Aretalogy and Gospel. JBL, n. 90, 1973, p. 402ss.

KERN, F. H. Über 2 Thess 2.1-12 — Nebst Andeutungen über den Ursprung des 2. Briefes an die Thessalonicher. TübZTh, n. 2, 1839, p. 145-214.

KIHN, H. *Theodor von Mopsuestia und Junilius Africanus als Exegeten*. Freiburg: Herder, 1880.

KILEY, M. *Colossians as Pseudepigrphie*.Sheffield: JSOT Press, 1986.

KILPATRICK, G. D. *The Origins of the Gospel according to St. Matthew.* Oxford: Clarendon Press, 1946.

KINDER, H.; HILGEMANN, W. *dtv-Atlas zur Weltgeschichte.* 18. ed. Münich: dtv, 1982, v. 1.

KITCHEN, K. A. Syria, Syrians. In: IBD, v. 3, p. 1505.

KITTEL, G. Der geschichtliche Ort des Jakobusbriefes. In: ZNW, 1942, v. 41, p. 73-5.

_____; FRIEDRICH, G. (Org.). *Theologisches Wörterbuch zum Neuen Testament.* Stuttgart; Berlin; Köhl; Mainz: Kohlhammer, 1990.

KLAPWIJK, J. *Philosophien im Widerstreit — Zur Philosophie von Dilthey, Heidegger, James, Wittgenstein und Marcuse.* Asslar: Schulte + Gerth; Riehen: Immanuel-Verlag, 1985.

KNOPF, R. *Einführung in das Neue Testament.* 4. ed. Giessen: Töpelmann, 1934, v. 2.

KNOX, W. L. The Ending of St. Mark's Gospel. HThR, n. 1, 1942, p. 13-23.

KÖHLER, W.-D. *Die Rezeption des Matthäus-Evangeliums in der Zeit vor Irenäus.* Berna: [s.n.], 1985.

KÖNIGSMANN, B. L. *Prolusio de fontibus commentariorum sacrorum qui Lucae nomen praeferunt.* Altona: [s.n.], 1798.

KOPPE, J. B. *Marcus non Epitomator Matthaei,* 1782.

KÖSTER, H. *Einführung in das Neue Testament im Rahmen der Religionsgeschichte und Kulturgeschichte der hellenistischen und römischen Zeit.* Berlin; New York: de Gruyter, 1980.

KRIMMER, H. *Johannesbriefe.* Ed. C. Neuhausen-Stuttgart: Hänssler, 1989, v. 21.

_____; HOLLAND, M. *Erster und zweiter Petrusbrief.* Ed. C. Neuhausen-Stuttgart: Hänssler, 1992, v. 20.

KUHN, G. *Konkordanz zu den Qumrantexten.* Göttingen: Vandenhoeck & Ruprecht, 1960.

KÜLLING, S. Das Anliegen des ICBI, die Chicago-Erklärung und wir. BuG, n. 1, 1979. 2. ed. Riehen: Immanuel, 1987.

_____. *Zur Datierung der "Genesis-P-Stücke", namentlich der Kapitels Genesis 17.* Kampen: Kok, 1964.

KÜMMEL, W. G. Bibelwissenschaft des NT. In: RGG³, v. 1, p. 1236ss.

_____. *Einleitung in das Neue Testament.* 21. ed. Heidelberg: Quelle & Meyer, 1983.

_____. Bibel: II. Neues Testament. In: RGG³, v. 1, p. 1130ss.

LACHMANN, C. De ordine narrationum en evangeliis synoticis. ThStKr, n. 8, 1835, p. 570-90.

LAGRANGE, M.-J. *Introduction à l'Etude du Nouveau Testament.* Paris: [s.n.], 1933, v. 1.

LAMBRECHT, J. (Org.). L'Apocalypse johannique et l'Apocalyptique dans le Nouveau Testament. In: BETL. Duculot Gembloux; Leuven: University Press, 1980, v. 53.

LANE, W. L. *Commentary on the Gospel of Mark.* In: NICNT. 1974.

LANGE, J. P. (Org.). *Theologisch-homiletisches Bibelwerk.* Bielefeld: s.n.], s.d.

LANGE, S. G. *Die Schriften des Johannes,* 1797.

LAUB, F. Paulinische Autorität in nachpaulinischer Zeit (2 Thes). In: COLLINS, R. F. Op. cit., p. 403-17.

LEIPOLDT, J.; GRUNDMANN, W. (Org.). *Umwelt des Urchristentums.* Berlin: Evangelische Verlagsanstalt (diversas edições de cada volume). 3 v.

LERLE, E. Die Ahnenverzeichnisse von Jesus — Versuch einer christologischen Interpretation. ZNW, n. 72, 1981, p. 112ss.

_____. *Proslytenwerbung und Urchnstentum,* Berlin: Evangelische Verlagsanstalt, 1960.

_____. Angriffe auf den Kanon der Bibel. *Fundamentum,* n. 4, 1990, p. 33-44.

LESSING, G. E. *Neue Hypothesen über die Evangelisten als bloss menschliche Geschichtsschreiber betrachtet,* 1778.

LIDDELL, H. G.; SCOTT, R.; JONES, H. S. *A Greek-English Lexicon.* 10. ed. Oxford: Clarendon Press, 1968.

LIEBI, R. Sind die Schlussverse des Markus-Evangeliums echt?. *Factum,* n. 2, 1991, p. 47-50.

LIEFELD, W. L. The Hellenistic "Divine Man" and the Figure of Jesus in the Gospels. JETS, n. 4, 1973, p. 195-205.

LIGHTFOOT, J. B. *Saint Paul's Epistle to the Galatians.* 10. ed. London: Macmillan (1865) 1900.

_____. *Die Bibel — Entstehung und Überlieferung.* 3. ed. Wuppertal: Verlag und Schriftenmission der Evang. Gesellschaft für Deutschland, 1977.

LINDEMANN, R. *Die Echtheit der Paulinischen Hauptbriefe gegen Steck's Umsturzversuch vertheidigt.* Zürich: Schröter & Meyer, 1889.

LINDSELL, H. *The Battle for the Bible.* Grand Rapids: Zondervan, 1976.

LINNEMANN, E. *Gibt es ein synoptisches Problem?* Neuhausen-Stuttgart: Hänssler, 1992.

VON LOEWENICH, W. *Die Geschichte der Kirche.* 2. ed. München; Hamburg: Siebenstern, 1966.

LOHMEYER, E. Die Briefe an die Philipper, an die Kolosser und an Philemon. In: Meyer. 11 ed. Göttingen: Vandenhoeck & Ruprecht, 1956, v. 11.

LOHSE, E. (Org.). *Die Texte aus Qumran — Hebräisch und Deutsch — Mit masoretischer Punktation — Übersetzung, Einführung und Anmerkungen.* 2. ed. München: Kösel, 1971.

_____. Entstehung des Neuen Testaments. In: ANDRESEN, C. et al. (Org.). *Theologische Wissenschaft.* 2. ed. Stuttgart; Berlin; Köln; Mainz: Kohlhammer, 1975, v. 4. [*Introdução ao Novo Testamento,* São Leopoldo, Editora Sinodal, 1974].

_____. Umwelt des Neuen Testaments. In: FRIEDRICH, G. *Grundrisse zum Neuen Testament, NTD-Ergänzungsreihe.* Göttingen: Vandenhoeck & Ruprecht, 1971, v. 1.

LOISY, A. *Les Actes des Apôtres*. 2. ed. 1925 .

LOMAN, A. D. Quaestiones Paulinae. In: *Theol. Tijdschrift*, 1882ss.

LÚCIFER DE CALARIS. De Non Conveniendo Cum Haereticis. In: CChr.SL, v. 8

_____. De Non Parcendo in Deum Delinquentibus. In: CChr.SL, v. 8.

LÜCKE, F. *Versuch einer vollständigen Einleitung in die Offenbarung des Johannes*. 2. ed. Bonn: [s.n.], 1852.

LUDOVICO DE TENA. *Isagoge in totam sacram scripturam*, 1670.

LUTERO, Martinho. *Das Magnifikat — Vorlesung über den 1. Johannesbrief*. Münich; Hamburg: Siebenstern, 1968.

LUZ, U. Markusforschung in der Sackgasse? ThLZ, n. 9, 1980, p. 641-55.

MAIER, G. *Biblische Hermeneutik*. Wuppertal; Zürich: Brockhaus, 1990.

_____. Der Abschluss des jüdischen Kanons und das Lehrhaus von Jabne. In: idem (Org.). *Der Kanon der Bibel*, p. 1-24.

_____ (Org.). *Der Kanon der Bibel*. Giessen; Basel: Brunnen; Wuppertal: Brockhaus, 1990.

_____. Der Prophet Daniel. In: WStB. 2. ed. Wuppertal: Brockhaus, 1986.

_____. Die Johannesoffenbarung und die Kirche. In: WUNT. Tübingen: Mohr, 1981, v. 25.

_____ (Org.). *Zukunftserwartung in biblischer Sicht — Beiträge zur Eschatologie*. Wuppertal: Brockhaus; Giessen; Basel: Brunnen, 1984.

MARCHANT, R. *The Census of Quirinius — The Historicity of Luke 2.1-5*. IBRI Report, n. 4, s.d.

MÁRIO VITORINO. Adversus Arium. In: CSEL, v. 83.

MARSHALL, I. H. Epistles of John. In: IBD, v. 2, p. 797-99.

_____ (Org.). *New Testament Interpretation — Essays on Principles and Methods*. Carlisle: Paternoster, 1992.

MARTIN, R. P. *New Testament Foundations*. Exeter: Paternoster, 1975-1978. 2 v.

_____. Philippi. In: IBD, v. 3, p. 1215s.

MARX, W. G. A New Teophilus. *The Evangelical Quarterly*, n. 1, 1980, p. 17-26.

MARXSEN, W. *Einleitung in das Neue Testament*. 2. ed. Gutersloh: Mohn, 1964.

_____. Lukas. In: RGG³, v. 4, p. 473.

MATTHIAE, K. *Chronologische Übersichten und Karten zur spätjüdischen und urchnistlichen Zeit*. Stuttgart: Calwer Verlag, 1978.

MAUERHOFER, E. Der Brief an die Epheser. *Fundamentum*, n. 4, 1989ss.

_____. *Der Kampf zwischen Fleisch und Geist bei Paulus*. 2. ed. Frutigen: Trachsel, 1981.

_____. Jesus, der ewige Hohepriester und der Vollzug der Versöhnung — Eine dogmatische Studie. *Fundamentum*, n. 1, 1984, p. 88-101.

_____. Kann ein Kind Gottes das Heil wieder verlieren? *Fundamentum*, n. 1, 1988, p. 34-49.

MAY, H. G. (Org.). *Oxford Bible Atlas*. 3. ed. London; New York; Toronto: Oxford University Press, 1984.

MAYERHOFF, E. T. *Der Brief an die Colosser — mit vornehmlicher Berücksichtigung der drei Pastoralbriefe kritisch geprüft*. Berlin: [s.n.], 1838.

MAYOR, J. B. *The Epistle of Jude and the Second Epistle of Peter*, 1907.

MCDOWELL, J. *Bibel im Test*. Neuhausen-Stuttgart: Hänssler, 1987.

_____; STEWART, D. *Antworten auf skeptische Fragen über den christlichen Glauben*. 4. ed. Asslar: Schulte & Gerth, 1991.

MACGREGOR, G. H. C.; FERRIS, T. P. The Acts of the Apostles. In: IntB, 1954.

MCGUIRE, F. R. Did Paul Write Galatians? *Hibbert Journal*, n. 65, 1966s.

MEINERTZ, M. *Einleitung in das Neue Testament*. 5. ed. Paderborn: Schöningh, 1950.

MEISTER, A. Gibt es einen unechten Markusschluss (Markus 16.8-20)? BuG, n. 4, 1971, p. 360-5.

_____. Die Echtheit der Pastoralbriefe. BuG, n. 1-2, 1972, p. 59-70.

MENDNER, S. Johanneische Literarknitik. ThZ, n. 6, 1952, p. 418-34.

MENGE, H. *Langenscheidts Grosswörterbuch Griechisch*. 23. ed. Berlin; Münich; Zürich: Langenscheidt, 1979.

METZGER, B. M. *A Textual Commentary on the Greek New Testament*. 2. ed. London; New York: United Bible Societies, 1993.

_____. *Der Text des Neuen Testaments — Eine Einführung in die neutestamentliche Textkritik*. Stuttgart; Berlin; Köln; Mainz: Kohlhammer, 1966.

MICHAELIS, J. D. *Einleitung in die göttlichen Schriften des Neuen Bundes*. 4. ed., 1788.

_____. *Einleitung in das Neue Testament*. 3. ed. Bern: Berchtold Haller Verlag, 1961.

MILLIGAN, G. *The New Testament Documents — Their Origin and Early History*. London: MacMillan, 1913.

MOFFATT, J. *Introduction to the Literature of the New Testament*. 3. ed., 1918.

MONTGOMERY, J. W. *God's Inerrant Word*. Minneapolis: Bethany-Fellowship, 1974.

MORGENTHALER, R. *Statistik des neutestamentlichen Wortschatzes*. 3. ed. Zürich: Gotthelf, 1982.

MORLET, R.-M. L'épître de Paul aux Philippiens. In: CEB. Vaux-sur-Seine: Edifac, 1985, v. 3.

MORRIS, L. *The New Testament and Jewish Lectionaries*. London: Tyndale, 1964.

MOULTON, J. H.; MILLIGAN, G. *The Vocabulary of the Greek Testament*. Grand Rapids: Eerdmans, 1980.

MOULTON, W. F.; GEDEN, A. S. *A Concordance to the Greek Testament*. 5. ed. Edinburgh: T & T Clark, 1984.

MÜLLER, K. (Org.) *Johannes Calvins Auslegung der Heiligen Schrift in deutscher Übersetzung*. Neukirchen: [s.n.], s.d., v. 12 e 14.

MURPHY-O'CONNOR, J. Coauthorship in the Corinthian Correspondence. *Revue Biblique*, n. 4, 1993, p. 562-79.

MUSSNER, F. Der Jakobusbrief. In: HThK. 5 ed. Freiburg; Basel; Viena: Herder, 1987, v. 13.

MYNSTER, J. P. *Einleitung in den Brief an die Galater*, 1825.

NEANDER, A. *Geschichte der Pflanzung und Leitung der christlichen Kirche durch die Apostel*. Hamburg: Perthes, 1832.

NETTELHORST, R. P. The Genealogy of Jesus. JETS, n. 2, 1988.

NEUDORFER, H.-W. Mehr Licht über Galatien?. In: JETh, 1991, v. 5, p. 47-62.

NEUGEBAUER, F. Zur Deutung und Bedeutung des 1. Petrusbriefes. In: THIEDE, C. P. *Das Petrusbild*, p. 109-44.

NIXON, R. E. Silas. In: IBD, v. 3, p. 1451.

OEDER, G. L. Observatio Exegetico-Critica de Tempore et Loco scriptarum Epistolarum B. Pauli Apost. ad Philippenses et Corinthios. In: *Auserlesene Theologische Bibliothec*, 1731, tomo 58, p. 985-99.

O'NEILL, J. C. *The Recovery of Paul's Letter to the Galatians*. London: SPCK, 1972.

_____. *The Theology of Acts in its Historical Setting*. 2. ed. London: SPCK, 1970.

ORCHARD, J. B. *A Synopsis of the four Gospels, in Greek*. Göttingen: Vandenhoeck & Ruprecht, 1983.

_____. *Matthew, Luke and Mark*. Manchester: [s.n.], 1976.

ORÍGENES. Commentarius in Epistulam ad Romanos. In: Migne.SG, v. 14.

_____. Contra Celsum. In: GCS, v. 2.

_____. De Oratione. In: GCS, v. 33; Migne.SG, v. 11.

_____. De Principiis. In: GCS, v. 22.

_____. Die Homilien zu Lukas in der Übersetzung des Hieronymus und die griechischen Reste der Homilien und des Lukas-Kommentars. In: GCS, v. 35.

_____. Homilien zu Josua. In: GCS, v. 30.

_____. Homilien zu Leviticus. In: Migne.SG, v. 12.

_____. Homilien zu Genesis. In: GCS, v. 29.

_____. Johanneskommentar. In: GCS, v. 10 e Migne.SG, v. 14.

_____. Mattäuskommentar. In: GCS, v. 38. Tradução latina. In: GCS, v. 38. Fragmentos gregos preservados.

OVERSTREET, R. L. Difficulties of New Testament Genealogies. *Grace Theological Journal*, n. 2, 1981, p. 303-26.

OWEN, H. *Observations on the four Gospels*. London: [s.n.], 1764.

PACHE, R. *Inspiration und Autorität der Bibel*. 3. ed. Wuppertal: Brockhaus, 1985.

PARET, O. *Die Überlieferung der Bibel*. 4. ed. Stuttgart: Württembergische Bibelanstalt, 1966.

PATZIG, G. Zeller, Eduard. In: RGG³, v. 6, p. 1892.

PAULUS, H. E. G. *De tempore scriptae prioris ad Timotheum atque ad Philippenses epistolae Paulinae*, 1799.

_____. *Exegetisches Handbuch über die drei ersten Evangelien*. Heidelberg: [s.n.], 1830-1832.

PERCY, E. *Die Probleme der Kolosser- und Epheserbriefe*. Lund: Gleerup, 1946.

PESCH, R. Levi-Matthäus [Mc 2.14 — Mt 9.9; 10.3]. ZNW, n. 59, 1968, p. 40-56.

PFLEIDERER, O. *Das Urchristentum, seine Schriften und Lehren*. Berlin: [s.n.], 1887.

PIERSON, A.; NABER, S. A. *Verisimilia*. Amsterdam;Haag: [s.n.], 1886.

PIPER, O. The Origin of the Gospel Pattern. JBL, n. 78, 1959.

PLEVNIK, J. 1 Thess 5.1-11: Its Authenticity, Intention and Message. *Biblica*, n. 60, 1979, p. 71-90.

PLUMMER, A. Der Kanon des Neuen Testaments. BuG, n. 4, 1980, p. 386-90.

PUSKAS, C. B. *An Introduction to the New Testament*. Peabody: Hendrickson, 1989.

QUISPEL, G. *Gnosis als Weltreligion — Die Bedeutung der Gnosis in der Antike*. 2. ed. Zürich: Onigo, 1972.

RADMACHER, E. D.; PREUS, R. D. (Org.). *Hermeneutics, Inerrancy and the Bible, Papers from ICBI Summit II*. Grand Rapids: Zondervan, 1984.

RAMM, B. L. et al. *Hermeneutics*. Grand Rapids: Baker, 1987.

RAMSAY, W. M. *A Historical Commentary on St. Paul's Epistle to the Galatians*, 1899.

_____. *The Church in the Roman Empire before AD 170*. 6. ed. London: Hodder & Stoughton, 1900.

_____. *Was Christ Born in Bethlehem? — A Study on the Credibility of St. Luke*. Reimpr. Minneapolis: James Family Publishing, 1978.

REFOULÉ, F. Date de l'Epître aux Galates. RB, n. 2, 1988, p. 161-83.

REICKE, B. Caesarea, Rome and the Captivity Epistles. In: GASQUE, W. W.; MARTIN, R. P. Op. cit., p. 277-86.

_____. Chronologie der Pastoralbriefe. In: ThLZ, n. 2, 1976, p. 81-94.

_____. *Neutestamentliche Zeitgeschichte*. 3. ed. Berlin; New York: de Gruyter, 1982.

_____. The Historical Setting of Colossians. *Review and Expositor*, n. 70, 1973, p. 429-38.

_____. Thessalonich. In: RGG³, v. 6, p. 850s.

RENGSTORF, K. H. Die Stadt der Mörder (Mt 22.7). In: ELTESTER, W. Op. cit., p. 106-29.

RESCH, A. Aussercanonische Paralleltexte zu den Evangelien. In: GEBHARDT, O.; HARNACK, A. (Org.). *Texte und Untersuchungen zur Geschichte der altchristlichen Literatur.* Leipzig: Hinrich, 1894, v. 10, fasc. 2.

RIDDERBOS, H. *Begründung des Glaubens — Heilsgeschichte und Heilige Schrift.* Wuppertal: Brockhaus, 1963.

_____. The Canon of the New Testament. In: HENRY, C. F. H. Op. cit., p. 187-201.

RIENECKER, F. Das Evangelium des Markus. In: WSt. Wuppertal: Brockhaus, 1955.

_____. Das Evangelium des Matthäus. In: WSt. 5. ed. Wuppertal: Brockhaus, 1969 [*Evangelho de Mateus*, Curitiba, Editora Esperança, 1998].

_____. Der Brief des Paulus an die Epheser. In: WStB. Wuppertal: Brockhaus, 1971.

_____ (Org.). *Lexikon zur Bibel.* 19. ed. Wuppertal; Zürich: Brockhaus; Gondrom, 1991.

_____. *Praktischer Handkommentar zum Lukas-Evangelium.* Giessen: Brunnen, 1930.

RIESNER, R. Der Aufbau der Reden im Matthäus-Evangelium. ThBeitr, n. 4-5, 1978, p. 172-82.

_____. Jesus als Lehrer — Eine Untersuchung zum Ursprung der Evangelien-Überlieferung. In: WUNT, Tübingen: Mohr, 1981, v. 2.

_____. Korinth. In: GBL, v. 2, p. 815ss.

_____. Wie sicher ist die Zwei-Quellen-Theorie? ThBeitr, n. 2, 1977, p. 49-73.

_____. Wie steht es um die synoptische Frage? — Gedanken zur Cambridge Griesbach Conference 1979. ThBeitr, n. 2, 1980, p. 80-3.

RIGGENBACH, E. Der Brief an die Hebräer. In: ZAHN, T. (Org.). *Kommentar.* Leipzig: Deichert, 1913, v. 14.

RINGGREN, H. Apokalyptik I. In: RGG^3, v. 1, p. 463-4.

RISPEN, J. A. Pierson. In: CE, v. 5.

RIVETUS, A. *Isagoge sive introductio generalis ad scripturam sacram.* Leiden: [s.n.], 1627.

ROBINSON, J. A. T. *Wann enstand das NT?* Paderborn: Bonifatius; Wuppertal: Brockhaus, 1986.

ROHDE, J. *Die redaktionsgeschichtliche Methode — Einführung und Sichtung des Forschungsstandes.* Hamburg: Furche, 1966.

ROLLER, O. *Das Formular der Paulinischen Briefe — Ein Beitrag zur Lehre vom antiken Briefe.* Stuttgart: Kohlhammer, 1933.

ROLOFF, J. *Neues Testament.* Neukirchen-Vluyn: Neukirchener Verlag, 1977

VAN ROON, A. The Authenticity of Ephesians. In: *Supplements to Novum Testsmentum.* Leiden: Brill, 1974, v. 39.

ROWLEY, H. H. *Apokalyptik — Ihre Form und Bedeutung zur biblischen Zeit.* E. ed. Einsiedeln: Benziger, 1965.

RUCKSTUHL, E. *Die literarische Einheit des Johannesvangeliums — Der gegenwärtige Stand der einschlägigen Forschungen*. In: NTOA. Freiburg: Universtiätsverlag; Göttingen: Vandenhoeck & Ruprecht, 1987, v. 5.

RUCKSTUHL, E.; SCHULNIGG, P. *Stilkritik und Verfasserfrage im Johannesevangelium*. In: NTOA. Freiburg: Universtiätsverlag; Göttingen: Vandenhoeck & Ruprecht, 1991, v. 17.

SAFRAI, S. *Das jüdische Volk im Zeitalter des Zweiten Tempels*. Neukirchen-Vluyn: Neukirchener, 1978.

SAHLIN, H. *Der Messias und das Gottesvolk*. Uppsala: [s.n.], 1945.

SALMERON, A. *Prolegomena in universam scripturam*, 1597.

SANTES PAGNINUS. *Isagogae ad sacras literas liber unus*, 1536.

_____. *Isagoges seu introductionis ad sacras litteras liber*. Lyon: [s.n.], 1528.

SAUER, E. *Gott, Meschheit und Ewigkeit*. 2. ed. Wuppertal: Brockhaus, 1955.

_____. *Offenbarung Gottes und Antwort des Glaubens*. Wuppertal: Brockhaus, 1969.

SCHÄFER, E. Ephesus (Stadt). In: RGG³, v. 2, p. 520s.

SCHEGG, P. *Jakobus der Bruder des Herrn und sein Brief*. Münich: Stahl, 1883.

SCHENK, W. Der 1. Korintherbrief als Briefsammlung. In: ZNW, 1969, v. 60, p. 219-43.

SCHENKE, H.-M.; FISCHER, K. M. *Einleitung in die Schriften des Neuen Testaments*. Berlin: Evangelische Verlagsanstalt, 1978-1979. 2 v.

SCHILLE, G. *Bemerkungen zur Formgeschichte des Evangeliums — Rahmen und Aufbau des Markus-Evangeliums*. NTS, n. 4, 1957-1958.

SCHLATTER, A. *Der Evangelist Johannes — Ein Kommentar zum vierten Evangelium*. 3. ed. Stuttgart: Calwer Verlag, 1960.

_____. *Geschichte Israels von Alexander dem Grossen bis Hadrian*. 2. ed. Calw; Stuttgart: Vereinsbuchhandlung, 1906.

_____. *Synagoge und Kirche bis zum Barkochba-Aufstand*. Stuttgart: Calwer Verlag, 1966.

SCHLEIERMACHER, F. *Lehrbuch der historisch-kritischen Einleitung in die Bibel Neuen Testaments*. Berlin. [s.n.], 1845.

_____. *Über die Schriften von Lukas, ein kritischer Versuch*. Berlin: [s.n.], 1817.

_____. *Über die Zeugnisse des Papias von unsern beiden ersten Evangelisten*, 1832.

_____. *Ueber den sogenannten ersten Brief des Paulos an den Timotheus — Ein kritisches Sendschreiben an J. C. Gass*. Berlin: [s.n.], 1807.

SCHMIDT, J. E. C. *Bibliothek für Kritik und Exegese des Neuen Testaments und älteste Christengeschichte*. Hadamar: [s.n.], 1801.

_____. *Historisch-kritische Einleitung ins Neue Testament*. Giessen: [s.n.], 1809.

_____. *Praelusio de Galatis, ad quos Paulus literas misit*, 1750.

SCHMIDT, K. L. *Der Rahmen der Geschichte Jesu — Literarkritische Untersuchungen zur ältesten Jesusüberlieferung*. Berlin: Trowitzsch 1919.

SCHMITHALS, W. Der Römerbrief als historisches Problem. In: StNT. Gutersloh: Mohn, 1975, v. 9.

_____. *Die Briefe des Paulus in ihrer ursprünglichen Form*. Zürich: Theologischer Verlag Zürich, 1984.

_____. Die Gnosis in Korinth — eine Untersuchung zu den Konintherbriefen. In: FRLANT NF. Göttingen: Vandenhoeck & Ruprecht, 1956, v. 48.

_____. Die Korinthenbriefe als Briefsammlung. In: ZNW, 1973, v. 64, p. 263-88.

_____. Die Thessalonicherbriefe als Briefkompositionen. In: DINKLER, E. (ORG.). *Zeit und Geschichte*, p. 295-315.

_____. *Einleitung in die drei ersten Evangelien*. Berlin; New York: de Gruyter, 1985.

_____. Johannesevangelium und Johannesbriefe. In: BZNW. Berlin; New York: de Gruyter, 1992, v. 64.

SCHMOLLER, A. *Handkonkordanz zum griechischen Neuen Testament*. Stuttgart: Deutsche Bibelgesellschaft, 1989.

SCHNABEL, E. J. Der biblische Kanon und das Phänomen der Pseudonymität. In: JETh, 1989, v. 3, p. 59-96.

_____. *Inspiration und Offenbarung*. Wuppertal: Brockhaus, 1986.

SCHNEEMELCHER, W. (Org.). *Neutestamentliche Apokryphen in deutscher Übersetzung*. 5. e 6. ed. Tübingen: Mohr, 1989-1990. 2 v.

SCHNEIDER, J. Das Evangelium nach Johannes. In: ThHK (Sonderband). 3. ed. Berlin: Evangelische Verlagsanstalt, 1985.

SCHOFIELD, A. T. Biblische Streiflichter zur Frage der Jungfrauengeburt Jesu. BuG, n. 4, 1980, p. 409ss.

SCHRADER, K. *Der Apostel Paulus*. Leipzig: Kollmann, 1835, v. 4.

SCHWEGLER, A. *Geschichte des nachapostolischen Zeitalters*. 1844.

SCHWEIZER, E. Das Evangelium nach Matthäus. In: NTD. 16. ed. 1986, v. 2.

_____. Der zweite Thessalonicherbrief ein Philipperbrief? In: ThZ, 1945, p. 90ss.

_____. *Jesus Christus im vielfältigen Zeugnis des Neuen Testaments*. 5. ed. Gutersloh: Mohn, 1979.

SCOTT, E. F. *The Fourth Gospel, its Purpose and Theology*. 2. ed. 1908.

_____. *The Literature of the New Testament*, 1932.

SEMLER, J. S. *Abhandlung von freier Untersuchung des Canon*, 1771-1775.

_____. *Paraphrasis alterius epistulae ad Corinthos*, 1776.

_____. *Paraphrasis epistulae ad Romanos*, Halle, 1769.

SERANUS, N. *Prolegomena biblica*, 1612.

SHANKS, H.; COLE, D. P. (ORG.). *Archaeology and the Bible — The Best of BAR*. 2. ed. Washington: Biblical Archaeology Society, 1992, v. 2.

SHEPHERD, M. H. *A Venture in the Source Analysis of Acts*, 1946.

SIERSZYN, A. *Die Bibel im Griff? Historisch-kritische Denkweise und biblische Theologie*. Wuppertal: Brockhaus, 1978.

SIMON, R. *Histoire critique du Nouveau Testament*. Rotterdam: [s.n.], 1689-1693.

SIXTO DE SIENA. *Bibliotheca sancta ex praecipuis catholicae ecclesiae auctoribus collecta*. Venedig: [s.n.], 1566.

SLINGERLAND, D. Acts 18.1-18, The Gallio Inscription, and Absolute Pauline Chronology. JBL, n. 3, 1991, p. 439-49.

SMITH, M. Prolegomena to a discussion of Aretalogies. Divine Men, the Gospels and Jesus. JBL, n. 90, 1971, p. 174ss.

VON SODEN, H.; EHESTEN, W. Lentulusbrief. In: RGG³, v. 4, p. 317.

SPURGEON, C. H. *Es steht geschrieben*. Bielefeld: CLV, 1991.

STADELMANN, H. Biblische Apokalyptik und heilsgeschichtliches Denken. In: idem (Org.). *Epochen der Heilsgeschichte*, p. 86-100.

_____. Das Zeugnis der Johannesoffenbarung vom Tausendjährigen Königreich Christi auf Erden. In: MAIER, G. (ORG.). *Zukunftserwartung in biblischer Sicht*, p. 144-60.

_____. Der geschichtliche Hintergrund des Epheser- und Kolosserbriefes. BuG, n. 3, 1990, p. 267-72.

_____. Die Entstehung der Synoptischen Evangelien — Eine Auseinandersetzung mit der formgeschichtlichen synoptikerkritik. BuG, n.1, 1977, p. 46-67.

_____. Die Entstehungsverhältnisse der paulinischen Briefe — Chronologische Einordnung und Anlass. BuG, n. 4, 1988, p. 354-62.

_____. Die Vorgeschichte des Galaterbriefes — Ein Testfall für die geschichtliche Zuverlässigkeit des Paulus und Lukas. BuG, n. 2, 1982, p. 153-65.

_____ (Org.). *Epochen der Heilsgeschichte — Beitrage zur Forderung heilsgeschichtlicher Theologie*. Wuppertal: Brockhaus, 1984.

_____. *Grundlinien eines bibeltreuen Schriftverständnisses*. 2. ed. Wuppertal: Brockhaus, 1990.

STANLEY, T. J. Dürfen wir an der Paulinischen Verfasserschaft der Pastoralbriefe festhalten? BuG, n. 3, 1966, p. 206-18.

STANTON, G. N. *Jesus of Nazareth in New Testament Preaching*. Cambridge: University Press, 1974.

STARKE, C. *Kurzgefasster Auszug der gründlichsten und nutzbarsten Auslegungen über alle Bücher Neues Testaments.* 3. ed., 1748, tomo 3.

STAUFFER, E. *Christus und die Caesaren — Historische Skizzen.* 4. ed. Hamburg: Wittig, 1952.

_____. *Jerusalem und Rom.* Bern: Francke, 1957.

_____. *Jesus — Gestalt und Geschichte* Bern: Francke, 1957.

STECK, R. *Der Galaterbrief nach seiner Echtheit untersucht nebst kritischen Bemerkungen zu den paulinischen Hauptbriefen.* Berlin: Reimer, 1888.

STENDAHL, K. The School of St. Matthew and its use of the Old Testament. In: ASNU. Uppsala: [s.n.], 1954, v. 20.

STOLDT, H. H. *Geschichte und Kritik der Markushypothese.* Göttingen: Vandenhoeck & Ruprecht, 1977.

STORR, G. C. *De fonte evangeliorum Matthaei et Lucae,* 1794.

STRACK, H. L.; STEMBERGER, G. *Einleitung in Talmud und Midrasch.* 7. ed. Münich: Beck, 1982.

STRACK, H. L.; BILLERBECK, P. *Kommentar zum Neuen Testament aus Talmud und Midrasch.* Münich: Beck, s.d.

STRAUSS, D. F. *Das Leben Jesu — kritisch bearbeitet.* 1835-1836. 2 v.

STRECKER, G. (Org.). *Jesus Christus in Historie und Theologie — Neutestamentliche Festschrift für Hans Conzelmann zum 60. Geburtstag.* Tübingen: Mohr, 1975.

STREETER, B. H. *The Four Gospels.* 1924.

SWARAT, U. *Alte Kirche und Neues Testament — Theodor Zahn als Patristiker.* Wuppertal; Zürich: Brockhaus, 1991.

TACIANO. *Diatessaron.* Tradução alemã por E. Preuschen. Heidelberg: Winter, 1926. Org. por A. Pott.

TÁCITO. *Anais.*

TALBERT, C. H. *What is a Gospel? The Genre of the Canonical Gospels.* Philadelphia: Fortress, 1977.

TASKER, R. V. G. John the Apostle. In: IBD, v. 2, p. 794-5.

TAYLOR, V. *The Gospel according to St. Mark.* London: Macmillan, 1953.

TENNEY, M. C. *Die Welt des Neuen Testaments.* Marburg: Francke, 1979.

TEÓFILO DE ANTIOQUIA. Ad Autolycum. In: Migne.SG, v. 6.

TERRY, M. S. *Biblical Hermeneutics.* Grand Rapids: Zondervan, 1979.

TERTULIANO. Adversus Marcionem. In: CChr.SL, v. 1.

_____. Adversus Praxean. In: CChr.SL, v. 2.

_____. Apologeticum. In: CChr.SL, v. 1.

_____. De Baptismo. In: CChr.SL, v. 1.

_____. De Cultu Feminarum. In: CChr.SL, v. 1.

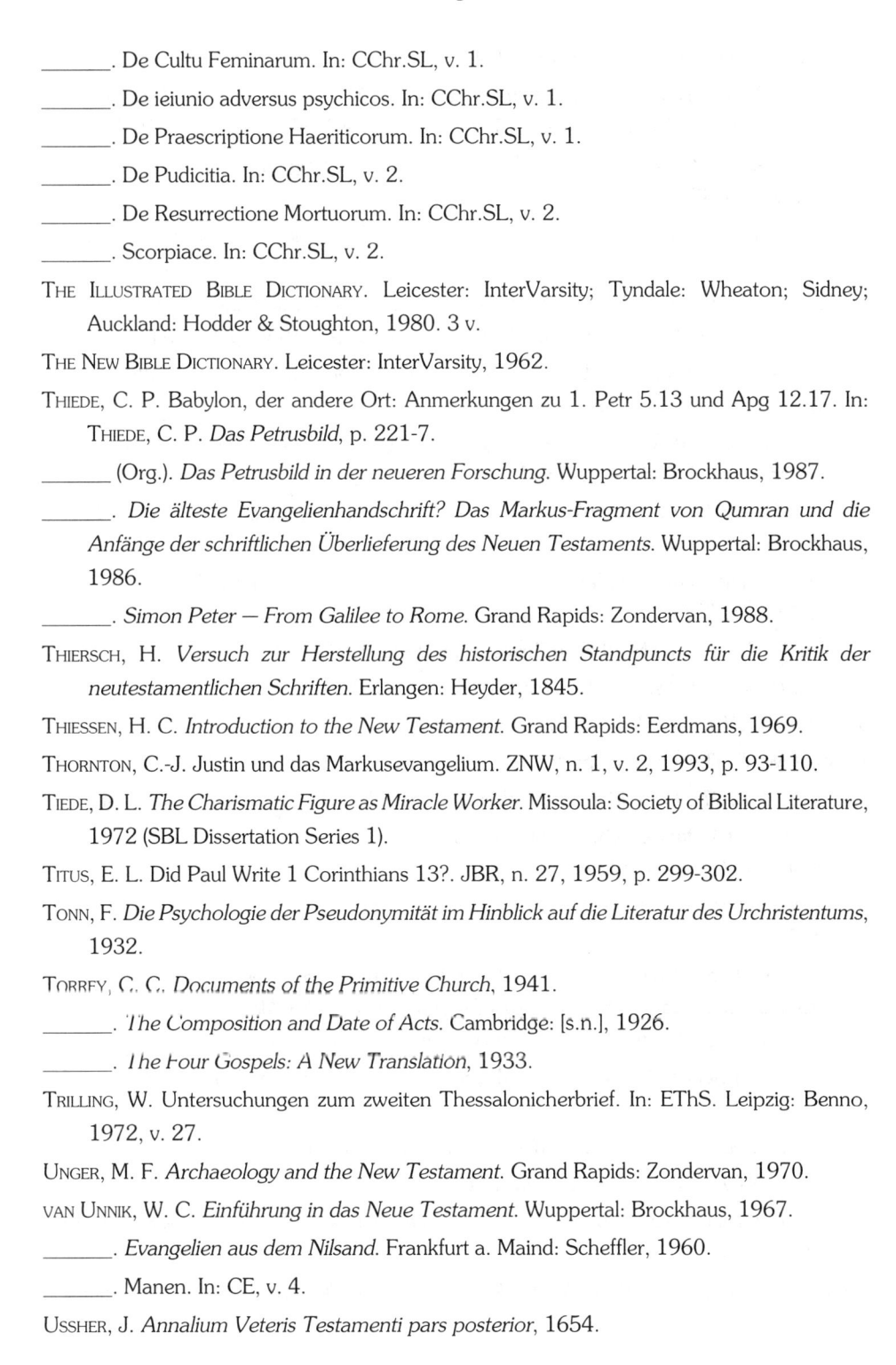

_____. De ieiunio adversus psychicos. In: CChr.SL, v. 1.

_____. De Praescriptione Haereticorum. In: CChr.SL, v. 1.

_____. De Pudicitia. In: CChr.SL, v. 2.

_____. De Resurrectione Mortuorum. In: CChr.SL, v. 2.

_____. Scorpiace. In: CChr.SL, v. 2.

THE ILLUSTRATED BIBLE DICTIONARY. Leicester: InterVarsity; Tyndale: Wheaton; Sidney; Auckland: Hodder & Stoughton, 1980. 3 v.

THE NEW BIBLE DICTIONARY. Leicester: InterVarsity, 1962.

THIEDE, C. P. Babylon, der andere Ort: Anmerkungen zu 1. Petr 5.13 und Apg 12.17. In: THIEDE, C. P. *Das Petrusbild*, p. 221-7.

_____ (Org.). *Das Petrusbild in der neueren Forschung*. Wuppertal: Brockhaus, 1987.

_____. *Die älteste Evangelienhandschrift? Das Markus-Fragment von Qumran und die Anfänge der schriftlichen Überlieferung des Neuen Testaments*. Wuppertal: Brockhaus, 1986.

_____. *Simon Peter — From Galilee to Rome*. Grand Rapids: Zondervan, 1988.

THIERSCH, H. *Versuch zur Herstellung des historischen Standpuncts für die Kritik der neutestamentlichen Schriften*. Erlangen: Heyder, 1845.

THIESSEN, H. C. *Introduction to the New Testament*. Grand Rapids: Eerdmans, 1969.

THORNTON, C.-J. Justin und das Markusevangelium. ZNW, n. 1, v. 2, 1993, p. 93-110.

TIEDE, D. L. *The Charismatic Figure as Miracle Worker*. Missoula: Society of Biblical Literature, 1972 (SBL Dissertation Series 1).

TITUS, E. L. Did Paul Write 1 Corinthians 13?. JBR, n. 27, 1959, p. 299-302.

TONN, F. *Die Psychologie der Pseudonymität im Hinblick auf die Literatur des Urchristentums*, 1932.

TORREY, C. C. *Documents of the Primitive Church*, 1941.

_____. *The Composition and Date of Acts*. Cambridge: [s.n.], 1926.

_____. *The Four Gospels: A New Translation*, 1933.

TRILLING, W. Untersuchungen zum zweiten Thessalonicherbrief. In: EThS. Leipzig: Benno, 1972, v. 27.

UNGER, M. F. *Archaeology and the New Testament*. Grand Rapids: Zondervan, 1970.

VAN UNNIK, W. C. *Einführung in das Neue Testament*. Wuppertal: Brockhaus, 1967.

_____. *Evangelien aus dem Nilsand*. Frankfurt a. Maind: Scheffler, 1960.

_____. Manen. In: CE, v. 4.

USSHER, J. *Annalium Veteris Testamenti pars posterior*, 1654.

VAGANAY, L. *Le Probleme synoptique*. 1954.

VIELHAUER, P. *Geschichte der urchristlichen Literatur — Einleitung in das Neue Testament, die Apokryphen und die apostolischen Väter*. Berlin; New York: de Gruyter, 1978.

_____; STRECKER, G, Apokalypsen und Verwandtes — Einleitung. In: SCHNEEMELCHER, W. Op. cit., v. 2, p. 491-515.

_____; STRECKER, G. Judenchristliche Evangelien. In: SCHNEEMELCHER, W. Op. cit., v. 1, p. 114ss.

VOLKMAR, G. Beiträge zur Erklärung des Buches Henoch nach dem äthiopischen Text. In: *Zeitschrift der Deutschen morgenländischen Gesellschaft*, 1860, p. 87-134.

_____. *Der Ursprung unserer Evangelien nach den Urkunden, laut den neuem Entdeckungen und Verhandlungen*. Zürich: Herzog, 1866.

_____. *Die Religion Jesu und ihre erste Entwicklung nach dem gegenwärtigen Stande der Wissenschaft*. Leipzig: [s.n], 1857.

_____. *Geschichtstreue Theologie und ihre Gegner oder neues Licht und neues Leben*. Zürich: [s.n.], 1858.

WAETJEN, H. The Ending of Mark and the Gospel's Shift in Eschatology. ASTI, n. 4, 1965, p. 114-31.

WALKER, N. The Alleged Matthaean Errate. NTS, 1962-1963, v. 9.

_____. *Patristic Evidence and the Priority of Matthew*, 1966

WALTHER, M. *Officina biblica noviter adaperta*, 1636.

WAND, J. W. C. The General Epistles of St. Peter and St. Jude. In: WC, 1934.

WARFIELD, B. B. *The Inspiration and Authority of the Bible*. Grand Rapids: Baker, 1948.

WARNECKE, H. Die tatsächliche Romfahrt des Apostel Paulus. In: *Stuttgarter Bibelstudien*. Stuttgart: Katholisches Bibelwerk, 1987, v. 127.

_____; SCHIRRMACHER, T. *War Paulus wirklich auf Malta?* Neuhausen-Stuttgart: Hänssler, 1992.

WEGNER, R. (Org.). *Die Datierung der Evangelien — Symposion des Instituts für wissenschaftstheoretische Grundlagenforschung vom 20-23. Mai 1982 in Paderborn*. 2. ed. Paderborn: Deutsches Institut für Bildung und Wissen, 1983.

WEISS, B. Der Brief an die Hebräer. In: Meyer. 6. ed. Göttingen: Vandenhoeck & Ruprecht, 1897, v. 13.

_____. *Lehrbuch der Einleitung in das Neue Testament*. Berlin: Hertz, 1886.

WEISS, J. *Das Urchristentum*, Göttingen, 1917.

_____. Der erste Korintherbrief. In: Meyer. 9. ed. Göttingen: Vandenhoeck & Ruprecht, 1910.

WEISSE, C. H. *Beiträge zur Kritik der Paulinischen Briefe an die Galater, Römer, Philipper und Kolosser*. Leipzig: Hinzel, 1867.

_____. *Die Evangelienfrage in ihrem gegenwärtigen Stadium*. Leipzig: [s.n.], 1856.

_____. *Die evangelische Geschichte, kritisch und philosophisch bearbeitet*. Leipzig: [s.n.], 1838. 2 v.

WEIZSÄCKER, C. *Das Apostolische Zeitalter der Christlichen Kirche*. 2. ed. Freiburg: Mohr, 1892.

WELLHAUSEN, J. *Das Evangelium Lucae*. Berlin: Reimer, 1904.

_____. *Das Evangelium Marci*. Berlin: Reimer, 1903.

_____. *Das Evangelium Matthaei*. Berlin: Reimer, 1904.

_____. *Erweiterungen und Änderungen im vierten Evangelium*. Berlin: Reimer, 1907.

WENDLAND, P. *Ansteae ad Philocratem Epistula cum ceteris de origine versionis LXX interpretum*. Leipzig: [s.n.], 1900.

WENHAM, J. *Christ and the Bible*. 4. ed. Leicester: InterVarsity, 1979.

_____. *Redating Matthew. Mark and Luke — A Fresh Assault on the Synoptic Problem*. London; Sydney; Auckland; Toronto: Hodder & Stoughton, 1991.

WERNLE, P. *Die synoptische Frage*. Freiburg et al.: Mohr, 1899.

WEST, J. C. The Order of 1 and 2 Thessalonians. JTS, n. 15, 1913, p. 66-74.

WESTCOTT, B. F. *A General Survey of the History of the Canon of the New Testament*. 6. ed. reimpr. Grand Rapids: Baker, 1980.

_____. *An Introduction to the Study of the Gospels*, 1851.

WETZEL, G. *Die synoptischen Evangelien*. Heilbronn: [s.n.], 1883.

WICHELHAUS, J. *Die Lehre der heiligen Schrift*. 3. ed. Stuttgart: Steinkopf, 1892.

WIKENHAUSER, A.; SCHMID, J. *Einleitung in das Neue Testament*. 6. ed. Freiburg; Basel; Wien: Herder, 1973.

WILKE, C. G. *Der Urevangelist oder exegetisch-kritische Untersuchung über das Verwandschaftsverhältnis der drei ersten Evangelien*. Dresden; Leipzig: [s.n.], 1838.

WOHLENBERG, G. Der erste und zweite Petrusbrief und der Judasbrief. In: ZAHN, T. (Org.), *Kommentar*. 2. ed. Leipzig: Deichert, 1915, , v. 15.

WOOD, J. The Purpose of Romans. EQ, n. 4, 1968, p. 211-20.

WREDE, W. *Das Messiasgeheimnis in den Evangelien — Zugleich ein Beitrag zum Verständnis des Markusevangeliums*. 4. ed. Göttingen: Vandenhoeck & Ruprecht, 1969.

_____. Die Echtheit des zweiten Thessalonicherbriefes. TU NF, v. 9, n. 2, 1903.

WRIGHT, A. *The composition of the Four Gospels*, 1890.

WÜRTHWEIN, E. *Der Text des Alten Testaments*. 4. ed. Stuttgart: Deutsche Bibelgesellschaft, 1973.

YOUNG, E. J. *Thy Word is Truth*. 10. ed. Grand Rapids: Eerdmans, 1978.

ZAHN, T. Das Evangelium des Johannes. In: idem (Org.). *Kommentar*. 4. ed. Leipzig; Erlangen: Deichert, 1912, v. 4.

_____. Das Evangelium des Lukas. In: idem (Org.). *Kommentar*. 4. ed. Leipzig; Erlangen: Deichert, 1920, v. 3.

_____. Das Evangelium des Markus. In: idem (Org.). *Kommentar*. 2. ed. Leipzig: Deichert, 1910, v. 2.

_____. Das Evangelium des Matthäus. In: idem (Org.). *Kommentar*. 4. ed. Leipzig; Erlangen: Deichert, 1922, v. 1.

_____. *Einleitung in das Neue Testament*. 3. ed. Leipzig: Deichert, 1906-1907. 2 v.

_____. *Geschichte des Neutestamentlichen Kanons*. Erlangen; Leipzig: Deichert, 1892. 4 tomos.

_____. *Grundriss der Geschichte des Neutestamentlichen Kanons*. 3. ed. Wuppertal: Brockhaus, 1985.

_____ (Org.). *Kommentar zum Neuen Testament*. Leipzig; Erlangen: Deichert, s.d.

ZIMMERMANN, F. The Aramaic Origin of the Four Gospels. In: KTAV: New York, 1979.

_____. *Neutestamentliche Methodenlehre — Darstellung der historisch-kritischen Methode*. 6. ed. Stuttgart: Katholisches Bibelwerk, 1978.

ZWEMER, S. The Last Twelve Verses of the Gospel of Mark. In: FULLER, D. O. Op. cit., p. 159-74.

Glossário

Aclamação = manifestação de aplauso.

Acolitato = aqui: acompanhamento (imitação) no sentido de "arcabouço" pré-estabelecido e compromissivo de evangelho.

Alegoria = forma artística de uma narrativa em estilo de parábola em que cada aspecto isolado possui um significado.

Apologético = que defende.

Aretalogia = literalmente: discurso de virtudes; encômio de um deus na Antiguidade tardia.

Asterisco = estrelinha na impressão de livros.

Axioma = sentença que não pode ser comprovada e é apresentada como alicerce de um raciocínio que não deve ser contestado.

Cânon = nome dado à coletânea de livros e cartas sagradas, inspiradas pelo Espírito Santo, que formam a Bíblia.

Compilador = pessoa que compõe um escrito reunido a partir de outros escritos.

Diégese, do grego διήγησις — diēgēsis, "narrativa, tratado, proclamação ou notícia".

Doxologia = louvor de Deus.

Encíclica = carta circular.

Hapax legomenon = palavra que consta somente em uma passagem.

Historismo = forma de encarar a história que tenta compreender e explicar todos os fenômenos com base em suas condições históricas. Cf. J. Klapwijk, *Philosophien im Widerstreit — Zur Philosophie von Dilthey, Heidegger, James, Wittgenstein und Marcuse* (Asslar: Schulte + Gerth; Riehen: Immanuel-Verlag, 1985), p. 12s.

Inspiração = infusão pelo Espírito Santo.

Integridade = condição imaculada, sem falhas.

Interpolação = inserção de palavras ou frases em um texto tradicional.

Lecionário = coletânea de trechos da Bíblia para preleção pública no culto.

Metafórico = figurado, em estilo de parábola.

Modificação é uma pequena alteração. P. ex., em Marcos 4.9 consta: "Quem tem um ouvido, ouça", enquanto os dois textos paralelos (Mt 13.9; Lc 8.8) têm a forma plural "ouvidos": "Quem tem ouvidos, ouça."

Obelus (latim) = lança deitada.

Paraclético = de exortação.

Permutação = constituição de todas as combinações possíveis a partir de determinado número de elementos.

Peshitá = tradução autorizada do NT para o idioma sírio e data do início do século V.

Petitio principii = linha de demonstração que se alicerça sobre uma asserção não comprovada.

Prosélito = pessoa que adere a outra comunidade religiosa.

Querigmático = de cunho proclamador.

Secular = mundano (em contraposição a espiritual ou religioso).

Septuaginta (abrev.: LXX) = tradução do AT em idioma grego da época pré-cristã (iniciada c. 250 a.C.). Nos manuscritos hoje preservados estão contidos também os apócrifos do AT, que no entanto faltam no AT hebraico e por consequência no cânon da Sagrada Escritura.

Terminus ante quem = momento histórico antes do qual algo precisa ter ocorrido.

Theopneustos = soprado por Deus; v. 2Timóteo 3.16a: "Toda a Escritura (= a Escritura toda) é soprada por Deus..."

Vaticinium ex eventu = profecia criada a partir do episódio já ocorrido, posteriormente datada em época anterior.

Dados dos pais da Igreja

Afraat, um pai da igreja sírio (c. 337)

Agostinho (m. 430)

Ambrosiastro (c. 370)

Ambrósio (bispo de Milão, m. 397)

Apolinário de Hierápolis (c. 170)

Atanásio (m. 373)

Atenágoras (c. 177)

Basílio Magno (m. 379)

Cânon muratoriano (c. 190)

Carta a Diogneto (datação incerta; talvez c. 200)

Carta das igrejas de Viena e Lião às igrejas da Ásia e da Frígia (c. 177)

Carta de Policarpo (c. 130; m. c. 155)

Celso (c. 180)

Cipriano (m. 258)

Cirilo de Alexandria (m. 444)

Cirilo de Jerusalém (m. 386)

Clemente de Alexandria (m. antes de 215)

Clemente de Roma (c. 95)

Cosmas Indicopleustes de Alexandria (c. 550)

Crisóstomo (m. 407)

Diálogo de Adamâncio (provavelmente após 325)

Didaquê (c. 100)

Dídimo (m. 398)

Dionísio de Alexandria (m. c. 265)

Dionísio de Corinto (c. 170)

Efrém, o Sírio (m. 377)

Epifânio (m. 403)

Eusébio (m. 339)

Eutálio (séc. V)

Filástrio (bispo de Bréscia na Itália Setentrional; c. 390)
Firmiliano (meados do séc. II)
Fótio (m. c. 890)
Gaio (presbítero romano, pouco depois de 200)
George Hamartolos (séc. IX)
Gregório de Nazianzo (m. c. 390)
Hilário de Poitiers (m. 367)
Hipólito (m. c. 238)
Inácio (m. c. 117)
Ireneu, bispo em Lião (m. cerca de 202)
Jerônimo (m. 420)
Justino (m. c. 165)
Lúcifer de Calaris (m. c. 370)
Marcião (m. 160)
Mário Vitorino (m. após 362)
Melito de Sardes (c. 170)
Orígenes (m. 254)
Panteno (m. antes de 200)
Papias (130/ 140)
Pastor de Hermas (em torno de 140)
Porfírio (m. 305)
Sedúlio (séc. V)
segunda carta de Clemente (c. 140)
Suetônio (c. 120)
Taciano (c. 170)
Teodoro (m. 460)
Teodoro de Mopsuéstia (m. 428)
Teodoro Leitor (séc. VI)
Teófilo de Antioquia (c. 175)
Tertuliano (c. 200)
Valentino (c. 150)
Vítor de Cápua (séc. V)
Vitorino de Pettau (m. c. 304)

Esta obra foi composta em *Souvenir* e *Trajan Pro*
e impressa por Imprensa da Fé sobre papel
Offset 63 g/m2 para Editora vida.